埃及

法老的世界

埃及

法老的世界

［德］雷根·舒尔茨
［德］马蒂亚斯·塞德尔 主编
中铁二院工程集团有限责任公司 译

哈特维希·阿尔滕米勒（Hartwig Altenmüller）、多罗特娅·阿诺尔德（Dorothea Arnold）、埃迪特·伯恩豪尔（Edith Bernhauer）、君特·伯卡德（Günter Burkard）、阿尔布雷赫特·恩德鲁魏特（Albreeht Endruweit）、丽塔·E. 弗雷德（Rita E. Freed）、雷娜特·格尔默（Renate Germer）、曼弗雷德·格尔克（Manfred Görg）、曼弗雷德·古特格塞尔（Manfred Gutgesell）、弗里德里克·坎帕·赛弗里德（Friederike Kampp Seyfried）、迪特尔·凯斯勒（Dieter Kessler）、罗斯玛丽·克莱姆（Rosemarie Klemm）、迪特尔·库尔斯（Dieter Kurth）、乌尔里希·卢夫特（Ulrich Luft）、埃娃·帕蒂（Eva Pardey）、丹尼尔·普尔茨（Daniel Polz）、瓦法·阿萨迪克（Wafaa el Saddik）、赫尔穆特·扎青格（Helmut Satzinger）、托马斯·施奈德（Thomas Schneider）、马塞尔·肖赫（Marcel Sehoch）、雷根·舒尔茨、马蒂亚斯·塞德尔、斯特凡·塞德梅尔（Stephan Seidlmayer）、阿卜杜勒·加法尔·谢迪德（Abdel Ghaffar Shedid）、伊丽莎白·西伯特（Elisabeth Siebert）、胡里格·苏鲁让安（Hourig Sourouzian）、赖纳·施塔德尔曼（Rainer Stadelmann）、克里斯汀·施特劳斯·席伯（Christine Strauss Seeber）、马丁娜·乌尔曼（Martina LTlmann）、乌尔苏拉·费尔赫芬（Ursula Verhoeven）、加布里埃莱·文策尔（Gabriele Wenzel）、约阿希姆·维勒特奈（Joachim Willeitner）、斯特凡·维默尔（Stefan Wimmer）、苏珊娜·沃尔法思（Susanne Wohlfarth）。

丛书翻译：朱 颖 许佑顶 秦小林 魏永幸 金旭伟 王锡根 苏玲梅 张 桓 张红英 刘彦琳 祝 捷 白 雪 毛晓兵 林尧璋 孙德秀 俞继涛 徐德彪 欧 眉 殷 峻 刘新南 王彦宇 张兴艳 张 露 刘 娴 周泽刚 毛 灵 彭 莹 周 毅 秦小延 胡仕贲 周 宇 王朝阳 王 平 蔡涤泉

華中科技大學出版社
http://www.hustp.com
中国·武汉

图书在版编目（CIP）数据

埃及：法老的世界 / (德) 雷根 · 舒尔茨 (Regine Schulz) , (德) 马蒂亚斯 · 塞德尔 (Matthias Seidel) 主编；
中铁二院工程集团有限责任公司译 . — 武汉 : 华中科技大学出版社 , 2020.9
ISBN 978-7-5680-6426-2

Ⅰ . ①埃… Ⅱ . ①雷… ②马… ③中… Ⅲ . ①埃及 - 古代史 Ⅳ . ① K411.2

中国版本图书馆 CIP 数据核字（2020）第 130755 号

Egypt:
© for this Chinese edition: Huazhong University of Science and Technology Press Co., Ltd., 2017(or 2018).
© Original edition: h.f.ullmann publishing GmbH
Original title: Egypt, ISBN 978-3-8480-0836-0
Project coordinator: Ute Edda Hammer
Assistant: Jeanette Fentross
Picture research: Barbara Linz
Printed in China

本书简体中文版由德国 h.f.ullmann publishing GmbH 出版公司通过北京天潞诚图书有限公司授权华中科技大学出版社有限责任公司在中华人民共和国境内独家出版、发行。
湖北省版权局著作权合同登记号 图字：17-2020-123 号

埃及：法老的世界
AIJI：FALAO DE SHIJIE

[德] 雷根 · 舒尔茨 , [德] 马蒂亚斯 · 塞德尔 主编
中铁二院工程集团有限责任公司 译

出版发行：华中科技大学出版社（中国 · 武汉） 电话：（027）81321913
武汉市东湖新技术开发区华工科技园 邮编：430223
出 版 人：阮海洪

责任编辑：叶向荣
责任校对：周怡露
责任监印：朱 玢
印 刷：深圳市雅佳图印刷有限公司
开 本：889mm×1194mm 1/16
印 张：34
字 数：1240 千字
版 次：2020 年 9 月第 1 版第 1 次印刷
定 价：598.00 元

華中出版
本书若有印装质量问题，请向出版社营销中心调换
全国免费服务热线：400-6679-118 竭诚为您服务
版权所有 侵权必究

目录

绪论

多罗特娅·阿诺尔德　古埃及艺术今日谈　8

前言

雷根·舒尔茨，马蒂亚斯·塞德尔　9

史前时期

斯特凡·塞德梅尔　埃及迈向先进文明之路　11

早王国时期

斯特凡·塞德梅尔　从国家兴起到第二王朝　27

古王国时期

迪特尔·凯斯勒　第三王朝至第八王朝的政治史　43

赖纳·施塔德尔曼　金字塔时代的王室陵墓　49

哈特维希·阿尔滕米勒　进入永恒的日常生活——高级官员的马斯塔巴和岩墓　81

赫尔穆特·扎青格　逼真的形象——私人雕像　97

中王国时期

迪特尔·凯斯勒　第九王朝至第十七王朝的政治史　107

赖纳·施塔德尔曼　法老的陵墓——传统与创新　111

阿卜杜勒·加法尔·谢迪德　永恒的宅邸——官员墓　121

雷根·舒尔茨　天国与俗世之间——中王国时期的神庙　135

新王国时期

迪特尔·凯斯勒　第十八王朝至第二十王朝的政治史　145

雷根·舒尔茨，胡里格·苏鲁让安　神庙——王室之神与神圣之王　155

胡里格·苏鲁让安　第十九王朝和第二十王朝的建筑物　193

马蒂亚斯·赛德尔　帝王谷　219

弗里德里克·坎帕·塞弗里德　皇后谷　246
弗里德里克·坎帕·塞弗里德　超越死亡——底比斯的私人陵墓　251
马蒂亚斯·塞德尔　孟斐斯的隐藏墓　266

后王国时期

迪特尔·凯斯勒　塔尼斯与底比斯——第二十一王朝至第三十王朝的政治史　273
伊丽莎白·西伯特　借鉴过去——后王朝时期的艺术　279

希腊罗马时期

迪特尔·凯斯勒　托勒密时期和罗马帝国统治时期埃及的政治史　293
迪特尔·库尔思　石头中的世界秩序——后期王朝的寺庙　299
约阿希姆·维勒特奈　亚历山大大帝之后的墓穴和墓葬习俗　315

国家与社会

托马斯·施奈德　神圣的王权　325
丽塔·E. 弗雷德　美与完美——法老时期的艺术　333
斯特凡·维默尔　象形文字的书写与文学　345
埃娃·帕蒂　皇家行政管理及其组织机构　359

曼弗雷德·古特格赛尔　军事　367
曼弗雷德·古特格赛尔　经济与贸易　373
克里斯汀·施特劳斯·席伯　尼罗河的馈赠——农业　379
阿尔布雷赫特·恩德鲁魏特　住宅、城市和宫殿——古埃及人的生活方式　389
加布里埃莱·文策尔　日常家居生活　401
罗斯玛丽·克莱姆　石材和采石场　413

神祇、祭祀、冥界

乌尔里希·卢夫特　不同的世界宗教观念　419
曼弗雷德·格尔克　男女诸神　435
君特·伯卡德　宇宙世界观　447
约阿希姆·维勒特奈　王室和神的节日　453
雷娜特·格尔默　木乃伊的制作　461
瓦法·阿萨迪克　墓葬　473
乌尔苏拉·费尔赫芬　丧葬祭仪　483

尼罗河流域调查

雷根·舒尔茨　千余年来游客、记者和学者眼中的埃及形象　493

丹尼尔·普尔茨　考古学的责任——近期的考古挖掘　501

附录

马丁娜·乌尔曼　术语表　514

雷根·舒尔茨　古埃及诸神　524

苏珊娜·沃尔法思　历史遗迹列表　527

埃迪特·伯恩豪尔　埃及藏品　530

雷根·舒尔茨　列王表（根据于尔根·冯·贝克拉特穗的资料编写）　533

马塞尔·肖赫　年代一览表　535

彼得·德尔·马尼埃利安，马丁娜·乌尔曼　部分参考书目　538

编者　540

多罗特娅·阿诺尔德

绪论

古埃及艺术今日谈

“我想先看埃及艺术！”笔者一次又一次从初访纽约大都会博物馆的游客口中听到这样的话。实际上，埃及艺术品在该博物馆里享有的人气仅次于著名的印象派画家的作品。过去几十年是，现在依旧是；不单纽约的博物馆，全世界的博物馆也都如此。

那么，到底是什么能让身处信息时代的人们对这些来自非洲东北角尼罗河流域的雕塑、浮雕、绘画和小工艺品如此痴迷呢？杰出的埃及艺术史学家西里尔•奥尔德雷德（Cyril Aldred）将这些艺术品的魅力归因于一个简单、但却能让人立马信服的共同特性：“‘埃及艺术’之所以让人无法抗拒，乃是由于其人性。”抛开那些宏伟的神庙和巨大的雕像不说，对于大多数古埃及艺术品，我们只要看一眼，就能知其大概；它们所蕴涵的意义也十分直接，不难理解。站在我们面前的，是穿着简单、带着几个简单易懂的符号特征的男女老少。他们常常睁大双眼，直视所面对的世界，举手投足之间散发着自信。人物的个性体现不仅通过对身体特征的精确描绘，还通过将人物类型化，比如“完美的女性”、“老人”、“富态的达官贵人”、“好父亲”、“抄写员”、“老成持重的官员”等。

关系意识是人类及其行为的特征。而这种意识就随着石块最初形态的慢慢消失，埃及石雕像轮廓渐现之时，从雕像的背景石板和石柱中，从一站一迈的双腿之间、腿部及其后的石柱之间，躯干、双臂与双手之间的斑斑“阴影”中体现出来。即便是还与石头连着的人像，也同样有这种意识固定着、维系着它。如果说木质和金属雕像没有体现出这些特征，只体现了人体在空间中的独立性，那并非仅仅因为技术原因。事实上，这凸显了古埃及文化对石头的特殊情感：石头，不仅是最高贵的材料，也是永恒的保证。

无论是独立的木质雕像和金属雕像，还是石像，它们的存在就是埃及艺术家实际创造力的体现。古埃及人本来就认为艺术家与神的创造力具有直接关系，西里尔•奥尔德雷德也中肯地提出了这样的看法。埃及浮雕和绘画中的人物都是根深蒂固的基本秩序体系的一部分。一方面，世界的有序结构通过网格图形表现，图形中是一道道壁障。对于网格中的每个小方块，其“基线”可看成是字面意义上的基线，就是人和动物立身处世的原则。空间中随意站着的人几乎始终代表埃及国家的秩序瓦解。另一方面，安排在不同区域的动物和人却表明了即使是在史前时期都极为重要的组织结构，即，一种将周遭的混乱转变为能加以审视和控制的文明世界的法令。

有了从混乱中恢复的这一秩序体系，尼罗河绿洲的多彩生命世界得以自由发展，并通过艺术描绘流传至今。这些艺术品不仅表现了百姓耕种收获、写写画画、储存和分配食物的样子，还表现了他们建造船舶、制作家具等日常用品的情景。我们能看到他们和亲朋好友一道在庆典活动中载歌载舞，关心亡灵在墓穴中的安乐。我们可以看到法老以祭司的身份代表人们与神对话，可以看到他像一名战士一样提防着混乱无时不刻的威胁。

即使在死亡恐惧面前，这个世界上所存在的秩序也能起到帮助作用，因为太阳——被埃及人视为造物主的最重要的体现——在晚上造访阴间赐予生命。太阳在墓穴里再次创造生命、维持生命。它的光芒能让艺术家观察到人与兽的脸颊和身躯上哪怕是最细微的差异，并且能够通过雕像的表面将其逼真地描绘出来，却不会抛弃埃及艺术已经具有的有序结构体系。正是这种结构秩序和对自然准确观察之间的联系，让古埃及人成为了古往今来可能最具创造力的“符号”发明人，因为古埃及抄写员设计并提炼出了几千个书写文字。在象形文字中，字词和图形永远是一体的，说明性的艺术既有文字，也有符号。

尽管各种各样的埃及艺术品对于我们这个时代的人有着巨大的吸引力，但针对尼罗河流域文化的专著却寥寥无几。不过，本书就是这方面的一个出色破例。

雷根·舒尔茨　马蒂亚斯·塞德尔

前言

罗马皇帝、阿拉伯学者、早年的旅行者以及现在年复一年涌入的数百万游客，无不醉心于古埃及那高度文明的非凡魅力。吉萨金字塔群、卡纳克神庙、帝王谷、图坦卡蒙的墓葬，都代表着一种文化成就的独特价值，它们将永远彪炳史册。埃及具有很多让来自其他文化背景下的人们捉摸不透的特质。直到今天，很多真真假假的未解之谜仍是人们绵绵兴致之所在。

寻找古老的智慧、神秘的经历、尘封的宝藏，让许多人为埃及的魔力着迷，一次次地奔向同样的主题：狮身人面像、胡夫金字塔、木乃伊、法老的咒语、非常“灵验”的符号和仪式，等等。主要原因可能在于众多法老遗址的恢弘壮丽及其仿佛无视时间一般长久的存在，这跟现代人所处的瞬息万变的世界形成了巨大反差。

诸如此类的主观想法不断受到热捧，而古埃及真正好的方面却没有受到足够的重视，其中包括古埃及人所取得的让人叹为观止的技术和管理成就、高水准的剧本和文学作品、建筑和绘画艺术，还有“整体世界”观念（即建立在对大自然精确观察基础之上的世界，其中的科学和宗教乃不可分割的统一体）。不过，这一关于世界的概念很容易让我们误认为古埃及社会及其理念是静态的，因而采用肤浅的方法对其进行研究。从不计其数的历史遗迹中，从成百上千的学者研究的大量铭文和不可思议的考古发现中，我们了解的古埃及是一个不断变化的形象，我们所能做的只是阐释五花八门的疑问。

因此，希望能通过本书介绍古埃及，即通过充分细化区分古埃及，展示它的大量成就。本书还综合介绍了古埃及文化的具体特点。本书旨在全面阐述古埃及丰富的历史条件、社会背景、宗教制度，兼容并包新旧知识、基本知识和知识细节。同时，也尝试着去探寻古埃及人所持有的“整体世界”观念的根源。

我们要对科隆大学埃及学研讨会、慕尼黑大学埃及学研究院和希尔德斯海姆柏力扎伊斯博物馆（Pelizaeus Museum）表示感谢，感谢他们对本书的出版所给予的帮助，感谢他们向我们提供的便利。

我们还要感谢各位作者和同事，感激他们在百忙之中抽出时间参与这个项目，并随时准备帮助我们克服一系列可能遇到的困难。最后，我们感谢编辑组在条件并不十分理想，特别是本书涉及范围异常广泛、有大量插图的情况下，还能全身心地投入本书的制作。

1 人神像头

莫林达（Merimda），最近的聚落层；约公元前5000年中叶；黏土；高11厘米；开罗埃及博物馆，JE 97472。

代表头发和胡须的材料原来是从脸周围的小孔穿过的。头像底部有一个圆柱状小孔，可使其放在棍棒上。

2 手斧

底比斯地区；旧石器时代早期，公元前100000年以前；打火石；长16厘米；伦敦大英博物馆，EA 41496 — 7。

用打火石打磨而成的笨重的手斧是旧石器时代典型的工具，使用普遍。这样的工具在上埃及尼罗河沿岸的砾石台地中很多。

埃及迈向先进文明之路

斯特凡·塞德梅尔

3 带有人字形花纹的磨光陶器

莫林达，最早的聚落层；约公元前六千年末至公元前五千年初；开罗埃及博物馆。

发现于莫林达最早的聚落层中的陶器质量都很高。碗、深盘都采用细腻的黏土制作，其表面和可以够及的内部均用硬物打磨光滑。通过加工，陶器表面具有紫红色。很多陶罐上，罐口下面肩部的位置都会刻一条人字形花纹条带进行装饰。

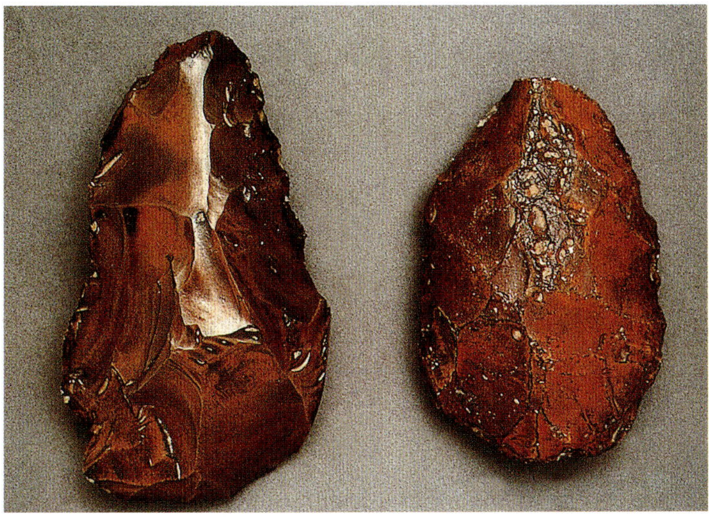

文化和自然环境

文化的发展与地理和生态环境有着十分紧密的联系。这种联系在埃及就十分明显。尼罗河流域是一块夹在两片沙漠中间的外流河绿洲，西部是广袤无垠的撒哈拉大沙漠，东部是将埃及与红海隔开的崎岖山脉。埃及东北部有一条狭窄的通道能通往西奈半岛北部海岸线，将其与巴勒斯坦和近东地区联系起来。河谷与外部世界隔绝，深入阿斯旺第一瀑布北部逐渐变宽的冲积平原中；在开罗北部，尼罗河分成多条支流，形成了广阔的尼罗河三角洲。虽然埃及降雨量稀少，但是，每年夏末，尼罗河都会泛滥一次，为稳定的农业繁荣创造了条件。长久以来，这些基本的生态因素都被视为法老文化的基础（也确实如此），对随后的世世代代都产生了深远的影响。

但是，这些条件也不是一成不变的。在探寻埃及文化历史根源的同时，我们还必须检视地理环境的变化。这里的气候经常出现异乎寻常的变化。主要应该有两个原因：降水和尼罗河的泛滥。尼罗河的泛滥影响着河谷本身的生存条件；而降水能决定沙漠边缘的地区是否可以居住，进而确定尼罗河流域与周围环境的关系，以及河谷居民与周边地区居民的关系。

起源

石器的发现证明，在旧石器时代早期，人类就已经在尼罗河流域生活。然而，在这一时期的文化领域，还不能辨别出任何埃及特征。在旧石器时代晚期，约公元前两万五千年到公元前一万年之间，埃及特征才开始显现。在这段时期，一度在撒哈拉热带草原上过着游牧、采猎生活的早期人类群体因为一次大旱灾被迫离开撒哈拉大草原，来到尼罗河流域。当时，尼罗河还是一条小河，可能只是在河床中有水，而且受到季节的影响，但是也能维持人们的生计。

发现石器和食物残渣的多处地点证明，很多人类小群体已经适应了在当时的条件下生活。也许，他们只是根据季节的变化在各处营地之间短距离迁徙，吃不同时节自然生长的食物。除了狩猎和采集，捕鱼也是他们营生的重要方式。

就是在此背景下，古埃及人开始了意义非凡的发展。石器，不外乎有几何形状的小刀具，乍一看没什么了不起。然而，古埃及人却将这些石器组建成复合工具，当作其锋利的边缘或尖端。比如刀、箭头、矛、鱼钩、鱼叉等。而且，这些工具其实就代表着极大的技术进步。鱼等食物残渣的发现说明，人们已经能把食物晒干、储存，帮助他们度过长达数

4 地图：撒哈拉东部

非洲东北部的气候在史前波动很大。这种波动有时会改变植被带，如图所示（图示为公元前一万五千年早期）。各地区划分如下：1. 沙漠；2. 沙漠，但是有需要雨水的植被；3. 半沙漠；4. 多刺疏林；5. 热带草原，有观叶植物［根据K. 瑙曼（Naumann）］。

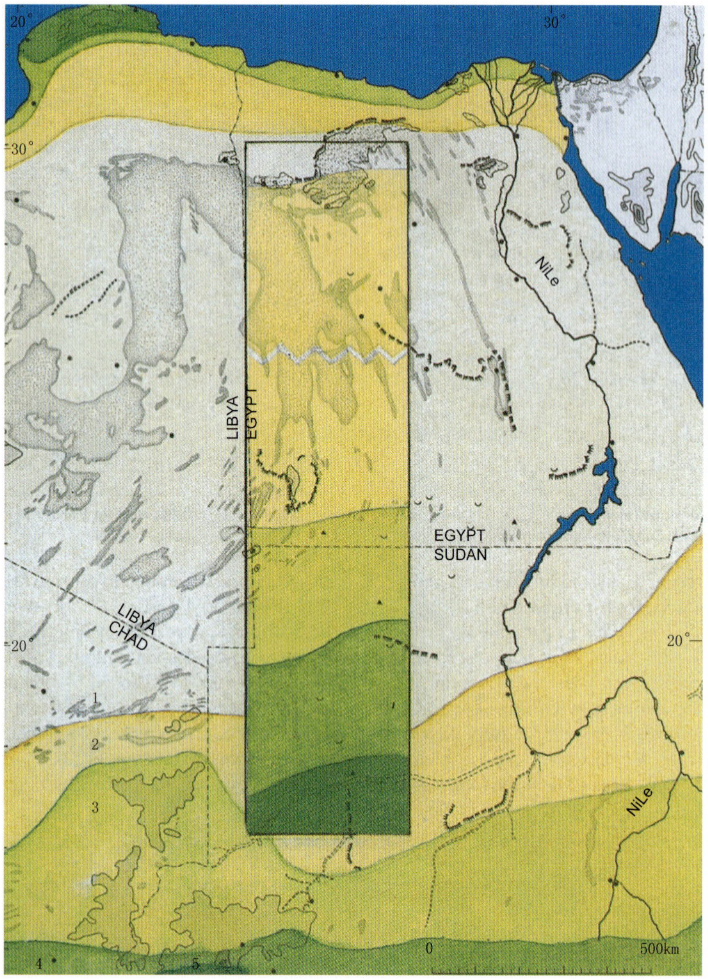

月的食物匮乏期；迈出了经济发展和盈余存储的第一步。最后，随着时间的流逝，这种地点越来越多，说明这种半固定式的生活方式可以实现人口增长。

新石器时代的埃及

公元前 10000 年前后，气候发生了一次大变化，影响深远；降雨量陡增，导致尼罗河流域大洪水泛滥，有时甚至是特大洪水。降水量的增多使沙漠边缘的区域成为水源和绿洲遍布的热带草原，使其再次变得适于居住。公元前八千年，撒哈拉又有了定居点，出现了具有重要意义的创新。早期陶器和打磨过的石斧体现出新石器时代的技术特点。尽管人们仍像猎人一样过着半游牧式的生活，也没有种庄稼，还是采集野生植物的种子，但是，他们却好像已经驯化了牛。另一方面，公元前八千年期间，近东、黎凡特（Levant）、巴勒斯坦地区出现了有防御能力的定居点，人们开始耕作、驯化绵羊和山羊。整体看来，标志着人类历史新时代的技术、经济、社会特征，开始在非洲东北部和亚洲西南部这一大块地区出现，并相互影响。

一开始，埃及尼罗河流域似乎并未在这一进程中起到什么作用。一是考古学证据不足，二是一系列大洪水有可能摧毁了若干层遗址。然而，艾尔卡布（Elkab，位于法尤姆）和赫尔万（Helwan）著名的遗址却表明，埃及人因适应尼罗河流域的环境而从旧石器时代末形成的生活方式，一直持续到了公元前六千年。他们所生活的这片土地罕有的富庶，让埃及人得以保持一种原始的生活方式；直到公元前六千年期间发生的另一次旱灾，才又迫使沙漠边缘的居民迁回尼罗河流域。在公元前六千年末至公元前五千年这一时期，埃及出现了第一批新石器文化群。鉴于考古学发现不足，我们还不能弄清楚尼罗河流域在旧石器时代末中石器时代初的传统和移民文化是如何融合的。不过，只有这种文明以这种方式出现，我们才能解释埃及新石器时代最初的多样化特点。

逐渐严重的干旱导致尼罗河流域的天气情况在公元前三千年中叶变得与现在一样，日益成为一片特征鲜明的区域。随着内部殖民地化的发展和各种文化因素的融合，真正具有埃及特色的独立文化形式开始出现。虽然与其周围地区的文化比起来，这种文化形式出现较晚，但是，却在公元前四千年发展强劲，并在公元前第三个、第四个千年之交促成了法老制国家的建立和埃及先进文明的创造。

下埃及史前文化

位于下埃及尼罗河三角洲西部边界的莫林达•贝尼•萨拉马（Merimda Beni Salama）也许是埃及最为久远的新石器时代遗址了，其南端在开罗西北约 50 公里处。从这片广袤的遗址最近的挖掘情况来看，至少确认了 5 个考古学时期。最早的一个时期可能在公元前六千年；其后的几个时期大多处于公元前五千年。

莫林达最古老的文化层很清楚地显示出独立的特点。在考古学家看来，这些用优质、细腻的陶土经打磨或烧制做成的碗、碟上所刻的鱼骨形花纹跟箭头一样表明了与近东地区的接触联系。不过，第二层文化层上发现的骨头做成的鱼叉、努比亚地区的石头做成的斧头证明，其与南方也有联系，警醒我们在寻找三角洲史前文明的背景时，不能只把目光集中在近东地区。我们在聚落区发现了卵形的棚屋。有些棚屋将其一小段固定在地下，还有芦苇帘防止风吹。人们还把大篮子埋在

5 小石器

埃斯那（Esna）地区；旧石器时代末，约公元前11000年；打火石。

小石器就是一些小石片和有几何形状的薄片，一般只有一个指甲盖那么大，用作工具的锋刃或尖头，工具的其他部分则采用木头、芦苇、骨头制作。许多用于狩猎和捕鱼的轻小工具、比大石头做成的更好用的武器都是这样制作而成的。能采用多种材料加以配合制成如此复杂的工具，的确是值得称颂的智力进步。

6 喀土穆（Khartoum）出土的各种中石器时代的陶器

约公元前七千年。

最近的发掘情况让越来越多的人认为苏丹中部就是文化动态发展的摇篮。旧石器时代末（中石器时代），那里制作的陶器上有复杂的装饰，波纹线是"用梳子梳出来"（刻上去）的。所以，苏丹的陶器生产史可追溯至公元前九千年。

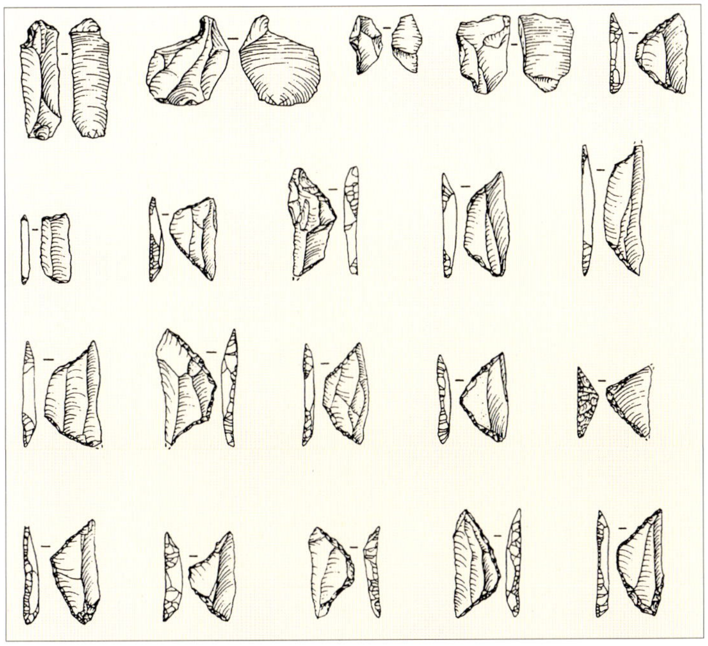

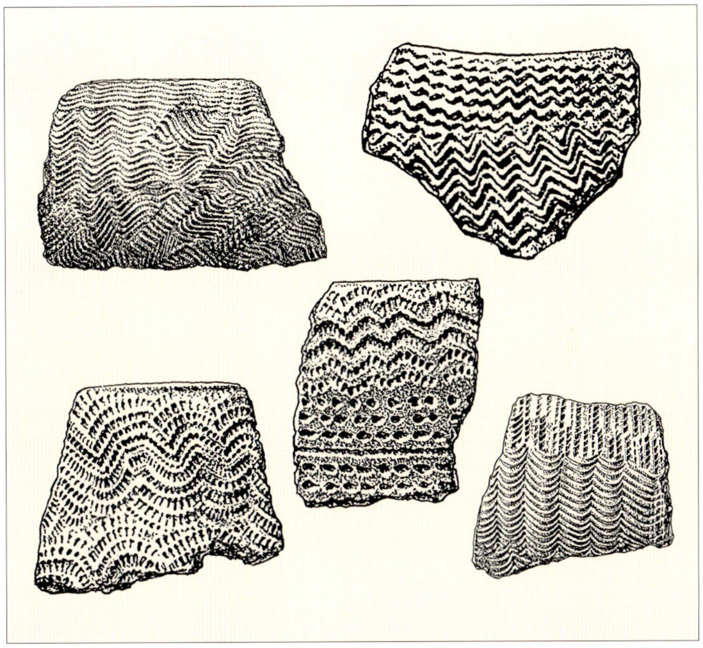

地上，当做仓库，储存些稻谷。他们还饲养了绵羊、山羊、猪。这一时期后期的大多数陶器都混有稻草和谷糠。这样的做法使其外观更粗糙，但是有利于制作体积较大的细长容器，比如罐子、瓶子、盘子、碗等。很明显，石器的制作在莫林达聚落区十分重要。这里是沙漠边缘，所需的大块打火石非常多；而且，由于住在三角洲中心聚落区的居民没有这种原材料，为早期的实物交换提供了广阔的市场。另一个特点尤其吸引人，我们发现了牲畜的小陶俑和给人留下深刻印象的人头像，这是有关艺术活动的第一份证据。莫林达聚落区还发现了很多墓穴。死者以胎儿形体位侧躺在浅坑中。墓穴内物品很少，没有能表明死者社会身份的标志。不过，新的发掘表明。在漫长的时间内，人们的聚落区不断扩大，后来的民居就住在之前的墓地上。从时间上看，我们在法尤姆和位于开罗东南部赫尔万附近的奥马里（el - Omari）发现的情况也和莫林达的发现大致相同。尽管如此，下埃及史前文化后期，即始于公元前四千年至公元前600年的一段时期，却是以迈阿迪（Maadi）定居点的考古学发现确定的。迈阿迪定居点也位于开罗东南部，占地广大，还有两处相关的墓地，就像一幅大剖面图，为其文化的分析提供了有利的条件。这里的陶器颇有特色。最重要的是，这一时期有或者可能有大量的铜器：针、鱼叉、斧头，开始取代用骨头和石头做成的同类器具，因为我们在迈阿迪发现了铜矿石。这些铜矿石很可能还用作化妆的染料。这种材料说明，这里与巴勒斯坦地区南部、近东地区有着密切的贸易往来。通过从上埃及带入的陶器、本地人对这些陶器的仿制品和进到本地的板岩等例证，我们还能发现这里与同时代上埃及的文化也有联系。从整体上看，这些物品说明该地为近东地区和尼罗河流域之间的贸易中转站，让上埃及的早期文化得以首次进入这些地域。从三角洲西北部的布陀（Buto）新发掘的文物也反映出与迈阿迪文化类似的考古学层次。它也就证明，这种形式的地理分布格外广泛。这里同样发现了说明其与近东地区有接触的重要痕迹。比如类似黏土钉一样的陶针；乌鲁克时期（the Uruk Period），美索不达米亚的庙宇用这种陶针进行装饰。有几处墓地都说明了迈阿迪文化的丧葬习俗；与莫林达一样，迈阿迪的墓地规模也适中。死者躺在卵形的浅坑中，包裹在草席里，还有黏土容器等几件随葬品。有时，墓穴中也能发现与莫林达文化相同的贝壳。梳子、发夹等物品比较少见。公元前四千年，上下埃及的众多文化间有很大不同，不仅在于遗留下的工具，还在于风俗以及这种风俗可能反映出的社会结构。

虽然最近的现场工作让我们对尼罗河三角洲史前文化的认识又上了一个新的台阶，可是，所面对的疑惑也是前所未有的。造成这种疑惑的原因是三角洲的地理情况。上埃及河谷地区内的遗址和沙漠有很长的边界；与此不同，三角洲内的遗址几乎就在河边，而且很多遗址现在都被埋在厚厚的沉积物之下。

这样一来，关键的问题就无定论了。在法老文化后来的传统中，

7 迈阿迪文化的一处墓穴

迪季莱河谷（Wadi Digla）墓地；公元前四千年。死者的身体右侧卧，双腿蜷缩，双手放在面前。头部本来可能是放在一块石头上加以支撑。死者背后放着三个具有迈阿迪文化特色的圆形容器。没有其他陪葬品。

8 有垫底的容器

赫利奥波利斯附近，迈阿迪文化墓地；公元前四千年；陶器；高 18 厘米；开罗埃及博物馆。

迈阿迪文化的陶罐很有特点，底部平坦，罐身呈桶状，罐口逐渐收紧然后向外张开。有时，罐底有锥形的垫底，如图所示。另外还有圆形的瓶子和短颈圆形容器。

除了上埃及重要的皇城之外，布陀、塞斯（Sais）这些在三角洲内的城镇具有举足轻重的作用。这种现象背后有什么样的历史现实因素？会不会是像一种理论所说的，三角洲的这些富足的贸易城镇能通过海洋与近东地区联系？这些城镇中突然出现的建筑，比如神庙或宫殿这些实为壁龛式正面等建筑形式前身的建筑物（当然也受到近东地区建筑的启发），是否在早王朝时代就充分发展成墓葬建筑？公元前四千年时，尼罗河三角洲的社会、政治结构如何？是否由城邦构成？是否是一个幅员辽阔的王国？而弄清这些问题对于我们理解法老制国家的崛起非常关键。

上埃及考古学文化

中埃及北部的考古遗址的情况也不容乐观。这一流域两头的遗址，即法尤姆附近和阿西尤特南部的德尔•塔萨（Deir Tasa）两处的遗址表明，本属于下埃及文化传统的部族，其足迹曾延伸到三角洲之外，远至南部地区。我们确信，从考古学角度来说，仅就中埃及南部和上埃及尼罗河流域而言，根据大量考古发现，有充分的证据表明在公元前四千年这里已经有人居住。法老文化的兴起，与这一上埃及文化传统有着根本上的渊源关系，同时还构成了埃及史前史的历史主线。

尼罗河东岸的一系列聚居点遗址和墓地代表着真正最古老的上埃及新石器文化，位于阿西尤特南部的巴达里（Badari）村附近。从时间上看，新石器文化早期的这几个阶段与北部公元前 4400 年左右的莫林达文化末期相重叠，而且正好是公元前 4000 年早期（即公元前 3800 年前后）的涅加达（Naqada）文化初期。

这些聚居点遗址证明，在与埃及肥沃的土地毗邻的萧条沙漠带上，还有很多小村庄。残留的棚屋、埋在地上的仓库、盛放着粮食的容器以及含有聚居点垃圾的地层，都表明这些村民的经济活动范围广泛，包括耕种、饲养家畜、狩猎、捕鱼等。

这里早期的农耕没有十分繁重的劳作。河流本身就能在河谷平原上制造出天然的水坝和洼地。所以，埃及农业的基本原则：从蓄水池中引水灌溉，这种形式已经天然存在，只是后来又加入了人工沟渠进行了完善。

村民去世以后就被埋在村庄外围的小墓地中。大多数死者身体躺在左侧，摆出胎儿形体位，双眼向着西方。按照规矩，死者被包裹在草

9 棱纹烧制盘

玛特玛尔（Matmar）地区；巴达里文化，公元前五千年末；陶器；直径 21 厘米；柏林国家博物馆（SMPK）埃及馆，23668。

采用特殊的工艺烧制有棱纹表面的陶器是巴达里文化的特点。不过，努比亚和苏丹地区的几个其他文化族群也发现了同样的技术，而且都偏爱圆底的罐子，因此，也证明了巴达里文化与南方的联系。对于上述两种特点，巴达里文化与早期涅加达文化均不相同，这两种文化至少曾经在上埃及共存过一段时间。

10 犀牛形装饰容器

莫斯塔吉达（Mostagedda）；巴达里文化，公元前五千年末；象牙；高 6.3 厘米；伦敦大英博物馆，EA 63057。

最早的视觉艺术品也许就是日常用品。从绘画到有图案的装饰品，到具有形象结构的整件物品（比如图中这件特别的容器），一眼就能从一大堆平淡无奇的器具中分辨出。但是，从史前时期直到早王国时期出乎意料地出土了大量使人产生丰富想象力的文物。随着壁画、纪念性雕塑的艺术风格的发展，日常用品逐渐被取代，成为艺术表现的媒介。

席中，一般有大量随葬品。虽然在聚居区发现的大型黏土容器大多粗糙，但是在墓中找到的陶器却格外精致漂亮。碗碟通常采用红色或棕色的黏土制作并加以打磨；其特别之处在于采用特殊烧制工艺制作的黑色边口。容器表面常常在打磨前“用梳子”梳出一种别具吸引力的棱纹。

这些墓穴中也有种类繁多的物品，但主要是与遗体的装扮有关的。最出众的要数骨头和象牙雕刻。墓中器具有装饰性石盘、雕花油膏勺、发夹、骨头和乌木做的雕花梳子和手镯、绿松石珠子串成的项链、釉面滑石（皂石）、贝壳、各种石头等，一般都有图案装饰；偶尔也会发现铜发夹和铜珠。

在巴达里墓地的发现第一次明确说明埃及的土地上已经有了十分成熟的墓葬仪式，对今后的古埃及文化产生了诸多影响。由于死者的大多数个人财产和衣物随之下葬，墓葬仪式还是展示社会情况的媒介和死者社会身份的表达。

这些文物的特点能说明巴达里文化的来源和对外接触情况。

陶器的制作工艺表明其和努比亚的联系；釉面珠子、绿松石和铜的使用，又说明其和近东地区有关，就好比驯化某种动物一般。

早期涅加达文化

继巴达里文化之后，涅加达文化是上埃及最重要的史前文化。涅加达文化的发展历史一直延续到埃及建国，其间没有断点。涅加达文化分为三个主要时期（即涅加达Ⅰ期、Ⅱ期、Ⅲ期），每个时期又分为若干阶段，为早王朝时代的技术、社会、政治进程提供了一条绵长、清晰的脉络。

公元前四千年伊始，最早的一个时期，即涅加达Ⅰ期[也称阿姆拉（Amratian）文化]本来是和地理上相邻的巴达里文化并行发展的，只是逐渐融合并最终取代了巴达里文化。不过，涅加达文化的发源地是在巴达里文化已知分布地区以南，卢克索和阿比杜斯之间的地区。这里也属于尼罗河流域的一部分，有多条东西走向的大路跨过尼罗河，连接红海和绿洲。

从生态、技术特征、基本材质特点来看，早期涅加达文化和巴达里文化十分相似。然而，从手工技艺的类型学上看，涅加达文化却具有显著的自身特点。当然，这种特点还是从来自墓地的文物体现出的。在涅加达Ⅰ期，精美的陶瓷器盛行：红色的陶器加以打磨，既有平坦的，也有带黑边的。除盘子外，最多的就是又高又宽的锥形平底罐。随着时间的推移，容器上部才越来越窄，因而可以制作瓶子和大容量的罐子。

涅加达Ⅰ期陶器的特点在于：红色，经过打磨，绘有奶油色的线条进行装饰。一开始，这种花纹是几何形状，有时也绘成花花草草。但是，在第一个时期后期，这些图案常常是表现各种动物，特别是像犀牛、鳄鱼等尼罗河流域中的动物。偶尔也见到风景人物装饰，通过清晰的图画表现狩猎或者祭拜、战斗的场景；还第一次出现了对船的描绘。除了图画之外，容器边有时候同时还有小雕像。其他艺术领域的形象描绘也日益增多。女性雕像大量出现，而在巴达里文化中，这种雕像只发现三座。有胡子的男性雕像多见于坠子（或许是护身符）和象牙

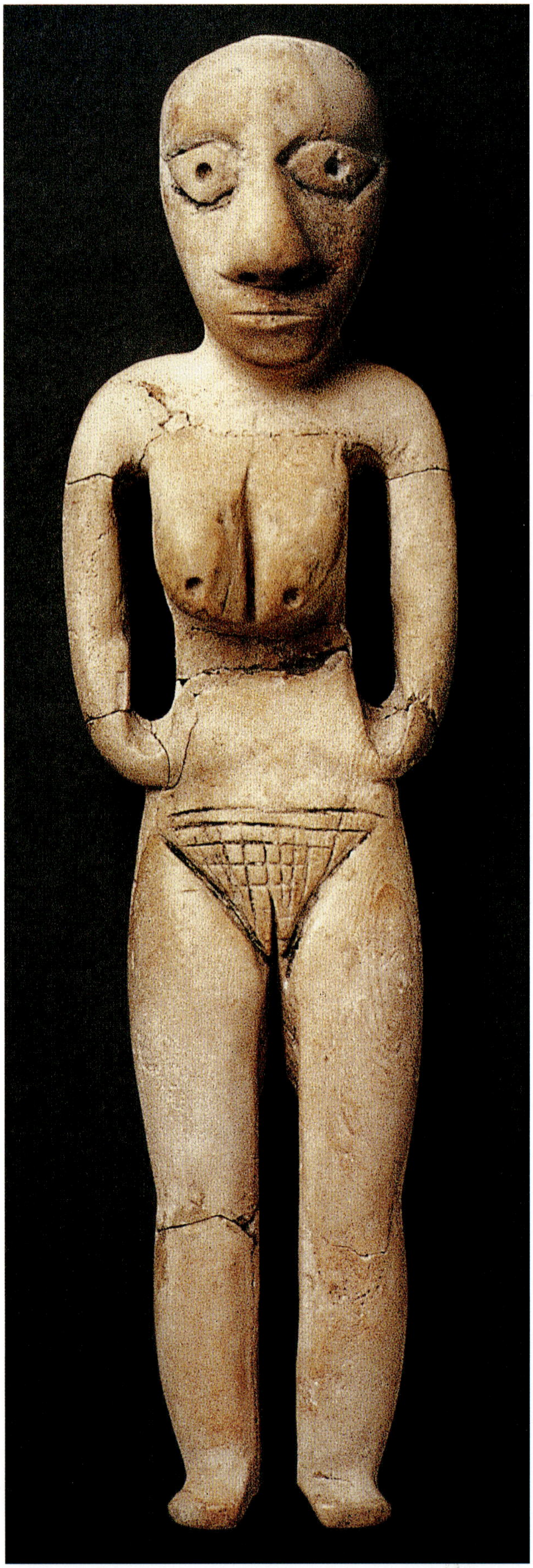

11 女神像

巴达里；巴达里文化，公元前五千年末；象牙；高 14.3 厘米；伦敦大英博物馆，EA 58648。

已知巴达里文化有三个这样的女神像。此神像是一种艺术形式的早期例证，这种形式稍后得以发展、盛行；法老时代也有很多这样的神像。不幸的是，我们资料不足，不能确定这一神像的象征性意义。

“魔杖”。虽然我们只能猜测这些物品的真正用途和意义，但是，这些东西很明显只有象征意义或只是想象力的体现，而无实用价值。

涅加达Ⅰ期的其他常见艺术形式还有斜菱形的石板和圆盘形的石头双头羚羊饰物。双头羚羊一开始是显赫男性的随葬品，在后来的历史时期，由于不能当作武器使用，它成为法老王权标志的一部分。

涅加达文化的一个重要特点是其活跃的地理变迁。它从基纳（Qena）为圆心开始，沿着尼罗河发展形成了一个大圆圈。

涅加达文化在Ⅰ期就向北扩散到阿西尤特地区（或者是阿西尤特和法尤姆之间的某个地方，目前还没有考古发现），向南发展到第一瀑布南端。导致这一过程的原因不仅仅是在当时无人居住的地区定居。在相同的背景下，还必须考虑已经在此地生活的人群对种植的适应性；他们或许仍然过着采猎和捕鱼的生活，从考古学层面上讲，情况还不是很明晰。 在任何情况下，我们都不应该只凭某一人群甚至是某一政治结构的散布来轻易确认一个考古学上定义的文化。在研究埃及涅加达文化的表面发展时，我们主要集中在方式的研究上；通过这种方式，新的生活方式和经济策略、新的技术知识、新的社会组织及其各种表现形式得以在一个广泛的基础之上确立。

涅加达Ⅱ期的主要证据

考古发现提供了涅加达文化取得进一步物质发展的记录。综合其若干特点来看，可以看出涅加达Ⅱ期［又称格尔塞（Gerzean）文化］大概处于公元前四千年中叶。

早期非常盛行的黑边陶器越来越少，两种新技术发展起来，并变得日益重要。其中之一便是将尼罗河的淤泥与谷糠粗糙地混合，制作陶瓷器。这种材料出现在聚居点早期出土的文物中，制成餐具、器皿和存储容器的成品或半成品。而此时，这种材料则用于制作各种器具。

不过，最突出的创新还是一种采用“泥灰质黏土”制作的陶瓷器皿。这种黏土的来源不尽相同，主要产自尼罗河流域边缘山脉中的石灰岩层。从技术上讲，这种材料的加工更难，但是，能制作出坚硬、密实的高质量陶瓷器皿，特别适用于制作长时间盛放液体、奶制品、蜂蜜等类似食品的容器。

12 绘有人物场景的高瓶子

涅加达Ⅰ期，公元前四千年上半叶；陶器；高28.6厘米；布鲁塞尔比利时皇家历史艺术博物馆（Musees Royaux d'Art et d'Histoire），E 3002。有人物的场景描绘在涅加达Ⅰ期还比较少见，而且对这种非写实主题的辨认和解释通常也十分困难。这个瓶子瘦高，周围的描绘表现了两个高高的男性，戴着阳具鞘，高举双臂，头发里插着小树枝；另外一株较高的植物无法更进一步辨认。每一组这样的图像之间，是两个较小的男性人像；几对人像中，其中两个在瓶口处相连。这种描绘可能是节日或葬礼的场景或传统。

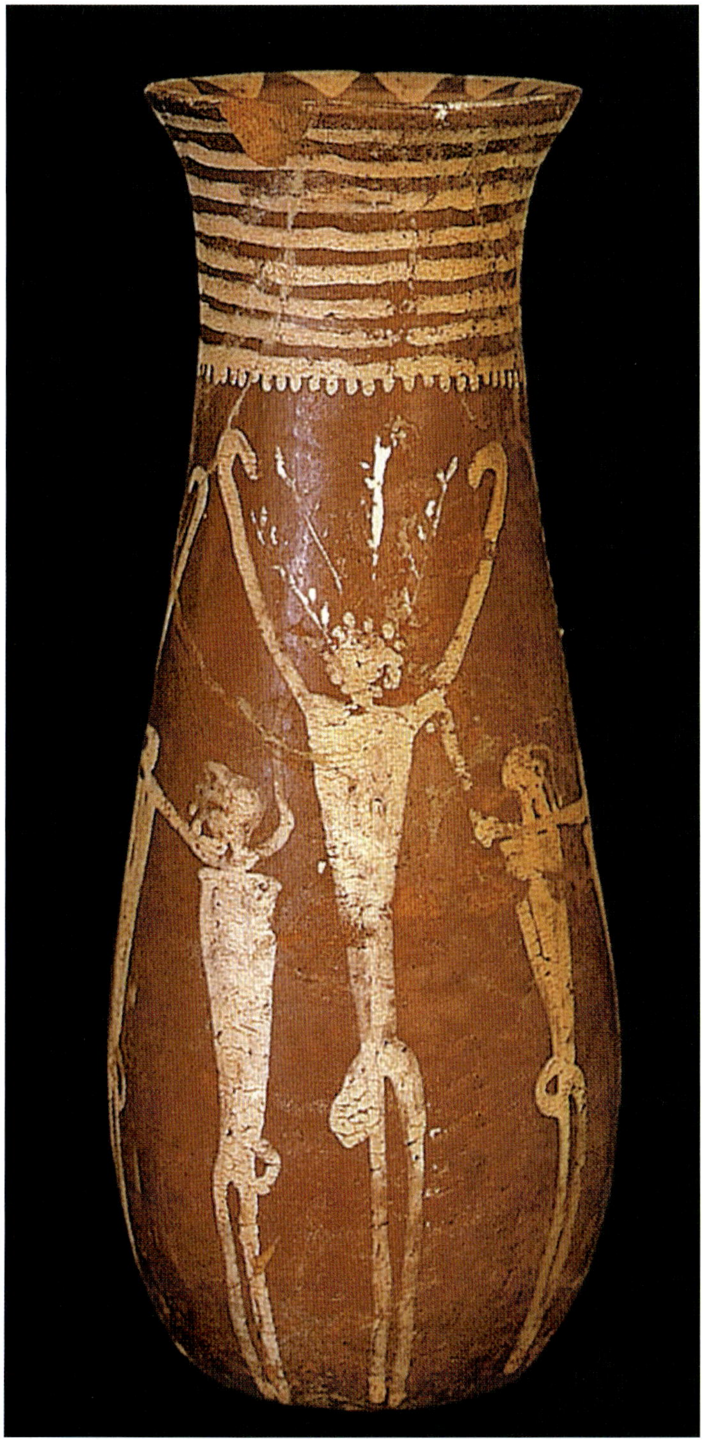

13 绘有两条鳄鱼和植物的碗

涅加达Ⅰ期，公元前四千年上半叶；陶器；长20厘米；里昂法国吉美博物馆（Musée Guimet），90000045。

涅加达Ⅰ期的图画题材主要集中在尼罗河流域的各种动物上，这说明人们生活的观念和方式与河谷有多么密切的联系。碗中所绘的是两条生活在自然栖息地中的鳄鱼，栖息地通过植物的叶子突出。涅加达Ⅰ期的绘图风格偏向于用交叉网线填充空间；这里，鳄鱼的鳞甲就描绘得非常细致；另外，植物的叶子也已经脱离了几何形式。

14 黑口陶器

涅加达Ⅰ期，公元前四千年上半叶；最大的那个罐子高13.2厘米；开罗埃及博物馆，JE 421247、JE 26530 (CG 2008)、JE4125E。

涅加达Ⅰ期最有特色的一种陶器是经过打磨并将边口烧制成黑色的红色容器。开始时，最常见的陶罐是呈平底烧杯状，逐渐扩大成锥形；而后慢慢地发展出更为封闭、肩部较宽大的桶形容器，同时还有很多其他形状，适宜于广泛的用途。很多时候还能发现结构复杂、形式华丽的陶罐。比如带有柱口的容器。所有陶器都是制作者在没有陶钧帮助的条件下手工随意成型，结果大多数陶器反而比古王国时期工厂所生产的更加漂亮、规整。

15 女神像

涅加达Ⅰ期末，公元前四千年中叶；未烘焙的黏土；高25厘米；都灵埃及博物馆（Museo Egizio），物品编号1146。

女神像是年代最久远、分布最广泛的早期视觉艺术品，就是在法老时期，也与正统艺术形式比肩。这张照片所展示的就是给人印象最深的神像。身体被精简到最基本的结构，具有很强的表现力。双眼通过一条条绿色的妆线突出，身体上（后背）绘有纹身和动植物图画。

16 长着胡须的男神像

戈伯伦；涅加达Ⅰ期，公元前四千年上半叶；角砾岩；高50厘米；里昂法国吉美博物馆，90000171。

涅加达时期的男人像比女神像更加神秘。人像上一般都有又长又尖的胡须，可能是后来神和君主所戴的人造胡须的前身。

17 耳形手柄打孔的小脚容器

涅加达；涅加达Ⅰ期，公元前四千年上半叶；玄武岩；高24.5厘米；柏林国家博物馆埃及馆，12928。

这样的容器具有涅加达Ⅰ期的随葬品的特色；但是，其形状与涅加达文化的其他陶器截然不同。窄小的形状和罐底很像下埃及迈阿迪文化的陶罐。因此，这种陶罐很可能来自北方，反而是装饰石板画这种本属于上埃及的物品，是在迈阿迪发现的。

泥灰质黏土曾用于制作新品种的陶罐，取代了涅加达Ⅰ期用白色绘图的瓶子。这种陶罐大多是中小型容器，呈桶形或宽大的球形，一般带有打孔的手柄。此时的装饰还仅限于用深红棕色的颜料在奶油色的底子上绘出几何形状、点、螺旋。这种构想很明显是模仿石头容器的色彩，正如陶罐形状相似于石头容器的形状一样。这种容器，尤其是用来盛放油膏的容器，采用鲜艳、昂贵、坚硬的石头和角砾岩制作，在这一时期非常流行，后来成为法老文化中很受欢迎的一种技艺。

其他陶罐的装饰比较形象。装饰题材十分单调，组成条带状，围绕着整个罐体。一条条非写实的三角形小山和代表水的锯齿线描绘出尼罗河流域的风景；此外，还有动物、像火烈鸟一样的鸟类、羚羊、各种植物。但是，最常见的绘图却是船：镰刀形的大船，船舱用草席制成，还有很多桨。象征性的桅杆，酷似后期占卜用的杆子，竖直地反复出现在船里。 对这些船只及整个场景的阐释仅仅停留在一个假设的水平上。船后来成为法老文化的主要装饰题材；不仅是葬礼的特点，也是王室拜神和庆典的特征。

涅加达时代，文化氛围的特点在于扩张、贸易和广泛的接触。

18 绘有图案的泥灰质黏土罐

涅加达Ⅱ期，公元前四千年下半叶；高分别为12.3厘米、15.4厘米、19厘米；都灵埃及博物馆，物品编号4689、413、383。

酒桶状圆形容器也经常发现。这种容器有打孔的大手柄，模仿采用鲜艳的硬石头制作的昂贵容器；陶瓷器上绘制的螺旋和点模仿石头的花纹。另外，中间的陶罐上描绘的船是从涅加达Ⅱ期的象形绘画演变而来的，尤见于用来盛装食物的圆形大容器。

船作为动的标志，正好表现出了这种势头；并且，在这样的文化和历史背景下，船有可能发展成为统治的象征。人在这里只是辅助形象，大多数是臀部宽大的女性，双臂高举。这种形象也出现在神像中。

另一种重要的泥灰质黏土罐肩部较高，呈桶状（初期有时呈球状），底部平坦，手柄上下起伏。这种陶罐叫做波浪手柄罐，是从巴勒斯坦的陶罐直接演变而来，同一遗址也发现了巴勒斯坦的陶罐。埃及人把这种陶罐的手柄变得十分独特，陶罐形状经过退行性变化，最终在早王国时期成为瘦高的柱状瓶，并且有一条狭窄的装饰带。这种形态上的变化过程对于埃及学来说非常重要。埃及考古科学研究的奠基人威廉•马修•弗林德斯•皮特里（William Matthew Flinders Petrie）认为，埃及史前时代的年表可以与此相联系。皮特里在原则上是正确的，但是，如果将所有考古材料结合起来看，他的理论在今天看来则不是很严谨。

涅加达Ⅱ期还出现了其他类型的文物，形态新颖独特。最为突出的是各式各样的动物形状的石板。有一种上角带有两个鸟头的盾形石板，后来演变成为早王国时期在仪式上使用的石板。

一种两面都经过加工（或者说“修整”）的大型打火石刀具和一种加工技术相仿的鱼尾形刀具（这种刀直到法老时代都作为仪刀使用）说明了高超的打火石加工技艺。其形状的设计很可能受到同一时期铜刀的影响。

其实，金属加工日益重要。雕花的胸针、梳子、护身符、各种材质的珠子等个人饰物数量越来越多，种类越来越杂。

19 动物形石头容器

涅加达Ⅱ期，公元前四千年下半叶；红色角砾岩和硬砂岩；朱鹭形容器，高13厘米；柏林国家博物馆埃及馆，24100（朱鹭）、19738（乌龟）、16025（鱼）。

这三个以朱鹭、乌龟和鱼的形状制成的容器展示了石头容器的丰富的想象力和纯熟的加工技术。角砾岩的色彩效果尤为盛行。这些陶罐用于盛放化妆油和颜料；而且，显而易见，所选的动物形状与涅加达Ⅱ期装饰石板画上的动物是完全对应的。

文化动力学

从物品的发展来讲，涅加达Ⅱ期可以看作是一个文化剧烈变迁的时代。对不同种类黏土在烧制后的反应的理解、石器的打磨和钻孔、精美打火石刀具的制作，当然，还有金属加工和釉面制作，国内生产的层次已远远不能达到知识、训练和工具的要求。

为达到这些目标，行家里手们要全身心地，或者把大部分精力集中在贸易上，并且在专业的作坊中加以练习。手工艺取得的这些成果必须建立在相应的农业发展基础之上。原本只为应对偶尔出现的歉收年而储存下来的剩余物资，应该有计划地囤积得越来越多。但是，凭我们手上的考古学资料还不能立即弄清这一过程。不过，从各处的情况看来，我们还是能发现聚居地中心是如何从沙漠边缘地带变迁到河谷平原上的。这就说明对尼罗河泛滥区的开垦日渐重要，而开发沙漠周边因干旱的天气而变得贫瘠的地区则无足轻重了。从技术上讲，通过修建小堤坝和支渠来改善进出天然盆地的水流，从而以最好的方式利用自然条件比较困难。庞大的堤坝和水渠系统并无必要，而且还有可能毫无意义，因为耕地并不需要扩大。在任何事最终都取决于非人类可以控制的河水涨落的情况下，社会力量的运用不能跟着供水系统走；而且，将组织修建灌溉系统作为埃及建筑演变的首要因素是不正确的。

20 动物形状的石板画

涅加达Ⅱ期，公元前四千年下半叶；硬砂岩；最大的一件长20.5厘米；柏林国家博物馆埃及馆，14423（大象）、11341（河马）、10595（乌龟）。

石板画是涅加达Ⅱ期盛行的艺术形式。之前，石板画都是单调的长菱形；而现在则有很多动物的形状。鱼和鸟类最为常见，其他动物的形状也有，比如象、河马、羊、乌龟等。有时，不仅仅是勾勒出轮廓，还会有更加细致的表现：线性的花纹、浮雕、镶嵌（比如眼睛）等。

21 绘有图案的泥灰质黏土罐

涅加达Ⅱ期，公元前四千年下半叶；高24厘米；柏林国家博物馆埃及馆，20304。

这个蛋形容器上的图画表现了涅加达Ⅱ期的装饰特点。大三角形条带围绕罐口，可能是表示沿着河谷的沙漠 山地；其下方所绘的是呈弧线形的一艘大船，有很多桨和两间船舱。船中间有一根桅杆，桅杆上系着两根飘带，还有一个双箭头符号，让人联想到敏神（the god Min）。船头采用两片棕榈叶点缀。船的上方描绘的是动物（一只鸟和几只羚羊）、植物和一个高举双臂的女性。

涅加达文化在地域上的变动及其与外界的联系是理解该文化发展的两个关键因素。波浪手柄罐就已经提供了埃及与巴勒斯坦地区有密切贸易接触的证据；而在巴勒斯坦地区发现的埃及文物又反过来支持了这一证据。在南部的努比亚，找到涅加达文化与外界接触的痕迹十分容易。在努比亚的尼罗河流域，有一支独立的新石器时代文化，我们把它叫做“努比亚A组文化”。这里的遗址几乎被来自埃及的文物淹没。它们多数是质量上乘的陶制容器，用来盛装埃及向与之毗邻的这片不太肥沃的土地输出的农产品，这里的人们也一直在用。另一方面，埃及境内也偶尔找到努比亚的陶罐。此时，我们不能不假设他们在原材料上也有贸易往来，而随后发现的记录肯定了这一假设：象牙、铜、宝石、高档木材、皮革都是贸易的材料。有些物资就来自下努比亚地区，但也有来自其北部中非地区的物资。

涅加达文化在埃及的进一步扩张就应该在此大背景下进行观察。在涅加达Ⅱ期，属于涅加达文化的墓地一直向北至法尤姆——人类长期居住地区的北方边境。然而，三角洲最近出土的文物证明，在第二个时期末，涅加达文化已经在此零零星星地出现。这一过程的细节，就像同时开始没落的下埃及布陀文化和迈阿迪文化一样，只有通过现场考古发掘工作才能进一步澄清。

尽管如此，我们已经发现的文物的确说明，涅加达文化在尼罗河三角洲的传播和上下埃及传统的融合形成了一个全国文化区，这并非政治统一的产物，反而是政治统一的原因。相对于简单的物资交换，贸易涵盖更为广泛，而密集的贸易关系则将双方引入一个相互影响的框架中。这一框架不一定要以什么中央机构为代表，而是意味着价值观的协调一致、社会组织结构的相互适应，是合作，也是竞争。

城市中心的崛起

早王朝时代，社会得以进步的决定性因素在于各种聚居地大量涌现。在人们居住的村镇开始出现早期的城市中心。位于卢克索以南，尼罗河西岸上的城镇希拉孔波利斯，就是说明这种发展的活生生的例子。由于希拉孔波利斯崇拜荷鲁斯神，在法老时代还被认为是埃及王国的发源地之一。另外，人们对城镇中的大量史前遗产都在最近的现场工作中进行了较好的研究。

22 双面修整的刀

涅加达Ⅱ期，公元前四千年下半叶；打火石；长 26.6 厘米；布鲁塞尔比利时皇家历史艺术博物馆，E 1236。

这种珍贵的道具不是日常用品，仅在少数几座墓中发现。但是，我们还不知道具体是哪些人能用这样的物品做陪葬。

23 女神像

马马里亚（Ma'mariya）；涅加达Ⅱ期，公元前四千年下半叶；黏土烧制；高 33.8 厘米；纽约布鲁克林博物馆，07.447.502。

鸟头、臀宽、双臂高举的女神像是涅加达Ⅱ期的绘画主题。

24 末端雕成有胡须的男性物件

涅加达Ⅱ期，公元前四千年下半叶；象牙；高 24 厘米；都灵埃及博物馆，1068。

这件文物用象牙做成，末端雕成了一个长着胡须的男性模样；中空，下半部有一条槽。这件工艺品可开关，很可能是盛放仪式的用品，因为其头部的雕像使其在一般的日常物品中显得出类拔萃。

有证据表明，在涅加达文化初期，这一区域有个聚居地，长 3 千米，宽约 400 米，位于毗邻肥沃地区的沙漠带上。早先，该聚居地还伸入一条宽大的沙漠河谷至少 2 千米，这条沙漠河谷在希拉孔波利斯与尼罗河流域相接。当然了，我们不能认为这片广袤的地区遍地建筑，而应该是村庄、农场、墓地零零散散地分散各处，但距离又不是很远。不过，这些证据确实能证明人口密度有所增加。这里甚至发现了在涅加达Ⅰ期所建矩形住房的痕迹，而其他地方只发现了简陋的圆形棚屋。

从涅加达Ⅱ期到早王朝时代，人口逐渐向城镇集中，聚集在肥沃的河谷口附近一片沉积土壤形成的高地上。还发现了早王朝时代的神庙围墙和城墙。扩张出去的聚居地还反复出现特色工艺品。最引人注目的要算是窑炉了。窑炉显然是采用精湛的技艺设计的；有的就修建在河谷两侧的风道中，这样，只需通过自然通风，就可以达到制作一流陶瓷器所需的超高烧制温度。还有作坊，可以将石器掏空、打磨，加工打火石，为宝石打孔等。用于干燥谷物的热炉也说明了食物保存技术的进步。

这些发现表明了城镇中心的一个重要作用。特色工艺品在此枢纽汇集，工艺品和农产品在此交换。供需双方在此相遇，实用技艺、组织技巧在此汇聚，信息也在此交流。其实，重点是在于实现一座城市作为居住地的各种基本功能，在于生活方式。就像此时的情况一样，古埃及并没有走上城邦国家的道路，但是这些城镇在埃及发展成为国家的过程中发挥了重要作用。

正是在此，社会统治阶层形成，制度的主导地位确立，墓地真实地

25、26 希拉孔波利斯 100 号墓地壁画

涅加达Ⅱ期，约公元前 3300 年；绘于石膏上；长 497 厘米。

这是涅加达文化的墓葬中找到的唯一幅壁画。但是，同时期的画布却有多张，而且在这幅画中，有可能挂饰的装饰就绘在墙上，因此得以保存。在任何情况下，都肯定有一些在其上面制作和承载此处所示图案的艺术媒介。

展现了聚居地的一个侧面。实际上，早在上埃及史前文化早期就粗具雏形的盛大墓葬仪式，此时的发展更为迅速。墓坑挖得更大，呈长方形；墙壁局部砌有石头或是用木板加固；并开始在旁边修建放置随葬品的墓室。随葬品也越来越多：墓中发现大量特别精美的文物，而不是人们的日常用品。当然了，也不是所有墓葬都具有相当规模。随葬品的种类越来越多以及变化越来越大，的确表现出社会差异越来越大。

这一时期的大墓一般修建在自有的小墓地中，也就是新兴的一种精英墓。希拉孔波利斯就有两处这样的墓地，在涅加达Ⅰ期到早王朝时代之间的这段时间里相互取长补短。华丽的大墓和已经使用的专属小墓地长期结合的现象说明，这些墓并非某些上层人士独有，而是整个阶层的墓地。这种墓地不接收普通人群，是故意要和其他社会阶层分开。

从这些人为其墓葬的花销来看，他们肯定在由众多城市中心组成的经济网络中占有关键的地位。其实，可以很容易想象这种精英墓地的院子就是农业和手工业、地方经济和对外贸易相互影响的中心，其作用就像古王国时期早期皇宫内“皇宫经济”的组织结构一样。在著名的希拉孔波利斯彩绘墓，我们幸运地发现了一些能让我们更清楚地了解早王朝时代精英墓角色的信息。在聚居地南部，有一部分可能是涅加达Ⅱ期的精英墓，可惜从未进行系统的发掘。从建筑上讲，这座墓普普通通，说大也不大：长方形的墓坑，长 5 米，宽 2 米多，深 1.5 米。墙壁砌有石块，墓室被隔墙分开，形成侧室，以存放随葬品。从残存的随葬品判断，这座墓无疑是涅加达Ⅱ期下半叶（第二时期c段）修建的。然而，正是墓室中绘于石膏上的壁画使其如此壮丽，独树一帜。

大部分画面呈一条带，绕着三面相邻的墙。画面主体在背景墙上分开描绘。主要的一条由六只船构成，其中五只涂成了白色，船体上有雕花；第六只比较特殊，涂成了黑色，船头也更高。船只周围是狩猎的画面：猎人和猎犬追逐着羚羊和𤟤羊，动物掉入陷阱。但是，整个场景并不限于此日常生活。在一个位置上，一位勇士挥舞着权杖，奔向两头狮子；在另一个位置，他又以“野兽之主”的形象出现，驯服了两头狮子。最后，还有几幅男性战斗的画面，其下方简简单单地描绘了一位胜利者用权杖敲碎了他擒住的三个敌人的头颅。“大败仇敌”这一装饰图案成为埃及君主权力的伟大象征，不断强调君主的统治大权，直到法老文化结束。最近的一项新发现让我们的研究更进了一步：在沙漠外围，希拉孔波利斯聚居区附近找到同时代的一座宫殿和一座庙宇遗址。经考古学家复原后，呈现出一个大型椭圆形院子，周围是采用柱子和草垫修建的建筑物。这些建筑物的形态和风格显然就是早王朝时代王室庙宇的前身，特别是塞加拉（Saqqara）卓瑟墓中众多塞德节建筑。

两地迈向统一

成熟的涅加达Ⅱ期的精英阶层将埃及王位的根源呈现给我们，统一国家的建立也能从建筑在时间和空间上的分布推断出来。

不仅在希拉孔波利斯和涅加达有早期精英墓地，或许在迪奥斯波里斯帕尔瓦（Diospolis Parva）基纳河套地区（在这里发现的证据表明，有至少一位上层人士的大型陵墓）也有早期精英墓地，尤其在提斯（This）[或者提尼斯（Thinis）]镇，其埋葬地点位于阿比杜斯（Abydos），其早期的历史只能根据最近的考古发现略知一二。相邻的努比亚文化也被卷入这场波涛汹涌的发展洪流中，只是起步时间稍晚。精英墓地在撒亚拉（Sayala）和喀什图尔（Qustul）也有；前者

N
基坑边壁
墙
庭院
未发掘地区
墙
墙
0 5 10 米

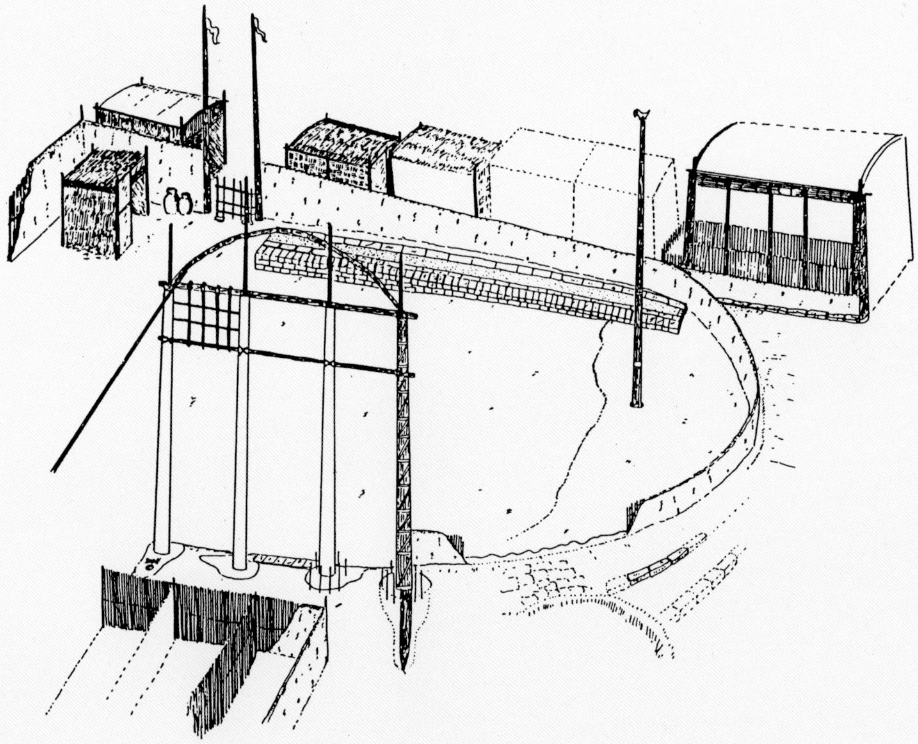

27 涅加达Ⅱ期宫殿和希拉孔波利斯神庙围墙的挖掘平面图

中间所示的是椭圆形院子的地面。其周围用来修建房屋的地方可以从柱坑分辨出来。有的立柱尺寸就是整根树干的大小，说明了这些建筑用于纪念性的特点。

28 建筑群复原图

考古挖掘只找到这些柱坑，仅采用木材和草垫修建的建筑也就只能根据理论在这些柱坑的基础上复原。椭圆形院子南侧有四根大柱子的痕迹，可能是某座纪念性建筑的正面。院子的另一边有两根大柱子，两侧是方形的小建筑，说明这里是大门的位置。根据文物出土地点推断出的建筑群的这些特点与卓瑟（Djoser）的金字塔建筑相当，只不过后者是采用石头模仿这里用柱子和草垫修建的建筑。

位于尼罗河在克洛斯科（Korosko）的河套地区，后者在第二瀑布附近。

另外，从早期精英墓地的分布来看，涅加达文化的政治结构并不单一。单是从考古学上仔细调查过的上埃及南部至少就有三个类似的中心，或许还有四个。这些地区位于一个个酋邦或者说原始国家的中心，这些酋邦不断融合，最终出现了早王国时期的法老国家。

从这些精英墓地同样也可以推断出这一进程中领土的变化情况。在涅加达Ⅲ期，约“两地统一”之时，只在希拉孔波利斯和阿比杜斯有华丽的皇家墓葬。而且只有在阿比杜斯才能完整地找到从涅加达Ⅰ期的酋长墓到统一后统治埃及的前面几位皇帝的陵墓。

29 编年石残片

古王国时期，第五王朝，约公元前2470年；橄榄玄武岩；高43厘米，宽25厘米；巴勒莫（Palermo）考古博物馆（Museo Archeologico），无编号。

巴勒莫石是保存最为完好的一张长方形大石板残片，其前后都记有埃及从第五王朝开始到石块制作完成时期的编年史。在上方，还保存有早王朝时代统治者的简要名单。其下方的线上所列的是第一王朝的君主。在这上面，可以看到一段统治时期每一年的信息，因此君主的名字都写在狭窄的水平线上，代表一年的方框就位于其下方较宽的区域。年份都以重大事件命名，通常是祭典。尼罗河泛滥的高度在最下面注明。

30 伟大的王国缔造者

底比斯西部，拉米西斯二世葬祭殿；新王国时期，第九王朝。约公元前1250年。

底比斯西岸的拉米西斯二世葬祭殿中描绘着敏神的节日庆典情况。背景是一行祭司扛着君主的雕像。这些雕像表现了拉米西斯二世的先辈和后人，也就是现在公认的古王国、中王国、新王国这三个伟大时代的奠基人，从左至右依次为美尼斯（1）、曼图霍特普（2）和雅赫摩斯（3）。与拉米西斯二世的先辈一样，他们身后也分别跟着新王国时代的君主。

从国家兴起到第二王朝

斯特凡·塞德梅尔（Stephan Seidlmayer）

早期历史

考古研究使我们能把法老王国的起源追溯到史前时期，而古埃及文化本身就意味着其背后的悠久历史。根据古王国时期的历史记录，传说在王朝时代之前就有许多统治者，并提到了一长串有关他们的姓名，其中一些可能是真正的史前酋长和小君主，但今天却无法进行核实。古埃及后期历史传说随着新王国时期的史料流传下来，法老王国的史前历史也随之变成了神话，也就是说，根据太阳神对其造物的掌控来推断君王统治古埃及的渊源。王位被认为先是在神之间代代相传，后来才传给人类，还提到了先祖的魂灵。传说的统治者中有一位叫美尼斯（Menés），相传他被排在众多统治者之首。拉美西斯二世（Ramesses Ⅱ）庙宇中的浮雕画上也有他的形象，在一列王室先祖雕像中，位于中王国奠基者门图荷太普二世和新王国奠基者雅赫摩斯（Ahmose）之后。以希腊史学家希罗多德（Herodotus）为首的古代作家相信这一传说，并编造了第一王朝首位君主的形象，将其描述成王国的缔造者和文化创始人。

美尼斯在后期的传说中非常重要，但是从早王国时期的史料中搜寻其记载非常困难。从美尼斯这一名字的形式判断，应该是他的出生名。但是，最早的遗迹上这些统治者的姓名都以荷鲁斯名的形式出现。荷鲁斯名只有在他们登基之后，才能根据其职位获此称谓。后来，还是从大量线索谨慎推测，才让我们认为美尼斯王就是荷鲁斯阿哈（“Horus Aha”）（意为“斗士”），他的陵墓位于阿比杜斯的第一王朝的皇陵，在同时期的记载中多次提到过他的名字。为什么古埃及历史观将这位法老的出现视为转折点？现代研究偏向于通过详细分析强调连续性，证实缓慢平稳的发展历程，所以难以将其说成是一个明确的分水岭。这是否只是巧合，只是一些繁复计算技术发展的偶然结果？或者说纯属杜撰？从其中是否能找到一些确切的含义？

31 格贝尔阿拉克（Gebel el - Arak）刀柄

早王朝时期末，约公元前 3150 年；河马牙；高 9.5 厘米，宽 4.2 厘米；巴黎卢浮宫，E 11517。

刀柄端部表现的是驯服两头狮子的“野兽之主”雕刻。这一主题早前就已出现在希拉孔波利斯的彩绘墓中。在这里，人物穿上了美索不达米亚的服装。下方表现的是狩猎的场景。背面是一排排战斗场景；下面是两行船只，其间是漂浮在水面上的死尸。

32 梳子

早王朝时期末，约公元前 3150 年；象牙；高 5.7 厘米，宽 4.0 厘米；纽约大都会艺术博物馆，30.8.224。

在早王朝时代的艺术浮雕中，动物是常见的题材。但是在这里，一排排的构图十分奇特。

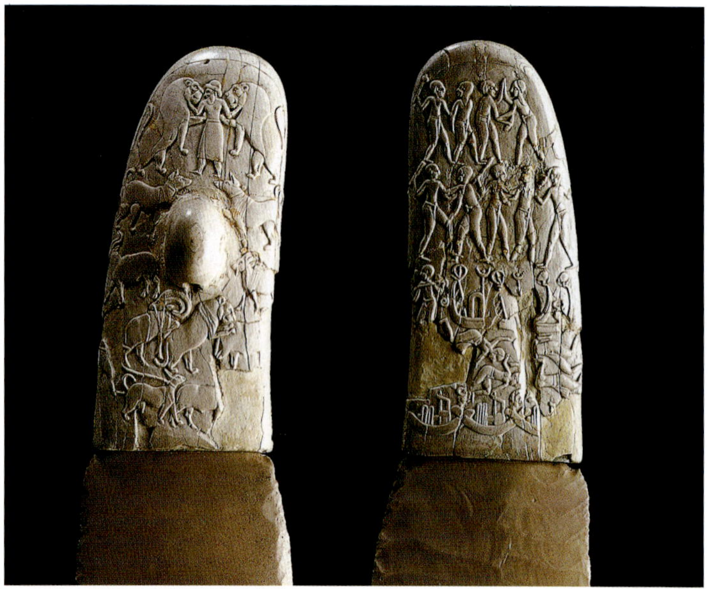

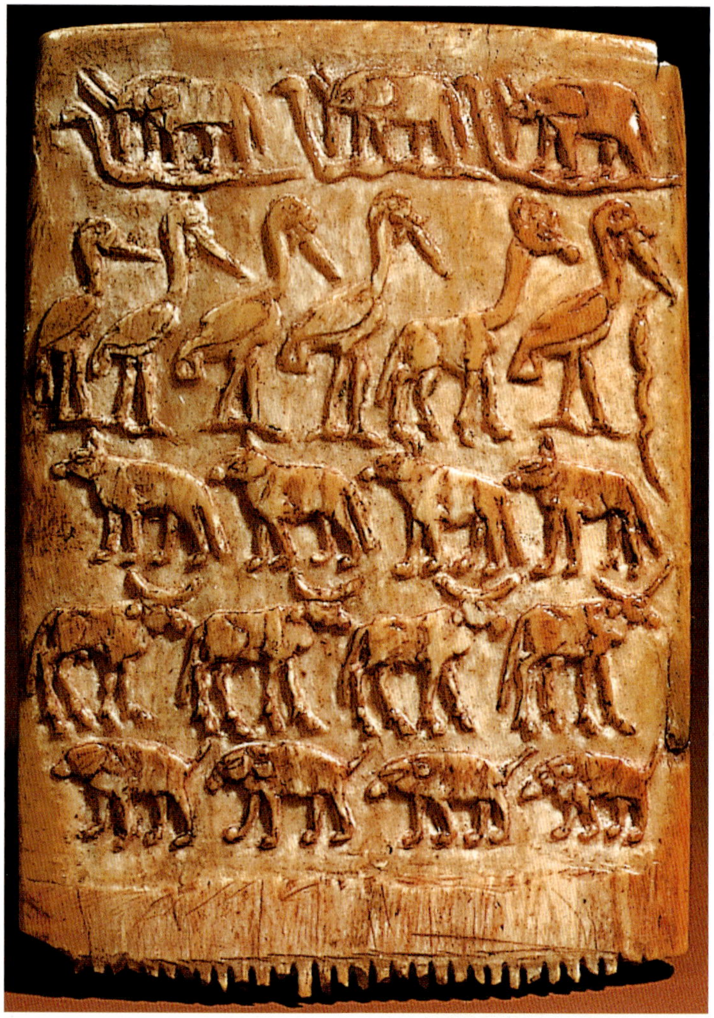

两地的统一

有关此问题的任何讨论都必须以“统一”一词为中心。归根结底，“统一”其实也是古埃及文化的概念。通常认为，埃及的国土是由相连的上、下埃及这两部分组成的，法老的地位也具有双重性：他统治着这个国家的两部分。每位君主在登基时都要再次举行“两地统一”仪式。这种地域上的双重性深入埃及人心。两地都对等地有代表各自的王冠、建筑、象征性的植物和神祇。比如，下埃及的红色王冠首次出现在上埃及中部（实际上在涅加达）的图片中（公元前四千年中叶），不可能真正起源于下埃及。对这一事态而言，这是无关宏旨的。诸如此类的情况说明了这一图解法在传统和史学上具有靠不住的一面。因此，只有对紧接着第一王朝之前的这段时期的史料进行公正地研究，才能知道我们理解古埃及建国需要发现的线索离那里还有多远。考古学发现帮助我们通过精英墓地和统治者墓葬的发展（一直持续到早期王朝时期，也就是考古学所说的涅加达Ⅲ期）找出王权的形成情况。

最近在阿比杜斯精英墓地，即后来的皇家陵园，挖掘出了一个重大考古发现。这座墓有一个采用砖块衬里的方形墓坑，结构上的不同出人意料。墓室内曾有一口木制棺材，墓主人躺在其中，墓室本身和其他几间房间相连，可能是代表一座宫殿或祭拜建筑。很幸运，随葬品很多，包括几百件从巴勒斯坦地区进口的黏土容器，曾经或许还盛过酒；还发现很多标记和墨迹，证明标记管理体系已经十分成熟。这些史料让我们大开眼界，也让我们在一定程度上了解了早王朝时期的统治者宫廷的政治和经济资源。

在美尼斯之前几代，首次出现了以后来的王室称号记录君主姓名的铭文。这种铭文中，荷鲁斯的隼头刻在宫殿正面上，其中还刻有君主的名字。以这种方式记录的统治者后来通常描述成“零王朝”。由于有时证据不足，不太容易对这些君主和他们所统治的疆域形成详细的构想。从南部的希拉孔波利斯到三角洲东北部，整个国家只提到了最后一位属于这一类的君主，也就是荷鲁斯阿哈，即美尼斯的前辈，如果记载正确的话，他的父亲纳美尔（Narmer）最终让埃及实现了政治统一。

对于这一时期、这一时期的文化、当时的历史事件而言，有浮雕的

33 一位统治者的墓穴

阿比杜斯，早王朝时代末，精英墓地；涅加达Ⅲ期；约公元前3200年。

这座墓的墓室是图中右上角的方形区域。其宽边一侧连接着其他九个小墓室。这些墓室之间通过可能象征着门的狭缝连通。后来，这座墓的长边又扩建了两个储藏室。墓中容器上的铭文中经常提到"蝎子"(I.)，说明这可能是一座统治者的墓。另外，墓中还发现了一根象牙制作的赫卡（Heka）权杖，它与树叶共同组成了古代法老的传统纹章，凸显了这一墓穴显著的皇室特征。

34 仪式石板画

希拉孔波利斯；早王朝时期末，约公元前3150年；硬砂岩；高42厘米，宽22厘米；牛津阿什莫尔博物馆（Ashmolean Museum），E 3294。

这块早王朝时代末期的石板画是从已经发现的涅加达Ⅱ期石板画的盾形基本形式变化而来。但是，上方两个角是动物头像，源于鸟头。这块石板是希拉孔波利斯神庙里的还愿品，其轮廓通过两条猎狗勾勒出来。石板的一个基本特点是，其中一面有一个碗状的凹陷，装饰颜料就在这里加以混合。大石板画不仅用于展示，还可能用于在宗教仪式中为某位神施涂油礼。

物件属重要资料来源，尤其是装饰石板画、象牙刀柄和双头羚羊。通过这些文物，首次大规模、高水准地展示了埃及艺术。在形式和装饰主题的种类上，美索不达米亚的影响很明显。有时，这种影响过于强烈，不得不让我们猜测本来很明显是埃及的艺术品，其实是由居住在埃及国内的美索不达米亚的艺术家为某位埃及资助人制作的，比如格贝尔阿拉克刀柄。动物是这种艺术的主题之一：设计奇特的组合条带中就有，但主要还是在动物打斗的画面中出现。比如狗、扑到羚羊的肉食性猫科动物等。偶尔还出现像狮身鹰首兽、蛇颈豹这样的珍奇异兽，表现了想象的世界。其他主题还有狩猎，但主要是战争。这些描绘表现了具有象征性的动物，通过添加臂膀将动物拟人化，成为君主的侍从，带走被五花大绑的敌人，死尸则被战场上的猛禽撕成碎片，丢在战场上。这种背景下经常表现狮群和牛群战胜人类对手的场景。狮子和公牛不但是君主的代表，还是今后最常见的法老的象征。因此，这种场景的政治内容就很清晰了，如果有铭文则会更加确切。举例来说，有一块保存下来的石板画残片，其中一面描绘的就是代表君主保护力的动物摧毁设有防御工事的聚居地的场景。石板背面的图案很可能表现的是取得的战利品：一群动物，分为三列；其下方是一片果园，有铭文"Libya（利比亚）"。显然，这幅图所要表现的战斗远在埃及本土之外。不过，这种风格的文物中最为有名的纳美尔王的仪式石板画却与埃及的政治统一有关。其中一面表现的是君主站着，打击一个敌人，敌人身旁刻着他的名字（或者是他所代表的地域的名字）。右侧的图案图文并茂地反复表达着同一种信息。一只隼鹰通过皮带系着一块椭圆形的地；这块地采用了人头进行拟人化，是从其上生长的纸莎草才确定这是一块地。另一面，顶部表现的是君主和随从，他们正在检查两排被

35、36“城市石板画”

早王朝时期末，约公元前3150年；板岩；宽22厘米；开罗埃及博物馆，JE 27434 (CG 14238)。

这块石板画的构造与纳美尔石板画非常相似，仅下半部分三分之一保存了下来。其中一面表现的是动物大军正在攻克七座城市，每座城市用城墙围着的区域表示。

城墙内部则用象形符号指明了城市的名称。上方则是上半部分场景的残余，是人们的脚，想必是这个战斗场景的一部分。石板背面的动物条带酷似早先象牙雕刻的象征性动物装饰带，只是在这块石板画中，家畜代替了野兽。

斩首的敌人。这些场景一度被认为描绘的是对下埃及某个地区的征服。最近在阿比杜斯发现了纳美尔时代的标志，根据纸莎草产地的被“征服”确定了一个年份，从而证实了这一解释。石板画下部两只被俘的蛇颈豹（中间有凹坑，用于取用放在其中的油膏）图案曾与之后“两地统一”的象征形成对比。在这种象征中，代表上下埃及的植物也是以类似的方式相互缠绕成对称的位置。虽然现在都不能为这块石板所记录的历史事件进行大概说明，我们还是认为这些事件可能与埃及政治统一的最后阶段有关。

从风格上讲，纳美尔石板画通过清晰（有人也可能认为是“刚劲”）的构造表现了法老时代埃及正统艺术的基本特点。通过与更早的石板画对比，确定了一种向固定的象征性图案发展的趋势。所代表的整个概念也从过程转换到结构上：也就是从行动和事件本身的包含的暴力和战争转换到他们所推行的政治秩序。因此，君主打击敌人的图案并非只是一个瞬间、一个单一事件，而是国家对总体统治和权力垄断的声明。

大多数时候，不能确切地了解这些石板画究竟是在什么环境中发现的。但是，纳美尔石板画和一些双头羚羊是来自希拉孔波利斯的庙宇，在此庙宇中，他们专属于荷鲁斯神。在这种关系背景下，他们的形式就十分有趣了。这些石板的形状都是从日常用品变化而来，但是比日常用品大两倍以上。它们不仅是杰出的工艺品，还表现了艺术向着宏伟方向发展的趋势。在位于尼罗河东岸、涅加达对面、距离底比斯不远的科普托斯（Coptos），也在庙宇中发现了纪念文物。其中最精美的，要算是三座敏神雕像了。这些雕像多半曾经高达4m。这些发现展现了上埃及中心城镇中众多神庙的宏伟壮丽，同时也证明了当君主制形成时它们作为统治者祭拜的平台所起到的作用。

从整体上看来，两地统一时期具有十分明显的特点，统一本身也是经历了长期过程，而非一日之功。因此，美尼斯王并不是埃及政治统一的缔造者，而是其传人，情况也差不多没有变化。曾经有个问题饱受争议，不过目前已经解决，无人反对：埃及全国采用了统一的政治体制，成为世界上首个幅员辽阔的国家。这一新形势导致了早王朝时代的形成。

阿比杜斯的皇陵

埃及统一后，君主制也取得了新的发展，具有了新的社会政治特点。这主要反映在皇家陵墓建筑的发展中，这些建筑位于阿比杜斯的墓地，一直可以追溯到第一王朝末。这块墓地在沙漠地区，距离肥沃地带约1.5千米。这里的墓室呈长方形，沉入沙土，外部采用砖墙支撑。

37 “战场石板画”

早王朝时期末，约公元前3150年；硬砂岩；主片段高32.8厘米；伦敦大英博物馆。EA 20791。

这种有浮雕的礼仪石板画记录有政治和历史事件，特别珍贵。其风格将写实的题材与戏剧一般具有象征性的大 自然元素结合起来，增强了表现力。这里的象征性元素就是狮子，代表君主；隼鹰则通过加上臂膀拟人化，将被捆绑的敌人带走。这一主题尤其凸显出这是表现战争的场景。但是，石板背面（未显示）却是两只长颈鹿对称分布在一棵棕榈树两旁，让人难解其意。

38、39 纳美尔石板画

希拉孔波利斯；零王朝时期，约公元前3100年；硬砂岩；高64厘米，宽42厘米；开罗埃及博物馆，JE 32169 (CG 14716)。

这块石板画很幸运地被完整保存下来，是有浮雕的石板中最精致、也是最后一块。上缘采用半人半牛的 天空女神哈索尔的头进行装饰，女神的头中间是宫殿正面图案，其中刻着君主的姓名。其下方的水平线将石板画两面都分成了若干区域，表现了战胜下埃及的几个场景。与“战场石板画”一样，有碗状凹陷的一面，底部也有一个象征性的动物代表君主。这里是以一头公牛出现，冲破一座城镇的防线，将一个敌人踩倒。

40 敏神雕像

科普托斯；早王朝时期末，约公元前3150年；石灰石；高177厘米；牛津阿什莫尔博物馆，1894.105e。

这个大雕像片段出土于科普托斯的生产之神——敏神的神庙。这里至少还有其他两尊类似的雕像。在大型神庙雕塑中，敏神的这些早期的雕塑已经表现了勃起的阳具，跟他在之后画作中的形象一样。

与之前“零王朝”时代的三座墓不同，他的陵墓不是两个相邻的墓室，而是由三个明显更大的墓室组成。此外，他的陵墓表现出一种风俗：将王室成员埋葬在相邻的墓中。这种风俗曾在一小段时期格外流行，但是在第一王朝末期就逐渐消失了。从现场发现的整体情况看来，我们不得不推断，这里埋葬的人其实都是在皇家葬礼时被杀的。墓葬相关墓碑上提到了家仆，包括身材矮小的人（即“小矮人”，当时也是王室成员，很受欢迎）、女性和狗。在阿哈的墓中有三十六座附属墓，分三行排列。墓中的一些骨头，早期考古学家认为没有价值，但是通过对这些骨头的研究，却得到了一些让人惊讶的结果。阿哈王将一群狮子带到了来生，作为皇权的象征。从狮子的骨头判断，它们曾经被囚禁过，甚至一出生就没有自由。换句话说，宫廷在饲养狮子。

一旁的哲尔王（Djer）大墓中，出现了一种新的建造结构。从这座墓开始，后来各代的墓开始逐渐进一步发展。这座陵墓并不是由若干小墓室构成的，只有一个长方形的墓室，深深地掘进沙土之中；但是这间墓室却非常之大。残余的痕迹说明，这里曾有一口木质的棺材，靠着后墙放置，哲尔王就安葬在这座墓中。墓室采用一块大木板遮盖，其上方（还是在墓坑内）堆起一座低矮的坟头，并用砖墙围了起来。对于这些陵墓外观如何，我们一点也不能确定。新的发掘并未留下想象的空间。我们最多也只能推测墓葬上方的砖墙里有低矮的沙堆。墓葬前有时能找到的成对的墓碑会指出祭品的位置；墓碑上的铭文会提到君主的名字，因此能辨别墓主人。

起初，墓坑封顶和坟头堆设只能在葬礼完成之后进行；后来，从第一王朝中期的登王（King Den）开始，就出现了能用石板封住的楼梯，一直通到墓室。

附属墓围绕在君王墓外，呈长方形。起初数量很多，后来迅速减少。通道一般都随意地设在西南方。在登王墓中，一条楼梯从此开口通往地下的雕像祭拜室，祭拜室与君王的墓室外侧相连。在这里，人们能通过仪式祭拜先王，以及想象先王能从这里走出墓穴。

这样一来，第一王朝时期的皇陵就更为复杂，而且具有丰富的象征意义。但是，即便是和当时的墓葬作比较，也不能算宏伟。不过，最晚从哲尔王时期起，皇陵还是有了另一个组成部分。墓地以北约1.5公里，当地守护神洪塔门提（Khontamenti，也是墓地的神）神庙和城镇附近沃土边缘处都是格外宽大的长方形院落。

41 伽阿（Qa'a）王墓

阿比杜斯皇陵，第一王朝，约公元前2870年。中间即君主墓室，其间还有残存的棺木；周围围绕着储藏室和附属墓。即使是整座建筑竣工后，也可以通过楼梯进入墓室。葬礼之后，入口会用一块石板封起来，如图所示。

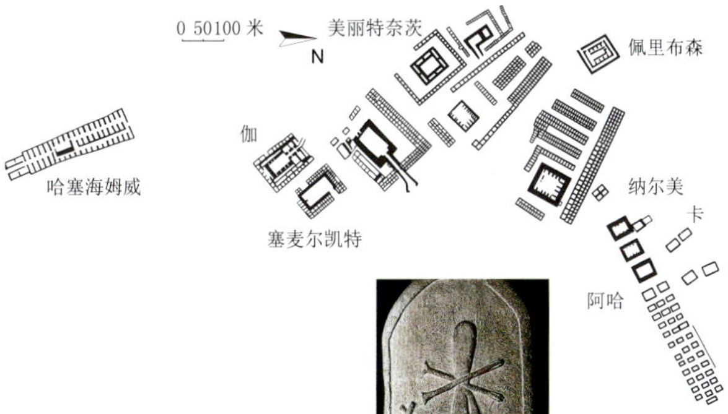

42 阿比杜斯皇陵平面图

平面图右侧是相对较小的两间零王朝时代的墓室，以及阿哈墓，三间大墓室和一系列三个一组的附属墓。上方和左侧是一片第一王朝时代的墓，每座墓都围绕着小墓。哈塞海姆威（Khasekhemui）的长廊墓在最左边，建于第二王朝晚期。

43 美丽特奈茨（Merneith）王后墓碑

阿比杜斯皇陵；第一王朝；约公元前2940年；石灰石；高157厘米；开罗埃及博物馆，JE 34550。

除了第一王朝的君主，阿比杜斯墓地还安葬着一位女性：美丽特奈茨，即，登王的母亲。她可能在登王成年之前都是摄政王。她的墓葬与帝王墓在形式上比较相似，也采用一对墓碑标记。

哲尔王墓的院落占地100米×55米，呈长方形，周围是3米宽、一度高达8米的砖墙。外侧墙面上采用规则的壁龛式样装饰。进入院落的大门在东南角和西北角。

到目前为止，我们对院落内的建筑物知之甚少。之后的建筑倒是已经发现很多残留结构；但是，一般认为，在这一时期只有为了某种仪式庆典而修建的建筑物才使用了轻型材料（即木头和草席），并且没有留下任何痕迹。这些“河谷院落”也被一排排的附属墓围绕着。毫无疑问，这种院落是与皇陵有关的：在塞加拉，第三王朝伊始，卓瑟王金字塔与院落间就有一条直线。反过来，这种联系让我们有很大把握得出这样一个结论：阿比杜斯的河谷院落在盛大的节日中用于举行仪式，在下葬时赞颂神圣的君王，庆祝他在来世统治地位的重生。

44、45 登王墓雕像区背后；复原图（上图）

阿比杜斯皇陵；第一王朝，约公元前2910年。

楼梯通往一间有屋顶的祭拜室。仅一座君主雕像可以复原，站在后墙中间的石灰石底座上。很不幸，曾经树立在此的雕像已经佚失。

46 阿比杜斯举行仪式的院落

第一、二王朝君主们举行仪式的院落集中在肥沃土地外围，阿比杜斯城镇和庙宇附近。与其墓葬一样，这些长方形的大型院落同样建有围墙，周围是一排排在第一王朝期间修建的附属 墓。最近又新发掘出一系列船形墓坑，酷似后来古王国时期金字塔附近的船葬。然而，直到现在，我们也不能确定这种奇特遗迹的具体年代。也许是第一王朝，也有可能在第二王朝末。

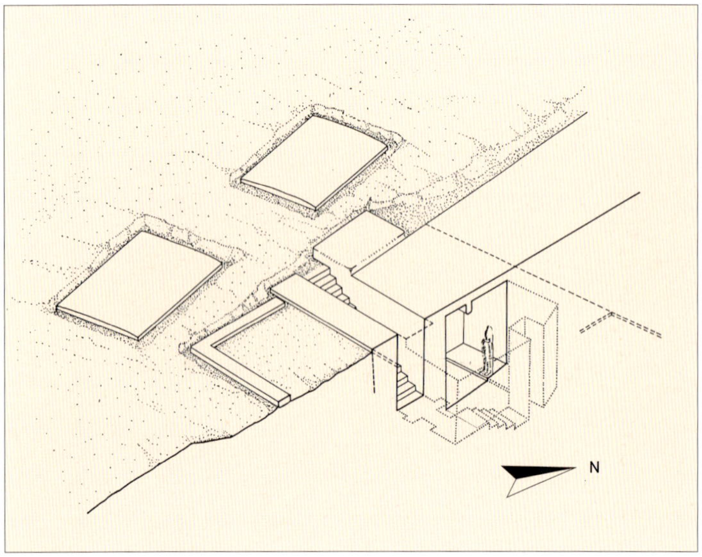

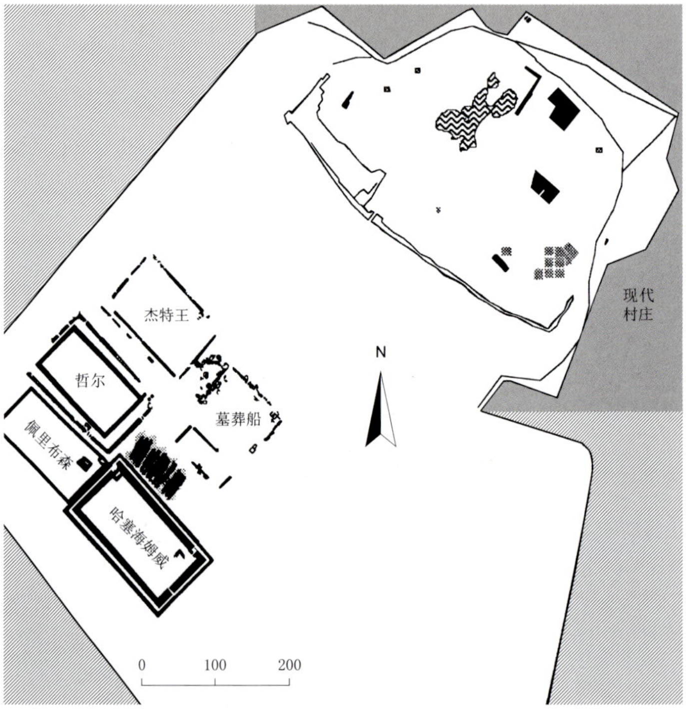

孟斐斯

前两个王朝的君主非常看重老祖宗的传统，自己也埋葬在阿比杜斯古老的墓地中，位于他们的发源地——提斯镇的土地上［这座城镇之所以这样命名是因为前两个王朝在古籍上被称为提尼泰（Thinite），即“提斯（This）”的变体］。

但是，有时候能很清楚地看到埃及真正的文化中心不断向北迁移，一直到法尤姆边界和三角洲南端之间的地区。那里是中埃及和三角洲之间大片耕地的中心地带，靠近文化重地——近东地区的贸易线路。

埃及统一之后，孟斐斯立即在此被建成新首都和君主的皇宫。考古学证据也确定了后来古籍上的资料，即：将美尼斯王尊为奠基者。直到最近，我们才从肥沃土地的下层地层中发现了早期聚居地的痕迹。但是，还是在墓地中找到的证据才能让我们了解这一聚居点的重要性：这里的墓地包括了扩建出来的赫尔万墓地和塞加拉精英墓的墓地。

塞加拉的壁龛式石室大墓

沙漠高原耸立在古老的聚居地之上，这里最大的墓地就建在高原上，一座接一座，蜿蜒绵长。从尺寸上讲，墓地确实有皇家风范；从设计上讲，又与阿比杜斯的墓地建筑有所不同。那些长方形的宏伟建筑被称为石室墓；其外部装饰着繁复的壁龛式样。由于石膏面上绘有彩色的图画，其原状则更为惊艳。这种壁龛式墓在塞加拉被发现，在法尤姆出省路线北部的塔尔汉（Tarkhan）、三角洲南端的阿布鲁韦斯

47 一座大型壁龛式石室墓的等比复原图

塞加拉北部，3504 号墓，第一王朝，约公元前 3000 年。这座石室墓主体呈长方形，每一面均采用壁龛式样装饰，并建有围墙，周围是一系 列附属墓。墓葬的地下墓室采用木板做天花板，还盖着一座坟头，但是坟头高度未超过石室墓本身。

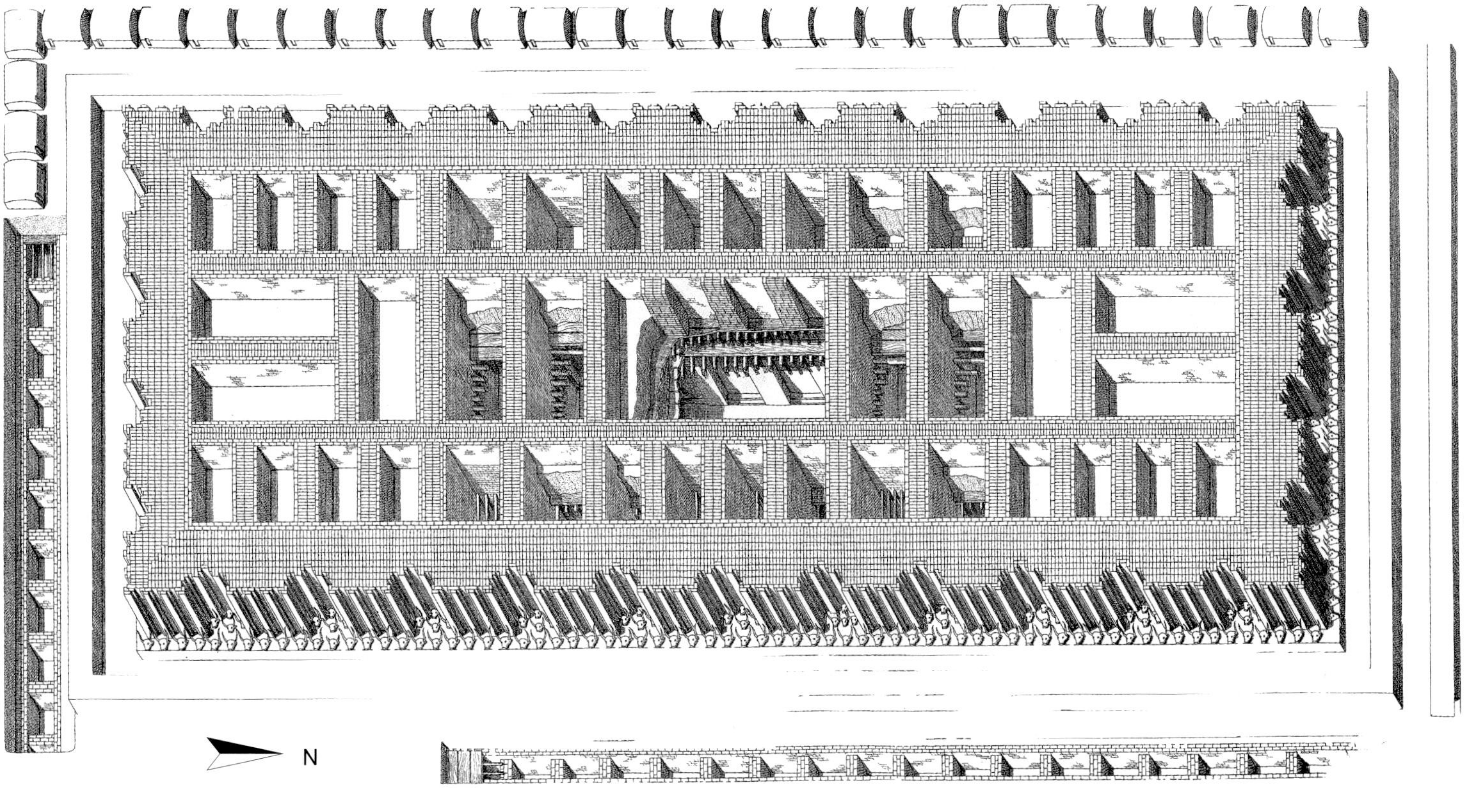

（Abu Roash）都有。上埃及地区只有一座这样的墓，但却是最古老的一座。

不能说在阿哈王统治期间突然出现在这里的这种综合性建筑没有原型。在埃及，可以在城市里的庙宇和宫殿建筑中找到这样的模板。而且，尽管建筑物的具体功能是什么还不清楚，但的确可以找到希拉孔波利斯的早王国时期的建筑模板。不过，从建筑历史的角度来讲，其实线索是指向近东地区的。在这里，我们可以一步步慢慢厘清壁龛式建筑因结构原因而从半露柱式发展到装饰繁复的埃及官方建筑的过程。塞加拉墓葬的壁龛式正面大多修建在低矮的底座上；底座上又经常放置着黏土制作的牛头像。在一座很特别的石室墓东墙的南端壁龛外，曾发现一块墓碑，形态是墓主人的坐像，铭文中有他的头衔。这块墓碑本来可能是在壁龛后面，因为在随后经常见到的古王国早期的假门就是这种情况。

墓穴中的墓室掘挖在沙漠底下，而且与阿比杜斯的综合性墓葬建筑一样，墓室顶部采用木板做顶子，墓室上面是坟头，坟头上面才盖建筑物。这座墓葬在第一王朝期间同样修建了楼梯通向墓室，可以在葬礼举行前就将墓葬施工完毕。

由于在塞加拉发现了壁龛式大石室墓，曾经有过相关争论，比如这些墓是否真的属于第一王朝的君主，如果是，那么阿比杜斯发现的墓就是衣冠冢或是“假墓”，只不过是按惯例留下的遗迹。而且，塞加拉的墓葬群数量很多，甚至超过了第一王朝君主的人数，由此来看，只有最大的几座墓才可能是皇陵。尽管如此，就算能找到只是大小上有些许差别的王臣混葬的墓，还是非常激动人心。后来，即使是最高级别的官员，在质量上也总是与皇陵有很大不同。就好比法老本人并非同辈中年纪最长者，但凭其皇位，占据的位置却离人要远一些，而离神圣的造物主近一些。

不过，这一难题可能最终得以解决，因为即使区别再多，壁龛式大墓和阿比杜斯皇陵之间的紧密联系也是不容忽视的。无论是墓室形状的发展变化，还是墓室上方的坟头，都将它们联系在一起了。

48 塞加拉一座大型石室墓壁龛式正面底座上的牛头

第一王朝，约公元前 3000 年。

牛头本身是采用尼罗河的泥沙制作的，但牛角是后来所加。石室墓四周的牛头数量说明葬礼的花销十分巨大。

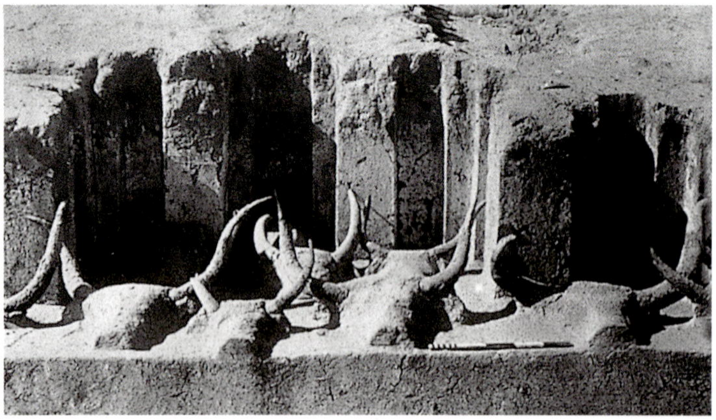

50 登王时期的标签

阿比杜斯；第一王朝，约公元前 2900 年；象牙；高 4.5 厘米；伦敦大英博物馆，EA 55586。

这张长方形标志的右上角有一个孔，可以穿上绳子，系在物体上。标志前面说明了年份是“首次征服东方”。旁边“大败仇敌”的象征性花纹说明了这次事件的情况。

在塞加拉，坟头有时甚至呈阶梯状，让人很自然地联想到后来的阶梯形金字塔。塞加拉的主墓周围也建有附属墓。另外，之后时期皇陵建筑的元素也出现在这些大型的壁龛式墓中。

与这座石室墓北侧实际相连的一座葬祭殿就是这种情况，正如第三王朝初期卓瑟王墓院中的一座葬祭殿。这座石室墓并非唯一。

49 篮子形状的石器

塞加拉北部；第一王朝，约公元前 2900 年；硬砂岩；长 22.7 厘米，宽 13.8 厘米；开罗埃及博物馆，JE 71298。

早期石器艺术的一个特点就是将容器做成特别的形状。他们仿制编织的容器，就像这一篮子的复制品，其编织花纹的仿造十分精细，还有树叶、棕榈树等形状的其他容器。早期建筑有一个相似特点：用石材仿建用木板和草席建造的房屋，在建造细节上具有木板和草席等建筑材料所特有的特点。

51 第一王朝的城墙

大象岛(Elephantine)；约公元前 3000 年。

这张复原图描绘了建有城墙的建筑群，总共约 50 平方米，位于大象岛的最高点，以控制河道交通。

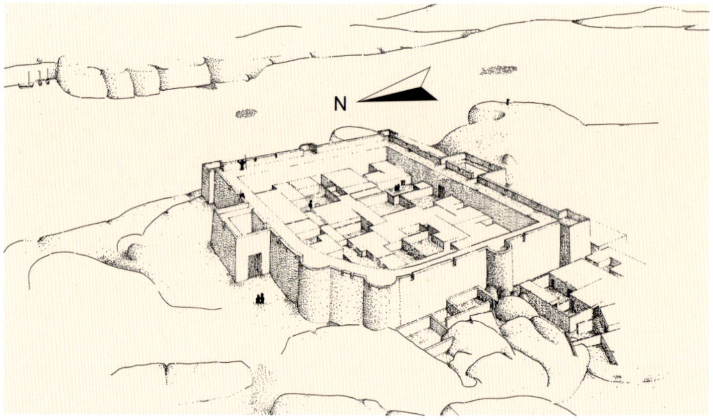

在其院落北侧，其中一座最古老的石室墓也有封闭的院落，其中建有长凳，有围墙，可能用于祭献。在古王国时期的金字塔中才发现的作为随葬品的船，也首次出现在此第一王朝时期的壁龛式大墓中。

后来，古王国时期的皇陵建筑一定是在综合精英墓葬的各种建筑元素的基础上修建的。这也不奇怪，因为君主在思想意识上看重其独一无二的社会地位，从社会学角度讲，他们仍然属于精英阶层。其他石室墓地中还能找到君主的家人、宫廷中的高级官员。从第一王朝开始，这种墓葬让我们首次见识到了君主和埃及其他重要人物（集中在首都地区的显贵社会群体），这几乎是两地统一后与早王朝时代之间最独特的文化对比。

52 狮形玩物

阿布鲁韦斯，M.V Ⅲ号墓；第一王朝，约公元前3000年；象牙；高3.5厘米，长6.5厘米；开罗埃及博物馆，JE 44918 A－F。

在一位居住在首都的上流人物的墓中，我们发现了一些精美的奢侈品。这种木雕、骨雕或牙雕艺术品起源于史前时代，而眼下则达到了最绚丽的巅峰。日常用品成了小玩意儿，并且成了新国家上流社会的高雅生活方式的一部分。

国都的上流文化

塞加拉墓葬中保存下来的大量随葬品说明，这一人群的生活方式是不同于埃及大多数人的。这些随葬品中，有象牙和高级木料制作的家具和用品，雕花精美；有华美的石器；有各种材料制成的精致物品。大量陶瓷食品容器说明他们的生活十分奢侈。这些文物首次说明首都上层人士的生活状况，古王国文化也正是在这种状况下萌芽。

在墓葬建筑的背景下，更重要的是主要艺术形式的发展。经典正统艺术的主题花纹和肖像传统在两地统一时期已经成形。当时，虽然有些作品已接近纪念风格，但是绘画设计和史前时期一样，主要以日常用品为主。科普托斯的神庙雕像表明了随后主要艺术风格的发展方向，而且这一发展过程在早王朝时代十分迅猛。独立的墓葬墓碑、假门上的墓碑以及墓葬雕像，不仅加强了视觉艺术效果，同时也说明了它们的用途，以及使用情形。

古埃及的社会结构

以先进的国家机关（主要体现在管理行为上）为基础建立的早期社会结构首先从上层人士的墓葬以及这些墓表现出的上流文化中可见一斑。

这里首先要说的是象形文字的发展。我们现在知道，雕刻或者用墨水写在容器上的符号至少出现在涅加达Ⅲ期，相关的标记方法也会随着象形文字的王朝时代的发展而发展。从其独立的起源、符号的形式、系统的结构来看，埃及的象形文字应该独立于其他的早期象形文字。象形文字及其形式最早就是在国家管理中使用。物品的名称，其质量、大小、数量的说明，机构的名称，官员的姓名和头衔等，都需要用文字记录，以便书面记录经济情况和机构结构。通过这一新的媒介，可以储存、传播信息，经济贸易因此不会再受到个人记忆和面对面交流

的限制。

但是在这时，文字也有可能在艺术领域中使用，说明人物、地点、事件。因此，只有很少一部分名词被记录下来，而且绝大多数是姓名或名称。直到古王国时期，才出现了描述某些事件或复杂情形的连续的记述性文字。

最古老的纸莎草卷出现在第一王朝，所以即使在那个时期，也免不了制造出冗长的文件。很不幸，没人在这张纸卷上写字。我们所有的资料就是官员们写在标志、铭文、印章中的符号。对于食物的标记，只能说明其属性和来源是不够的，日期也必须标出。我们就是在这里找到了记录年份的第一份证据。起初，这些年份并不以数表示，而是通过具体的事件来命名，尤其是仪式和节日。

在这些仪式中，最重要的是“荷鲁斯的继承人”，这一庆典每隔一年举行一次。很快，仪式便与“数”联系起来。有时，“数”的定义十分精确，比如“黄金和场地的数”或者“牛和小型家畜的数”。因此，我们认为这是为了税收而进行的全国普查。这些计数在每位君主统治时又重新从1开始编号。在古王国时期，这种做法形成了之后常用的通过君主统治的年份表示日期的方法。容器上的印章，以及包、箱子、门上的黏土印章是我们了解早期国家经济结构的另一个重要来源。埃及人会说明相关机构、王室府邸及其组成部分、仓库、作坊以及相关管理人员的名称或姓名。从这些资料中，我们就能重新描述皇宫周围的宫廷经济，理顺农业、手工业和贸易的情况。这好像还没有一个覆盖全国的管理制度。

对于这一时期的官员，我们只能有一个大概的构想。但是，现有的证据表明，在宫殿的管理中，确实能发现高级官员的影子。

对外政策

从对外关系来看，可以很清楚地看到第一王朝进入了一个全新时期。埃及与周边国家广泛而频繁的来往可以追溯到史前时代，尤其是与努比亚和巴勒斯坦地区。那时，埃及边境地区已经有了接触区，埃及人和其他地区的人都在此聚居。根据输入和输出的物品分布，我们可以断定，曾经有一个开放的贸易制度，尤其是在努比亚地区。

然而，第一王朝的建立从根本上改变了这一制度。两地统一时期的遗迹就已经记录了两国人民发生过战争之类的对抗；我们从编年石和标志上了解到的第一王朝年份的名称，也反复提到这些冲突。在南部第二瀑布附近，有一块第一王朝时期的埃及石刻，这上面指出这些冲突不仅仅只是边境争端。问题的症结不在于对别国领地的征服，而在

53 格贝尔谢克－苏莱曼（Gebel Sheikh Suleiman）的岩石雕刻

第一王朝，约公元前3000年；砂岩；喀土穆国家博物馆。

这块岩石浮雕刻画了一条船、被捆绑的囚犯和漂浮在水中的死尸。左侧是宫殿正面，一只隼鹰站在上面，状如埃及君主的荷鲁斯名。但是君主自己的姓名却没有雕刻上。陶罐上有的铭文也是这种情况。

于埃及对经济利益和贸易的主张，以及对邻国资源的掠夺。

国家的建立给了埃及新的机遇，扩大了政治活动半径。埃及人可以组织庞大的探险队，可以涉足昂贵的中间贸易，还可以从很大的地理范围内提高自己的利益。他们已经能在对抗地方人群的武装冲突中维护自己的权益。此外，埃及的政策此时是从一个具有明确国界线的疆域中发出。埃及还在第一瀑布旁的阿斯旺聚居地——大象岛上建立了要塞，使其成为最南端的边境城镇。

对于周边国家的人民来说，埃及取得的这些发展当然是不受欢迎的。在下努比亚地区，与埃及的交流曾是文化生态的重要因素。而第一王朝的建立使得下努比亚的这种本土定居生活方式土崩瓦解，居民们又被迫过上了游牧生活。这样一来，当时一直与埃及的崛起并驾齐驱的努比亚酋长制度就被扼杀在了摇篮中。于是，埃及跻身主导地位，凌驾于周边地区之上。对于周边的部落，埃及这一强大的势力总是能轻易取得优势，这无疑就是法老文化中淡定的自我肯定之根源所在。

第二王朝

第一王朝存续了约175个春秋，再经过约150年就进入了古王国时代，这个时期就是第二王朝。这个时代见证了埃及从一个古老的国家到繁盛的法老王国的转变，影响深远。但是很遗憾，我们对这些过程知之甚少。

第二王朝前面三位君主的墓都建在塞加拉。第一位君主——霍特普塞海姆威（Hetepsekhemui），在此修建了一座皇陵，位于后来的卓瑟王金字塔南部，因而也在第一王朝建有壁龛式大墓的墓地南部，距离不是很远。这一变动主要是因为第一王朝的这块墓地空间不足。

霍特普塞海姆威的墓只剩下地下部分，但即便如此，还是非常壮观。墓中间有一条长长的走廊，分支出很多用于储存的长廊。这条走廊从北侧的一条斜道进入墓葬，经过很多石板，最终到达君主的墓室。这种设计还比较新颖，其目的在于为大量随葬品提供存储空间，有家具、餐具、食物等。其实，只要是家居用品，都全部随逝者下葬。“坟墓是逝者的家”这一古老的观念从未如此直白地表现过。上流社会成员的墓也体现出这种观念，只是没有这么大的规模，而且这一构想在第三王朝就明显没落了。对于这座墓的上部结构，我们不知到底是什么模样。不过，各种情况都表明，这座石室墓一定非常巨大，很可能有壁龛装饰。另外，我们在此找到了一块刻有君主继承人姓名的墓碑，与在阿比杜斯皇陵修建的墓碑相似。这块墓碑所属的墓没有找到，不过，我们在霍特普塞海姆威的墓葬旁边找到了另一座为第三位统治者尼内特吉（Nynetjer）修建的长廊式墓。

在第二王朝君主的统治期间，阿比杜斯的皇陵被废弃，充分说明君主是国都贵族的上流阶层，而他们与王权发源地（远在上埃及，此时越来越像落后的省级地区）的联系正不断弱化。但是，伯里布森（Peribsen）和哈塞海姆威这两位后来的君主又喜爱这一处古老的上埃及遗址，将自己的墓地修建于此。在他“荷鲁斯名”中宫殿正面的称号中，伯里布森还将荷鲁斯隼鹰替换成了象征塞特神（god Seth）的动物。塞特神的祭拜地位于奥姆鲍斯（Ombos，也称涅加达），是史前时代上埃及的核心聚居地。其他的君主只是在从下埃及遗址出土的石器上雕刻的铭文中，或者就是后来的君主名单中见到过他们的姓名而已。我们在这里面对的难题在于，如何将不同的古埃及君王称号与各位统治者一一对应起来。从发现的证据整体看来，我们可以断定，埃及在第二王朝下半叶时，再次分裂成上下两个部分。但是，就算是这样，我们也必须承认对当时的政治环境完全不了解。

伯里布森和哈塞海姆威两位君主都把自己的墓修建在阿比杜斯。通过把陵墓修建在第一王朝古老的皇陵中，并在其上围出宽大的墓园（根据其外貌称为“河谷院落”或“堡垒”，尽管用词并不准确，但至今还是很大），他们突出了与阿比杜斯旧传统的直接联系。然而，通过平面图可以清楚地看出，陵墓的结构明显受到了塞加拉长廊墓的影响。虽然由于地处松散的沙地，整个建筑必须在单独的墓坑中用砖块修建，这些陵墓中仍然有一条长廊，分支出许多储存区，围绕在君主的墓室周围；而在塞加拉，长廊和走廊都能直接在当地的片岩上修建。这一表面关系的一个关键因素是，第二王朝的“上埃及”君主是来自孟斐斯的上流阶层，并且不代表当地绵延不断的提尼泰传统的复兴。哈塞海姆威在希拉孔波利斯也有重要的遗迹。希拉孔波利斯的荷鲁斯神庙中建有他的纪念建筑，而且有很多砖保存下来。这些砖块来自某一道大门，大门上的浮雕在风格上与古王国的正统艺术非常协调。他曾经自称“哈塞海姆（Khasekhem）”，很多珍贵的还愿供品也表明这位统治者对这座神殿的重视。在希拉孔波利斯镇外，哈塞海姆威还修建了一处墓园，风格与阿比杜斯的墓园相同，两座墓园都采用浮雕石砖加以装饰。除了纪念建筑之外，还有其他情况能说明古王国的主要艺术特征是在第二王朝期间形成的。来自戈伯伦（位于希拉孔波利斯与底比斯之间）哈索尔神庙的两块浮雕砖就是这一时期非常突出的文物，而且上埃及在此后很长时间都没有出现能与之媲美的文物。在孟斐斯的贵族墓中还首次出土了描绘逝者坐着进餐情形的浮雕石板。这些石板固定在墓葬中祭拜区的石头“假门”上，铭文中说明了墓主人的姓名和头衔，以及所举办仪式的盛况。古王国时期杰出男性的墓葬中丰富的绘画装饰就起源于这些石板。

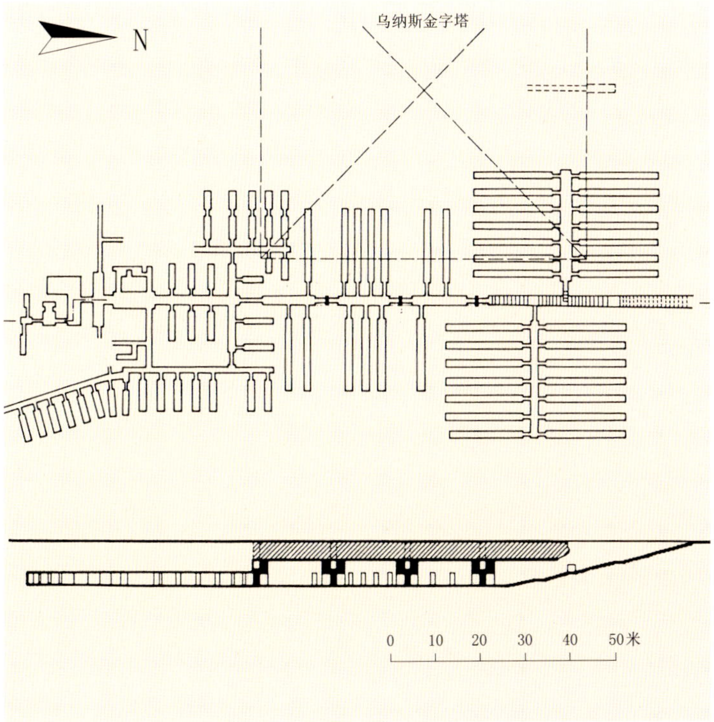

54 霍特普塞海姆威之墓

塞加拉；第二王朝早期，约公元前2825年；平面图和截面图（下图）。

第二王朝早期的皇陵，利用塞加拉的软性岩石在技术上的可行性，设计了一种新型建筑，环绕在第一王朝陵墓的四周，用作大型存储区。走廊分支出许多房间，这种类似梳子的结构创造出很大的储存空间。遗憾的是，我们还没有对这些杰出的建筑进行仔细研究，图上所示的平面图很大程度上是想象出来的。

55 奈伯拉王（King Nebre）墓碑

塞加拉；第二王朝早期，约公元前2810年；红色花岗岩；高99厘米，宽41厘米；纽约大都会艺术博物馆，60.144。

这件文物说明，塞加拉的第二王朝皇陵跟阿比杜斯的第一王朝皇陵一样有刻着姓名的墓碑，而且两地的墓碑上都只提到了统治者的荷鲁斯名。这两块墓碑也许都曾经修建在墓葬的祭拜区，以便说明墓主人的情况。

56 哈塞海姆威举行仪式的院落

希拉孔波利斯；第二王朝末，约公元前 2720 年。

院落呈长方形，周围建有高大的围墙和大门，墙上有壁龛式样。其中发现了残留的建筑物；目前还没有充分挖掘。由于没有证据表明哈塞海姆威在希拉孔波利斯有墓葬建筑，所以，这个用于举行仪式的院落似乎与葬礼没有直接联系。

57 绘有哈塞海姆威形象的浮雕石块

希拉孔波利斯，君主举行仪式的院落；第二王朝末，约公元前 2720 年；花岗闪长岩；高 130 厘米，宽 135 厘米；开罗埃及博物馆，JE 33896。

这块砖上的浮雕稍稍凸出，属于希拉孔波利斯荷鲁斯神庙大门的一部分。场景被压碎，以便将来再利用，所以画面很模糊。但是，还是能看出君主的主要形象和塞丝哈特（Seshat）女神。女神正在将标杆打入一座神庙。

58 哈塞海姆像

希拉孔波利斯；第二王朝末，约公元前 2720 年；石灰石；高 62 厘米；牛津阿什莫尔博物馆，E. 517。

这座雕像表现了坐在王位上的君主。王位靠背较低，君主身着紧致、齐小腿长的斗篷，头戴象征上埃及的白色皇冠。底座前方是下埃及的化身，被捆绑着，有一支箭将其射倒。整个基座上都绘有扭曲的尸体，死亡人数 47209 则在前面标出。

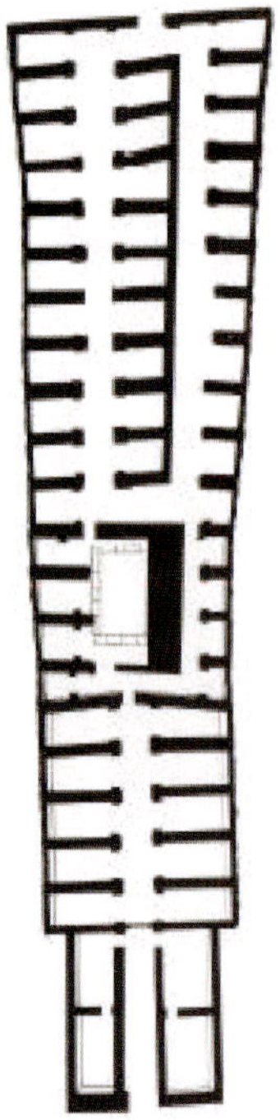

59 哈塞海姆威墓葬建筑平面图

阿比杜斯皇陵；第二王朝末，约公元前 2710 年；总长约 70 米。

虽然墓葬中心的墓室是采用石灰石板建造的，其他墓室则是用泥砖。平面图的结构显示，这座墓是想在塞加拉修建的长廊墓和阿比杜斯沙土的技术限制中寻求折中方案。

60 表现在墓中进餐场景的墓碑

塞加拉；第二王朝，约公元前2720年；石灰石；高36厘米；《塞加拉》（Saqqara）杂志。

这块石板曾经固定在墓葬中的假门上，表现了埃及对逝者祭拜的主要场景。已故的这位女性坐在放有面包片的餐桌旁。其他供品有的用文字标出名称，有的画在桌子周围。

61 神庙中绘有君主的浮雕

戈伯仑，哈索尔神庙；第二王朝末，约公元前2720年；石灰石；高87厘米，宽50厘米；都灵埃及博物馆，物品编号12341。

这件浮雕比较独特，曾经应该是修建在砖砌的神庙中。浮雕的上半部表现的是君主正在举行一场奠基仪式；但是画面中只剩下他的双腿和短裙。下半部是一只残余的船。

第二王朝下半叶，上下埃及的关系不明确。不过我们知道伯里布森王在塞加拉也受到尊崇，建有祭拜殿（修建时间不详），而且哈塞海姆威在塞加拉可能修建了陵墓。最晚就是在哈塞海姆威统治期间，上下埃及的关系急剧恶化，冲突不断，甚至爆发了战争。他在希拉孔波利斯神庙中供奉的还愿贡品中有很多石头做的大瓶子，上面的铭文描写有一年“战斗，击败下埃及”，并刻有“上下埃及统一”的标志。这座神庙中的哈塞海姆威雕像上，还有更加确凿的证据。奇怪的是，随着上埃及对下埃及的胜利，上埃及的主导地位反而一去不复返；雕像底座上的花纹条带也是这样记载的。阿比杜斯的皇陵被废弃；不过，提斯的这些君王虽然离开了这里，却让上埃及变成了一个行政中心，在整个古王国时期都具有特殊的地位。推动埃及统一的力量总是来自上埃及，但是在地理分布上，北部的下埃及始终占有优势。另外，虽然埃及国家的建立主要受到提尼泰的王朝的政策左右，但是其发展和演变却总是受到孟斐斯的影响。

1 斯奈夫鲁（Snefru）浮雕

瓦迪玛格哈拉（Wadi Maghara，即西奈）；第四王朝，约公元前 2620 年；红砂岩；高 112.5 厘米，宽 133 厘米；开罗埃及博物馆，JE 38568。

浮雕表现的是“外族的征服者”斯奈夫鲁王用权杖击败一个长着胡子的亚洲敌人的场景。斯奈夫鲁在西奈半岛被奉为神，在他的领导下，铜矿和绿松石的开采力度加大。这块浮雕并不是指真正的对游牧民族的战斗，只是君主作为在这片土地上生活、劳作的人民的庇护人，为了凸显其政治和宗教光环罢了。

第三王朝至第八王朝的政治史

迪特尔·凯斯勒（Dieter Kessler）

在终结埃及早期历史的提尼泰时期（第一王朝和第二王朝）的末期，古埃及的政治和经济中心最终固定在孟斐斯(Memphis)地区。古王国时期（第三王朝到第六王朝）引人注目的外部标志就是历代国王宏伟的金字塔，它们超越时间，永不衰败。可以毫不夸张地将古王国时期称为金字塔时期。然而，在象征国王集权于一身的强大权力的不朽金字塔背后，代表的是实际上是他身边一位精英的意愿。古王国时期盛行的经济体系在这些建筑、大墓地，及其附属的金字塔城中都有所体现。对来世生活的追求使得国家必须为所有人提供今世和来世的供给，国王就处于该供给体系的中心地位。他掌控着整个国家、国民，及其产出。他将权力委派给官员，后者对委派给他们管理的人民和财产负责。这种权力以一种所谓的“死者的供给”形式为已故官员在非尘世的生活提供供给，并为那些受命执行其葬礼仪式的人们提供物质供给。同时，所有国民都有份分享王室葬仪的规定。随着国家惯例的葬仪的增多，这些起初仅限于首都的规定，逐步蔓延并囊括遥远地方的居民。粗放的经济和宗教的发展远远落后于建筑规模的扩大和古王国时期金字塔建筑设计和选址的变化。

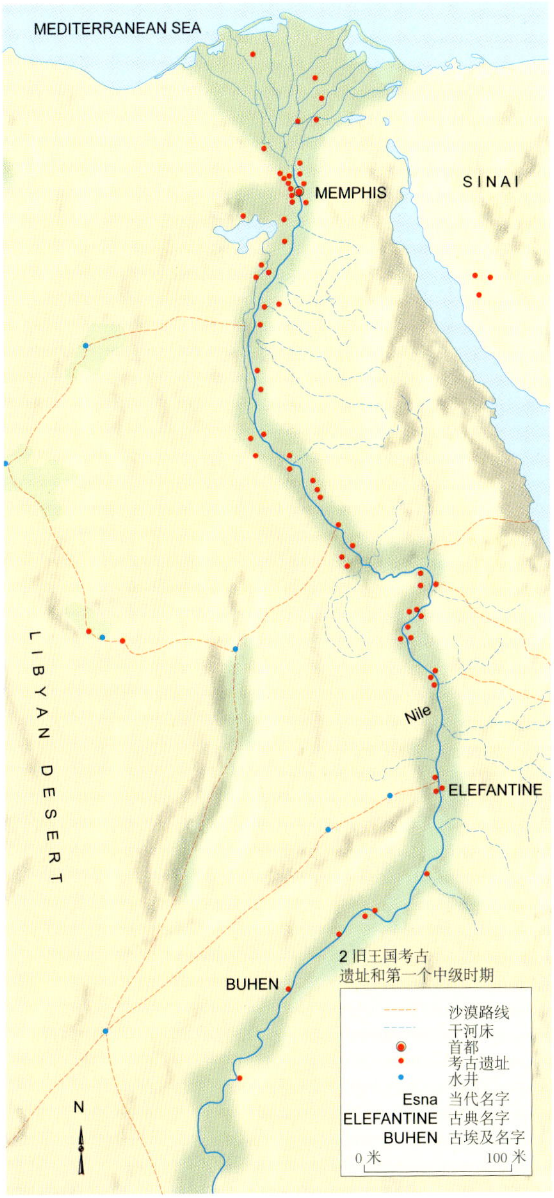

2 旧王国考古遗址和第一个中级时期

古王国时期的人物法老

早期古王国时期可供参考的书面文献为数极少，我们无法推断各个国王的个人特征。后来的传说描绘了一些统治者的形象，诸如斯奈夫鲁之类的明君以及诸如基奥普斯之类的凶残的暴君。对这些传说，不必太过认真。王妃最初也是王室成员，直到古王国后期才退到官员阶层中。其中一些因使王位后继有人而保持王室成员地位。

古王国时期的内政发展

以国王为中心的政要集权与王室丧葬礼仪的扩大化有密切关系。地方酋长被由首都派遣的文职人员所取代并受其管理。

3 美凯里诺斯（Mycerinus）雕像的头部

吉萨，帝王谷神庙；第四王朝，约公元前2520年；方解石、雪花石；高28.5厘米；波斯顿美术博物馆，09.203。

美凯里诺斯是切夫伦（Chephren）与王后卡玛瑞奈比提（Khamerernebti）的儿子，关于政治事迹我们几乎一无所知。据其金字塔入口处的碑文记载，他的金字塔是于新王国时期修复的。人们在这座金字塔里发现了赛特（Saite）时期的刻有国王名字的棺材，该棺材可以追溯到他死之后大约2000年。他的石棺在通过船运往英格兰时遗失在英吉利海岸的深海里。

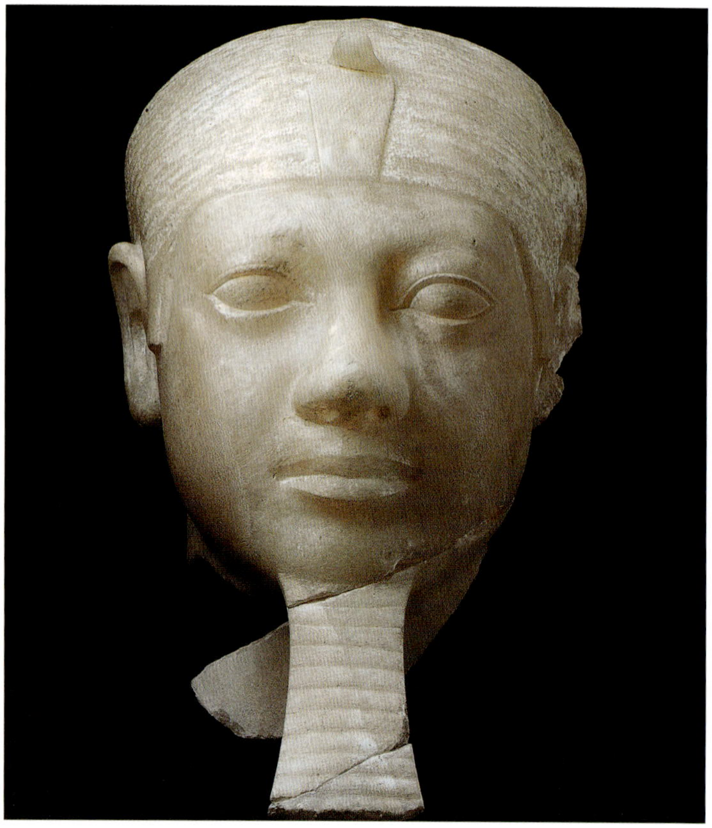

建立在各地方的王室领地——诸如手工作坊、农耕聚落，以及渔村之类的小型经济体——将其产出直接运送到首都。行政地区的组织非常系统化。在第三王朝末期胡尼（Huni）的统治下以及第四王朝初期斯奈夫鲁的统治下，整个国家不分墓室的小型祭仪金字塔的建造，都与这些新兴王室领地有密切关系：统治者的祭仪场所就是这样转移到各地方的。第一座地方寺庙是为美凯里诺斯（Mycerinus）建造的，该地区的宗教建筑都可获得源源不断的王室供给。

第四王朝时期的军队由王公贵胄统帅。他们率领采石队并监管驻扎在南部（大象岛）以及北部［通往巴勒斯坦的贸易线路的起点的“伊姆霍特普（Imhotep）之门”的赫利奥波利斯（Heliopolis）和布巴斯提斯（Bubastis）］的卫戍部队。最初，该时期执行审判权的大臣也是从这批王公贵胄中选拔出来的。从居住在吉萨 (Giza) 北部的家族中继位的几位第五王朝时期的国王专注于建造太阳神庙宇，阿布西尔（Abusir）地区用于逝者祭仪的建筑骤然缩减。

此时祭仪建筑在经济上依附于太阳神庙的支撑。行政管理的分权程度提高；甚至连大臣也不必属于王室阶级。法老乌纳斯（Unas）（约公元前2360年）统治时期，一个也许来自德尔塔（Delta）的新的家族悄无声息地继位了。太阳神庙的建造戛然而止，阿布西尔的金字塔建造转而移向塞加拉（Saqqara）。一位新的死神奥西里斯（Osiris）看顾着宗教的变革和人们的供给，这使得官员被埋葬在首都之外的各地方具有可能性。地方行政管理中心开始兴旺起来。奥西里斯神的祭仪中心阿拜多斯 (Abydos) 成为上埃及统治者的所在地；奥西里斯•康泰门蒂（Osiris Khontamenti）的王室神庙受到王室法令的保护。佩比（Pepi）二世的长期统治期间施行了重大变革。上埃及统治者的所在地发生了数次变更。考普托斯（Coptos）因敏 (Min) 神庙而夺人眼目，底比斯（Thebes）成为南部的政治中心。但是，内部权势互相争斗，当庭谋杀［短暂地使佩比二世的妹妹尼托克里司（Nitocris）于公元前2218年登上王位］摧毁了国家的下部构造及其供给网。在孟斐斯，上埃及相继继位的几位统治者之间出现了混乱局面：该地区分裂成了几块小的、战乱不断的封邑。孟斐斯的统治者们克服重重困难才终于恢复了各方都基本接受的行政制度。但是，孟斐斯的统治者们很快就在攻占法尤姆（Faiyum）时被来自赫拉克莱奥波利斯 (Herakleopolis) 的诸侯所取代。

古王国时期对外政策的发展

古王国时期的埃及不用担忧来自外部的威胁。然而，它对努比亚诸侯以及南巴勒斯坦地区的活动保持高度警惕并严密观察。每年的节日仪式上，法老都会重复征服四面八方的敌人的节目，这实际上是在隐晦地声称对尼罗河流域人民的最高统治权。仪式通过粉碎泥人小雕塑，象征将巫术般地毁灭潜在敌人。发展外交关系的目的是保护贸易线路以及必要的原材料的进口。国王兴建土木活动的扩张导致对多种原材料资源的更大规模的开采，例如对埃及中部地区方解石、雪花石的采石，对位于瓦帝哈马马特（Wadi Hammamat）的东部荒漠地区的硬砂岩的采石，以及对位于法尤姆戈仑湖（Lake Qarun）东部的戈伯尔卡传尼（Gebel Qatrani）的玄武岩的采石。

古王国初期，大概是卓瑟王 (Djoser) 统治时期，西奈半岛瓦帝马卡拉铜矿开采重新开始。在沙别艾卡锭（Serabit el - Khadim）地区，对于它的副产品绿松石的开采一定是在此不久之后开始的。

4. 乌塞尔卡夫（Userkaf）雕像的头部

塞加拉，国王的祭庙。

第五王朝时期，约公元前2500年；红色花岗岩；高75厘米；开罗埃及博物馆，CG52501。第五王朝建立者的族谱起源至今仍是学者们争论不休的一个未解之谜。不过，关于国王本人却有很多史料记载，特别是通过他在大象岛、布投（Buto）、艾特托德（et－Tod），以及布根（Buhen）的贡品和建筑物，这在各种各样的建筑残垣以及编年史中都有提及。

5 切夫伦肖像残留的面部

吉萨，帝王谷神庙；第四王朝时期，约公元前2550年；方解石、雪花石；高20.5厘米；波斯顿美术博物馆，21.351。

该照片显示了王室金字塔中许多肖像残片中的一个。国王的胡子已掉落。该金字塔的名字“最伟大的切夫伦金字塔”明确说明了该建筑的意图。有50多块领地被分配给国王的祭仪。

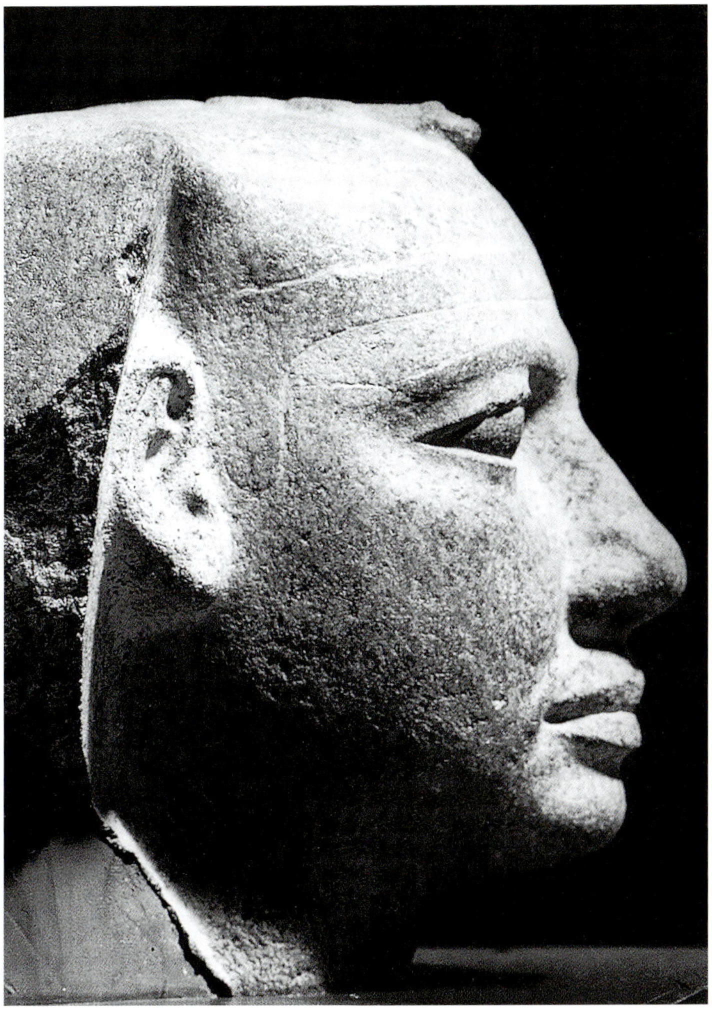

对于西奈地区贝都因人（Bedouin）的军事控制是进行这项开采的一个必要先决条件。

建筑用木材通常是从黎凡特(Levant)的港口，特别是比布鲁斯（Byblos）运往埃及的。对于必备运输船只的建造在埃及的编年史中被重复提到。许多埃及物品都被刻以王室名字，供奉给比布鲁斯的近东女神巴阿拉特（Baalat）。她在此与埃及女神哈索尔（Hathor）连接在一起，象征着与该城的和平贸易关系。埃及物品在贸易中心艾贝拉(Ebla)也曾被发现。在第五王朝时期的王室祭庙中，牡鹿和熊等陈列物表明有来自外国的贡物。

从潘特（Punt)，也就是今天的索马里（Somalia）或厄立特里亚（Eritrea）地区的香料的运输，在萨弗拉（Sahura）统治时期（约公元前2490年）被第一次提到。军事行动也会被频繁采用以保护贸易利益。

第五王朝末期，坟墓装饰开始展现描绘占领亚洲城市、载有亚洲船员的远洋船以及容颜憔悴的游牧人等场景的画面。我们很难想象这些主题背后诸如巴勒斯坦南部战争等事件的实际情况。然而，在第六王朝初期佩比一世的统治下，曾尝试过将埃及的控制扩张到该地区。埃及军队向贝都因的“沙土居住者”发起了数次战争，一直进攻到他们称为“羚羊鼻子”的一座山上，很可能是位于巴勒斯坦的卡梅尔(Carmel)山。

斯奈夫鲁统治时期（约公元前2620年）对利比亚部落发动了一场小规模的战争，俘虏了1100名战犯。大约400年后位于南部

6 萨弗拉（Sahura）与考普托斯地方神的群雕

第五王朝，约公元前2490年；斜长片麻岩；高63.5厘米；纽约，大都会博物馆艺术馆，罗杰斯基金，1918,18.2.4。

萨弗拉的金字塔位于阿布西尔，他的太阳神庙至今仍未被发现。跟他在一起的神扛着考普托斯的地方象征物，由两只猎鹰组成。这种展现国王与地方神灵的群雕在第四王朝时期也已出现。

7 王后安可奈斯玛利亚（Ankhnesmerire）二世与儿子佩比二世的坐雕

可能出自塞加拉；第六王朝，约公元前2270年；方解石、雪花石；高39.2厘米；纽约布鲁克林(Brooklyn)博物馆，查理斯·爱德温·威尔伯（Charles Edwin Wilbour）基金会，39.119。出身于阿拜多斯一个当地王室家庭的王后安可奈斯玛利亚二世在儿子未成年之时替他掌权。因此这类母亲与孩子的画像有一定的现实基础，尽管在这座雕像中法老佩比二世被刻画成了成年人的形象。

和西部绿洲的贸易线路再次受到利比亚袭击者的威胁。因此，一支埃及“绿洲控制者”军队专门驻扎在达赫莱（Dakhla）。

同样是在斯奈夫鲁统治时期，约第四王朝初期，有史料记载了埃及南部的战争。约2万士兵入侵了下努比亚，偷窃牛。据他们称，还在一次战争中俘虏了17000名战犯，而在另一次战争中俘虏了24000名战犯；这些俘虏被迫做苦力或辅助守卫。不过，所部署的大量士兵启发了埃及决定在南部永久驻扎军队，修筑新的要塞，例如在布根。这一政策就意味着贸易线路、采石场和来自东部沙漠瓦帝阿拉其的金矿，以及西部的硬石采石场都可以受到监管。

在伊孜滋（Izezi）法老统治时（约公元前2405至公元前2367年），有资料记载了第一次向南部更远地区的探险。交换的物品，如毛皮、象牙和香料——以及为王室跳舞的侏儒——很可能来自栋古拉（Dongola）盆地的亚门（Yam）地区。来自大象岛的商队领导们冒着危险进行这次旅行，在贝都因当地人、口译员及士兵的帮助下穿越了沙漠。驴可以穿越的线路被称为“绿洲大道”。经由巴瑞亚（Bahriya）、达赫莱、可卡尔（Kurkur）、塞里玛（Selima），以及敦古尔（Dungul），可以通往第三大瀑布南部的地区。

受到贝都因袭击者威胁的下努比亚诸侯，基本上是支持埃及政策的，甚至在第六王朝初的亚洲战争中为埃及提供士兵分遣队。贸易线路所受到的威胁到第六王朝末期才开始凸显。佩比二世时期，与下努比亚入侵者之间的战争更加频繁，并三次远征亚门。一系列记载详细描述了这些意义重大的行程。一位远征军队长将他死于埃及南部的父亲的尸体背到家乡大象岛，另一名队长在红海边造船时被贝都因人杀死。因此，与非洲内陆的贸易很快就完全终止了。

8 约瑟王的陵墓建筑

塞加拉；第三王朝时期，约公元前2690年。

坟墓区域，长540米，宽278米，是世界上完全以加工石料建造的最古老的纪念碑式建筑。这一阶梯式金字塔形的纪念碑式王室坟墓被石质墓堂、祭仪建筑和游行场包围，是为国王在尘世和灵界两个世界所建造的一个永恒的祭仪场所。

因为它是用一种永久不坏的材料建造的，所以它是埃及和埃及社会“永垂不朽”的象征。位于中央的阶梯式金字塔是现世的坟墓以及来世的王室宫殿；同时它的阶梯也象征着埃及社会，国王位于塔顶，下面依次是他的王室家族、亲王官官、文职人员、手工业者，以及农民。

金字塔时代的王室陵墓

赖纳·施塔德尔曼

直到最近，人们一直认为，从提尼泰王朝时期向古王国时期的过渡似乎具有显著的政治变化特征，似乎是一个文化转折点。然而，对于阿拜多斯和塞加拉的墓地坟墓所进行的最新研究告诉我们，该过渡时期既没有发生王朝变化，也没有产生文化上的突破。从印鉴上似乎可以得知，第三王朝时期的第一位国王约瑟王为第二王朝的最后一位国王卡斯柯缪（Khasekhemui）位于阿拜多斯的坟墓送来了贡品并封闭了该墓。第二王朝初期的几位国王早已为自己的陵墓——宽阔的带长廊以及宏大上层结构的建筑——选好了位置，即在塞加拉的中部，此地是第三王朝的皇家陵园。卡斯柯缪——约瑟王的父亲或丈人——似乎不仅在阿拜多斯有巨大陵墓，而且在塞加拉也有宏大的“布投式”（Buto － type）长廊坟墓。一位统治者拥有两个或多个陵墓的麻烦趋势在埃及历史上并不罕见，仅把这些建筑物解释为是衣冠冢或者纪念碑是不能令人满意的。

对于古埃及人来说，完整地保存尸体无疑是来世生命的一个必备先决条件。除此以外，在早期，还有其他的仪式图腾来保存已故国王的身体和灵魂。按照重要性，它们分别是：肖像雕塑、王室石碑，以及王室陵墓。为已故国王所造的这些各种各样的形象以及房屋——木乃伊、雕像、石碑、金字塔，以及陵墓——于公元前2680年在约瑟王依王室宫殿建造的墓地区域以纪念性建筑形式首次全部亮相了。

至此，约瑟王的统治已经成为一个重要的转折点，标志着一个神奇时期的开始，埃及从此前的昏暗历史中崛起，开始了金字塔时代。这是古埃及人民自己的评价，约瑟王统治时期他们看到了一个真正的开始，一个新的纪元，尽管古埃及人民实际上是以轮回的眼光，而非历史性的眼光看待生活的。它被视为一连串事件的重复发生，本质上与规定好的每年按期举行的重要节日和王室庆典无异。

《都灵王室纸莎草纸卷》是古埃及为数极少的伪历史文献之一，里面记载了从十九王朝开始的国王以及他们的诞辰寿终——约瑟王的名字后还有一段简介强调其重要性。几千年之后约瑟王依然受到如此高的评价和尊敬。有趣的是，这不是因为政治联盟和该国的和平策略，也不是因为外国的要求，而是因为他被看做纪念碑式石质建筑的发起人，历史上他一直与他的儿子兼总建筑师伊姆霍特普（Imhotep）一起分享这一称号。未经加工的大石块在古风时期(Archaic Period)只是偶尔会被用于建造坟墓，但是约瑟王和伊姆霍特普却发现经过加工的石头可以用作建筑材料，并用它建造了第一座纪念碑式建筑物，其形式和象征成为埃及这个国家的标志。在一些石质的“永垂不朽”的建筑和大厅中，人们认为被神化的国王应该像生前作为统治者一样，继续为维护神灵所建立的世界秩序而进行的仪式和祭仪活动。随着死亡和被奉为神明，这已成为他永恒的使命。因此每位国王都应建造属于自己的坟墓区域以及自己的金字塔，作为来世的宫殿，以及来世永恒埃及的呈现。

这种用石头表达对国家理念的卓越呈现不是突然出现的，也不是空穴来风。到约瑟王统治时期，埃及记作为一个独立的国家存在了几百年。随着国家的统一，第一王朝时期上埃及主要部落的游牧方式开始与德尔塔地区民族更为固定的建筑文化相融合。

不同的文化传统和迥异的地理环境在陵墓建筑中找到了表达方式。在相对狭窄的上埃及河谷，坟墓主要位于沙漠边缘尼罗河的两岸，受到每年洪水的保护。最早是很浅的墓坑，沙冢仅高出沙漠地平线。相反，最早的位于下埃及城市地区的统治阶级的坟墓则只能建在有人居住的沙滩的高地上，坟墓被其上层结构所保护。基于这一特征，一种带壁龛装饰外墙的房屋式坟墓——“布投式”石墓室马斯塔巴（mastaba）逐步发展起来。

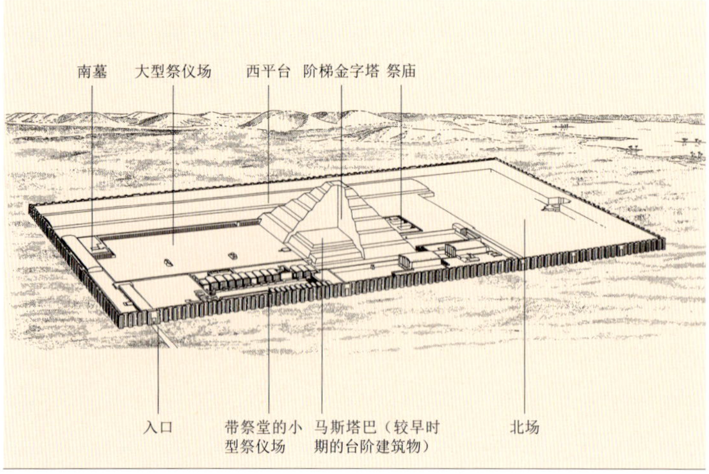

9 约瑟王金字塔的透视法重现

这座阶梯金字塔是第一例纪念碑式石质建筑，它最好地体现了这种建筑的发展过程。最初，是在一个较小的坟墓区域内修筑一个三层台阶的马斯塔巴，在修建的第二个时期作了修改，先是改成四层金字塔，最后又改为一座六层塔式建筑。金字塔高度的增加使得坟墓区域不得不向东西扩张。

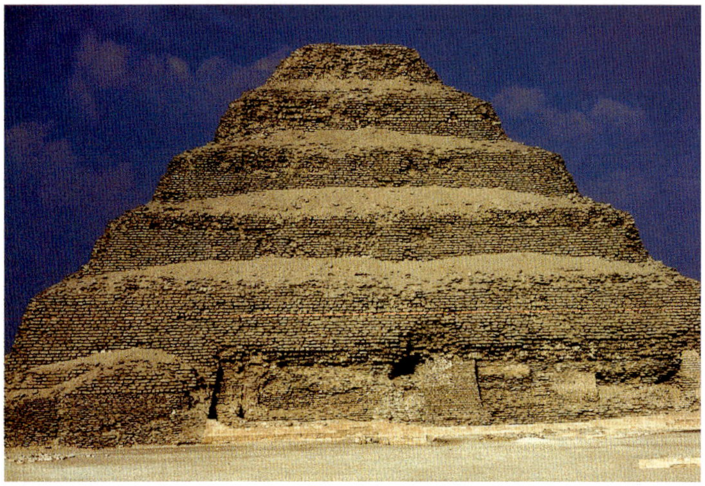

10 阶梯金字塔的南面

塞加拉，约瑟王陵墓建筑；第三王朝时期，约公元前2680年。

站在金字塔的残断面下面可以看到原始建筑的阶梯马斯塔巴。需要说明的一点是在修建的第二阶段对建筑技术作了改进。修建阶梯马斯塔巴时依然使用没比砖大多少的小巧方便的石块，横向堆砌。但是修建阶梯金字塔 时用的就是大石块了。用石头修建施工的头十年，建筑技术和劳动力节约也有所提高，就是采取了多层建筑方法，外层向中心倾斜约18° ～20° ，这会在外层自动产生一个70° ～72° 的坡度。这样单在为墙面搬运石头上就可以节省大量劳动力。它还可以减轻建筑物本身的重量，保持坡面的合理角度。

11 地方神灵雕像

可能出自塞加拉，约瑟王陵墓建筑；第三王朝时期，约公元前2680年；斜长片麻岩；高21.4厘米，宽9.7厘米；纽约布鲁克林博物馆，查理斯·爱德温·威尔伯基金会，58.192。

神像站在一块厚板前，全身裸露，从腰带上垂下一段束布，右手持一把石刀，头戴头盔状的假发。这些画像 细节暗示了该人物是一位地方神灵，而其执行力则暗示了该雕像可追溯到第三王朝时期。与其他种类和大小相差无几的雕像一起，其中有两座也已被发现，这些雕像很可能是放置在约瑟王陵墓建筑的赛德节（Sed festival）厅的祭堂的小壁龛里。我们可以想象当他们在该地点完整呈现时，他们很可能是代表整个国家为已故统治者所献的贡物。

12 赛德节厅的祭堂

塞加拉，约瑟王陵墓建筑；第三王朝时期，约公元前2680年。

该厅的东西两侧建满了实心砌体建筑，从外观可以看出，它们是祭拜神灵的祭堂。作为整体它们为已故国王提供了宏伟的布局，在赛德节活动后可以在里面继续庆祝，为来世在葬仪上列队供奉祭品。

13 带祭堂的南墓

塞加拉，约瑟王陵墓建筑；第三王朝时期，约公元前2680年。

墓的祭堂有一面正对大厅的外墙，被壁龛分割，檐壁上簇拥着尤里克斯眼镜蛇。巨型建筑的内侧有一段较短的走廊，通往放置国王祭像的狭小的室内。

已经证明这类坟墓首次出现在第五王朝初期拿卡达（Naqada）的王室墓葬，以及塞加拉的大型壁龛马斯塔巴里，是在浩阿哈（Hor Aha）统治时期突然涌现的。它们是下埃及房屋式坟墓的雅致建筑，有巨大的、坚固的上层结构，长达50米或100埃及肘，宽15～20米或30～40埃及肘，高5米或10埃及肘。它们由壁龛点缀的涂成白色的墙面，在塞加拉北部的悬崖上的宏伟展现了王室的威严。它们若不是王室坟墓或纪念碑，则必定是王后和最高亲王的陵墓建筑，统治王朝令人震撼的象征权力的建筑。

约瑟王的陵墓建筑

约瑟王陵墓建筑以前，上埃及阿拜多斯的王室坟墓和下埃及的王室墓地两者的空间利用是有区别的。约瑟王采用了有地域和文化差异的不同地区的形式，将它们和谐地融为一体，成为一个整体独立的陵墓建筑。表面上看，占主导地位的是“布投式”马斯塔巴的宫殿陵墓的形式和结构。到目前为止，学者们试图用一种非常抽象的概念解释约瑟王坟墓区域的起源，也就是阿拜多斯时代互相毗邻的两种类型建筑的融合：流域建筑和阿拜多斯坟墓。然而，既然已知阿拜多斯王室陵墓并不是有实际高度的古冢，而是仅由稍高出沙漠地平线的普通的沙坝所覆盖，那么该理论显然非常值得怀疑。最有可能的情况是在约瑟王陵墓建筑里，塞加拉王室墓地周边的陵墓建筑物，即第一和第二王朝的“布投式”马斯塔巴，被当做典范。尽管从同时代的原始资料中我们几乎不能获知任何约瑟王的性格特征——我们掌握的唯一可靠信息就是他的建筑、雕像，以及描绘他的浮雕——但这不影响我们推测很有可能是他创造了为来世建筑王室宫殿的革新理念。他当时很可能得到了与他志趣相投的建筑师伊姆霍特普的支持。

对于建筑布局的新近实验性研究发现，墓区不是一开始就被设计成如此规模庞大、兼容并包的，而是在二十多年间历经数个修建阶段，不断改造布局，逐步发展而成的。最初整个建筑计划仅有现在面积的一半，南北延伸300米，东西113米，但是当时的实际建筑施工已经布局好并部分完工。修建第一阶段的施工建筑包括10.5米高带壁龛板的石质围墙、带朝向右面的祭庙的王室坟墓、南围墙上方带墓堂的南墓、檐壁上簇拥着尤里克斯眼镜蛇的独特的外墙、两个陵墓建筑之间的大祭仪厅，以及东部的小祭仪厅。这与早期王室陵墓的一个重要区别在于整个场地对四个坐标点（四个罗经方位点）的精确定向；南北轴指向的误差不超过3°。边界是高大的石柱，上面刻着约瑟王与王后们的名字以及守护者死神阿努比斯（Anubis）。国王陵墓的上层结构最初设计的是一个三层台阶的马斯塔巴，与南墓一样是东西走向的；这样可以包围高大建筑之间南北走向的大型祭仪场。直到修建的第二阶段，带国王陵墓和南墓的三层马斯塔巴即将完工之时，才将马斯塔巴的上层结构改为阶梯金字塔。在修建的早期阶段曾又被设计为四层。这一设计，我们从东面结构敞开处可以看到，还没有高过马斯塔巴的前两层，于是在此处人们决定将其增高至六层，设计为高达 62.5 米的金字塔。

将平顶马斯塔巴改造为阶梯金字塔使得国王墓室在整个陵墓建筑中赫然凸显。相比之下，南墓依然是狭长的东西走向的马斯塔巴，仅稍高于南部的围墙。在一个墓区有两个地下结构相似程度很高的墓室，是约瑟王陵墓建筑的未解之谜之一。这种双式结构在后来的南部金字塔区域中继续延续。两个葬室都是用巨大的花岗岩石块从 28 米深的墓室基部堆建起来的。基于内部面积的考虑，仅北墓下面的花岗岩墓室能够作为埋葬室。20 世纪初许多物品在这里被发现，其中包括约瑟王的镀金无沿便帽。而南墓的墓室则非常小，空室里找不到任何埋葬的痕迹。这个墓室很有可能是存放一件被认为与去世国王的尸体具有同等重要性的便 携式镀金木雕。不管如何，空空如也的南门，以与埋葬国王尸体的金字塔下面的墓室一样的方式被密封起来。花岗岩墓室的入口是一个圆形开口，用重达数吨的花岗岩盖板从上面密封，该盖板在尸体放入前一定是悬挂在前室里的。葬室与一个地下走廊体系连接在一起，后者用以贮存为来世预备的数量巨大的贡品。两个墓室的东面都有分支的第二个走廊，在坚石区域围成一个矩形走廊。走廊的围墙是用蓝绿色的琉璃瓦装饰的。

平顶马斯塔巴东面有一个由十一个墓室构成的墓室群通往国王墓室下面 30 米深的走廊。王室家族成员可能会被埋葬在这些墓室里，尽管只有最北边的五条走廊镶有石头或木头；几口雪花石膏石棺被发现装有小孩，但是没有王后。而南面的六条走廊则摆满了数目惊人（大约 40000 件）的形状各异、装有各种东西的石质容器，其中有许多刻有第一和第二王朝国王名字的花瓶。

14 建有入口大门的围墙

塞加拉，约瑟王陵墓建筑；第三王朝，约公元前 2680 年。

带壁龛的围墙上有十五道门，其中有十四道都是假门。唯有东南角的塔门可以通往主陵墓建筑。这一精心构造的墙区清晰显示了它衍生于早期的砖块建筑方法。

15 入口走廊

塞加拉，约瑟王陵墓建筑；第三王朝时期，约公元前 2680 年。

在建筑物东南角的入口后面延伸着长达 54 米的走廊，顶部由凸出的直墙支撑。它们与半圆柱相连，后者形状和视觉效果酷似芦苇束。

16～18“蓝色墓室”

塞加拉，约瑟王陵墓建筑；第三王朝，约公元前2680年。

墓室和走廊在金字塔下约30米处才相交，与南墓下面深度一样；从建筑构造上来说它们代表着国王来世生活的宫殿区域。特别引人注目的是墙壁上用蓝绿色瓷砖覆盖的广阔区域，其目的是为了表现宫殿的墙壁装饰工艺，它们还给予了宫殿的名字。该图显示了一段被假门隔开的墙壁，每段墙上都安装有两扇窗户。北墓（金字塔）一段墙面的重建向我们展现了这些宫殿原本的辉煌壮丽，开罗埃及博物馆；JE68921；高181厘米，宽203米），它的主墙上有一道拱门，由象征永恒的节德柱（Djed Pillar）装饰。

19 约瑟王在祭仪比赛中奔跑

塞加拉，约瑟王墓区，南墓；第三王朝，约公元前2680年；石灰岩；肖像高约110厘米。

南墓下有一个走廊网，其结构代表着国王来世所生活的宫殿。有些假门上有描绘约瑟王在参与祭仪活动的精美浮雕。头戴上埃及王冠，他正在“西部南场”的祭仪比赛中奔跑。

20 约瑟王的坐雕

塞加拉，约瑟王陵墓建筑；第三王朝，约公元前 2680 年；着色石灰岩；高 142 厘米，宽 45.3 厘米；开罗埃及博物馆，JE49148。

约瑟王的坐雕是埃及现存最早的真人大小的雕塑。该坐雕展现了他身着紧身的祭祀赛德节斗篷，王室方头巾下戴着很特别的假发。王冠前面有约瑟王的名字，尼揭里凯特（Netjeri － khet）。该雕像最初被密封在阶梯金字塔北面的小室里，是于 1924/1925 年被发现的。

21 小室

塞加拉，约瑟王陵墓建筑；第三王朝时期，约公元前 2680 年。

该小室位于金字塔的东北角的神庙入口附近。约瑟王的雕像就是在这里被发现的。透过独创的视线高度的两个洞，雕像可以观看前场进场的祭仪活动。

22 （背面通页）带门的围墙

塞加拉，约瑟王陵墓建筑；第三王朝时期，约公元前 2680 年。

在由入口通往约瑟王墓区的区域，令人震撼的围墙被用古石重建至 10.5 米高。

将最初的平顶马斯塔巴加高加宽至六层金字塔，这意味着从祭庙到北面金字塔，以及从走廊到墓室的地面设计和建筑面积的增加。要建一座比例适中的祭庙，建筑就要向北延伸，且需修建一个庭院用以运送祭物贡品。新建北场的主体是存放每日所供奉祭物的祭坛。祭庙和献祭处的入口有一个偏向金字塔北面的小祭堂防护，即小室。在该建筑物里发现了唯一存留的真人大小的约瑟王雕像，象征着国王来世的不可接近和神圣尊严。

建筑向外扩建时在西面吸纳了一座迄今仍被认为是仓库的狭长建筑，尽管它很可能是第二王朝最后一位国王卡斯柯缪（Khasekhemui）在下埃及的陵墓。吸纳该建筑的做法表明了约瑟王和伊姆霍特普的设计风格。约瑟王建筑不仅仅是王室宫殿的典范，像以前所认为的那样，而是用石头呈现出的来世的埃及。南北墓象征着阿拜多斯的王室墓地以及下埃及宫殿。它们是王室祭仪活动的中心。它们所包围的南场以及小型祭仪厅的祭堂象征着埃及国土以及它的圣地——尘世。这是国王永恒的祭仪活动的场所。北场象征德尔塔的富饶沼泽地，代表着北方天国的献祭地；带有狭长壁龛的坟墓所在的西区则代表“神圣国度”。这一石头建造的埃及来世形象被一面高围墙包围，保护它远离尘嚣。该墙大门有 15 道之多，但唯有一道门可以进入。与尼罗河流向一致，该建筑精确地指向北方，与地轴相连，极点就位于带有象征永恒的宫殿——王室陵墓——的金字塔。这一象征来世的永恒埃及的宏伟建筑历经了漫长的修建过程。《都灵王室纸莎草纸卷》中所记载的约瑟王在位的 19 年时间是否足以完成施工，到目前为止这仍是一个未解之谜，抑或我们需将这一时间翻番，而这正好与古王国时期的纪年方法相吻合。

约瑟王的继任者

第三王朝时期的约瑟王继任者中没有一位完成了自己陵墓的修建。但是他们在建筑技术上取得了显著进展，并对地下仓库的划分进行了详细规划。庭院的数量骤然下降，他们将精力放在建造更高的金字塔上。约瑟王的儿子或孙子赛凯姆凯特（Sekhemket）的陵墓建筑是于 19 世纪 50 年代在塞加拉发现的，它位于约瑟王建筑的西南方位。墓室里有一口封闭的空棺材，很可能是在古时被盗墓贼劫掠过。另一口侵蚀严重的第三王朝的阶梯金字塔位于北方 10 米开外处的扎维艾雅利安（Zawiyet － el － Aryan）。该王朝最后一位国王胡尼（Huni）建造了一系列坚固的小型阶梯金字塔，从南部的大象谷一直延伸到德尔塔的阿斯利比斯（Athribis）；它们不是带墓室的金字塔，而是像是他宫殿的高塔一样耸立着的王室纪念碑。他实际的埋葬地点还未找到。曾有人认为是胡尼兴起了梅杜姆 (Meidum) 的阶梯金字塔建造，而第四王朝第一位国王斯奈夫鲁将其完工，不过这一说法已站不住脚。胡尼并没有出现在里面的记载中。他的陵墓肯定是在塞加拉地区，那里是他统治时期高官的埋葬地。除此之外，从建筑物上的涂鸦和碑文我们可以得知，古王国和中王国时期没有一位国王完成了其前任的金字塔建造，或将其占为己有。

斯奈夫鲁的统治

金字塔时代的到来始于约公元前2640年第四王朝的第一位国王斯奈夫鲁的长期统治下;这是埃及文化最重要、最神奇的阶段。除了建筑,浮雕和绘画艺术也达到巅峰。而且,这个时期在自然科学和医学所奠定的知识和实践基础延续使用了几百年,一直到希腊时代。对宇宙万物的创造者太阳神瑞（Re）的崇拜,主宰着埃及的宗教、伦理、国情以及社会,并被从事重要工作的专业技术人员广泛接受。这些人形成了一个新的阶级——“抄写员”,这些人接受了国家管理的实践与理论方面的培训。该群体承认因功受禄的诸侯。作为这一体系的守护者,太阳神瑞将权力授予国王,后者的神性不在于他自身,而在于其作为统治者的身份。他是“善良的神”,墓地守护神,因为他的使命是建造墓地。斯奈夫鲁时期的荷鲁斯（Horus）名字意为“主宰世界的主”,这一头衔后来仅用于太阳神瑞。斯奈夫鲁的儿子基奥普斯(Cheops)在其金字塔建筑和陵墓中极力将自己化身成太阳神,以致他的儿子和继承人都用一个新的王室头衔“瑞的儿子”来称呼自己。

有关斯奈夫鲁的血统和性格的现有文献极其稀缺。他的母亲玛丽三科（Meresankh）很可能是第三王朝最后一位国王胡尼的第二位王后,但古王国时期从未直接记载过国王的父辈,因为国王天生就是神圣的血统。

除了宏伟的金字塔建筑,斯奈夫鲁统治时期的主要成就就是在努比亚（Nubia）和利比亚(Libya)境内发动战争,为国家掠夺了大量战利品——牛和战俘。他们被安置在位于法尤姆（Faiyum）和德尔塔的35块新王室领地上。该时期的其他成就还包括一座新王室宫殿的修筑,该宫殿很可能位于代赫舒尔（Dahshur）附近,带有香柏木制成的高大门廊、密集的船形建筑、铜和金制成的真人大小的王室雕像和一台庞大的木质竖琴。

令人不可思议的是,金字塔的修建在当时的文献资料中并未记载,尽管这肯定是国王统治期间发生的重大事件。金字塔的修建,连同祭庙仪式、确保太阳升落的日常仪式的执行、季节更替以及尼罗河洪水的到来,都是国王生前最基本的职责,根本无需提及。而且,斯奈夫鲁无疑是古代世界最杰出的一位建筑家,在其漫长的统治时期他修建了三座大金字塔和两座小金字塔,使用了360万立方米以上的石头,比他儿子基奥普斯在吉萨的大金字塔还多了100万立方米。尽管如此,他在埃及历史中依然被认为是一位明君,一位杰出的国王,一些民间故事中讲到他称呼下属为“朋友”或者甚至是“兄弟”。

在太阳崇拜的影响下,金字塔建筑的形状发生了变化,从南北方向

23（上一页）斯奈夫鲁的阶梯金字塔
梅杜姆；第四王朝时期，约公元前2625年。
阶梯金字塔是分两个时期建造的，在斯奈夫鲁统治末期被重建为真正的金字塔。罗马时期金字塔的饰面被剥下制成灰泥。因此阶梯和最初阶梯金字塔的建造阶段又再次呈现。

的矩形变为东西方向的正方形建筑，朝向升起的太阳。东西定位凸显了金字塔建筑布局的一个新因素——堤道。它始于东方的人烟之地，一直延伸到金字塔的陵墓，终止于祭庙，自此开始祭庙建于金字塔的东面。堤道所通往的入口大门逐渐演变成河谷庙，这是金字塔城的祭仪中心，哈索尔女神和国王被供奉在里面当做地方神灵祭拜。

斯奈夫鲁的金字塔

斯奈夫鲁在梅杜姆修建的头两座金字塔依然是阶梯金字塔。一座坚固的小型阶梯金字塔在他位于希拉（Seila）的宫殿上方形成了一座塔形标志性建筑。他的第一座完整金字塔建筑位于东面10公里处，包括一座巨型阶梯金字塔，该金字塔在第二修建阶段被加高至85米，至今仍是俯瞰整个尼罗河流域的最高点。在他漫长统治的末期斯奈夫鲁“翻新”了这个金字塔，使其成为一座真正的金字塔。

正如阶梯金字塔的构造源于第三王朝时期，其他革新也受到金字塔建筑朝向太阳方位变化的影响，这在上面的墓室体系中已经提到。新金字塔的祭仪建筑中唯一能使我们联想到约瑟王陵墓建筑的就是祭庙和南墓，它们与国王的陵墓一样被建成小型阶梯金字塔，坐落于主金字塔的正南面。当然在梅杜姆是没有真正的祭庙的，因为国王并不葬于此地，但在金字塔的东面有一座石碑神殿，里面有两座代表着国王身体的石碑。金字塔的墓室体系也与第三王朝时期有别。墓室不再深置于地下室内，而是升高到金字塔体的岩石上面。自此出入口开始建于北面，并延续了一整个古王国时期。通过源于岩石地下深室的墓室走廊，国王可以上升到北面天空的恒星上，以便与太阳神在他的三桅帆船上相遇。三室体系的开始可以从第一位王朝的坟墓中找到端倪：一个主墓室，以及两个附带墓室，后者最初用于存放供奉给去世国王的重要祭品。在约瑟王的墓室里，前墓室和侧墓室的设计已具有祭祀功能。因此登上星空是在前墓室进行的，吊闸的石头上用星星做装饰也是出于此因。“蓝色墓室”的东面走廊是来世宫殿的典范。第四王朝时期水平排列的墓室被竖直排列的墓室所取代，基奥普斯的金字塔就是一个典型的例子。

在梅杜姆有一种新的趋势兴起，在斯奈夫鲁的儿子和儿媳的双马斯塔巴金字塔东北部规则均匀地布局王室墓地。

24 从塞加拉南部远观代赫舒尔
近景是第四王朝最后一位国王普塞斯卡夫；右边是第六王朝末期（约公元前2170年）佩比二世的金字塔，背景是斯奈夫鲁的弯金字塔和红色金字塔，该金字塔建于公元前2639年至前2581年间。

25 斯奈夫鲁的弯金字塔

代赫舒尔南部，第四王朝时期，约公元前2615年。

这座金字塔最初高近150米，坡度更陡。随着地面以下的地陷落，人们尝试通过加厚层面和减缓坡度来拯救这一建筑。里面的连室也同时陷落并断裂，变得非常危险，迫使建筑物不得不被遗弃。

一座巨大的独马斯塔巴坐落在金字塔的东北角，处于非常显赫的位置。很显然它建造得十分仓促，里面埋葬着一位不知名的王子，可能是斯奈夫鲁统治时期一位英年早逝的王储。我们只能推测为什么在斯奈夫鲁统治的十五年间，他要放弃在梅杜姆的宫殿和早已建好的金字塔，转而在北面50公里外的代赫舒尔附近再建宫殿和金字塔。这有可能是印证了尼罗河地区德尔塔的殖民以及遥远的中埃及的贸易线路难以掌控。而代赫舒尔附近的新址则非常便利。海港处天然形成的盆地保障了该地区的发展。东面有一条通往西奈的贸易线路，以及一条通往西部绿洲和法尤姆的干河床。提供建筑材料的位置便利的石灰岩采石场位于尼罗河两岸。

建造一座不带阶梯的塔形金字塔的大胆工程为闲置的工人和专家提供了新的机会，其坡度几乎同阶梯金字塔一样陡峭，高度更是高达150米。

这里需要强调的是，从阶梯金字塔向纯粹角锥形金字塔的发展绝非轻巧的过渡。没有任何其他建造阶梯金字塔的古代文明做出过如此巨大的进步。从堆建阶梯型巨塔到抽象几何图形的金字塔人造山的进步，是斯奈夫鲁时期卓越非凡的冒险精神的成就。新金字塔里的墓室也作了大胆改进，因其呈现的形状而被称为“弯金字塔”。它们被梅杜姆设计并改进为叠涩拱，高达15米。修建期间的沉陷和损毁迫使随后对其进行改造，使该金字塔的墓室系统变得异常复杂，难以超越。

根据早期对于国王来世的宗教描述，这是在冥界发生的。因此三个墓室中最低的一个深置于岩石底部，如在约瑟王坟墓里就是这样。墓室走廊向上的斜坡也是由通往拱极星的走廊必须笔直的规定所决定的。因此走廊须建于地面以下很深的岩石底部，以通向据金字塔北面很近的理想出口。中间的墓室是国王升天的地方，这又转而在上面的墓室中进行，尽管实际的升天方向与墓室走廊的走向一致。

26 斯奈夫鲁弯金字塔墓室体系的等角投影图

金字塔石头建筑的下沉迫使对墓室体系进行重建。在尸体入葬后仅供去世国王的灵魂使用的两间较低的墓室（B和C），可以用石头进行封堵。这就意味着通往墓室(A)的通道也要被封堵。因此人们决定增加第二条墓室走廊，通往西面（E，第一条走廊：D）。由于该墓室位置较高，加之墓室走廊走向向上的宗教要求，该走廊最终止于金字塔西面近33米的高度上。下沉使人们打消了搭建连接到第二间墓室的叠涩拱的尝试，最终连接的是一条不太成功的走廊。

27 斯奈夫鲁的弯金字塔

代赫舒尔南部，第四王朝时期，约公元前2615年。

从上面俯瞰金字塔内较低墓室的叠涩拱。墓室地面，长6.30米，宽4.96米；拱顶上端缩小，长1.60米，宽0.30米，此处叠涩每根伸出15厘米。

28 斯奈夫鲁弯金字塔的西北角落

代赫舒尔南部，第四王朝时期，约公元前2615年。

外侧通过加固厚壳以及减小坡度等尝试来防止石块掉落。但该壁面的石块还是被强烈的地壳运动松动了。

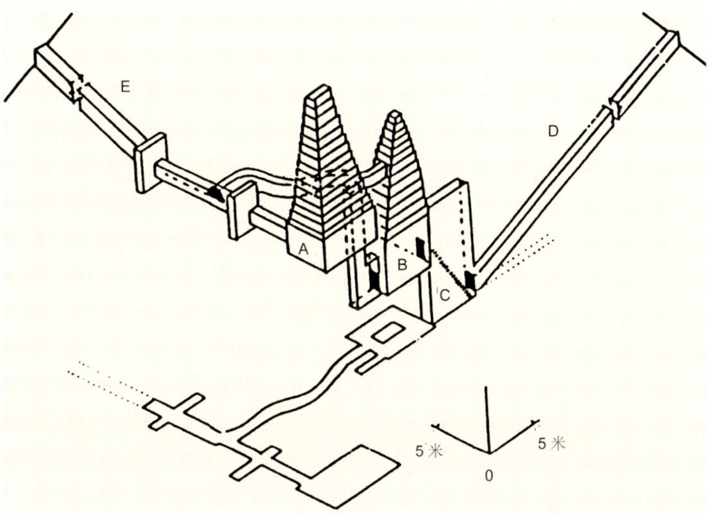

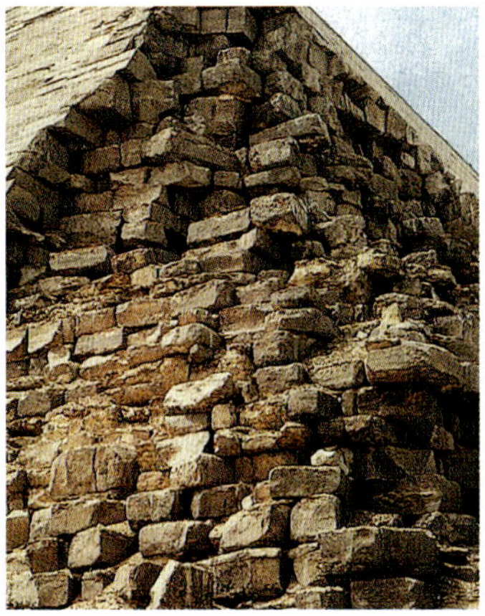

为了协助挖掘一个7米×7米，深22.5米的深墓室，需要首先铺一层泥灰和板岩，像在塞加拉那样。不过这样做还不足以支撑石头的重量。金字塔往上的三个墓室和走廊会出现很大的裂缝，最初人们认为填补修复就足以解决问题。但是人们很快就清醒地认识到较低的墓室和入口走廊都受到了严重破坏，任何修复都已无济于事。最终所有的修复尝试——甚至包括放弃最下面的墓室和减小金字塔的坡度——都于事无补。十五年的施工之后，这一史上最大胆的金字塔工程不得不被放弃。斯奈夫鲁开始着手修建第三座金字塔。

梅杜姆的阶梯金字塔同时也进行了翻新，被改建成了真正的金字塔。斯奈夫鲁的第三座大金字塔，即位于代赫舒尔北部的“红色金字塔”的地下土最初可能被检测过，其面积扩建到边长220米，并采用更平缓的斜角（45°）。层层建筑的方法在建造真正的金字塔时并不能节约劳动力，最终被放弃，改为水平方向垒砌石头。继基奥普斯和切夫伦的金字塔之后，“红色金字塔”依然是第三大金字塔，高度达105米。该建筑的任何一个细节都营造了一种和谐、缄默、庄严的氛围。排列紧凑的墓室体系也是一个和谐、清晰的整体。他们位于地表以下，通过地面以上30米处北墙上的出口可以到达，这在当时肯定对葬礼仪式的开展和走廊最后的封堵造成了很大不便。

金字塔东面前建有一座匆忙完工的祭庙，在墓室里还发现有木乃伊的尸体残留，这些都暗示斯奈夫鲁最终葬于该金字塔。斯奈夫鲁统治末期的王子和公主都葬在位于代赫舒尔的两座金字塔前面北部区域的大马斯塔巴里。它们是有光滑外墙的矩形大石块。只有东面最初似乎有两个壁龛，南面刻着死者的名字，可能还有一道假门板。前面的小庭院有可能立着两座刻有名字和头衔的石碑。就连该时期的大王后，可能是赫特弗里斯（Hetepheres）王后，也只有一座未经装饰的中型马斯塔巴。不过，她没有葬在代赫舒尔，而是葬于儿子基奥普斯位于吉萨的墓地上。

斯奈夫鲁统治时期一个长达50年的修建阶段在建筑技术上取得了显著提高，包括砌石、挖隧道、石头运输以及结构工程。曾经由于不稳定的地质所引起的毁灭性破坏的惨痛教训使选址变得极为谨慎。建筑选址的规划和后勤从金字塔建筑城的两次迁址经验中受益匪浅。对建筑材料、特殊石头、木质和铜质工具和设备的需求刺激了远征以及与北方国家的贸易往来。文职人员通过各项工作的开展也获得了丰富的经验，成为中央政府管理的有力工具。

基奥普斯金字塔——古文明的奇迹

因此斯奈夫鲁的儿子和继任者从最好的经验中受益匪浅，可以为自己的陵墓设计更加雄伟的金字塔。为避免另一座废墟建筑的产生，他选址在坚固的岩石地基上，在一座山脊上居高临下的位置他找到了这样的地方，就是现在的吉萨。一座新的王室宫殿矗立在东边。

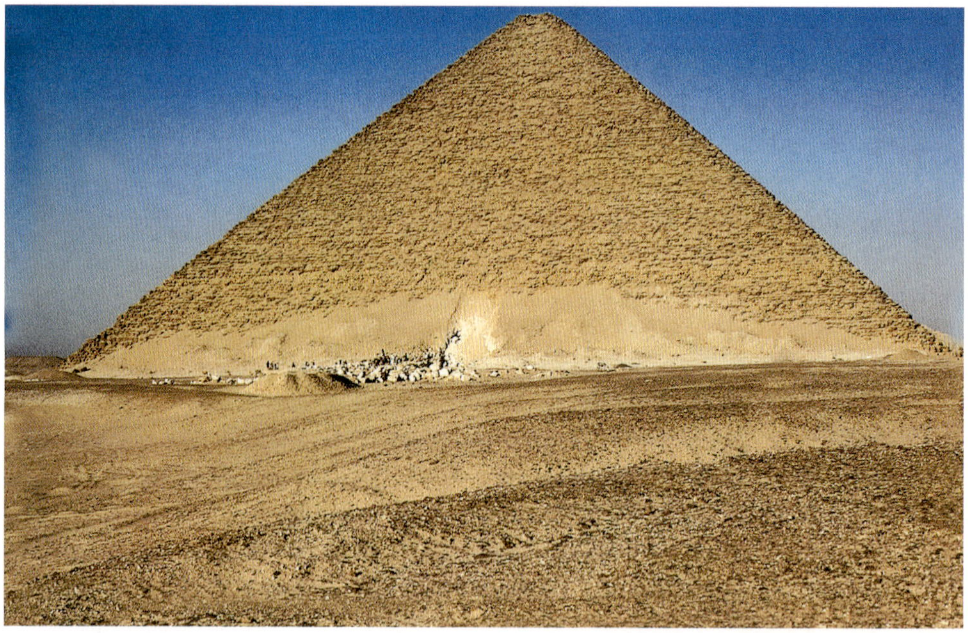

29 斯奈夫鲁的红色金字塔

代赫舒尔北部，第四王朝时期，约公元前2605年。

弯金字塔的灾难之后，斯奈夫鲁在北面2公里开外又修建了第三座金字塔（即富含红铁石灰岩的主石砌建筑之后），他最终葬于此地。外部构造的和谐比例以及墓室体系的完善使其成为古王国时期最辉煌的陵墓之一。

30 斯奈夫鲁红色金字塔的小金字塔

代赫舒尔北部，第四王朝时期，约公元前2605年；石灰岩；高100厘米；宽157厘米。

金字塔顶石是在东面的瓦砾中发现的，当时是一堆碎片，后被重新拼接起来。这是古王国时期金字塔坟墓中发现的最古老的小金字塔，可能曾包以金属薄片。

最近在位于吉萨的基奥普斯金字塔里发现了几块石灰岩残片，肯定是从大金字塔的小金字塔上掉落下来的。

31 斯奈夫鲁红色金字塔的墓室

代赫舒尔北部，第四王朝时期，约公元前2605年。

该墓室位于前室上方9米处。该墓室十分庞大，长8.35米，高14.64米，有一个完美的叠涩拱，其效果堪胜基奥普斯金字塔的宏伟走廊。后来搜寻埋葬财宝的盗墓贼烧毁了木质坟墓家具并拆毁了地板。

上层结构比例和建造的完善与走廊体系和内室的设计完全相吻合。迄今,学者们已将金字塔三室的建造乐观地归功于三次相继发生的改变。但是,认为金字塔建筑的核心部分,即墓室体系的建筑是无理念无规划的这一说法,对于完美地设计和建造这座独一无二的建筑设计师们来说是不公平的。与该观点相反,另一种有说服力的观点认为,外部建造和墓室体系的布局完全契合,内外构造看不出有任何设计上的改变。最近的研究显示,从提尼泰王朝时期开始,王室陵墓就不再是单独的葬室,而是三个墓室或空间构成的体系,其功能之谜至今仍未被人类完全解开。这一研究结果也有力地驳击了金字塔神秘论,比如再次爆发的流言称基奥普斯的金字塔墓室体系内有隐藏的秘密,甚至还有更深的藏宝室,即所谓的"知识宝库"。

上面的花岗岩葬室在金字塔内部处于相对孤立的状态。有五间重达40吨横梁的减压室用以减缓压力。最上面位于核心建筑的石块之上的,是用巨大石灰岩块儿搭建的人字形屋顶。在减压室里可以找到很多以基奥普斯为名的建造者涂鸦的碎片,这是该金字塔中发现的有关建筑者的唯一真实证据。从葬室南北墙的中间以及中室的同样位置有通往南北方天上的假走廊。它们直接通往天空,为去世国王的灵魂升天预备道路。之前它们被认为是通风井或观察天空的望远设备。但可以肯定的是这些走廊是一开始就被封堵的,因此只能作为去世国王灵魂升天的通道。

32 吉萨金字塔

吉萨;第四王朝时期,公元前2585—前2511年。

从美凯里诺斯金字塔南部观望国王的小型祭仪金字塔和他王后们的两座阶梯金字塔。背景是切夫伦和基奥普斯的金字塔建筑。

古埃及保守观念的一个特征就是除了以太阳崇拜为中心的主导宗教思想之外,还存在认为来世在地下深处有冥界的古老思想。该"地府"(冥界)观念可以通过位于坚实地面下30米深的岩室得到印证。岩室东面的走廊本该是通到金字塔下面的南墓的,但却从未完工。这也是后来基奥普斯之所以要在他金字塔区域的东南角建一座小型南面金字塔的原因。该金字塔是在几年前才被发掘的。中室的咔(ka)国王雕像东边有一个雕像壁龛,同花岗岩室一样,该室也有通往天上的假走廊。该室不可能作为实际葬室,因为里面没有石棺或神秘的吊闸封锁(从入口走廊上方释放的石闸)。

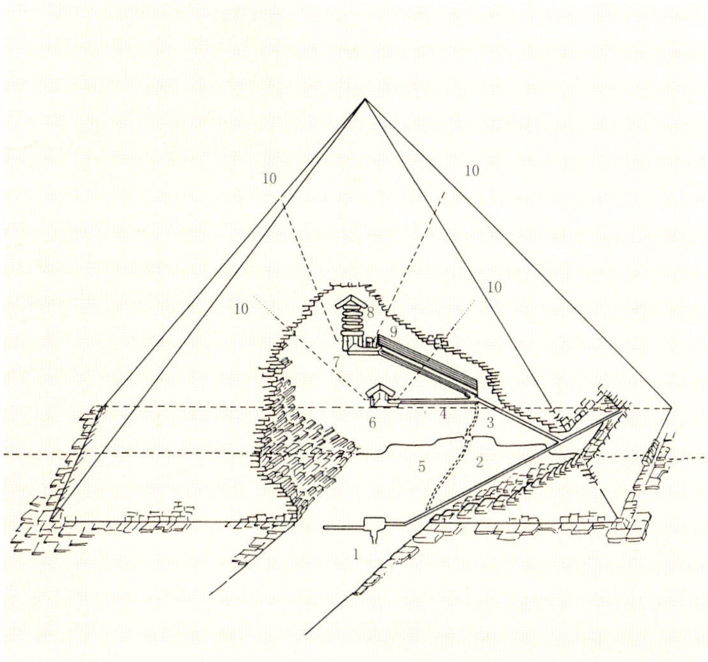

34 吉萨，基奥普斯金字塔等角投影

1. 岩室
2. 向下的走廊
3. 向上的走廊
4. 地下墓室
5. 盗墓者的通道或交通井
6. 所谓的王后墓室
7. 国王墓室
8. 减压室
9. 大甬道
10. 通风井

33（上一页）位于吉萨的金字塔高原

该空中照片展示了基奥普斯金字塔近景以及与之相连的祭庙和堤道。对角位置的后面是基奥普斯的金字塔，其南面陈列着国王巨型葬用三桅帆船。基奥普斯金字塔的西面延伸着一大片高官墓地 G4000。

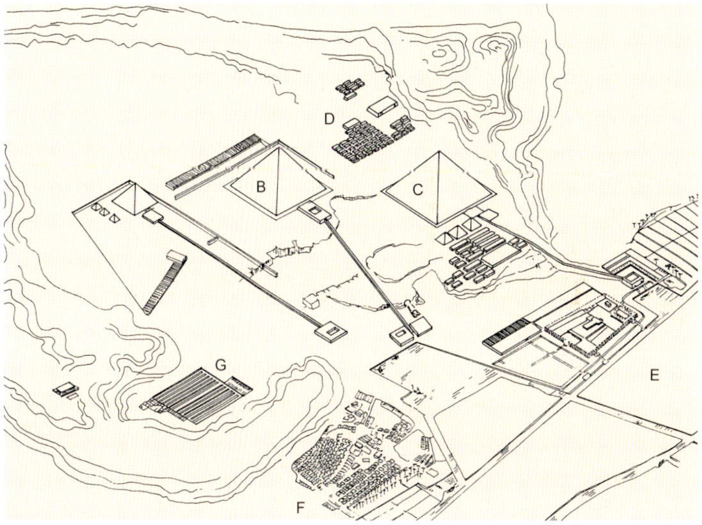

35 基奥普斯的金字塔，大甬道

吉萨；第四王朝时期，约公元前2585年。

自从被欧洲游客重新发现后，大甬道一直被视为一座建筑奇迹。从建筑上说该构造不仅成功覆盖了宽阔的走廊，同时还支撑了上面巨大的重物。因此它是斯奈夫鲁金字塔叠涩拱的发展。

36 吉萨，金字塔和祭庙的平面图

近景是试验性布置的金字塔城（F），以及铭文中所提到的王宫（E）。

A. 美凯里诺斯金字塔
B. 切夫伦金字塔
C. 基奥普斯金字塔
D. 西面墓地
G. 工人村落

37 公牛队伍

利斯特（Lisht）；第四王朝时期，约公元前2585年；石灰岩；高43厘米，长129厘米；纽约大都会博物馆艺术馆罗杰斯（Rogers）基金会，哈克尼斯（E.F.Harkness）1922年捐赠，22.1.3。

在阿蒙涅姆赫特（Amenemhat）一世金字塔及利斯特周遭大墓地的挖掘过程中，发现了许多被再次利用的石块，这些石块最初来自古王国时期吉萨和塞加拉的王室建筑。其中之一就是这幅有三头长角公牛的浮雕。该存留片段很可能是描绘基奥普斯时期河谷庙大场景的一部分，该时期是根据其椭圆形图案，或者该统治者的印鉴所推测出的。

38 基奥普斯金字塔的东面，带王后的金字塔

吉萨；第四王朝时期，约公元前2585年。

基奥普斯统治时期，国王的母亲及其众王后第一次拥有了属于自己的小型金字塔坟墓。国王金字塔的东面即他的祭庙，现在几乎已被夷为平地，三座相连的王后金字塔后面是关系更远的家庭成员的一片墓地。

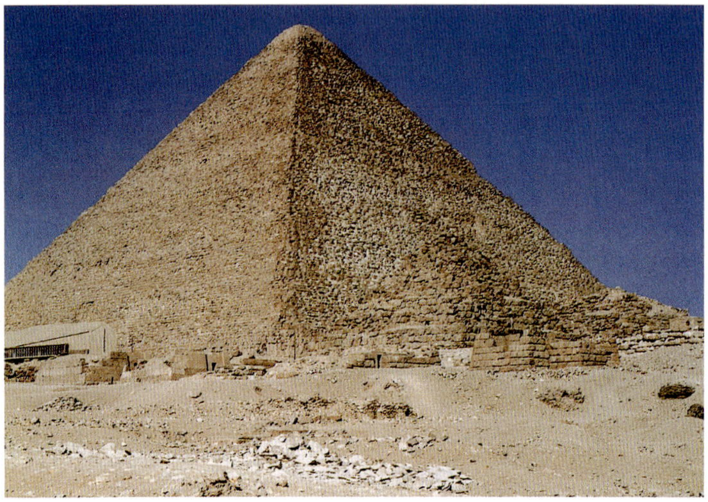

通过将封闭的祭祀区囊括在金字塔区域内，外面的区域就缩小到仅剩下祭庙，而今天则只可见玄武岩铺砌面。从铺砌面的花纹图案可以看出，祭庙曾是由被圆柱所包围的宽阔庭院和祭堂所构成的。还有一座位于金字塔建筑东南角的小型金字塔，是在位于金字塔下岩石中的南墓被弃绝后才修建的。石灰岩和其他石头的雕像残片都反映出当时的装饰非常华丽。大墓地的设计同金字塔建筑本身一样精心细致。金字塔南北面的五个岩室内曾陈列着基奥普斯的葬用三桅帆船——而非太阳三桅帆船。南面的两间岩室被发现时都是封闭的。东面岩室内有一艘船舵和船帆装具全备的王室船只，碎裂成了1200片残片。组装起来后长达43.40米。另一艘三桅帆船葬室还没有被打通，不过最近通过钻孔拍摄到的视频图像显示，里面的船已经在恶劣的地下条件下严重损坏。毫无疑问，两艘船都是为国王生前提供运输，并供其来世享用的。以这种方式为国王效命的不仅是船只。早在第一和第二王朝时期，已开始向国王供奉船只，供其来世享用。东面还有三座小型金字塔，一座是国王的母亲赫特弗里斯的，她是斯奈夫鲁的主要配偶，比斯奈夫鲁活的时间长，最后死于她儿子在吉萨的宫殿并葬于此。另外两座是两位主要王后梅瑞提特斯（Meretites）及海努特森（Henutsen）的，她们是基奥普斯儿子以及后继杰德夫拉（Djedefre）和切夫伦的母亲。国王的非婚生子女在王后金字塔的东面有巨大坚固的双马斯塔巴。王室高官、建筑师甚至包括声名远扬的金字塔建筑师亲王海米尤努（Hemiunu）都在西面墓地拥有自己的坟墓。

国王亲自参与设计墓堂的建筑以及装饰，装饰通常限于最重要的献祭场景。这些构成了对国家和社会的纪念形式、王室的森严等级制度，以及国王想象中的来世世界的独特再现，以为了让人们永远服侍他。他们也是中央王室祭庙王室慷慨赠予和献祭的接受者。

如同对于古王国时期的其他国王一样，我们对于基奥普斯也知之甚少。由希罗多德流传下来的对于其统治和成就的评价完全是希腊人对于这种凌驾于一切之上的建筑所作出的人性化的反应，对于希腊人来说，这只标志着人类的狂妄自大。他是斯奈夫鲁的儿子，这是我们在位于吉萨的墓室里发现其母亲赫特弗里斯的坟墓设施时偶然得知的。王后去世后，最先是被葬在这座墓室里，而她位于王后金字塔的最北端的金字塔，当时正在基奥普斯金字塔的东面进行建造。基奥普斯是斯奈夫鲁最小的一代儿子，很可能是在位于代赫舒尔的建筑项目正在建造时出生的，也就是说他是在25至30岁时继位的。此时他的哥哥们，在梅杜姆和代赫舒尔建造金字塔的奈夫麦阿特（Nefermaat）王子和拉和泰普（Rahotep）王子已经去世。

基奥普斯之后的祭仪和金字塔建筑

对神圣王权如此强而有力的宣扬在埃及历史上是前无古人、后无来者的。这可以在他23～25年，或者30年的统治时期内竣工，是对参与工程的管理者、建筑师，以及工人长达半个世纪的非凡训练的结果。这使参与者能够达成出色的成就：长达100米的岩床挖空；源源不断供给工人队伍的巨大重石的准备以及储存；最节省时间和原材料的坡道和运输线路的设计，同时还能随着金字塔的升高不影响搬运工作的持续。对于这些都是怎么做到的，我们还无从而知。尽管最近德国考古研究所在开罗使用模型对金字塔建筑进行的研究已经做出了一些可以加

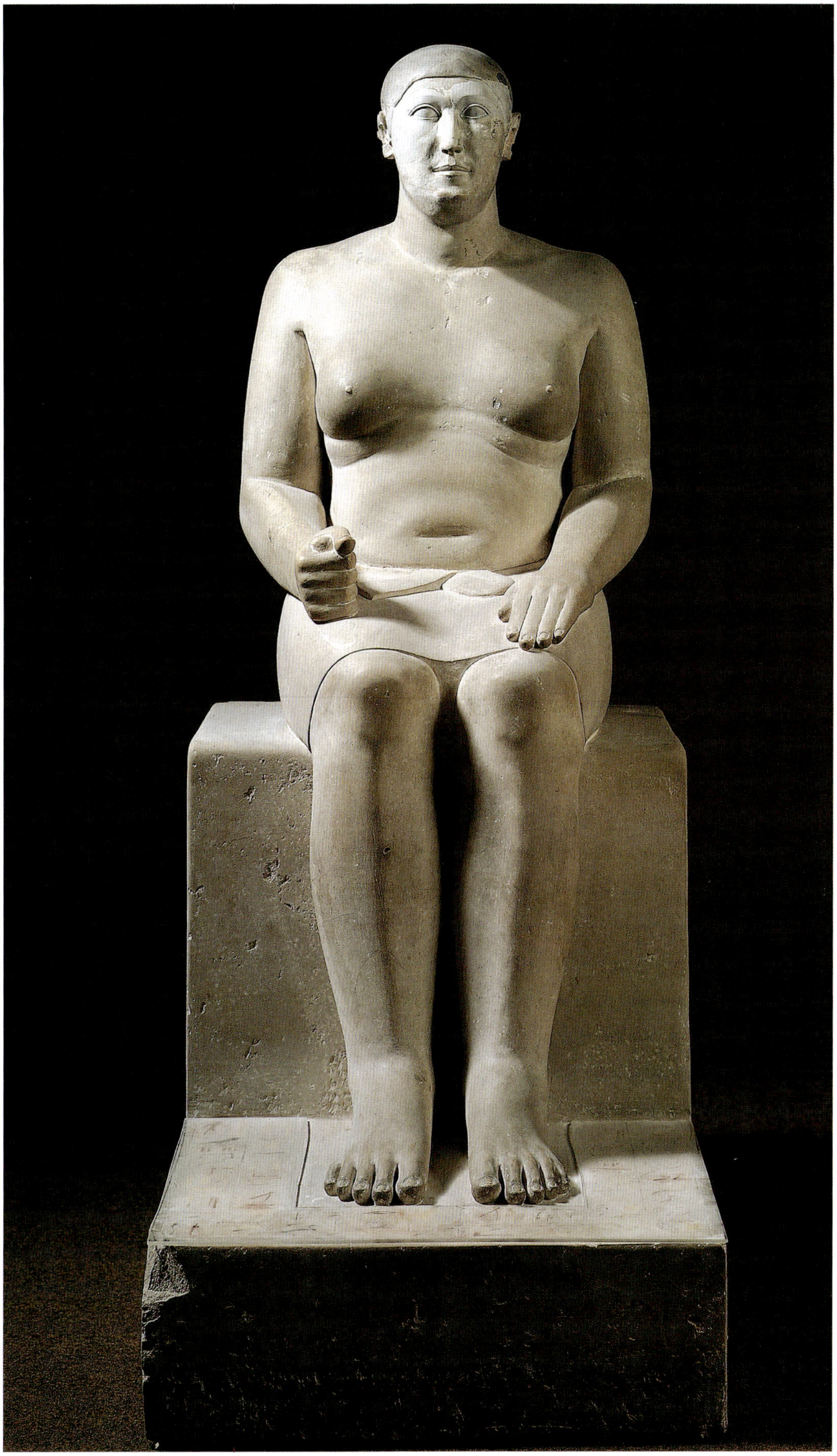

39 海米尤努的坐雕

吉萨，西面墓地，马斯塔巴 G4000；第四王朝时期，约公元前 2580 年；着色石灰岩；高 155.5 米；希尔德斯海姆（Hildesheim），普利兹伊斯（Pelizaeus）博物馆，1962。

斯奈夫鲁的儿子海米尤努宰相受基奥普斯的委托为其建造金字塔。他令人赞叹的真人大小的坐姿雕像向我们展现了斯奈夫鲁和基奥普斯时期的个人形象，这两人建造了耸入天国的金字塔。

40 切夫伦金字塔

吉萨；第四王朝，约公元前2550年。

切夫伦的金字塔高地与父亲基奥普斯位于西南面的金字塔对峙着。因为此原因以及更陡的坡度，它显得更高，尽管实际上它比基奥普斯的金字塔矮了3米。陡坡使中世纪的盗石者很难搬移金字塔顶端的坡面。

以改造的坡道雏形，尽管也提到了成千上万的工人、奴隶，以及包身工，但是很显然狭窄的建筑区域无法容纳数目如此庞大的人们。据我们估算，工人数量为20000 ~ 25000人，包括采石工、石匠、坑道工兵和搬运工、砌砖匠和泥水匠、食物供应和服务者以及许多工程师和建筑师。据估算，埃及总人口数量约二百万，那么有1%的人在成年累月地建造金字塔。金字塔建造工程的影响很难波及国家的主要人口，甚至连建造的花费和原材料资产以及工人队伍也保持与该比例相协调。

由男人及其家人、法庭专业人员、管理者，以及手工业者所组成的新的阶级占据了围绕宫殿和金字塔的城镇。他们被雇为祭庙的祭司和官员。正是这些人建造了这个国家，使它能够取得更伟大的成就。

为了更好地理解金字塔，我们必须彻底摆脱19世纪的乐观主义态度，铭记金字塔的建造、墓室的布局，以及祭庙的构造和面积仅仅是由宗教仪式和祭仪的需要所决定的。金字塔内部的墓室体系与外部祭庙的构造是息息相关的。墓室的复杂布局要与祭庙的简单建筑相适应，反之亦然。金字塔的大小绝不是衡量其建造者权利和地位的标准。因此，比如基奥普斯的儿子和继承者杰德夫拉开始建造金字塔时规模非常小，但是处于阿布罗什（Abu Roash）（吉萨北面）十分居高临下的位置，他控制着整片土地，因为它所处的位置与基奥普斯位于吉萨的金字塔的位置是一样的。尽管未能竣工，杰德夫拉的这座祭庙依然用许多上等的国王雕像进行装饰。

这可以从切夫伦和美凯里诺斯的金字塔建筑得到更清晰的印证。

41 切夫伦的河谷庙

吉萨，国王祭仪建造；第四王朝时期，约公元前 2550 年。

河谷庙给人的印象是它是从金字塔建筑前端的竖石或凸出处雕刻的。房间被巨大的墙包围，花岗岩建筑风格独特，具有纪念性。最初庙的核心石头内外都正对着着色的巨大花岗岩石块。

42 切夫伦河谷庙的柱撑大厅

吉萨，国王祭仪建造；第四王朝时期，约公元前 2550 年。

这座朴素的花岗岩建筑的唯一装饰就是靠墙的平滑着色雕像，将国王描绘成肉眼可见的神权象征。

43 切夫伦金字塔的葬室

吉萨；第四王朝时期，约公元前 2550 年。

该葬室是于 1818 年由一位意大利探险家贝尔佐尼 (Belzoni) 发现的，他将自己的名字刻在室内的墙壁上。与基奥普斯的金字塔相比，切夫伦金字塔的墓室体系显得非常简单。宽敞高大的房间依然给人以简朴的肃穆之感。国王的黑色花岗岩石棺嵌入西墙前面的地面。原本用金属栓固定在石棺侧边的盖子在坟墓被盗时裂成两半。南墙边的一口矩形水槽标记了有罩盖的盒子曾被放置的位置。

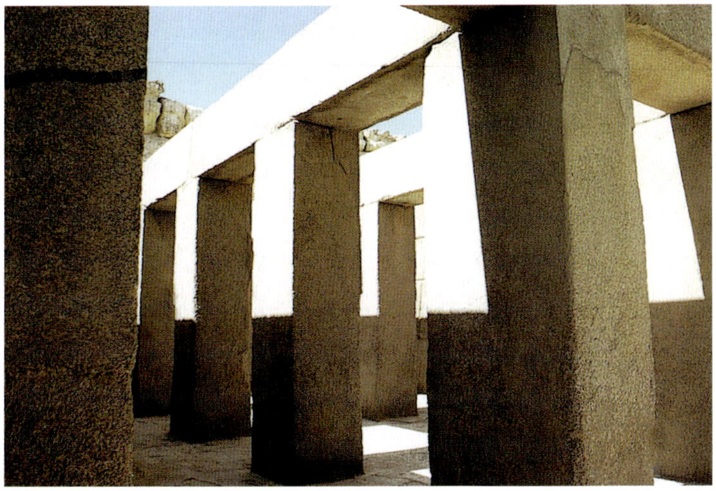

44 切夫伦的坐雕

吉萨，切夫伦河谷庙；第四王朝时期，约公元前 2550 年；斜长片麻岩；高 168 厘米，宽 57 厘米；开罗埃及博物馆，CG14。

切夫伦的雕像，特别是这尊与保护神猎鹰荷鲁斯在一起的坐雕，被披 上了一层神圣王权的尊贵外衣；他们的雕像表情很冷酷、不屑一顾，眼神掠过观众直视远方。尽管被理想化为王室形象，他们依然是个人肖像画的杰作，依然是毋庸置疑的切夫伦形象。“猎鹰切夫伦”同其他 22 座王室形象一起，最初位于国王河谷庙的柱撑大厅墙壁的前面，是雕像祭仪的中心雕像。

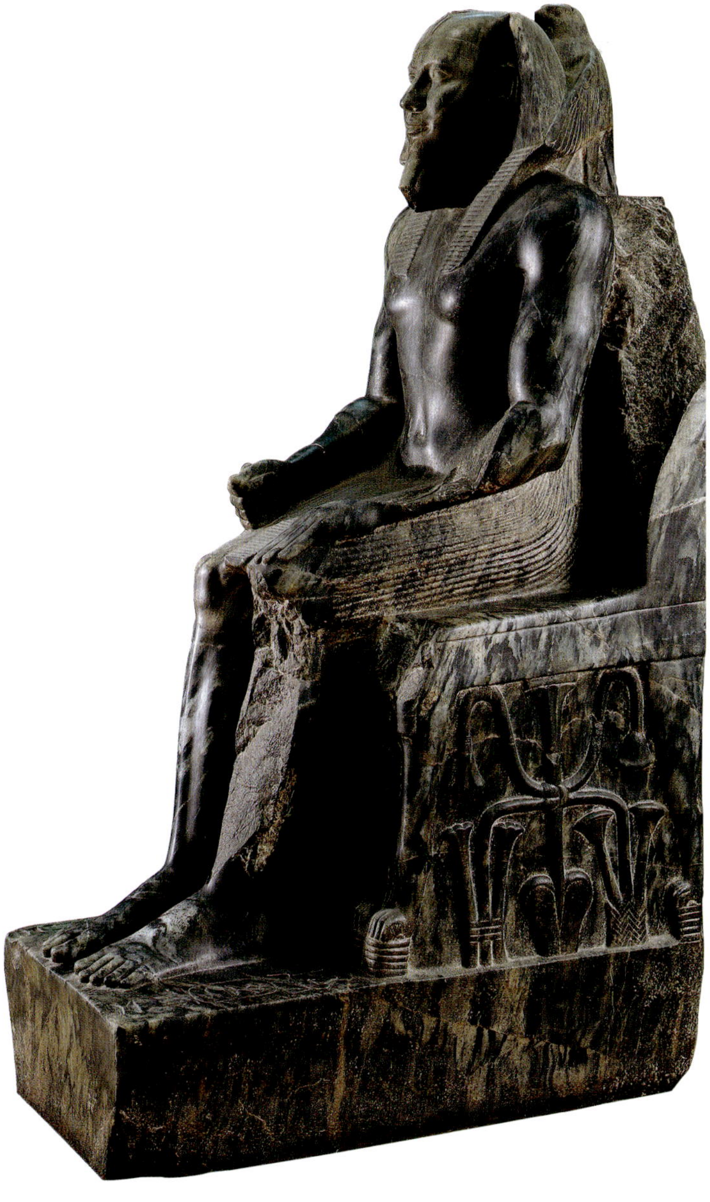

45 美凯里诺斯金字塔的横截面和等角投影

美凯里诺斯金字塔的墓室体系与基奥普斯大致相反。后者的走廊走向向上，而美凯里诺斯的墓室走廊则向下深入坚石。在最狭窄的空间引入花岗岩葬室是建筑工程上取得的一项卓越非凡、前所未有的成就。

46 美凯里诺斯金字塔的入口及花岗石岩面

吉萨；第四王朝时期，约公元前2520年。

第四王朝时期花岗岩成为日益重要的建筑材料，因为它被视为珍贵的原材料。它的重要性还在于它象征着永恒。美凯里诺斯的整座金字塔可能都如他的祭庙一样是以花岗岩砌面的。这样的形式和具有象征性的原材料就比纪念碑形式更有意义。

令人诧异且费解的是，人们发现，只有紧靠入口处的花岗岩石块（最多16层岩石）才被打磨光滑。

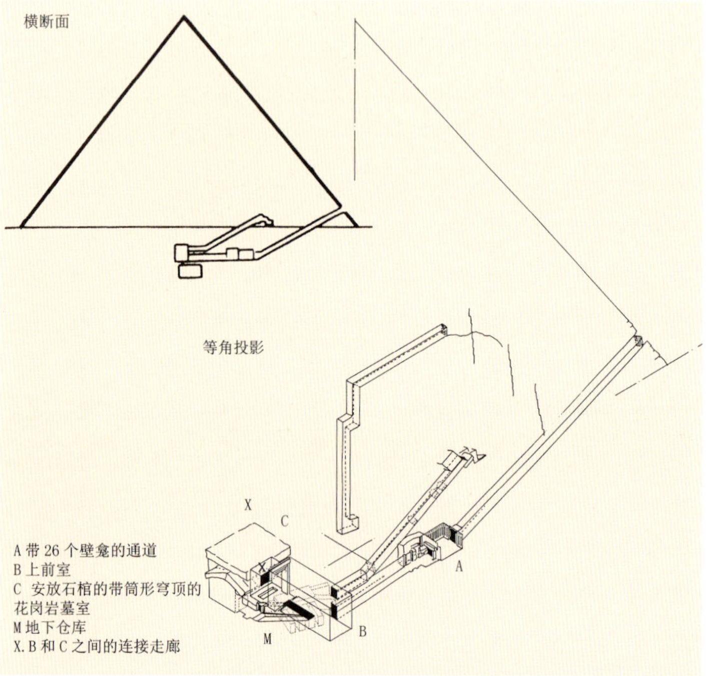

47 美凯里诺斯与王后卡玛瑞奈比提的双人雕像

吉萨，国王河谷庙；第四王朝时期，约公元前2520年；硬砂岩；高142厘米；波斯顿美术博物馆，11.1738。

该雕像群是与其他完整保存的群雕一起在美凯里诺斯的河谷庙被发现的。这位统治者的肖像，其中之一就在上面的插图中被凸显出来。他的雕像展现了一套革新的比例系统；强健的国王有健壮的胸膛，头部相对较小，但容貌却完全被模式化了，充满绅士风度。

49 萨胡拉（Sahure）的金字塔和祭庙

塞加拉；第五王朝中期，约公元前2490年。

第五王朝时期（公元前2504—前2347年）祭庙成为金字塔建筑最重要的建筑部分。最初萨胡拉的祭庙建筑被各种各样的石头、玄武岩铺砌面、红色花岗岩铺路石，以及几千平方米的描画和镶嵌浮雕的精心装饰所点缀。后面的金字塔仅有50米高，与整个建筑和谐地融为一体，但却占据主导地位。

48 阿布西尔的金字塔

第五王朝时期，公元前2490—前2420年。第五王朝早期和中期的统治者将金字塔建在位于吉萨和塞加拉之间的阿布西尔。萨胡拉（Sahure）、尼弗瑞卡拉（Neferikare），以及尼乌舍勒（Niuserre）的建筑物都保存完好，在20世纪与祭仪建筑一起由德国东方学会（German Oriental Society）进行研究并挖掘。

50 萨胡拉金字塔和和祭仪建筑：等角图

第五王朝时期金字塔和河谷庙作为献祭和祭拜已故国王的场所，显得更为重要。整个建筑的面积显然不能和第四王朝时期的宏伟建筑同日而语。

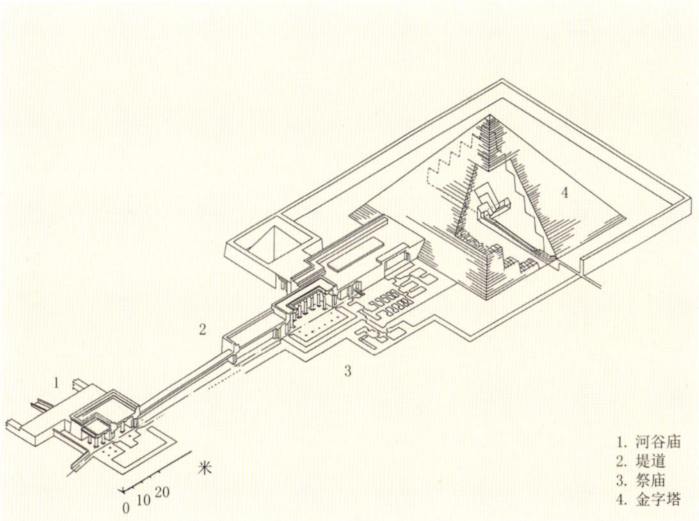
1
2
3
4
米
0 10 20
1. 河谷庙
2. 堤道
3. 祭庙
4. 金字塔

51 下埃及的生育女神队伍

阿布西尔，萨胡拉祭庙；第五王朝时期，约公元前2490年；着色石灰岩；记载的高度是68厘米；开罗埃及博物馆。RT6.12.24.9。

该浮雕出自祭庙的侧入口，展现了一列神灵带着祭品到神殿里。最夺人眼目的是"深绿色"的人物（右），他是海洋和沼泽的化身，身体似乎完全是由波浪组成的。

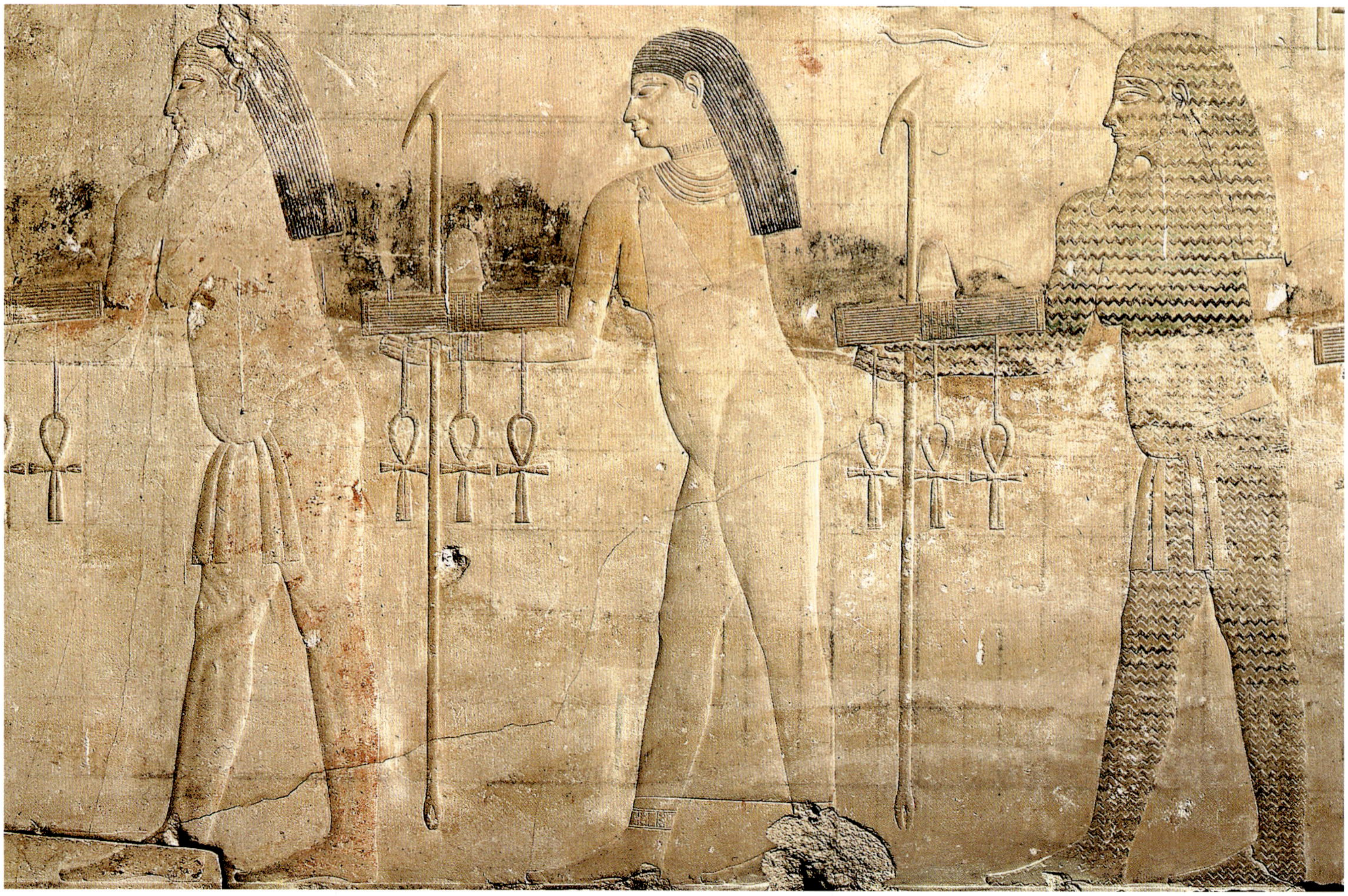

切夫伦是基奥普斯最小的儿子，在他哥哥杰德夫拉不期去世之后，他就早早继位了。他的金字塔计划要达到其父亲金字塔的高度，最后他通过选择较高的地点和更陡的坡度达到了这一目标。墓室体系是如此简单，以至于在19世纪60年代曾努力尝试利用最现代的科学设备去定位辅助的墓室。另一方面，他的金字塔祭庙和河谷庙则建造得非常奢华。相反，他儿子美凯里诺斯相当小的金字塔的葬室体系的特点则在于只能与基奥普斯的金字塔相媲美的非凡墓室连体。与基奥普斯金字塔不同，美凯里诺斯金字塔的墓室通往下面的坚石。但美凯里诺斯的祭庙与基奥普斯很像，都被位于西边宽阔敞开的庭院旁的供奉死者的祭堂所控制。在切夫伦和美凯里诺斯中间是巴卡（Baka）长达四年的统治，他是杰德夫拉的一个儿子，他在扎维艾雅安（Zawiyet el － Aryan）设计并动工建造一座大金字塔。

第五王朝、第六王朝时期的建筑群

从第五王朝到第六王朝的过渡非常平稳，这是高级官员在自传中说到的，这些自传为研究历史提供了有价值的资源。为数极少的铭文中并没有提到克亨特凯斯（Khentkaus），第五王朝时期三位国王乌瑟卡夫（Userkaf）、萨胡拉，以及尼弗瑞卡拉(Neferirkare)的母亲［她到底是第四王朝时期的最后一位国王普塞斯卡夫(Shepseskaf)的妻子还是女儿。］普塞斯卡夫没有建筑金字塔，只在塞加拉南部建了一座巨型马斯塔巴。由此就推论当时有政治或宗教冲突是不明智的，因为普塞斯卡夫颁布了祭仪法令，为其前任的金字塔供奉祭品。普塞斯卡夫的名字写法与第五王朝时期第一位国王乌瑟卡夫的名字区别不大，后者又选择将其陵墓建为金字塔形式。

建筑重点由金字塔转向祭庙始于美凯里诺斯时期，在第五、第六

52 尼乌舍勒的太阳神殿；复原图

宏大的方尖碑是建筑物的宗教焦点，连同基座在内高达56米。据铭文记载，第五王朝时期有六位统治者建造了太阳神殿，尽管现在考古学家仅定位出了两座——乌瑟卡夫祭庙和尼乌舍勒祭庙。

53 尼乌舍勒的太阳神殿

阿布古拉布，第十八王朝，约公元前2420年。

第五王朝时期的每一位国王都在西方沙漠边缘为太阳神瑞建造了一座神殿，在神殿的中心建金字塔的位置，在墩座墙上竖一座方尖碑，下面面向东方建一个祭坛。每天祭品被供奉于此然后再被送往祭庙。

王朝时期成为基准。这些朝代的国王在阿布西尔以及后来的吉萨所建造的金字塔面积小了很多，而祭庙的面积则不断扩大。祭庙占据了金字塔的整个东面。该时期几乎没有进行建筑模式方面的变更，即建造祭拜用的开放神庙或供奉祭品的国王专用神庙，在此去世的国王可以与神灵一起接受每日供奉。内墙的每一面都被描绘得非常华丽。上面画着国王进入神灵的世界、通过天上女神获得重生、征服埃及以外的尘世，以及日常祭品的供奉等场景。

阿布西尔祭庙的行政文书告诉我们，行政机构是如何组织供应和分配数量极大的祭品的。祭庙全体人员和祭司都是靠祭品养活的。事实上，整个金字塔城的人口都是如此。金字塔城的中心点是河谷庙，在此堤道向上通往金字塔祭庙。在河谷庙中，已故国王也被当作地方神灵祭拜。

祭品首先来自太阳神庙，这是第五王朝初期建于阿布西尔地区每一座王室祭仪建筑旁的寺庙，是为太阳神每日升起而在西方设的“祭庙”。从建筑风格上说，它们确实像王室祭庙，有宽阔的祭场，不过它的主要特征还是方尖碑，在原来金字塔的地方建在墩座墙上。祭品首先要被供奉于此祭拜太阳神，然后祭仪队伍将其送到王室祭庙。我们可以从太阳神殿的浮雕得知，在此供奉给太阳神的祭品确保了世界秩序的循环重生。

每一次都要为太阳神建造一所圣殿的习俗在第五王朝末期被放弃了，但这并不能代表就不再祭拜主宰埃及宗教的太阳神瑞。国王们的名字可以证明这一点：他们的名字后都要加上“瑞”或“瑞之子”。但是在第六王朝时期人们似乎对奥西里斯（Osiris）的祭拜和地府的来世观念兴趣盎然。这并不是在建筑上反映出来的，而是在金字塔文本（首次出现于第五王朝末期）以及个人的祷告和意愿中反映出来的。尽管如此，金字塔和神庙依然稳固地凝刻为第五王朝的模式和格局。

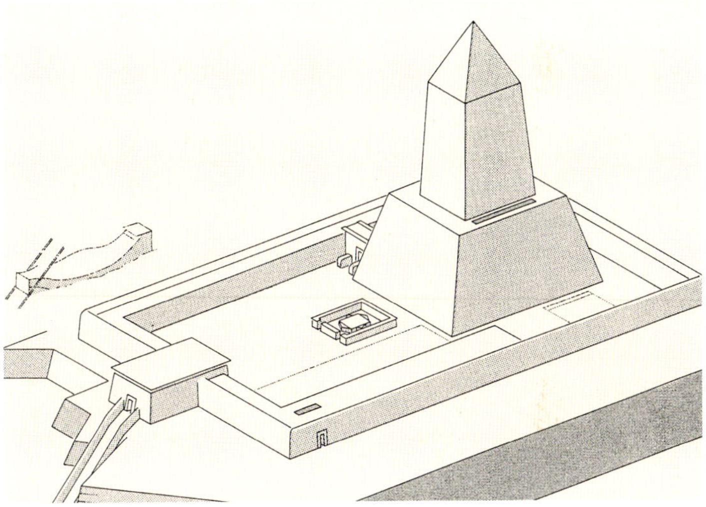

54 乌纳斯（Unas）金字塔的堤道

塞加拉，乌纳斯金字塔区；第五王朝时期，约公元前 2350 年。从图片背景中可以看到，长达 800 米的堤道从河谷庙延伸到通往祭庙的红色花岗岩纪念碑式大门。

55 国王兰尼弗雷夫（Neferefre）

艾比萨；兰尼弗雷夫祭庙；第五王朝时期，约公元前 2450 年；粉色石灰岩；高 17.2 米；开罗埃及博物馆，JE98171。

由于兰尼弗雷夫的统治极其短暂，其金字塔第一阶段尚未完成，祭庙也是用砖块建起的。这座小型坐雕是在此所发现的王室雕像之一，我们可以看出国王的脸非常年轻，手持一把祭仪权杖。

56 乌瑟卡夫国王

阿布西尔（阿布古拉布）；第五王朝时期，约公元前 2500 年；片岩，高 45 厘米，宽 25 厘米；开罗埃及博物馆，JE90220。

与第四王朝最后一位国王普塞斯卡夫 (Shepseskaf) 一样，乌瑟卡夫的金字塔没有建在吉萨而是建在塞加拉。在更北面的阿布古拉卜，乌瑟卡夫建了第一座太阳神庙，该头像就是在此发现的。国王头戴下埃及的红色王冠。

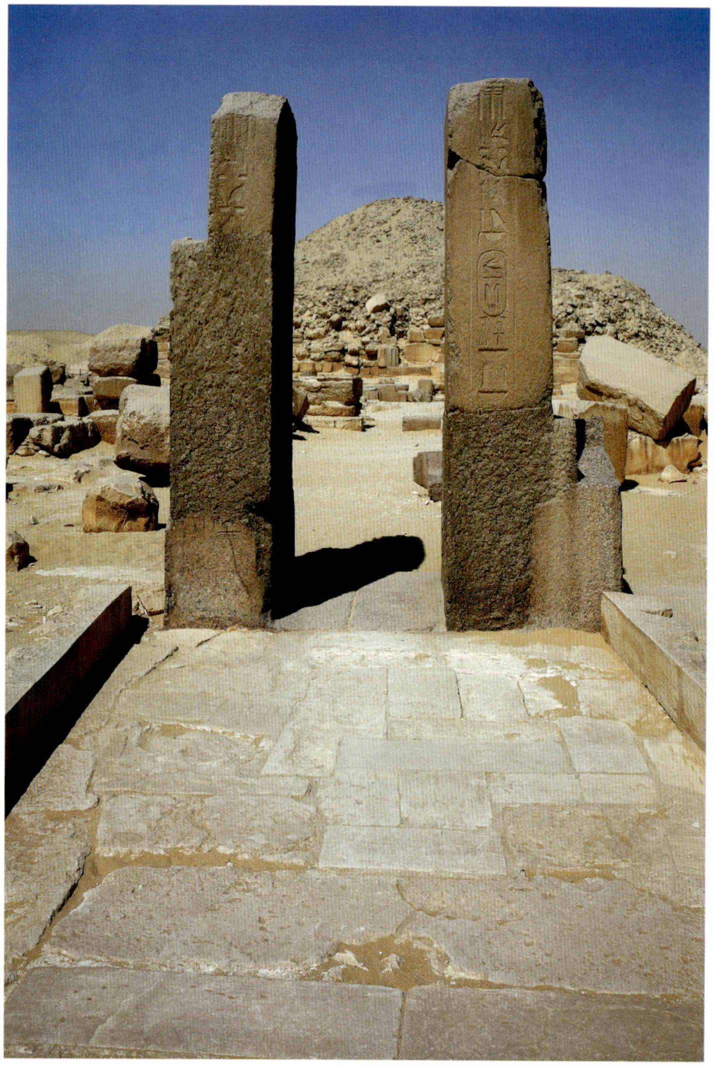

但认为这是衰落就大错特错了。国王泰蒂（Teti）、佩比一世，以及佩比二世的金字塔和祭庙都是技术精湛的建筑物，完美保留了第五王朝时期的标准规模和比例。

古王国时期的结束当然不能归结于由于过度的金字塔建造而造成的国家和资源衰竭。古王国的衰落始于佩比二世极其漫长的统治时期内中央集权的瓦解。在他的祭仪建筑竣工后的几十年内，国家一直停滞不前。在这个时期内地方官员发现他们可以不受王室命令而依然进行管理和统治，于是他们变得越来越独立。因此中央集权被地方资源砍断。

57、58 国王乌纳斯的石棺墓室

塞加拉，乌纳斯金字塔；第五王朝时期，约公元前 2350 年。

乌纳斯的墓室是首次用金字塔文字做装饰的墓室：一系列的魔咒试图确保已故国王的灵魂不灭。乌纳斯无盖的玄武岩石棺依然矗立在石棺墓室布满繁星的人字形屋顶下面。

59 佩比二世的金字塔建筑

塞加拉南部，第六王朝时期，约公元前 2230 年。

这是古王国时期的最后一座大型金字塔建筑。国王的金字塔内部有一间前室、一间葬室，以及一条刻有金字塔文字的走廊。整个区域被三座小型金字塔包围，这三座金字塔是献给寿命极长的国王佩比的王后们的。在金字塔里还发现有文字。

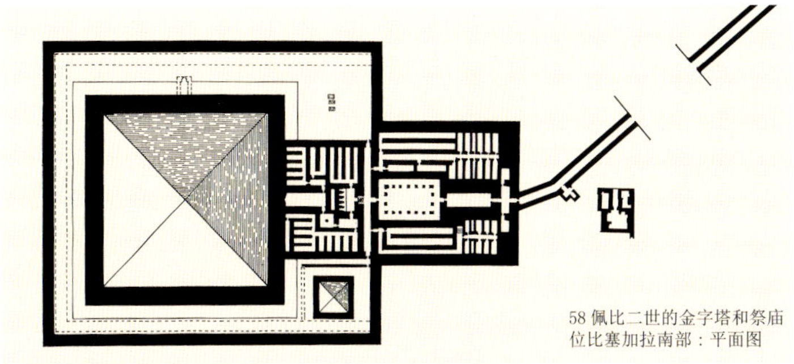

58 佩比二世的金字塔和祭庙
位比塞加拉南部：平面图

金字塔的建造统一了对国王本人以及对王权的信念，同时也为个人通过努力取得进步提供了机会，确保了在今世和来世的生命安全。我们可以将金字塔的建造与中世纪欧洲城市的大教堂建造进行对比，后者是规模比金字塔小得多的市区宗教建筑，是被宗教统一的国家的产物。大教堂是信徒集中起来共同祷告和共同献祭的地方，为来世获得救赎做祷告和准备。金字塔建筑与其可比性在于通过国王和为他举行的祭仪为人们的来世提供保障。

我们还可以再进一步，将在金字塔建筑中，特别是在河谷庙中对被神化的国王的祭仪与大教堂中圣徒的献祭进行对比。正如圣徒通过献祭可以共享死后上主的神圣生活，圣会通过祷告、行善以及献祭朝此目标努力，同样国王升天并与太阳神的结合确保了他的虔诚祭拜者能够共享永恒来世。国王在今世日常献祭中在神灵和世界秩序之间的中介作用，是他在来世要同样履行的。国王神圣的来世与其祭拜者来世的差别在我们看来也许很大，但实际上这仅是今世存在的阶级分化对未来世界的投射。

人面狮身像——一个谜底揭开了

长达 73.5 米、高达 20 米的雄伟的人面狮身像是人类创造的最巨大的雕塑。它展现了一个半狮身半人身的人物，是一个集兽类的强大力量和人类统治者的智慧于一身的神灵。更早的两维图以狮鹫的形象描绘其正在击溃敌人。在该雕塑中，他的强权在人类智慧的控制下开始变得驯服，变为一种神圣威严的镇定。即使今天我们承认人面狮身像是第四王朝时期的杰作，那么他究竟是基奥普斯、杰德夫拉，还是切

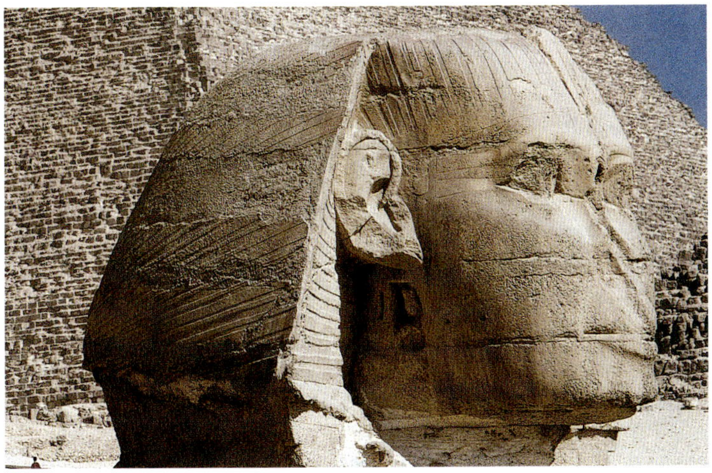

夫伦，依然是一个众说纷纭的问题。目前还没有任何铭文印迹清晰指明三者中的任何一位是这座雕像的建造者。图特摩斯（Thutmosis）四世（第十八王朝时期）为人面狮身像建造的石碑中曾提到过切夫伦。但是，首先，这是几千年后才立的石碑，第二，它将现实状况排除在外，根据阿蒙诺菲斯二世的人面狮身像石碑的类似碑文，更应被解释为“基奥普斯和切夫伦的栖息地 / 地平线”，也就是吉萨的墓地。一座拉美西斯时期更小的“优秀抄写员蒙特胡何”石碑上有基奥普斯和切夫伦金字塔的最早画像，上面人面狮身像正处于基奥普斯的金字塔前。人面狮身像所立之地正是建造基奥普斯金字塔的采石之地，这点是毫无疑问的。但即使这点也不足以证明是基奥普斯建造了人面狮身像。

一些重新评估和对风格标准的分析可以给我们带来启示。继斯奈夫鲁在代赫舒尔所建的金字塔之后，要数基奥普斯在吉萨所建的金字塔的成就最高。他的金字塔、神庙，甚至连雕像，正如存留下来的碎片所显示的那样，曾是革新、成就极高的作品。他是伟大的发起人，是太阳神；他的后代都望其项背。因此他是人面狮身像的具有争议的建造者中最具竞争力的人选。整个顶部的布局有力地支撑了这一说法。切夫伦的堤道修建考虑了更早建筑的倾斜路径，已经建于此地的更早的建筑，从它所处的位置看这只可能是人面狮身像。从建筑风格上说它也无可争议地指向基奥普斯。人面狮身像的面部总体轮廓非常宽阔，近乎方形。而基奥普斯的面部则是长形，异常窄瘦，下巴几乎呈尖状。人面狮身像头戴满是褶皱的内梅斯（nemes）包头巾，与在大都会博物馆陈列的一座基奥普斯雕像头部残段一样，而且眉毛上方还没有鼓起的褶边作为刘海。这是杰德夫拉之后的风格。切夫伦时期的内梅斯包头巾只在耳垂处打褶皱，而非在盖头处。人面狮身像内梅斯包头巾的侧翼是中空的，但在切夫伦时期却几乎不可能如此。而且切夫伦时期的包头巾边角处是卷起的，而人面狮身像则不是这样。

人面狮身像的包头巾下缘有一个蛇形标记，其细节设计与切夫伦和美凯里诺斯的迥异，自然地画出了眼镜蛇的脖子和头顶的扁阔。人面狮身像的眉毛刚硬前凸，它们高耸向上并垂向太阳穴。眼睛深陷，但轮廓却很清晰。眼睛很大很圆，头像的庄严不朽很大程度上都归功于此。圆睁的眼睛很显然是基奥普斯时期雕像头的典型特征。耳朵与切夫伦时期的雕像则完全不同。人面狮身像的耳朵宽阔并向前折起，而切夫伦时期的则细长且离太阳穴更近。

决定性的判断标准在于胡子的消失。既然人面狮身像的下巴没有胡子的迹象，那么它当然不可能是古王国时期的建筑。神灵的胡子是新王国时期的一个革新，它还包括一个平台，平台上装饰着第十八王朝的一个王室人物。基奥普斯的象牙小雕像也没胡子，供奉给他的雕像头部（布鲁克林 46.167 和柏林 14396）以及浮雕画也都没有。而其后的第四王朝时期的国王们——杰德夫拉、切夫伦以及美凯里诺斯——他们的浮雕和模式化的形态中则都有礼仪性的胡子。因此，所有这些迹象都表明人面狮身像同大型金字塔一样，是由基奥普斯最初建造的。

63（左图）国王基奥普斯

很可能出自吉萨；第四王朝时期，约公元前2590年；石灰岩；高13.5厘米；柏林国家博物馆埃及艺术馆（Ägyptischer Kunst），14396。

尽管是于1899年被柏林博物馆做馆藏记录的，该头像是最近才被确定为是基奥普斯的头像。国王头戴贴紧的小卷假发，上面是星状神蛇标记的王冠，令该古王国时期的国王显得与众不同。

62（左）基奥普斯小雕像

阿拜多斯；第四王朝时期，约公元前2590年；象牙；高7.5厘米，宽2.5厘米；开罗埃及博物馆，JE36143。

该微型雕像是该吉萨大型金字塔的建造者的唯一一座有铭文证实的雕像。国王头戴下埃及王冠，穿一条有褶皱的短裙。右手持象征权力的链枷。基奥普斯的荷鲁斯刻在简易王座的右前方。

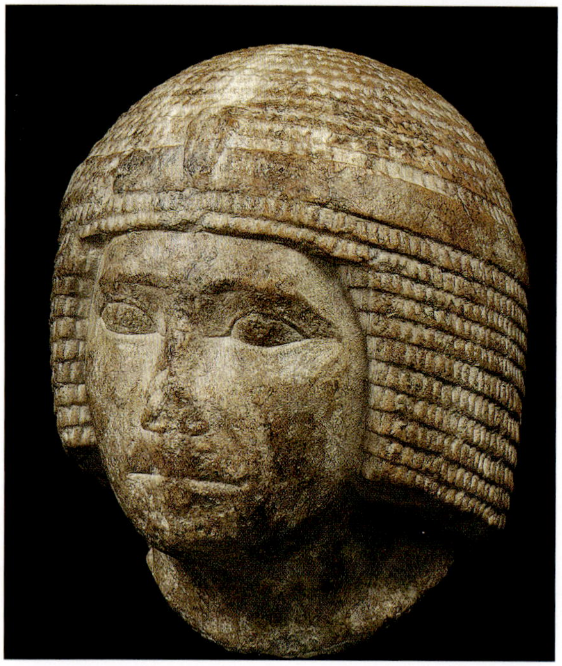

64 头戴上埃及王冠的国王头部

地名不详；第四王朝时期，约公元前2590年；红色花岗岩；高54.3厘米，宽29厘米；纽约布鲁克林博物馆，查理斯·爱德温·威尔伯基金会，46.167。

从脖子上的衣带部分可以推测出国王的完整形象是身穿节日斗篷（赛德节）。将该头戴上埃及白色王冠的纪念性雕像头归属于基奥普斯时期，是源于对其面部的风格分析，他的面部宽阔，尤其是脸颊非常丰满。

66 杰德夫拉人面狮身像的头部

阿布罗什，国王祭庙；第四王朝时期，约公元前2757年；砂岩；高26.5厘米；巴黎卢浮宫博物馆，E.12626。

该头戴饰头巾的国王头像出自尚未完工的自杰德夫拉金字塔区，是古王国时期最漂亮的王室画像之一。特别引人注目的是脸部骨骼的细微雕琢，使面部表情显得栩栩如生。从该断裂部分的特征看，很显然该头部曾是一座人面狮身像的一部分。

65 国王切夫伦

吉萨，国王祭庙；第四王朝时期，约公元前2550年；斜长片麻岩；高17.2厘米，宽7.3厘米；莱比锡（Leipzig）大学埃及艺术馆，1945。

与父亲基奥普斯相比，切夫伦为他金字塔旁边的祭仪建筑提供了更多的雕像。正如该雕像（左）所显示的，切夫伦对片麻岩有一种特别的偏好。该长有威风凛凛胡子的面部残片仍然保留了统治者的威严与强势。

67 美凯里诺斯的三人一组像

吉萨，帝王谷庙；第四王朝时期，约公元前2520年；硬砂岩；高96厘米，宽61厘米；开罗埃及博物馆，JE46499。

由著名考古挖掘者乔治莱斯纳（George A. Reisner）领队，哈佛大学对美凯里诺斯的河谷庙进行了一次探险，发现了几座国王与哈索尔女神和地方神灵的群雕。该群雕描绘了美凯里诺斯与上埃及第七州的女神在一起，她头戴一枚该州的标志性徽章。

68 吉萨的西面墓地，G4000 马斯塔巴

第四王朝时期，约公元前2610年。基奥普斯统治下，坟墓建筑发生了新的变化。

吉萨的王室墓地被设计并布局成排，在直角处有条条道路纵横交错。纪念碑是一种很简单的建筑。它们的上层结构是由建在矩形基座上的大型石头坟墓和斜坡侧墙所构成的。下葬是从坟墓上面通过竖井进行的。从外面看这些石头建筑像河岸或河床，在阿拉伯语中称作马斯塔巴(Mastaba)。

69 马斯塔巴外部鸟瞰

坟墓的上层结构有斜坡侧墙，在建造完工时被打磨光滑。所使用的石灰岩石块的大小和好坏以及整体结构映射了坟墓主人的社会地位或所处的时代。祭仪场地建在中央结构的东侧。主要的祭仪点被泥砖或石头凸出建筑所保护。后来，该献祭处被转移到上部结构的内部，古王国早期的位于建筑内部的墓堂是L形的独室。

进入永恒的日常生活——高级官员的马斯塔巴和岩墓

哈特维希·阿尔滕米勒（Hartwig Altenmüller）

坟墓建筑的发展

古王国时期（公元前2700—前2200年）位于吉萨、阿布西尔、塞加拉，以及代赫舒尔的墓地仅是位于孟菲斯的独立大墓地的一部分，古王国时期的高官在此地被安葬在他们的国王身旁。它们是古王国时期典型的坟墓相连建筑。在各地方大小相同的坟墓仅出现在古王国末期，约公元前2200年。在王室陵墓逐渐演变成金字塔时，官员的坟墓则仍保留马斯塔巴的形式。但是在这里，石头建筑技术也在第四王朝初期（公元前2640年）呈现出新的面貌；第一座以石头建造的非王室坟墓取代了泥砖坟墓。尽管有了新的建筑技术，但是传统的泥砖建筑坟墓的基本理念却几乎没有发生改变。坟墓依然是有两个主要区域，一个在地上，一个在地下。最初地下区域比较重要。里面有墓室，安放着装死者尸体的装饰考究的石棺。有些坟墓里的石棺外部装饰得像宫殿（壁龛）的外墙。看起来似乎被葬者就住在宫殿里，这种装饰也表明了他的个人地位。

最初，地下的石棺周围堆满了储存的贡物。这些储藏的贡物不是为了让死者直接享用，而是为其永恒服务。日常所需由祭仪供应，由祭司在坟墓地上区域进行。祭品放在献祭处，死者的灵魂可以随意拿取。该祭仪处有一扇“假门”做标记，从基奥普斯时期开始还专门为之在主结构前建了一间墓堂。墓堂的墙上装饰着能够描绘出死者的插画和文字。在画中，他或她要么正在参与某些活动，要么是其他人活动的焦点。铭文中坟墓主人的名字和头衔表明图画中的场景是描绘个人的。

坟墓装饰描绘与死者地位相适应的主题，其中最重要的就是描绘日常生活的画面。因为当时人们认为来世的生活与尘世生活相差无几，唯有这些画面能够描绘出死者所想象的等待着他的来世。画面种类的进一步发展使所描绘的主题更多地从今世转向来世。绘画主题种类越多，就意味着所需要的房间和墙壁空间也就越多。这一趋势的发展在第六王朝初期公元前2330年左右马利如卡（Mereruka）宰相在塞加拉的陵墓建造而暂时中断。他的陵墓上层结构是一个坟墓宫殿，由33间装修华丽的房间组成，其中22间是属于马利如卡的，6间是他妻子

70 御用指甲装饰师安克克努姆（Niankhkhnum）和克努姆霍特普（Khnumhotep）的坟墓

塞加拉；第五王朝中期，约公元前2450年。岩墓修建于当地地形条件不允许建造马斯塔巴的地方，或者当地只允许修建这种形式墓穴的地方。祭室的布置可以朝向岩墓的石壁。人物画面的朝向也可以这样布置。第五王朝中期位于塞加拉的安克克努姆（Niankhkhnum）和克努姆霍特普（Khnumhotep）岩墓展现了一种独特的解决方案：两件祭室互相连通，一间在马斯塔巴内，一间在峭壁里。在峭壁里的祭室建好后，再在其前面建造马斯塔巴。在马斯塔巴和峭壁祭室之间有一道门廊，通往葬室的入口就在此处。

71 马利如卡宰相的坟墓平面图

塞加拉；第六王朝早期，约公元前2330年。

从坟墓入口分出两组房间，一组向东一组向西。第三个祭点从马利如卡部分的东北角的柱撑大厅延伸出来，是为逝者的儿子马利泰蒂建造的。家庭墓室内几乎所有的墓室都被装饰过。唯一例外的是建筑物西北角的储藏室。

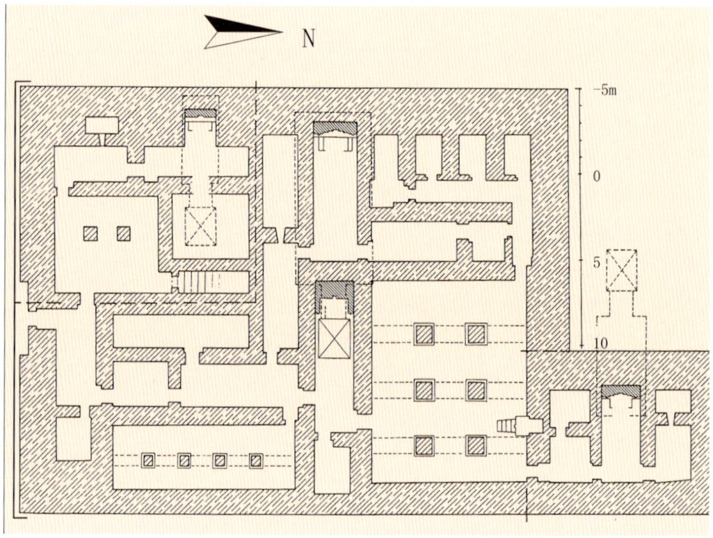

72 米力巴（Merib）墓室的入口

吉萨（G2100附属建筑物）；第五王朝早期，约公元前2500年；着色石灰岩；高285厘米；柏林国家博物馆埃及艺术馆，1107。

米力巴马斯塔巴的墓堂位于上层结构中央的东侧。墓堂入口的左右两侧描绘着死者正在进入坟墓。他的两幅图画互相对视，身旁还有儿子陪伴。为了区别它们的相对重要性，两个儿子都画得很小，但依然看得出是成年人。在祭堂入口的框缘上画着向阿努比斯（Anubis）死神的献祭方案以及一系列的节日。献祭方案中有一行话——几乎在每个坟墓中都会以这种形式或以类似的形式重复"来自国王的祭品，献给阿努比斯，首先是献给圣堂。愿他（死者）埋葬在西方沙漠中，到高寿时被至高的神封为被敬拜的神灵，即探险首领和王的儿子米力巴。"第二行的节日列表包含每年重要祭祀节日所要献的祈祷祭品。

的，还有5间是他儿子马利泰蒂（Meriteti）的。

自古王国时期的后半叶起，装饰坟墓已成为宫廷上层阶级的专属特权。纪念碑式坟墓的建造以首都大墓地的形式开始在地方兴起。地理条件有时不允许建造马斯塔巴，因此墓堂也常被设计为岩墓。

坟墓用餐场景和假门

最早的墓堂装饰始于第三王朝末、第四王朝初期。最初，背景画面还很缺乏，只通过主要场景表明绘画主题。这类绘画最古老、最重要的例子就是展现于坟墓外部的坟墓用餐场景图，最初画于献祭板和平板上，后来与坟墓的假门产生了密切联系。

这幅早期的坟墓用餐场景描绘了死者坐在摆满面包的桌子左边。他或她伸出右手拿摆满桌子的面包条，左手置于胸部。该场景囊括了它所有重要的功能。写明死者名字和头衔的铭文对其生前身份地位作了必要说明。坟墓用餐场景说明了坟墓作为死者永恒居住之所的功能。它的画面和文字告诉我们所供奉祭品的好坏，因为它以名字列出了桌子上的祭品，并根据种类和数量加以区别。这种描绘在早期被标准化，并以公认的方式固定了应向死者供奉哪些祭品。

坟墓用餐场景成为整个墓堂墙壁装饰的出发点。考虑到坟墓用餐场景中所列出的每日所需的祭品可能会太晚抵达，或者在将来某个时刻完全中断，他们就试图通过神奇的图画来保障供奉的持续。这些包

73 羽努（Iunu）的平板石碑

吉萨（G4150）；第四王朝时期，约公元前 2590 年；着色石灰岩；高 39 厘米；希尔德斯海姆，普利兹伊斯博物馆 ,2145。

“王的儿子”羽努的平板石碑是在吉萨一座马斯塔巴东面外墙的石盖下面被发现的。该官员是在建筑基奥普斯金字塔时的劳力监工。纹理细密的石灰岩石碑展现了羽努身着豹皮长袍，坐在祭桌右侧。 他的名字和头衔刻在矩形石块顶端的水平线上。他的头衔称他为一名协助宰相管理的官员。他是“上埃及劳动部的部长”以及“上埃及十位伟大人物的第一位”。桌面上陈列着祭品：香、膏药、无花果和酒。左栏画有三种不同种类的亚麻。左下方有五个储罐，每一个里面都盛有不同种类的粮食。

括成队的祭品运送者的画面以及作为供奉祭品的图画。 描绘祭品和祭司献祭的画面最初是在假门上被发现的，因此它们与坟墓用餐场景有直接关系。但是自此开始他们将其图画于墓堂的围墙上，直到最后涂满整间墓堂。因此早期墓堂的画面种类主要是成队的祭品运送者和祭祀牛的场景。现在看来，早期墓堂的绘画可被视为坟墓用餐场景所列祭品的呈现。这些绘画的主要作用在于保障用于献祭的祭品能够源源不断供应。

祭品的供应转换成图画的形式，表达出死者生前的所做的行为。描绘死者的生活和社会地位的系列画在第五王国时期不断涌现，并与保障极品供奉的图画一起被放在平等的基座上。后来新的图画决定着祭室图画的基调。农业和牲畜的绘画主题对绘画的扩展功不可没，因为它们的产出（如面包、啤酒，或用于屠宰的动物等）可以献祭给坟墓主人。描绘手工技能的图画也发挥着类似的功能。这些都表明物品的产出最终都会被用于坟墓建造。

74 王室女儿温莎特（Wenshet）的假门

吉萨（G4840）；第四王朝时期，约公元前 2500 年；石灰岩；高 223.5 厘米；希尔德斯海姆，普利兹伊斯博物馆，2971。

标准的假门是仿造房屋的门而造的，有门框、门楣，以及固定门帘的小圆鼓。将其放置在坟墓里是为了强调坟墓是居住之所。王室女儿温莎特坟墓 里的假门就是一扇标准的假门。在铭文中她被描述为“国王的亲生女儿、哈索尔的女祭司、无花果树女神，以及墙北面奈斯 (Neith) 的女祭司”。图画中没有通常的献祭公式。装饰图画显示了温莎特的物质供应，以及亲人和祭品运送者带来各种各样的祭品。

75 宫殿式假门

塞加拉，宫廷歌手耐法尔（Nefer）和凯黑（Kahay）的岩墓；第五王国中期，约公元前 2450 年。

另一种类型的假门代表是这种宫廷式假门。它模仿宫廷外墙的突出和凹槽，使人感觉坟墓后面就是宫殿。这种假门可以在第四王朝以后的坟墓中找到，但是极其少见，大部分都和标准的假门连在一起。出自该坟墓的宫殿式假门位于耐法尔坟墓的假门与其父亲凯黑的假门之间。它主要是作为假门连接后来埋葬的“主歌手（名叫）凯努（Khenu）”（第五王朝末期），因此在门的凹槽处刻有名字。

76 假门

塞加拉，买胡（Mehu）大臣马斯塔巴的献祭室；第六王朝早期，约公元前 2330 年。

第三种类型的假门是有凹圆屋檐和圆环形铸模以及柱子的假门，第五王朝以后开始出现。它是模仿祭仪建筑的入口。买胡的假门是石灰岩做成的，红褐色绘画是模仿砂岩。象形文字是内嵌进去的并被涂以黄色。框缘和内门柱上有向死神阿努比斯和欧西里斯所做的献祭祷告——希望达到高龄时能得到体面的埋葬。外门柱的竖直线条上刻着死者的头衔。铭文显示买胡出于大臣的位置并监管所有重要的国家事务。

坟墓绘画的时间和空间结构

古王国时期的坟墓绘画旨在描绘死者来世的生活，它们的内容也作了相应规定。由于非王室人员也是以几乎相同的方式进入来世，因此无论是在大臣、高官、宫廷歌手、王室理发师，还是在商人的坟墓中所发现的绘画并无很大差别。最大的区别在于坟墓的建造，这需要考虑坟墓的面积以及墙面的可利用空间，这最终取决于死者的经济实力。

古王国时期用于描绘系列场景的墓堂墙面被画得非常详尽。墙壁被分成不同的部分，这些部分之间互相连接。规划整个墙面结构的最重要的因素是水平区域。一面墙通常会划分为大致等高的几个区域。这些水平区域根据整面墙的高度被规划成一个个矩形框架。其中包括死者的巨大画像，该画像在所有朝向他的区域画像中鹤立群鸡。每个区域描绘了一个个单独的场景，这些场景可以归于组场景或系列场景。绘画可以很仔细也可以很简明，这取决于装饰墙壁的可用空间。场景可以表现为省略的形式，也可以表现为很长的叙事序列。

当死者的画像不能显明确定的时间范围时，区域的时间顺序通常是最早的事件在顶部，越晚的事件越往下。时间顺序的排列可以在农业劳动者的绘画中找到很好的例子。场景是按照季节顺序连接的；耕地、播种、踩踏种子、收割、去壳、装填仓库，以及计算产出数量都是一个接着一个进行描绘的。序列还包括描绘将粮食进一步加工为面包和啤酒的画面。类似的时间顺序还存在于饲养牛的绘画中，一系列关联事件被描绘在一个单独的区域内：公牛与母牛交配、牛犊出生、奶牛喂奶，以及小牛的饲养。酿酒的系列场景则相对稍短，从收割到压榨的过程仅经历了装填酒桶的场景。大部分绘画序列都同时展现出空间以及时间维度。类似的关系也存在于描绘用撒网打鱼或捕鸟的画面中，乡间

77 牧羊与网鱼

在宫廷歌手耐法尔和凯黑的岩墓东墙的北部，有描绘农民劳动的画面。上面区域描绘着羊群正在啃树。领班将一份书面报告呈交给死者。下面的两部分区域是网鱼的场景。渔民的监督者将所捕获的最大的鱼献给死者。该墙面区域的划分形成了画面的基准线。上面区域的中间有第二道基准线将其简要分为两个场景。由此而产生的内置区域描绘了小羊正在啃树。

与划分区域对立的方法可以从网鱼场景的描绘中观察到。两个区域被连在一起构成一个大区域，形成了一幅超大的场景画面。最上面部分描绘的是站满渔民的河岸，下面是河水以及被渔网捕获的鱼。

78 赶牛趟过浅滩、纸莎草船的建造、饲养牲口，以及用陷网捕鸟

塞加拉，宫廷歌手耐法尔和凯黑的岩墓东墙；第五王朝中期，约公元前 2450 年。

东墙中段的画面朝向墙面右端的死者画面（图中未显示）。该绘画部分连接了一系列表现乡村生活主题的场景。最上面的场景描绘的是收割纸莎草以及建造纸莎草船；中间两幅场景展现的是牛的饲养以及牛群被驱赶趟过浅滩。再往下的区域，左边描绘的是烤面包的场景，右边是捕野禽者的各种生活场景。最下面的区域描绘的是人们在小屋前面跳舞。每一组场景都是一个独立的单元；其精炼细腻的手法能将我们深深打动。列序的缩减是由于没有足够的墙壁空间可供绘画。

场景与其他场合发生的场景结合在一起。

时间和空间维度也会偶尔重合。在描绘沙漠中打猎的画面中，猎物有时是沙漠上的动物，但有时也会是大草原上的动物。这些动物的交配以及生育都会被画出。在河面乘船航行的画面中，逝者既是帆船的乘客，同时又是大划桨船的乘客。

动物献祭和祭品供奉

献祭礼仪的一个重要部分就是肉祭，主要是牛身上的肉。打猎也是肉的主要来源，特别是瞪羚和羚羊。鹅、鸭，以及鸽子也被列入献祭动物的范围。献祭不包括鱼，尽管打鱼是古王国时期坟墓中描绘最为频繁的活动之一。

所献的肉要经过蒸煮或烘烤。它被摆放在坟墓献祭处供逝者在祭仪中享用，然后被撤下供祭仪的祭司享用。素祭的献祭具有重要意义：被屠宰动物的生命力通过肉转移给逝者。献祭动物的前腿和心脏被认为特别具有复苏生命的力量。这两部分都会在月祭上供奉给逝者，在为逝者举行的复活仪式上充当着重要角色。

描绘动物献祭的画面经常会出现在古王国时期的坟墓里。心脏的摘除和前腿的切断代表了祭仪的主要部分。这些献祭场景都描绘得非常精心，生动刻画了屠夫的屠宰动作。它们也是最早记录工作中的对话的场景。与屠宰仪式相关的想法都源于上埃及的“游牧采猎传统”。这一传统从史前时期一直延续到历史时期。被屠宰的动物代表打猎对象。在被屠宰之前，它先被用套索逮捕、摔到地上、捆绑，并按照祭仪传统被屠宰。屠宰是用燧石刀进行的，这种刀现在早已退出了日常生活。屠宰被视为一种积极的行为，被神圣地理解为毁灭神灵的敌人。在历史时期，献祭动物代表了富有的物质财富。因此古王国时期的屠宰场景不仅具有社会意义而且具有宗教意义。动物的屠宰不仅可以使逝者复活，毁灭神灵的敌人，而且还彰显了他或她的财富或权势。描绘动物献祭的场景也可被视为一种指定逝者为庄园或大领地所有者的途

79 两头牛犊被摔到地上

塞加拉，马利如卡宰相的陵墓；第六王朝早期，约公元前2330年。

该图描绘了捕捉和征服所要屠宰动物的两个阶段。左边的牛犊已经被耍杂技般地摔在地上。右边的牛犊已经被征服；它的后腿已经完全屈服，前腿随着慢慢倒地而弯曲。

80 牛的展示

塞加拉，普塔霍特普宰相的坟墓；第五王朝时期，约公元前2350年。

即将被屠宰的动物出自已故普塔霍特普的庄园。它们被引领出去，以供庄园的领班及其助手数头数。这是在普塔霍特普在场的情况下进行的，该场景的注释表明他的在场："视察出自庄园的牛棚和供奉给死者的咔屋的牛的检查。" 牛群的最前头是一头庞大的公牛，长有里拉琴状的牛角，脖子上套着辟邪物。该公牛被一位瘸腿的牧牛人牵引。这种身体上的残疾只会在农民身上表现出来。紧随公牛的是一头短角牛，被棍子驱策前行。两头牛代表了各自种类的庞大数目。牛的肥硕表明了对它们的照料非常精心。

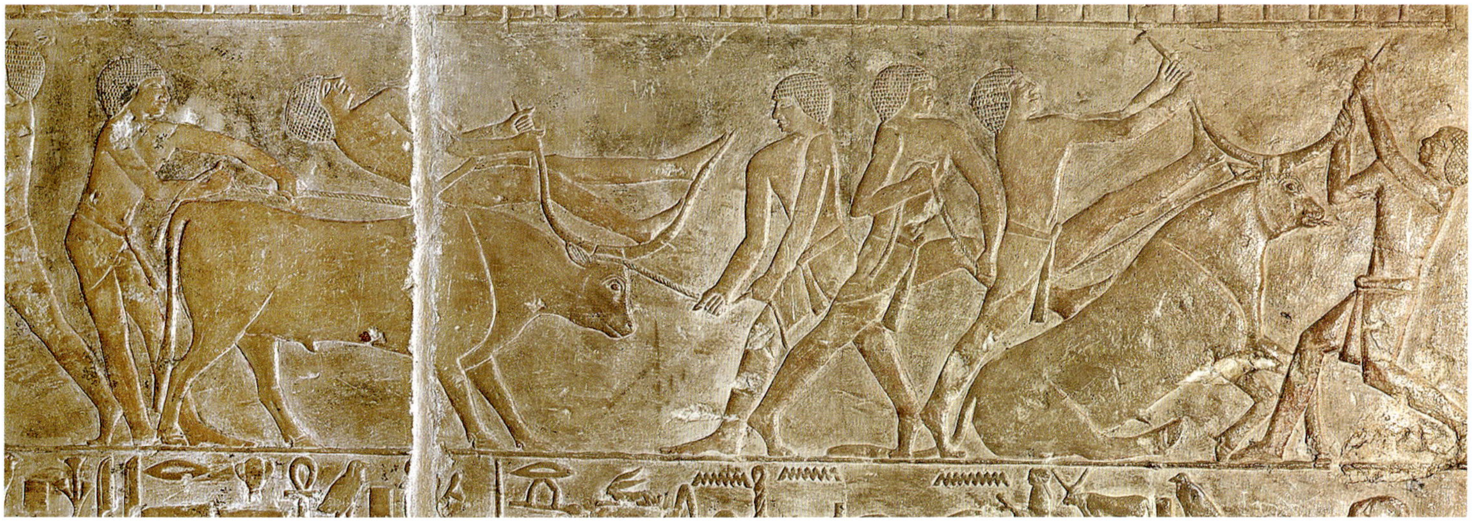

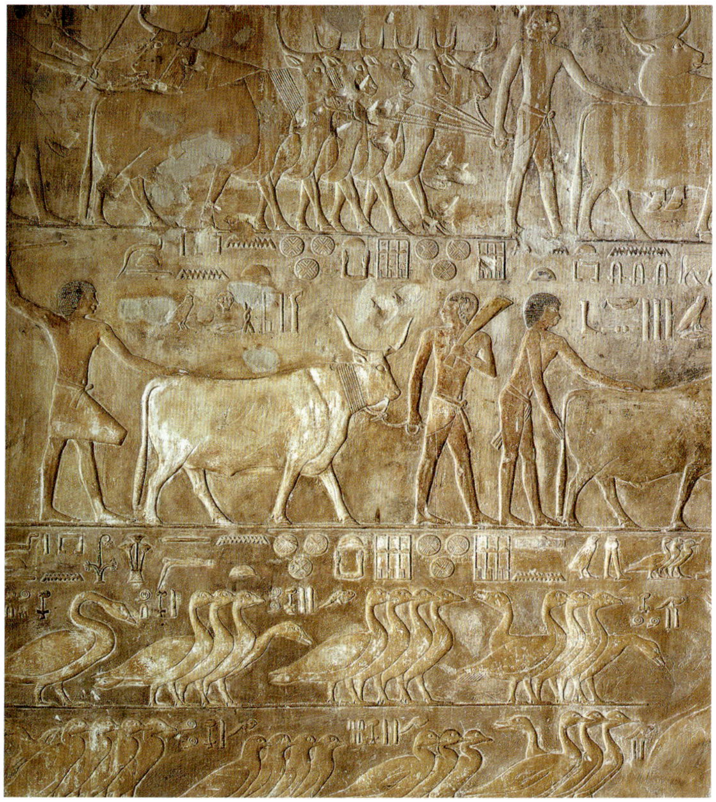

径。

这种记录财富和权势的物质理念在古王国时期的坟墓中描绘动物饲养的场景中也有体现。畜群成队驱策前行，牲畜被按头计数。计数的结果通常都是非常令人满意的——任何其他结果呈现在坟墓中都是不合时宜的。

手工业者和市场场景

各种各样的非洲树木也被视为奢侈品，尤其是用于制造雕像和家具的乌木。在早期，用于建造坟墓及其内壁的石头是由国王捐献的。它在遥远的采石场被采挖并由国家的船只从大瀑布地区或努比亚运抵王宫。古王国时期的坟墓壁画描绘了古埃及社会的一种典型生活。精英人群的生活被封为逝者来世生活的典范。描绘农业劳动者和饲养牛的场景、打鱼和捕鸟的画面，以及商人工作的场景都可以反映出个人的社会地位高低。每种情况下逝者都被描绘成监督者的角色。逝者地位的提升和他与国王的密切关系在展现手工技能的场景中体现得最为清晰。对商业活动的管理是王室的特权，因为原材料和所加工的商品归王室所有。例如，金属加工者所需要的矿产来自在国外或者埃及边界地区所进行的勘探。铜来自西奈或由巴勒斯坦供应（在古王国时期甚至还可能是塞浦路斯）。金子在东部沙漠或者努比亚开采。利用频繁

82 宫廷歌手耐法尔和凯黑岩墓的南墙

塞加拉；第五王朝中期，约公元前2450年。

耐法尔和凯黑坟墓祭堂的南墙后面是摆放逝者雕像的室（小室）。它位于墙板后面，只有通过连接小室和祭堂的三道水平方向的小缝才能从外面看到。裂缝位于脸朝右方的逝者雕像上 方。它们标记着小室内的烧香处。浮雕的主要画面展现了逝者耐法尔正在接受祭品。他身着打褶短裙，手拄一根棍子。

三个兄弟紧随其后。坟墓祭品摆放在他面前，献祭者为他送来更多的家禽和幼小家畜。祭品被享用时还有一只小管弦乐器在旁边奏响。逝者装扮华丽的妻子坐在他的脚边分享祭品。

81 动物献祭

塞加拉；宫廷歌手耐法尔和凯黑的岩墓；第五王朝中期，约公元前2450年。

宫廷歌手耐法尔和凯黑岩墓的南墙上，有一幅描绘动物被屠宰的画面。在左边，它的喉咙被割开，血被盛在从框架外进入场景中的屠夫举着的碗里。在画面的中央，它的前腿被从身体上砍下。在最右边，前腿和心脏被两个助手扛着送往献祭点。他们将前腿扛在肩上，心脏拿在手里。献祭画面描绘了人物不同的甚至有点不寻常的姿态。屠夫处在连续的运动当中，有些人的姿态被描绘得非常变形。尽管是采用静态手法描绘的，他们依然显得栩栩如生。

的木材也是如此。几乎全部来自境外的叙利亚。埃及本身木材非常贫乏，数量充足的仅有质量较差的阿拉伯树胶和西克莫无花果树。因此，黎巴嫩香柏——在埃及史前时期已有极高价值的进口树种——受到了热烈追捧。

各种各样的非洲树木也被视为奢侈品，尤其是用于制造雕像和家具的乌木。在早期，用于建造坟墓及其内壁的石头是由国王捐献的。它在遥远的采石场被采挖并由国家的船只从大瀑布地区或努比亚运抵王宫。

手工业者的大部分产品都要用作坟墓装饰。在埃及早期文明中，这些主要是摆放在坟墓储藏室作为祭品的物品，但是后来它们的实体被省去了。图画成为这些消失祭品的替代。所描绘的产品种类非常有限。金属加工者加工祭仪用品和首饰，而石匠则制造石质容器、雕像，或石棺。木匠制造日常所有的宗教用品和物品。他们的工作还包括传统的造船和制造门、柱以及神殿。剩余的产品则拿到市场上卖掉供其他坟墓主人使用。然而，市场上用于交易的商品的需求仅能满足基本需要。这种市场经济是一种物物交易的经济，用商品交换商品。价值的衡量标准是以铜为单位，各种各样的商品都要换算成铜。物物交易的商品主要出自家庭产品，最普遍的就是食物。所供应的品种包括啤酒和面包、蔬菜和鱼，以及少量的鱼钩、药膏、拖鞋、油，或者圆筒印章。王室垄断的高级商品，如纸莎草，则很稀缺。

83 商人和市场场景

塞加拉；建造金字塔的共同促（Ti）的坟墓祭堂南墙；第五王朝末期，约公元前2400年。

促的坟墓里所描绘的工人几乎代表了全部类型的交易。主祭堂南墙上的一幅单独场景描绘了正在进行交易的雕刻家、金属加工者、首饰制造者、木匠以及皮匠。从木匠的作坊可以看到他工作的方方面面。从左至右，厚木板被锯开、木钉被楔入箱子，还有一张床在被打磨。铭文里记述了商人的头衔、他们的活动，以及他们之间的对话。例如，一个拿着锯的木匠叫他的同伴：“再给我一把（锯条）。（这把锯条）太烫了！”

下面的区域有一幅在市场上进行交易的场景。市场活动是以物物交易的形式进行的，只具有地方意义。日常用品被用于交换。在左边，一位刻章者正在提供服务。中间是拿药膏交换拖鞋，而右边是在卖扇子。右边还有拿棍子交换粮食的。买卖双方的对话被记录了下来。例如，卖棍者说：“看！一根好棍，干透了的，朋友。我想用它换三合卡（heka）小麦。”对方回答是：“嗯，它的握柄很棒！”

尽管坟墓壁画描绘的是日常生活，但它们指的却是来世的生活，这种生活是基于今世构想出来的。因此，我们就可以从古王国时期的场景和画面来理解古代有关来世的观念。 进一步的研究发现非王室的来世观念与王室的相差无几。与王室的来世观念不同的是，非王室逝者的来世不是与神灵一同在天上而是在地下列祖列宗的世界里。整个非王室坟墓文化都是基于此设想。这种地下坟墓被认为是逝者来世的居住地。 一系列看似互相矛盾的观念都与此非王室埃及人的来世坟墓观念有关。然而，如果从神秘观来看，它们却是一致的。正如已故国

84 商人场景

塞加拉，御用指甲装饰师安克克努姆和克努姆霍特普坟墓的峭壁室东墙；第五王朝中期，约公元前2450年。

两位御用指甲装饰师安克克努姆和克努姆霍特普位于塞加拉的坟墓里有一系列细节生动的场景图。从上到下，这些区域依次展现了几个作坊。最顶端，雕刻家在塑造雕像；中间，金属加工者在为坟墓装饰制造物品；在底部，首饰制造者在为宽大的颈圈项链打结。

铭文提到了各种细节——包括生产活动的开展，手工业者的头衔和所造产品的种类，例如“画家”创作的“绘画雕像”以及“首饰制造者”所制造的“宽大镶珠颈圈”。这些场景中唯一记录下来的对话是在金属加工者之间进行的。其中有一段是在讨论坩埚里熔融金属的状态。四个人在往长管里吹气，煽动坩埚下面的火；火苗向四周熊熊窜起。站在工人们右边的工头宣布即将进行的铸造：“熔融金属上面的空气很烫（这叫做太阳之热）。熔融状态已经达到。抓住它（开始铸造）！”所造出的金属棒再被其他加工者击打成薄片。所制造出的产品即为祭仪用物品。

85 抬轿队伍

塞加拉，庄园监督伊皮（Ipi）的坟墓；第六王朝早期，约公元前2330年；石灰岩；高112厘米；开罗埃及博物馆，CG1536。

庄园监督伊皮坐在装饰华丽的轿子里。他坐在遮阳顶棚下，一只手持一根短棍，另一只手拿一把飞掸。轿子的辕杆被扛在抬轿者的肩上，画面上仅位于右边的抬轿者可见。位于左边的可以通过右边抬轿者轮廓周围的阴影看到。其他随从人员包括举遮光罩的仆人以及走在队伍前面的逝者私人扈从。抬轿者唱着《抬轿歌》，哀叹肩上重担的劳苦，但也歌唱有幸为逝者抬轿的快乐。歌词记载在抬轿者之间的空隙里。它有一段令人难忘的副歌："轿子（抬逝者的）里坐人，总强过空空如也。"

86 "美丽的西方"之行

塞加拉，买胡宰相的坟墓；第六王朝早期，约公元前2330年。

画中的船帆已扬起。一些船员在划桨，而另一些人在撑帆。逝者站在船中部的船舱前面，拄着一根棍子。他在查看船帆的操作，这意味着船要改变航向。该操作可以解释为船即将抵达"美丽的西方"。在船尾的舱里可以再次看到逝者。这次他是无精打采地躺在一张床上。船身上的铭文中有一首描绘风向的顺利以及死者即将抵达属于哈索尔女神之地的歌曲。"金子（实际上指哈索尔女神）创造了美丽（木乃伊）的美丽。美丽（木乃伊）现在来到无花果树女神哈索尔的身边。安静地，安静地到达西方的山脉。"

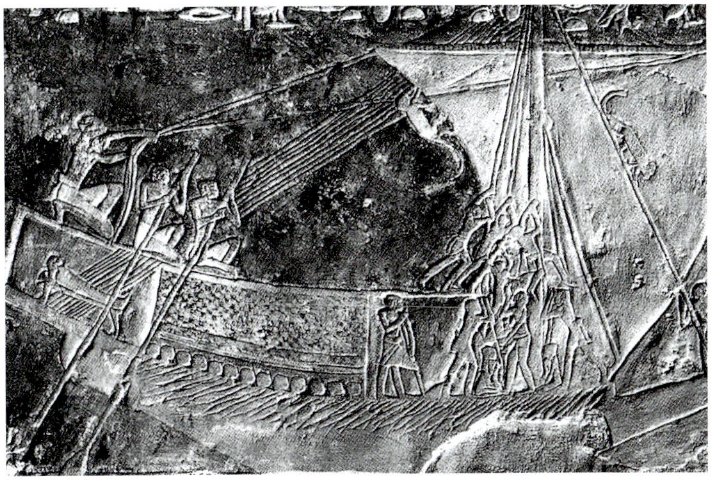

王通过许多不同的方式升天——通过鸟翼、蝗虫的帮助、焚香的烟雾，或者借助天梯——同样，死者也是以许多不同的方式到达冥界。一种古老的观念认为，逝者死后会被引向墓地。在举行埋葬仪式的过程中，他或她被清醒地带往死人聚居的城市，并且开始在所指定的墓室里生活。另一种观念则基于坟墓所处的地势。来世被认为是位于死者只有通过乘船渡过尼罗河才能抵达的墓地。这在铭文中有所表达，逝者希望"平静地穿过神圣的大道升到墓地所在的高山"。通往墓地的道路通常会在坟墓中被描绘成乘船进行的航线，并在相关的铭文中被描述为"美丽的西方"之行。由于盛行风的不同，有时会扬帆渡河，有时则会乘大划桨船。第三种可能性是通过陆地抵达西方的来世。这种愿望同样也在坟墓铭文中有所表达。逝者希望通过陆地"抵达墓地高山"。在这种通往"美丽的西方"的陆地之行中可以称作轿子。逝者乘坐仆人用肩扛抬的轿子抵达墓地和"美丽的西方"。为了减轻轿子行进过程中的负担，他们唱起《抬轿歌》。抬轿者用歌词互相激励；歌词配有古王国时期的许多场景画面。有些情况下，死者乘坐的是更为舒适的驴拉轿子，而非人抬的蹲轿或坐轿。

死者的纸莎草丛之行

本质上说来，世是根据今世的生活塑造出来的。因此衡量来世的一个重要指标就是完成职责并监督土地和领地上进行的工作。很明显，日常生活的画面就属于这一范畴。这些画面包括农业劳作、饲养牛、打鱼和捕鸟、制作食物，以及手工业活动。除了这些典型 的日常生活画面，还有描绘逝者向纸莎草丛行进的画面。这些画面也指来世的地方和"美丽的西方"，特别是他们将来世比作一个神秘之地。该地方是位于尼罗河德尔塔的凯米斯（Khemmis）的神秘之地，伊希丝（Isis）在此地的纸莎草丛中生出了儿子荷鲁斯，并将他藏在这里躲避神灵的敌人赛特（Seth）的迫害。在此，荷鲁斯在伊希丝的庇护下茁壮成长。

在神秘的时间之始，纸莎草丛是荷鲁斯的出生地和童年。在现实的尘世中——也就是当下——描绘纸莎草丛的壁画成为重生之地和复苏的象征。因此纸莎草丛的神秘也随之转移到坟墓中，墓室本身即可被视为伏于一片纸莎草丛中。这一观念在描绘于坟墓侧边和入口纸莎草丛的画面中得到了很好的表达。如此显著的位置就证明了坟墓里即是一个纸莎草丛，而坟墓本身即是重生之地。因此葬室的画面描绘的不仅是非王室逝者来世的日常生活，而且也表明了坟墓作为重生之地的功能。描绘死者在纸莎草丛中用飞棍捕鸟或多耙鱼叉打鱼的画面可以印证这些有关神秘之地的信仰。所描绘的而这些探险活动通常是死者在妻子的陪伴下进行的。因此他有机会从自己的妻子身上得以重生。通常被描绘在纸莎草船上的孩子应被视为死者本身年轻时的形象，借以表示他的重生已经得到了实现。纸莎草丛是一个重生之地，但同时也潜伏着许多危险。敌对势力，特别是河马，威胁着逝者的重生伊始。作为神灵的潜敌，它们应从死者面前被无情地驱赶走。这需要在湿地里安家的人们的帮助。纸莎草丛的画面比其他任何画面都更凸显出坟墓壁画与来世的密切联系，并直指死者的重生之地。纸莎草丛的语义联想是它与欧西里斯的儿子荷鲁斯的出生、成长，以及取得胜利都密不可分，并且能够给予死者或坟墓主人令之欣慰的确据，即通过在纸莎草丛中获得重生，他能够战胜死亡。

87、88 纸莎草船的建造

塞加拉，普塔霍特普宰相的坟墓；第五王朝末期，约公元前2350年。

纸莎草船的建造通常都是在离纸莎草丛很近的地方进行的，很多时候都与纸莎草丛相关。建造者以家庭为单位开展施工，他们的子女也参与其 中。孩子可以作较为简单的杂活派上用场。在普塔霍特普宰相的坟墓中，一个孩子手中拿着拖船必须用到的绳子。在劳动过程中，有一对父子进行了对话。在船上忙碌的父亲叫他的儿子：“我儿伊凯（Ikai），把绳子递给我！”儿子立刻应道：“父亲，接着绳子！”

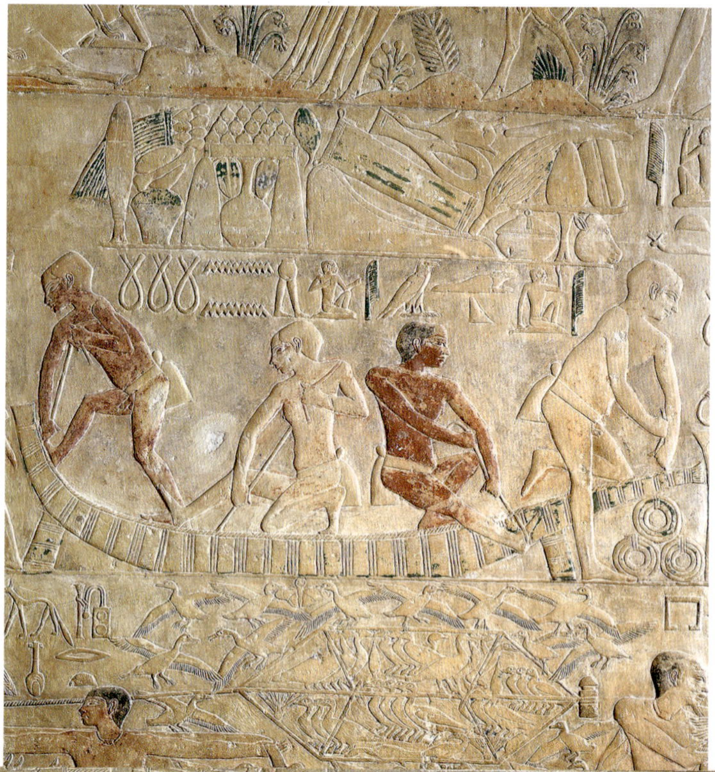

89 在纸莎草丛中用飞棍捕鸟和用鱼叉捕鱼

塞加拉，御用指甲装饰师安克克努姆和克努姆霍特普的坟墓；第五王朝中期，约公元前 2450 年。

一系列的画面描绘出安克克努姆和克努姆霍特普两人正在纸莎草湿地里打猎。左边，安克克努姆在准备打鸟，而在右边，他的兄弟克努姆霍特普正用鱼叉捕鱼。成群的鸟飞向他们触手可及的纸莎草船上。有几只鸟依然在网里，但网却处在不可能自然发生的位置——在纸莎草的花朵里。饲养的鸟也有被水獭和野猫吞吃的危险。这些偷袭者沿着柔弱的花杆偷偷潜入纸莎草花丛中的鸟巢。死者打猎时身边有妻子和孩子陪伴。

90 猎捕河马

塞加拉，马力卡如宰相坟墓；第六王朝早期，约公元前2330年。

位于塞加拉的马力卡如宰相坟墓中的河马捕猎图被列为古王国时期最重要的打猎场景图。两只搭载着猎人的船已将三只河马逼入死角。他们退回到纸莎草丛旁一棵巨大水生植物的覆面上。从这棵巨大的植物上可以看到大蝗虫、蜻蜓以及青蛙。而相比之下，河马则显得非常微小。他们面临着猎人的左右夹击，后者往它们身上猛掷鱼叉。精致的描绘具有极高的艺术价值。这与物体、动物、植物，以及人之间不协调的比例形成鲜明对比。

91 热济（Redji）公主的坐像

第三王朝，约公元前2650年；闪长岩；高83厘米；都灵埃及博物馆，物品编号3065。

"国王的亲生女儿热济"（刻在碑文上的名字有好几种写法，比如还有误写为热迪夫的）坐在矮背椅上；从边缘的弓形浮雕可以看出这是一把藤椅。她坐姿笔直，一只手平放在大腿上，另一只放在胸下。这也是第三王朝时期雕像的特点：她的脸栩栩如生，富有个性化特征，而身体则显得僵硬——尽管比起早王朝时期已有改进。

逼真的形象——私人雕像

赫尔穆特·扎青格

埃及博物馆和收藏馆珍藏着大量或站、或坐、或蹲伏的雕像，它们有别于王室雕像和神像。古王国时期，这些私人雕像通常都被放在墓穴里。后来，它们更多是被放在寺庙里——到了晚期几乎仅能如此。史前时期的雕像数量极少，它们大多是由象牙或彩陶石做的，安放在圣地或墓穴里。不过，这些雕像是私人雕像、皇家雕像，还是神像，我们无从得知。同样无从而知的还有提尼泰王（Thinite）时期更为稀有的石雕或木雕。由此我们可以推论古王国时期已有寺庙雕像，但仍有待于进一步证实。私人坟墓雕像是在第三王朝时期才真正开始流行的。首次发现私人雕像是在位于古都孟斐斯（Memphis）的王侯将相陵墓中，尤其是塞加拉（Saqqara）和吉萨（Giza）的大墓地中。

这些雕像被放在陵墓中并不公开示人。这是评估埃及艺术极具启发性的一个事实。很显然，这些雕像的主要功能不在于被人观赏。它的目的就在于它的存在，为了作一个替代身体，是死者的一种"替代自我"。

在祭拜死者的仪式中，陵墓的假门前会供奉食物和饮品，并烧香。当死者，更确切地说是他的灵魂，通过灵界或祭仪进入雕像后，他就可以通过雕像享用这些祭品。只有将雕像直接与死者身份挂钩，它才能用作此等用途。这可以通过在雕像上刻死者的名字并赋予它死者的个人特征或特点来实现。除此之外，还可以由祭司在雕像身上实施一种复活仪式，即所谓的"张嘴仪式"。所有的埃及艺术，不仅是美术，都在现实和宗教教义规范之间摇摆徘徊。很显然，即使对于古王国时期的埃及人来说，为世俗所定的宗教教义，即对世俗的期望，通常也是与残酷的现实不相融的。艺术需要遵循宗教准则，需要呈现出理想的画面。然而，现实的入侵却是不可避免的。因此，每一部单个艺术作品都是对这两种互相矛盾的倾向的妥协。

雕像置于哪里？

一些陪葬雕像放在陵堂里，仅参与祭仪服务的人能看到，因此并不是容易接触到的。不过最典型的要数古王国时期，该时期的陵墓雕像任何人都不可见。卓瑟王（Djoser）的金字塔为坟墓雕像专门建了一个密室，其与陵堂献祭台的唯一通道是一条狭缝（见第86页，图82）。这种坟墓很快在私人石室坟墓中流行起来。为了描述这种密室，考古学家采用了一个阿拉伯－波斯地区的术语"小室"（serdab），意思是洞穴或地下室。不过在其他坟墓中，雕像通常是放在墙边或者祭室的壁龛里。基奥普斯王（King Cheops）统治时期宏伟的海米尤努（Hemiunu）陵墓有两个小室。然而在与他同时代的卡瓦布（Kawab）的陵墓［与亲王明克海夫（Minkhaef）的陵墓一样］中，很多雕像却放置在外面的陵堂供人观看。自美凯里诺斯（Mycerinus）王时期开始，带小室的坟墓更为盛行。第五王朝晚期摆放雕像的密室变得更大、更为流行。在吉萨，伊提森（Itisen）的儿子拉沃（Rawer）为自己和家人制作了100多座雕像，摆放在25间密室里。到第五王朝末期，死者的雕像——后来也包括仆人的雕像——被摆放在墓室里。这一做法标志着对坟墓和雕像的态度转变，最终终结了小室的建造传统。此外，所发现的小室都是与石室坟墓相连接的。它不用于岩墓中，这是上埃及大墓地的特色，并因此推动了古王国时期之后埃及坟墓建筑的进一步发展。

雕刻的是谁？

最根本的答案是埋葬在石室坟墓里的死者。在基奥普斯统治时期，他们主要是王子和高官。到了古王国末期，手工业者和低等官员也包括在内，他们的小坟墓跻身大石室坟墓中间。

石室坟墓仅为单代人而建，通常是一对夫妻和他们的子女，如果有子女英年早逝的话。因此我们通常能在小室中找到死者与妻子的单人雕像或两人一起的群雕。子女不能单独出现，必须与父母一起，且通常子女雕像尺寸都很小。这些雕像中子女不一定是少年夭折的；雕像制作时他们也可能已经成年。子女的出现可能只是表达死后生命延续的愿望。有时，死者身旁的女人不是其妻子，而是其母亲。其他两人组合（两男、两女）和三人组合（两男一女等）也有可能。丈夫和妻子的单人雕像可以摆放在不同的小室里。正如死者可以有任意数目的雕像一样，他也可以在群雕中出现两到三次（称之为"伪组"）。

92 肯特（Khent）与小儿子的坐像

吉萨；可能是第四王朝中期，约公元前2550年；石灰岩；高53厘米；维也纳艺术历史博物馆（Kunsthistorisches Museum），AS7507。

肯特是高官尼苏特奈夫（Nisutnefer）的妻子。她很可能是埋葬在丈夫石室坟墓里的属于她自己的墓室里。通常妻子是没有自己的雕像的，而是与丈夫刻在一起。但是肯特却有她自己的雕像，放在她自己的小室里。她端坐在宽大的高背椅上，两只手平放在大腿上。正如夫妻群雕一样，一个从同一块石基上雕刻的小男孩站立在椅子旁。他一边头上有摺辫（叫做边锁）、手指含在嘴里，光着身子，按照埃及肖像画的标准，这些都表明他是一个小孩子。从风格上来说，该雕像可以归入古王国时期的庞大艺术作品集，以后来典型的理想化主义代替了基奥普斯和切夫伦（Chephren）时期的现实主义。

93（下中）马米赛布（Memisabu）与妻子的站姿群雕

可能是吉萨；第四王朝晚期，约公元前2520年；石灰岩；高62厘米；纽约大都会艺术博物馆（The Metropolitan Museum of Art），48.111。在夫妻雕像中，通常是妻子用胳膊搂住丈夫的肩膀。丈夫用胳膊搂住妻子的肩膀的情况极为罕见。身高的显著差异更凸显了这一姿势所暗示的支配地位身份。妻子环着丈夫的腰。尽管该雕像在先前的文献资料中都被描绘为第六王朝的作品，但是最近的研究认为，该群雕可能产生于第四王朝晚期。它的形式结构与第四王朝晚期王室人物群雕有明显的依附关系，这点是不可能判断错的。而且，它对群雕结构的单个分解的明显倾向也非常清晰，作品强烈的正面表现、官员平行的双脚、不常见的拥抱姿势，以及女性雕像的向左微倾都表明了这一点。

两性的相对大小

非常有趣的一点是应注意男女雕像的大小比例有所不同。通常他们都是等高的，或者仅反映出统计上身高的不大的差别。不过，有时候女人会呈现得比男人小很多，在这样的雕像里，有些夫妻雕像中让男人取坐姿，而女人则站立。这种大小的显著区别可以解释为出于构图的考虑。女人取坐姿而男人站立的夫妻雕像则少之又少。而在这样的雕像中，坐立和站立的人的高度几乎没有区别。男性雕像可能会稍高一些，大概是因为他们是高级官员，即重要角色。如果是女性稍高，只有出自同等高官家庭的女人才能拥有这样的社会地位。

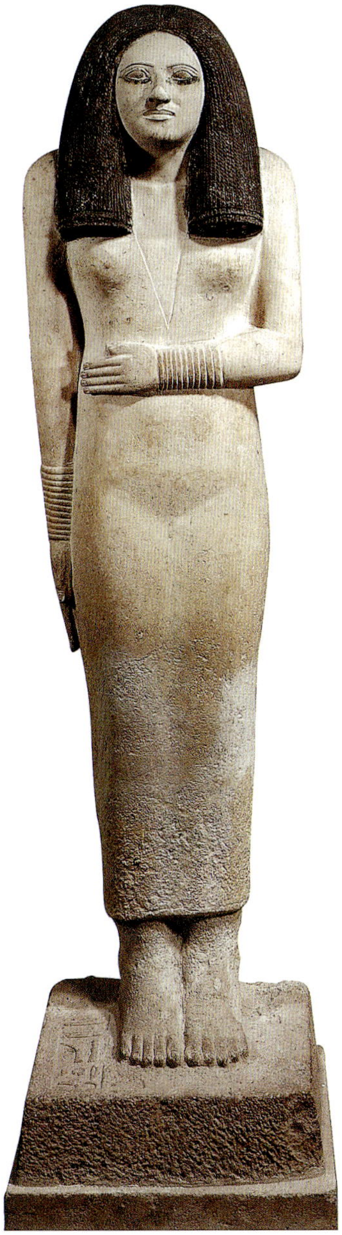

94 佩比（Pepi）的家庭群雕

吉萨；第五王朝中期，约公元前2430年；石灰岩；高45厘米；希尔德斯海姆（Hildesheim），柏力扎伊斯博物馆（Pelizaeus Museum），17。

在这组男人、女人（佩比）和孩子的群雕中，最醒目的特征是女人比男人高大。而且孩子也要比普通雕像大，似乎女人占据着支配地位。她搂着男人的肩膀和上臂，而在群雕中常见被搂着的是妻子和母亲。尽管雕像底座上有铭文，但该组家庭的成员关系却不清晰。这不仅仅是因为男人和孩子的名字相同，都叫拉什普西斯（Rashepses），还在于男人被称为“她的儿子”，而小孩儿却被铭文上称为“王室外博（web）祭司”。最简单的解释是铭文不小心弄颠倒了；事实上成年人是女人的丈夫，一位外博祭司，而小孩儿是她的儿子。如果是这样，那么这名女人的高度和姿势就非同寻常了。也可能他们是名字相同的两兄弟（有时会出现这种情况），或者分别是女人的儿子和孙子；令人诧异的是后者居然有头衔而且已是成人。另一种可能的解释是假定这是一个“伪组”——雕像中呈现的是佩比的儿子拉什普西斯的两个不同年龄。不管哪种解释正确，一个家族由女人主导的情况是极为少见的。除了外观的形式外，风格上的标准也是追溯年代的一个依据。

95~97 赛帕（Sepa）（两座）和奈撒（Nesa）的站雕

可能出自塞加拉；第三王朝，约公元前2670年；石灰岩；高度分别为159厘米、165厘米、152厘米；巴黎卢浮宫博物馆（Musée du Louvre），A 36,A 37,A38。

古王国早期最杰出的三座雕塑出自同一系列。死者的两座雕像与妻子的一座雕像是在同一个小室里发现的。随着埃及雕塑艺术的深入发展，整体群雕开始取代单人雕像。如果像该处的情况一样，一个人出现两次，我们就称之为“伪组”。两座雕像在最细微处都完全一样。它与晚期石雕的差别在于男子拿着节杖和长棒。雕像的标记不仅从技术角度看是有问题的，而且也无法将其归入埃及雕塑的反常规风格。根据浮雕的描画，战用节杖本应是水平方向持握，而这里，为防止节杖从身体上掉下，雕塑者将其雕刻成竖直方向。同样，棍棒也因技术原因被紧接在身体上。脸部呈现出个性化，可能是肖像画风格。与其他雕像一样，该雕像的身体部分雕刻较为粗糙。紧贴身体的胳膊显得僵硬。这是第三王朝雕塑的特征，此时从古老艺术向古典古王国时期艺术的转型已相当成熟。

98 巴巴夫（Babaef）的站雕

吉萨；第五王朝早期，约公元前2480年；方解石、雪花石；高49.7厘米；维也纳艺术历史博物馆，AS7785。

所刻画出的巴巴夫的姿态在古王国中期非常典型：直立、肩膀宽厚、腰身细长、肌肉强健，身材非常健壮。他目光凝视正前方，略向上方——面向太阳，一种新的解读认为，这是为了暗示渴望得到启示。这座被丢弃的巴巴夫雕像是与其他碎瓦残片一起在他的石室坟墓里发现的。在他所有的政府职责中，是“国王所有事物的管理者”这一头衔使他有资格得以用珍贵的雪花石雕刻自己的陪葬雕像。

99 抄写员

塞加拉；第五王朝早期，约公元前2500年；着色石灰石；高51厘米；开罗埃及博物馆，CG36。

该蹲雕是古王国时期以来最有名的雕塑之一。第五王朝时期雕塑的理想化主义在此被赋予鲜明的个性化特征。他鼻子旁边的清晰皱纹是否是该雕像人物的与众不同之处，对此我们无从定论。不过，该细节为这张英俊动人的脸庞赋予了个性。镶嵌的眼睛强化了自然的效果，尽管用于勾勒眼线的铜边的腐蚀在一定程度上使这种效果有所减损。他头部略微偏转，视线稍稍向右。这些同样存在于其他类似雕像中的特征，刻画出该抄写员似乎是在专心倾听别人的口述。他的左手拿着一卷展开的纸莎草纸，右手大概是握着一根芦苇笔做记录。

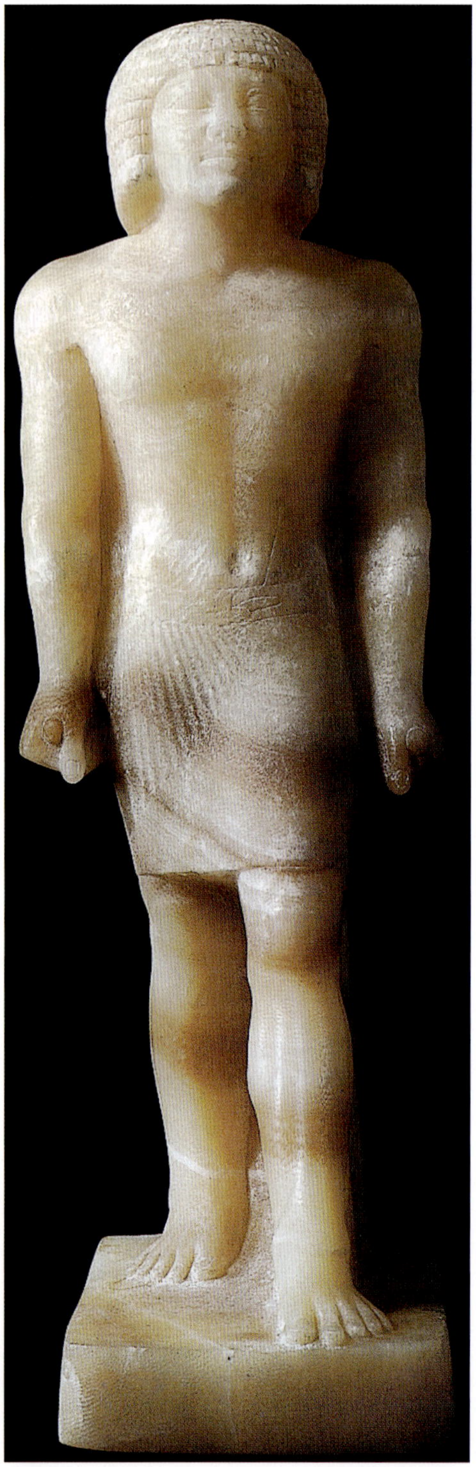

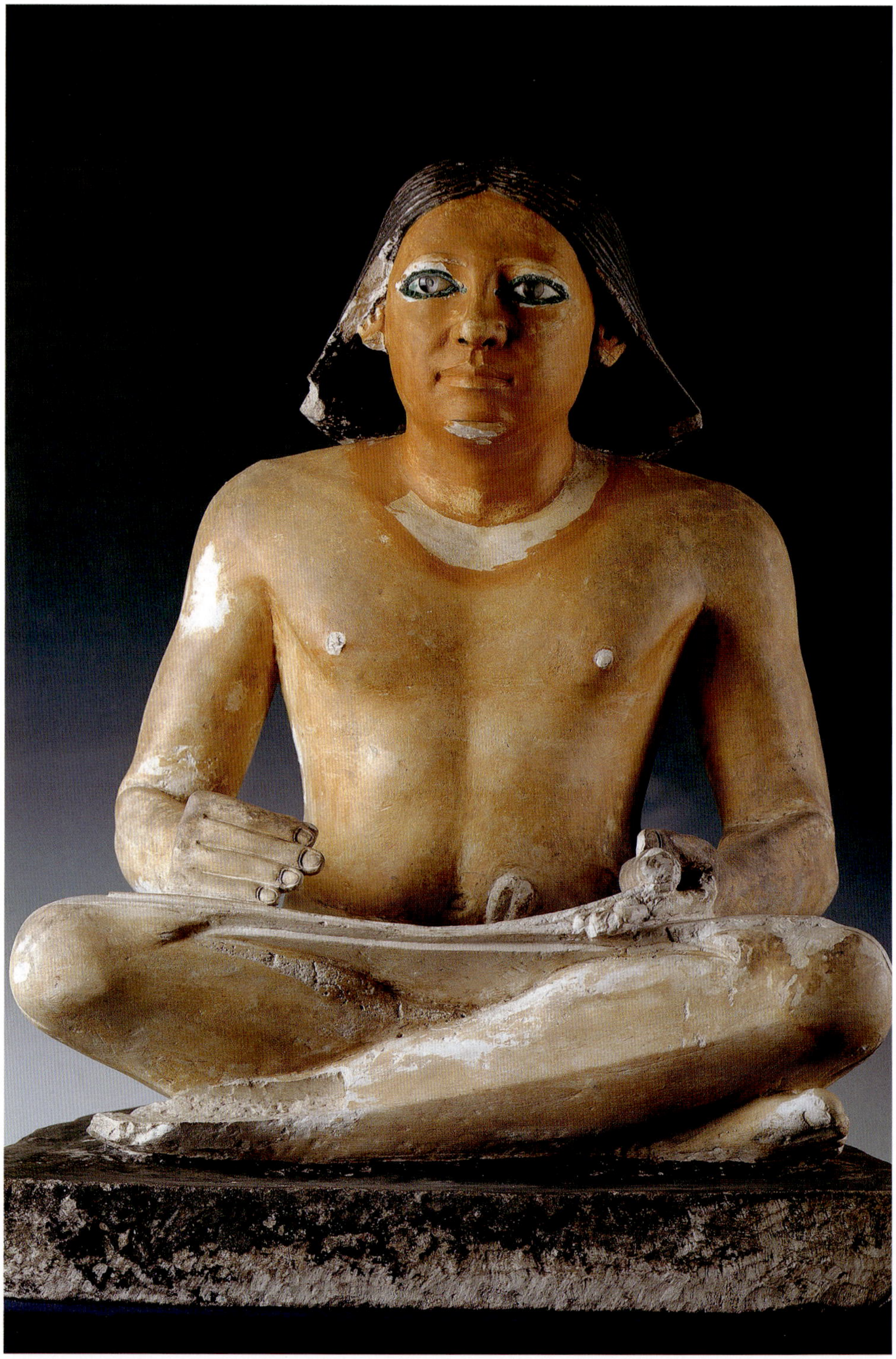

100 站立男子与妻子的群雕

吉萨；第五王朝时期，约公元前2450年；着色石灰石；高56厘米；维也纳艺术历史博物馆，ÄS7444。

雕像展现的是一对以标准姿势站立的夫妇。两人都穿着与他们高社会地位相称的服装；男子扎着短束带，女子穿带肩带的长裙，头戴假发。女子与男子呈自然比例站立，一只胳膊搂着男子的背，另一只扶着男子的胳膊。两人之间的空隙被涂成黑色，在肖像画里这表示背景。石基上的短铭文仅告诉我们所刻画人物的名字但是没有说明他们的关系。

101 一对雕像

可能出自塞加拉；第五王朝早期，约公元前2500年；皂荚木；高69厘米；巴黎卢浮宫博物馆，N.2293。

木是一种有助于写实表现的材料。两个人物是分别雕刻的。然而，把两人连接在一起的不仅是共同的基座（原基座已遗失），还有女子环着男子后背的左胳膊。由于女子比男子小得多，她的胳膊只能够到男子的肩胛骨下面。这个不同寻常的群雕，连同盐湖城的收藏品一起，在卢浮宫找到了自己的一席之地，尽管它的起源年代曾长期争论不休。面部风格的绘画特征明显显示这是第六王朝早期的，属于所谓的塞加拉“第二风格”。

雕像类别

在埃及雕像的历史进程中，有几种雕像的发展反复出现，已经成为该领域的标准。古王国时期已经有三种基本类型。下文将一一讲述。站雕：男子呈现大跨步姿势，重量主要落在后腿上；因此这是一种静姿，只是暗示跨步的姿态。女子双腿并齐站立或微微跨步。胳膊轻放在身体侧面，双手或伸开，或半拳状，像握着“石心”。在极少数情况下，有些雕像中她们会一只胳膊弯曲，拳头抵着胸部。只有木质雕像才会雕刻出在二维绘画中常出现的长棍，被握在一只手里。

坐雕：人物坐在立方体的石基上。弯曲的胳膊置于大腿上，通常一只手呈半拳状紧握。蹲雕：人物，通常是男性，在垫子或地上双腿交叉而坐。如果蹲伏者腿上置一卷展开的纸莎草纸，通常会认为他是一名“读者”；如果他手里拿一支用于书写的芦苇，那么则认为他是一名“抄写员”。一个膝盖翘起的“不对称蹲伏者”很少见。“下跪者”或蹲伏在脚后跟上的则更罕见。

102 酿酒人密封酒罐的雕像

塞加拉；第五王朝，约公元前 2400 年；着色石灰石；高 13 厘米；开罗埃及博物馆，CG112。

在酿酒过程中，非常有必要在酒罐的内壁上涂上黏土，以保存啤酒。雕像展现了一个正在做此工作的佣人。基座前方的椭圆凹陷是对雕像起补充作用的三个小型酒罐。

103 提耶提（Tjeti）的站雕

据推测出自阿克米姆（Achmim）或艾哈瓦威斯克（el – Hawawisch）；第六王朝中期，约公元前 2280 年；木质；高 75.5 厘米；伦敦大英博物馆，EA29594。

这尊木雕呈现了与石雕完全不同的风格；材料的本质展现出了作品的柔软性。所雕刻的人物比通常的石雕人物纤瘦很多。长棍和基座也是与雕像本身一样单独雕刻再组合成一体的。金银丝镶嵌的眼睛强化了雕像栩栩如生的面部表情。

要提醒大家的是术语“蹲”乃源于西方而非埃及。在现实生活中，蹲伏是传统的坐姿，而坐椅子当时则极为少见。坐着的人的象形文字在埃及字中意为晒普西斯（shepses），即“高贵的”，而“不对称蹲着的人”的象形文字就表示“男人”。

王朝时期的坐雕像通常是由石头做的，而第三王朝以前的站雕则都是用木头做的。此后坐雕成为最常见的手工制品，接着依次是各种各样的站雕和蹲雕。古王国时期雕塑的一个特点在于出现了功用与坟墓雕像完全不同的头像和半身像。那些描绘佣人烹制食物或行使其他职责的雕像也是如此；这些演变都发生在古王国时期。他们并未被标以个人记号（例如刻以名字），而仅仅是代表所做的工作。站雕背后有圆柱支撑，而组站雕人物则有共同的后板。坐雕也可有高背状的后板。除了可以自由移动的站雕，也有刻在坟墓内壁岩面上的站雕。

石雕的胳膊和腿是用栓销连接到身体上的。有些石灰岩雕像有可以自由活动的胳膊。由于技术原因，这是硬石雕像所无法做到的。

104 储备头

吉萨（石室坟墓 G4350）；第四王朝时期，约公元前 2590 年；石灰石；高 27.7 厘米；维也纳艺术历史博物馆，AS7787。

储备头的作用绝不可能仅仅是作为替代身体来接受祭仪中所献的祭品。从风格上看，他们非常有趣，因为第四王朝上半时期私人肖像还极其稀少——当时自然主义风格的发展达到高潮。 非常有趣的是观察个人化作品中理想主义和现实主义之间的张力。表现个性化的最前沿发展的作品，比如这座雕像，往往令人感到震惊，它们可以被认为具有肖像画的特征。另一方面，它所表现的人物是一种完全中立的状态，即不带感情也看不出年龄，这是理想主义的一个特征，也是实现永恒所必需的。

木雕的肢体则没有这些技术限制；通常，肢体都是单独雕刻，然后再连接到身体上。

储备头

听起来相当令人震惊的储备头（也叫“替代头”）是指在第四王朝时期的坟墓中发现的与真人实际大小相同的人头雕像。被发现的储备头已达 30 多个，大部分来自吉萨。他们是专门被做成个人头像的，而不是完整雕像的残落物。从个别的例子中，我们可以看出它们的预期摆放位置；不是在小室里，而是在通往墓室的深井底部。更精确地说，是放在将墓室与深井隔开的墙上的壁龛里。大部分头像都产生于基奥普斯和切夫伦时期。

人们对这些物体的意义和制造以及安放它们的动机尝试了多种解释：首先，害怕死后掉了脑袋，不管是魔鬼作祟还是自然腐烂；他们被称为储备头或替代头就是源于此因。第二，他们可能是作为坟墓雕像的替代物；第三，它们可能是人们试图在木乃伊腐烂后仍想保存死者的容貌——当时干尸化法的发展尚不成熟。这种保留不仅对于来世的生命是必要的，而且可以使自己自由移动的构件（或者“灵魂”）能够去辨认躯体。

一个更新的理论——这些头像是一种巫术，可以防止死者回来伤害他们的后代——并没有得到很多人的支持。还有理论认为这些头像可能是坟墓主人雕像的模特，或者作为他起居地方的装饰品。不过，头的替代暗示了它们不是作为祭仪雕像，也就是说，它们不能够使死者领受祭品。因此，它们的功能一定是仅为保留死者的个人特征和容貌。

仿效，现实主义，肖像画

人的肖像要刻画得可以成为永恒。这是通过仿效某些容貌特征实现的，雕像就是通过这种基本的仿效被雕刻出来的。这一理想化首先关注的是人的身体方面。通常死者都被刻画得非常健康完好。雕像遵循不同身体部位之间固定的理想比例。除了极个别特殊情况，死者的雕像通常都看不出年龄，它们既不年轻，也不显老，显得成熟，充满活力。它们身体健壮、姿态挺拔、坚定的目光直视前方。情绪通常非常中和：既不高兴，也不悲伤，也不会凝固在某一特定的时刻。它们不限于特定职业，也不囿于特殊环境。整个画像的呈现是静态的。

这一理想化也可以反映出社会因素，它表现了其所属阶层和社会地位。与身份相匹配服饰选择——包括发型和首饰——反映了他们的社会地位（首饰最初的作用是神灵保护。在许多文化中“美丽”的意

思是“好”和“有用”）。 但是这也可以通过姿势或其他特征反映出来。例如，坐椅子表明身份高贵。同样，被刻画成抄写员的人物则表示精英分子。而且，雕像的理想化也可能因为纯粹的艺术原因。雕塑不是现实主义，不会精确复制人的形体和比例。而是在风格上寻找手段和规则，以创作出有典型特色的画面。其目的是要创造欣赏者渴望的效果——不管是通过自发的视觉感知还是通过肖像学的常规知识——以被社会广泛接受。这些效果主要是通过简单化（例如，发型细节）或者雕塑夸张（例如，眉毛和眼线的镶饰）实现的。雕像对人物的刻画比实际比例要大，且更严格遵守几何规则。

不过，仿效的程度是不同的，意识到这一点非常重要。在某些时期，比如第四王朝早期，趋势的发展是超越传统。面部塑造得更加逼真，刻画的年龄更加成熟，体型甚至开始走样，比如臃肿或者低矮。理想化的需要牵制着现实主义。另一方面，这些作品创作的宗教目的要求雕刻物和被雕刻物都具有个人特征。这最初是通过非艺术形式，即铭文实

105 拉和泰普(Rahotep)和诺芙瑞 (Nofret) 的坐雕

梅杜姆（Meidum）；第四王朝时期，约公元前2610年；着色石灰石；高121厘米和122厘米；开罗埃及博物馆，CG3和CG 4。

这个男子和女子的单人坐雕构成了一个整体。高背的椅子和矩形基座就像表示王权的象形文字。这两座雕像几乎完整呈现了他们的原始颜料，也成功遵循了不同性别的肤色涂法：男的用棕色，女的用黄色。白石英和透明岩石水晶镶嵌的眼睛使雕刻精湛的栩栩如生的面部表情锦上添花。两座雕像的铭文都醒目地刻在椅背上，紧挨头部，清晰可辨。从风格上来看，这对雕像的面部表情和放松姿态表明它们朝现实主义又迈出了一大步。因此它们是第三王朝时期作品向基奥普斯和切夫伦统治时期现实主义肖像画转变的一环纽带。

106 安凯夫（Ankhaef）的半身像

吉萨；第四王朝时期，约公元前2500年；高50.6厘米；波士顿，美术博物馆，27.442。

安凯夫的半身像就现实主义风格而言在古王国时期艺术作品中是绝无仅有的。的确，从这点来说这也是后世朝代所难以企及的。身体的可塑性有了极大的区别，特别是面部。作品的个人化程度很高，毫无疑问，该半身像与所雕刻的真人非常相像——尽管对此我们显然无从考证。不过，该半身像不是通常意义上的坟墓雕像。这不仅是因为它是一座半身像，即对人物的部分呈现，还因为它的制作材料和技术。石像被涂以不同厚度的灰泥，并着以粉红色。该半身像是在安凯夫石室坟墓前的一个泥砖外室里的小台子附近发现的，可能是合成雕像的组成部分。

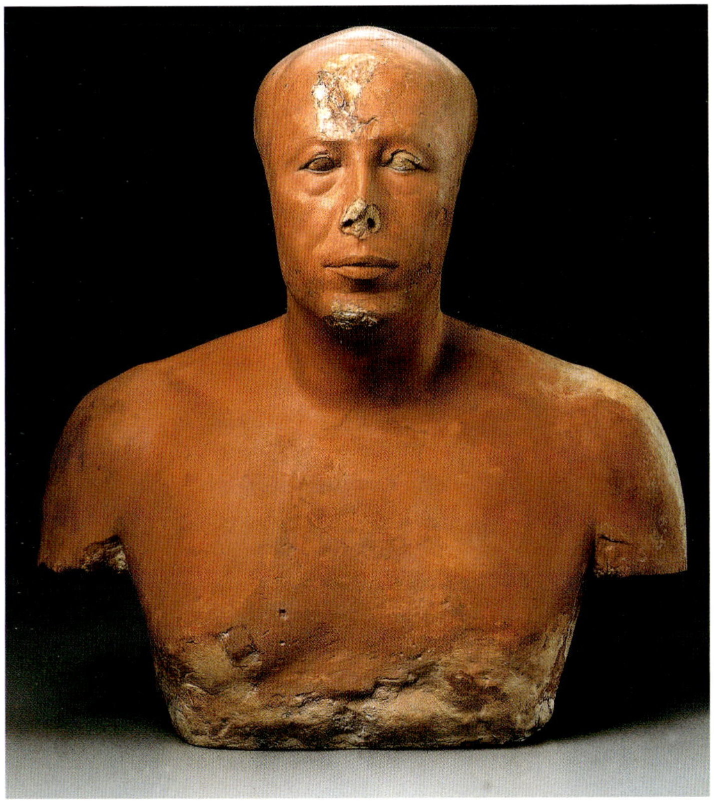

现的。如果一个人的名字或头衔被明确写出，那么该作品就专属此人。除此之外，也有刻画个人化以及肖像画等艺术手法。从某种意义上说，不采用肖像画手法的个人化就相当于业余漫画。未触及肖像本质的雕刻物也可表现其典型特征。我们的理解力迫使我们意识到有如此外貌特征的人物始终不是个人化的。而在肖像画中，观赏者会自然辨认出所刻画的人物。肖像画是主要依靠现实主义，但在非现实主义中也是可以实现的。在现代美术中，有现实表现主义画家、立体派画家，以及其他类型的肖像画家。同样，这里所说的许多埃及雕像尽管带有现实主义风格，但都具有肖像画的特征，即使我们还不能明确证明这一点。

风格上的变化

相比提尼泰王朝（Thinite）时期，第三王朝时期的雕像看起来更加生动活泼——对比之下，他们的身体似乎仍在化蛹，还未从原始材料上破茧而出。第四王朝时期的雕像有时会表现出很浓厚的现实主义风格，比如安凯夫（Ankhaef）宏伟的半身像。其他则表现出现实主义强烈的个人化特征，例如海米尤努（Hemiunu）的雕像（见第65页，图39）。大部分储备头和替代头都产生于该时期。

第四和第五王朝晚期有一种非常独特的雕塑，看起来几乎一模一样的圆润丰满的脸蛋；身体雕刻得健壮有力。该时期的这类雕像被大量保留了下来，因此可将其视为古王国时期的代表作。

后来，古典主义开始一再发生变化——即古典主义的变形。最初，理想化成分开始减少，雕刻物更加具有现实主义色彩，姿态的表达也更加自由。接着，出现了一种表现主义，并逐渐成为第一中间期美术的典范。眼睛变得更大，嘴唇更加丰满，脸不再圆润丰满。 有时身体比例不太协调，很容易被当成是拙劣的作品。然而，这样的判断对古王朝后期的艺术是不公平的。与此前经典时期严格规范的艺术作品相比，它们展现出的是一种不拘于形式的自由。

古王国时期的私人雕像只有放在丧葬背景中才能被理解。对这些作品以及它们所呈现出的背景的深入研究不仅可以让我们窥见埃及的社会状况，而且有助于我们理解他们所幻想的来世。我们从这些雕像中感知到的美，一方面来源于美感和创造者的风格，另一方面是因为它们承担着表现永恒的使命。

1 曼图霍特普二世站像

底比斯西部，德伊埃尔巴哈里（Deir el－Bahari）；第十一王朝，约公元前2000年；砂岩；高183厘米；纽约大都会艺术馆，26.3.29。

统一王国的曼图霍特普二世面临着巩固政治控制和梳理宗教事务的双重任务。底比斯神明蒙图（Montu）和亚蒙（Amun）成为全国的神，被奉为伟大的底比斯先祖。

第九王朝至第十七王朝的政治史

迪特尔·凯斯勒（Dieter Kessler）

当赫拉克雷奥波利斯（Herakleopolis）的凯提（Khety）王室成员登上孟斐斯（Memphite）的王位时，古王国走到了尽头，而当时的情形仍不为所知。紧随其后的时期被称为“第一过渡时期”，是指南方和北方为了统治全国而不断冲突的一个较短的阶段。赫拉克雷奥波利斯的新王朝（第九、第十王朝）仅在下埃及到阿西尤特（Asiut）南部地区得到了确认。底比斯（Thebes）从一开始是有敌意的；其城市首领还曾打败南方的对手。在努比亚雇佣兵的帮助下，底比斯人经过长期的战斗攻下了埃及中部要塞阿西尤特。在曼图霍特普二世（Mentuhotep Ⅱ，公元前2046—前1995年）的领导下，底比斯人最终取得了孟斐斯王权，建立了第十一王朝一世。曼图霍特普自称是“两地的统一者”。从历史角度讲，这一地区的重新统一标志着所谓“中王国”的开始。

中王国时期国王的地位

自古王国以来，从神学意义上相信国王有绝对权力的想法已经不复存在。随后的历史特征显示了国王与影响力深入各省的权贵家族之间的对抗。国王试图借助文学和神学巩固其地位；“皇家小说”这种文体就起到了辩护和宣传的作用。鼓吹国王为神之子的皇室出生传说最早起源于第十二王朝。和以前一样，法老的真实身份在中王国时期在很大程度上仍然是个迷。对国王的赞美诗将统治者描绘成接受过战斗和狩猎教育的全能领袖形象；而阴谋、甚至谋杀这种在中王国时期的宫廷中肯定存在的冲动行为，其细节却大多未见其踪。但是，关于暗杀阿蒙涅姆赫特一世（Amenemhat I）的故事流传却是比较有名的例外。

中王国时期的对外政策

在这一时期，法老对叙利亚－巴勒斯坦（Syro－Palestinian）地区的兴趣主要集中在维护商队路线。三角洲东支坎蒂尔（Qantir）的皇家驻军力量已经被赫拉克雷奥波利斯王朝加以强化；该地是通往加沙（Gaza）的重要贸易和军事路线起点。

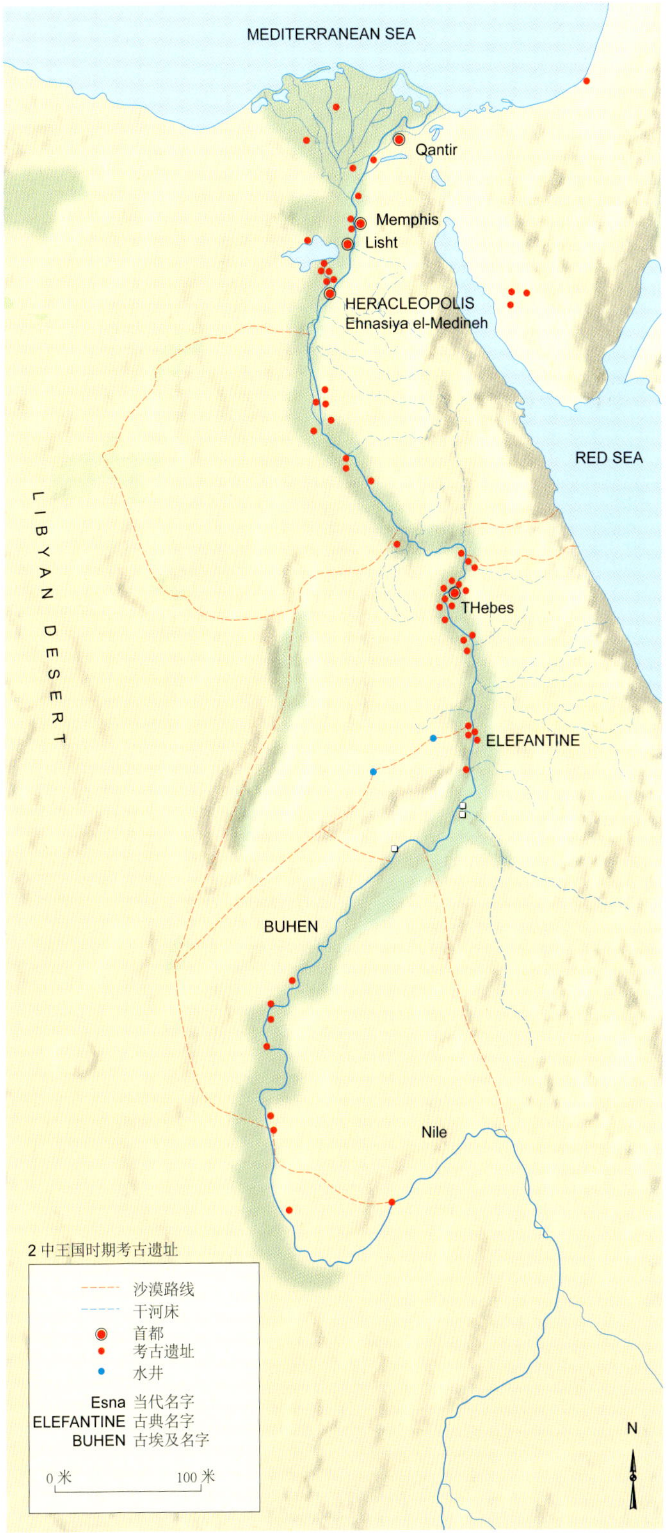

2 中王国时期考古遗址

3 塞索斯特里斯一世（Sesostris Ⅰ）狮身人面像头像

卡纳克（Karnak）；第十二王朝。约公元前1950年；花岗岩；高38厘米；开罗埃及博物馆，JE 38228 (CG 42007)。

即位后，塞索斯特里斯一世首先必须平息内乱。他巩固了统治，随后开始大规模发展建筑，尤其是在卡纳克。所谓的“白色寺庙”也留存在此。

4 塞索斯特里斯三世坐像

希拉孔波利斯（Hierakonpolis）；第十二王朝，约公元前1860年；花岗闪长岩；高54.5厘米，长35厘米，宽19厘米；纽约布鲁克林博物馆，52.1。

这尊坐像是对塞索斯特里斯再生的崇拜，表现的是他个人比较喜欢的年龄段时参加塞德节新仪式的场景。这是一位强势的法老，是为争取建立中央集权国家的一尊神像。意识到神像重要性的官员为这类坐像采用了类似的外貌。

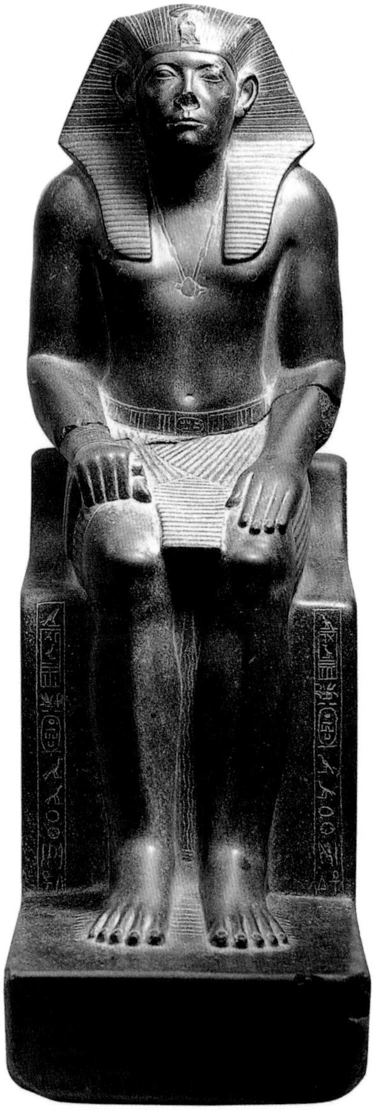

中王国初期，因与贝都因部落偶尔爆发冲突，在东部边境修筑了所谓的“大公墙”（Walls of the Ruler）屏障，防止贝都因部落非法迁入。很多埃及代表都曾在近东较小的城邦宫廷呆过；在他们的帮助下，埃及获得了其各自统治者准确的政治情报。在叙利亚（比布鲁斯（Byblos）、卡特纳（Qatna）、艾伯拿（Ebla））和巴勒斯坦（夏琐（Hazor））发现的这一时期的埃及工艺品，以及在埃及［埃特－多德（et － Tod）］发现的这一时期的美索不达米亚和克里特岛工艺品，都证实了大范围的远距离贸易接触。

第十一王朝时期，埃及就恢复了与朋特（Punt，今索马里或厄立特里亚境内）的贸易；西奈的绿松石矿也被重新开采。就连东部沙漠也成为经济活跃区。第十一王朝期间，紫水晶（埃尔胡迪河谷（Wadi el － Hudi）地区）和硬砂岩（哈马马特河谷（Wadi Hammamat）地区）在此开采；第十二王朝（格贝尔泽特（Gebel Zeit））期间，方铅矿也在此开采。在西部地区，自阿蒙涅姆赫特一世在位时，奈特伦河谷（Wadi Natrun）就被一座堡垒控制；这里的居民就将他们自己生产和转口贸易的产品运到尼罗河谷。

埃及人通过军事介入逐步将努比亚控制。过去，努比亚王的弓箭手是任由底比斯统治者利用的。曼图霍特普二世统一国家后，下努比亚地区再次成为埃及的原材料供应区。在第十二王朝期间，埃及在第三大瀑布地区修建了许多大型要塞，以抵抗科尔玛（Kerma）王国的威胁。科尔玛王国通过与中非的贸易发展壮大，并开始从敦哥拉（Dongola）盆地向南北扩张。

中王国时期的国内发展

获胜的王朝将底比斯作为首都加以发展。但是，从其陵墓铭文上权力主义的语气可以判断，就在曼图霍特普二世统一国家之时，各省统治者（称为“省长”）获得了力量。这也可以说明曼图霍特普二世不得不向他们表达自己的感激，感谢他们承认自己是孟斐斯之王。在维齐尔阿蒙涅姆赫特（Amenemhat）推翻底比斯王朝的末代君王曼图霍特普四世，并以新王朝奠基人的身份登上宝座时，似乎不是所有省长都愿意承认。阿蒙涅姆赫特一世只能通过一次又一次内部争斗维护自己的权力。他摒弃了前任的政治，谨慎地遵循北方王朝的传统做法；在开

5 一座神庙中荷尔王（King Hor）的精神雕像

代赫舒尔（Dahshur）；第十三王朝，约公元前 1750 年；木材、青铜、石英；开罗埃及博物馆，JE 30948 (CG 259)。

这尊雕像曾涂有漆，是不太有名的孟斐斯君主像，出土于其陵墓的一处雕像庙。他的陵墓紧邻代赫舒尔的阿蒙涅姆赫特三世砖砌金字塔。

6 阿蒙涅姆赫特三世祈祷像

卡纳克；第十二王朝，约公元前 1820 年；黑色花岗闪长岩；高 110 厘米；开罗埃及博物馆，JE 36928 (CG 42014)。这位国王不但沿袭了先王的中央集权政治，还采用了先王的年号形式。他的几座花岗石像都出土于卡纳克。

罗南部的利希特（el – Lisht）附近新建了一座皇城伊提塔威（Itj – tawy，意为“两个国家的征服者”）和一座古朴的金字塔。从他儿子塞索斯特里斯一世下令编纂并流传数代的“阿蒙涅姆赫特语录”中我们可以看到，阿蒙涅姆赫特一世在睡梦中被其妃子谋害，突如其来的事件使王室和政府都陷入一片混乱。因此，新任法老的首要任务就是巩固国土控制。他重新梳理了机构，再次划定了领土边界。这样一来，独立的省长就逐步受到国王的管制。

流传下来的书本记载还表明塞索斯特里斯三世沿袭了中央集权制，并把名门望族的子嗣召入皇宫。政府权力在皇宫得以集中，尤其是其中两名宰相级高官维齐尔。各省逐渐丧失了重要性，从考古学发现即可见一斑：这些家族都不再将其陵墓修在省内了。阿蒙涅姆赫特二世最大的成就莫过于将法尤姆（Faiyum）绿洲变为殖民地；最后，他在此修建了自己的金字塔。通过该地的供水系统建设，得到了新的国土。

第十二王朝的末代君主以及其后第十三王朝君主仅 80 年左右的短暂统治说明，埃及出现了许多暴力冲突。但是，流传下来的书本记载表明，政府机构大部分未受损坏，得以留存。第十三王朝的一位末代君主奈夫尔霍特普一世（Neferhotep Ⅰ）仍然强大，还能维持与比布鲁斯的联系。但此后不久，埃及仿佛永久地分裂成了几个小国家。

希克索斯王朝（The Hyksos）

第十二王朝走向衰亡时，定居埃及的外国人大多受雇于军方，参与贸易及手工业。那时，巴勒斯坦南部和叙利亚的人由于暴力动乱迁来定居，形成了又一波移民潮。从考古学的角度看，他们在这一地区的出现，是由其殡葬习俗的特殊性（驴坟）决定的，这一时期的工艺品，如塞浦路斯出土的陶器，也可予以证实。这些陶器表明，一批又一批外国商人在地中海地区进行长途贸易。当地一名统治者内赫西（埃及语“努比亚”之意）最终得以独立，以阿瓦利斯（Avaris）为中心，控制贸易路线沿线的三角洲至巴勒斯坦南部地区。在今天看来，这些小统治者属于第十四王朝，即一个曾经认为并不存在的王朝。

这些统治者中好像是有一位最终取得了孟斐斯王权。从正式的历史角度上讲，这标志着中王国的结束和“第二过渡时期”的开始。后来，人们习惯上将这些出身外国的法老归为一类，冠以埃及式的称呼“外来的君主”[埃及语读作“西加卡苏”（Heka – khasut）；希腊语读作“希克索斯”（Hyksos）]。随后第十五王朝的六位伟大的希克索斯统治者都将阿瓦利斯作为首都，也被公认为埃及法老。他们讲求区域间的利益均衡，其中包括远至南部的底比斯 – 孟斐斯末代君主隐退之地。希克索斯王室的姓名由闪米特族名和埃及名两部分组成，以对应两种族群的国民。这种姓名之所以普遍，是由于有很多从贸易中获益的外侨定居在三角洲东部直至巴勒斯坦南部地区。正因如此，整个地中海地区都发现了刻有希克索斯君主姓名的容器和圣甲虫雕饰。中埃及和上埃及曾分裂为多个势力。在底比斯，一些势力小的统治者独立出来，被称为第十七王朝；而在中埃及地区和底比斯南部的盖博拉（Gebelein），当地统治者依然效忠于希克索斯国王。底比斯开始暗中武装自己。塞格嫩拉（Seqenenre，约公元前 1570 年）发动了对希克索斯王朝附属国的斗争，但在战斗中被杀。他的儿子卡莫斯（Kamose）最终带领军队攻入阿瓦利斯，却因为城墙难以攻克而撤退。后来还是卡莫斯的兄弟——也是他的继承人——雅赫摩斯（Ahmose）在公元前 1550 年前后驱逐出希克索斯统治者，重新统一了埃及，建都于底比斯，建立了第十八王朝。这一事件标志着新王国时期的开始。

7 曼图霍特普二世陵墓

底比斯西部，德伊埃尔巴哈里；第十一王朝，约公元前2020年。

统一王国的底比斯之王——曼图霍特普，他的陵墓不再是一座金字塔，而是一座有着宽阔外院和门廊、树木葱郁的阶梯式神庙，一座处处可以见到回廊的大型中央建筑；其顶部不是金字塔，而是古朴的土丘。这座建筑意义重大，在最终定型之前几经重建和扩建。照片中间场地铺砌面中的大坑是通往国王墓室的通道口。但是，就是如此隐蔽的位置，这座皇家陵墓还是未能幸免于盗墓者的洗劫。

8 门图荷太普二世葬祭殿

底比斯西部，德伊埃尔巴哈里（Deir cl-Bahari）；第十一王朝，约公元前2020年。这是葬祭殿的重建图，其顶部有远古土墩，前院里有一排排的树。

法老的陵墓——传统与创新

赖纳·施塔德尔曼（Rainer Stadelmann）

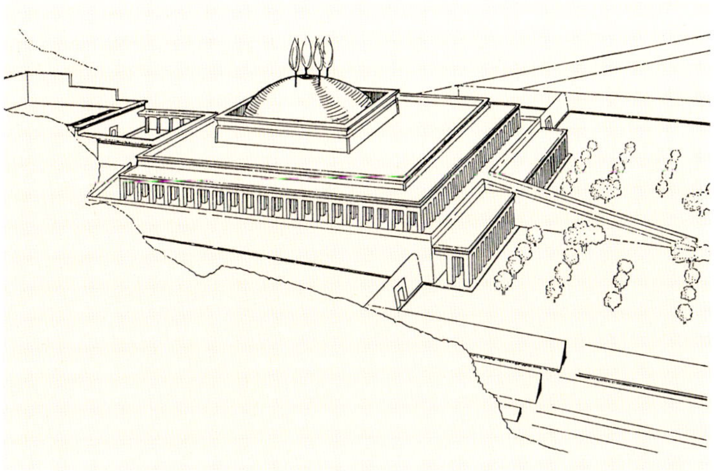

佩比（Pepi）二世在位时几近第六王朝结束，其漫长的统治对埃及而言是一场“灾难”。他那宏伟壮观的金字塔至少在第一次庆典，其执政30年之前就已建成；之后30年甚至60年，再无其他值得称道的成就。但是，雕刻师和画家仍然会参与一部分私人墓地的工作，所以，从美学角度上讲，皇陵的传统没有中断。训练有素的工人、石匠、泥瓦匠、搬运工、工程师在没有国家任务的情况下工作了几十年，忽略了对下一代工匠的培养，忘记了必要的组织工作。因此，赫拉克雷奥波利斯王朝时期，国王再不能承担在孟斐斯周围修建大型金字塔的项目。有几个只闻其名的陵墓建筑，其规模肯定也很小，而且很可能根本就未完成。

位于上埃及的底比斯，王国重新统一的起源之地，首先迈出了走向修建风格迥异的宏伟帝王陵的第一步。在这里，第十一王朝的小势力君王都葬在峭壁上的墓穴中，墓穴还有宽大的外院。统一全国的曼图霍特普二世选择在广阔的德伊埃尔巴哈里河谷修筑陵墓，隔河相望的现代化城市卢克索（Luxor）就是陵墓的后院，显得恢弘壮丽。陵墓修建成阶梯状庙宇的形式，在曼图霍特普二世漫长的统治期间层数次扩建；它不像是一座金字塔墓，更像是一座远古的土丘，高11米，围绕在三层柱廊之中。陵墓西侧毗邻葬祭殿、一个有柱廊的大庭院和一间多柱式大厅；大厅有几个中堂，包括专为被神化的君王和阿蒙神修建的圣殿。

陵墓本身就完全深入山体150米，由一间花岗岩修筑的墓室和雪花石膏修筑的神殿构成。在早期修建阶段，公主或哈索尔（Hathor）神的女祭司修建了六座神殿。墙面和棺椁上绘有公主生平情景以及她们作为女祭司的职责；还有上埃及粗放风格的浮雕。一条深深的竖井从外院向下一直延伸到中心主体结构，一口空棺材和著名的曼图霍特普黑漆坐像就放置于其中的一间开凿粗糙的墓室内。一条又长又宽的斜道从洪泛平原通往外院，埃及梧桐和柽柳树下是几排国王的坐像。在山谷南边和北边，是第十一王朝晚期的高级官员的获准修建墓穴之地。他们坟墓有宽大的廊道，场地向上倾斜。

为了建造新皇宫，第十二王朝的君主们离开了底比斯，来到其北部，今利希特附近的伊提塔威，恢复了金字塔陵墓的传统，但是修建方式还是发生了很大变化。古王国末期，金字塔差不多有了约定俗成的标准尺寸，底部长65～75米（相当于古埃及腕尺125～150尺），高约50米（150尺）。经验证明，采用这样的尺寸，只要外面坚固，即便是内墙结构松散也能坚持很长时间。这无疑加快了施工，缩短了建筑时间。

我们猜想，直到阿蒙涅姆赫特一世修建他在利希特的金字塔时，这一认知仍然存在。因为阿蒙涅姆赫特一世的陵墓不但体现出上述两种尺寸，还体现出上述修建方法。

9 门图荷太普二世像

底比斯西部，德伊埃尔巴哈里，门图荷太普二世葬祭殿；第十一王朝，约公元前2020年；彩色砂岩；高138厘米，宽47厘米；开罗埃及博物馆，JE 36195.

门图荷太普二世的坐像是根据仪式而埋葬在此的，发现于墓地下面的“奥西里斯墓”。他的脸和身体都涂成了黑色，即象征冥王的颜色。门图荷太普穿着白色的赛德节礼袍，戴着一大股仪式化的胡须和象征下埃及的红冠。

10（下图）曼图霍特普二世

底比斯西部，德伊埃尔巴哈里，曼图霍特普二世葬祭殿；第十一王朝，约公元前2020年；着色石灰岩；高38厘米，长98厘米；纽约大都会艺术博物馆，埃及探险基金会赠送，1907,07.230.2。

在1903－1907年的发掘工作中，埃及探险基金会在严重损毁的葬祭殿内发现了大量浮雕片段。放在纽约的这块浮雕片段之所以重要，是因为其尺寸适当，而且上面的图画保存得异常完好。这块浮雕本属于圣殿南侧外墙。上面描绘了国王在阿蒙米恩神（Amun－Min，未显示）前接受朝拜的景象；哈索尔女神（右）则跟随着国王。曼图霍特普二世头戴上埃及白色王冠，围着宽大的领圈，身着外袍，带子在肩上打结。通过末端稍稍上卷的仪式性的胡须，强调国王的神性。

11 阿蒙涅姆赫特一世葬祭殿浮雕

利希特，阿蒙涅姆赫特一世葬祭殿；第十二王朝，约公元前 1960 年；着色石灰岩；长 190 厘米，高 35 厘米；纽约大都会艺术博物馆，罗杰斯基金会赠送，08.200.5。

第十二王朝的前两位君主阿蒙涅姆赫特一世和塞索斯特里斯一世又再次在孟斐斯周边地区，即利希特村附 近，修建了金字塔和其陪葬雕像。在严重损毁的阿蒙涅姆赫特一世葬祭殿内，来自大都会博物馆的美国考古学家 (1906 – 1922) 仅找到原来墙饰的零星片段。照片显示的是门楣上半部分。虽然这块片段上所绘的装饰图案保存完好，是最能说明阿蒙涅姆赫特一世时期浮雕雕刻的例证之一，但奇怪的是，迄今为止还未引起关注。 在照片中间，君王站立，头戴卷曲的假发和蛇形饰物，胡须仪式化，围着宽大的领圈。作为其权力的象征，他手拿链枷和一种名叫“麦客思（mekes）”的物件。他身旁分别是长着猎鹰头的神，荷鲁斯（Horus，左者）和木乃伊之神——阿努比斯（Anubis，右者），两位神都递给他一个安卡十字架。 画面边是上埃及和下埃及皇权和国土女神奈荷贝特（Nekhbet，左者）与乌托（Uto，右者），她们分列两侧。由于外貌相同，只能通过标志性的铭文加以区分。

12 塞索斯特里斯一世金字塔

利希特；第十二王朝，约公元前 1930 年。

第十二王朝的君王们又住到了旧都城孟斐斯附近，像古王国时期的国王一样，继续修建他们的金字塔。 塞索斯特里斯一世非常重视第六王朝的金字塔。但是，他的建造师发现了石灰岩星形骨架结构这种新的修建技术。

13 塞索斯特里斯一世金字塔平面图

利希特；第十二王朝，约公元前 1930 年。

在君王金字塔及其葬祭殿周围是小型的祭仪金字塔和 9 座王后金字塔。 君王金字塔上有“塞索斯特里斯纵览两国”的名称，完全被石灰岩内墙包围，墙上还有壁龛装饰。

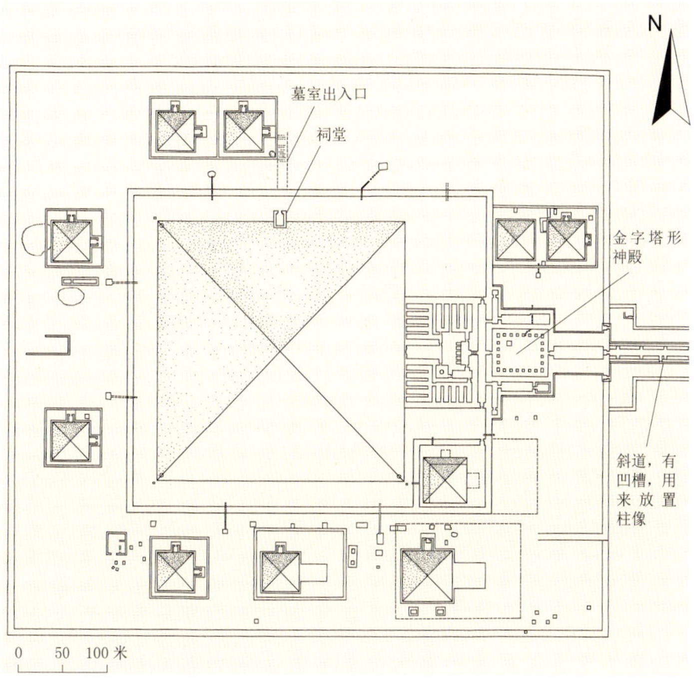

14 塞索斯特里斯一世坐像（详图）

利希特，金字塔；第十二王朝，约公元前1930年；石灰岩；高200厘米，宽58.4厘米；开罗埃及博物馆，JE 31139。

葬祭殿旁的一个坑内发现10座还未完成的雕像——很明显是根据仪式埋入的。它们是一位永远年轻的君主的写照，本来预定是放在供奉厅。也许这种雕像不再符合塞索斯特里斯一世的口味，这也就能说明它们为什么会被埋葬的原因。

15 塞索斯特里斯三世金字塔

代赫舒尔；第十二王朝。约公元前1860年。

塞索斯特里斯三世的金字塔——最先完全采用泥砖建造、表面覆以石灰岩的金字塔，矗立在一片广阔的金字塔群中。这座金字塔首次恢复了北南走向，与卓瑟（Djoser）的金字塔相似。金字塔入口隐蔽，通向墓室。墓室具有桶形拱顶，内放一口华丽的花岗岩石棺，有壁龛装饰。金字塔周围分布着12位公主的墓穴，陪葬珠宝琳琅满目。

但是，施工期间，阿蒙涅姆赫特的建筑师全然不顾伦理道德和国王的谕旨，从吉萨（Giza）[塞加拉（Saqqara）也很有可能]的金字塔葬祭殿内盗取材料，并用于修建核心砖石结构。

这种行为绝非像某些说法一样是对往昔伟大的虔诚怀念，而是一个不能再承建大型新金字塔的国家组织的蓄意偷窃。

不过，在阿蒙涅姆赫特强势的儿子，继承人塞索斯特里斯一世统治期间，这种情况有所改观。塞索斯特里斯一世的金字塔也在利希特，体积更大，采用新技术修建。基础砖石结构和以前一样，由未经加工的石头构成，但是通过星形骨架结构支撑。致密的表面由连接牢固的纯石灰岩块建成，使得这些结构足够牢固。这些金字塔之所以被侵蚀成今天这个样子，是因为在中世纪的阿拉伯时期一些石块被拆除了。

墓地走廊采用花岗岩建成。如今，这里的走廊和阿蒙涅姆赫特一世金字塔内的走廊一样，末端被地下水淹没。或许，墓室就位于某条深深的竖井底部。金字塔内的神殿在仿照古王国晚期相应建筑的基础上加以简化。这里的坡道与古王国的有所不同，末端每侧有一排六座相连的雕像；这些雕像也许就取代了很可能在金字塔修建期间就已下葬的塞索斯特里斯坐像。

16 塞索斯特里斯二世金字塔的通道和墓室系统：平面图

拉罕（El－Lahun）；第十二王朝，约公元前1875年。

王室的陵墓并不在金字塔中间，而是在其东南侧悬崖的中心。通往墓室的条条竖井和过道构成了一个名副其实的迷宫，即假墓室、假竖井和分岔过道。墓穴走廊的入口隐藏在十号王后墓地板下16m处，经过一条水平通道通向一间桶装拱顶大厅（1）；大厅前面是一条垂直的竖井开口，也就是竖井主体入口。大厅里的第二条竖井下到万丈深渊，其一端没入水下，深不见底。大厅东北角，是稍有坡度（6° 46'）的水平走廊通向墓室（2），继续往前则到达前室（3）；从前室即可直接到达西侧放有棺椁的墓室，或者也可以转到南侧，通过一条围绕着墓室的通道，转弯四次，最后从北侧进入。

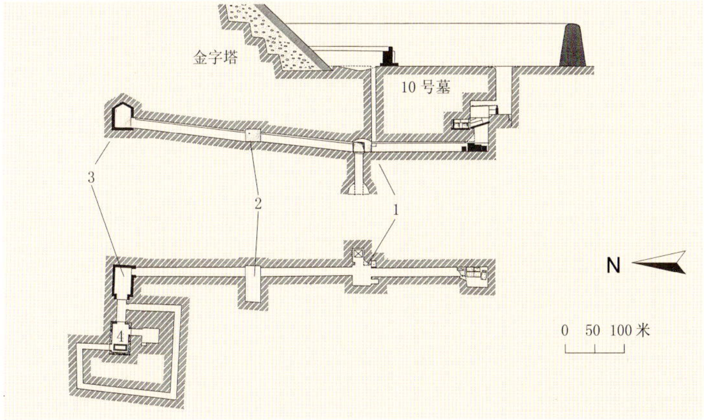

金字塔处于内部，外面是高高石灰岩围墙。围墙内外两面都以高凸浮雕的形式刻有100个5米高的塞索斯特里斯一世的荷鲁斯名加以装饰。从这座金字塔墓中出土的浮雕片段描绘出一位自信、权威的君主形象，通过其雕像和铭文得以充分印证。王后和公主们则安葬在大

19 阿蒙涅姆赫特三世金字塔

哈瓦拉（Hawara）；第十二王朝，约公元前1820年。

这座金字塔用砖块建造，表面是石灰岩，位于小神庙和庭院构成的大片建筑中。希腊人将其与迷宫般的克诺索斯宫（Knossos）相提并论。但柱子、雕塑和浮雕的华丽装潢几乎没有保留下来。

17、18 阿蒙涅姆赫特三世作为尼罗河神的双人像

塔尼斯（Tanis）；第十二王朝，约公元前1820年；花岗闪长岩；高160厘米；开罗埃及博物馆，JE 18221 (CG 392)。

与中王国时期国王的圆雕雕塑一样，这座被称为“供鱼像”的雕像在第二十一王朝时被搬到三角洲东部的塔尼斯，在1861年的挖掘中被发现。从表面特点判断，这座雕像确实就是阿蒙涅姆赫特三世，第十二王朝最后一位伟大的君主。人像之间提及普苏塞奈斯一世（Psusennes Ⅰ）的铭文说明，这尊纪念像曾遭到篡夺。即便不能完全排除雕像原本来自法尤姆旧都谢地城（Shedit）的索贝克（Sobek）神庙的可能，我们也可以假定，阿蒙涅姆赫特三世时期的原址是在哈瓦拉国王金字塔内的葬祭殿。两个人像的发式在粗粗的编带和盾形的胡须映衬下尤其突出。也许阿蒙涅姆赫特三世是采用了早王朝时代尼罗河神哈皮（Hapi）的原型，并将其具体化；大量供品也支持这种说法——鱼、家禽、悬挂的莲花，他都可以拿来保障国土的丰饶。双人像非常对称，打破了常规，反映出上下埃及的双重性。

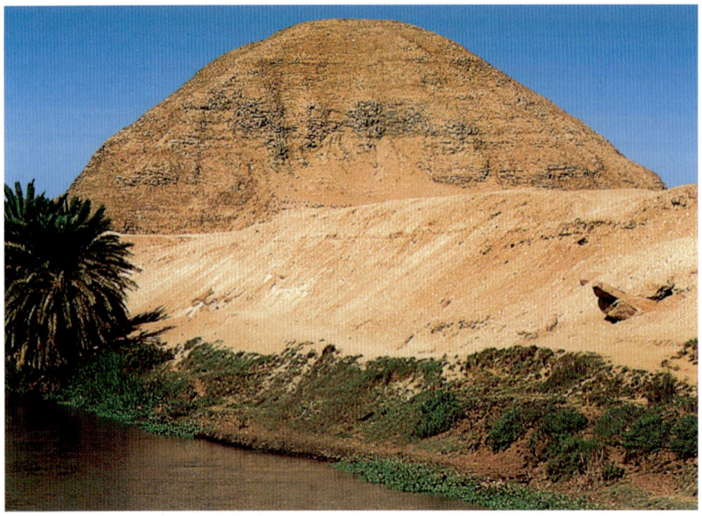

20 阿蒙涅姆赫特三世小金字塔模型

代赫舒尔；第十二王朝。约公元前1840年；高131厘米，底面187厘米×187.5厘米；开罗埃及博物馆，JE 35133 (35745)。

这座黑色花岗岩金字塔饰有国王的双眼。国王通过这双眼睛观看太阳乘着日船的行踪。在金字塔上，画有太阳乘坐的日船。

21 阿蒙涅姆赫特三世黑色砖砌金字塔

代赫舒尔；第十二王朝。约公元前1840年。

这座金字塔核心部分采用砖块建成，表面是石灰岩。走廊和墓室系统像迷宫一般，设计有很多前厅和偏房。金字塔有非常明显的下沉迹象，甚至在竣工前就在下沉。因此，只在辅助走廊和墓室内安葬王后和公主。公主墓修建在金字塔北侧。第十三王朝的小国国王荷尔王的陵墓就被发现在其中一条竖井中，保存完好。

金字塔外院的9座小金字塔中。

金字塔内廊道和墓室系统的变化，以及金字塔外形的变化，都体现出了王室世界观和对来世概念的转变。

皇陵在动乱时代被盗的经历让中王国时期的建筑师们采用了更为复杂的安全措施。吊闸石门很显然已不足以为惧。传统上，墓穴入口一般位于金字塔北侧中间，但是在第十二王朝期间，入口却放在了不太明显的位置或者深深的竖井内。塞索斯特里斯二世在伊拉胡恩(Illahun)的陵墓入口就是要从金字塔外下方一个王后的墓穴中的竖井才能到达。有的走廊是死路，真正的墓穴走廊位置更高，更长，七弯八拐才到达墓室；大多数情况下，墓室表面都覆有花岗石。安放棺椁的墓室采用大型密封板和拱门加以保护，石棺均采用昂贵的红色花岗石制作，有壁龛装饰。前室变成了大厅，在此之前，这里可能用作存放花岗石，但是我们仍可以从中分辨出这里就是欧西里斯（Osiris）的审判室。金字塔周围种植的树木丛也明确说明了"欧西里斯 墓"的象征意义。现在，更多的人相信死后是在国王与欧西里斯合二为一统治的冥界中生活，而不是与太阳神在天国生活。

由于第十二、第十三王朝对欧西里斯神的崇拜，其朝拜地阿比杜斯（Abydos）成为圣城。"欧西里斯墓"在第一王朝乌加布（Umm el－Gaab）的皇陵中被发现，无疑是当时国王的陵墓。

因此，无论是国王还是各阶层的个人，为了让他们自己等同于欧西里斯，都想在经过阿比杜斯的游行街上修建实际的陵墓、象征性陵墓（衣冠冢）或立碑。塞索斯特里斯三世就在阿比杜斯修建了一座庞大、陡峭的悬崖陵墓，其中包括三座连续的假墓和一座尚未竣工的"欧西里斯墓"。就其修建技巧和宗教概念而言，这座悬崖陵墓是后来新王国时期王室陵墓的模范。第十三王朝中，塞索斯特里斯三世的几个继承者都效仿他在阿比杜斯修建了象征墓。或许，国王们甚至就安葬在这些象征墓中。

22 玛瑞特（Mereret）公主胸饰

代赫舒尔，玛瑞特公主墓，第十二王朝，约公元前1840年，黄金、红玉髓、青金石及彩陶；高7.9厘米，宽10.5厘米；开罗埃及博物馆，JE 30875。

1894年，法国考古学家J. 德摩根（J. de Morgan）在检查塞索斯特里斯三世的金字塔时发现了玛瑞特公主墓。她既是塞索斯特里斯三世的女儿，又是阿蒙涅姆赫特三世的姐姐，有大量陪葬珍宝，其中就包括这件胸饰。胸饰采用金片透雕而成，图像轮廓焊接在其上作底。再往做好的小格子中嵌入切割好尺寸的镶嵌物。在奈荷贝特秃鹰下方，装饰物成轴对称，反映出神庙建筑。每一侧，塞索斯特里斯三世都大步向前，手执弯刀权杖，抓住敌人的头发，作"重击敌人"状。漩涡装饰上刻着他的王名，头衔中间写着"完美的神，两国及异域的主，毁灭亚细亚的主"。反面是凿出的相同图像。

23 西特哈索尔尤奈特（Sit - Hathor - yunet）公主胸饰

拉罕，西特哈索尔尤奈特公主墓，第十二王朝，约公元前1870年；黄金、青金石、绿松石、红玉髓及石榴石；高8.2厘米；纽约大都会艺术博物馆，罗杰斯基金会与亨利·沃特（Henry Walter），1916年，16.1.3。

1914年2月，英国考古学家弗林德斯·皮特里（Flinders Petrie）手下的工人在位于拉罕的塞索斯特里斯二世金字塔的挖掘中偶然发现一条竖井墓葬，但在古时就已被盗。通过对墓室的仔细检查，他们发现了这块公主的珠宝。当时珠宝藏在一个小壁龛中，躲过了盗墓者的魔爪。西特哈索尔尤奈特公主（塞索斯特里斯二世的女儿）的这些首饰和梳妆用品与代赫舒尔出土的文物非常相似。除其他四件文物外，文物主管部门将其托付给了皮特里。由于英国的博物馆未能购买这些珍宝，最终由大都会博物馆收藏，其中就包括照片中的这件胸饰。饰品中间是凸起的漩涡装饰，上面刻有塞索斯特里斯二世的王名；下面是万世统治的象征——跪像赫（Heh）神，双手各执一片棕榈叶。此外，赫神的左肘上还吊着一个蝌蚪形数字，即数字100000。中间的装饰两侧是皇家守护神荷鲁斯的两只隼，各顶一个日轮，日轮上缠绕着一条眼镜蛇。这件胸饰传达出君主自称神话中永恒的生命和统治的信息。这件古色古香的首饰含有370个以上的小镶嵌物，尤其突出的是一条长长的金链和宝石珠子。

然而，塞索斯特里斯三世已经下令在代赫舒尔修建一座庞大的金字塔，在南侧的扩建中，还采用了新王国时期“百万年住宅”的一些基本特点。围墙外侧，整条整条的船只被埋藏在深深的竖井中，就像古王国时期风行的做法一样。他的儿子阿蒙涅姆赫特三世在其位于法尤姆的哈瓦拉的大金字塔中，进一步突出了这些变化。这座神殿的神庙装饰华丽，雕像众多，还有如“供鱼像”这样独特而又表现力十足的雕塑作品，给希腊历史学家希罗多德（Herodotus）留下了极其深刻的印象，让他坚信这座神殿就是埃及迷宫的原型。

随后在代赫舒尔和哈瓦拉的金字塔采用未经烧制的泥砖修建成实心结构，较小一些的王后和公主附属金字塔也这样建成。但是，女人们同样葬在金字塔周围的竖井墓穴中。第十二王朝公主的竖井墓穴，包括随葬的珍贵珠宝，大部分都未被盗墓者触及，这点让人惊讶。墓穴和随葬品的完好说明中王国金字塔的盗墓者只来过一次，有关附属墓葬中有宝贝的说法被淡忘。

所以，通往墓穴的通道直到近代因金字塔的石灰岩面层被拆除用作其他目的后才被发现。

然而，中王国晚期君主的地下金字塔墓葬却变得更加迷惑、复杂。他们的金字塔建筑像是塞尼特（Senet）棋盘游戏（一种掷骰子的游戏，棋盘上有障碍物），逝者在墓中玩这种游戏，以便其到达阴曹地府。修建在精美地下结构上的金字塔上层建筑虽然耗时数年修建，顶部的玄武岩金字塔已刻上的铭文中表明已经交付，但实际上从未完工，就像南塞加拉（Saqqara）汗杰［Khendjer“Eber（希伯）”］法老的陵墓一样。建筑都被起伏的围墙环绕，也许是代表远古的海洋，而金字塔则象征着从海洋中升起的远古土丘。

南塞加拉的最后一座地下建筑尤其神秘。建筑由杂乱、曲折的走廊系统构成，分布在不同层次上；但经过几处障碍后，最终通向墓室。墓室由150多吨重的一整块石英岩凿制而成。石英岩上有一块看起来几乎一样重的密封石，从不曾被搬下来过。

尽管修建时花了大力气，但是这座墓很显然未投入使用。不过，这一定是第十三王朝某位重要的君主的陵墓，或者衣冠冢，只是最终还是安葬在了阿比杜斯。由于集权衰落，他在中王国末期的继任者，伊提塔威、利希特以及底比斯的臣民只能修建较小的砖砌金字塔，这些金字塔现在只能从残垣断壁和文字记录中找到一点踪迹了。

24 杰夫帝纳赫特（Djehuty - nakht）省长棺椁（外层棺椁部分，东墙）

贝尔莎，杰夫帝纳赫特墓（10A）；第十一王朝，约公元前2020年；雪松，彩色；长：262厘米；波士顿美术博物馆，20.1822－6。杰夫帝纳赫特的大棺椁无疑是古往今来最为豪华的一个。特别是外棺内部精美的图画，简直就是古埃及绘画之杰作。其构成（即中间的墓主人）的各处细节都采用无与伦比的色调和样式进行描绘。在陵墓被发现时（1915年春），大家一开始还以为这是第十二王朝全盛时期制作的棺椁。

永恒的宅邸——官员墓

阿卜杜勒·加法尔·谢迪德（Abdel Ghaffar Shedid）

建筑

中王国时期有高度自治权的省长或州长开始在自己管辖的地区修建陵墓。从中我们可以发现其模仿皇家建筑的痕迹和古王国传统的延续；不过，各个陵墓整体上都明显地表现出了各自的特点。

第一过渡时期，莫阿拉（Mo'alla）的墓地在底比斯南部、尼罗河东岸建成；对岸就是盖博拉。虽然这时候已经比古王国晚期现代化很多，古埃及墓室的传统形式在孟斐斯附近的皇陵仍在使用。一般说来，上层结构现在已经不能进入，而且只有地下放置棺椁的墓室才会加以装饰。中王国时期让人印象最深的墓地是在上埃及，尤其是中埃及发现的。这些墓地的绝大多数都修建在自然特点突出的地方，如尼罗河沿岸的峭壁，显得十分壮观。就在今天，每一位游客都能感受到中王国时期古代工匠的能力和自信。

第十一和第十二王朝期间，拜尼哈桑（Beni Hasan）、南部的贝尔莎（el － Bersha）、克比尔（Qau el － Kebir），尼罗河西岸的梅厄（Mir）、阿西尤特、德尔利法（Deir Rifa），南部边界、以及阿斯旺对岸的库贝特哈瓦（Qubbet el － Hawa），墓地修建在山脉东侧的陡坡上。

尽管各地具有不同的特色，上述墓地也具有相同的基本特征：受一直持续到第十一王朝的古王国传统影响，修建崖墓，墓室设计尽量简单。在演变过程中，墓穴作为永恒的宅邸这一概念通过借鉴一般世俗建筑得以凸显。首先就是柱子的加入，使墓穴正面变成一个柱廊。最后，在第十二王朝期间，一连串墓室排成一排，形成了一条从入口到供奉室背后的雕像室的中心轴线，因此在墓室建筑中吸收了来世概念中的列队游行或旅行要素。

中王国时期最大的非皇家建筑也包括这些统治者在阿西尤特和克比尔的陵墓，可不幸的是，陵墓保留的情况很糟。与皇陵一样，各处墓地还是修建在河谷中，由斜坡、塔门、一个中庭、一个带多柱厅的阳台、有立柱的凹室、带横向厅和雕像室的崖墓主体构成。

在底比斯，尼罗河西岸的墓地采用了一种特殊的类型，叫作排墓（Saff tomb）。在山脚下的平原上，广阔的外院围着围墙。陵墓正面从崖上凿出，有柱子，形成一条廊道。沿着墓地中轴，门廊下行至一间祭仪室，一条竖井从祭仪室通向墓室。底比斯的另外一座墓型清晰地反映出墓葬建筑概念的变化。这座陵墓目前被认为是欧西里斯之墓和冥界的体现，冥界以一系列通往大山深处祭仪室和墓室的廊道表现。这种新类型对于新王国时期的皇陵发展有重要意义。

大型崖墓的修建在塞索斯特里斯三世时期省长失去势力和自主权后骤然停止。

技艺

崖墓是在实心岩石上雕琢而出的。为了保护墓地正面，崖面从上到下凿出垂直、均匀的表面；入口或者狭窄的多柱厅就从正面凿入。在挖掘中，建筑工们将入口到墓穴后方的岩石做得较宽，以便扶壁、额枋等后期建筑部分的雕刻。剩下的或大或小的石头则运出墓外。做这种工作需要用到石锤、铜凿子、木槌等工具。

第二步是将墙面凿平。欲以浮雕装饰的墙面用石头锉光滑。墙面上的缺陷、凹凸均采用石灰和沙制成灰浆抹平；灰浆厚度不一，视情况而定。最后一步准备工作是水胶涂料的使用。这种涂料用作底层绘图，既能促进上色，又能防止石头过多地吸收颜料的黏合剂。涂料以和石头本来的颜色相协调的中间色保存，用于纠正并掩盖用灰浆处理过的瑕疵。

所采用的颜色包括当时就可人工合成的蓝色、青绿色，天然的赭色，以及各种黄色、红色、棕色、碳酸钙镁石或白垩的白色、煤灰制作的黑色等。黏合剂可能是树脂基、水溶性的蛋彩画颜料和其他有机物质。

25 沙瑞帕一世墓外院和正面

库贝特哈瓦（36 号墓）；第十二王朝，约公元前 1950 年。

这座墓地仿照皇陵，在河谷建造，有楼梯向上通往一个近似正方形的外院。正面是从红砂岩的露头上凿出；前方是狭窄的大厅，大厅屋顶通过六根残存的柱子支撑。该多柱厅两端各有一座放在壁龛内的故人雕像。六根柱子上以阴雕刻有铭文和墓主人形象。仅陵墓正面就表现了多个场景：入口左侧是大型故人雕像，其后是家仆和两条狗；在他们的左侧，沙瑞帕正在一条小船上叉鱼；场景上方，他又在检查牛群。

26 沙瑞帕二世墓内景

库贝特哈瓦（31 号墓）；第十二王朝，约公元前 1880 年。

这座墓葬的建筑是库贝特哈瓦陵墓中的佼佼者。和皇陵一样，墓室一间接一间，始终与入口、走廊和内部的祭仪室在一条轴线上。第一间未加装饰的房间十分朴素，与六根巨大的条纹砂岩柱形成鲜明对比。九级台阶通向墓室后侧。长长的走廊和桶形拱顶两侧点缀着三处壁龛，其中放着以奥里西斯木乃伊形态制作的沙瑞帕半身像。这条通道通往正方形的祭仪室。从入口到祭仪室，房间的天花板高度依次降低，地板逐渐抬高；这样可突出祭仪室是墓室最深处圣殿的效果。

27 凯提墓东北角

拜尼哈桑（BH 17）；第十二王朝，约公元前 1950 年。

这座墓是拜尼哈桑省长建筑中间阶段之典范。墓室后半部由两排柱子隔开，每排 3 根，柱子呈荷叶形状，平行于入口的正立面。柱子与额枋相连，额枋一直延伸到墙面，像狭窄的半露柱一样下行到地面。这些支撑并非必要；它们与在不腐的石头中建造的住所的木柱相似，以阐明这是永恒宅邸的观念。这四根优雅的柱子模仿还带着花蕾的莲花茎，用赭、红、蓝颜色绘制的原有图画依然保留。

28 阿蒙涅姆赫特墓平面图

拜尼哈桑（BH 2）；第十二王朝，约公元前1930年。一系列墓室包括一个外院、一座柱廊、墓室和放置雕像的壁龛。

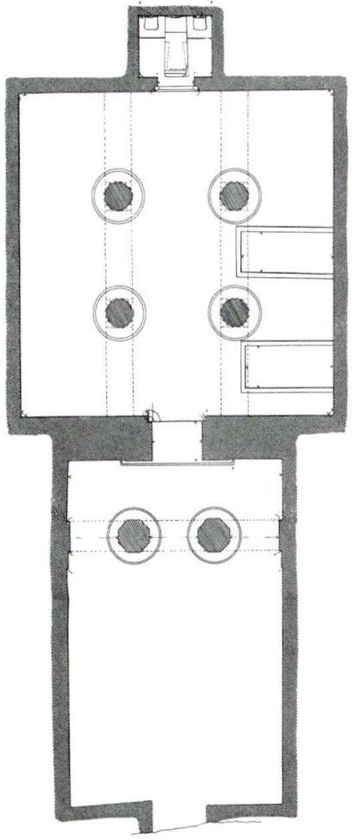

29 阿蒙涅姆赫特墓

拜尼哈桑（BH 2）；第十二王朝，约公元前1930年。

墓室的设计气宇不凡，让人印象深刻。近似正方形的大厅内伫立着四根16面柱子，每对柱子由一根粗大的额枋纵向连接，将大厅分隔为三个桶形拱顶的中堂。天花板拱顶呈东西走向，有花纹装饰。大厅轴线与东墙中的雕像壁龛交汇，其中有墓主、他妻子和母亲的圆雕雕像。

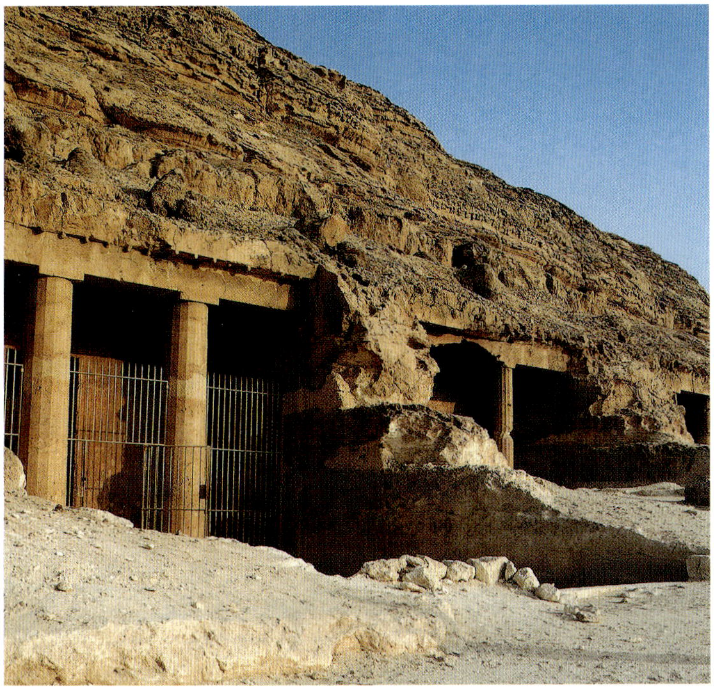

30 BH 3、4、5号墓柱廊正面（从左至右）

拜尼哈桑；第十二王朝，约公元前1930年。

陵墓正面从倾斜的悬崖上垂直凿出，剩下的岩石在其前面围出一个前院。拜尼哈桑的这几座年代最近的墓穴正面设计了门廊，门廊有两根8面或16面的柱子和一根巨大的额枋。这些元素都是从世俗建筑借鉴而来，并仿制了一个木制游廊。额枋上的长方形浮雕与平顶梁的突出端类似；这种浮雕在BH 3（左者）号墓的正面尤其清晰。柱子设计成原始陶立克柱型，并提前采用了凹槽和锐边的形式，即后来的陶立克柱型。

31 厨房的场景

西底比斯（TT 60），安特费克（Antefoqer）之墓；第十二王朝，约公元前1950年；绘于石头表面的灰泥上。

这幅中王国时期底比斯的墓室绘画得以幸存，非常小。这座墓葬是阿蒙涅姆赫特一世的维齐尔－安特费克为他母亲所建。画作表现的主题十分广泛，包括此图中的女人烤面包的场景——她们将面团从高大的罐子中倒在锥形底的小陶罐中。人物的比例适当，但动作机械，色泽暗淡。

33 驮着袋子的毛驴

盖博拉，伊提（Iti）古埃及墓室；第一过渡时期，约公元前2120年；绘于灰泥上；高84厘米；都灵埃及博物馆，14354h。

动物表现准确，轮廓不全，色彩分布清晰。通过折叠视角，观者可十分确定毛驴驮着的是两个柳条筐，并用绳子系在背上。动物驮在外侧的筐，正常情况下是看不见的，在画中的形状是向上折叠的。

32 纸莎草丛

莫阿拉，安克提菲（Ankhtify）之墓；第一过渡时期，约公元前2140年；绘于灰泥上。

墓葬的画家针对传统的纸莎草丛场景发现了完全原创的办法。他将纸莎草高度抽象化，首先将纸莎草茎以规律的样式纵向排列，在其中添上伞形花序。他还以不均匀的间距画了一些鸟，使呆板的格局柔和起来，并以最为精细的绘画技巧在图下依次画上了抽象的鱼，表现得更有特色。淡雅的色彩、柔和的色泽与严肃的格局构成了有趣的对比。图中主体人物相邻，没有重叠；但是，画家十分注意对他们之间的空间作出变化。他对主体人物的比例把握灵活，以他们在图中的重要性，而非实际大小来加以变化。

34 金合欢树上的鸟

拜尼哈桑（BH 3），克努姆霍特普二世之墓；第十二王朝，约公元前1880年；绘于石灰岩表面的灰泥上。

拜尼哈桑这里的墓葬图画中最有名的要算是这幅猎鸟图了，这里是详图。图的背景是粗壮的树干，细密的枝丫，精美的绿叶和淡黄色的花簇。树顶上各种各样的鸟儿形成了第二层次。这幅画是大自然的抽象，但是，色彩和花纹却极具特色，每只鸟都能轻而易举地被分辨出来。尽管主题比较复杂，但艺术家非常清楚如何巧妙地创造整体上的协调。

绘画与浮雕

在中王国时期的个人墓葬中，墙面装饰上纯绘画比浮雕更受青睐。这不仅是出于成本考虑，还节省时间，还解决了石头质量不好时的技术问题。埃及私人墓地仅以绘画加以装饰并不是什么新鲜事；最早可追溯至早王朝时代的希拉孔波利斯的一座墓。其他还有第三王朝［位于塞加拉的赫斯（Hesy）之墓］、第四王朝［内弗麦特（Nefermaat）和他妻子阿泰特（Atet）的古埃及墓室，著名的美杜姆金字塔（Meidum）群鹅图就起源于此］、第六王朝［凯伊曼克（Kaiemankh）在吉萨的墓地］的墓。

这两种技艺在中王国时期都在使用。虽然贝尔莎、克比尔、梅厄的墓地壁画是以浮雕涂色的形式做出，但是，像拜尼哈桑墓地巨大的墙面还是采用图画装饰，即只有假门才有浮雕。这些精美的第十二王朝大型墓葬的墓主人非常明确地赞成采用绘画装饰，想必是因为他们欣赏当时绘画中蕴藏的契机所散发出的独特吸引力。这表达了项目委托人一种新的思考方式。

中王国时期的绘画是从第一过渡时期美术革新的活力与热情的特

35 亚细亚人的征途

拜尼哈桑（BH 3），克努姆霍特普二世之墓；第十二王朝，约公元前1880年；绘于石灰岩表面的灰泥上。

墓地北墙记述了一场特殊事件。一个亚洲商队到来，为省长带来了化妆品。这件事意义重大，让人愉悦，所以被记下时间：塞索斯特里斯二世6年。在说明铭文中提到了商队领头的名字，“希克索斯”——这个名字还是首次出现在纪念建筑上。其中，有四名外国人装备了弓箭、投掷棒；其中两位又穿着红白相间的条纹服装和凉鞋。他们的服饰、发型、山羊胡、面容说明了他们来自亚洲。他们赶着一头毛驴，毛驴背上牢牢地系着一个马鞍型的篮子，里面坐着俩小孩；小孩之间的那个物件可能是乐器。

点发展而来的。美术创新在第一过渡时期就十分明显了。它是一种强有力的风格，不断将自身从古王国的条条框框中解放出来，从各种繁复的元素和过度的精细中解放出来，力主格局简洁、明快、易于理解和清晰的图案。第一过渡时期的众多常规手法中，最突出的就是这种通过避免重复单一的装饰以达到图案的简洁。

对于某一对象，很多独特的视角都是结合在一起的，这对于清晰描述至关重要。

人物协调的比例，充满美感的完美体型都似乎不再重要。一个场景中所描绘的对象，其大小取决于他在生活中的重要性。

边与边之间将浮雕面分隔为横条的规矩线被摒弃，或者说用短的基线代替，以将每个人物或场景分开。本来一成不变的色系，现在自由变化，形成全新的组合。这种新颖的色彩运用尤其突出。强烈色彩对比、限制更加严格的色调以及精美的色彩渐变等十分独特的手法也被发现，这些手法无不透露出对特殊效果的敏感和在色彩运用中的愉悦之感。

这一方面正好被中王国时期的画家发扬光大。第十二王朝期间，浓淡不一的丰富色调、随意的笔法、不透明色的采用、流畅的色彩过渡、上釉技术都标志着高度精湛的绘画文化。就绘画本身而言，其优势在于能在画面上自由扩展，不像浮雕一样会受到限制。

尤其是从大自然而来的场景，通过色彩的细微差别和复杂组成的运用营造出让人印象深刻的氛围。表现沙漠或是牧场环境的这类开阔景观在没有规矩线时更有效果。上色的花纹构成十分巧妙，以配合建筑风格确定的表面；主题的循环也是经过再三考虑才加以布置。

发展顶峰时期，单个场景的复杂的组成和变化非常明显，比如空间内多个平面的处理，两个装饰主题的遮盖、重叠，甚至尝试以直线透视绘画、视觉缩短、浓淡效果。在绘画和浮雕中，通过对偶然细节的质地、动作、空间位置最准确的观察，可得到某种自然效果。这便是一种对大自然无止境变化的全新兴致的表达。这个时代的艺术家获得了对有趣的视觉细节和关系的敏感性，他们在实验中兴高采烈地尝试创新，尤其是具有在技术层面上进行变换的技能。

从第十二王朝开始，采用了辅助线，这与平面画中的比例网格很相似。在大型画作绘草图时时常会画这种线。这种网格是古王国时期的坐标系更高级的发展，可通过一条垂直的体轴和七条在具体身体部位高度的水平线确定比例。这种在中王国时期发展的比例网格基于和拳头宽度相对应的测量单位，可将站立形象的高度分为18格。这种方法在埃及艺术历史中持续1000多年。

我们从早期建筑中已经发现，上埃及和中埃及地区发展出独特的地方风格。绘画是这样，私人墓葬中的凸面浮雕也是这样。但是，凸面浮雕有些许模式化，在墙体上不如绘画那么自由。在中王国晚期，浮雕最终表现出细化、写实的趋势。不过，由于更青睐精美的内部绘画、色彩的渐变和美妙的光影，委托修建墓地的人都还是有意决定只采用绘画。

画中主题大多与古王国时期相似，绘画题材所代表的功能依然是为逝者提供死后所需的所有东西。因此，农业、养牛、贸易、狩猎、盛满饭菜的桌子这些场景，直到第一过渡时期和中王国时期都是最主要的题材。真正新的装饰主题只有阿比杜斯的朝圣之旅，展示逝者沿尼罗河到达欧西里斯朝拜地的航线。

对于传统的主题，中王国时期的艺术家们设计出千变万化的新构成、新手法和新方式以确立或发展装饰主题。画面开始具有生气，人物活灵活现。

虽然所表现的对象是针对死后的生活，省长们的崖墓上还是有表现当时日常生活的生动图画，甚至还有委托人生命中的某些事件。这些省长仿佛在与观图者讲话，想通过他们让人印象深刻和极具代表性的墓葬传达他们的显赫。

36 餐桌旁的墓主人

库贝特哈瓦，沙瑞帕二世墓；第十二王朝，约公元前1880年。

这座壮丽墓葬的焦点在与这间小小的祭仪室。内殿，或者说神殿的天花板上绘有图画，一条白底的象形文字带从中将其分开；黄色的地面上绘有棕红色的之字形线条，模仿展开的垫子。侧面的墙壁和中间的地面采用彩色边线框起来，底线有数条彩带；背景是大面积的淡蓝色。沙瑞帕二世坐在狮腿椅上，将手伸向面前的餐桌。他儿子为他带来了莲花。铭文的漩涡装饰中两次提到当时的国王阿蒙涅姆赫特二世；左侧是罕见的象形文字——大象，象征庞大。

37 标出比例网格的女人像

库贝特哈瓦，沙瑞帕二世墓；第十二王朝，约公元前1880年。

在部分脱落的画面下，可看到在墙壁背景上画出的黑色网格，局部的测量非常不准确。而且，在描绘人物时，画家没有严格按照空间的分割作画：发际和鼻子都画在“正确的”网格轴线上，而其他的标准参照点，如肩膀、腋下，却没有按照规则画。这些缺点，以及照此方法画的人物相对较少的实际情况，说明比例网格只是为画家提供一个大体的定向（至少在私人墓葬中是这样），不能认为网格就是确定比例的唯一工具。

38 手持祭品的一群人

拜尼哈桑（BH 3），克努姆霍特普二世之墓；第十二王朝，约公元前1880年；绘于石灰岩表面的灰泥上。

不同层次画面主题重叠的一个生动例子就是这组带着祭品的画了。家禽在香座间穿梭。我们可以找到一条优美的线条；图案的特点是轮廓平滑。与此同时，这幅图还表现了精湛的绘画文化，最细致的色阶和精美的构成，突出了深深浅浅的青绿色与淡黄和赭石红的色调。四只家禽身上的花纹表现出不断变化的序列。

39 喂貂羚

拜尼哈桑（BH 3），克努姆霍特普二世之墓；第十二王朝，约公元前1880年；绘于石灰岩表面的灰泥上。

画家的创造力在这一组画的构成中表现得淋漓尽致。他在空间中运用了三个平面：其一，地面；其二，站立的羚羊；其三，在后面追赶的牧民。牧民的动作十分复杂。他似乎是要背对观者，压低双肩，给人一种从透视上缩短双肩的感觉。画面整体组成的方式也十分巧妙。右边牧民弓成圆弧的背和站立羚羊的角相呼应，随后又被第二个牧民的后臂拉高。

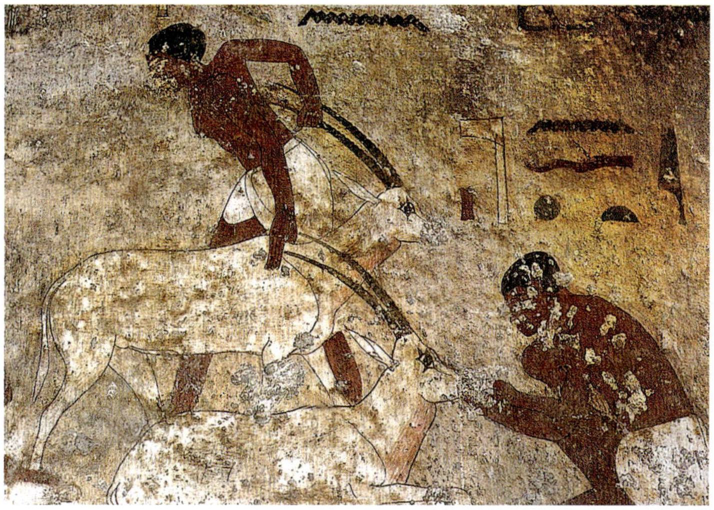

40 女艺人打球

拜尼哈桑（BH 15），巴克特（Baket）之墓；第十二王朝，约公元前1970年；绘于石灰岩表面的灰泥上。

拜尼哈桑的墓葬中一种流行的主体是动作游戏和舞蹈。在这幅画中，四个女孩正在玩一种杂技球的游戏，以简明的绘图风格予以表现。两个女孩都骑在各自玩伴的背上，将球扔给对方。她们穿着齐膝长的白色裙子，手臂和脚踝上绑着带子，戴着青绿色的彩陶首饰和宽大的领圈。她们的假发很短，上面垂下三条又细又长的辫子，留着流苏头。

41 牧民

梅厄(Meir)(B2),乌科霍特普(Ukhhotep)之墓；第十二王朝，约公元前1900年；着色石灰岩。

一位骨瘦如柴、蓬头垢面、衣衫褴褛的牧民，用绳子牵着三头养得健壮的牛。这块浮雕以鲜明对比和人物定型化的方式表达了一种喜悦。这图应该算是阴雕；主体周围的背景几乎未加处理；轮廓参差不齐，线条宽窄不一。

42 摔跤手和城堡周围的战斗

拜尼哈桑（BH 2），阿蒙涅姆赫特墓；第十二王朝，约公元前1930年；绘于石灰岩表面的灰泥上。

位于拜尼哈桑的省长墓葬因其对摔跤手的描绘而闻名。在这座墓中，共有59对摔跤手，极大地表现了动作顺序、精彩的跳跃和触地、新颖的抓握和拉倒的变化。为了更好地将其区分，对手们以两种不同的棕色调代表。其下两行是一座城堡周围的战斗场景。行进的士兵们装备了矛、战斧、棍棒、弓箭。埃及士兵中间还有几名利比亚人，穿着彩色短裙，留着优美的山羊胡。最下面一行表现的是走向阿比杜斯的旅程。这幅画是埃及艺术中对于这种主题最早的雕刻描述。

43 德耶胡提霍特普（Djehutyhotep）的女儿们

贝尔莎（2号墓），德耶胡提霍特普之墓；第十二王朝，约公元前1900年；着色石灰岩；高80厘米；开罗埃及博物馆，JE 30199。贝尔莎墓葬中的图画是以纸一般厚的浮雕做出的。女士们窈窕的身材和略显粗糙的面部特征似乎比较庄重。她们的头巾上绣着蓝色和粉色的莲花，端端正正地戴在头上，丝带僵直地垂下。画家以让人赞叹的笔法精准地勾勒出细细的粉色轮廓线条和身体上的大多数细节。时髦的假发尤其注重细节的处理：优美的发丝用红绳反复系好，发端紧紧地盘绕在红玉髓石片上，大串胸饰从一排排青绿色的彩釉链上垂下。

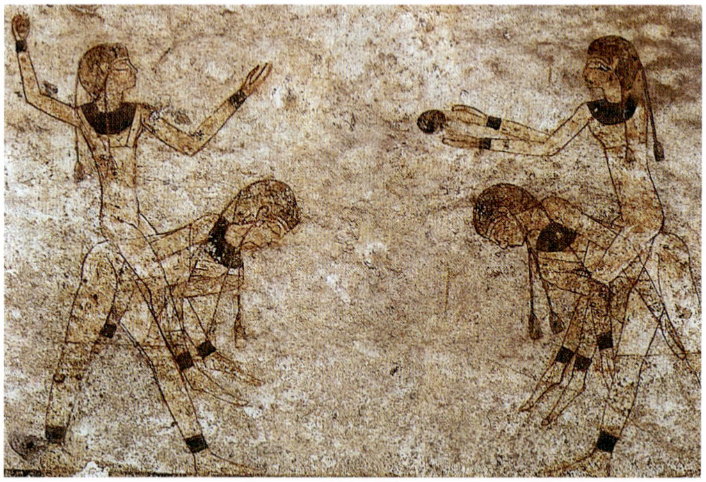

45 安特夫（Antef）铭碑

底比斯西部，德拉阿布埃拿加（Dra Abu El Naga）；第十一王朝，约公元前2125年；石灰岩；高106厘米，宽73厘米；开罗埃及博物馆，CG 20009。

这块铭碑出自安特夫墓。安特夫是底比斯省长，德拉阿布埃拿加大墓地祭司巡官。这块铭碑叫假门铭碑，借鉴了凹弧形屋檐和圆环花纹突出的门框构件。从抽象角度讲，逝者可以通过铭碑中间下方的双开门从冥界走出来，获取任何所需供养品。门的左右两侧，较小的仆人在陈列动物供品，屠宰了一头牛。铭碑中间是华盖下的墓主人像，他身旁陪伴的仆人拿着凉鞋和掸子，还有一个仆人把啤酒递给他。供奉的食物都堆放在华盖前。上方有三行象形文字和墓葬套话。当时，这样的构图很有特色：物体一个挨着一个，简单明了、布置整洁。

44 阿蒙涅姆赫特墓碑

底比斯西部，阿萨斯夫（Asasif），阿蒙涅姆赫特墓（R4），第十一、第十二王朝，约公元前1980年；着色石灰岩；高30厘米，宽50厘米；开罗埃及博物馆，JE 45626。

这座阿萨斯夫出土的铭碑（R4号墓）描述的是一家人。父母坐在靠背较矮的狮腿椅上。母亲座下放着篮子，篮子里的镜子手柄伸了出来。儿子坐在双亲中间，和父母手拉手，肩并肩。画面右侧的儿媳妇则站在供奉桌前，桌上堆放着几块肉、一串洋葱，还有莴苣，桌子下面是两块面包。一排水平的象形文字用典型的阴雕法刻在画面上方，其中包含着葬礼套话和父母的姓名。这块铭碑色彩浓厚、纯粹。深棕红色和赭黄色的皮肤、白色的衣服、纯绿色的象形文字和首饰在蓝色的背景下对比协调。画面结构紧凑、均衡，人物的处理与第一过渡时期的那种风格相比又显出自信。

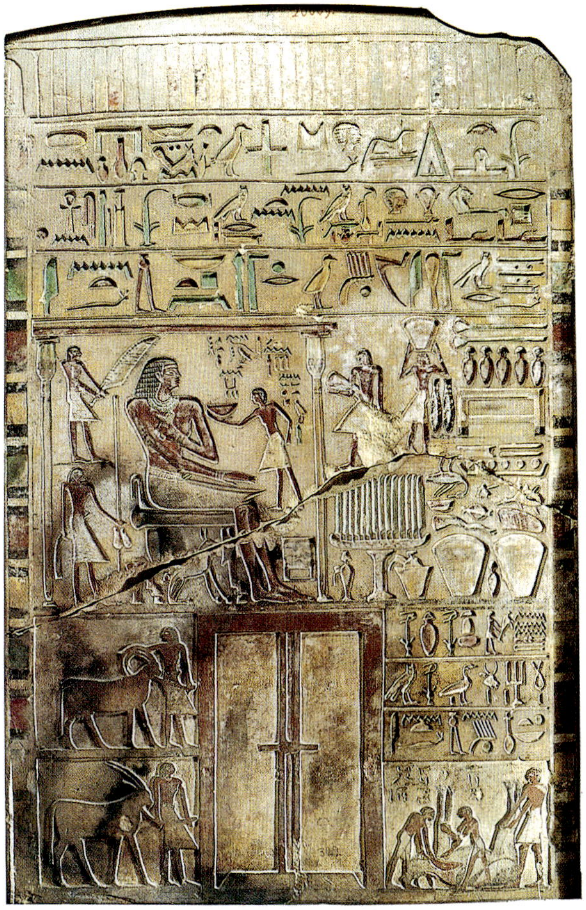

铭碑

在第一过渡时期时，像在盖博拉或莫阿拉的彩色墓葬一样的墓算是不多见的。大多数情况下，崖墓或简单的砖砌墓都只在墙上镶嵌铭碑或称碑碣进行装饰。类似的还有中王国时期孟斐斯居民的墓地。私人墓地上层建筑的墙壁几乎没有装饰；通常就只是立一块简单的铭碑，再在碑面上写字作画。

一座墓葬至少有这种铭碑进行装饰，不可或缺。从原则上讲，铭碑上包含三个方面的内容，确保逝者死后的生活。第一点，也是最重要的一点，碑铭必须与其最重要的组成部分——献祭文—— 在一起。这是对死后生活提供各种必要物件的要求。铭文中还要包括祷告者、逝者的姓名、头衔、生卒日期及宗谱信息。铭碑的第二个部分是对墓主人的描述，说明是谁要在此永远地生活下去。第三部分是堆满食物的供奉桌，保证逝者永远都不愁吃。

在审美和技术方面，中王国时期的铭碑变化很大。由于时常进行简单的批量生产，这种铭碑下层平民也能负担得起。铭碑上的文字也确实是我们了解这些民众宗教信仰的重要来源。中王国时期的大多数铭碑都是垂直形式，上边是圆弧，人像以浅浮雕刻出，文字以阴雕刻出。

墓葬雕塑

和古王国一样，中王国时期通过雕塑对墓主人进行描述也是私人墓葬的一个重要组成部分。这种雕塑以前是密封在一间地下室内的，进入墓穴的人看不见，所以现在就将其放在显眼的位置，比如墓穴的焦点——雕像壁龛里。现在，很显然是故意要让来访者看见，同时也是纪念碑。此外，墓葬雕像还是具有传统的功能：代替所描述的人，此人通过其雕像得到永生，接受葬礼仪式。不幸的是，几乎没有墓葬雕像能在其原地完整地保存下来，因此，我们如果能将一座雕像与某一座具体的墓联系起来，那真是十分意外的事。大多数墓穴的雕像个头都很小，外表千篇一律，样式粗糙，不禁让我们猜测这是否是为下层民众批量生产的。

古王国时期所采用的经典造型仍然风靡：坐像昭示着墓主人较高的社会地位，站像则表示他还能行走。

46、47 海特普（Hetep）长方体雕像

上图，塞加拉，海特普之墓；第十二王朝，约公元前1975年；着色石灰岩；高85厘米；开罗埃及博物馆，JE 48857。

下图，塞加拉，海特普之墓；第十二王朝，约公元前1975年；着色灰色花岗石；高74厘米；开罗埃及博物馆，JE 48858。

海特普墓出土的两座长方体雕像都是最早出土的这种新式雕像。它们的构造和精细装饰正说明了这种雕像所蕴含的复活构想。这两座雕像出土于墓葬的相邻两间墓室，都面朝太阳升起的方向。花岗石雕像位于南侧墓室，朝向上埃及；石灰岩雕像位于北侧墓室，朝向下埃及。两座长方体雕像代表着逝者将自己从一个狭窄的桎梏中解放出来；他的头部、手臂、双腿已经处于光明之中。这个紧实的装置就好比是“远古的土丘”，在埃及人的信仰中，世界就是从此而生。逝者希望参与太阳神不断重复的昼夜旅程当中。铭文上说，花岗石雕像与白天的旅程对应，而石灰岩雕像则与夜晚的旅程相对应。

48 梅厄，乌科霍特普之墓

第十二王朝，约公元前1860年；灰色花岗闪长岩；高37厘米，宽30厘米，长14厘米；开罗埃及博物馆，JE 30965 (CG 459)。

这块全家像出自乌科霍特普之墓。乌科霍特普是中埃及最后一位省长。雕像所表现的是他自己、他的两个妻子和女儿。四人站在圆顶的铭碑上，正面向前，姿态呆板。铭碑两侧是纸莎草和莲花—— 分别是南北埃及的纹章象征。乌科霍特普两侧刻有真知之眼，将其与埃及的宇宙连通。人物的发型和衣着反映出当时的潮流，他们的名字和头衔则刻在衣服上。有些粗糙的脸稍加处理，以区分男女。他们身体的比例也比较典型：苗条，腰部细高，四肢经过夸大，很长。

49 纳赫提（Nakhti）站像

阿西尤特，7号墓；第十二王朝早期，约公元前1950年；着色阿拉伯树胶木，眼睛镶嵌；高179厘米；巴黎卢浮宫，E11937。

在第一过渡时期期间和中王国时期之初，墓葬雕像还是经常采用木料制作。从风格上讲，维齐尔纳赫提的这尊比例高度拉长的站像在当时是比较典型的。齐小腿长的短裙处理成光滑的平面，平面相交的边缘清晰；身体和头部简单平淡。他独特的姿态使其鹤立于众多类似的雕像中：纳赫提将他的右手放在了短裙的褶皱中。

50 森比（Senbi）的棺材（详图）

梅厄（B1），第十二王朝，约公元前1920年；着色木料；高63厘米，长212厘米；开罗埃及博物馆，JE 42948。

这口长方形的棺材是"棺材是永恒的家"这一观念尤为恰当的例子。各处构造细节完美，包括木棺的底座和支柱、双开门、花纹优美的垫子、悬挂着棺材正面的带子，无不着色精致。通过点缀其间的颜色更为强烈的区域凸显出绿色和棕红色，画家营造出一种让人愉悦的色彩对比。

51 塞皮（Sepi）的棺材（详图）

贝尔莎，塞皮（三世）墓；第十二王朝，约公元前1920年；着色木料；高65厘米；开罗埃及博物馆，JE 32868。

虽然棺材的外面仅有象形文字形成的简单条带，其内壁却以精湛的笔法画上了华丽的图案。在图中所示的底部，棺文位于下半部分，其上方的棺文（即以星辰装饰来代表天堂的象形符号）意为"全能、正确的塞皮啊，就由我——臣服在您脚下的伊西斯来供奉您吧"。其下方画着巨大的存储仓，有修建了柱子的前厅。

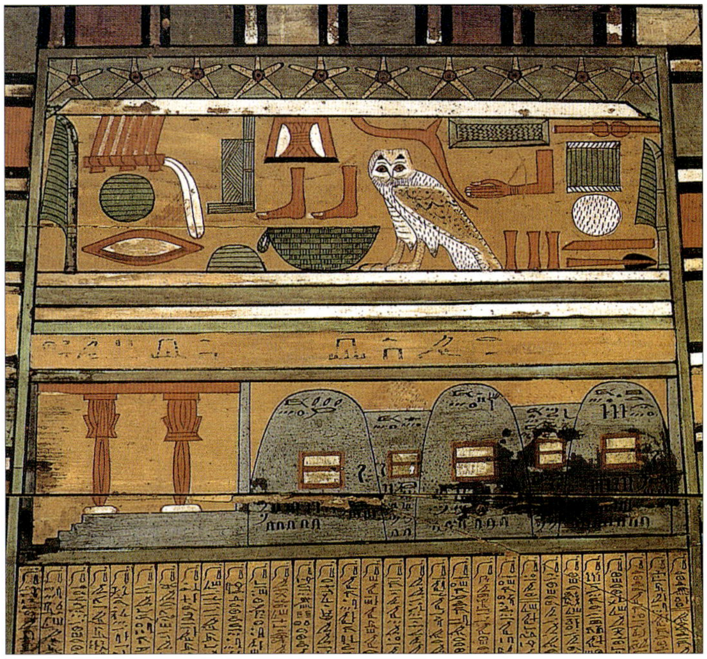

抄书吏的雕像很少被发现。在各种私人墓葬中均出现的新型雕像是木乃伊形式的壁龛雕像。另一种新型雕像本来只针对中王国时期的私人雕像，但是却经过了1500多年，一直发展到晚王朝时期；这便是长方体雕像或者方块雕像。所描述的人蹲在地上，膝盖弯曲并包裹在斗篷内。整个身体似乎都被装在一个立方体内，只有头部露在几何体外面，有时脚、手、胳臂也露在外面。

最初，在材料的选择上，像闪长岩、花岗岩这样坚硬、加工困难的石头比木料受欢迎。完善的雕塑技术十分突出，即使是最硬的石头，细微的装饰和精致的花纹也一样能做出，而且表面被打磨得光滑柔和，发出微光。

中王国时代的肖像有几个典型的细节。比如男性穿着从胸部或髋部一直到脚踝处的裙子，包裹人像全身、齐胸的宽大斗篷等。男性的假发或厚重、齐肩长，或修出尖端、齐胸长；要不就干脆把头剃得干干净净。而女性的假发特别突出的特点在于两缕末端上翘、卷曲紧实的头发。面部表情变得更加个性化，雕刻家强调有特点的真实容貌。

中王国初期雕刻的头部仍然流露出权力和力量至高无上；不过，随着其不断发展，表情变得柔和起来。通过睁大的眼睛、通常很大且位置较高的耳朵、嘴巴，可以清晰地辨认面容；各种元素像铭文的象形文字般并列布置。正因为强调简单的大平面，威严、个性的面部表情，具有写实、刻板抽象的立体形式，第十二王朝制作的私人雕像才得以跻身埃及雕塑最佳创作之列。

棺椁

中王国时期的棺椁装饰华丽。地方上的私人棺椁发展成不同的类型。棺椁形式和绘画装饰在很大程度上反映出"永恒之家"这一观念。最常见的棺椁类型是采用单层长方形木板制作的，外层绘有从房屋建造中借鉴的建筑和装饰元素。在中王国的发展过程中，首次出现人形内棺，并绘有图画，以表现包裹在亚麻布中的木乃伊。棺椁面朝东方，在头部一端或附近通常会画上一双眼睛，让逝者能"看见"外面的世界：看太阳从东方升起，看太阳神阿蒙雷白天的旅程或逝者自己的旅程，看墓葬中举行的丧葬仪式。这里，我们一般能看到一扇让逝者灵魂进出棺椁的假门。在其他的装饰中，还有一点值得一提，即所谓的"工具檐壁"。这条檐壁是以图像形式表现的逝者死后能使用的一系列物件。内壁上是献祭套话和供奉清单，以及所谓的"棺文"（即一组咒语，在逝者去往冥界的旅程中陪伴和保护逝者）。

沙布提俑、仆人像、模型

"沙布提啊，如果我有义务在阴间干活儿——就是说，如果躺在那

52 扛着供品的女人像

底比斯西部（TT 280），麦克特瑞（Meketre）墓；第十一王朝，约公元前1990年；着色木像；高123厘米，宽17厘米；开罗埃及博物馆，JE 46725。

这座相对较大、雕刻精美的仆人像也出土于麦克特瑞墓。她一定可以理解为一个给过她礼物的捐赠者的化身。她头顶一个编织篮，里面盛放着四个陶罐，盖着圆锥形的黏土块；右手提着一只鸭子。这种象征性雕像曾在古王国时期的墙面浮雕和绘画中长长的供品队伍中出现，我们已经非常熟悉。这座女性雕像身材苗条，穿戴着精美的衣服和首饰。她的紧身裙上布满红色和青绿色圆柱珠网；下摆和肩带以几种不同的花纹加以装饰。色彩斑斓的手镯和脚镯让她高雅的装束显得完美无瑕。

53 贾夫（Djaf）墓葬雕像（沙布提）

第十二王朝，约公元前1800年；蛇纹石；高11.6厘米；巴塞尔古文物博物馆（Antikenmuseum Basel）和路德维希藏馆（Sammlung Ludwig），inv. BSAe 1021。

贾夫像属纯粹的木乃伊型，假发顺直。雕像身上的铭文是唤醒死亡之神奥里西斯的献祭套话。墓主人的官方头衔是总审计室主任。在第十二王朝期间，这种墓葬雕像代表着逝者的替身。在第十二、第十三王朝之交，他们的功能首次被确定为死后生活的劳动代理人，《死亡之书》（*the Book of the Dead*）第六章中也记载了这种雕像。这种雕像在当时被称为沙布提，随后成为墓葬器具中不可或缺的一部分。

儿的人奉命干活——你应该有义务承担这活儿，去开垦田野、灌溉田埂，去渡运东西两岸的‘沙’（肥料）。你应该说‘我在这儿，我会去做的’。”这段话出现在第十二王朝末的沙布提上。沙布提是墓葬中放置的一种木乃伊形的小雕像，多采用石头、木材或彩陶制作。

顾名思义，“沙布提”（意为“回答人”）就是一种“答应者雕像”，必须回应它们主人的命令进行劳动，在来世代表主人去做像灌溉、施肥这样的烦心事和那些比犁地、播种、收割更繁重单调的苦差事。从中王国初期开始，沙布提就是墓葬器具中的一部分，只是刚开始时仅用于私人墓葬。至于这些雕像的前身，有人可能会想到替身木乃伊。替身木乃伊是一种裸身的小蜡像或泥像，包裹在布条中，埋在小棺材里，代替逝者受损或被毁坏的木乃伊。有的沙布提上刻有姓名和宗谱信息，因此可认定属于某一墓主人。直到第十二王朝，沙布提上还刻有墓葬套话。

还有一组专门制作用于随葬器具的小雕像是正在进行某种劳作的仆人像。与作为墓主人替身的沙布提相反，仆人像的功能是通过墓葬浮雕和图画实现的：仆人像、浮雕或图画共同确保墓主人在死后继续存在，为他提供食物，维护其与公职相称的社会地位，并给其提供娱乐。

古王国时期，仆人像是通过比较细致的手法用石灰岩制作的单人雕像，而在中王国时期大多采用木材制作并上色。从第一过渡时期开始出现多人雕像，组合在一起形成雕像群。

54 买牛估价（雕像群）

底比斯西部(TT 280)，麦克特瑞墓；第十一王朝，约公元前1990年；着色木料；高55.5厘米，长173厘米，宽72厘米；开罗埃及博物馆，JE 46724。

几个农夫和牧民驱赶着牛群，以便计数缴税。抄书吏和官员坐在台子上的小亭中，亭子的屋顶由四根精美的柱子支撑，柱子的形状好比一束束纸莎草。墓主人自己则坐在椅子上，观察着事件进展。在他前方，一位拖欠税款的牧民正受到鞭刑的惩罚。

这样就可组成完整的屠宰场、面包店、木工作坊、纺织作坊，各种航船、商船、开往某地（比如阿比杜斯）的船，以及载有与墓主人公职相称的军队的舰船。

这种场景十分熟悉，在古王国时期的大型古墓中的壁画上已经出现过，只不过这些场景在壁画上被分为单一的装饰主题，并列安排在各个区域。然而，这时的雕像群还包括了周围环境，并通过其三维性营造出一种空间感。此外，在此空间中，雕像群可表现出虽然分离，但却同时发生的若干活动之间的相互影响，从而使整个场景像现代的快照一般，更加生动、真实。

雕像群放置在墓中，作为壁画的补充或代替壁画。由于装饰主题丰富，雕像群能从各方面安排墓主人死后的生活。常见的场景包括农耕、喂牛、存粮、食品制备，以及各式日常生活用品的制作等。

这种雕像群中的单个人物在风格和制作技术上有很大差别。有的人物制作得非常整洁、用心。大多数人物都体现出工匠的老练，但也有人物似乎完成得非常之快。若是这种情况，细节和表面加工就都不重要了。

中王国时期，将雕像群放在竖井或地下墓室的做法非常普遍，这样不容易被盗墓者找到。发现这种雕像群的地点多集中于中埃及和上埃及。这种仆人像的制作直到第十二王朝初期才停止。

雕像群中的人物并不代表某个具体的人，他们无名无姓，唯一的任务就是为了墓主人的继续存在而发挥重要的功能。与代表墓主人和其家人的雕像最大的区别在于，通过仆人像，艺术家能随意改变对象征意义的规定，制作大量不同于常规准则的作品。很多姿势经常通过近乎夸张的挥手动作加以表现；古板的正面表现手法则被摒弃。肖像画在此也无一席之地。人物的面部表情自然，整体比例比较随意。但是，正因如此，这种雕像才具有表现力，看起来才不像一场舞台剧，才能让我们一睹公元前第三个世纪末期埃及的俗世——虽然其目的是针对死后的生活。

55 阿蒙涅姆赫特二世狮身人面像

塔尼斯（Tanis）；第十二王朝，约公元前1900年；红色花岗岩；高204厘米，长480厘米；巴黎卢浮宫，A23。

由于墓葬数次被霸占，这座表现强烈的狮身人面像原址未知，而且阿蒙涅姆赫特二世的铭文仅剩下寥寥几处痕迹。只有希克索斯君主阿波斐斯（Apophis）的名字、麦伦普塔赫（Merenptah）和舍松契一世（Sheshonq Ⅰ）的名字能辨认出来。这样一来，我们就可以假设，这座狮身人面像最初是在希克索斯王朝的首都阿瓦利斯，然后被带到比兰塞（Pi－Ramesse），最后在第二十二王朝时被带到塔尼斯。通过雕塑家金属般清晰的雕刻，卢浮宫的这座狮身人面像表现出近乎残暴的刚直，也因此被誉为埃及皇室雕刻作品中古往今来最为卓越的大师之作。

天国与俗世之间——中王国时期的神庙

雷根·舒尔茨（Regine Schulz）

在古埃及，神庙是人与神、生与死的交汇之处，象征并保证天地万物的存在与永恒。这种保证一方面通过日常祭拜和节日庆典来实现，另一方面也通过神殿及其建筑布局和图文安排所产生的魔力来实现。这一保证体系的各个层次皆源于一个共同意图，它们作为一个整体时方起作用。就内容而言，神庙内进行的宗教仪式可理解为人与神的交流，主动权在人手里，而神充当祭拜仪式的受益人。

人们认为，神庙是天与地现实世界的一部分。神庙内天堂的一面，众神由君王供奉、满足；神庙外俗世的一面，众神倾听着人类的声音。这两个层次之间是君王和他的祭司团。但是，君王拥有双重职能，他不但进行奉神的仪式，他自己也受惠于这种仪式。然而，由于神庙恶劣的保存条件，古王国和中王国神庙的概念和在其中进行的宗教仪式只能在十分有限的范围内恢复一些。能够提供线索的文字不是支离破碎，就是没有太多有价值的信息。

从宗教小屋到神庙

从史前时代起，对君王和神的崇拜就是埃及的特点。最初的神像和神物棚仅由一个木头架子和几块编织垫构成。其外部形式不断变化，且与仪式对象、仪式功能和位置没有关系。王朝时代早期，泥砖建筑开始取代这种更像是临时性的棚屋；最晚在古王国初，石头也开始用于门框、支架和神殿的建造。这类建筑的空间表现开始产生永久性的差异；有证据表明，放置崇拜形象的房间旁边还有探 访室和献祭室。尽管图画和文字，也就是建筑物的装饰不能修复；但是，可以肯定地说，除了圣殿内的图画，神庙内外仍然会有促使人神会面的雕像。

神与全能的君王

大约在金字塔时代，这种情况发生了变化。对于在世间与天地相通的地点，也就是与众神相通的住宅、宫殿、庙宇，建筑材料继续采用泥砖；而对于逝去的君主，则创造了巨大的石头建筑用于墓葬仪式。仅采用石头建造的神庙，比如位于吉萨的斯芬克斯神庙，或者方尖塔型的太阳神殿，想必是例外情况；因为这些建筑都和皇家金字塔有着直接联系。所以，它们的职能不再仅仅是联系天堂和俗世，还联系着今生与来世。由于人们相信法老是神圣的荷鲁斯和太阳神之子，所以他当然也是天地万物的担保人。人们认为，这世界内万物的一生并非完整的一幕，需要通过每一位新登基的君主不断地确认，实现无休无止的个人再生。

众神与君王——强有力的伙伴

第六王朝时期，皇室内政权力的步步衰落最终导致古王国瓦解，国家陷入土地割据和深重的宗教危机当中。法老全能的信仰被摧毁，神在人间的想法岌岌可危：现在，需要对俗世生活负责的是人，死后生活，那是神话中神王欧西里斯的事，而他和这个世界的实际境况毫无关系。

这种情况持续了150多年。随后，曼图霍特普二世（第十一王朝）设法重新统一国家，激起人们对“将祭仪作为万物的担保”这一宗教原则的新的信赖。

56 再生节中的曼图霍特普二世

艾尔曼特（Armant），帝王庙；第十一王朝，约公元前1990年；石灰岩；高80厘米；宽135厘米；纽约布鲁克林博物馆，查尔斯埃德温威尔伯恩基金会，37.16E。

这块出土于艾尔曼特的浮雕表现了两个场景：向左看，是曼图霍特普二世在塞德节——参加让他的皇权得以重生的比赛；向右看，是君主站在女神尤妮特（Yunit，艾尔曼特的战神蒙图的一位伴侣）面前。与底比斯极其强烈、不拘小节的浮雕相比，这块精致的平浮雕表明底比斯地区的孟斐斯艺术院校的影响力正日益增强。

57 曼图霍特普二世

丹达腊（Dendara），国王庙中的场景；第十一王朝，约公元前2010年；石灰岩；国王像高90.5厘米；开罗埃及博物馆，JE 46068。

曼图霍特普二世将哈索尔女神视为其专门的保护神。由于女神的第一祭拜地在丹达腊，曼图霍特普二世在此修建了一座皇家小祭仪庙。此处表现的就是登基的君主从这座庙中走出来的场景。他一手执链枷，一手伸到堆在他面前的贡品中。悬停在他头顶的荷鲁斯猎鹰给这位君主以生命。

58（左图）塞索斯特里斯一世方尖塔

赫利奥波利斯（Heliopolis）；第十二王朝，约公元前1925年；红色花岗石；高20.41米。

趁着再生节之机，塞索斯特里斯一世在赫利奥波利斯的阿图（Atum）神庙前修建了两座高大的方尖塔。由于方尖塔象征着君主与太阳神之间紧密的联系，因此能保证世间万物永恒的重生。方尖塔最初是从第五王朝时期的阿布古拉布（Abu Gurab）太阳神殿中圣殿内的建筑发展而来的，最后在赫利奥波利斯形成这种高塔身、方尖锥塔顶的构造。

59 塞索斯特里斯一世的“欧西里斯化身柱”

卡纳克，阿图神庙；第十二王朝，约公元前1950年；着色石灰岩；高158厘米；卢克索古埃及艺术博物馆，J.174。

索斯特里斯一世统治期间，卡纳克的阿图神庙正面前伫立着若干根欧西里斯化身柱，很可能是分列在主入口两侧。照片里的雕像保存较好；只有单独制作的王冠和双腿遗失。人物的身体形似一具木乃伊，手臂交叉，双手从白色的绑带中伸出，各执一枚安卡十字章。一大绺胡须一直长到双手处，末端上翘。这些要素都是典型的冥王欧西里斯的特征。据记载，中王国时期，其他神庙的正面或柱子前面也建有君王的欧西里斯化身柱，比如艾尔曼特或阿比杜斯。这种柱子必须与身穿塞德节斗篷的皇室站像严格区分开来，后者是表明君主个人权力的重生。通过“欧西里斯化身柱”，现实君主今世崇拜的永生以十分精明的方式被神话中冥王欧西里斯的永生延伸，因此能保证神庙中供奉的神的创造力。

最基本的信仰便是众神选出了君主，赐予他合法的地位，让他负责维护世界秩序、防止混乱、提供人和神之所需。于是对君主的崇拜永久成为对神的崇拜中的一部分，供奉王室雕像的庙宇因此被融入神庙当中。在这些庙宇的图画中，众神对君主的指定、给养和加冕，统治者对敌人的征服等这样的装饰主题（比如在盖博拉或丹达腊）是放在第一位的。

这一时期有很多宗教建筑物，其中比较有特点的是一种砖石混合建筑。有些建筑的构想又与世俗民居的房间相似，突出了与凡尘俗世的联系。另一方面，这些神庙与死后生活的关系又是通过其他要素反映出来的。君主的木乃伊形柱式雕像就说明了实际统治者与欧西里斯之间有所联系这一观念。这种雕像最早是为曼图霍特普二世修建的，修建于艾尔曼特的蒙图神庙，位于底比斯附近。永生的神庙 在塞索斯特里斯一世长达45年的统治中，建筑项目数不胜数。这位君主几乎在全国上下所有重要的祭仪地点都修建了石砌神庙，代替了陈旧的砖砌建筑。这些石砌神庙不但要供奉众神，还要供奉神化的先祖［比如斯奈夫鲁（Snefru）］和守护神［比如大象岛的守护神罕奎貝（Heqaib）］。神殿加以装饰，其类型与为强化皇权的以多种存在形式的神相对应。随着阿蒙神在中王国时期地位的提高，他的祭拜地卡纳克也变得重要起来。塞索斯特里斯一世于是将那里的旧建筑翻修一新。

60 阿蒙神接待塞索斯特里斯一世

卡纳克，“白色寺庙”，柱子上的浮雕；第十二王朝，约公元前1925年；石灰岩；浮雕面高度约260厘米。“白色寺庙”中的这16根柱子周围均饰有铭文，总共有60块浮雕画面。这块画面描绘了君主在阿蒙神前的膜拜仪式，表现了阿蒙神的各个方面，以及他对生命、永恒、保护的赐予。画面中，长着隼头的蒙图神将君主引向阿蒙神，阿蒙神又将一枚安卡十字章伸向君主。画面上方的铭文是说，这件事发生在这位君主的再生节上。这种说法实际上是用永恒的仪式（因为描绘在了石头上）对真实事件加以补充，意指仪式永存。

61（右图）塞索斯特里斯一世的“白色寺庙”

卡纳克，露天博物馆；第十二王朝，约公元前1925年；石灰岩；表面尺寸6.54米×6.45米。塞索斯特里斯一世的这座名为“白色寺庙”的路边小站被视为古埃及建筑和浮雕雕塑之珍品。两条斜道与平台相接，其上的建筑建有柱子若干。栏杆和额枋上面是凹弧形屋檐，与花托线脚和屋顶共同围成一间房。这座寺庙的原址有些许争议，不过，曾经可能建在阿蒙神庙的中心轴上。

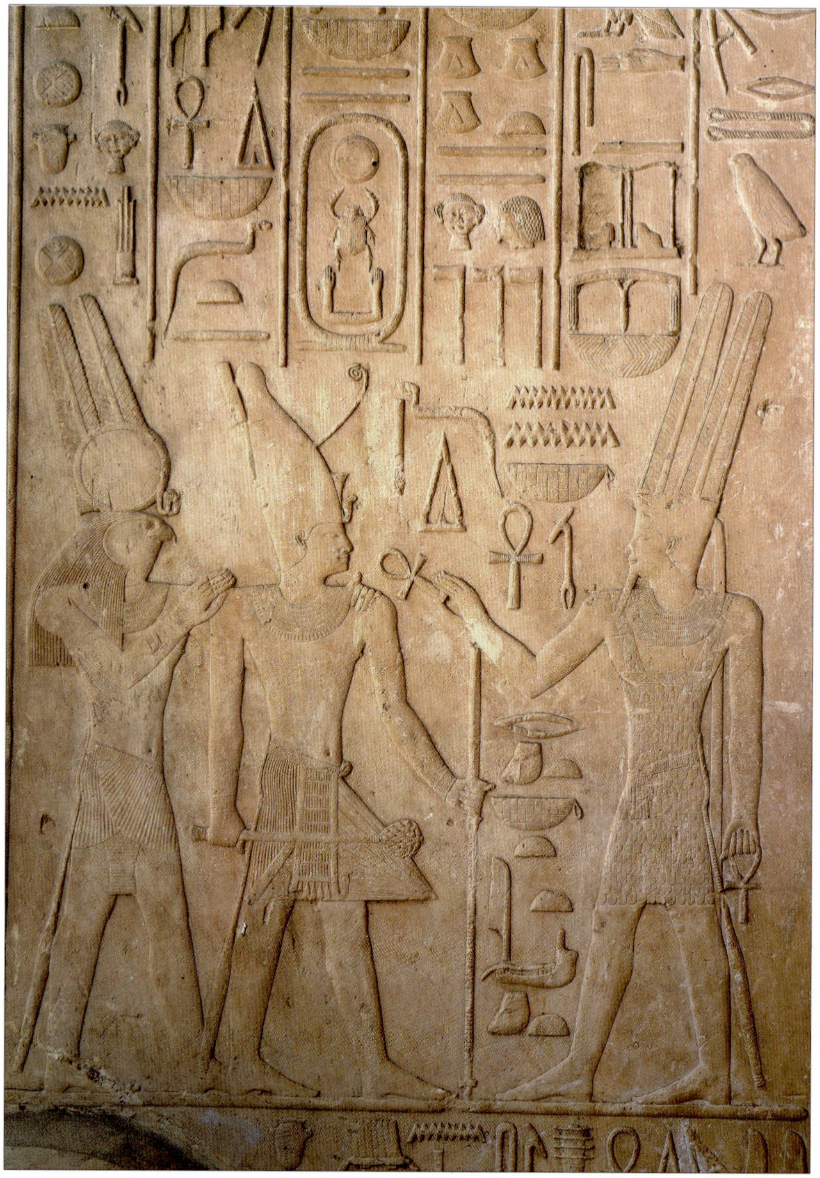

这座大神庙前面是一座露天花园，周围建有柱子，正面前方是一组欧西里斯化身柱，后面是三间相连的中心祭拜室和侧室。有一座采用花岗闪长岩修建的阿蒙神像殿，在第七座塔门南侧被发现，肯定也属于这座大神庙的一部分。

塞索斯特里斯一世在卡纳克还建有一座建筑，是中王国时期最出色的建筑之一。这就是“白色寺庙”，塞索斯特里斯一世在他第一个再生节（即塞德节）时落成的一间路边小站。但是，寺庙在新王国时期被拆，阿蒙诺菲斯三世（Amenophis Ⅲ）将拆下的材料用来修成了塔门地基。现在，这座建筑差不多是按原样重建的：有16根柱子，两条斜道相对；寺庙中间有一个基座，之前可能放着君主和阿蒙雷卡姆特夫（Amun - Re - Kamutef）的双人像，但现今仅剩下基座板。为了庆祝再生节，塞索斯特里斯一世还在赫利奥波利斯修建了新建筑，在阿图神庙前竖起了两座高大的方尖塔。

第十二王朝晚期，君主们甚至在埃及境外修建其祭拜建筑。

他们下令在努比亚的阿姆拉（Amara）和塞姆纳（Semna）、西奈半岛的沙拉别艾卡锭（Serabit el – Khadim）修建神庙；在埃及本土，则大肆供奉神像、铭碑，扩建、改建神庙。阿蒙涅姆赫特三世尤其重视法尤姆，在此修筑了众多神庙。

其中之一便是这位神化的君主在祭拜地比亚荷姆（Biyahmu）为自己修建的两座高达 18 米的巨型雕像（目前已损毁）。他还在梅迪尼特马迪（Medinet Madi）为鳄鱼神索贝克（Sobek）和女神雷内努特（Renenutet）修建了小神庙；在谢地城（今梅迪尼特法尤 姆（Medinet el – Faiyum））重建了索贝克神庙。他有一系列身穿特别法衣的雕像或者长着浓密狮鬃的狮身人面像肯定就是源自此处。

目前仅存的几座中王国时期的神庙基本结构确实不同，这点可以肯定。不过，这些神圣地带几乎都包括神像殿、供奉厅、探访厅以及院子。每座神庙都必须看成是有着强大召唤力的独立建筑。景观、建筑、壁画、铭文、雕像、方尖塔，共同形成一个概念上的整体，众神和君主在其中各司其职。

62 门楣：塞索斯特里斯三世在蒙图神前上供

美达姆得（Medamud），蒙图神庙；第十二王朝，约公元前1860年；红色花岗岩；高107厘米，长225厘米；巴黎卢浮宫，E 13983。

蒙图自古代起就是战神，也是底比斯省守护神，在中王国时期的统治者中享有盛誉。他最大的祭拜地是美达姆得。塞索斯特里斯三世重新修建了神庙，并进行了大规模扩建。这条门楣就属于该神庙中通向供品储藏准备室的一条通道，现存于卢浮宫。通道两侧均有的铭文不但说明了这种功能，还提到塞索斯特里斯三世建起大门是“为了他的父亲蒙图神……精美的白色石灰岩”。门楣显示在图上的这一块分为两部分，内容呈镜面对称，表现的都是塞索斯特里斯三世向蒙图神上供的情景。手拿供品的君王像从房间内面朝外，并受到长翅膀的日盘［神圣埃德夫（Edfu）的象征］的保护。右侧，君王将一块锥形的“夏特饼（shat cake）”递给蒙图神；左侧，是一块锥形的白面包。两个场景中，塞索斯特里斯三世都戴着皇家头饰，穿着有牛尾的短裙；而长着隼头的蒙图神穿着神的短裙，戴着一顶高高的羽冠，上面有日轮和两条眼镜蛇。蒙图神手执“万斯（was）权杖”和安卡十字章，象征着生机和繁荣。

63 塞索斯特里斯三世狮身人面像

第十二王朝，约公元前1860年；火成岩；高42.5厘米，长75.5厘米；纽约大都会艺术馆，17.9.2。

这一座表现强烈的狮身人面像的特点在于衰老的塞索斯特里斯三世那张丘壑纵横、憔悴瘦削的脸和肌肉发达的狮身形成的反差。不过，两部分都同样传达出一种强烈的自我肯定意识；高昂的头部凸显出因戒备而张紧的身躯，整体效果十分协调。

64 卡司尔爱耳沙哈（Qasr el - Sagha）神庙

卡司尔爱耳沙哈；第十二王朝，约公元前1880年；石灰岩；宽21米，长7.80米。

这座神庙是为数不多的能从中王国时期保存至今的神庙之一。神庙建于第十二王朝晚期，法尤姆绿洲卡仁湖（Qarun Lake）西岸，由相邻的七间神像殿和一间普通的供奉室构成。神庙没有前院和大厅，也没有围墙和完整的图文装饰。所以，这座神庙肯定没有完工，也可能从未用于祭拜。

生动的形象——神庙中的雕像

在古埃及，宗教仪式中祭拜的神的圆雕雕像是每座神庙必不可少的组成部分。由于完全或部分采用贵金属制造，这些雕像被盗走、熔化，几乎全部丢失。不过，从神庙墙上的平面图像可以看到，大多数雕像是站像或坐在王位上。他们被看作有生命的形象，是神明的一部分，所以只有君主或代表君主的祭司才能获准接近。圣殿外也有神像，一般采用石头雕刻，祭司和达官显贵等人才能接近。只有用三桅船载着的雕像队列才在大型节日上向全民展示。

王室雕像的多重属性

君主的雕像也是每座神庙中不可或缺的部分，也被认为是有生命的雕像。由于雕像确切的来源不太可能重现，我们必须从其外观推测其功能。这里，雕像的类型非常重要，可说明各种不同功能。王室雕像既可以是积极的，也可以是消极的。作为祭拜中至高的主，雕像位于神的前面，或本身就是贡品，或以祈祷像的形式跪着或者大步向前；作为神权或皇权的化身，雕像又表达了通过君主对世间万物的保证，比如狮身人面像。它们或站立，或坐在宝座上，是仪式的中心，接受人们的祭拜和供奉；它们也是神指定的个体，享受着神的庇护，得到神的承认。我们还发现了一些雕像群，比如君主和神连在一起的雕像。肖像也能作为辨别的要素，并强调雕像的功能，比如阿蒙涅姆赫特三世穿着特殊服装的祭司像、塞索斯特里斯一世拿着安卡十字章的柱式雕像等。在确定雕像的表现效果方面，第三个也是决定性的要素是身体和面部特征，起着核心作用。与君主类似，各级官员也都确立了自己的标准雕像，不过，也允许在功能和风格上有所变化。如果我们观察王室雕像在第十一、第十二王朝的发展历程，就能发现非常明显的区别：曼图霍特普二世注重数量和分量，塞索斯特里斯一世注重固定的对称，阿蒙涅姆赫特二世注重紧凑，塞索斯特里斯三世注重集权与力量，而阿蒙涅姆赫特三世则注重活力、严谨。

因此，从原则上讲，在平衡的审美观上，雕像外形就从细节上突出的形式主义和“象形”成分发展到了心理学上的自然主义。

神庙中的私人雕塑——被选中的见证者

如果说神像和王室雕像直接通过魔力守护着祭拜地，那么其他人的雕像则有完全不同的重要意义。在古王国时期，除君王和神的雕像之外，其他的私人雕像八成是沿着祭拜地道路和祭拜队伍放置的。最晚从中王国时期起，神庙中就能够看到很多这种雕像了。这些雕像

66（上图）阿蒙涅姆赫特三世“祭司像”

梅迪尼特法尤姆，索贝克神庙；第十二王朝，约公元前1830年；花岗闪长岩；高100厘米；开罗埃及博物馆，JE 20001。

阿蒙涅姆赫特三世的半身“祭司像”是其大于真人比例的雕像的一部分，发现于谢地城——鳄鱼神索贝克在法尤姆的主要祭拜地。雕像的装束十分独特。这位君主戴着编了辫子的沉重假发，穿着兽皮，脖子上系着一条大链子。宽大的下巴托撑住的仪式胡须和额头的眼镜蛇已被破坏。假发左右两侧是君主拿着的两根雕着隼头的神圣权杖。由此看来，这应该是权杖托原型，一种在新王国晚期再次出现的雕像类型。从面部特征来看，这座雕像的身份就是阿蒙涅姆赫特三世，不容置疑。虽然雕像的功能有争议，但特殊的装束和兽皮却意味着特别的祭拜仪式，所以，用“祭司像”命名是完全可以接受的。

65（下图）阿蒙涅姆赫特三世半身像

可能源自法尤姆，索贝克神庙；第十二王朝，约公元前1810年；铜合金，残留了金、银、琥珀金及水晶镶嵌饰物；高46.9厘米；私人收藏，瑞士。

有证据表明，从古王国时期，王室就开始用金属制作雕像（比如大于真人比例的佩比一世（Pepi Ⅰ）雕像，出土于赫利奥波利斯），而且是神庙雕像布置的一部分。但是，由于大多数雕像被盗走破坏，保存下来的很少。图中这座半身像无疑是金工艺术的杰作。由于下半身是单独制作的，而且也未被找到，无法确定雕像之前是站着还是坐在宝座上。头饰很大，是单独制作并连接到雕像上的；为了让前额过渡和谐的头饰带丢失。面部极具表现力。面部的结构、有力的下颌、突出的下巴、自然的眉毛也见于阿蒙涅姆赫特三世其他肖像；但是，嘴唇宽大、眼睛小、眼距宽、鼻子长而突出、肌肉和皱纹则非常内敛含蓄，这些又与他典型的形象有所不同。这样一来，有人可能就要问了，是否这座金属雕像是单独制作的肖像？或者是否这座半身像是随后一段时间制作的？也许是为阿蒙涅姆赫特四世制作的？

67 塞索斯特里斯－塞纳贝夫尼（senebefni）蹲像

可能源自孟斐斯；第十二王朝，阿蒙涅姆赫特三世统治期间，约公元前1830年；砂岩；高68.3厘米，纽约布鲁克林博物馆，查尔斯埃德温威尔伯恩基金会，39.602。

将双腿蜷缩，双手环绕的蹲像第一次出现在中王国时期。这些雕像位于墓中的祭拜通道中，或者放在神庙中。身体的姿势是故意要明确表现君主或神在参与祭拜中的荣耀和这份荣耀所需的贡品。塞索斯特里斯－塞纳贝夫尼将他的妻子也带入这份荣耀中。献祭套话中所祈求的神是卜塔索卡尔（Ptah－Sokar）孟斐斯大墓地之主。

68 索贝克姆萨夫（Sobekemsaf）像

可能源自艾尔曼特；第十三王朝，约公元前1700年；花岗闪长岩；高150厘米；维也纳艺术历史博物馆，AS 5051/5801；垫板和脚；都柏林爱尔兰国家博物馆，1889.503。底比斯省长索贝克姆萨夫的这座站立迈步像曾经可能位于艾尔曼特的蒙图神庙中，因为献祭套话上说道"底比斯的蒙图神，艾尔曼特的居民"。他臃肿的身体以及私人雕像罕见的尺寸，明显突出的从胸部垂下的荣耀之裙，都表露出这位高官的显赫，因为他的妹妹是十三王朝君主的妻子，很有势力。

代表着那些虽然没有直接参与祭拜，但是对能出席并"见证"祭拜仍然感到非常荣幸的人。它们在神庙中被重新分配，其上的铭文也说明他们作为参与者与祭拜仪式的联系：铭文中大多包含乞求参与神的献祭仪式的内容。这种雕像很多都以蹲像表现，双腿蜷缩在身体下，或者双膝上抬，贴紧身体。这种下蹲姿势是一种表 现平静的被动位置，既不适用于众神，也不适用于君主。为了确保能在今生来世都永远参与到祭拜和随后的供奉仪式中来，雕像还加入了新的肖像要素：紧裹着身体的斗篷。斗篷和交叉的双臂和部分遮盖的双手表现了欧西里斯的样子。在中王国晚期，还加入了站像：手臂下垂，贴紧身体，双手或放于身旁，或沿着短裙伸向前方。

雕像所代表的是实际直接参与祭拜的高级祭司或官员。出现这一变化后，中王国时期的埃及神庙分为两个部分，向非王室成员开放。作为"见证者"，他们获准进入神庙；后来，甚至获准以祭拜者的身份参与到祭拜仪式中。

1 哈特谢普苏特（Hatshepsut）的跪姿像

底比斯西部，德伊埃尔巴哈里（Deir el – Bahari）；第十八王朝，约公元前 1460 年；红花岗岩；高 75 厘米；柏林国家博物馆（SMPK）埃及馆，22883。

哈特谢普苏特在德伊埃尔巴哈里修建的丧葬神庙可与中王国时期门图荷太普二世（Mentuhotep Ⅱ）的葬庙相媲美，至今仍为各种节日游行的目的地。按照葬庙惯例，哈特谢普苏特为祭祀姿势，手持祭祀用储水器。

第十八王朝至第二十王朝的政治史

迪特尔·凯斯勒（Dieter Kessler）

对今人来说，新王国时期是埃及历史上领土扩张达到最大并产生了皇室风流人物的一个时期。然而，新王国时期的起点却是上埃及底比斯人（Thebans）起义反叛希克索斯人（Hyksos）。当时希克索斯人的势力范围在下埃及。公元前 1570 年左右，希克索斯统治者仅控制着该国北部。其首都位于三角洲的阿瓦利斯（Avaris）。卡莫斯（Kamose）领导底比斯人开展的第一次进攻以失败告终。而在这之前，卡莫斯已经在中埃及战胜了希克索斯的追随者。希克索斯国王曾试图与努比亚的科尔玛（Kerma）王国联合夹攻底比斯，但却以失败告终，因为其信使在绿洲道路上被俘获。

雅赫摩斯（Ahmose）领导的第二次进攻则大功告成。雅赫摩斯后来成了底比斯的统治者。这次进攻中，孟斐斯（Memphis）失守。底比斯舰队抵达了阿瓦利斯，并最终攻下了该座城市。雅赫摩斯接管了该城的城堡，之后还对城堡进行扩建，并用克里特式（Minoan）湿壁画和其他图案加以装饰。希克索斯的主力不得不撤退至南部巴勒斯坦小镇沙如罕（Sharuhen）。3 年的围攻之后，沙如罕堡垒也沦陷了，这片地区再次回到埃及人的统治之下。

历史学家认为，希克索斯人被驱逐后雅赫摩斯重新统一埃及标志着新王国时期的开始。新王国前半时期的政治史主要为向小亚细亚和努比亚的逐步领土扩张，重新划定了埃及的边界线。领土扩张后，埃及的南部边境延伸至如今阿布哈米德（Abu Hamid）附近的苏丹，即第五瀑布北边。北部边境可能延伸至幼发拉底河沿边一个名为纳哈瑞（Naharin）的国家。

埃及崛起成为了一个“世界强国”。但却未能完全控制尼罗河谷以外的领土。虽然巴勒斯坦大大小小的城邦受埃及“顾问”的控制，但仍由各地方诸侯实际统治。这种关系充其量只能称得上与原料开采和贸易路线控制相关联的帝国主义。远古资料中记载的埃及统治的世界“远至其边界之外”这样的断言并不切合实际，其实际的势力范围与此有很大的差异。埃及从未实现叙利亚中部和北部的永久和平。法老们在此与其他大国的诸侯们激烈地斗争着，首先与幼发拉底河之外的胡里安（Hurrian）城邦联邦统治者米坦尼人（Mitanni）斗争，后来又与赫梯人（Hittites）斗争。尽管如此，由于埃及外交政策较为成功，且其国内政治状况较为稳定，埃及还是在地中海地区赢得了一席之地，并形成了璀璨的文化。

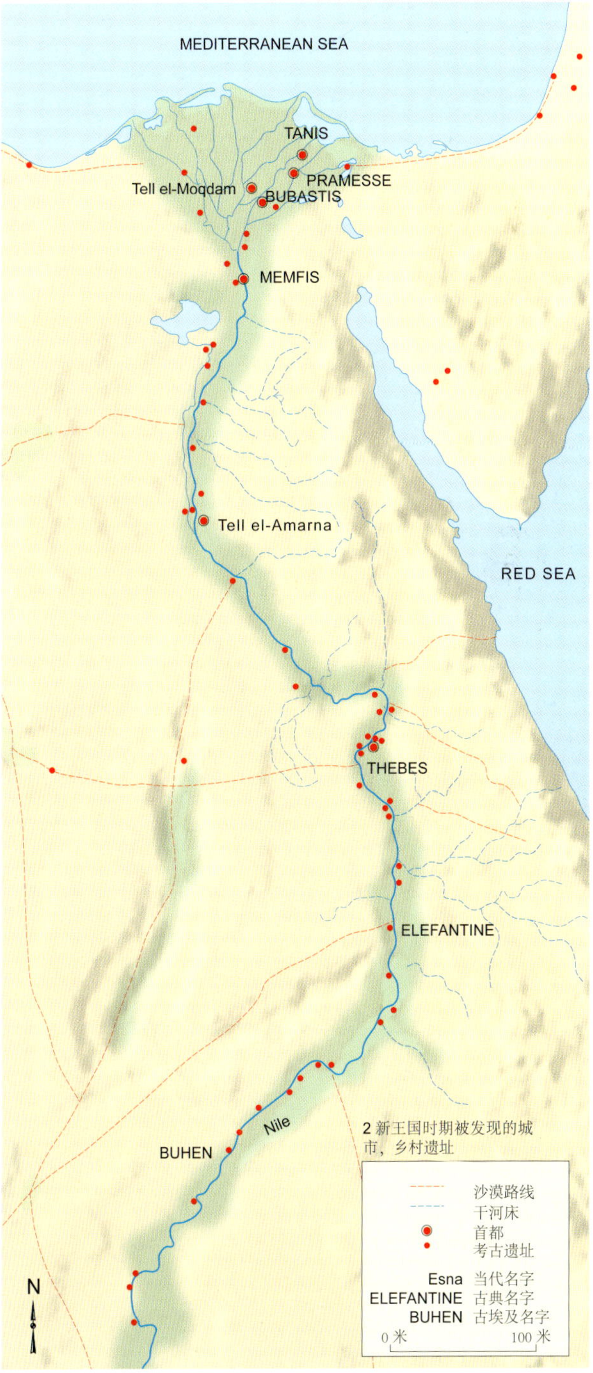

2 新王国时期被发现的城市，乡村遗址

3 图特摩斯三世（Thutmosis Ⅲ）雕像上部

第十八王朝，约公元前1450年；花岗闪长岩；高45.5厘米；维也纳艺术史博物馆，ÄS 70。该位法老的诸多成就中，值得其后裔称赞的不是其在军事上的成就，而是其著作和学识。图特摩斯三世统治时期时，《冥府通鉴》首次出现于王陵中。《冥府通鉴》即《阴间书》（Amduat），该书表达了埃及人对阴间的看法。

新王国早期的国内发展

在雅赫摩斯和其继承者阿蒙诺菲斯一世（Amenophis Ⅰ，埃及名为“Amenhotep”）的统治下，埃及王国重新统一后出现了期待已久的改革，如行政管理标准化、法律法规改革、历法改革、祭祀仪式改革等。之后岁月里对阿蒙诺菲斯一世及其配偶的神化，最终遵循的就是阿蒙诺菲斯一世在世时制定的这些规章制度。他的底比斯葬庙区域后来成为了重要的神谕处，在此寻求国家大事的决策。后来的统治者们更加重视王室在拜神仪式中的重要性。因此，由于阿蒙的神谕王室中的公主通常要参加拜神活动，也要在底比斯担任具有政治影响力的“阿蒙神之妻”一职。自阿蒙诺菲斯一世起，出于政权集中性和财政方法的原因，前所未有地扩大了底比斯当地阿蒙神的拜神仪式和游行场所。阿蒙神被奉为主神。之后，各位统治者相继修建神殿。修建神殿的场所不仅限于底比斯，而是在整个埃及范围内。在埃及万神殿的众神中，从未有过像阿蒙神这样获得如此高的宗教地位和政治地位的神。

哈特谢普苏特及图特摩斯三世

王室们居住在宫殿中，在卡纳克（Karnak）附近，远至西北部的德伊埃尔巴拉斯（Deir el － Ballas）。但却在孟斐斯（Memphis）地区开展王子尤其是王位继承人的军事训练。阿布古拉布（Abu Gurab）附近法尤姆（Faiyum）入口处修建的后宫似乎曾上演过王位之争的一幕。因此，虽然图特摩斯二世的妃子之子即年幼的图特摩斯三世已被封为王位继承人，但最终却未能继位。因为一个宫廷小集团根据底比斯阿蒙神的神谕，说他的同父异母姐姐（即图特摩斯一世之女）哈特谢普苏特已经是底比斯的阿蒙神之妻，而把她推到王位上当了摄政王。哈特谢普苏特在底比斯西部的德伊埃尔巴哈里修建了宽阔的葬庙。这主要归功于她在宗教和政治政变中所作的努力。该葬庙中有一系列独一无二的绘画，与景象融为一体，也是能证明法老诞生的第一个证据。 哈特谢普苏特并不是作为荷鲁斯法老单独执政的第一位女王。但哈特谢普苏特和年幼的图特摩斯三世共同执政使人们不断琢磨这二者间关系的本质。哈特谢普苏特和现任的阿蒙神大祭司一逝世，祭司阶层便失去了影响力。这两者均是内权斗争的受害者。哈特谢普苏特逝世之后，手握孟斐斯军事大权的图特摩斯三世终止了哈特谢普苏特葬庙中的祭祀仪式，并推翻了她的塑像。她在卡纳克神庙中的圣所也被拆除了。 哈特谢普苏特仅在努比亚发起过五次小型战役，但也不能因与好战的图特摩斯三世相比，就形成哈特谢普苏特是一个爱和平的女法老的形象。图特摩斯三世的名字一代一代地传了下来，很可能因此而给人以荣耀感。尤其是在历经数千年的圣甲虫雕饰上有其名字。也可能与其在卡纳克（Karnak）神庙中心修建的新式石筑庆典建筑物有关联。除热衷于狩猎外，相关资料几乎从未提及他精力充沛的个性。这位国王曾在奥龙特斯河（Orontes river）沿岸的平原上捕猎了120只大象，实在令人惊叹。这证明他是一位英勇的国王。有一位军官也很勇敢，当国王受到一头大象威胁时，是他把国王救出险境。

向叙利亚和巴勒斯坦的扩张

图特摩斯一世大胆地向幼发拉底河远征并占领巴勒斯坦南部之后，向米坦尼国王索要叙利亚。哈特谢普苏特女王摄政期间，肯定加剧了贸易路线和影响范围方面的矛盾。就此而言，真正的对手应该是叙利亚的卡叠什亲王。他组织了反埃及联盟。哈特谢普苏特逝世后，图特摩斯三世率领的埃及军队抵达了加沙（Gaza）。埃及军队在美吉多（Megiddo）包围了敌军，围攻7个月后敌军投降。从此众多城邦承认

4 阿蒙诺菲斯三世和鳄鱼神索贝克（Sobek）雕像

达哈姆斯哈（Dahamsha）；第十八王朝，约公元前 1360 年；方解石雪花石膏；高 256.5 厘米；卢克索古埃及艺术博物馆，J. 155。

自阿蒙诺菲斯三世统治的第三十年起，便不断涌现与阿蒙诺菲斯三世赛德节相关的动物形雕像。该雕像源自底比斯南部的索贝克神庙，该神庙中也有神圣的鳄鱼。后来拉美西斯二世在该雕像上刻上了他的名字。

埃及的统治权。阿舒尔 (Assur) 的统治者反对米坦尼，与埃及法老建立了联系，之后发动了持续 20 年之久的战役。其目的是获得叙利亚中部的控制权。在奥龙特斯河的河口，修建了两支埃及舰队基地。从该基地可迅速进入卡叠什地区。图特摩斯三世建立了经久不衰的叙利亚和巴勒斯坦控制管理体系，东方外国派来的总督在宫廷中握有至高无上的权责。埃及在叙利亚贝卡（Bekaa）平原几个具有重要战略意义的地点，包括奥龙特斯河河口、加沙、大马士革（Damascus）均建立了区域管理机构和要塞。巴勒斯坦城邦的诸侯继续被埃及顾问控制着，各诸侯之子也在埃及王宫中与王储一起抚养。

南向扩张

希克索斯最后一座堡垒失守后，埃及立即开始进攻南部敌军。大象岛（Elephantine）和下努比亚（Lower Nubia）地区中，埃及各城市的总督与科尔玛统治者达成了某种协议。甚至连雅赫摩斯也开始以武装力量反抗其统治。图特摩斯一世时期，经过精心准备，埃及进攻了其军事中心科尔玛。科尔玛在此次进攻中沦陷，科尔玛国王被杀（约公元前 1500 年）。埃及法老率领其舰队继续向南挺进，直达惨败的科尔玛国边境。第四大瀑布和第五大瀑布之间的边界石柱标志着埃及军队所抵达的最南端。因此，汇集于此的内部非洲贸易路线开始受控于埃及。

整个地区均受控于头衔为“国王在库什的一把手”的埃及总督。埃及总督的管辖区域远至艾尔卡布（Elkab）附近东部沙漠北部。努比亚诸侯继续担当中间人，确保定期上交贡品和使用当地劳工。但各诸侯之子与近东的诸侯之子一样，也是在埃及宫廷中与埃及王储一起抚养。其目的是为了保证其今后效忠于埃及。尽管之后时常发生小型叛乱，整个努比亚还是不得不受控于埃及法老。南方的收入所得主要用于底比斯的阿蒙神庙。

当时在主要贸易和要塞中心尤其是南部的科尔玛［塞（Sai）、索勒布（Soleb）、纳巴塔（Napata）］地区举行对国王及其祖神阿蒙、荷鲁斯和卜塔的祭祀仪式。贸易和要塞中心有大量新神庙建筑群。努比亚黄金对埃及经济和威望的重要性日益提升。阿拉齐干河谷（Wadi Allaqi）边缘实力雄厚的要塞保证了源自努比亚黄金的利益。

北部城邦和努比亚的大量贡品源源不断地流入底比斯的王室国库，增强了埃及的经济实力。甚至在希克索斯时期便有大量携带异国货物的外商和工匠涌入埃及。可能由于地中海圣托里尼（Santorini）岛上火山爆发的原因，克里特人在克里特岛上的海上霸权也土崩瓦解。随后该岛被迈锡尼（Mycenae）占领。该区域出现了大幅度增加的货

5 头戴高耸头饰的泰雅王后头像

阿布古拉布，第十八王朝，约公元前1350年；紫杉木，嵌有金箔；高9.5厘米（不包括王冠）；柏林国家博物馆埃及馆，21834。

众多公主和侍从居住在法尤姆入口处的王室后宫中。该后宫由王后管理。该著名头像和新分配的阿蒙诺菲斯三世之妻的王冠很可能源自后宫中的王朝祭祀仪式。即使阿蒙诺菲斯三世逝世后，泰雅作为王太后在太尔·艾尔阿玛纳的阿肯纳顿祭祀活动中也发挥着重要作用。

6（右图）阿肯纳顿（Akhenaten）和奈费尔提蒂（Nefertiti）雕像

太尔·艾尔阿玛纳（Tell el – Amarna）；第十八王朝，约公元前1340年；石灰石像；高22.5厘米；巴黎卢浮宫博物馆，E. 15593。

该雕像为全身雕像。王室夫妇亲密地手拉着手。该雕像为阿玛纳（居住用）小礼拜堂王室祭祀仪式中的一部分。两人的雕像合二为一，实现了自然人身份的重生，而不是神话中神的重生。

物交易，埃及也与其他国家一样积极参与其中。埃及黄金深受异国诸侯之青睐，埃及产品甚至远销爱琴海地区。法老从其宫廷中选派内科医生、口译人员等专家前往各诸侯国。而诸侯国则向埃及纳贡，有半成品和原料，同时也选派工匠前往埃及。

叙利亚、小亚细亚、克里特岛和其他邻近地区的商人在埃及为孟斐斯的王室造船厂建造了船舰。精炼金属、玻璃制品显著增长。战俘被迫在底比斯的兵器制造厂工作。努比亚人常任职于精锐部队或警局。

人们在黎巴嫩的库米提（Kumidi）附近为法老打造铁器，位于西奈沙拉别艾卡锭（Serabit el – Khadim）的绿松石矿场重新被开采。品位和时尚也有所变化。甚至连雅赫摩斯王室的珠宝也明显体现了地中海元素。异国顾问逐步对国王产生影响，大量闪米特语（Semitic）夹杂在埃及语中。

阿蒙诺菲斯二世和图特摩斯四世

图特摩斯三世之后，埃及的军事力量进一步增强。图特摩斯三世之子阿蒙诺菲斯二世继续向叙利亚发动战争。其孙子图特摩斯四世也受过军事训练，他率领着军队充分将军事理论用于实践之中。同时，北部的米坦尼统治者日益感到了后起之秀赫梯人的压力，力图与埃及达成协议。因此，图特摩斯四世便可以为阿勒颇南部的努克哈塞（Nukhasse）指定一位合意的国王。他还接受了米坦尼国王的提议，将米坦尼国王之女纳入后宫，同时还有大量侍从。该段时期时，图特摩斯四世在孟斐斯的王宫中操练军事力量和政治力量。

王宫中的新理念

随后的阿蒙诺菲斯三世（公元前1388—前1351年）统治时期内，埃及对叙利亚的统治保持稳定。在努比亚，仅需轻微军事活动便可实现对努比亚的控制。除其军事训练外，这位新即位的统治者还对其早年的一系列丰功伟绩引以为傲。那时，他早年的丰功伟绩被视为理想的统治者成就中的一部分。阿蒙诺菲斯三世将其与泰雅（Tiye）的婚约刻在圣甲虫形宝石上。泰雅是阿赫米姆（Akhmim）地区一位有影响力的宫廷官员之女。18岁时，他通过外交手段又娶了一位妃子。这位妃子名为吉露可何芭（Gilukhepa），是米坦尼统治者之女。她的嫁妆中有大量叙利亚和巴勒斯坦财产。阿蒙诺菲斯三世统治末期，米坦尼的又一位公主被纳入后宫。赫梯人的军事力量日益强大，对叙利亚北部地区的影响日益增强。于是，巴比伦、阿舒尔和安纳托利亚（Anatolia）的阿尔查瓦（Arzawa）的统治者们纷纷试图安排政治婚姻。

7 拉美西斯二世坐姿像

提尼斯（Thinis，桑哈杰尔）；第十九王朝，约公元前1270年；花岗闪长岩；高80厘米；开罗埃及博物馆，CG 616。

拉美西斯时代之后，拉美西斯二世的雕像被转移至提尼斯的新王室住宅。该座精致的雕像以其柔美的线条反映出拉美西斯时期社会精英久经世故的精细和对华贵的青睐。

国王很快对军事失去了兴趣。他开始发福，病痛缠身。赛德节是王室中最重要的节日，庆祝国王统治30周年。他为他的赛德节精细策划了一次大型搬迁。他将其王室宅邸从孟斐斯向南迁至底比斯西部，并在底比斯西部修建了大型宫殿建筑群，还在马卡塔附近修建了海港。宫廷中开始兴起一股新的宗教热。国王每天被当作太阳受人敬拜。哈普（Hapu）之子阿蒙霍特普（Amenhotep）在该宫殿北部修建了一座大型祭庙。阿蒙霍特普是一名建筑师，后来被奉为神。祭庙院子中有王室赛德节守护神 的新雕像，有些雕像还是动物形状。还在埃及各地以及努比亚修建了宏伟的王室赛德节建筑（如索勒布祭庙）。

新宫殿意识形态中有阿托恩神。阿托恩是太阳圆盘的惯用术语。根据该意识形态，国王神秘地与其混为一体，再次清晰可见，正如清晨的反射光一样。宫廷中受底比斯影响的阿蒙神的重要性降低了。阿蒙神与太阳神有关，因此引起了与居住在上埃及的家族的冲突。但孟斐斯高官的抵达掩盖了这种冲突。这些高官们加强了国王在地方的影响。底比斯西部修建有拉蒙斯（Ramose）或哈鲁夫（Kheruef）维齐尔、女王财产管理者等人的岩墓。这些岩墓中的装饰品反映了该时期的富裕状况和思想的广阔性。阿蒙诺菲斯三世与泰雅之女被封为“神之妻”，以加强阿蒙神庙中的王朝祭祀仪式和政治责任。

阿肯纳顿宗教变革

阿蒙诺菲斯三世与泰雅之子阿蒙诺菲斯四世娶了阿赫米姆一位宫殿大臣之女奈费尔提蒂。阿蒙诺菲斯四世可能在还是王储的时候就参加了国王和太阳神祭祀仪式的讨论。他肯定很早就开始计划用阿托恩神宫殿代替阿蒙神庙。登基当国王后，它废除卡纳克神庙的阿蒙神祭祀仪式，但没有废除寺庙的组织结构。他还在东边修建了一座阿托恩神庙建筑群取代阿蒙神庙。奈费尔提蒂及其长女梅丽塔顿（Meritaten）被封为该神庙中较早的“神之妻”。在整个埃及，阿蒙神以一种抹掉阿蒙名字的严酷方式重新受供奉。

阿蒙诺菲斯四世统治的第五年，整个宫廷迁都于中埃及一座名为阿肯塔顿的新建城市。阿肯塔顿意为“阿托恩的地平线”（现代的太尔·艾尔阿玛纳）。随之而去的还有阿蒙诺菲斯四世的母后泰雅。阿托恩宫殿庙宇和葬庙连同王室宫殿成为了新的仪式中心。阿蒙诺菲斯四世的王陵修建于东部沙漠中，远离宫廷大臣的墓穴。阿蒙诺菲斯四世国王亲自担任其都城中祭祀仪式中间人。为了与此次迁都保持一致，他还改名为阿肯纳顿。同时，还有意识地试图挣脱与古老的祭祀活动相关的宗教教条的束缚。他的雕像表情丰富、外观丑陋，是以改革后艺术比例标准为基础制作的，展现了新一类国王的形象。

即使在石块的制作中，也采用了新的结构尺寸。我们称当时的口语为“后埃及语”，该口语的语言形式被正式文件所接受。敬拜国王和王后的图像取代了神庙中传统的守护神。

但是自该位国王统治的第十二年起，便有了改变宗教改革根本性质的迹象。在这期间，阿肯纳顿不得不多花时间处理外交事务，因为赫梯人不断在卡叠什和其他君王统治的城市加大了对叙利亚的影响。太尔·艾尔阿玛纳的宫殿资料室中有手写楔形文字信件。这些信件保存至今，叙述了埃及人为正确评估邻边地区的形势所作的努力。

比布鲁斯的统治者反复提醒埃及提防卡叠什的统治者。努比亚人为了保护埃及政权，甚至定居于巴勒斯坦。但是埃及政治最终只能把

8 麦伦普塔赫(Merenptah)胜利纪念碑(所以色列石碑)

底比斯西部，麦伦普塔赫葬庙；第十九王朝，公元前1208年；花岗闪长岩；高318厘米；开罗埃及博物馆，JE31408(CG34025)。

该石碑上的文字以诗歌的形式记述了该位国王统治第五年时战胜利比亚人的伟大壮举。同时还评论了实现了巴勒斯坦的平定安宁这一事实。此处首次提到了以色列部落名称“以色列荒芜，其种无存”。

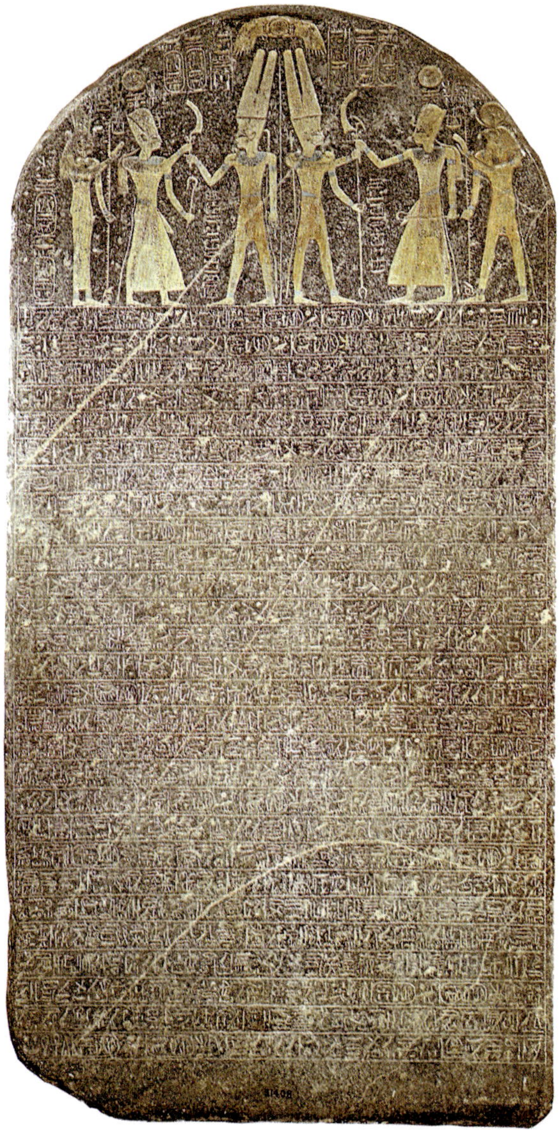

希望寄托于外交婚姻。于是，阿肯纳顿娶了巴比伦卡西特（Kassite）统治者之女。

阿肯纳顿当时娶的第二位妻子基雅（Kiya）可能是米坦尼统治者之女。奈费尔提蒂和基雅逝世后，祭祀仪式中的“国王之妻”一职好像是由阿肯纳顿和奈费尔提蒂的女儿梅丽塔顿担任。

阿肯纳顿尚未指定继承人便与世长辞了。他逝世后不久，其宗教改革便被废弃了。人们开始恢复阿蒙神并重建阿蒙神庙。阿肯塔顿新都被遗弃，大力发展孟斐斯。同时再次在底比斯修建其继承人的王陵。阿克霍佩鲁勒（Ankhkheperure）可能与斯门卡尔（Smenkhkare）是同一个人，他的统治仅维持一段很短的时期。他逝世后，其遗孀写了一封著名的信给赫梯国王。她在信中要求赫梯国王派一个王子来做她的丈夫。赫梯国王确认这个联姻是一件认真的事之后就选派了一位王子，不料，王子却在埃及边境被杀害。这肯定是赫梯人向叙利亚进军的一个原因。

在阿赫米姆的阿伊（Ay）将军的影响之下，阿肯纳顿和奈费尔提蒂的另一个女儿安克塞纳蒙（Ankhesenamun）嫁给了年轻的图坦卡蒙（Tutankhamun）。图坦卡蒙的统治时间较为短暂，其间仅有著名的陪葬珍宝流传至今。这位国王的英年早逝至今仍是个不解之谜。他逝世后，年迈的阿伊将军即位，但同样也很快离开了人世。

将军统治：拉美西斯时期

荷伦希布（Horemheb）率领的驻扎在孟斐斯的军队似乎不愿意承认阿伊将军的即位。荷伦希布最终篡夺了王位，还通过阿蒙神的神谕稳定了他在底比斯的地位。荷伦希布即位后，以拉美西斯命名其军事助理。拉美西斯统治时期标志着新王国时期后半叶的开始。该时期一般被称为“拉美西斯时期”（第十九王朝、第二十王朝）。

荷伦希布、拉美西斯一世尤其是塞提一世（Seti Ⅰ）进行了内部政治改革。塞提一世统治时期时，在许多旧神庙中恢复了阿蒙神的名字，同时宣布阿肯纳顿为异教徒国王。拉美西斯时期时，出于经济和战略原因，埃及首都迁至三角洲东部，位于希克索斯的旧首都附近。拉美西斯城［即比兰塞（Pi － Ramesse）］坐落于通往巴勒斯坦的道路的起端。该座城市在军事上的重要性日益增加，并建有水井和堡垒以加强其防御能力。该城市布局杂乱，有各种神庙、宫殿和大量畜舍、兵器厂等军事单位。兵器厂中还为附属部队制造了防卫赫梯人的盾器。原料铜源自位于提姆纳（Timna）（以色列）的新开发矿场。

埃及军队可经拉美西斯城迅速挺进巴勒斯坦和叙利亚。当时巴勒斯坦和叙利亚正威胁着要挣脱埃及的束缚。该地区的贸易被游牧武士部队扰乱了。在埃及语中，游牧武士部队为哈皮鲁（Hapiru）。希伯来语中也可能有游牧武士部队的名称。中心位于卡叠什的阿穆鲁（Amurru）国家最终公开与赫梯人联盟。军事干预不可避免。

塞提一世的继承者拉美西斯二世最终发动了对动荡地区卡叠什的大规模进攻。其意图可能是想避免赫梯部队与阿穆鲁国王的部队联合行动。埃及军队较为分散，落入了敌军的圈套。但由于敌军侵袭埃及军营时纪律不严，这才使埃及国王有了撤回南部的机会。因此，阿穆鲁沦陷了。后来展开了一场非决定性的卡叠什之战。埃及神庙墙壁上表

9 手捧公羊头标志的塞提二世坐姿像

底比斯；第十九王朝，约公元前1195年；沙岩；高143厘米；伦敦大英博物馆，EA616。塞提二世居住在比兰塞。他统治期间在巴勒斯坦修建了新堡垒。其统治期间，持续在西奈开采绿松石。在上埃及和努比亚，从阿布辛贝到卡纳克均发现有塞提纪念碑。其统治前期埃及和努比亚是否出现过叛乱尚有争议。

明这是一场胜战。这是与近东关系的转折点。双方均意识到不可能获得完全的军事胜利。此外，赫梯国王也面临着本国内部的政治难题以及因其自身原因而引起的传染病和饥荒。于是，埃及人和赫梯人签订了详细的和平条约，稳定了现状，结束了敌对状态。保存至今的有两种版本，一种是赫梯首都哈图萨（Hattusa）中的楔形文字手稿，另一种是埃及象形文字。拉美西斯二世后来甚至还娶了赫梯公主。

该位国王逝世时已年过90。他热衷于大量建筑活动，主要目的是为了加强对努比亚黄金的开采。该国几乎所有有人居住的中心均以法老的名义修建了新宗教建筑。拉美西斯二世之子喀伊姆维斯（Khaemwese）负责恢复过去的祭祀仪式。王室中约有90个儿女，其中数名女儿还是“国王之妻”。随着神庙的修建，束缚于王室神庙机构的异国部落开始提供大量军事用品，尤其是其统治者的庞大站姿雕像。埃及不得不在异国军事殖民者的帮助下开发新国土。这些殖民者则在神庙中享有挂名职务，以之作为回报。

王室建筑物中法老的自画像明显进入高潮时期，这表明埃及陷入了日益严重的经济危机。

西部的政治局势也有所变化。利比亚部落越来越不得安宁。这可能是因为出现了载有大量爱琴海“海上民族”的异国船只。拉美西斯二世统治时期，修建了大量堡垒，以保护亚历山大港西岸海岸。后来，拉美西斯二世之子麦伦普塔赫统治时，利比亚人与大量海上民族武士联手，发动了对三角洲地区的第一次进攻。但此次进攻被埃及人击退了。

10 手持权杖的拉美西斯三世

卡纳克（Karnak）；第二十王朝，约公元前1170年；花岗闪长岩；高140厘米；开罗埃及博物馆，JE 38682 (CG 42150)。

大量海上民族［腓力斯人、斯库兰人(Sikulan)、射登人和但努那人(Danaeans)］进入迦南（Canaan）后，拉美西斯三世从海上民族中征兵入伍，在巴勒斯坦南部新建要塞，竭力巩固其地位。该段时期还在底比斯修建了不少建筑。手持祭祀仪式的象征——公羊头权杖——的雕像用于卡纳克阿蒙神庙的游行祭祀仪式中。

麦伦普塔赫统治时期之后，上埃及爆发了南北内战。拉美西斯三世统治时期，局势更加严重。海上民族切断了贸易路线，摧毁了小亚细亚和塞浦路斯（Cyprus）的海岸。海上民族的进攻还使赫梯王国土崩瓦解。阿拉拉赫（Alalakh）、乌加里特（Ugarit）和卡尔基米什（Carchemish）的城镇被摧毁。诸多少数民族沿着腓尼基海岸通过陆路、海路进入埃及，相关资料中提到有射登族（Sherden）、利西亚族（Lycian）、土耳西亚族（Tursha）、亚加亚族（Acheian）腓力斯族（Philistine）及其他民族。埃及通过陆上战争和海上战争击退了敌军。

拉美西斯三世凯旋而归，赢得了不少战利品。战利品用于扩建梅迪涅特哈布（Medinet Habu）的庙宇。这些庙宇墙壁坚实，是军事上的要塞。拉美西斯三世认为自己是创下丰功伟绩的拉美西斯二世的后裔，并通过言语和建筑两种方式表达该观点，如模仿修建拉美西斯二世葬庙。即使如此，他还是未能成功地维持贸易状况和纳贡。腓力斯人开始驻扎在埃及边境处的加沙和阿什杜德（Ashdod）。

新雇佣军的供应问题、巴勒斯坦收入的缺乏以及努比亚黄金收益的降低等原因加速了埃及经济的下滑。在底比斯修建王陵的工匠开始罢工。拉美西斯三世日益衰老，后来成为后宫谋反的牺牲品。

上埃及的掌控权逐渐落入随后的拉美西斯时期国王之手。埃及内政混乱、腐败不堪、暴力横行，局势再次动荡不安。该国的利比亚佣兵最终洗劫了底比斯的神庙。努比亚总督帕勒赫斯（Panehsi）向底比斯阿蒙神的大祭司阿蒙霍特普发动私人战争。拉美西斯十一世的宅邸位于三角洲地区。虽然他庆祝了“复活节”，试图扭转政局、恢复社会稳定，但最后他还是仅能袖手旁观，因为法老失去了对底比斯的控制权。底比斯阿蒙神的大祭司埃里霍尔（Herihor）将军根据底比斯神的神谕建立了专政。该专政由神权政体支撑着。

11 图特摩斯一世的欧西里斯化身柱

卡纳克，阿蒙－瑞神庙；第十八王朝，约公元前1500年；沙岩，原始总高度约5米。

第四塔门和第五塔门之间，图特摩斯一世用36根欧西里斯化身柱装饰其庭院。这些化身柱沿着墙壁排列，位于加深的壁龛中。雕像的手臂在胸前交叉，清晰地浮现于外衣中。他们手持生命标志。其头部大部分被严重损坏，原本还戴着高冠，有圣蛇图案，还有末端卷曲的圣须。

神庙——王室之神与神圣之王

雷根·舒尔茨（Regine Schulz） 胡里格·苏鲁让安（Hourig Sourouzian）

底比斯——阿蒙神之城

古埃及城市瓦塞特（Waset）成为了新王国时期埃及的宗教中心。希腊人在杰米（Djeme）定居后将瓦塞特称为底比斯（Thebes）。此处有王陵、阿蒙－瑞的祭祀机构，曾经一度还有王室宅邸。尼罗河东岸坐落着建有阿蒙－瑞神庙的卡纳克、国王的祭祀仪式宫殿和部分设有维齐尔办公室的国家机构（第十八王朝期间）。阿肯纳顿统治期间，在此修建了阿托恩大庙，但该庙于阿肯纳顿逝世后立即被废弃。卡纳克南部为居住区，延伸至卢克索（Luxor）的神庙。尼罗河西岸为王室官邸帝王谷、帝后谷、统治者葬庙以及守护神和死亡之神的小型神殿、梅迪涅特哈布的阿蒙－瑞－卡姆特夫（Kamutef）神庙、德伊埃尔麦迪纳（Deir el - Medineh）墓地工匠和艺术家居住区以及不计其数的大臣墓穴。阿蒙诺菲斯三世将王室官邸从北部迁至西城区南部，并在那里修建了大型港口博凯特哈布（Birket Habu），并在其西岸修建了宏伟壮观的马卡塔宫殿建筑群。

当国家行政场所迁回孟斐斯且后来又迁至三角洲东部的拉美西斯城［比兰塞(Pi - Ramesse)］时，底比斯仍然是埃及的宗教中心，仍然是阿蒙神之城。阿蒙神拥有所有神权。此外，其他神（卜塔、瑞－赫拉克提和拉美西斯时期的塞特）的重要性也日益提升。虽然直至第二十王朝末期，国王逝世后下葬于底比斯，但他仅在定期走访底比斯时才在底比斯居住。 大型节日游行在底比斯祭祀活动中起着至关重要的作用，使具有神话意义的地点彼此相连。图特摩斯时期有四个重要的具有神话意义的地点。它们分别是尼罗河西岸的卡纳克和卢克索、尼罗河东岸的德伊埃尔巴哈里和梅迪涅特哈布。虽然尼罗河东岸的奥佩特节（Opet Festival）注重天地权力的维持，但连接尼罗河东西两岸的河谷节注重的却是万物的再生和今生与来世的延续。后来，德伊埃尔巴哈里的祭祀机构的重要性逐渐降低，并被之后的国王葬庙和嵌入式神殿所取代。新王国时期末期，梅迪涅特哈布的拉美西斯三世葬庙以及阿蒙－瑞－卡姆特夫再生复活之地最终成为整个底比斯西部的宗教和行政中心。

神庙之城卡纳克（Karnak）——国家神殿及创造之地

新王国时期，卡纳克发展成为大型神庙之城，有大量祭祀机构、游行路线，游行路线沿途有各种神庙，也有宫殿、行政大楼和储藏库。它被称为伊坡特苏特（Ipet - sut），意为“重视祭祀机构的”神庙。主要的新国家宗教理念与新神学体系融为一体。神学体系中以阿蒙神为首。阿蒙神未取代其他神，但却吸取了其他神的精华。因此，他成了最早的创造之神、太阳神以及上帝。阿蒙神无处不在，他是维持世界秩序的活跃的众神之王、国王之父。 卡纳克同样也是阿蒙神时期的行政中心，尼罗河西岸的王室葬庙和卢克索神庙也坐落于此。为了维持祭祀活动，需要大量祭司和官员。虽然国王担任祭祀总监督人一职，应切实负责各项祭祀活动，但是他并不会出席每个地方的祭祀活动。事实上，负责供奉和祈祷的是祭司。职位最高的是大祭司，同时还有三位其他“神的奴仆”。他们负责管理四群（种族）外博（wab）祭司。外博祭司负责祭祀仪式，每四月一换。此处的大多数人为官员，且被视为外行。仪式上“诵经”的祭司却受过专门训练，为全职人员。

神庙中行政部门的结构与国家行政部门的结构相同。大量的地产、牲畜、职员、各种官员以及神庙的珍宝反映了神殿强大的经济实力。在其经济实力的影响下，卡纳克的大祭司们在内政中的影响力日益上升。仅拉美西斯三世便为阿蒙神庙提供了240000公顷土地和86486名人员。

卡纳克的神庙建筑由三个大区构成：中心为阿蒙－瑞区，南部为姆特（Mut）区，北部为蒙图（Montu）区。北区被设为蒙图区的时间具体为新王国时期还是晚王朝时期尚不确定，因为它最初可能也是王室举行祭祀仪式的场所。自第十八王朝早期起，便在不断增设和重建各种设施。最后，仅阿蒙区就占地123公顷。在 阿蒙神庙及东部和南部的附属建筑之外，于第十八王朝中期修建了诸多建筑。例如，在北部修建了神庙似的图特摩斯一世宝库和图特摩斯三世卜塔神庙和阿蒙诺菲斯三世神庙（是否为蒙图而修建尚有争议）；在东部修建了哈特谢普苏特和图特摩斯三世祭祀太阳的建筑，还有单座高为33米的方尖碑（现位于罗马）；在南部修建了阿蒙诺菲斯二世举行祭祀仪式的专用神庙。

阿肯纳顿在宗教方面仅注重阿托恩。其统治期间，暂停了这些区域的所有建筑活动，中断了祭祀仪式，抹掉了许多神尤其是阿蒙的名字和图像。该位国王反而在卡纳克东部为其崇拜的太阳神阿托恩修建大型祭祀建筑。阿肯纳顿逝世并被谴责后，恢复了原来的祭祀仪式，还在必要场所恢复了神殿。

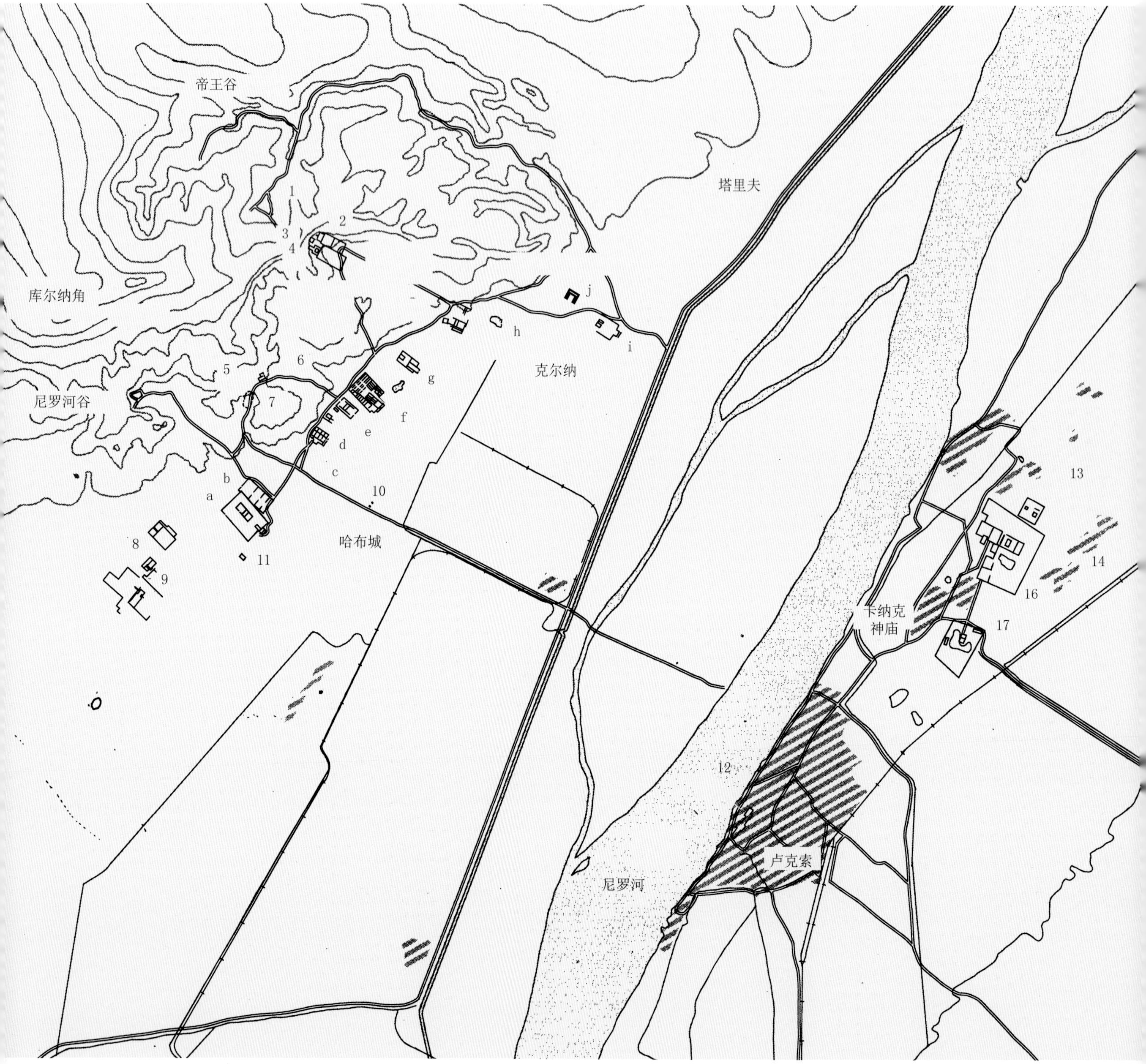
帝王谷
塔里夫
1
2
3
4
库尔纳角
j
h
i
克尔纳
5
6
g
尼罗河谷
7
f
e
d
c
b
a
10
13
哈布城
8
11
14
9
16
卡纳克
神庙
17
12
卢克索
尼罗河

13、14 神庙之城卡纳克

水彩画：塞西尔（Cécile），《埃及记述》（Description de l'Egypte）插图，1798 年至 1801 年。

该图绘于拿破仑·波拿巴（Napoleon Bonaparte）远征埃及期间。工程师塞西尔是陪同法国人的科学研究队的一员。科学研究队的任务是书面记录或图像记录所有的引人注目的文化纪念物和自然纪念物。最终便形成了多达十二卷的《埃及记述》。

12（上一页）底比斯总体规划图

1 王陵（帝王谷）
2 哈特谢普苏特葬庙
3 图特摩斯三世神庙
4 门图荷太普二世神庙
5 德伊埃尔麦迪纳
6 哈索（Hathor）神庙
7 库尔内特慕赖（Qurnet Murrai）
8 阿蒙诺菲斯三世的宫殿
9 博凯特哈布
10 门农（Memnon）巨像
11 远古神之神殿
12 卢克索神殿
13 蒙图区
14 阿蒙区
15 阿蒙神庙
16 阿托恩区
17 姆特区

葬庙名称：

a 拉美西斯三世神庙；b 阿伊和霍连姆赫布（Haremhab）神庙；c 阿蒙诺菲斯三世神庙；d 麦伦普塔赫神庙；e 图特摩斯四世神庙；f 拉美西斯二世神庙（拉美西斯二世祭庙）g 图特摩斯三世神庙；h 拉美西斯四世神庙；i 塞提一世神庙；j 阿蒙诺菲斯一世神庙

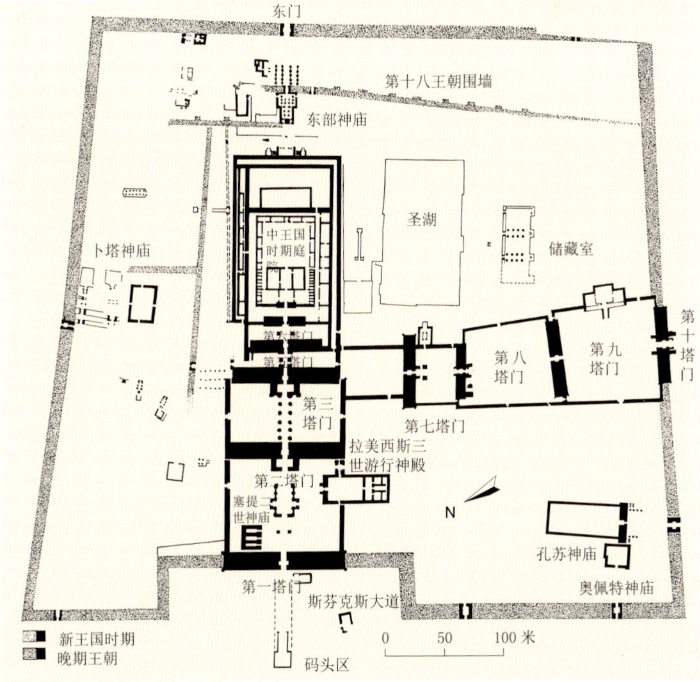

15 阿蒙诺菲斯一世“雪花石膏小礼拜堂”

卡纳克，阿蒙－瑞神庙；圣船祠堂；第十八王朝，约公元前1505年；方解石、雪花石；高4.51米，长6.76米，宽3.59米；卡纳克露天博物馆。

阿蒙－瑞圣船祠堂由阿蒙诺菲斯一世在其统治末期下令修建，后来由图特摩斯一世修建完成。在其结构中，建筑师因勒尼（Ineni）采用源自哈特努布（Hatnub）的珍贵方解石、雪花石以及银和金覆盖木门。但遗憾的是，这些木门如今已不复存在。研究发现，该建筑中的石块被再次用于阿蒙诺菲斯三世的第三塔门中。

16 祭祀游行中的阿蒙诺菲斯一世

卡纳克，阿蒙－瑞神庙，“雪花石膏小礼拜堂”外墙部分，第十八王朝，约公元前1505年，方解石、雪花石；局部高约80厘米。

在埃及，王室肖像是王室身份不可分割的一部分。各个统治者的身份均要重新定义。阿蒙诺菲斯一世面部的大鹰钩鼻特别引人注目，而其眼、耳、嘴和下巴却相当小。这些显著特点与当时流行的和谐理想稍微有点偏差。因此，他并未成为圣像，因为圣像需要更有规则的特点。

第十八王朝的建筑

新王国时期的国王们将不断扩建和装饰卡纳克的国家神庙视为其主要任务之一。很难重现建筑物的早期阶段，因为几乎所有的建筑物后来均被拆除了，仅留下了少量残垣断壁。第十八王朝的创立者卡莫斯（Kamose）和雅赫摩斯（Ahmose）在卡纳克设立了纪念碑。阿蒙诺菲斯一世对其进行了扩建。他恢复了中王国时期的原始神庙，在神庙周围修建了一圈小礼拜堂，还修建了一扇高达10.40米（相当于埃及腕尺20尺）的大门。贯穿东西的中心轴上，其著名的方解石、雪花石圣船祠堂很可能位于庭院前方。该位国王修建的另两座小礼拜堂的灵感来自著名的塞索斯特里斯一世（Sesostris Ⅰ）“白色寺庙”。至今，这两座小礼拜堂仅剩下少量石块。它们和“白色寺庙”可能位于神庙中，或南北向次轴上。图特摩斯一世（Thutmosis Ⅰ）新建、扩建了这些建筑，在其周围修建了石围墙。偏东的王室祭祀用建筑可能就是图特摩斯一世修建的。前两扇塔门（现代编号中的四号和五号）处为其扩建阿蒙神庙的西端。塔门之间有多柱式大厅，入口前有两座高21.80米的方尖碑。图特摩斯二世又修建了一扇塔门，并在其父亲的方尖碑前方的节日庭院中为自己修建了一对小型方尖碑。在后来的图特摩斯四世统治期间，还用精美的墙浮雕装饰了节日庭院。但塔门、方尖碑以及之前的许多其他建筑后来被阿蒙诺菲斯三世更改了。该位国王修建大型塔门时，把这些建筑的石块用作填充料。其中高达40米的旗杆为神庙的最西端。直到第十八王朝到第十九王朝的过渡时期，才向西扩建了

17（上一页）图特摩斯一世方尖碑及哈特谢普苏特方尖碑

卡纳克，阿蒙－瑞神庙；第十八王朝，公元前1505年至公元前1464年；红花岗岩；高21.80米（图特摩斯一世方尖碑）、30.43米（哈特谢普苏特方尖碑）。

图特摩斯一世扩建阿蒙－瑞神庙后，还在“祭祀场所双开门”的入口前修建了两座大型方尖碑。仅南侧的方尖碑保存至今。碑铭显示这些纪念碑的顶端镀金。哈特谢普苏特的方尖碑也镀金，位于其父亲的多柱式大厅中。北侧支柱上的文字表明“方尖碑上半部分由最好矿区中开采的天然金银合金制成”。监督方尖碑制作的财务主管杰夫帝（Djehuty）说得更加详细。其墓穴中提到方尖碑“（整个）长度范围内均覆盖有天然金银合金”，但这种夸张说法是可以理解的。

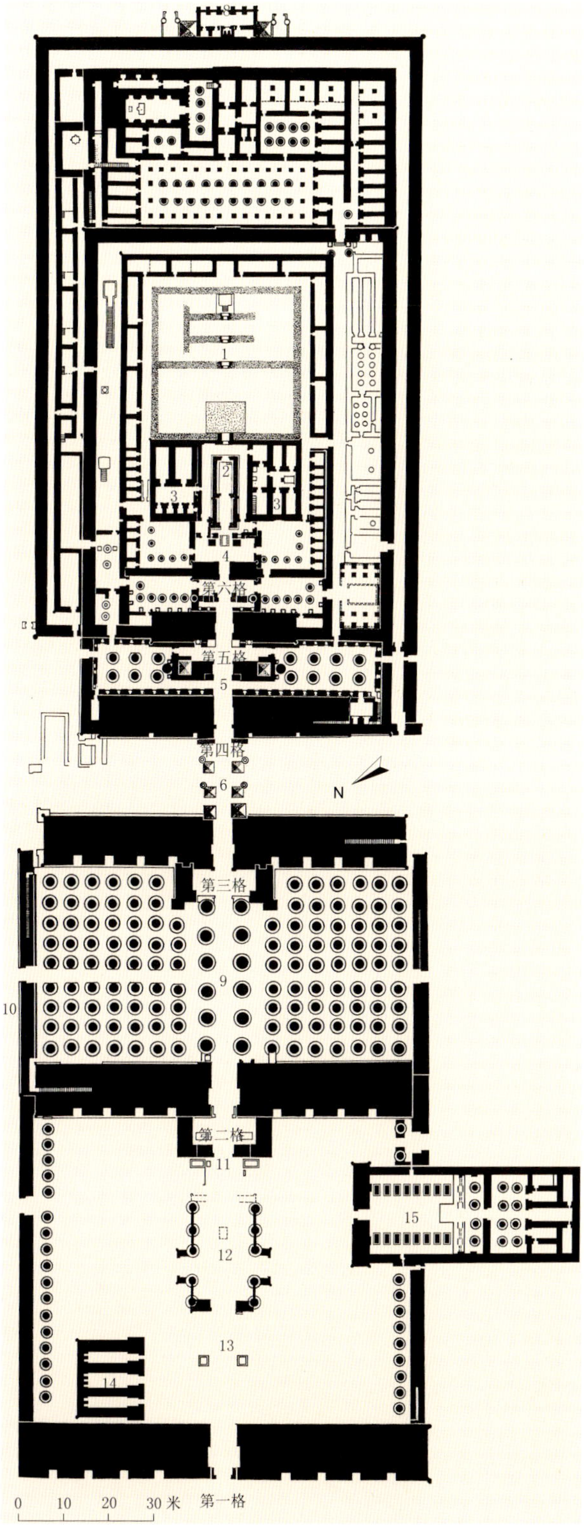

18 卡纳克中央神殿平面图

1 中王国庭院

2 可能曾是阿蒙诺菲斯一世“雪花石膏小礼拜堂”的所在地、哈特谢普苏特“红色寺庙”的所在地，以及图特摩斯三世圣船祠堂的旧址

3 哈特谢普苏特祭祀室

4 带有图特摩斯三世标志的柱子

5 哈特谢普苏特方尖碑

6 图特摩斯一世方尖碑

7 图特摩斯二世（“Akhmenu”）节日神庙

8 互补神殿

9 塞提一世和拉美西斯一世的多柱式大厅

10 展现塞提一世战役的浮雕

11 第十八王朝巨像

12 塔哈尔卡柱廊

13 前院

14 塞提二世仪仗神殿

15 拉美西斯三世仪仗神殿

神庙。其中的塔门（二号）和多柱式大厅可能由荷伦希布（Horemhab）设计，但却由塞提一世和拉美西斯二世修建。

哈特谢普苏特的建筑方案——祭祀仪式和合法化

哈特谢普苏特（Hatshepsut）在位时对建筑规划也进行了一系列的修改。在新王国时期神庙和东塔门（五号）之间，修建了一座建筑综合体，其中有祭祀绘画室和献祭室。其中的一些建筑和装饰保存至今。

这一系列房间的中心可能是阿蒙诺菲斯一世的圣船祠堂。该祠堂后来被拆除。他自己的圣船祠堂用沙岩修建，因其建筑材料的颜色为红色，因而取名为“红色寺庙”。但阿蒙诺菲斯一世逝世后，该寺庙被拆，其中的小石块也被用作阿蒙诺菲斯三世所修建的塔门的填充料。

哈特谢普苏特还改建了图特摩斯一世的多柱式大厅。她拆除了若干立柱，在祭祀通道左右两侧修建了两座高30米的方尖碑。她在北边建了两根立柱，其目的可能是为了标记阿蒙－瑞指定她为法老的地点。此外，她还在阿蒙神建筑综合体和其父亲修建的东侧祭祀建筑周围修建了大型围墙。在东侧的中央神庙轴线上，修建了带有祭祀场景的方解石、雪花石大型神殿，即互补神殿。左右两侧还修建了两座大型方尖碑。如今，这两座方尖碑仅剩下残垣断壁。

神殿内的这两座方尖碑状况较好。北侧的方尖碑仍完好无缺，南侧方尖碑已发现有残片。不同寻常的是，方尖碑除描述刻有铭文的立柱外，还描述了宗教仪式和加冕礼场景。方尖碑顶端（可能还有部分碑身）原本嵌有贵金属，阳光照射下可能会闪闪发光。哈特谢普苏特祭庙中和“红色寺庙”石块上均描述阐明了方尖碑的运输和使用目的。这表明了方尖碑的重要意义，同时也表明了其他事物的重要意义。

一般而言，可假设多柱式大厅、方尖碑和“红色寺庙”形成了计划方案的整体。哈特谢普苏特强调其王室出生和神源，力图使其称王合法化。作为图特摩斯一世之女与图特摩斯二世之妻，哈特谢普苏特继续祭祀阿蒙－瑞，确保了该王朝的延续。

19 哈特谢普苏特的方尖碑装饰

卡纳克，阿蒙－瑞神庙；“红色寺庙”；第十八王朝，约公元前1460年；沙岩；高60厘米，长131厘米；卢克索古埃及艺术博物馆，J. 138。

哈特谢普苏特在阿蒙－瑞中央神殿前方修建了圣船祠堂，与图特摩斯一世多柱式大厅中的两座方尖碑紧密相连。该祠堂长长的侧边及表明了方尖碑的作用，也表明了圣所的作用。这两个场景都融入了包含三个部分的一系列主题中。这三个部分是黄金供献、纪念物捐献（某些纪念物镀金）和统治者加冕礼。因此，哈特谢普苏特的加冕礼以及其统治的合法化被视作其祭祀阿蒙－瑞的结果。

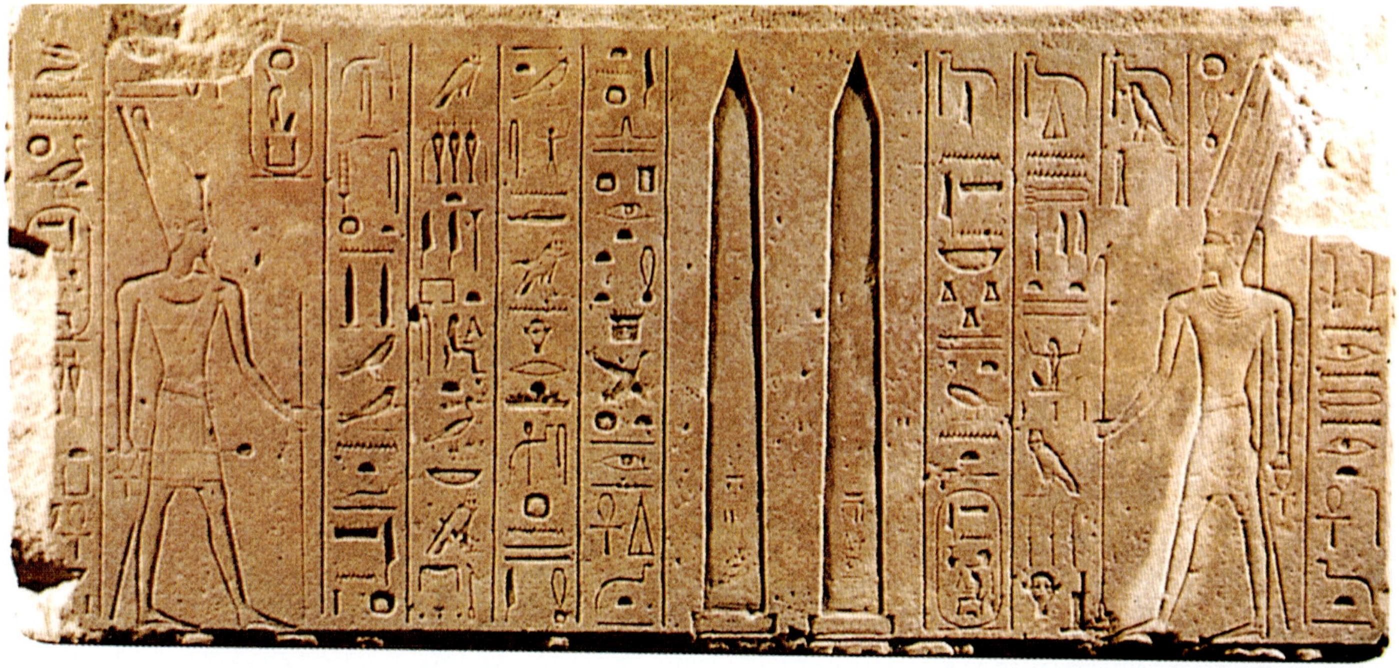

哈特谢普苏特与图特摩斯一世一样，修建了方尖碑，扩建了神庙，并用黄金加以装饰，期望上帝之父阿蒙－瑞保佑她被选为国王，保佑她加冕成功，并保佑她持续统治。

但“红色寺庙”的叙述中不仅提到了统治者哈特谢普苏特，还提到了其继子和共同摄政者图特摩斯三世。他们共同祭祀阿蒙－瑞。但加冕礼场景中却只有哈特谢普苏特。因此，该位女王的所有建筑活动均是在两位摄政者的名义下开展的，即使正如方尖碑上所述，图特摩斯三世仅起辅助作用。

卡纳克的图特摩斯三世——阿蒙－瑞及王权

图特摩斯三世的大型节日神庙阿克蒙鲁（Akhmenu）不得不被视

20（上一页，底部）塞那穆特（Senenmut）和娜芙瑞（Neferure）公主蹲姿像

可能来自卡纳克，阿蒙－瑞神庙；第十八王朝，约公元前1475年；花岗闪长岩；高100厘米；柏林国家博物馆（SMPK）埃及馆，2296。

塞那穆特是阿蒙神庙的监督人和国王之女娜芙瑞的导师。他还是哈特谢普苏特统治时期最重要的人物之一。塞那穆特是第十八王朝诸多纪念碑和创新性艺术作品中提及最多的人物。“导师雕像”便是这方面很特殊的雕像群。该雕像位于卡纳克，很可能与另一座雕像（开罗，CG 42114）是一对。这两座雕像中的塞那穆特均蹲在地面上，且没有双腿。他的双手将娜芙瑞拥在怀中。其长袍完全遮盖了两人的身体。铭文刻在整个雕像上。后来塞那穆特失宠，其名字也就被抹掉了。

为哈特谢普苏特逝世后图特摩斯三世最重要的建筑项目。该建筑物取代了一座可能起源于图特摩斯一世时期的老建筑物。其目的是为了供奉维持世界秩序所需的阿蒙－瑞的创造力和王权。在世的统治者被视为可与神灵直接相关的人。该座建筑物朝向北方，垂直于中王国时期神庙后的主轴，入口位于南端。仅通过阿蒙－瑞中央神殿才能到达入口。该入口通往一个独特的大厅，大厅罩在一个大帐篷下，用于举行王室复活仪式。因此，整个建筑物与国王的赛德节息息相关。建筑物中的铭文还提及国王亲自参与建筑规划。多柱式大厅的中殿中有两排像大型帐篷撑竿的立柱，每排各10根立柱。

另一方面，下方侧道上有简易支柱。西南侧的一间小房间中有卡纳克国王名单。该名单以时间顺序记录了图特摩斯三世的各位先辈。节庆大厅东部还有其他房间。东西向的轴上有一间房间，房间中有国王祭祀阿蒙－瑞的场景。其南侧为墓地守护神索卡尔（Sokar）区，北侧为祭祀太阳的建筑。该种结构使人想起底比斯西部的祭庙建筑，因为底比斯西部的祭庙建筑也有类似的结构。

埃及人的主要目的是为了在仪式上魔法般地创造神圣的创造力和再生力，并使之保证王室的创造力。诸多证据证明了这种解释，如各种关于动植物的描述。这些描述位于王室区域和祭祀太阳区域之间被称为“植物花园”的房间的底墙沙壁画上。图特摩斯三世于其统治后期拆除了中央神殿中的哈特谢普苏特圣船祠堂，并新建了一座图特摩斯三世祠堂。在这之前，他已修建了编年史大厅和两根独特的象征性支柱。编年史大厅中有关于图特摩斯三世军事活动的记录。除此之外，他还修建了第四塔门，即建筑综合体中的东门。其先辈修建的方尖碑已被遮盖，因此不可见。在宫殿内部的第四塔门前方，修建了一对方尖碑，但如今已仅剩残垣断壁。

21 图特摩斯三世站姿像

卡纳克，阿蒙－瑞神庙；第十八王朝，约公元前1450年；硬砂岩；高90.5厘米；卢克索古埃及艺术博物馆，J. 2。

该座左脚向前迈的古典主义站姿雕像为一系列雕像之一。这一系列雕像可能为图特摩斯三世节日神庙而创作。其品质一流，比例具有对称性，表面处理良好，尽显统治者的经典面相。

22（上一页）图特摩斯三世节日神庙（阿克蒙鲁）西面

卡纳克，阿蒙－瑞神庙；第十八王朝，约公元前1450年；沙岩；神庙尺寸78.76米×38.84米。

图特摩斯三世在其专制统治的第一年，便在阿蒙神庙内部圣所的西侧修建了节日神庙，并取名为阿克蒙鲁。“阿克蒙鲁”指该建筑的功能是发生“转变”的场所。神权和王权在此处合二为一，以维持创造力。

23 阿蒙诺菲斯二世箭术石碑

卡纳克，阿蒙－瑞神庙；第十八王朝，约公元前1410年；红花岗岩；高170厘米，宽234厘米；卢克索古埃及艺术博物馆，J. 129。

在图像中，国王位于双轮战车中。该图像旨在证明该统治者的力量和技巧。阿蒙诺菲斯二世拉着弓，其目标指向一根铜柱。而其骏马正飞奔前进。该浮雕石块可能是大型凯旋门的一部分。它和另外一个浮雕石块现位于开罗（JE 36360），描绘了“大败仇敌”的场景。

24 图特摩斯三世象征性立柱

卡纳克，阿蒙－瑞神庙；第十八王朝，约公元前1450年；红花岗岩；高6.77米。

图特摩斯三世在其统治的最后几年里重新设计了阿蒙神庙的中央部分。他在其圣船祠堂前方修建了两座独特的纪念柱，即象征性立柱。立柱的南北侧为轮廓清晰的凸浮雕。浮雕中的图案为上埃及和下埃及纹章上的植物，即纸莎草和莲花。而立柱东西侧则为凹浮雕。浮雕中国王被阿蒙－瑞、姆特、哈索和阿蒙奈特环抱着。

25 “植物花园”

卡纳克，阿蒙－瑞神庙；图特摩斯三世节日神庙；第十八王朝，约公元前1450年；沙岩；沙壁画高约110厘米。

“植物花园”所在的大厅用于证明世界上的创造力。仅墙壁底部才采用的装饰样式以及其他事物反映了这一点。在图特摩斯三世的叙利亚－巴勒斯坦战役期间对大自然的观察中有不少新发现，这肯定在一定程度上影响了变化多端的动植物图像。

26（下一页）图特摩斯三世大败埃及敌军

卡纳克，阿蒙－瑞神庙，第七塔门；第十八王朝，约公元前1450年；沙岩；塔门总高度63.17米。塔门西塔上的场景展现了国王大败仇敌的主题，这几乎可被视为一种盾形纹章。图特摩斯三世手中挥舞着权杖，抓着仇敌的头发，消灭了一大群敌人。其脚下的三行文字记录了被征服的城市和民族的名称。

27 有国王巨像的第八塔门的南面

卡纳克，阿蒙－瑞神庙；第十八王朝，约公元前1455年；沙岩；宽47.43米。

哈特谢普苏特在阿蒙神庙南轴上修建了第八塔门。塔门前方为六座坐姿巨像。至今，这些巨像已严重损坏。巨像可能代表着哈特谢普苏特、共同摄政者图特摩斯三世及其先辈。

阿蒙神庙南北轴

自中王国时期起，阿蒙神庙南侧便逐渐形成一根贯穿中央神庙、延伸至阿蒙之妻姆特女神区域的次轴。很可能是哈特谢普苏特拆除了原有的姆特祭祀建筑，并修建了新建筑，后来还扩建了新建筑。此外，阿蒙诺菲斯三世还在整个区域内设置了成百上千的代表狮头女神塞克荷迈特（Sakhmet）的雕像。

新王国时期时，阿蒙神庙内的祭祀路线通向南边，由数个庭院建筑构成，还有大型通道（第七塔门至第十塔门）。早在中王国时期，第一庭院的次轴上肯定就有了小礼拜堂。阿蒙诺菲斯一世恢复了该小礼拜堂，可能还对其进行了扩建。哈特谢普苏特修建了第八塔门，形成了外缘。第八塔门前有巨大的哈特谢普苏特坐姿像，也有阿蒙诺菲斯一世像和图特摩斯二世像。图特摩斯三世在北边修 建了第七塔门，将庭院隔开。他在入口处修建了一对方尖碑以及两座巨像。因此，仅该位国王便在卡纳克修建了五座大型方尖碑。阿蒙诺菲斯三世将祭祀轴的长度延长了一倍，并修建了高35米的塔门（十号），该塔门位于南侧区域的边缘。有狮身人面像的通道由此处通向姆特区，另一条通道由姆特区通向卢克索神殿。最后一位在该次轴上修建塔门（九号）的是荷伦希布。第九塔门位于第八塔门和第十塔门之间，第十塔门也是由荷伦希布修建的。以该种方法修建的两个庭院周围有新围墙。此外，还拆除了阿蒙诺菲斯二世的王室祭祀仪式神庙，在入口庭院东侧重建。

因此，至第十八王朝末期，阿蒙神庙次轴的面积达到了最大值。在大型庭院中有不计其数的祭司雕像和官员雕像。他们凭借其位置优势，可永久性地参加祭祀仪式。

28 1913 年对卡纳克的第十塔门的开挖

哈普（Hapu）之子阿蒙霍特普（Amenhotep，约公元前 1360 年）和普拉美斯（Paramessu，约公元前 1300 年）塑像对，位于第十塔门南面荷伦希布国王西侧巨像脚下。

这四座古典姿势中的抄书吏像肯定在神庙中起着特殊作用。哈普之子阿蒙霍特普是卡纳克节日的领导人，普拉美斯（即后来的拉美西斯一世国王）是维齐尔，即该国的最高官员。其塑像几乎均被用作人和神之间的中间人。塑像的发现位置可能不是其最初位置。塑像的成对出现表明位于祭祀路线的两侧。

29 哈普之子阿蒙霍特普抄书吏塑像

卡纳克，阿蒙－瑞神庙，第十塔门；第十八王朝，约公元前 1360 年；花岗闪长岩；高 128 厘米；开罗埃及博物馆，JE 44861。

阿蒙诺菲斯三世统治期间，哈普之子阿蒙霍特普是阿蒙诺菲斯三世的私人顾问兼宫廷中的幕后操纵者。其最重要的头衔为“所有王室事务的主管”及卡纳克的“节庆领导人”，即神庙中大型庆典上的国王的代表人。他逝世后被奉为药神。其塑像被赋予了特殊的力量，其膝盖上卷起的纸莎草纸中间的光亮证明了这一点，因为这是人们用手无数次抚摸后的结果。

30 阿肯纳顿柱像侧面

卡纳克，阿托恩神庙；第十八王朝，约公元前 1348 年；砂岩；高 141 厘米；卢克索古埃及艺术博物馆，J. 53。

该塑像展现了阿肯纳顿早期风格的典型面部特征，他在卡纳克的画像中也有这些特征：眼睛轻微斜视，鼻子细而长，嘴唇饱满凸出，（鼻唇）裂缝从鼻子部位延伸至嘴角，下巴丰满圆润。

31 效忠于国王的异国代表

卡纳克，阿托恩神庙；第十八王朝，约公元前1348年；着色沙岩；高22厘米，宽54厘米；开罗埃及博物馆，RT 10.11.26.3。

诸多异国代表团的代表跪拜于神王脚下。其发型、脸型、肤色决定了其种族。从右至左依次为：眼睛具有代表性、卷发、戴耳环的努比亚人，蓄着连鬓胡子的光头北叙利亚人，蓄着齐肩发、带着头饰带、满脸胡须的巴勒斯坦人，鬓角处有卷发、蓄着山羊须的利比亚人。

32 阿托恩向奈费尔提蒂赐予生命之礼

卡纳克，阿托恩神庙中的浮雕石块；第十八王朝，约公元前1348年；沙岩；高20.9厘米，宽42.3厘米；纽约布鲁克林博物馆，78.39。该浮雕石块出自卡纳克，浮雕中的奈费尔提蒂（Nefertiti）双手上举，做祈祷状。同时，她获得了阿托恩用其光芒之手赠予的生命标志。她的面部特征与统治者的面部特征相称，为阿肯纳顿统治前几年所采用的表达风格。

卡纳克的阿托恩神庙——替代设计中的尝试

阿肯纳顿原名为阿蒙诺菲斯四世。他即位后很快便遗弃了阿蒙神及其相关的其他神。他在卡纳克阿蒙神庙附近为阿托恩修建了数座神殿。阿托恩神庙的建筑结构与其他神庙的建筑结构迥然不同。

阿托恩为太阳神，他将赋予生命的光芒洒向大地。因此，他不像其他神那样被描绘成人、动物或混合形式，他被描绘成了太阳圆盘，将其光芒洒向人间。阿托恩神庙里没有陈列神像的封闭式圣所，只有被用作祭祀场所的开放式庭院，还有祭坛。其中一座神殿中有本本石（Benben Stone），即石碑形式的纪念碑。自远古时期起，该神殿便被视作太阳神创造力的象征。

卡纳克的首要阿托恩神庙名为Gem－pa－Aten，其字面意思为“找到阿托恩”。该名称指国王的积极作用和与太阳神在早晨的第一次相遇。

至今，仅能在沙岩建筑物中找到少量地基遗迹，因为异教徒国王阿肯纳顿被定罪后，第十八王朝后期和第十九王朝早期的统治者拆除了这些建筑。但数以万计的浮雕小石块以及雕塑碎片幸存了下来，因为他们被重新用于后来在卡纳克修建的神殿（尤其是第二、第九、第十塔门）中。因为这些石块被用作填充料，所以上面大多数装饰还保存着原样。

原有建筑面向西方，长宽分别为130米和200米，建筑中有长长的开放式庭院，庭院周围有柱廊。立柱前有五座高一米的塑 像，塑像中的国王系着华丽的褶状缠腰带，头戴各种各样的假发、王冠。国王双手交叉于胸前，托着王室标志曲柄杖和链枷。塑像的形状与众不同，四肢出奇的长，腹部和大腿上部极其肥大，看起来像女性，腰部非常苗条。面部也极其长，显得极其憔悴，眼睛较小、向下斜视，鼻子细长，嘴唇饱满凸出，下巴大而坚实。尽管这些特征较夸张，但却富有灵敏性和表现性。

借助重复使用的石块可使神庙墙壁上装饰的基本形式得以重现。阿肯纳顿与前任统治者们不同，他统治期间的所有图像均为凹浮雕。浮雕上有各种场景，其中一个便是该位国王与王后奈费尔提蒂还有其女儿们祭祀阿托恩的场景。太阳光芒之手将生命和繁荣昌盛的象征赐予他们。

其他场景还描绘了祭品准备、国王的复活节（赛德节）、宫殿建筑或阅兵等。一系列的图画展现了全新的设计。迄今为止，这些图画的主题和细节还没人可知，因为大量的各种主题隐藏在一种小幅面的表现方法里。

王室塑像特别地表明了与阿蒙诺菲斯三世时期极具美感的平衡式风格的分裂。与当时的雕塑一样，身体形状最显著的特征便是胖瘦的鲜明对比，同时手法主义上的长脖子、长臂和长手指表现得更加清晰。

阿肯纳顿在新制定的国家教条旁放置一幅同样经过修改的人像，该举动堪称启示性、革新性举动。特别是该统治者的图像既表现了狂喜又表现了丰富的创造力。这证明了他的神性。

拉美西斯时期的建筑物

第十九王朝的特点是建筑活动密集。因为大部分神庙在阿玛纳时期被关闭甚至毁坏了，所以需要在整个埃及范围内恢复或重建祭祀建筑。拉美西斯时期，底比斯继续成为阿蒙－瑞的祭祀中心。

33、34（下一页，顶部及左下方）多柱式大厅中的立柱

卡纳克，阿蒙－瑞神庙；第十九王朝，公元前1290年至公元前1260年；沙岩；伞状柱头的立柱高21.20米，花蕾状柱头的立柱高13.17米。

卡纳克的多柱式大厅的中殿高而陡，立柱柱头为盛开纸莎草伞状花。而侧廊上122根立柱的柱头却为纸莎草花蕾状。多柱式大厅中较高的中殿里有石格子窗，光线可通过石格子窗射向游行路线的轴线。

35 多柱式大厅

卡纳克，阿蒙－瑞神庙；第十九王朝，公元前1290—前1260年；沙岩；大厅面积5500平方米。

第二塔门和第三塔门之间的大厅延伸至塞提一世时期修建的多柱式建筑，且由拉美西斯二世完成修建。立柱支撑着天花板结构，中殿远远高于南北两侧的七条侧廊。

多柱式大厅

拉美西斯一世为第十九王朝的创立者。在其短暂的统治期间，建筑活动主要集中于他在帝王谷中的王陵和卡纳克阿蒙神庙主入口处第二塔门的门厅。拉美西斯一世之子即其继承人塞提一世继续着该建筑活动。他在庭院中修建了大型多柱式大厅。该大厅位于第二塔门和第三塔门之间，曾对外开放。大厅长104米，宽52米，高24米，为史上最大的多柱式大厅。仅在已有结构上稍加扩建后，该大厅便成为一座真正的神庙。自那时起，这里便成为底比斯两大节日游行的起点。大厅名为“塞提－麦伦普塔赫神庙照亮阿蒙之家”。

神庙轴线上有两排立柱，每排各六根巨柱，柱头为盛开的纸莎草伞状花。中殿的这两排立柱高度为22.40米，高于大厅中的其他立柱。两个侧廊上有七排立柱，柱头为纸莎草花蕾状。每排各有九根立柱。但中央柱廊侧边的最深一排立柱为方柱，而不是捆绑着的 纸草花式柱。此处总计134根立柱，形成了一个巨大的纸草花式柱迷宫，以石柱的形式永垂于世。立柱并非为独块巨石，而是由大型石鼓建造而成。立柱建于高而圆的基座上，其顶部边缘为方形顶板，顶板上有支撑屋顶横梁的巨大额枋。中殿和侧廊间的高度差形成了天窗。大厅中有格子窗，光线可通过格子窗射入主过道。多柱式大厅形成的长方形会堂曾建造于图特摩斯三世的节庆大厅中，但从未像此次这样独特且规模宏大。

多柱式大厅中央有一条横跨南北侧墙上两道大门的对角轴。于是，除主轴东西轴外，还有了南北轴，形成了卡纳克神庙和卢克索神庙间的游行路线。塞提一世仅在位11年便与世长辞。当时，该多柱式大厅尚未竣工。拉美西斯二世继续修建多柱式大厅，并完成了一系列绘画。多柱式大厅墙壁北半部分的装饰于塞提一世统治期间开工，为凸浮雕，墙壁南半部分为凹浮雕，于拉美西斯二世统治期间竣工。柱身较低部分以纸莎草叶子加以装饰，柱顶有祭祀场景和螺旋形装饰的雕带，雕带上有王室建筑者姓名，但后来大部分被更改为拉美西斯时期统治者的姓名。多柱式大厅内墙以各种主题和设计加以装饰。多个系列的绘画描绘了国王被引见给底比斯的三位一体神，即阿蒙、姆特和孔苏（Khonsu），他们是国王祭祀和供奉的对象。众多描述在神庙中交替出现，如神洗礼净化国王、国王加冕礼和登基大典、将国王的名字刻在天堂般的赫利奥波利斯（Heliopolis）中的埃希德神树树叶上。

塞提一世和拉美西斯二世的主要沙壁画表明了圣船中众神游行的重要意义。内墙单独用祭祀活动和节日游行加以装饰，揭示了神庙大厅中所举行的宗教仪式。 而外墙上描绘的则是国王击败异国仇敌、平息混乱局势的画面。北侧外墙所示为塞提一世针对东部沙漠和巴勒斯坦的贝都因人、利比亚人和赫梯人的军事活动。南侧外墙上为浮雕，描绘了拉美西斯二世与赫梯人在卡纳克的著名战役的场景，也描绘了这位统治者向亚洲人和利比亚人发动战役的片段。因此，该多柱式大厅以石柱的形式代表着埃及，代表着其环境、理想的神界、该国参与的宗教仪式以及埃及所面临的威胁。埃及所面临的威胁即其边境之外 的混乱世界，国王必须一次又一次地平息叛乱。纸草花式柱本身象征着“黑地”，即尼罗河泛滥下的埃及。尼罗河每年都会泛滥，湿湿的黑色泥土就像创造神话中的远古土墩。 多柱式大厅前方及内部的所有塑像在多柱式大厅的墙壁上均有同样的三维浮雕图像，但这些塑像无一保存至今。历经数千年后，仅两座位于塔门（二号）门厅前图特摩斯时期的塑像保存了下来，且其中一座塑像还不完整。拉美西斯二世下令在其上面重新刻铭文，塞提二世和拉美西斯四世下令更新了其基座和基础。重刻铭文和再次使用早期国王塑像的做法不应被视为挪用，正相反，国王把他们从被埋没中拯救出来，使他们可以再次享受供奉的祭品。

36（下图）阿蒙－瑞神庙入口

卡纳克；第十八王朝后期至第三十王朝的建筑，公元前1300年至公元前340年。

拉美西斯时期，有一条从码头区通向现今的第二塔门的道路（宽99.88米），道路两侧有狮身羊头像。同时，早在第十八王朝荷伦希布统治时期修建的大门形成了神庙正面。后来在前院内修建了其他建筑。可能于第三十王朝又修建了面向西方的塔门，整个神庙终于竣工。

37（下图）卡纳克阿蒙－瑞神庙中的多柱式大厅

彩色石版画；里夏德·莱普修斯（Richard Lepsius），埃及和埃塞俄比亚纪念碑（Denkmaeler aus Aegypten und Aethiopien），柏林，1849年至1858年。里夏德．莱普修斯1842年至1845年远征埃及和努比亚时，在底比斯停留了相当长一段时间。他绘制了一系列卡纳克地图，且特别关注多柱式大厅中的立柱。彩色石版画在显眼位置展现了高高的中殿，中殿有纸莎草花式柱，高墙上有格子窗。中殿后方南侧较低处有侧廊，侧廊上有成簇纸莎草花式柱。

38 塞提一世奉献植物花

卡纳克，阿蒙一瑞神庙，多柱式大厅北部；第十九王朝，约公元前1280年；沙岩；场景高约200厘米。

花束以及酒和面包是拜神的常用祭品。它们代表了对快乐和生命的渴望。花束与阿蒙神联系在一起，也具有特殊意义。“卡纳克阿蒙神花束”不仅可以由国王献给神灵，也可以同样的方式献给已故者，期望他获得重生。

39 拉美西斯二世、姆特和阿蒙三人组

可能来自卡纳克；第十九王朝，约公元前1270年；红色花岗岩；高174厘米；都灵埃及博物馆，物品编号767。

该三人组中国王坐于卡纳克一对神之间，这两位神分别为阿蒙和姆特。此处的拉美西斯二世为神之子。他头戴王室头饰，头上还有圣羊角、太阳圆盘和鸵鸟毛。虽然各座塑像间有明显的空间距离，但相互环抱的姿势表明了统治者与神灵间的紧密联系。

40、41 塞提一世的军事活动

卡纳克，阿蒙—瑞神庙，多柱式大厅北部外墙；第十九王朝，约公元前1285年。

塞提一世的战役浮雕指针对赫梯人和包括贝都因人在内的叙利—巴勒斯坦部落的战役。墙壁上的场景描绘了该位统治者驾着双轮战车或步行领导其军队大打胜仗的场景。独立的小场景展现了围攻堡垒、征服仇敌、带着战俘凯旋的场景。王室家族成员已在埃及边境迎接他。后者中的场景为一条河流和防御塔，河流中有鳄鱼在嬉戏。

42 塞提二世游行神殿

卡纳克，阿蒙－瑞神庙；第一庭院，第十九王朝，约公元前1195年；沙岩；高7.40米，宽22.33米，深13.86米。

神庙前院原本为开放式庭院(至今,由于后来修建了第一塔门,该庭院现为第一内院)。塞提二世在该前院中修建了一座带三个礼拜堂的神殿。游行时，载着阿蒙－瑞、姆特女神和孔苏月神塑像的圣船将在此处停留，以获取祭品。

43 王室巨像

卡纳克,阿蒙－瑞神庙,第二塔门;第十八、十九王朝,公元前1300年至公元前1200年;红色花岗岩；高约11米。

荷伦希布时期修建的第二塔门入口前方有数座巨像。

左侧的南边塑像头戴双冠。该塑像曾是一对，雕刻于图特摩斯三世时期，但第十九王朝时被拉美西斯二世霸占。北侧的巨像也遭遇了类似的宿命，且于公元前1954年被取代。皮纳杰姆一世（Pinadjem Ⅰ）于第二十一王朝时期恢复了铭文，而该塑像本身源自拉美西斯时期。

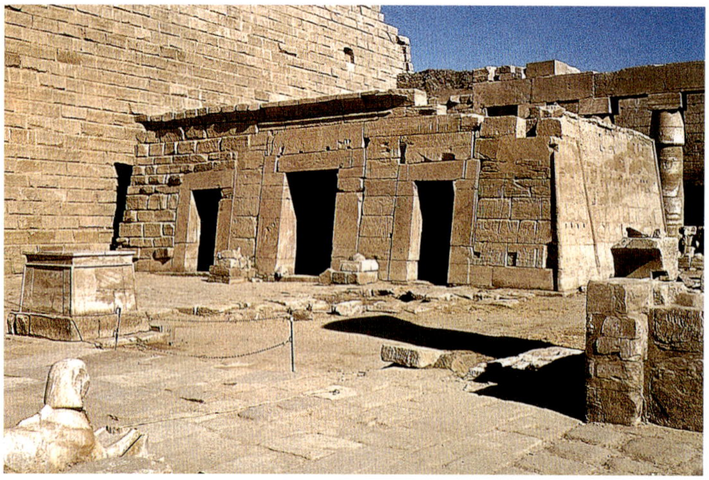

第一庭院中的大型建筑

神庙前方的码头处,有一条通往多柱式大厅门厅的道路,道路两旁有刻有拉美西斯二世姓名的阿蒙－瑞狮身羊头像。塞提二世后来在该条游行道路北边修建了一座一分为三的神庙,作为底比斯三位一体圣船停留的小站。该神庙前方有国王巨像,巨像均为领袖人物的形象。这些巨像现位于都灵的埃及博物馆和巴黎的卢浮宫。多柱式大厅入口处曾有此种类型的其他塑像,有些塑像为真人大小。现位于多柱式大

44（左图）塞提二世标准立姿巨像

卡纳克，阿蒙－瑞神庙；第一庭院，第十九王朝，约公元前1195年，沙岩；高4.65米，巴黎卢浮宫，A 24。

塞提二世在卡纳克前院其游行神殿前方修建了数座游行塑像，这些塑像均是领袖人物形象。现其中一座巨像位于卢浮宫。塑像中的国王头戴球状假发，假发上有双冠，还系着节日用的褶状缠腰带。其左肩上靠着一根巨大的神杖，右手握着一本半开的纸莎草书卷。

45 拉美西斯二世东部神庙

卡纳克（Karnak）；第十九王朝，约公元前1270年。

拉美西斯二世在中央神庙区的东部修建一座神庙，用于供奉瑞－赫拉克提和阿蒙。中央轴前方的入口侧边有两座大型欧西里斯塑像。后来，塔哈尔卡于第二十五王朝修建了一座凉亭，凉亭中有纸莎草花式柱。

厅内部和开罗博物馆。除在底比斯西部修建王陵外，塞提二世进行的唯一一项建筑活动便是该神庙的修建。这再次表明了第十九王朝两大一年一度的节日中圣船游行的重大意义。每位国王应在其统治开始时至少亲自领导一次节日游行。之后，塑像则可代替王室人物。这便是每位国王在其统治的第一年均要前往底比斯并修建一座刻有其名字的纪念碑的原因。他修建纪念碑的目的是为了在其后代中永垂不朽。第二十王朝初期，拉美西斯三世同样也下令在游行路线主轴上修建游行神殿。这是一座恰如其分的神庙，其塔门旁有国王的站姿塑像。被欧西里斯化身柱和门厅包围着的前院形成了神殿入口。神殿被用作节日游行期间的小站和为三神圣船提供祭品的场所。

46 坐于王座上的拉美西斯二世塑像

卡纳克，东部神庙；第十九王朝，约公元前1270年；花岗闪长岩；高194厘米；都灵埃及博物馆，物品编号1380。该座拉美西斯坐姿像最初位于卡纳克的东部神庙。

国王头戴蓝冠，身穿华丽精致的褶状长袍，右手持着王室中的曲柄杖。国王双腿左右两侧分别为国王之子阿蒙赫尔霍佩谢伏（Amunherkhopeshef，右）和国王之妻奈菲尔塔利（Nefertari，左）的塑像。该塑像常常被说成是塞提一世的作品。但其肖像和面部特征明显与年轻的拉美西斯的特征相同。

拉美西斯二世东部神庙

在扩建西部主神庙的同时，塞提一世和拉美西斯二世还在阿蒙神庙东部修建了大型建筑。大型狮身人面像残片则是东部游行路线的见证。起源于图特摩斯时期的较老的东部神庙，后来被恢复了。拉美西斯二世在其前方宽广的空地上修建了一座神庙，用于供奉瑞－赫拉克提，主要用于进行旭日的祭祀仪式。其入口处有两座大型拉美西斯二世的欧西里斯化身塑像。

可能称得上最优美、但肯定是最著名的拉美西斯二世黑色花岗岩塑像便源自该神庙内。塑像中，这位年轻的国王坐在王座上，头戴蓝色王冠，身穿褶状长袍，脚穿凉鞋，手持赫卡（heka）权杖。拉美西斯二世所有原始塑像均具有的绅士般的笑容使其面部尽善尽美。该塑像现位于都灵。

为了完成主神庙和东神庙之间的整个行程，游行时不得不围绕着图特摩斯神庙的围墙进行。这表明了诸多在大型神庙中的游行路线的重要性。因此，拉美西斯二世则完全用祭祀场景装饰该老式神庙的外墙。该神庙以及大多数人可参加的祭祀活动于是变得“透明”，参加游行的人员均可进入。

第七塔门前的储藏室庭院

自第十八王朝起，该大型神庙便有了南北轴。拉美西斯时期的国王曾下令在游行路线两侧刻了大量献词。多柱式大厅竣工后，拉美西斯二世重新设计了大厅前方即第七塔门前方的庭院。神庙两条主轴的交汇处形成了大型游行的十字路口。因此，该区域有大型铭文、浮雕图像、几乎所有拉美西斯时期统治者的石碑。

具有独特重要性的是拉美西斯二世的铭文，该铭文位于西庭院外墙上，记载了埃及和赫梯国王之间的和平条约。该和平条约是史上已知的第一份条约。庭院中间的东侧为拉美西斯二世之子及其继承人麦伦普塔赫的凯旋铭文。麦伦普塔赫曾在此庆祝其大败利比亚人和海上民族的联盟军。无数文章都讲述了神庙的基础、王室塑像这样的礼物及塑像的塑造、神像以及私人雕塑。

数个世纪中，诸多国王和高官在庭院和塔门至游行路线沿边的内部圣所的路线上修建了大小不同、各种材料的塑像和石碑。于是，至晚期王朝时，不得不在该庭院中掩埋数以千计的原本位于游行路线沿途的塑像和小雕像，以节约空间，现在看来就不足为奇了。

48 拉美西斯纳赫特（Ramessesnakht）跪姿像

卡纳克，“储藏室”；第二十王朝，约公元前1150年；雕塑；硬砂岩，基座：方解石、雪花石；高40.5厘米；开罗埃及博物馆，JE 37186（CG 42163）。

拉美西斯纳赫特身为阿蒙的大祭司，属于底比斯社会中的精英阶层，任职于拉美西斯四世至拉美西斯九世统治期间。该塑像为跪姿像，其前方的基座上还有三位一体神（阿蒙、姆特和孔苏）的塑像群。

49 神庙外围墙一角

卡纳克，阿蒙－瑞神庙；第十八、十九王朝，公元前1450年至公元前1210年。

该大型围墙早在图特摩斯时期便修建了，它围绕着阿蒙－瑞区域同时也围绕着图特摩斯三世的节日神庙。拉美西斯二世用祭祀仪式场景对部分外墙加以装饰。而场景中的祭祀仪式实际上是在神庙内部举行的。

47 神明化的雅赫摩斯－奈菲尔塔利王后前的拉美西斯二世

卡纳克，阿蒙－瑞神庙；南部围墙；第十九王朝，约公元前1270年；沙岩；高约220厘米。

该场景中，拉美西斯二世站于雅赫摩斯－奈菲尔塔利及神之妻、神之母、国王之妻、两地统治者的前方。她是王朝的创立者雅赫摩斯之妻以及阿蒙诺菲斯一世之母。她与阿蒙诺菲斯一世共同被奉为神明。拉美西斯二世在众神面前与其相见，并从其手中获得“生命和健康”保障。

50 卡纳克“储藏室庭院”

卡纳克，阿蒙－瑞神庙，南北轴上带有第七塔门的最里面的庭院；第十八王朝，约公元前1460年。

二十世纪初发现了被称为“储藏室庭院”的雕塑储藏处，它自中王国时期起便发挥着重要作用。

拉美西斯时期的统治者用举行宗教仪式的场景装饰庭院的东、西围墙。拉美西斯二世还以埃及与叙利亚战争的场景以及其统治第21年时与赫梯人签订的和平条约的埃及版装饰了西侧外墙。

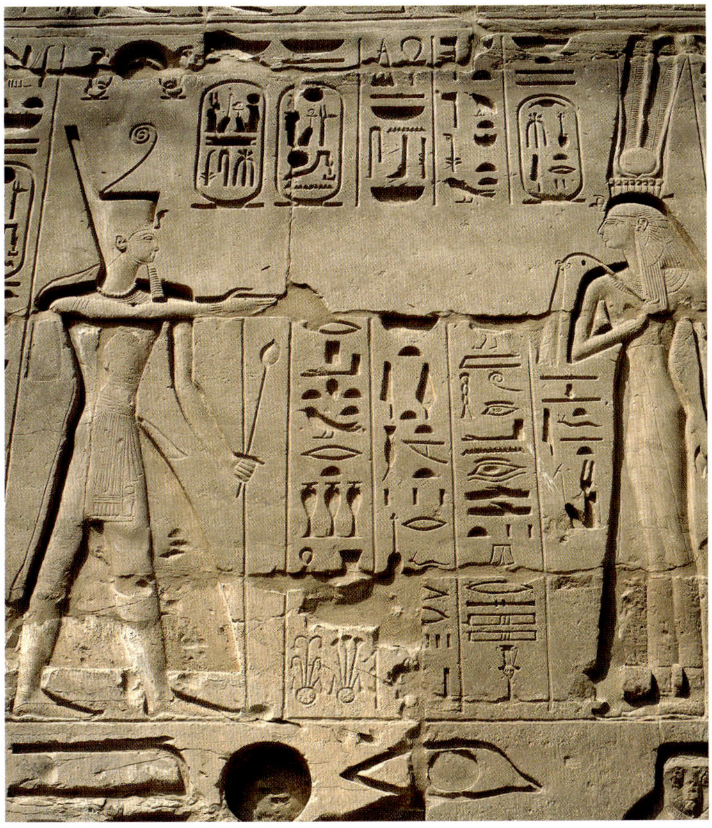

51 向阿蒙献花瓶的拉美西斯二世狮身人面像

卡纳克，"储藏室"；第十九王朝，约公元前1260年；硬沙岩；长30厘米，高18厘米；开罗埃及博物馆，JE 38060 (CG 42146)。

该拉美西斯二世狮身人面像中的国王是神圣的祭祀统治者。塑像身体为狮子状，头部为人头，头裹那美斯式（nemes）头巾，蓄着王室胡须。该狮身人面像与众不同之处是有人类的手，捧着献给阿蒙神的贡品花瓶。

52 阿蒙诺菲斯二世站姿像

卡纳克，"储藏室"；第十八王朝，约公元前1420年；硬砂岩；高68厘米；开罗埃及博物馆，JE 36860 (CG 42077)。

该座阿蒙诺菲斯二世塑像于1904年发现于卡纳克"储藏室"中。国王头戴袋状圣蛇假发，身穿王室短裙。其面部特征比例协调、完美，充满青春活力。该座塑像的表情充满活力，从阿蒙诺菲斯的其他塑像中脱颖而出。

法国考古学家乔治斯•勒格兰（Georges Legrain）于1903年至1906年间恢复了这些雕塑。这是一项艰难的任务，因地下水位极高而严重受阻。 最深处的房间、圣船祠堂、门厅和多柱式大厅中众神们的画像是国王祭祀的对象。国王以各种丰盛的祭品祭祀他们。这体现在三维的雕塑中，也体现在神庙墙壁上的二维浮雕中。因此，这也是统治者各种站姿像、跪姿像、伸展身姿像或倾斜的狮身人面像过剩的原因。雕塑人物高举双手，正在供奉祭品，如容器或祭祀饰板，有时甚至还有装有文件的盒子。内部圣所及难以接近的大厅之外有王室领袖人物雕塑。游行队 伍在祭司和高官面前在此穿过庭院前往塔门。这些祭祀者塑像代表着国王本人，因此可永垂不朽，同时也确保了国王可以参加只有国王才能领导的各种仪式。 神殿宽阔的前院中也有其他巨像和大型狮身人面像。这些塑像虽然代表着神灵，但却具有国王的特征。因此，那些肯定不能进入神庙内部的一般人也可亲身感受这些雕塑。这些狮身人面像和巨像的尺寸超凡脱俗，表明了神明力量的存在，同时也使之在人间行之有效。他们是各式各样祭品的接收者，无数人向他们请愿、祷告。此外，身居高位的官员享有参加游行的特权，他们还可以在附近修建他们自己的雕塑。这样，他们也成了人和神之间的中间人。

卢克索神庙——恢复神权

卢克索的神庙建筑被视为远古土墩和阿蒙-瑞的南部住宅之地。从神道的多种意义上来说，其目的是为了复活。奥佩特节（Opet

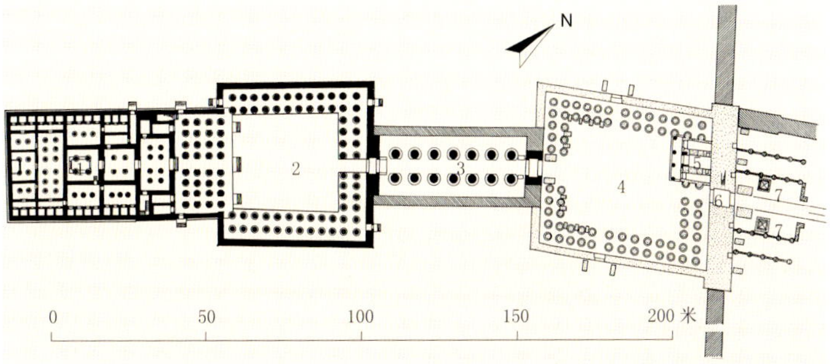

54 卢克索神庙总平面图

1 阿蒙诺菲斯三世圣船祠堂
2 阿蒙诺菲斯三世庭院
3 有奥佩特节场景的柱廊（图坦卡蒙及荷伦希布）
4 拉美西斯二世庭院
5 仪仗神殿（部分由哈特谢普苏特修建）
6 拉美西斯二世入口塔门
7 拉美西斯二世方尖碑

53 有塔门和拉美西斯二世巨像的卢克索神庙

彩色石版画；戴维·罗伯茨（David Roberts），《埃及和努比亚》，伦敦，1846 年至 1849 年。

移走西侧方尖碑仅几年后，即 1838 年，英国艺术家戴维·罗伯茨画了一幅关于卢克索神圣区入口塔门的绘画，该塔门仍深埋于地下。

Festival）期间，阿蒙－瑞从卡纳克迁至卢克索，以实现其再生，并通过与神圣的生命赋予力加强国王的神性。在十年一次的节日期间，阿蒙－瑞从卡纳克迁至卢克索，再迁至尼罗河西岸的梅迪涅特哈布，以确保创造的持续性。

第十八王朝的建筑

此处最古老建筑修建的确切时间尚有争议。但可以肯定的是，图特摩斯时期的统治者修建了大型神庙建筑。拉美西斯二世的宽阔庭院中还有游行神殿，神殿中有三间供卡纳克神明（阿蒙、姆特和孔苏）用的圣船房间。正面和额枋之前的红色花岗岩纸莎草花式柱起源于哈特谢普苏特时期。拉美西斯二世后来重新使用了这些建筑结构，并在上面刻上了他自己的名字。至于是否在哈特谢普苏特时期便有了这样的神殿，以及独立的部分是否来自其他结构也不得而知。

阿蒙诺菲斯三世拆除了图特摩斯时期的主庙，新建一座大型建筑。其入口穿过大型柱廊，柱廊上有两排高 21.20 米的纸莎草花式柱，每排各七根，柱廊最终通向开放式庭院。庭院周围有两排成簇纸莎草花式柱，最终通往南侧的多柱大厅，多柱大厅稍高于地平面。阿蒙诺菲斯三世的站姿巨像原本肯定位于此处，但后来被拉美西斯二世移至其庭院。庭院和大厅中立柱的总数（12×8）指与阿蒙相关的赫尔莫波利坦（Hermopolitan）创世概念。该创世概念的基础是八位远古神明。接着的大厅中也有八根立柱。其东南方有一座小礼拜堂，奥佩特节期间在该小礼拜堂中建造了卡（ka）的塑像，统治者神圣的生命赋予力便在卡的塑像中。神庙轴线上有供桌室、圣船祠堂和另一大厅，该大厅中有十二根立柱，与轴线垂直。大厅还被视为太阳轨道的神秘场所，其后方为底比斯三位一体神的三间祭祀图像室。

圣船祠堂东面有两间房间，房间中描述了关于出生的传说，讲述了神源以及该位国王之父阿蒙－瑞如何选择这位国王。

1989 年，阿蒙诺菲斯三世的庭院出土了轰动一时的新发现，人们发现那里曾经有各式各样的塑像，但却无法完全重现这些塑像。在一个深坑里总计挖掘出了二十六座国王和神明的三维塑像，这些 塑像源自新王国时期和晚期王朝。最引人注目的是阿蒙诺菲斯三世站在雪橇上的塑像。创造之神阿蒙面前的荷伦希布群体像（见第 436 页，图 24）保存完好，这也表明了此次发现的重要性。根据该深坑中发现的陶器判断，埋葬这些塑像目的是为了重新设计神庙后方的房间，以祭祀罗马帝王。此事件发生于公元 300 年左右。

55 阿蒙诺菲斯三世的节日庭院

卢克索神庙；第十八王朝，约公元前1370年；沙岩；庭院尺寸约54米×56米。

阿蒙诺菲斯三世的节日庭院是新王国时期最令人钦佩建筑成就之一。在此处举行大型节日仪式，此处的国王被赋予了神权。该庭院周围有名副其实的成片立柱，其规模宏大，前所未有。与巨大的入口列柱不同的是，此处的立柱柱身上有凹槽，其形状像一束束纸莎草。遗憾的是，现已无法找到该庭院的大部分墙壁，也无法探明墙壁上的各种场景。

57 阿蒙诺菲斯三世柱廊大厅

卢克索神庙；第十八王朝，约公元前1355年；沙岩；高21.20米。

卢克索神庙宏伟的入口柱廊修建于阿蒙诺菲斯三世统治末期。巨大的立柱模 仿了盛开的纸莎草花形状。该建筑工程完成于阿蒙诺菲斯三世统治时期还是图坦卡蒙统治时期还有待进一步确定。最初，入口大厅一竣工四周便修墙围起来，上面用高天窗采光。但至今，其天花板和墙壁上部分已遗失。

56 卢克索第一庭院中的圣船祠堂

有立柱和额枋的神庙，由哈特谢普苏特修建。

卢克索神庙；第十八王朝，约公元前1465年；红色花岗岩。

该圣船祠堂由三部分组成，位于拉美西斯二世庭院中，其中的立柱和 额枋源自哈特谢普苏特女王和图特摩斯三世统治时期。拉美西斯二世将上述结构融入他自己的祠堂中。重写铭文时，有两处忘记将“心爱的人”一词的阴性形式改为阳性形式，由此可知铭文最初明显是用于描述哈特谢普苏特的。

58 阿蒙诺菲斯三世游行像

卢克索神庙，“储藏室”；第十八王朝，约公元前1370年；砂岩；高2.10米；卢克索古埃及艺术博物馆，J. 838。

游行雪橇上的阿蒙诺菲斯三世塑像可视为独一无二的。国王双脚站立，左脚向前迈了一小步，虽然这可称为古典姿势，但国王脚踩雪橇的姿势，就雕塑作品而言，至今没有出现过类似的表现手法。基座与高高的背柱相结合，这表明雪橇上的并非国王本人，而是其塑像。他头戴上、下埃及双冠，前额上有圣蛇，蓄着王室胡须，身穿华丽的短裙，短裙中心有装饰性圣蛇花环。胸膛和手臂处的粗面区可能有镀金，也表明其有装饰性衣领、胸饰和臂环。阿肯纳顿统治时，抹去了铭文上阿蒙神的名字，之后从未恢复。因此，阿玛纳时期之后是否仍在使用该塑像还不得而知。

59 阿门诺菲斯三世加冕礼

卢克索神庙，出场大厅南墙；第十八王朝，约公元前1370年。

多柱式大厅正背后的是出场大厅。国王每年在此被神化，并有了赋予生命的力量。在房间的装饰方面，加冕礼仪式起着主要作用。

该场景中，阿蒙诺菲斯三世位于其父阿蒙前方，阿蒙用手抚摸着这位统治者的王冠。场景中有许多与众不同的王室元素和神圣元素，如阿蒙的羊角。该位国王右手握着王室曲柄杖，左手握着象征其神性的标志。

奥佩特节

阿玛纳时期的破坏圣像运动之后，第十八王朝后期和第十九王朝早期的国王们恢复了该神庙，并下令装饰柱廊大厅。墙壁上的“美妙的奥佩特节”图像于图坦卡蒙时期开工，塞提一世时期竣工。图特摩斯时期，节日庆典持续十天之久。圣船和阿蒙－瑞塑像经陆路从卡纳克运至卢克索，返程则选择了尼罗河水上运输。阿玛纳时期之后，该程序有所变化。节日持续时间延长了数天，至拉美西斯三世统治末期，节日持续时间已长达二十七天。

60 图坦卡蒙献祭

卢克索神庙，柱廊大厅北墙部分，第十八王朝，约公元前1325年，沙岩，脸部高度35厘米。

图坦哈吞（Tutankhaten）改名为图坦卡蒙并离开阿玛纳之后，明显又开始重视阿玛纳时期之前盛行的价值标准和规范。在艺术方面，阿蒙诺菲斯三世统治期间的理想化倾向开始复苏，但却不能否定阿玛纳时期的经验。人类塑像的处理方法证明了这一点。该图像中的国王头戴蓝冠（埃及语为Khepresh），正在焚香献酒（插图中未显示）。正如图坦卡蒙的大多数纪念物一样，第十八王朝的最后一位国王荷伦希布也下令在有图坦卡蒙名字的椭圆形图案上重写他自己的名字。

61 奥佩特节期间的圣船运输

卢克索神庙，柱廊大厅西墙（局部）；第十八王朝，约公元前 1325 年；砂岩；沙壁画高约 120 厘米。

图中所示为将孔苏和姆特的圣船从卡纳克神庙运至码头的场景，随后它们将被运至卢克索。献祭队伍中有撑旗手、献香和水的祭司以及四位祈祷和监督游行的诵经祭司，其服装与其他人不同，肩上有豹子图案。

此外，往返程均经由尼罗河，且除阿蒙－瑞外，还增加了姆特和孔苏。卢克索浮雕代表着该过程中的各个独立阶段。首先，国王在卡纳克向阿蒙－瑞献祭，确认重新开始祭祀活动（北墙）。然后国王在阿蒙、姆特和孔苏的便携式节日圣船前焚香、洗礼净化。而阿蒙、姆特和孔苏的圣船仍然还在卡纳克的基座上（西墙）。

它们连同国王的三桅帆船一起被运至码头区，装在大船中，然后由帆船和牵引队拖至卢克索。法老的船停靠在岸边，由士兵带着双轮战车守护。阿蒙－瑞的船则紧随其后，由兴高采烈的祭司、乐师和歌者守护。圣船抵达卢克索后，便在歌舞声中穿过祭坛，运送至各自的神殿。国王前往神庙为阿蒙－瑞和姆特献祭品，与国王一同前行的还有祭司（南墙）。返回卡纳克的行程（西墙）也与此类似。返回卡纳克后，国王再次进入神庙，被再生的阿蒙－瑞赋予力量，同时国王还向他献花。此次会见时，陪伴在阿蒙－瑞神身边的还有他的创造伴侣阿蒙奈特。

拉美西斯二世统治时期的扩建

第十九王朝时，神庙的恢复工作继续明智地开展着。塞提一世恢复了神庙，并在特定区域增添了仪式场景，进而恢复了神庙的功能。年幼的拉美西斯二世在其统治第一年前往卢克索领导奥佩特节时，决定除其他建筑项目外，在阿蒙诺菲斯三世大型立柱前再修建一个宽阔的庭院和高高的塔门。建筑活动立即开工，并于两年后完成了塔门的修建。拉美西斯二世在塔门前建了六座巨像和一对方尖碑。现今，那里仅有一座方尖碑和三座巨像，其他的均已破碎。另一座方尖碑于 1836 年由穆罕默德•阿里（MohamedAli）作为礼物送到了法国，现屹立于巴黎协和广场。

拉美西斯二世统治 5 年后，在塔门正面描绘了卡叠什之战这一戏剧性事件。数年后，又塑造了巨像。那时还用奥佩特节游行的画面装饰了庭院外墙，当时的奥佩特节由王室王子领导。这些场景面向神庙塔门，塔门正面上有双浮雕。庭院周围有柱廊，柱廊上有两排成簇纸莎草花式柱。

后来，拉美西斯二世还在立柱间设置了站姿巨像。其中一些巨像是阿蒙诺菲斯三世时期塑像的重新利用，而其他巨像则是当时的原创，仿制了第十八王朝时期其先辈的塑像。庭院纵轴向东延伸，与其他神庙轴线相连，因为该轴线原来就对准了卡纳克神庙的方向。横轴则连接卢克索神庙和尼罗河西岸。尼罗河西岸从中王国时期早期开始就是埃及国王修建祭庙的场所。

62 有狮身人面像神道的入口塔门

卢克索神庙；第十九王朝（及以后），约公元前 1260 年。

卡纳克阿蒙神庙和卢克索神庙间有一条长达 2.5 公里的神道，365 座狮身人面像排列在神道两旁。这些狮身人面像（其铭文表明起源于第三十王朝）不同于卡纳克神庙第一塔门前的狮身羊头像（阿蒙神的象征）。

63 入口塔门图像

卢克索神庙，第一庭院，南墙西半部分上的浮雕；第十九王朝，约公元前 1260 年。

图中所示为神庙塔门，有两座方尖碑、高旗杆和拉美西斯二世塑像。塑像保持了古埃及的透视原则，仅显示塑像侧面，而非正面。在塔门后方的相同庭院中发现了该塔门的另一幅图像。

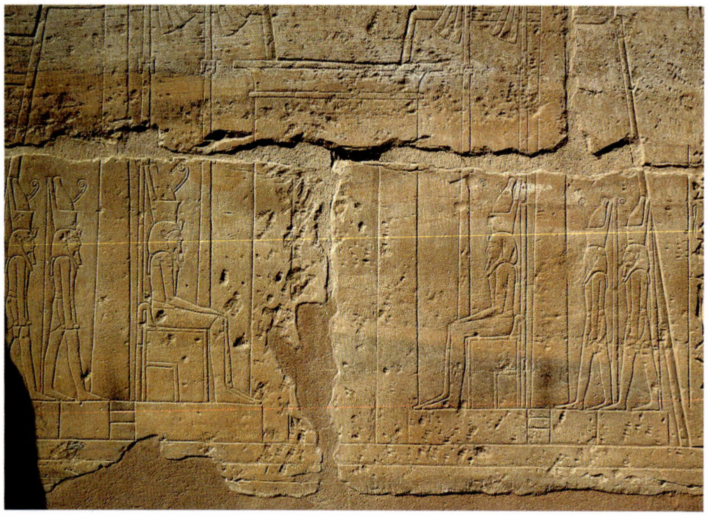

65（下一页）拉美西斯二世坐姿巨像

卢克索神庙，柱廊入口处的第一庭院（西侧巨像）；第十九王朝，约公元前 1260 年；黑色花岗石；高约 7 米。

国王巨像坐在王位上，刻有“Ra － en － hekau”（外邦统治者之荣耀）的美誉，这可能指拉美西斯二世统治外邦的好的方面。拉美西斯二世之妻奈菲尔塔利的雕像则位于王位前方、国王右腿旁。

64 入口塔门正面

卢克索神庙；第十九王朝，约公元前 1260 年；沙岩；宽 65 米。

拉美西斯二世修建的六座巨像和两座方尖碑曾位于该塔门前方。其中，两座塑像位于入口两侧，现仍有一座站姿像屹立不倒。埃及总督穆罕默德·阿里于 1829 年将西侧的方尖碑作为礼物送给了法国国王路易·菲利普（Louis Philippe）。自 1836 年起，该座方尖碑便屹立于巴黎协和广场。

66 拉美西斯二世庭院

卢克索神庙；第十九王朝，约公元前1260年；沙岩；长57米，宽51米。

加上这座宏伟壮观的庭院和最后一道塔门，拉美西斯二世扩建后的卢克索神庙总长度达254米。庭院周围三面有柱廊，柱子间有站立的巨像。

最后，拉美西斯二世除建造其自己的雕像外，还再次使用了阿蒙诺菲斯三世时期的旧雕像，由于这些旧雕像在阿玛纳时期被抹掉了铭文，所以也就失去了其重要意义。

67 梅迪涅特哈布的拉美西斯三世祭庙第二庭院视图

彩色石版画；戴维•罗杰斯（David Rogers），《埃及和努比亚》，伦敦，1846 年至 1849 年。

该幅庭院图形成于十九世纪，清晰地展现了第五至第六世纪时期在庭院中修建的教堂立柱。再次使用神庙旧址是司空见惯的，因为建筑材料已就绪，可有效地抵消仍然还在神庙内的古代诸神的邪气。

68 泛滥时期的门农（Memnon）巨像

彩色石版画；戴维·罗伯茨，《埃及和努比亚》，伦敦，1846 年至 1849 年。

修建现代阿斯旺高坝之前，尼罗河每年都会淹没整个肥沃的平原。洪水常常达到沙漠边缘，淹没阿蒙诺菲斯三世的祭庙区，仅剩下两座巨像。

底比斯西部的神庙——对死者的祭拜和对神明的崇拜 第十八王朝的神庙建筑

雷根·舒尔茨

新王国时期初期，底比斯的地位大幅度上升，因为是底比斯高官将希克索斯人逐出埃及并成功地重新统一了埃及。底比斯主神阿蒙－瑞成为埃及之神，神庙建筑反映了其与王室的紧密关系。完全重新规划了国王的葬祭庙。规划后的葬祭庙独立于王陵，位于底比斯墓地边缘，紧邻沙漠。其不仅用于葬礼仪式，还用于祭拜阿蒙－瑞和与阿蒙－瑞联系在一起的健在的国王。但供奉神明的神庙仍然被用作举行王室祭拜仪式的神殿。

祭拜仪式中最重要的部分即“美妙的河谷节”。阿蒙－瑞的塑像从卡纳克启程，跨过尼罗河抵达西岸的圣地，确保持续存在和为已故者提供必要品。游行路线最初的终点可能为德伊埃尔巴哈里山谷中的哈索神殿。哈索为底比斯西部的守护神。后来，游行路线有所变化，已故国王们的葬祭庙成为游行中的小站，健在统治者的专业建筑成为节日游行的最终目的地，即神明与法老相结合的地点。最后，阿玛纳时期之后，扩大了河谷节的游行。至此，姆特、孔苏、阿蒙奈特的圣船以及已故国王们和其他身居高位的官员的塑像加入了游行队列。

第十八王朝初期，底比斯西部举行王室祭拜仪式专用的神明仍然只面向德伊埃尔巴哈里山谷。阿蒙诺菲斯一世在沙漠边缘的游行路线上为其自己和其妻子雅赫摩斯－奈菲尔塔利修建了一座神庙，还在山谷中为阿蒙－瑞修建了一座神殿。哈特谢普苏特甚至还将其葬祭庙迁至山谷盆地。而之后第十八王朝统治者们则选择在沙漠边缘修建其葬祭建筑，这些建筑并排着，位于通往德伊埃尔巴哈里的游行路线和梅迪涅特哈布的阿蒙－瑞－卡姆特夫神殿之间。但图特摩斯三世却在此为阿蒙－瑞和哈索修建了一座神庙。

大多数第十八王朝葬祭庙的保存状况欠佳。仅能在极小程度上重现房间的顺序及其装饰。但位于德伊埃尔巴哈里的哈特谢普苏特神庙幸存了下来，在拉美西斯时期保存良好的建筑中发现了其基本结构，似乎这种结构可能与被毁坏的第十八王朝建筑的结构相似。每个神庙中都有庭院，在庭院中举行节日典礼。此处维持祭拜仪式的王室权力被描绘成图画并魔法般地得到保障。主祭拜区中心为一间或多间储存祭品的房间、圣船祠堂以及挂有与崇拜阿蒙－瑞和国王相关的图像的房间。该区域南侧实际上为祭拜仪式专用区，有假门、放有供桌的房间、祭拜先辈的小礼拜堂以及祭拜宫殿。南侧为开放式庭院，用于祭拜太阳，中间区域有祭坛。神庙中还有哈索、阿努比斯、欧西里斯、或索卡尔等守护神或死神的房间，但小礼拜堂的位置大有不同，其实际位置可能在主建筑之外。

除用于进行王室祭拜仪式的神殿建筑外，梅迪涅特哈布的小神庙也发挥着重要作用。该地点被定为远古土丘之地，创世首先发生于此。阿蒙－瑞在此被作为卡姆特夫被人崇拜，即这在某种程度上不断地反映了该神明更新自己的能力。最古老的建筑起源于第十一王朝，其目的可能是期望将底比斯地方神塑造为独立的创造之神。

69 底比斯西部的德伊埃尔巴哈里山谷

哈特谢普苏特葬祭庙（右）和第十一王朝的曼图霍特普二世葬祭庙并排于石灰石悬崖正下方，图特摩斯三世神庙遗迹位于这两座神庙之间，坐落于略微抬高的平台上。某些山间小道在新王国时期仍在使用，现代道路路线也与哈特谢普苏特神庙的古代堤道路线保持一致。

哈特谢普苏特和图特摩斯三世完全改变了原来的布局。新建筑长宽分别为 29 米和 13 米，由阿蒙－瑞圣船祠堂和其后方的六间宗教房间构成，阿蒙－瑞圣船祠堂周围有柱廊。针对该建筑的祭祀庆典每十年举行一次。庆典中，将阿蒙－瑞从卡纳克途经卢克索运至梅迪涅特哈布，以通过神秘仪式保证世界的延续性。

德伊埃尔巴哈里的哈特谢普苏特神庙——阿蒙－瑞楼梯间

古埃及人将德伊埃尔巴哈里山谷称作“圣地”。此处为今生与来世的分界点。埃及人在此崇拜底比斯西部的守护女神哈索。埃及的统一者即后来将自己奉为神明的曼图霍特普二世（Menhotep Ⅱ）在此修建了他的宏伟壮观的神庙。此处对于图特摩斯时期早期的统治者也具有重要意义，哈特谢普苏特将该处作为修建其葬祭庙的场所。其被称为“至圣所”。山谷神庙、堤道、小站为河谷节游行的终点。令人吃惊的是，虽然有几处变化，但该宏伟建筑工程仅十五年便竣工了（哈特谢普苏特统治第 7 年至第 22 年）。一些资深的祭司和官员负责设计和监督该建筑工程。塞那穆特便是其中之一。他是该位女王的亲信兼宫廷中的幕后操纵者，起着至关重要的作用。甚至允许其在神庙的诸多“神秘”地点描绘其自己的画像。但在哈特谢普苏特离世之前，他便失宠，因而抹掉了他的名字，也毁坏了其大部分画像。

该神庙建筑面向西方，有三个逐步上升的平台或台阶，每个平台均有庭院，由台阶前的窄小大厅隔开。位于中心位置的坡道通向两个较高的平台。宽阔的前院中有池塘和成排树木，较远一侧有两个面向正面的大厅，大厅中有半圆支柱和立柱。这些大厅中的图像描绘了该位统治者对崇拜的保障，既有神话般的，也有现实实际的。图像中描绘了卡纳克大方尖碑运输和落成典礼、神庙献祭、塑像捐赠以及在纸莎草丛林中赶牛和狩猎的场景。较低平台上为带有柱式大厅的第二庭院。

北边的大厅中提到哈特谢普苏特具有神明血统，且被其父阿蒙－瑞选为国王。虽然法老出生于神灵的构想在古王国时期便得到了证实，但这是最早的图像。其可能受到了合法化期望的激发，期望证明哈特谢普苏特称王与图特摩斯三世共同执政的合法性。南厅上的主题是这位女王下令的蓬特大远征。场景中描绘了用于此次远征的远洋海船、蓬特的圆桩形住宅、蓬特国王及其肥胖的妻子和随从、该地区的动植物、埃及人带回埃及及供奉阿蒙－瑞的商品。

中间平台左右两侧为片群的房间。南侧为死神阿努比斯（Anubis）的小礼拜堂，阿努比斯为豺头人身神。小礼拜堂由前厅和回廊构成，前

70 蓬特（Punt）国王与王后

底比斯西部，德伊埃尔巴哈里，哈特谢普苏特葬祭庙，蓬特室；第十八王朝，约公元前1470年，上色石灰石；高36厘米；开罗埃及博物馆，JE 14276。

蓬特之旅的主要目的是为了商品交易。埃及人最重要的原料为香、没药、黄金，且象牙、乌木和动物皮类也是极其珍贵的。浮雕残片所示为蓬特国王及其王后和随从欢迎埃及远征领导的场景。艺术家精心地描绘了王后，她明显有点肥胖。

71 图特摩斯一世肖像

底比斯西部，德伊埃尔巴哈里，哈特谢普苏特葬祭庙；上层平台；第十八王朝，约公元前1470年；上色石灰石；高41厘米；希尔德斯海姆的佩利扎乌斯博物馆（Pelizaeus－Museum），4538。

该石块曾是图特摩斯一世为阿蒙－瑞献祭浮雕的一部分。其位于制作祭品的大型庭院西墙上的一个后方壁龛中。图特摩斯一世即哈特谢普苏特之父，头戴由诸多神圣元素和王室元素构成的复合冠，蓄着末端微微卷起的长胡须，此种胡须是神明特有的，这将其描绘成已故的欧西里斯国王。

72 运输没药树

底比斯西部，德伊埃尔巴哈里，哈特谢普苏特葬祭庙，蓬特室；第十八王朝，约公元前1470年；上色石灰石；高约40厘米。

从蓬特进口整棵没药树，连同树根以及没药树脂。先将树挖掘出来，再装入篮子中，最后装船。相应的铭文表明向底比斯运输了三十一棵没药树。

厅中有十二根十六面的立柱，回廊急转弯后通向内部圣所。祭祀场景确保为阿努比斯提供祭品，同时也保证哈特谢普苏特死后可以重生。

施工后期，在南侧修建了哈索小礼拜堂。小礼拜堂中有堤道和前院，前院中有二十四根立柱，每根立柱上均有两幅哈索的面部图像，还有八根支柱位于入口两侧。墙壁上的场景表明这不仅是哈索女神的神殿，而且还是旨在合法化地将哈特谢普苏特奉为神明的地点。还有一条坡道通向上层平台，上层平台上有祭祀用的大型庭院。入口大厅正面前方有一排欧西里斯化身柱，其后方有一排立柱。中间的通道通向开放性祭祀庭院，该庭院原本周围有两排十六面的柱子，仅在西墙前方有第三排柱子。西墙上有塑像壁龛，东墙上则保留着一系列场景的遗迹。圣船祠堂延长了神庙的轴线，其中有拱形天花板，还有存放阿蒙－瑞和哈特谢普苏特图像的房间。该祠堂修建于峭壁中，通过数个短台阶便可进入。平台南侧为假宫殿和哈特谢普苏特及其先辈的拱形祭拜室，北侧则为供奉太阳神瑞－赫拉克提的开放式庭院和供王室和阿努比斯用的侧边礼拜堂。

哈特谢普苏特逝世二十年之后，图特摩斯三世开始消除她的法老印象。他破坏了她的塑像，抹掉了带有她的名字的图像和椭圆形图案。图特摩斯三世最初计划沿用其前辈的神庙崇拜阿蒙和哈索，因此下令

73 哈索小礼拜堂支柱

底比斯西部，德伊埃尔巴哈里，哈特谢普苏特葬祭庙；第十八王朝，约公元前 1465 年，上色石灰石。

蓬特房间南侧为底比斯西部守护女神哈索的小型神殿。门廊和入口大厅有立柱和支柱构成，柱身或柱头上有哈索图像。可视为叉铃向石柱的转移。叉铃是一种召唤神灵、平息神灵的乐器，与对哈索的崇拜息息相关。

74 哈索女神塑像头部

底比斯西部，德伊埃尔巴哈里，哈特谢普苏特葬祭庙，可能出自哈索小礼拜堂；第十八王朝，约公元前 1465 年；方解石、雪花石；高 35.5 厘米；伦敦大英博物馆，EA 42179。

该精心塑造的头像曾是哈索塑像的一部分，该塑像以母牛的形式出现。其眼睛为水晶和天青石，犄角为太阳圆盘，耳朵可能为镀金青铜。虽然在挖掘曼图霍特普二世的葬祭庙碎石时才发现该头像，但其风格明显表明其出自哈特谢普苏特时期或图特摩斯三世时期。

砍掉了她的塑像，并用图特摩斯二世或其自己的名字取代了她的名字。最后，他决定放弃该计划。在其统治的最后几年里，他在曼图霍特普二世神庙和哈特谢普苏特神庙之间的较高处修建了一座新建筑。

哈特谢普苏特的台阶式神庙建筑和建筑中的图像反映了操作中的各个不同层次。实际生活中以及神话中对崇拜的保障、神明对统治者的选择和证明、来世重生的期望、连续不断地确保创造的持续性等各个方面均是一个体系中的一部分，该体系强调图特摩斯王朝尤其是哈特谢普苏特与阿蒙－瑞的直接亲属关系。

十九世纪末期考古学家开展了对该神庙的挖掘和恢复工作。在挖掘和恢复工作初期，不断地挖掘出哈特谢普苏特塑像残片。但直到二十世纪二十年代，大都会艺术博物馆实施挖掘时，考古学家才恢复了大量哈特谢普苏特图像，进而能够重现整个系列的塑像。

堤道上有一条约有 120 座沙岩狮身人面像的大道，并向右延伸至该建筑的前院。大厅正面的南北角落处有两根巨大的欧西里斯化身柱，高达 7.25 米。下层台阶上有沙岩及红色花岗岩狮身人面像。上层台阶入口大厅前方有二十六根欧西里斯化身柱。圣船祠堂和祭品庭院后墙的壁龛中也有支柱。

庭院内有四座手持盛酒器的跪姿像，支柱之间还有献祭姿势的小型塑像。除其他塑像外，葬礼仪式室和侧边小礼拜堂中还有哈特谢普苏特的站姿塑像。各种不同类型的哈特谢普苏特塑像为总体设计中的一部分，代表了神庙中举行的各种仪式和活动。其不仅仅是装饰品，还是传达功能性信息不可缺少的工具。塑像的姿势和肖像表明了其确切的功能。有些塑像是国王祭祀仪式中贡品的接收者，其他塑像则是用石材制作的祭祀扮演者，在仪式中与神进行沟通。原则上，哈特谢普苏特根据教条将自己装扮为男法老，仅两座坐姿塑像展现了身着女装、带有女性生理特征的哈特谢普苏特。

阿蒙诺菲斯三世葬祭庙——永垂不朽的堡垒

整个新王国时期最大的葬祭庙是由阿蒙诺菲斯三世所修建的，其是否完全竣工尚不明确。像其他葬祭庙一样，该庙宇并非坐落于沙漠

75 登上王位的哈特谢普苏特塑像

底比斯西部，德伊埃尔巴哈里，哈特谢普苏特葬祭庙；第十八王朝，约公元前1470年，结晶石灰石；高195厘米；纽约大都会艺术博物馆，29.3.2。

该作品可能是该位女王最精致的一座塑像，其身穿法老服装，以一种理想的方式将其官位与女性精细的外形紧密联系在一起。该坐姿像原本可能位于上层平台中的祭品室中。

76 哈特谢普苏特葬祭庙上层平台平面图

底比斯西部，德伊埃尔巴哈里；第十八王朝，约公元前1470年。

1 欧西里斯化身柱
2 节日庭院
3 圣船祠堂
4 祭拜画像室
5 祭拜图特摩斯一世的区域
6 祭拜哈特谢普苏特的区域
7 供奉太阳的圣所
8 祭拜宫

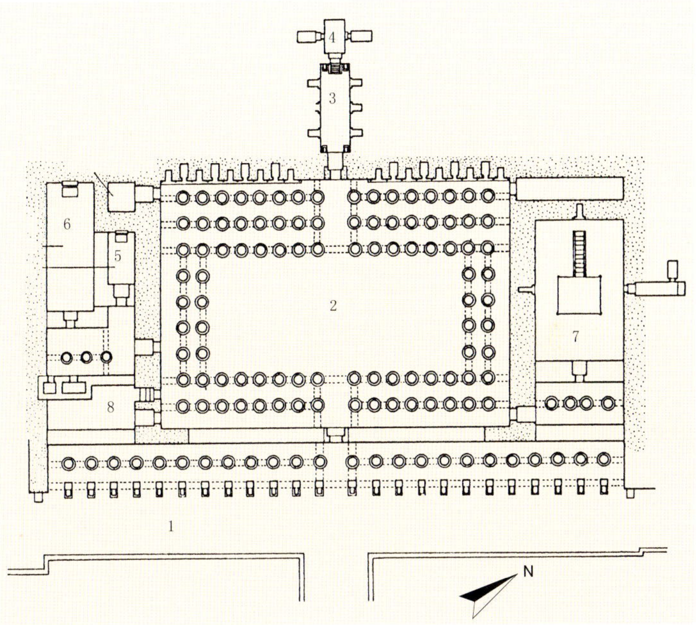

边缘，而是坐落于东部，现为一片沃土。该建筑周围的墙壁厚度为8.5米，包围区域长宽分别为700米和550米。其内部除主庙外还有花园、池塘和供奉孟斐斯死神索卡尔的独立式神殿。

该葬祭庙入口处的两座高达20米的国王沙岩坐姿像保存至今。南侧巨像上有"统治者中的统治者"这样的专有名称，这表明国王拥有无限的神权。公元前27年发生过一次地震，在北侧巨像上留下了一道大裂痕。自那时起，每日早晨气温上升时，便会发出吱吱声，这被解释为悲叹之声。

门农传说解释了这一现象。门农为埃塞俄比亚的虚构国王，据说在特洛伊战争中被阿喀琉斯（Achilles）杀害，但经过其母亲黎明女神厄俄斯（Eos）的一番努力后复活，并成为了不朽人物。这种联系一方面可能是因为"门农"和阿蒙诺菲斯三世王名发音的相似性，阿蒙诺菲斯三世王名可能为尼姆利亚（Nimmuria）；另一方面可能是因为塑像在早晨发出"悲叹的哭声"，因为厄俄斯被视为黎明女神。大帝于公元199年恢复了该塑像，之后这种现象便消失了。但北侧巨像是门农的化身这一想法延续了下来。如今，两座塑像均被称为"门农"。

阿蒙诺菲斯三世神庙现已完全成为废墟。其前部由三个庭院构成，庭院中有砖砌塔门，并形成了入口。入口后方为一个长宽分别为86米和85米的庭院，庭院周围有三排（西侧有四排）高达14.2米的纸莎

77 门农巨像

底比斯西部，阿蒙诺菲斯三世葬祭庙；第十八王朝，约公元前1360年，沙岩；原始高度21米。

著名的阿蒙诺菲斯三世坐姿像是底比斯墓地的现代象征，其幸存至今，可供游客游览，但塑像前方的入口塔门却未能幸存。巨像腿部古老的众多粗糙刻画表明其已被人钦佩了数个世纪。这两座塑像原本是作为阿蒙诺菲斯三世的神圣象征，现濒临倒塌，因为其所在地克姆埃尔赫坦（Kom el－Heitan）的下层土壤不稳定。

78（下一页）重现阿蒙诺菲斯三世太阳庭院中巨像的位置

由于瑞士建筑研究院做了大量的工作，使重现大型庭院（90米×90米）平面图成为可能。该庭院是该葬祭庙中唯一可以重现的部分。庭院四周均有三排高14.20米的纸莎草花束柱。仅东侧有第四排立柱。立柱之间共有三十六座国王塑像，平分于庭院中。

庭院设计中两个不同层次的含义融合为一体。其第一层含义中，纸莎草花束柱代表着重生和保护，王室塑像代表着包罗万象的王权以及崇拜阿蒙－瑞的保障。塑像的数量引出了第二层含义。36（4×9）这一数量使空间总和的构想（4——4个基点的总和）与所有生命形式的绝对多重性（9＝3×3：数字3在埃及代表事物和生命的复数，9则代表复数的复数，进而代表着所有形式和变体的总和）相结合。

79 阿蒙诺菲斯三世巨头像

底比斯西部，阿蒙诺菲斯三世葬祭庙；第十八王朝，约公元前1360年；沙岩；高131厘米，宽102厘米；伦敦大英博物馆，EA 7。

该头像为这位国王巨像中的一部分，巨像高9米，与其他塑像一起位于大型太阳庭院立柱之间。塑像所采用的材料以及所戴的王冠类型反映了无处不在的双重原则，双重原则以该国一分为二的本质为基础。从赫利奥波利斯附近的艾哈迈尔山（Gebel el－Ahmar）采石场采得的沙岩和红冠指代下埃及，其他塑像中采用的在阿斯旺采石场采得的红色花岗岩和白冠则象征上埃及。塑像则根据这一原则被平分在庭院的南北两侧。虽然该塑像极其庞大，但其面部特征很协调，展现了统治者阿蒙诺菲斯三世图像中的典型特性。这些特性包括杏仁状的眼睛、宽大的上眼睑、狭长的小鼻子、饱满凸出的嘴。通过极度抽象化的表现形式充分描绘了阿蒙诺菲斯三世的神性。

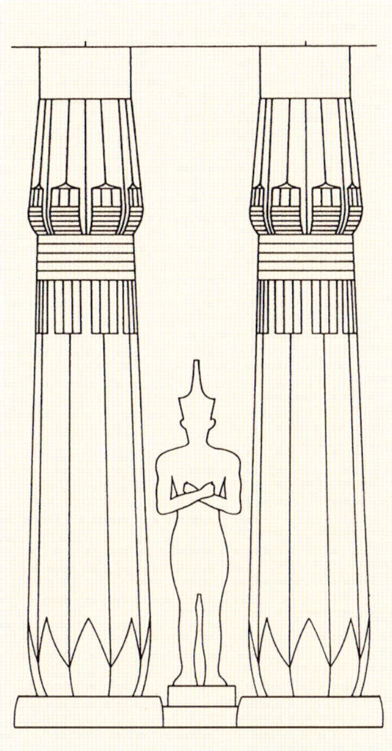

草花束柱。关于主建筑物，唯一确定的是面向入口的多柱厅。现在根本不可能重现多柱厅后方的房间。

建筑中塑像的种类和品质在整体上肯定均是最引人注目的。国王的坐姿巨像对装饰着前三扇塔门的前方，欧西里斯化身柱和狮身人面像则装饰着庭院。同时也有许多大小各不相同的塑像群以及大量神明单塑像。特别值得注意的是狮头女神塞克荷迈特的众多塑像以及与众不同的发现物，如鳄鱼身体或豺狼身体的斯芬克司、实物大小的荷马雕塑和豺狼巨像。

此外，该大型庭院南北面的立柱之间有高达8米的国王站姿像，这些塑像由沙岩（北面）和红色花岗岩（南面）制成。该庭院中也有两个巨大的石碑（北侧石碑为9.7米，南侧石碑为8.6米），国王在石碑上的文字中提到了阿蒙－瑞和卜塔－索卡尔－欧西里斯。其中一篇文章还提到了该神庙的修建方式。文章中写道："他在底比斯西部为他（阿蒙）修建了一座沙岩神庙，一座永垂不朽的堡垒，神庙全面镀金，地板为银质地板，所有门为天然金银合金，装饰华丽，有大量花岗岩、沙岩和各种宝石制成的国王塑像，均精心制造，希望其永垂不朽。"

该座底比斯西部最宏伟壮观的葬祭庙之一于拉美西斯时期末期被废弃。肯定在第十九王朝时便拆除了部门大型设施，因为在其附近的麦伦普塔赫葬祭庙地基中发现了对应的石块。但正如祭司的头衔所示，至二十王朝时其被用作宗教目的（虽然为简化形式）。

80（上一页）阿蒙诺菲斯三世石碑（局部）

底比斯西部，阿蒙诺菲斯三世葬祭庙；第十八王朝，约公元前1360年；上色石灰石；高206厘米，宽110厘米；开罗埃及博物馆，JE 31409（CG 34026）。

该大型石碑曾位于阿蒙诺菲斯三世葬祭庙的庭院中。其描绘了该位国王击败敌军的场景。图画右下侧，阿蒙诺菲斯三世驾着战车驶过其努比亚敌手。他头戴蓝冠，携带箭筒和弓。该图画描绘了该位在位法老取得的胜利，与实际的军事活动没有任何联系。

81 有塞提一世名字的两块彩陶瓷砖

底比斯西部，古尔纳，塞提一世葬祭庙；第十九王朝，约公元前1280年；上釉彩陶；高9厘米，宽5.8厘米。

塞提一世时期的这些小彩陶饰板出自埋葬于神庙建筑地基中的一批物品，位于西南方向的角落中。被埋葬的物品中有小模型和祭祀用的陶器。小模型上有一层厚厚的镀金层，还有牛头和牛腿。

第十九王朝和第二十王朝的建筑物

胡里格·苏鲁让安（Hourig Sourouzian）

古尔纳的塞提一世神庙

塞提一世即位后，便立即开始在墓地北端修建其自己的神庙。他明显期望将该神庙建于适当的位置，使其成为从卡纳克游行时阿蒙－瑞的第一个休息处。后来人继续修建了一系列神庙建筑，该座神庙便是被继续修建的第一座神庙，每次均向南扩建。河流西岸的神庙均被称为“万年寺”，表达了期望这些神庙永垂不朽的希望。这些神庙不是国王葬礼仪式专用的，其主要是作为河谷节游行期间来自卡纳克的圣船的停靠小站。

古尔纳的塞提一世神庙是一座宏伟壮观的沙岩建筑，是名副其实的堡垒，成为了其后所有葬祭庙的典范。神庙四周有高高的白色围墙，围墙用未经烤制的泥砖砌成，有方尖塔——这表明了左塞尔（Djoser）时期古埃及传统的复苏。游行路线起点位于东侧，终点位于第一塔门前方。该条路线由未经烤制的砖砌成，铺有白色灰泥，有彩绘，而入口处和整个通道则分别为石灰石和山岩。

神庙建筑前方有一前一后两个庭院。第一庭院南侧有一座举行仪式用的宫殿，第一庭院即“节日庭院”。该庭院中，国王于“美妙的河谷节”期间出现在看台上。他逝世后，用塑像代表这位国王，可将其塑像装载于王室帆船中，以便参加各种仪式和祭祀活动。神庙正面有柱廊，柱廊上为纸莎草花蕾状立柱，这是一种创新。塞提一世之前的各个王朝均青睐前方有柱廊的平台，而此处塞提一世打破了这种传统。

正面为对河谷节期间底比斯三位一体游行的描述，以及对被奉为神的雅赫摩斯－奈菲尔塔利王后和这位国王的帆船的描述。这表明西岸神庙中举行的仪式主要为节日游行。通过正面的三个高大宽阔的门口可进入神庙的三个主要部分，这三个主要部分并排在一起。

北边部分专门用于崇拜太阳，其由大型露天庭院构成，中间位置有供奉祭品的祭坛。南边部分有用于举行王室丧葬仪式的房间，其前方部分保存得比其他部分更加完好，该部分有一座塞提父亲拉美西斯一世的小礼拜堂。一扇假门连接着这些房间和王陵。

神庙的中央部分则为河谷节和阿蒙专用。神庙轴线位于游行路线上，游行路线通向柱式大厅，通过大厅可前往六间侧房。其中一间侧房中存放了王室帆船，其对面房间则展现了已故的国王与阿蒙合为一体的画面，于是该位国王便成为神庙之神塞提－阿蒙。这是该神庙中最重要的祭拜事件，也是整个建筑存在的原因。一道门廊通向阿蒙－瑞圣船祠堂，该祠堂两侧的房间则为姆特和孔苏专用房间。这些神明的圣船抵达后，暂时将其置于这些房间中，以获取祭品。最后方为一间大房间，房间中有四根立柱和一扇假门。一方面为阿蒙展现了通往西侧的道路，另一方面已故的国王可从其王陵向东进入神庙。在该神庙中，已故的国王可获得日常祭品并参与各种崇拜仪式。

神庙北边部分为拱形储存室，可经配发祭品的房间前往该储存室。神庙围墙之内的这些储存室也是第十九王朝的一种创新。在这之前，直接从位于卡纳克的阿蒙神庙发送祭品。虽然葬祭庙仍然从属于阿蒙神庙，但它们有了自己的行政部门和农地，可在农地上耕种，以提供补给。其组织结构堪比中世纪欧洲大型修道院的组织结构。

神庙过道两侧有大量塑像和狮身人面像，十九世纪游客游览现场时它们仍然屹立于此。但现今已仅剩下第一塔门后侧两座大型狮身人面像的基座和一座巨像的双冠。塞提一世逝世时，该神庙尚未竣工。其儿子兼继承者拉美西斯二世完成了该神庙的修建，并提供了大部分墙壁装饰。

82 塞提一世葬祭庙——神庙建筑庭院视图

底比斯西部，古尔纳；第十九王朝，约公元前1280年，沙岩；神庙占地面积124米×162米。

塞提一世在其他神庙的北边修建了他自己的葬祭庙，其他神庙主要用于举行第十八王朝的王室祭拜仪式。由于塞提一世之父拉美西斯一世在位时间较短，其未能完成自己的葬祭庙，所以塞提一世便将自己的葬祭庙南边部分献给了父亲。

83 圣船祠堂

底比斯西部，古尔纳，塞提仪式葬祭庙；第十九王朝，约公元前1280年。

该祠堂曾经可能为拱形，其侧墙之上有阿蒙圣船的图像。其前方的国王正在献祭。令人遗憾的是，没有一艘新王国时期的宏伟游行帆船保存至今。但可以通过大量的浮雕说明重现帆船外观。

拉美西斯二世之屋——拉美西斯二世葬祭庙

拉美西斯二世统治的第一年，当时还在修建其父亲的神庙，他便开始在南边修建自己的神庙。象形文字译码员让•弗朗索瓦•商博良（J.F. Champollion）最欣赏该座神庙的废墟，并将其称为“拉美西斯之屋”，该名称现已非常出名，正是在此处第一次在西岸上用石材修建了塔门。塔门通向第一庭院，其内表面上有栩栩如生的浮雕场景，描绘了卡叠什之战。卡叠什之战是拉美西斯统治早期最重要的事件。在同一庭院中曾有一座高达19米的巨像，该巨像为底比斯西岸上所有巨像中最高的一座。现该座塑像已被破坏，平躺在第二塔门入口处。该庭院北侧有国王站姿像，穿着盛装，高大威武，屹立于柱廊前方。庭院南侧照样为一座举行仪式用的宫殿，现仅剩下柱基。胜利的场景、宫殿和巨像均表明第一庭院致力表现该位在位国王的荣耀。后来还在此处增添了与赫梯人签订的和平条约。第二庭院东西两侧有欧西里斯化身柱，南北两侧各有两排纸 莎草花束柱。神庙正面有浮雕式柱廊，用祭祀场景加以装饰。祭祀场景下方为国王之子在神庙内部的节日游行。三条通向该正面三个入口处的坡道保存至今，这清晰地描绘出了神庙一分为三的平面图。

中间坡道两侧为该位国王的坐姿像，北侧塑像的头部极其精美，该塑像现仍屹立于庭院中。而南侧塑像则仅剩下王座和身体下部分。其躯干和头部由细粒花岗岩制成，为浅灰色，靠近头部处为微红色。1816年，乔瓦尼•贝尔佐尼（G. Belzoni）根据大英总领事亨利•索尔特（Henry Salt）的指示移走了该塑像，并卖给了大英博物馆。该塑像被视为“年轻的门农”，在大英博物馆极其受人钦佩。正面的主入口面向多柱厅，多柱厅比塞提一世的多柱厅更宽阔、风格更独特。中央中殿像长方形会堂，其中有两排纸莎草花式柱，每排各六根，柱头为盛开的纸莎草花状。每个侧边的中殿均有三排纸莎草花束柱，每排各六根，柱头为封闭式。该大厅可能是埃及最美丽的多柱厅，其非凡的效果源自清晰的空间结构，和谐的立柱比例以及色泽的良好保存状态。三间小房间通向至圣所。每间房间中的天花板由八根立柱支撑着。遗憾的是，至圣所已完全被破坏。第一间房叫做天文室，因为天花板上有人格化的星群。其墙壁上有圣船游行的场景。

游行由王储领导，王储后跟随着国王的其他儿子，人数众多。后墙右侧为拉美西斯庄严的肖像，此时的拉美西斯正在天堂般的赫利奥波利斯中举行加冕礼。拉美西斯二世手持该王国的标志，身体为埃希德神树形状，端坐着，而阿图（Atum）和塞丝哈特则将拉美西斯二世的名字刻写在埃希德神树的树叶上。

神庙周围宽阔的拱形储藏室大部分保存良好，且表明重要的货物储存于此。

麦伦普塔赫神庙

拉美西斯二世的继承者们在第十九王朝修建了不少建筑，但现仅剩下“拉美西斯二世之屋”南侧的麦伦普塔赫神庙废墟。该座神庙为其先辈神庙的复制品，仅有少量细微变化。该神庙大部分由其附近的阿蒙诺菲斯三世建筑中的材料修建而成。大约一个世纪以前，英国考

84、85 倒塌的拉美西斯二世巨像

底比斯西部，拉美西斯二世葬祭庙（“拉美西斯二世之屋”）；第十九王朝，约公元前1260年，红色花岗岩；原始高度19米。

该巨像名为“拉美西斯——外邦统治者之荣耀”，其大型残块现位于神庙第二塔门之前。该巨像几乎高达19米，重约1000吨，由最精细的阿斯旺红色花岗石制成，为底比斯西部最大的坐姿像。其因规模庞大、技艺高超、制作精细而备受古代人的钦佩。站在该视图位置可从神庙内部穿过巨像向外看，能看见第一庭院、入口塔门（宽69米）内侧。入口塔门上有国王与赫梯人的卡叠什之战的场景。

86 著名的“拉美西斯二世之屋”的第二庭院和多柱厅

底比斯西部，拉美西斯二世葬祭庙；第十九王朝，约公元前1260年，沙岩；祭庙建筑长宽分别为183米和58米。

第二庭院东西两侧有两排相互正对的欧西里斯化身柱，每排各八根，高11米。两座巨大的坐姿像（其中之一为“年轻的门农”半身像）位于多柱厅入口前。多柱厅中有两排盛开的纸莎草花状立柱，每排各六根，还有六排稍小的纸莎草花束柱，每排各六根。这些立柱比例协调，保存状态良好，上面还有一些原始绘画，使该多柱厅成为了整个埃及最令人难忘的多柱厅之一。

古学家威廉•马修•弗林德斯•皮特里（William Matthew Flinders Petrie）在该神庙第一庭院中发现了麦伦普塔赫的凯旋石碑。石碑上的文字讲述了麦伦普塔赫击败海上民族和利比亚人联盟军的事件。该联盟军曾于麦伦普塔赫统治第五年入侵埃及。

近年来的挖掘表明，神庙遗迹于十九世纪被人洗劫一空。洗劫的石灰石被用于石灰窑中，山岩则用于提取硝石。第一柱式大厅中的大型石灰石块表明了其曾经的壮丽辉煌。此处还有圣船游行图像、祭祀场景以及数以千计的沙岩残块。许多沙岩残块上仍有绘画痕迹，大部分残块源自房间和至圣所的墙壁。皮特里（Petrie）增在大量塑像残块中发现了一座半身像的下部分。这些塑像残块见证了神庙的破坏。在该神庙的第二庭院中发现了三座巨像群的大型残块，巨像群中国王由神明陪伴着。其原本为阿蒙诺菲斯三世的塑像，但后来重新刻上了麦伦普塔赫的名字并被重新使用。包括豺狼塑像和狮身人面像在内的阿蒙诺菲斯三世统治时期的其他巨像以及大型石灰石块被用作麦伦普塔赫神庙的地基，因此幸存了下来且状况良好。这些大型石灰石块上有彩色浮雕和国王庆典宴会的壮观场景。

梅迪涅特哈布——拉美西斯三世神明城堡

底比斯的最后一座葬祭庙是由拉美西斯三世修建完成的，其位于墓地最南端，紧邻第十八王朝的国王们在底比斯远古土墩的圣所上修建的小神庙。梅迪涅特哈布这座保存完好的神庙建筑使我们充分理解了“万年寺”。该神庙很像塞提一世的神庙，周围有围墙和尖塔，是一

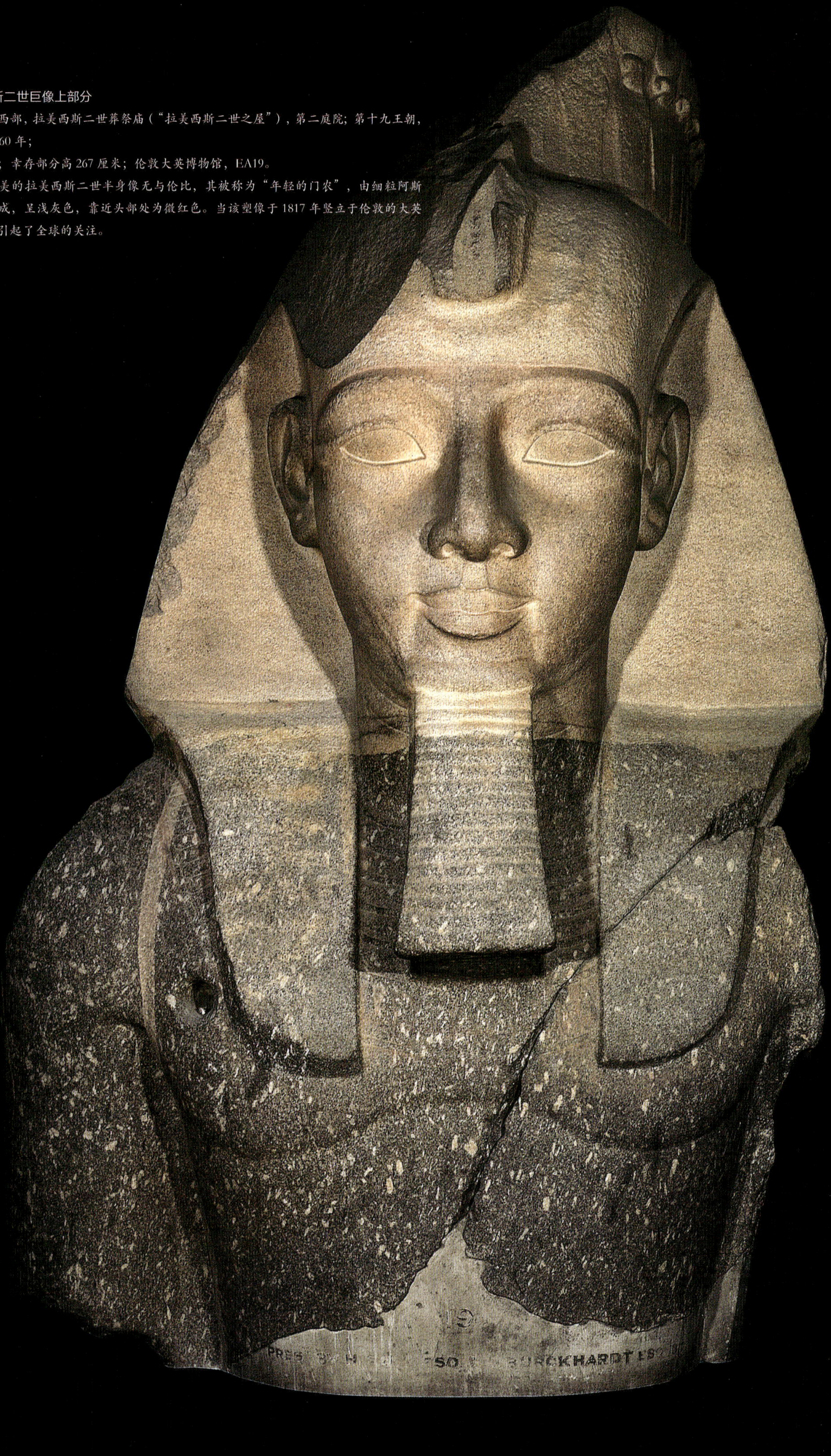

87 拉美西斯二世巨像上部分

底比斯西部，拉美西斯二世葬祭庙（“拉美西斯二世之屋”），第二庭院；第十九王朝，约公元前1260年；

花岗岩；幸存部分高267厘米；伦敦大英博物馆，EA19。

该座精美的拉美西斯二世半身像无与伦比，其被称为“年轻的门农”，由细粒阿斯旺花岗岩制成，呈浅灰色，靠近头部处为微红色。当该塑像于1817年竖立于伦敦的大英博物馆时，引起了全球的关注。

88 开放式和封闭式纸莎草花式柱头的立柱

底比斯西部，拉美西斯二世葬祭庙，多柱厅；第十九王朝，约公元前1260年。

柱头用精细的多色彩叶形设计加以装饰。开放式柱头叶形点的上方有装饰带，装饰带上有椭圆形图案，图案中有拉美西斯二世的王名和出生名。

89 运输“年轻的门农”半身像

手工上色石版画；乔瓦尼·贝尔佐尼，《六个新图版》，伦敦，1822。

1816年，乔瓦尼·贝尔佐尼在英国总领事亨利·索尔特的教唆下，将该座塑像上部分从“拉美西斯二世之屋”托至尼罗河边，然后运至亚历山大港，再从亚历山大港运至伦敦。此次艰难的运输伟业为贝尔佐尼的名望奠定了基础。

座名副其实的神明堡垒。拉美西斯三世统治后期，在该神庙四周修建了极大、极重的围墙，还修建了储藏室和行政大楼以扩建该神庙。可通过两座入口高楼进入该建筑。入口高楼的位置与堡垒中的一样，位于东西两侧。从保存较好的东侧入口处，可遥望其核心建筑，即多层式王宫，中间有石灰石入口，还有多层式砖砌侧房。核心建筑中有高大、通风良好的起居室，起居室带有大窗户。东侧窗户可能为王室中的看台。

房间的外部用拉美西斯三世祭拜利比亚人和海上民族的场景加以装饰，房间内部则用真真切切的家庭生活场景加以装饰。场景中，这位国王正在和其女儿下棋，这可能是塞尼特（Senet）棋，与来世的主题息息相关。拉美西斯三世游访底比斯、参加节日庆典时，便住在这些“门式宫殿”中。他甚至有可能是在后宫谋反时在其中一座宫殿中被杀害。

门楼后方、神庙轴向右侧为一座源自第十八王朝的古老小神庙，且该小神庙一直在不断地被使用、扩建直到罗马时期。第二十六王朝期间，在游行路线左侧修建了阿蒙神之妻的小礼拜堂，供节日游行时

90 现代时期挖掘第一多柱厅

底比斯西部，麦伦普塔赫葬祭庙；第十九王朝，约公元前 1210 年。

工作人员负责挖掘、搬迁第一多柱 厅中的大型石块。修建麦伦普塔赫葬祭庙时，其大部分材料来自其附近阿蒙诺菲斯三世神庙中的石灰石块。麦伦普塔赫甚至还将那位第十八王朝国王的塑像和狮身人面像用作其葬祭庙的地基。

91 麦伦普塔赫国王半身像

底比斯西部，麦伦普塔赫葬祭庙；第十九王朝，约公元前 1210 年；灰色花岗闪长岩；高 91 厘米；开罗埃及博物馆，JE 31414（CG 607）。

该座半身像来自底比斯该国国王葬祭庙中的一座纪念性坐姿像。这是该国年轻统治者的理想化塑像，肯定没有体现麦伦普塔赫的实际特征，因为他即位时的年龄至少为 50 岁。

使用，同时也用于祭拜远古土墩。尤为明显的是，西岸上所有建筑的主要功能与“美妙的河谷节”大游行相关。梅迪涅特哈布神庙为节日游行路线的终点。

在底比斯西部，主庙的第一庭院保存得最完好。其外墙上有国王“击败仇敌”的传统场景，阿蒙位于南墙上，瑞－赫拉克提（Re－Horakhty）位于北墙上。第一庭院墙壁上的浮雕也保存得较为完好，其描绘了国王的战役活动以及击败第二次入侵埃及的利比亚人和海上民族的场景。利比亚人和海上民族第二次入侵埃及时，正如其面前的麦伦普塔赫一样，拉美西斯三世不得不在埃及边境通过路上和海上激战击退敌军。

庭院南侧为一排支柱，还有国王的盛装塑像。正对着国王的是开放式柱头的纸莎草花式柱，这些立柱形成了神庙宫殿的正面。该宫殿为底比斯保存最佳的一座宫殿，并且以可仿效的方式恢复了宫殿遗迹。正面中间为看台，左右两侧各有两个入口。入口通向柱式大厅，大厅的拱形天花板由棕榈叶式柱支撑着。后方为王座室以及国王的主要侧室、浴室和卧室，还有三间供王子和王室侍从用的小套房。很明显该宫殿是王室宅邸的典范，宫殿中的房间体现了其主要部分。但该宫殿却并非实际意义上的宅邸，因为其中没有厨房和畜舍等必要场所。此外，拉美西斯时期的国王早已习惯了奢侈豪华的住宅，所以该宫殿可能太小了。其存在的目的仅是为了游行期间供健在的国王举行仪式。他逝世后才以塑像的形式居住于该神庙宫殿中。王座室后墙上的假门可使国王的灵魂进入其墓室，以便进行祭祀活动。但根据后来刻写在柱式大厅门上的铭文判断，第二十一王朝的这位穷困潦倒的祭司兼国王似乎曾将该建筑作为其官方宫殿。

92 梅迪涅特哈布的"高门"

底比斯西部，拉美西斯三世葬祭庙的东侧入口；第二十王朝，约公元前1155年；砖砌，面对着沙岩石块，高19米。

拉美西斯三世统治的最后几年里，扩建了其葬祭庙，形成了位于底比斯的临时王室官邸。其围墙高18米，包围区域的长宽分别为315米和205米。行政大楼、畜舍、营房、阅兵场的东西两侧建有一座气势宏伟的住宅宫殿。中央部分有一座三层石砌门楼，门楼房间的天花板较高，通风性良好。门楼还与砖砌侧房相连。

93 位于梅迪涅特哈布的前院和第一塔门

底比斯西部，梅迪涅特哈布，拉美西斯三世葬祭庙；第二十王朝，约公元前1160年；塔门高24.45米，宽67.80米。

梅迪涅特哈布的大塔门是整个底比斯保存最好的一座塔门。其原本有四根旗杆，分别以奈荷贝特（Nekhbet）女神、乌托（Uto）女神、伊希斯（Isis）女神和奈芙蒂斯（Nephthys）女神命名。塔门两座塔楼外表面上的场景中，得意洋洋的国王在帝国大神（阿蒙－瑞和瑞－赫拉克提）的视线中击败了其仇敌，帝国大神赐予国王胜利之剑。门楼上方为太阳圣殿。该大庭院北侧坐落着远古神明阿蒙的神庙，该神庙源自第十八王朝，较为古老，且深受人们的崇拜。再后来的第二十五王朝和二十六王朝，阿蒙神之妻在神庙南侧修建了其祭祀小礼拜堂。

94 拉美西斯三世猎取野兽

底比斯西部，梅迪涅特哈布，拉美西斯三世葬祭庙，南侧塔门塔楼后墙；第二十王朝，约公元前1160年。

该图像在葬祭庙中较为罕见，其位于塔门后侧，靠近神庙宫殿的通道。此类战斗和狩猎场景中，艺术家可以打乱井然有序的沙壁画中塑像严格的传统位置。正是接踵而至的“杂乱无章”使该类图像如此生动，富有动感。

95 第二内院视图

底比斯西部，梅迪涅特哈布，拉美西斯三世葬祭庙；第二十王朝，约公元前1160年。

该大塔门后方为两个大庭院。第一庭院用于阻挡混乱，展现了诸多战役场景，海上民族之战便是其中之一。南侧为看台，通向神庙建筑外的祭拜宫殿。第二庭院用于举行大型节日庆典。其东西两侧的前方有欧西里斯化身柱，南北两侧的前方有纸莎草花式柱。基督教时代期间，为了修建一座教堂，几乎毁坏了支柱前的所有塑像。

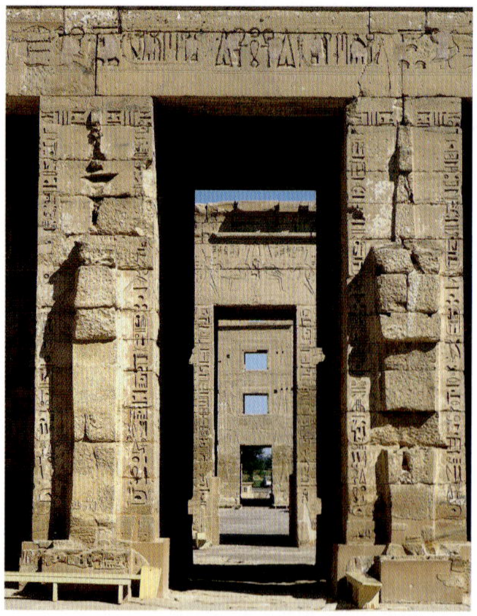

96 萨泰特（Satet）神庙

大象岛；第十八王朝建筑期，约公元前1460年；沙岩。

该神庙中有沙岩立柱侧廊，是由哈特谢普苏特下令修建的全新建筑。古代人们拆除了该建筑，并再次使用了其石块。因此，有可能根据哈特谢普苏特建筑之后的托勒密王朝神庙建筑的地基恢复大量原始石块，并重现源自新王国早期的遗失的神庙。该建筑堪称第十八王朝底比斯之外宗教建筑中少有的典范。

第一庭院中一道带有楼梯间的坡道连接着第二塔门的门口和第二神庙庭院，即节日庭院。此处的彩色图像保存状况极佳，全部用于描绘游行场景。彩色浮雕展现了“美妙的河谷节”的部分场景，已故国王的塑像参加敏神节，索卡尔节中有圣船游行仪式。这表明神庙墙壁上的装饰肯定极其精美。通过刻有浮雕的柱廊可进入柱式大厅。柱廊上有大型蹲伏上色欧西里斯化身柱，柱上刻有铭文，刻得异乎寻常的深。长方形会堂状的房间位于小礼拜堂旁边。小礼拜堂专供王室祖先、游行时的神明和王室帆船之用。尽管已拆毁天花板和墙壁、立柱的上部分，但该大厅仍给人一种压抑和阴暗感，这可能主要是因为巨大的立柱靠得过近。柱基几乎位于游行路线上。尽管拉美西斯三世将“拉美西斯二世之屋”作为修建模型，但此处完全没有塞提一世柱式大厅中的通风性设计，也没有“拉美西斯二世之屋”多柱厅中的庄严宏伟。神秘的沉重感和阴沉感弥漫于神庙内部。狭窄的套房通向神庙轴线上的圣所和侧边的储藏室。北边的荣耀小庭院和南边已故国王的祭拜室位于高高的外墙侧边。

神庙外围墙旁已有两组门楼建筑。后来的建筑阶段中，又在神庙内围墙和外围墙之间新修了祭祀住宅、行政大楼、营房、畜舍、池塘和花园。水井在测量尼罗河水位（“水位标尺”）的同时也为神庙提供水。拉美西斯时期之后的混乱时期中，该住宅区以及储藏室、营房和神庙宫殿最终成为了这个神权政治国家中祭祀国王们（最初仅统治底比斯）的所在地。高围墙用于预防游牧强盗的攻击。因此，理想中的神明堡垒最终成为了现实生活中王城要塞。

全国各地的大神庙

第十八王朝的神庙

国家统一后，便立即开展了大量建筑活动，以在全国范围内加强对在位国王的崇拜。于是，第十八王朝的创立者雅赫摩斯恢复了位于孟斐斯的卜塔神庙，在阿比杜斯（Abydos）、卡纳克、艾尔曼特（Armant）、布亨（努比亚）等地修建了祭拜场所。在雅赫摩斯之子阿蒙诺菲斯一世和随后的图特摩斯统治时期，恢复、扩建或新建了几乎全国所有重要地点的神圣建筑。相关资料表明，阿蒙诺菲斯二世曾下令在三十多个地点大动土木。

但消耗资金最多的项目肯定要数阿蒙诺菲斯三世下令修建的项目，此举的目的是为了展现第十八王朝埃及雄厚的经济实力。其神庙中的祭拜对象具有多样性和创新性。数以百计的神明和国王塑像完整

97 重现阿玛纳的阿托恩神庙（Gem-pa-Aten）

狭长区形成了名为“阿托恩之屋”（Per-Iten）的大型建筑的正面。该建筑用于供奉阿托恩。至今，已仅剩下砖块和地基遗迹，因为大多数石块后来被拆除并重新用其在西河岸上修建神庙。对太阳神的祭祀仪式在开放式庭院中举行，阿玛纳高官的墓穴中和神庙本身的墙壁上均描绘了太阳神祭祀仪式。“阿托恩之屋”为阿托恩的主要神庙，因此也是阿肯纳顿统治时期整个埃及最重要的神殿。只有这一事实才能解释必须在成千上百的祭坛上放置大量祭品的原因。可穿越两个最后方庭院中的大高坛，这些高坛可能供国王及其家人所用，他们是太阳神力的中间人和保障者。

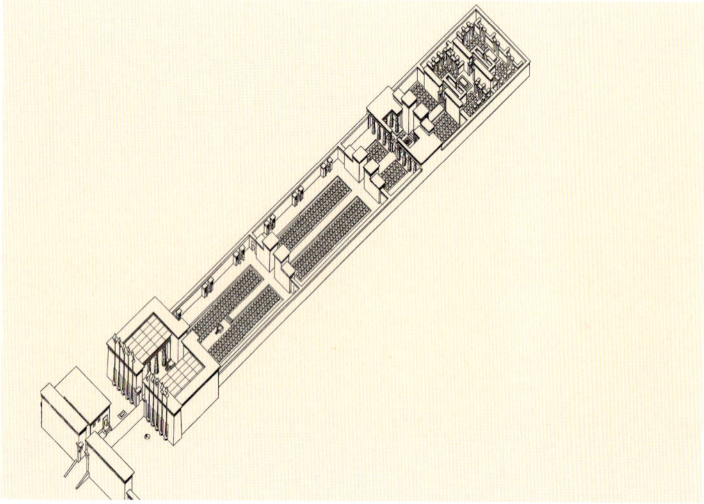

或部分幸存了下来，其中一些塑像重新刻写了铭文并被后期统治者占用。该神庙中有四十多座独立的巨像。

阿玛纳时期，神明化的阿肯纳顿国王开始崇拜阿托恩，取代了对大多数其他神明的崇拜。自阿蒙诺菲斯三世统治第五年起，建筑活动的中心便是埃赫塔吞（Akhetaten），即今天的阿玛纳。关闭、荒废了其他神明的神庙，尤其是阿蒙神庙。图坦卡蒙在其著名的恢复石碑上描述了当时的形势：“众神庙逐渐被遗忘，其神殿逐渐颓败，成为碎石小山，杂草丛生，其圣所似乎从未存在过一样，但此时陛下即位了。”于是，阿玛纳时期之后的统治者开展了大规模的恢复项目，不仅翻新了旧神殿，还扩建、装修了这些神殿。但直至第十九王朝早期，在拉美西斯时期国王们的统治下重新大规模地开展了真正意义上的建筑活动。拉美西斯二世是下令修建新神庙最多的一位统治者。虽然拉美西斯时期的一些神庙保存较为完好，但第十八王朝的许多建筑已仅剩下几块石块。因为常常覆盖或扩建建筑物，所以建筑物的地基部分或独立的纪念碑或富余石块便被用于其他建筑中。这样的破坏行为延续到了现代。因此，十九世纪中期，大象岛上阿蒙诺菲斯修建的完好无损的小站被拆毁，以便将其中的石块用作当地石灰窑的原料。

阿玛纳神庙——太阳崇拜和王室崇拜仪式

阿肯纳顿统治的第五年，他决定离开卡纳克。他将新首都迁至埃及的中心地点，并将其命名为“埃赫塔吞”（“太阳的地平线”），现称为太尔·艾尔阿玛纳，此地迄今从未有过崇拜仪式。他在城市边际的一块石碑上说明了选择此地的原因：“我将在此地为我的父亲阿托恩修建埃赫塔吞，他使这座城市由山脉环绕着，赏心悦目。”尼罗河东岸即城镇中心有一座供奉阿托恩的大型神庙（“阿托恩之屋”）。此处的神庙与埃及众多祭拜太阳的建筑一样，均为开放式，无屋顶。此处有主神庙、远古神话中奔奔石之地以及不计其数的祭坛。主神庙由两部分组成，这两部分相距350米，共用一条轴线，面向东方。后部建筑由两个庭院构成，被视为至圣所。正方形前院外侧有两道向外突出的墙壁，内侧有柱式大厅和一个中央高坛。立柱之间有阿肯纳顿和奈费尔提蒂的塑像群。一条坡道通向入口处和入口之后的平台，第二庭院周围有无顶式小礼拜堂。中央的平台上为圣坛，圣坛顶部开启，面向太阳神。该庭院中也有王室夫妇的塑像。

与卡纳克的阿托恩神庙一样，此处的前部分也被称为“找到阿托恩”（Gem－pa－Aten）。该建筑长宽分别为210米和32米，分为两部分，由一系列带门楼的无屋顶庭院构成。大型塔门形成了前部分的入口，其后方为前院。离此处较远处为柱式大厅，有无顶通道，大厅前竖立着高高的旗杆。大厅后为两个宽阔的庭院，每个庭院中均有224个祭坛。后部分的空间较为狭窄。此处的入口仍然由前院和柱式大厅构成，其后有小型庭院，庭院中有祭坛。最后两个庭院周围也有无顶式小礼拜堂，各庭院中均有一个高坛。

在“阿托恩之屋”南侧修建了一座小型祭拜建筑，该建筑被称为“阿托恩神庙”。阿托恩神庙有围墙，围墙上有堡垒似的突出物。该神庙由三个带有入口塔门的庭院和一个至圣所构成。该至圣所由两部分构成，与大型神庙中的至圣所类似。虽然该建筑以阿托恩神庙的风格进行设计，但其轴线朝向阿肯纳顿的石窟陵墓，在底比斯的一些葬祭庙中也发现了堡垒似的围墙，这表明该建筑还有其他用途，即被用作王室的葬祭庙。

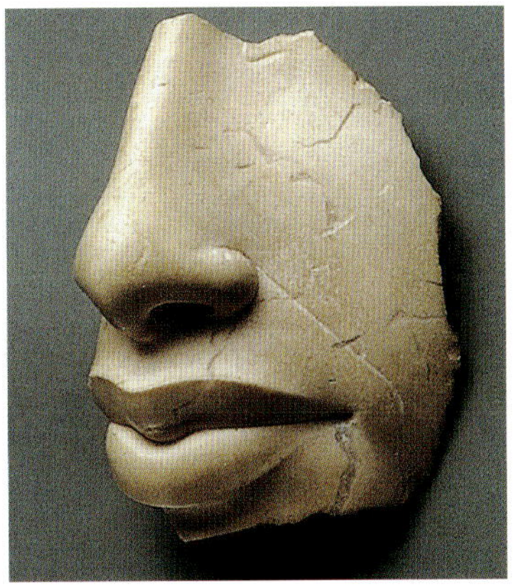

99 阿肯纳顿塑像中的面部残块

阿玛纳，阿托恩大神庙；第十八王朝，约公元前 1345 年；硬石灰石；高 8.1 厘米，宽 5.1 厘米；纽约大都会艺术博物馆，爱德华 S. 哈克尼斯（EdwardS. Harkness）赠送，26.7.1395。

虽然这仅仅为一残块，但根据其嘴唇的形状、从鼻部到嘴部边缘线条的处理可以判断，其肯定为阿肯纳顿塑像的一部分，该塑像稍小于真人大小，起源于阿玛纳早期。塑像所采用的石灰石品质与大理石相似，因其表面高度亮泽而颇受当时雕塑师的青睐。

98 阿托恩大神庙中的圣所

赫尔默普利斯（Hermopolis），原本位于阿玛纳；第十八王朝，约公元前 1340 年；石灰石；高 22.7 厘米，宽 26.9 厘米；波士顿艺术博物馆，63.961。

该石块是大型整体的一部分，其描绘了神庙圣所区域中的场景。中心位置为主祭坛，祭坛上堆满了祭品，两侧站立着两座阿肯纳顿塑像。其中还有其他祭坛、台座上的香炉以及通向侧边小礼拜堂的门道。

100 粮田

赫尔默普利斯，原本位于阿玛纳；第十八王朝，约公元前 1340 年；石灰石；高 23 厘米，宽 52 厘米；纽约大都会艺术博物馆，诺贝特·席梅尔（NorbertSchimmel）赠送，1985，1985.328.24。

长长的麦芒在微风中摇摆着，赋予了该图像自然主义的特点。虽然不知道该场景的完整内容，但它立即使人想起阿肯纳顿写给阿托恩的赞诗：“你的光芒照耀着田地；当你缓缓升起时，它们为你而生，为你而长。”

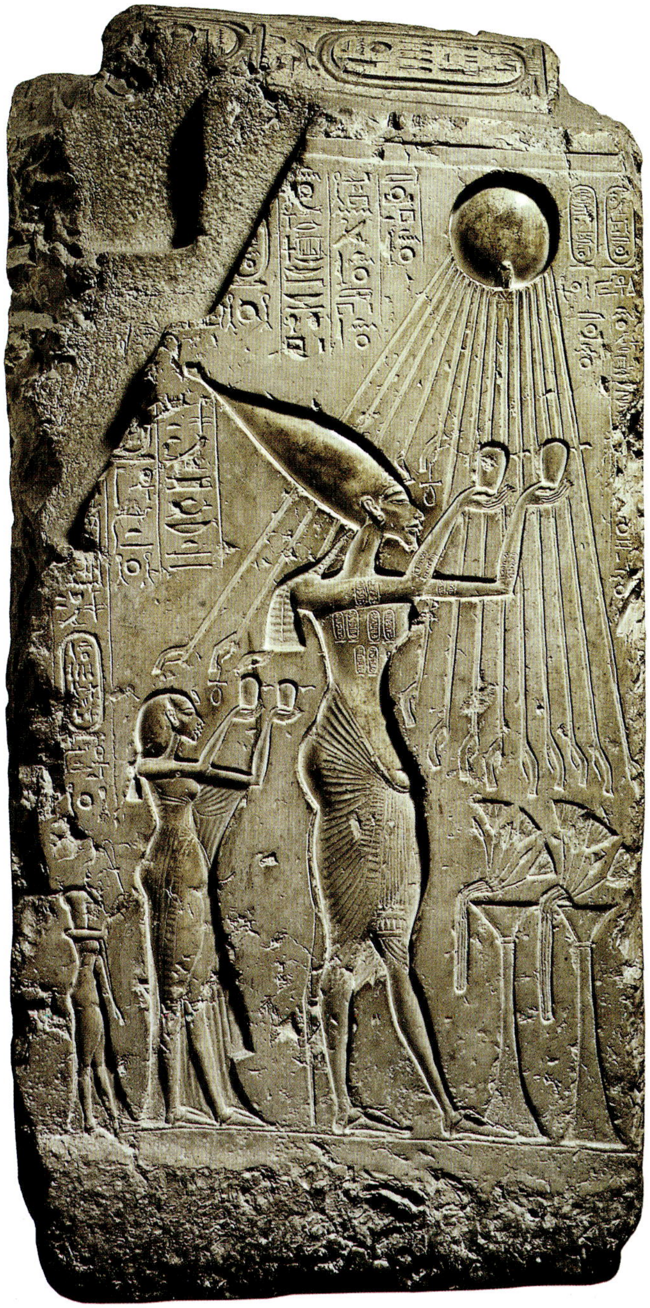

101 “阿托恩光芒”照耀下的王室

阿玛纳，大宫殿（Great Palace）；第十八王朝，约公元前 1345 年；方解石、雪花石；高 102 厘米，宽 51 厘米；开罗埃及博物馆，RT 30.10.26.12。

在新定义的阿玛纳国家教条中，其核心内容是国王与其唯一的神明阿托恩之间的相互关系。阿托恩以太阳圆盘的形象显灵。

此处，阿肯纳顿和奈费尔提蒂均端着两个酒杯为阿托恩献酒，其身后跟着他们的长女梅丽塔顿。不应将夸张的面部特征和面相表现法视为“现实主义”，其具有宗教意义：国王和王后拥有丰饶神的特质。这些塑像是活跃的创造成分，可通过祭拜阿托恩的方式确保持续存在。该石块是大王宫坡道栏杆的一部分。

102（上一页）阿肯纳顿半身雕塑像

阿玛纳，阿玛纳北部，图特摩斯雕塑作坊(P47 号房屋)；第十八王朝，约公元前 1340 年；灰白色石膏；高 26 厘米；柏林国家博物馆埃及馆，21351。

该座阿肯纳顿头像为真人大小，由两个部分拼接而成。首先根据该统治者的肖像画塑造塑像形状，然后再用石膏制作了该座塑像。塑像最初为头戴蓝色王冠的国王塑像。面部特征体现了其塑像中更加和谐的后期风格。

103 奈费尔提蒂王后塑像躯干

可能出自阿玛纳；第十八王朝，约公元前 1345 年；深红色沙岩；高 29.5 厘米；巴黎卢浮宫，E 25409。

王后身穿褶状服装，在右胸下方系了一个节，这无与伦比地表现了女性的特质和丰饶的思想。插图中所见的感官人体建模使该塑像成为埃及雕塑中的杰作。

该城市最南侧还有两座宗教建筑，建筑中有无顶小礼拜堂和池塘。其可能被视为太阳神出生和创世的地方。

阿肯纳顿逝世后，停止了所有建筑活动，该城镇很快便被遗弃，再也无人居住。第十九王朝早期，拉美西斯拆毁了该神庙。他将剩余石块用作其位于赫尔默普利斯的神庙的填充料。赫尔默普利斯神庙为尼罗河西岸上的老祭拜中心，与阿玛纳神庙相对。基槽和砖砌体均是“太阳城”中剩下的。虽然神庙建筑几乎完全遗失，但根据阿玛纳的官员陵墓中幸存下来的浮雕上的描绘，则有可能在很大程度上重现这些建筑的结构。

阿玛纳的图像和雕塑

德国和英国考古学家在阿玛纳开展了大量的挖掘工作，发现了不少杰出的艺术作品。神庙及宫殿墙壁几乎完全破坏，塑像也破碎了，

104 奈费尔提蒂半身像

阿玛纳，阿玛纳北部，图特摩斯雕塑工作坊（P47 号房屋）；第十八王朝，约公元前 1340 年；上色石灰石；高 50 厘米；柏林国家博物馆埃及馆，21300。

可能只有图坦卡蒙的黄金面具才能与这座举世闻名的奈费尔提蒂半身像媲美。它是古埃及艺术中美貌和完美的典范。王后头戴具有特征性的头饰，即所谓的奈费尔提蒂帽冠，系着王冠带，前额上还有圣蛇。她的衣领较宽大，上面有植物图案。该作品比例协调，色彩多种多样，给人以深刻印象。该半身像发现于 1911 年，当时德国东方学会（German Oriental Society）正在挖掘图特摩斯的工作坊。在图特摩斯的工作坊中，该半身像是为该王后制作塑像的模型。

但却剩下了部分着色地板、绘画残片、倒塌的浮雕和瓷砖以及塑像碎块。其物块被搬至其他地点，石块也被重新用于之后的建筑中。

阿肯塔顿居住区中也发现了艺术作品。其中包括家用祭坛，祭坛上有王室笼罩在太阳光芒之下的图像，还有雕塑模型和工作坊中未完成的塑像。所有的这些发现物很好地展现了阿肯塔顿的艺术发展。其表明温和而理想化的倾向取代了卡纳克及阿玛纳早期高度教条式的风格标准。

阿肯纳顿统治末期出现了一种新的风格倾向，旨在尽可能地忠实于大自然。一些后两个阶段中最引人注目的实例出自雕塑师图特摩斯的工作坊。其中包括举世闻名的奈费尔提蒂半身像、为数众多的奈费尔提蒂之女的肖像以及给人以深刻印象的石膏面具和头像。这些作品的风格极具自然主义特点，可视为向人类塑像描绘发展的第一步。

105 拉美西斯二世站姿巨像（局部）

孟斐斯，卜塔神庙；第十九王朝，约公元前1275年；水晶石灰石；幸存部分高10.95米；孟斐斯考古公园。

该站姿像现已水平放置，其曾屹立于卜塔神庙南侧大门前。该位统治者的所有巨像中，这是最优质的一座。其比例协调，技术一流，表面光泽良好。温和但威严的面部表情是拉美西斯二世统治时期早期风格中的典型特点。

拉美西斯时期的神庙

虽然第十八王朝后期的国王们恢复了在底比斯祭拜阿蒙－瑞，但该国祭拜其他神明的建筑仍被毁坏或遗弃，需要恢复。拉美西斯大型建筑项目的目标是恢复所有祭拜遗址，因此如今几乎所有的尼罗河流域宗教中心都有那个时期的建筑和人工制品。

孟斐斯——卜塔圣神区

新王国时期，尼罗河河床在孟斐斯向东迁移。这便为第十九王朝在卜塔神庙大门前修建新建筑提供了空间。首先修建了游行道路，其终点位于南大门，即今天著名的拉美西斯二世水晶石灰石巨像所在处。该巨像无疑是拉美西斯二世统治时期孟斐斯最完美的雕塑。神庙、小礼拜堂和塑像紧邻新修的大道。塞提一世修建的漂亮的小神庙用于供奉卜塔和孟斐斯女神们。只有该小站中的塑像群保存了下来，这些三维塑像展现了侧墙浅浮雕中的场景。

拉美西斯二世统治时，修建了数座神庙，其中一座用于供奉哈索女神。拉美西斯二世还负责卜塔神庙围墙西侧的大塔门。至今，仅可见塔门基础中的石块。塔门前方有巨像，位于柱式大厅入口侧 边。大型围墙北侧门楼处有两座塑像群，塑像群中有拉美西斯二世和卜塔－塔坦恩（Ptah － Tatanen），现位于哥本哈根的雕塑博物馆。塑像群中还有狮身人面巨像，现位于费城宾夕法尼亚大学博物馆。东侧门楼处有红色花岗岩巨像，该巨像竖立于1954年，是开罗小组前方广场（更名为“拉美西斯广场”）中新埃及的象征。现今，该塑像深受现代环境污染之影响。

卜塔区东侧数百米处为拉美西斯二世修建的神庙的废墟，还有一座麦伦普塔赫修建的建筑物，通过一道大门可进入该建筑物。与其相连的是另外一座卜塔建筑和一座雄伟壮观的神庙宫殿。卜塔建筑和神庙宫殿的墙壁和立柱用多色釉陶面砖加以装饰。拉美西斯时期后期的国王们将自己的名字保留在已有建筑上，以实现自我满足。这些国王这样做可能不仅因为他们有占用这些建筑的欲望，还因为他们意识到几乎所有崇拜建筑的组织结构极其完好，且只需赞同保证对现有建筑物的捐助。

106 拉美西斯二世多柱厅及西侧塔门遗迹

孟斐斯，卜塔神庙；第十九王朝，约公元前1270年。

希罗多德公元前第五世纪游览埃及时，仍然钦佩精心修建的卜塔神庙。

但至今该神庙已仅剩下地基遗迹、独立石块和筒形立柱。尽管如此，也可看出塔门宽74米，多柱厅中包括四排高约13米的纸莎草花式柱。

107 拉美西斯二世和卜塔－塔坦恩塑像群

孟斐斯，卜塔神庙，北侧入口；第十九王朝，约公元前1260年；红色花岗岩；

高335厘米；哥本哈根新嘉世伯艺术博物馆（Ny Carlsberg Glyptothek），ÆIN1483。

拉美西斯在卜塔神庙内部和前部竖立了诸多雕塑，其中有国王与神明在一起的塑像群。正如该座拉美西斯二世与卜塔－塔坦恩的二人塑像一样，这些塑像群中也是国王和神庙之主。通过这种关联，国王的神化方面体现得最明显，也成为了被崇拜的对象。

此外，他们可能还感觉到在那日益动荡的时期几乎没有完成任何新建筑项目的可能性。

赫利奥波利斯——瑞神远古土丘之地

赫利奥波利斯曾经是大量建筑活动的中心，其中的所有纪念物现已几乎全部被盗。极大部分的纪念物被运至埃及的其他地点，自希腊罗马时代甚至还被运至王室。我们从找到的文章中得知了供奉太阳神瑞、阿图、哈索的神庙，也得知了狮身人面像大道和方尖碑，但却仅能形成较模糊的印象。在赫利奥波利斯附近的太尔艾尔雅胡迪亚（Tell el－Yahudiya）发现了塞提一世神庙的模型，还在布鲁克林博物馆重建了该模型。该模型展现了神庙区的入口。

现场仅剩下为数不多新王国时期的遗迹，且最近才发现这些遗迹。这些遗迹为大道遗迹，曾经紧邻神庙，神庙正面前方有国王塑像。大道末端为一道大门，有纸莎草花式柱，柱上刻有拉美西斯三世的名字。该大道明显通向一座大神庙。不远处倒放着一根红色花岗岩立柱——现已恢复至竖直位置——立柱上刻有麦伦普塔赫统治第五年的铭文并颂扬了他击败海上民族的丰功伟绩。该立柱曾经可能支持着塑像或徽章，为希腊罗马时期便为人所熟悉的纪念柱的原型。

109 拉美西斯二世统治第十八年时的纪念碑

曼西埃特尔萨德尔（Mansheit es－Sadr），赫利奥波利斯附近；第十九王朝，公元前1271年；石灰石；高210厘米，宽106厘米；开罗埃及博物馆，JE 39503（CG 34504）。

石碑上部分为哈索女神陪伴下的拉美西斯二世，还有猎鹰头神瑞－赫拉克提。神明将王权标志交予拉美西斯二世。壁画下方长长的铭文中讲述到，这位年轻的国王居住在赫利奥波利斯，并考虑通过在其神庙中修建纪念碑以取悦其父亲——太阳神瑞－赫拉克提：“他穿越赫利奥波利斯附近的沙漠，来到红山采石场区。陛下在此处发现了一块巨大的石英岩，自瑞神时期便从未发现过如此巨大的石块，其高于花岗岩方尖碑。”该国王将这一大块石头赐给了他的雕塑师。雕塑师在一年时间里将其塑造成了米阿妈那的拉美西斯像。

108（左图）克姆埃尔希森（Kom el－Hisn）的拉美西斯二世神庙

赫利奥波利斯；第十九王朝，约公元前1270年。

克姆埃尔希森为赫利奥波利斯大型神庙建筑的一部分。此处，游行路线一侧有拉美西斯二世的小站。后王国时期尤其是托勒密时期，赫利奥波利斯神庙中的纪念碑和塑像已被盗走，之后又出现于亚历山大港新王室宅邸等场所。

110 麦伦普塔赫胜利柱

赫利奥波利斯；第十九王朝，约公元前1206年；红色花岗岩；胜利柱高5.42米，直径82厘米；赫利奥波利斯杂志。

麦伦普塔赫在中王国时期方尖碑神庙游行路线旁竖立了一根胜利柱，胜利柱上颂扬了他统治第五年时击败利比亚部落和北部海上民族联盟的壮举。顶板中有方形拱顶石，可能通过该拱顶石固定塑像。因此，该胜利柱是罗马帝王图拉真（Trajan）和马可·奥里略（Marcus Aurelius）竖立的胜利柱等古典时期胜利柱的直接典范。

111 赫利奥波利斯神庙入口的古代模型

太尔艾尔雅胡迪亚；第十九王朝，塞提一世统治时期，约公元前1285年；沙岩；长112厘米，宽87.5厘米，高28厘米；带有重建的上部结构；纽约布鲁克林博物馆，查尔斯埃德温威尔伯恩基金，1949,49.183以及66.228（重建）。

模型基座上表面狭槽上有塔门门楼，门楼前方为两座方尖碑、两座身穿仪式服装的王室站姿塑像和两对狮身人面像。在基座侧边的塑像中，可看见“跪着的”塞提一世正在向瑞－赫拉克提和阿图献祭。

112 官员摩西（Mose）之碑

坎蒂尔（Qantir，拉美西斯之城）；第十九王朝，约公元前1270年；石灰石；高67.5厘米；希尔德斯海姆（Hildesheim）柏力扎伊斯博物馆（Pelizaeus – Museum），374。

石碑上部，拉美西斯二世正在向卜塔献祭，卜塔回应着祈祷者。拉美西斯二世还在宫殿看台向官员摩西赐金石碑下部，拉美西斯二世站于其自己的坐姿巨像旁，向摩西及其士兵赐礼。拉美西斯巨像上刻有“统治者之荣耀”的美誉。从类似石碑上得知，拉美西斯之城（派拉姆西）中有许多坐姿像和站姿像，其中一些高于20米。

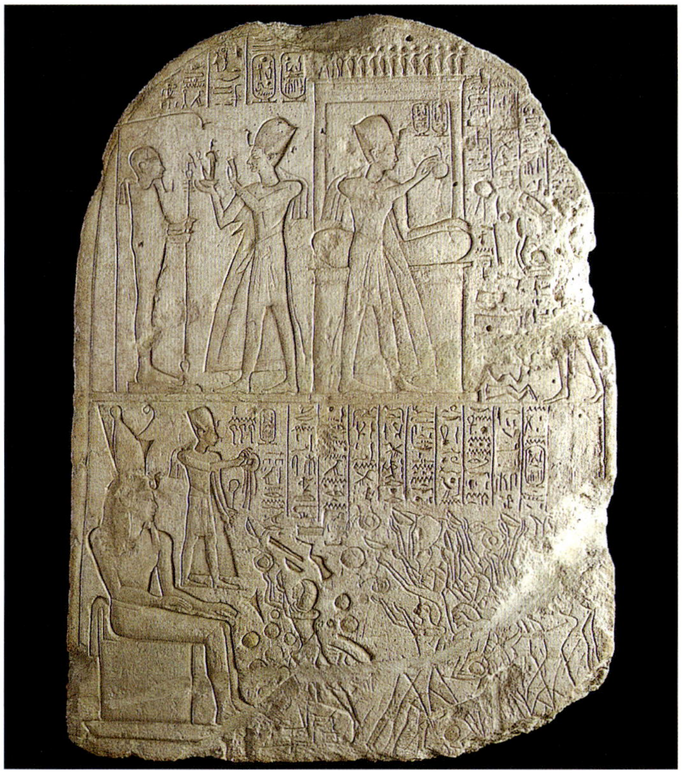

派拉姆西——拉美西斯之城神庙

纸莎草纸古抄本和石碑中讲述了东三角洲地区的大型新王室宅邸。此处首先由塞提一世发现，拉美西斯二世加以扩建、装饰，并高度称赞，还将其命名为拉美西斯之城。宽阔的宫殿形成了该座城市的中心。宫殿四个方位基点上有该国主要神明阿蒙－瑞、卜塔的神庙，还有家庭神塞特的神庙。这些神庙均面向宫殿。拉美西斯二世在宫殿前的广场中竖立了四座巨像。遗留下来的残块表明它们是埃及最大的独立式塑像，高度超过21米。我们仅从石碑上的图像中获知了相关信息。石碑图像将它们描绘为崇拜和祭拜的对象——神明以国王之身显灵。个人可通过它们向神明请愿。竖立塑像时，为其提供了地块和财产，纪念性圣甲虫上永久记录了这些事件。拉美西斯为了庆祝他统治期间的诸多喜庆时节，他在神庙前修建了大型节日庭院，还修建了宫殿，并树立了成片方尖碑。

圣经中将该城市命名为犹太人遭受压迫的地方。埃及早期的考古学家相信《圣经》中的历史真相，热切渴望找到该处。但是第二十一王朝及后期拆毁了派拉姆西的大部分石砌建筑。拆毁后的材料被用作新首都塔尼斯中神庙的建筑材料。因此，在塔尼斯发现了大量刻有拉

113 塔尼斯，拉美西斯建筑及塑像视图

遗弃雄伟壮观的拉美西斯之城后，新利比亚王朝的统治者们将塑像、立柱和建筑特色从派拉姆西引入了塔尼斯，即他们位于三角洲的所在地，并将其重新使用于他们的神庙中。

因此，当十九世纪开始挖掘时，塔尼斯被称为尼罗河三角洲最富有的“户外博物馆”。即使在多数雕塑被移至开罗和欧洲博物馆的今天，塔尼斯肯定仍然被视为三角洲最著名的古代遗址。

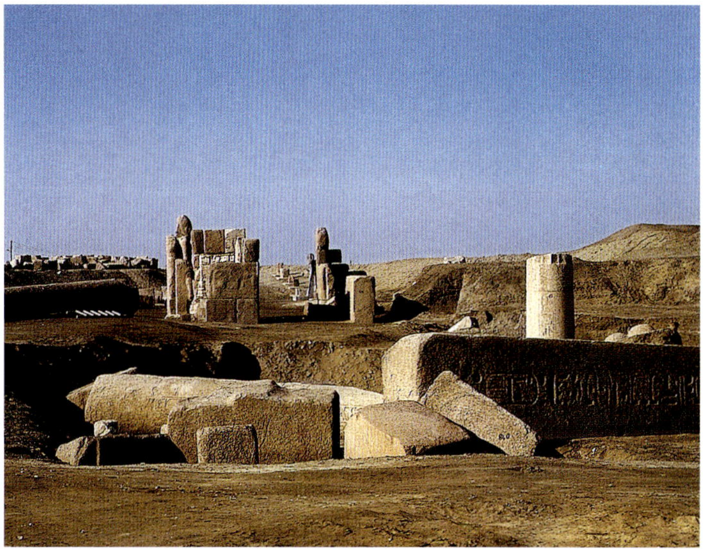

美西斯二世和派拉姆西神明名字的装饰性石块，如完整的花岗岩门框、部分额枋、大量断裂方尖碑、立柱以及诸多巨像残块。其中一些石块规模巨大，以致一座站姿巨像的眼睛长达42厘米，足部超过3米。其他巨像的材料为沙岩，大量小塑像的材料为花岗岩。还有神明和国王的塑像，国王、神明两人组或三人组塑像以及大型狮身人面像和被拉美西斯二世或其儿子麦伦普塔赫重新刻铭文的中王国时期国王的巨像。此处也有祭司和身居高位的官员的塑像。

虽然大约五十座派拉姆西中的雕塑最终位于其他地点或世界范围内的博物馆中，但是它们仍然代表了雕塑师的技巧，可被人仿效。它们可以形成最精致、最令人难忘的户外博物馆之一。难怪曾经相当长一段时间人们都确信塔尼斯的大量废墟实际上就是著名的派拉姆西。但最近的挖掘毋庸置疑地证明了古代的派拉姆西实际上位于当今的坎蒂尔附近。该城镇的面积为数千平方米，远至太尔艾尔达巴（Tell ed – Dab ‘a），还在太尔艾尔达巴发现了更早的希克索斯王朝首都阿瓦利斯（Avaris）。这座曾经金碧辉煌的王城及其宏伟的纪念碑熙熙攘攘的遗迹分散于阿瓦利斯的各个角落。

阿比杜斯——欧西里斯祭祀之乡

阿比杜斯曾是具有重要意义的宗教中心、早期的朝圣地以及死神欧西里斯的祭祀之乡。欧西里斯之墓可能位于此处。但阿玛纳时期遗弃了阿比杜斯。塞提一世为了弥补对神明的亵渎，在此处的游行路线上设计并建造了一座神庙，其位于从欧西里斯神庙到他在乌加布

114、115 阿比杜斯（Abydos）的塞提一世神庙

第十九王朝，约公元前1285年；石灰石；神庙建筑平面图。

塞提一世神庙因其良好的保存状态而出名。该神庙是他自己的葬祭庙兼“万年寺”，位于埃及最神圣的墓地附近。它是崇拜欧西里斯的场所，同时也是埃及大神阿蒙—瑞、卜塔—索卡尔、欧西里斯和伊西斯的祭庙。精巧的彩色浮雕是新王国时期制作的最完美的艺术作品。

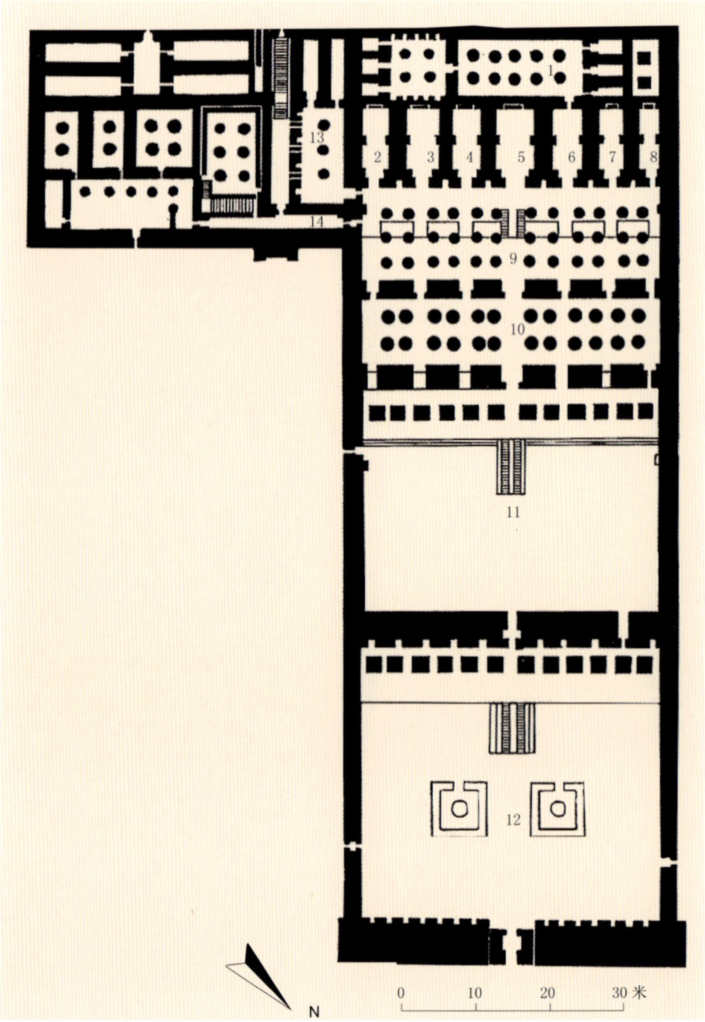

（Umm el - Gaab）的陵墓的“大神平台”上。这便是供奉埃及所有主神和所有早期国王的“万年寺”，其可能是尼罗河地区为神庙修建的最美丽、最精致的一座神庙。

塞提一世神庙

塞提在其自己的神庙前为其父亲拉美西斯一世修建了一座纪念堂。此处的高浮雕品质一流，浮雕图像中有塞提一世的家人，即其父亲拉美西斯一世以及其同胞兄弟，他们均在为阿比杜斯的神明献祭。塞提一世的大神庙由最精细的石灰石修建而成，不仅用于供奉阿比杜斯的三人神——欧利西斯、伊西斯和荷鲁斯，还用于供奉埃及大神——底比斯的阿蒙以及赫利奥波利斯的瑞、孟斐斯的卜塔以及国王自己。所有图像和塑像遵循了严格的正统模式，技艺高超，极具艺术性。因此，该神庙成为了第十九王朝鼎盛时期艺术的最好实例。此外，与祭祀塑像相关的日常场景保存得尤为完好，我们可更加深入地了解其隐含的宗教思想。

供仪式用的台阶通向码头上的高台，码头处曾经还有一条通向尼罗河的河流。神庙建筑前有两个庭院，一前一后。纪念性文本中记录道“庭院塔门高耸入云霄”。前方柱式大厅的外墙为柱廊，柱廊上有欧西里斯化身柱。其中有七道门，通往七个圣所，所以每个圣所均有自己的门口和轴线。中央圣所用于供奉阿蒙－瑞和底比斯三人神，墙壁上这些神明的圣船色彩极其鲜艳。中央圣所右边为欧西里斯、伊西斯、荷鲁斯的圣所，左边为卜塔、瑞－赫拉克提和神明化的塞提一世的圣所。除欧西里斯圣所外，各个圣所后墙上均有假门，通过假门可魔法般地进入位于神庙后方的地下纪念碑（假墓）。塞提一世逝世后将变成欧西里斯，并在此举行葬礼。欧西里斯圣所为唯一一座后方有其他房间的圣所。其由两个柱式大厅构成，每个大厅有三个小礼拜堂，用于供奉阿比杜斯的三位神明——欧西里斯、伊西斯和荷鲁斯。

116 第二柱式大厅视图

阿比杜斯，塞提一世神庙；第十九王朝，约公元前 1285 年。

位于阿比杜斯的塞提一世神庙中的第二柱式大厅分为两部分。

前面部分占了三分之二的楼面面积，和第一柱式大厅一样有二十四根纸莎草花式柱。后面部分缓坡道通向七个圣所的入口，这七个圣所形成了圣所区。入口前有十二根没有柱头的普通立柱。

118（右图）祭拜阿蒙神祭祀像场景

阿比杜斯，塞提一世神庙；阿蒙礼拜堂，第十九王朝，约公元前 1285 年；着色石灰石。

每座神庙的六个神明礼拜堂（塞提一世圣所的装饰方案有所不同）中，描绘了与祭祀像相关的日常祭拜仪式。这包括一系列规定的行为，国王或代表国王的祭司需要在神像前完成这些行为。此处我们有幸获得了关于仪式顺序的图像记录，其包括如下部分：进入圣所，开启装有祭祀像的神龛，神明出现，跪拜于神前，向神献礼，从神龛中取出祭祀像，清洁祭祀像，为其穿衣，移交标志、药膏和化妆品，最后为打扫地面、将祭祀像放回神龛、擦拭足迹、熄灭火炬、关闭神龛。此处的复制场景是，塞提一世正在打开供奉阿蒙祭祀像的神龛。确切地说，所示的是正在撕掉前一天粘贴的封条。

117 塞提一世坐于其神母伊西斯女神的双膝上

阿比杜斯，塞提一世神庙；第十九王朝，约公元前 1285 年；着色抹灰石灰石。该浮雕中，塞提一世系着精致的褶状仪式缠腰带，衣领较宽，头戴金王帽，前额上有圣蛇。

他右手持着王权的象征曲柄杖，脚踩着脚凳，脚凳上有“两地统一”的标志。伊西斯望着他的面庞，一只手托着他的下颚，另一只手则充满母性地托着他的后脑，加以保护。

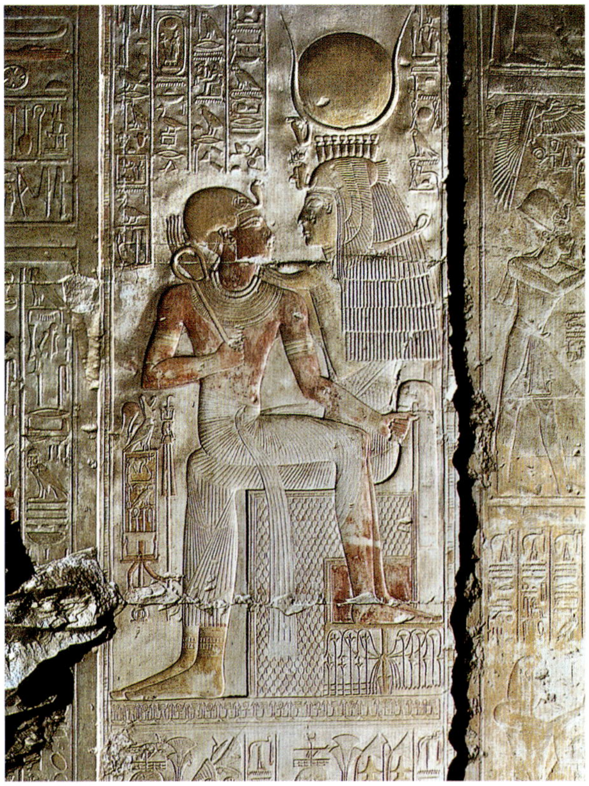

119（上一页）塞提一世跪姿像

阿比杜斯，塞提一世神庙；第十九王朝，约公元前 1285 年；灰色花岗闪长岩；高 114.3 厘米；纽约大都会艺术博物馆，22.2.21。

塑像中，塞提一世跪着为阿比杜斯众神献祭，其前方有一盘祭品。盘子底部由莲花花蕾上的象形文字“祭品”构成。虽然该塑像破损较为严重，但其仍然体现了塞提一世统治时期雕塑的优美和优雅。

拉美西斯二世神庙

拉美西斯二世在通往阿比杜斯的欧西里斯神庙的游行路线上修建了一座他自己的神庙。该神庙也是小站兼葬祭庙，但其平面图与拉美西斯二世父亲的神庙的平面图有所不同。尽管如此，其装饰仍然华丽，也包含底比斯和阿比杜斯神明、赫利奥波利斯九神明和冥界神威普哇威特（Wepwawet）的圣所。拉美西斯二世之父塞提一世的帆船在该神庙中也有小站圣所。墙壁装饰上有各种各样的素材，有些墙壁装饰仍保持着鲜艳美丽的色彩。墙壁装饰中有在庭院中举行仪式游行的图像、尼罗河众神从各省带来产品的图像以及神庙位于其礼拜堂中的肖像。主题为节日游行。游行时将装欧西里斯头像的圣物匣从欧西里斯神庙带到他在墓地中的假定墓中。该假定墓位于乌加布，起源于早王朝时期。

努比亚的埃及神庙

希克索斯人被逐出埃及后，新王国时期的法老们竭力恢复他们在努比亚的影响力。埃及之所以对努比亚有浓厚的兴趣，主要原因之一无疑是该国有丰富的天然黄金矿藏。相关资料中记录了许多军事活动。图特摩斯三世最终成功地挺进了几乎远至第四大瀑布的地方。在阿尼巴（Aniba）成立了埃及行政管理部门，修复了中王国时期的堡垒，成立了城镇，新修了神庙。尽管如此，叛乱仍然此起彼伏。直到阿蒙诺菲斯三世统治时期，该地区才在实质上得以平息并完全受埃及之控制。

位于索勒布（Soleb）的阿蒙诺菲斯三世神庙——“努比亚之主”神

阿蒙诺菲斯三世在努比亚修建了数座祭祀建筑，其中最宏伟壮观的一座位于索勒布，距尼罗河西岸底比斯南部 500 公里。阿蒙诺菲斯三世称之为“以玛特形象出现者”（宇宙秩序原则），该名称也是其王衔中荷鲁斯名的一部分。

该神庙用于供奉阿蒙－瑞，同时还供奉神圣的“努比亚之主”阿蒙诺菲斯三世。他以神明的形式维持宇宙秩序，王室头巾上方有弯月和满月，以之作为其身份的标志。他的装束还包括神明胡须、腰布及阿蒙羊角。该位国王在这座神庙中有双重职能。作为神明，他与其他神一样，均是祭祀的对象；作为国王，他又是开展祭祀活动的主体。于是，一幅图像中的阿蒙诺菲斯三世正在向自己的神像献祭便不足为奇了。

120 位于阿比杜斯的拉美西斯二世神庙第二庭院视图

第十九王朝，约公元前 1270 年。

塞提一世之子拉美西斯二世在阿比杜斯的塞提一世神庙西北侧修建了一座神庙，用于供奉阿比杜斯的三人神——欧西里斯、伊西斯和荷鲁斯。该建筑也用于举行王室祭拜仪式，为拉美西斯二世万年寺。

121 拉美西斯二世的游行帆船

阿比杜斯，拉美西斯二世神庙；圣船祠堂；第十九王朝，约公元前 1270 年。

数间小房间紧邻着庭院。其中之一便是王室游行帆船的房间。侧墙上描绘了该游行帆船。帆船中心为王座中的国王塑像，其耳后的羊角表明该统治者已被神明化。法老帆船在阿比杜斯的节日中起着重要作用。该帆船居于欧西里斯游行的最前端。

122 为阿蒙诺菲斯三世雕刻的狮子像

博尔戈尔山；最初位于索勒布，阿蒙诺菲斯三世神庙；第十八王朝，约公元前1360年，红色花岗岩，高117厘米，长205厘米；伦敦大英博物馆，EA 2。

该座狮子像既体现了庄严的平静，又体现了严肃的警惕性。它有一个配对物，最初可能位于神庙第二塔门前方纪念凉亭入口侧边。这两条狮子代表了阿蒙诺菲斯的神化，神话般地使其与月亮和太阳的周期性联系在一起。在之前的动物雕塑中，从未见过像这样前爪交叉的姿势。与博尔戈尔山的公羊塑像一样，图坦卡蒙和阿伊墓改某些铭文后，这两座狮子像被美埃罗国王（公元前3世纪）运至博尔戈尔山。后来洛德·普鲁德霍（Lord Prudhoe）在一次苏丹探索之旅中发现了它们，并将其运至英国，并最终于1835年捐赠给大英博物馆。

123 索勒布的阿蒙诺菲斯三世神庙，西南侧视图

索勒布；第十八王朝，约公元前1360年。

该神庙建筑与阿蒙诺菲斯三世的第一次复活（赛德）节相关，其标志着阿蒙诺菲斯三世开始在全国范围内开展的众多建筑活动。该神庙不仅是阿蒙诺菲斯宣称统治努比亚"异国"领土的有力证明，还是举行祭拜仪式的场所。神庙中心有神化的国王的图像。

124 羊身阿蒙神

博尔戈尔山；最初位于索勒布，阿蒙诺菲斯三世神庙；第十八王朝，约公元前1360年。

从靠岸码头至索勒布神庙入口塔门的游行路线两侧，有若干公羊巨像，它们是埃及神明阿蒙的化身。公羊两条前腿之间为统治者的木乃伊像，统治者受神明保护。羊角、羊耳、太阳圆盘分别用贵金属制作（现已用现代代替品重新塑造该塑像）。由于该塑像被简化到仅剩最具公羊特征的外形元素，此作品可视为古埃及动物雕塑中的杰作。基座周围的铭文颂扬了神庙的美丽。该座公羊塑像发现于1845年，但发现地点却是更南边博尔戈尔山的阿蒙神庙，而不是索勒布。因为皮耶（Piye）王于第二十五王朝时将其带到了博尔戈尔山的阿蒙神庙。

125 塞布亚干河谷神庙中的拉美西斯二世狮身人面像

塞布亚干河谷；第十九王朝，约公元前1260年；沙岩；高4.80米。

神庙中的这条狮身人面像大道被认为是保存得最为完好的第十九王朝墓道。因为有大量幸存下来的塑像，该墓道被称为“狮谷”。第一庭院中的塑像为人头，第二庭院中的为猎鹰头，且胸前有国王的小塑像。塑像上的铭文表明拉美西斯二世竖立了这些塑像，以纪念其父阿蒙－瑞。

126 塞布亚干河谷的狮身人面像大道

第十九王朝，拉美西斯二世统治时期，约公元前1260年。

该神庙被搬迁之前位于尼罗河河岸上，通过码头与尼罗河相连。神庙入口两侧有国王塑像和斯芬克司塑像。一条狮身人面像大道穿过两个庭院，最终通往塔门，塔门前有两座国王手持权杖的纪念塑像。实际的神庙建筑位于这之后，在岩石之中。塞布亚干河谷石窟神庙与德尔神庙一样，于1964年被迁址，现坐落于向西4公里处。

索勒布的神庙经过四次扩建后，成为了努比亚最大的埃及祭拜建筑。其最初为三部分组成的中央建筑，有圣船室和祭祀像室。之后又修建了一座有二十四根立柱的大厅，柱头为棕榈叶式柱头，还修建了第一塔门和一个庭院，庭院周围有支柱。后来，又修建了一个庭院和第二塔门。再后来还在庭院中修建了纸莎草花式柱，在中心前方修建了有四根棕榈叶式柱的凉亭，还修建了两座方尖碑、六座国王巨像。最后，修建了一条狮身羊头像大道，通向第三塔门。第三塔门与大围墙相连。神庙原有的装饰方案几乎无一幸存。

第二庭院中有一系列展现王室复活节的场景，场景中不仅有阿蒙诺菲斯三世，还有他的妻子泰雅和他的参赞阿蒙霍特普。阿蒙霍特普即哈普之子。多柱厅中杆身底部为被征服部落的名单。该部落名单中有“耶和华的贝都因人”，这可能是关于以色列人后来的神明的最早记录之一。

拉美西斯时期的建筑物

胡里格•苏鲁让安（Hourig Sourouzian）新王国时期，国王愈加习惯在尼罗河流域两岸的沙漠地区尤其是努比亚地区修建石窟神庙。第十九王朝的一些建筑——如米亚干河谷（Wadi Mia）的塞提一世神庙——便位于通往金矿的路线上的水井附近。其他建筑——如位于埃尔巴贝因（El － Babein）的麦伦普塔赫哈索祠堂——则完全位于矿区内，矿区中的受人青睐的原料已经被用来建造大型洞穴。

努比亚的神庙旨在传播埃及对神的崇拜，且拉美西斯二世至少修建了六座这样的新神庙。每座神庙均是杰作，至少已保存了原有的某些美丽与个性。贝瓦利（Beit el － Wali）因其精细的浮雕而出名，德尔（ed － Derr）神庙则因其墙壁装饰的多彩性而出名。格尔福胡塞因（Gerf Hussein）神庙建筑现被纳塞尔湖（Lake Nasser）所淹没，它曾因庭院墙壁和柱式大厅中不计其数的三人组雕塑而出名。塞布亚干河谷（Wadi es － Sebua）最引人注目的特征便是极其壮观的狮身人面像大道。

阿布辛贝石窟神庙

阿布辛贝神庙无疑代表着此类建筑的绝对艺术巅峰。该建筑中完美体现了努比亚神庙的建筑类型和宗教内容。我们在钦佩该座宏伟壮观建筑的同时，无意间可能会察觉到拉美西斯二世的伟大和创造性想象力。这位年幼的国王年仅十五岁时便下令修建了该座神庙。

该神庙包括两座相辅相成的宗教建筑。该大型神庙用于祭拜埃及的三大神阿蒙、瑞－赫拉克提和卜塔以及神明化的国王。在较小的神庙中，拉美西斯二世使自己与哈索女神相关联。哈索女神被国王之妻奈菲尔塔利具体化。该大型神庙前有坐姿巨像，小神庙正面前有站姿巨像。这些巨像在这遥远的地方证明了国王及王室形象所代表的埃及万神庙强大的力量和伟大。

神庙建筑中的祭祀和节日帆船游行的描述也表明埃及是一个有神明居住、受神明保佑的地方，国王在此维持着宇宙秩序。描述的其中一方面表明国王正作为世间秩序的保证者消除威胁埃及的危险。于是，我们再次在此处发现了大型战役和拉美西斯二世在卡叠什击败赫梯人的描述。

石凿大厅很宽阔，天花板较高，有八座国王的柱式塑像，逐步通向第二柱式大厅，且向西逐渐变得狭窄。天花板越来越低，至圣所中有类似石凿洞穴的结构。神庙之神——阿蒙－瑞，瑞－赫拉克提和卜塔，即该国拉美西斯时期的神——坐在西墙处，此处还有神明化的国王。神庙的朝向独特，每年2月20日和10月20日这两天旭日的光芒会照耀在四座塑像上。该现象最近被公认为阿布辛贝奇观。这两个日子可能是拉美西斯二世的生日和加冕礼周年纪念日，但证据尚不充分。

127 位于阿布辛贝的拉美西斯二世大神庙

阿布辛贝；第十九王朝，约公元前1260年；沙岩；石凿深度60米。

阿布辛贝神庙代表着努比亚石凿神庙建筑的绝对巅峰。该座大神庙始建于拉美西斯二世统治早期，竣工于其统治第二十年之前。神庙正面为塔门状，有四座高22米的坐姿巨像，南边两座名为“拉美西斯，统治者之荣耀”和“两地统治者”，北边两座名为“拉美西斯，阿蒙之所爱”和“阿图之所爱”。

入口上方的图像中，拉美西斯二世正在向神庙之主瑞献祭。瑞的标志以及他的塑像形成了拉美西斯二世的王名——乌瑟玛瑞（Usermaatre）。神庙本身由努比亚沙岩雕刻而成，雕刻深度为60米。其包括两个柱式大厅、若干储藏室和一个岩石深处的圣所。修建阿斯旺高坝后，纳塞尔湖水位不断上升。为防止被淹没，1964—1968年间，该座神庙以及阿布辛贝小神庙拆迁至其原址后方的一座小山。

1964—1968年间，一项独特的国际合作项目拯救了阿布辛贝的两座神庙，避免了其被纳塞尔湖不断上升的水域所淹没。神庙首先被锯为石块，然后运至附近的较高处重建。从技术上讲，此次拆迁壮举堪比拉美西斯二世时期的神庙建筑活动。但却未能保留神庙与周围环境融为一体的独特方式，即在农田和棕榈树的映衬下与努比亚河流景观融为一体的浪漫场景。

128（下图）大神庙祠堂

阿布辛贝；第十九王朝，约公元前1260年。

出场大厅和有供桌的房间后方为神庙祠堂。

在此处的塑像群中，拉美西斯二世与埃及三大神卜塔、阿蒙－瑞和瑞－赫拉克提同时出现。三大神旁边的拉美西斯二世像是与他们具有同等地位的神明。该神庙的朝向使得仅在昼夜平分这两天（2月20日和10月20日）旭日的光芒才能照耀整个塑像群。

129 阿布辛贝小神庙

阿布辛贝；第十九王朝，约公元前1260年；沙岩；石凿深度21米。

该小神庙位于大神庙北边，用于供奉奈菲尔塔利王后。她身兼数职，如哈索女神、国王至爱以及王室孩子之母。入口另一侧的正面（长宽分别为28米和12米），高9.50米的国王塑像与王后塑像交替出现。奈菲尔塔利塑像旁有公主小塑像，国王塑像侧边有王子塑像。

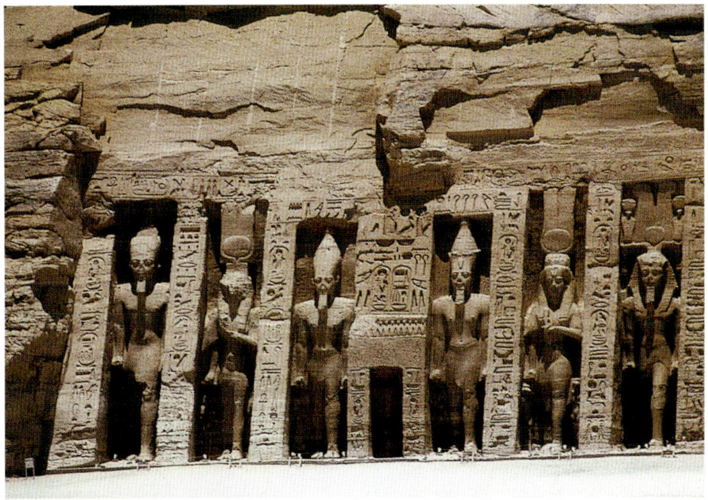

130 大神庙中的柱式大厅

阿布辛贝；第十九王朝，约公元前1260年；沙岩；支柱高8米。

大神庙正面后方为柱式大厅（长和宽分别为17.70米和16.50米），其中有两排屋顶支柱，每排各四根。支柱前为与天花板同高的国王站姿巨像。国王塑像身穿仪式短裙，蓄着王室胡须，头戴两地王冠，手持曲柄杖和链枷。这些站姿巨像与正面前的坐姿像一样，也拥有代表该神明化的统治者的名称。

131 帝王谷

帝王谷是统治者在底比斯西山挑选出的一片用于建造皇陵的荒凉的干河谷。直到今天，每当如织的游人离去以后，帝王谷仍然弥漫着死亡的平静和庄严氛围。

帝王谷

马蒂亚斯・赛德尔

毫无疑问,没有任何其他地形词语更能让人立即联想到法老的权力和荣耀,也没有任何其他词语更能如此激发当代人的想象力。就是在这座峡谷,即距离尼罗河近三英里的底比斯西部山脉的山谷中,埋葬着新王国时期图特摩斯一世及其以后的历代统治者。

只有阿肯纳顿及其家族没有葬在此处。陵墓地点选择在此可能由多个因素决定。随着第十八王朝的建立,底比斯城荣升为埃及的新皇都,而皇室成员日后的安葬之地就得在底比斯城附近寻找。当时的皇陵管理机构认为,这一荒凉的干河谷便于保卫和监管,符合皇陵安全保障要求。但后来的情况证明,这一判断是错误的。

陵墓坐落在西方,一般有充足的理由,即,在宗教观念中,太阳的循环运行轨迹("向西方"的含义是"日落"或"阴间")被规定为帝王转世的一个重要前提条件。自中王国时代以后,哈托尔在西底比斯备受尊崇。这位化身母牛的"西天女神",与帝王的来世结下了不解之缘。海拔最高的底比斯西山(高达 450 米)坐落在山谷口,山形酷似金字塔,被称为"古尔奈的号角",容易让人回想起皇家墓葬传统。

让离开人世的国王长眠于石棺而非金字塔这项重大决定的背后是有实际理由的。人们在沃土边缘的一处特别搭建的寺庙里举行与此相关的祭礼。大量巨石筑成的老国王的金字塔和中王国时代墓室精巧的廊道体系,都无法达到它们的主要目的,即可靠地保护好国王的木乃伊和陪葬品。

帝王谷可划分为两部分,东谷和西谷,大部分皇陵分布在东谷,在古埃及文书里被称为"大墓区",或简称为"谷"。相比之下,西谷只有阿蒙诺菲斯三世和艾的陵墓。第十八王朝早期的事实可以解释东谷陵墓如此集中的原因。

高大的岩层地貌使人们能够对特别隐匿的区域进行挖掘。伊内尼在其墓志铭中提到了持续保密的要求,在提到皇陵时他写道:"……我目睹了法老陛下的石棺是怎样被秘密打造的,没人看见,也没人听说。"然而,随着时间的流逝,闲置空间变得越来越稀缺,第十九王朝和第二十王朝的拉美希德法老们有时只好将自己的皇陵修建在河谷中部比较平坦的地带。

早期的游客、探险家和学者

在古典古代,埃及被认为是一片充满奇迹和神秘的土地。第一批蜂拥进入埃及的游客的最大兴趣不仅在于金字塔,还在于底比斯的陵墓区和寺庙区。罗马皇帝甚至也为法老文明的遗迹而深深折服。在罗马时代,人们就能进入帝王谷的十座墓穴了,游客们在墓穴现场留下了 2000 多处涂鸦,它们见证了古代游客对法老陵墓的兴趣。他们在墓壁上留下自己和家乡的名字,并赞颂壁画的美丽,还表达了对无法领悟这种艺术的遗憾。许多墓壁涂鸦还展现了四世纪至六世纪一些皇陵的情况,比如拉美西斯四世和六世的陵墓就成了基督教隐士的容身之地。

随着十七世纪的伊斯兰化进程,在很长一段时期里,帝王谷遭到了人们的冷落。这种情况一直持续到 1738 年,直到英国牧师理查德•波柯克第二次进入帝王谷,并在自己的作品《发现埃及》中将其总体布局图和某些陵墓的单体布局图第一次公之于众。1798 年,拿破仑一世远征所取得的科学成果决定性地激发了人们对古埃及的兴趣,吸引了大批学者和艺术家,其中的维凡•德农于 1799 年随德赛将军的部队到达了底比斯。由于战争不断,德农只能在帝王谷工作三小时,更糟糕的是,工作条件极其艰苦,他在回忆起当时的情况时痛苦地抱怨着。在同年夏末,两位法国工程师,乔洛伊斯和德•维利尔斯追随了他的足迹,成功地找到了阿蒙诺菲斯三世的陵墓。

在曾经涉足帝王谷的人们中,最具争议的人物是意大利人贝尔佐尼。他奉英国总领事亨利•邵特之命,雇佣其手下的人员,对被掩埋及隐藏的陵墓进行了集中研究。在 1817 年 10 月的短暂几天里,贝尔佐尼在其考古挖掘生涯中取得了最大的成功。这是一处汇聚了各个时期皇陵的最大墓群,在清理完拉美西斯一世陵墓和塞提一世陵墓入口后不久,贝尔佐尼进入了墓室。在文史资料中,塞提一世的石墓被称为"贝尔佐尼石墓"。

1850 年以前,还有两次大型活动推进了帝王谷的考古挖掘。1829 年,在一群艺术家和建筑师的帮助下,象形文字破译员简•弗朗索瓦•商博良和伊波利托•露莎莲妮大量复制了十六个已知陵墓中的铭文和图像。在理查德•莱普休斯的率领下,普鲁士人的探索更是硕果累累。

132 帝王谷内部图

许多最重要的皇陵都位于帝王谷的中央区域。除了图坦卡蒙的陵墓（十九世纪）和拉美希德王朝帝王们的陵墓（二十世纪），所有陵墓都显而易见，陵墓口都有密封的墓门。

KV7 拉美西斯二世陵

KV8 麦伦普塔赫陵

KV9 拉美西斯六世陵

KV16 拉美西斯一世陵

KV17 塞提一世陵

KV35: 阿蒙诺菲斯二世陵

KV57 荷伦希布陵

KV62 图坦卡蒙陵

133 阿蒙诺菲斯二世陵墓室

位于底比斯西部，始建于公元前1410年（第十八王朝时期）的帝王谷（KV35）。墓室的墙面铭刻了整部《阴间书》（讲述阴间的故事），六部经文都装饰以国王站在阴间最重要的保护神——欧西里斯、阿努比斯和哈托尔面前的图画。墓室的天花板被设计成繁星闪耀的“天空”。

134 祭桌前的塞提一世

底比斯西部，帝王谷，建造于第十九王朝（公元前1285年）的塞提一世陵墓（KV 17）中的套色石板画，摘自贝尔佐尼1820年出版于伦敦的《埃及和努比亚考古及新发现》。1817年，意大利探险家贝尔佐尼发现了塞提一世陵。墓室壁画的色彩仍 保持着原有的华彩。他以手绘及蜡铸的方式将其复制下来。1821年及1822年，贝尔佐尼公开展览了最终成形的复制品，引起一片哗然，并取得了空前成功。虽然埃及象形文字未能被破译，但绘画艺术却容易理解，因此受到人们的广泛赞赏。

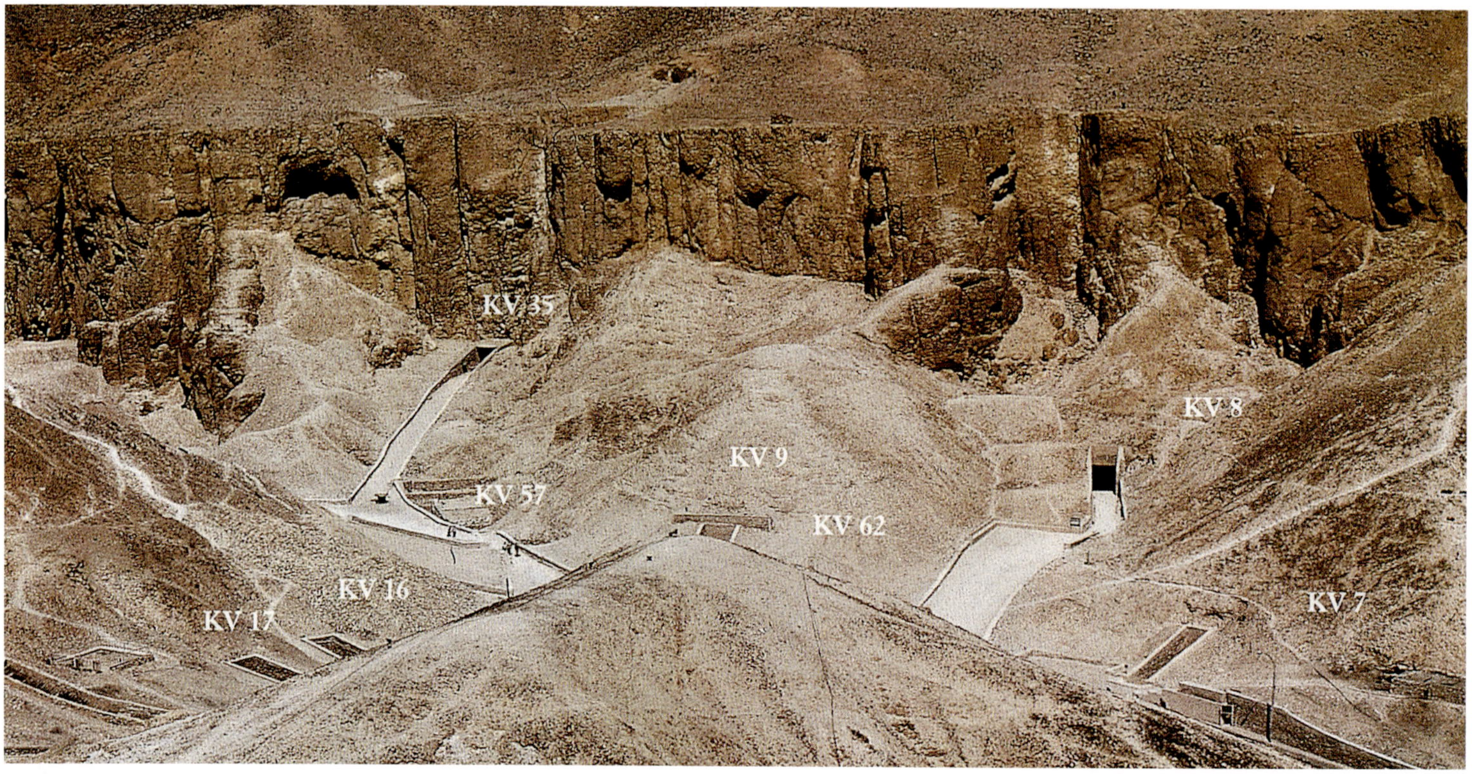

135 新王国时期皇陵的基本形态演变图

A 直角轴线（第十八王朝，图特摩斯三世，阿蒙诺菲斯二世）

B 偏移轴线（第十八王朝后期，荷伦希布陵）

C 直向轴线（第十九王朝和第二十王朝，拉美西斯四世陵和莫尼塔普陵）

1 竖井空间

2 第一柱室

3 墓室

4 石棺

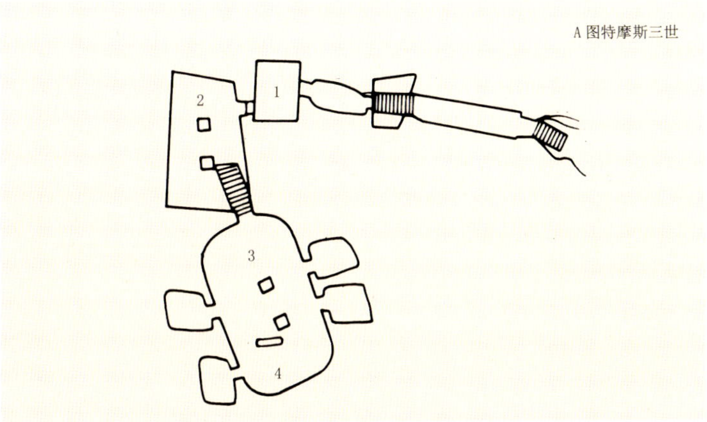

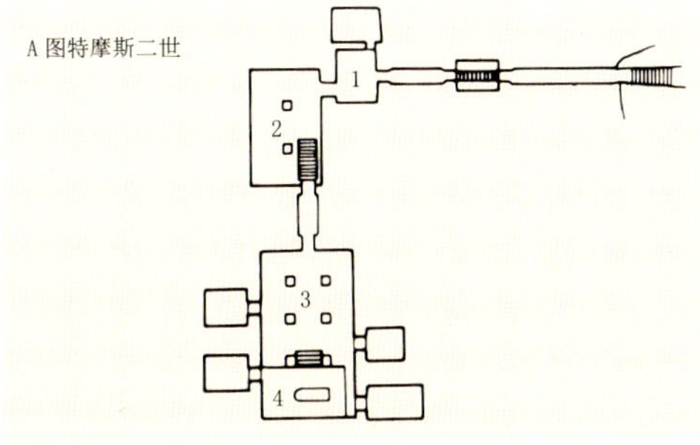

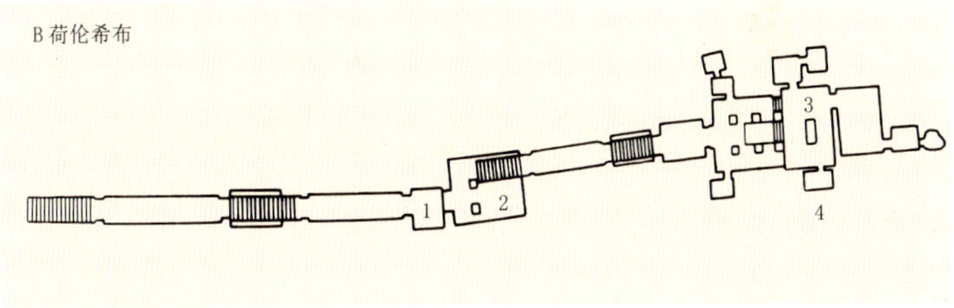

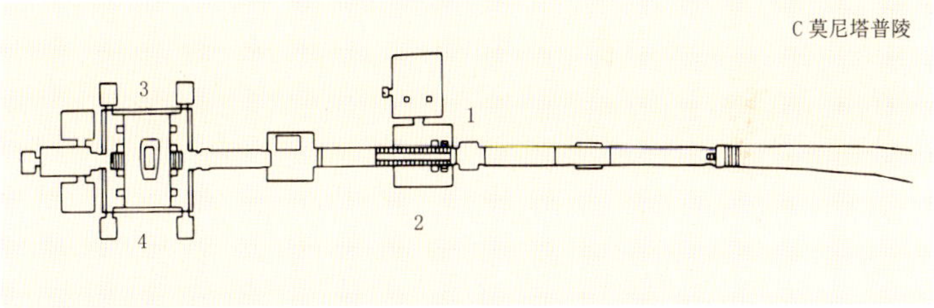

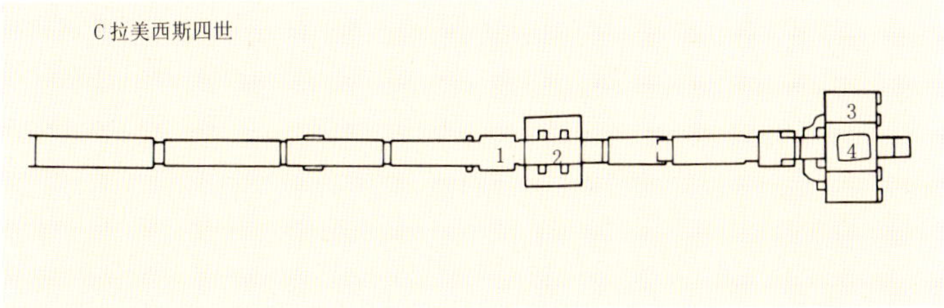

1842—1845 年间，莱普修斯在埃及工作。他花了 6 个月时间研究法老陵墓。他将研究结果全部编入一部十二册的纪实作品中，这部著名的作品为《埃及和埃塞俄比亚的遗迹》。

此后，帝王谷再也没有其他轰动的新发现，直到维克特•落雷特于 1898 年发现图特摩斯三世和阿蒙诺菲斯二世这两座重要的皇陵。几年以后，纽约商人西欧多尔•M•戴维斯出现在埃及考古舞台上。他拥有从 1902 年起 12 年的掘墓权。由于拥有必胜的决心和执着的天性，戴维斯先后雇佣了几名掘墓负责人，其中包括年轻的霍华德•卡特。他为戴维斯带来了不少成果。卡特为他发掘了图特摩斯二世陵、图特摩斯四世女王哈特谢普苏特陵、普塔陵和荷伦希布陵，并找到了阿蒙诺菲斯三世的岳父母裕雅和图雅的陪葬品，这些成果远不止弥补了他的财政投入。可以确定的是，在帝王谷取得新成果的机会再也没有了，因为戴维斯将掘墓权转让给了卡纳冯勋爵。后来的事实是，他在离图坦卡蒙陵入口处仅两米远的地方停止了挖掘。于是，英国人卡特和卡纳冯接过了这项工作，发现了图坦卡蒙陵，取得了帝王谷考古的最大成果。当然，现代埃及考古学家并未停止对皇陵的研究。现在，对帝王谷更多地实施了保护措施，旨在为后世保留这些无与伦比的世界文化遗产。此外，帝王谷仍然在给世人带来惊奇，因为几年前，人们在对那里进行“再发现”时，找到了拉美西斯二世之子的陵墓。

皇陵的构造

从大体上看，皇陵在建筑学上的发展可以说是一种“扩充和延伸”。尽管只是在岩石上的深度开凿，图特摩斯时代（第十八王朝）君主们的小小墓室及其继任者（荷伦希布及以后的）的小小配殿还是发生了翻天覆地的变化。甬道的大规模扩大正好说明了这个变化。在第十八王朝（阿蒙诺菲斯二世和图特摩斯四世时代），甬道高度刚刚达到两米，而在拉美西斯时代末期君主们的陵墓中，甬道高度增加到四米。在一段短短的时期里，甚至没有固定不变的墓室设计图，至少在细节上，每个皇陵的墓室布局都各有不同。在第十八王朝早期，特有的、垂直于墓室中轴的直角回廊象征着阴间迂回的通道。相比之下，后来的墓室结构产生了分化——第一次出现在荷伦希布时代的轴向偏移使布局理念回归到了神学上的二元论，而这种结构一直是这一时代的典范。上轴象征着太阳神莱•赫拉克提（代表东方），而下轴象征着死神欧西里斯（代表阴间）。

136 拉美西斯四世墓室平面图

1885 年藏于都灵博物馆埃及馆的纸莎草画，宽 24.5 厘米，高 86 厘米，制作于公元前 1150 年（第二十王朝时代）的底比斯。都灵博物馆保存着一座古埃及皇陵的完整平面图，但我们可以看到，实际建筑跟平面图有一些出入。这可能是在负责建造这座古墓的宰相办公室里找到的第一幅设计草图。根据图上的说明文字可知，陵墓中央是“金殿”，它与石棺在一块儿，石棺外围绕着几个圣骨匣。其他几个房间是用来放置陪葬雕像或做库房之用的。陵墓周围波浪形的轮廓线和点状图案表现出石墓地处的山地地貌。

137 荷伦希布陵中的墓室

底比斯西部帝王谷，公元前 1033 年（第十八王朝时期）。

墓室立柱上的残缺雕像清楚地反映了其建造方式。红色部分是草图，黑体部分是所作的修改，然后自下而上刻上浮雕和铭文。最后一道工序是着色。浮雕和铭文表现的主题来自《地狱之书》讲述亡灵进入地狱第四小时发生的事。

在第二十王朝，皇陵的设计图有所简化，其特点是采用直轴设计，旨在让太阳神优先驾临。在空间设计中，最值得注意的一个区域是竖井，它关闭了陵墓的第一区。在陵墓的纵深设计和结构设计方面，有无小室，其设计方式大不相同。竖井的设计初衷可能是为了避免周期性降雨（降雨量越来越大，可能造成洪灾的暴雨）流入墓室，但后来人们将其象征为阴司之神索卡尔的坟墓。可以肯定的是，竖井从来没有阻挡

138 神灵陪伴下的国王亡灵

发现于底比斯西部帝王谷中的图特摩斯四世陵（公元前1390年，第十八王朝时期）。

通往墓室的前厅里的装饰画包括神灵赋予国王新生的图像。图特摩斯四世陵标志着此类题材的首次出现。在墙面的金色背景下，皇陵的守护神哈托尔、豺头人身的阿努比斯、死神欧西里斯和死去国王的“神像”，都站在国王的棺木对面。

139《阴间书》故事里的第十二小时

底比斯西部帝王谷，图特摩斯三世陵墓室，公元前1450年（第十八王朝时期）。在《阴间书》的最后章节——第十二小时里，太阳神（乘着小船）的身形越变越窄，化身为一条120腕尺（相当于62米）长的巨蛇，然后又变成早晨天空里的一只甲壳虫，为新的一天拉开了序幕。墓墙的上端按照传统，以象形文字象征天穹，装饰以点点繁星、一条色带和一簇风格化的芦苇丛。

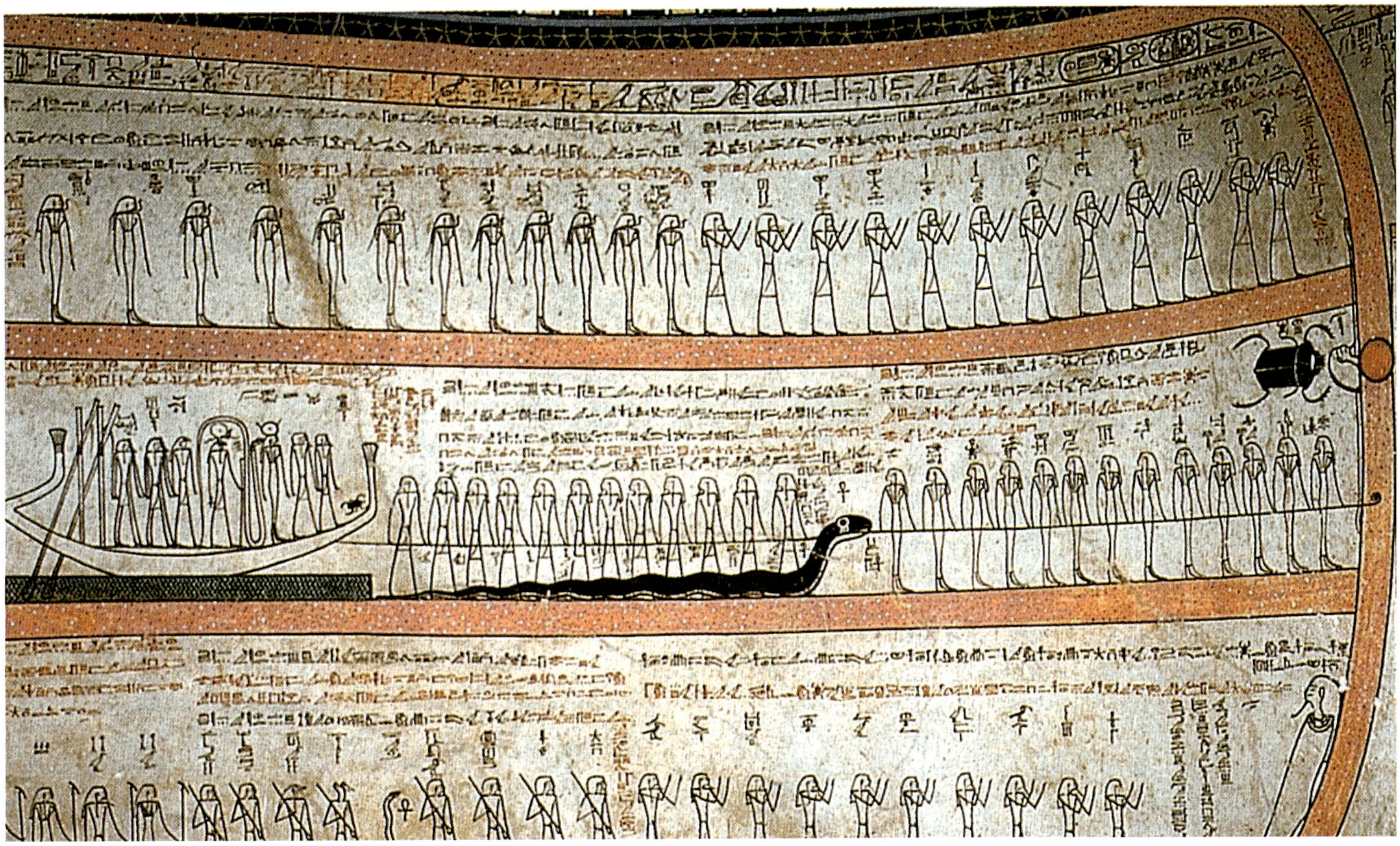

或故意误导盗墓者的功能，因为国王的葬礼结束后，人们必须迅速堵住墓室后墙（位于甬道）并对其进行装饰。因此，后墙不同的装饰效果从纯视觉上扩充了陵墓的空间。拉美西斯三世（第二十王朝）以后，建造陵墓仍然需要事先设计，但竖井的设计有所变化。

皇陵的建造

当新的国王登上宝座后，皇陵的建造就要立刻开始。我们有时可以从拉美西斯四世陵的陶片画的图文中感受到一个重要时代的消逝。

第十八王朝的第二年，洪灾后第二个月，第17天，宰相纳费伦佩特在官员荷利和阿姆哈的陪同下来到底比斯。他们进入帝王谷，寻找为拉美西斯四世建造陵墓的地方。在十八王朝，每位国王都会指派一名他信任的官员担任建造自己陵墓的负责人。与此不同的是，在拉美西斯

140 国王向女神伊西斯进贡

底比斯西部帝王谷，公元前1300年（第十八王朝时代）的荷伦希布陵。

头戴皇家饰头巾、腰缠束带的荷伦希布站在伊西斯女神面前，向她献上两杯酒。多亏良好的建造质量及近乎完善的保护，荷伦希布陵中的壁画成为新王国时期二维艺术中最精致的作品之一。

142（对面）在皮和尼肯之间的国王

底比斯西部帝王谷，第十九王朝拉美西斯一世陵，约建于公元前1290年。建立第十九王朝的拉美西斯一世由于在位时期很短，其陵墓未能按标准大小建成，里面只有墓室。

这幅画表现了呈欢呼姿势的国王跪在兽头人身的"皮和尼肯的灵魂"中间（这两个强大的神灵折射出埃及和下埃及古代皇室的敬神传统）。绘画风格揭示了荷伦希布陵壁画之间的紧密联系。

143（次页）太阳的运行轨道

底比斯西部帝王谷中的陶斯瑞特女王陵（KV 14）（公元前1190年，第十九王朝时期）。

太阳神长着带翅的雄绵羊头，在他的上方，瑞显灵了，它化身为一个小孩，一只甲虫，而两对手臂推着太 阳，太阳的侧面与亡灵的巴鸟灵魂相接，两个巨大的三角形象征着暗夜和河流，太阳神就在这里进行阴间之旅。象征形象构成了《洞穴书》的最后一张画面。

时代，陵墓建造这项工作由宰相主持，他们受国王委派，对工程进行监督指导并对其负责。当然，负责人掌握了关于帝王谷已有陵墓的珍贵文件（以纸莎草为载体），他们会就这些文件进行研究，以避免冒犯别的墓主，但在建造拉美西斯三世陵时，这样的事的确发生了。纵观整个新王国，这项工程都是由工匠和来自德尔麦迪纳的艺术家实施的。这些人跟他们的家人一起住在陵墓区以南的宅子里，他们获准在附近为自己建造坟墓。工匠和艺术家们按40～60人为一组，10天轮换一次，每次都要翻过山才能到达帝王谷。在工头的带领下，建造法老陵的人马兵分两路——分别从"左路"和"右路"进行施工。这项工程涉及单纯的采石工作，底比斯地区的石头质地较软，因此这道工序进展迅速。只有露出地面的大燧石或沉积岩碎片才会给他们添麻烦。他们用篮子将采石留下的碎石移出墓室。随后，他们用凿子将墙面打磨平滑，并在必要的时候用灰泥对其进行修复。完成基本工序后，他们分几个阶段绘制草图，为达到最终装饰效果作准备。最后一道工序是墙面着色。

尽管新王国时期的大多数国王都有大量时间和权力来督促人们完成陵墓的建造，但大部分陵墓的某些部分却并不完整。荷伦希布陵就是一个例子，它给人们的印象总是，工匠们老在不断地停工。国王死后，人们的首要任务是完成墓室的装饰，这项工作可以在实施"涂仪式"的七十天里完成。因此，这是一项最必不可少的工作。

二十世纪初，伟大的埃及古物学家阿道夫•厄尔曼仍然认为皇陵的壁画内容是"混乱的幻想"和"人们自身天马行空的臆想"。

最具特色的是最古老的《阴间书》，它深入讲述了太阳神穿越阴间的黑暗之旅，是阿玛纳时代之前唯一一部涉及阴间故事的文字资料。此书的主旨是，陵墓的主人能像神灵一样进入这段旅行，在永恒的轮回中重生。相应章节最初被刻画在墓壁上，冠以在"阴间故事"的标题，展现了亡故的国王即刻开始的重生之旅。在陵墓里，赭石色纸莎草上的草体象形文字被转移到大得多的墓壁上。公元前1500年前后，在人们早期的信仰中，《阴间书》（书名意为"阴间故事"）试图以文字和图画来完整地描述阴间发生的故事。

《阴间书》以小时来安排情节，讲述了太阳神与随从驾着小船在一条反向流动的"尼罗河"上穿越阴间的12小时。在这条河里，只有接到女神伊西斯的指令（"魔咒"）之后才能继续下一小时的旅行。渡河向来表示了对太眼神的尊敬，而河以外的景象显示出，太阳神的经过能为阴间亡灵带来重生。他们甚至必须克服实际危险。众神的敌人阿波斐斯化身为巨蛇躺在沙洲上等待太阳神的小船，企图将船周围的河水舀出来，以阻止他们前进。太阳运行周期的结束相当于阳间的尽头。最后，太阳神打败了阿波菲斯，根据经文所述，它被碎尸万段。只有第十八王朝的末代国王荷伦希布陵的装饰内容除了《阴间书》还有另一部讲述阴间故事的《门书》。跟《阴间书》一样，《门书》也描述了太阳船的暗夜之旅。《门书》并不像《阴间书》那样以章节来划分单位小时，而是以越来越难通过的"门"，这部经文也得名于此。

141 塞提一世陵墓室天顶画（细部图）

底比斯西部帝王谷中的塞提一世陵（KV 17）（公元前1280年，第十九王朝时期）塞加拉，约瑟王陵墓建筑；第三王朝时期，约公元前1280年。

亡故国王棺木中的木乃伊上方是宏伟的圆形穹顶和著名的"天文图"。这幅巨大的画面包括星体表、黄道星体和星座，如猎户座、天狼星和北斗七星。这样一来，国王的亡灵就可以化身为巴鸟（ba），直接升天。

144 冉冉升起的太阳

底比斯西部帝王谷中的拉美西斯六世陵（KV 9）；公元前 1135 年，第十九王朝时期。

拉美西斯时期讲述阴间故事的文字资料，如拉美西斯六世墓室中的《阳间书》。它强调了阳间众神（如塔特嫩和盖布）在太阳神阴间之旅过程中所起的作用。在这幅画面中，修女的手臂被放大了，古代河流化身为人，将太阳圆盘托起。

在拉美西斯时代后期，讲述阴间故事的经书中特别有名的是《洞穴书》和《门书》。它们摒弃了十二小时分段法，以太阳圆盘的频繁再生来划分情节。独具特色是，图画秩序总是被诸如纳特之类的形象打断，而随图经文包含了许多冗长的陈述。

与太阳神穿越阴间之旅这一信仰并行的观念是，太阳在天空女神纳特的体内沿自己的轨道周期性地运行。十八王朝时代的石制皇陵中，人们将太阳这种神圣的球体放大在饰以繁星的平顶天花板上，而十九王朝时期（塞提一世之后），人们将"天文地图"绘制在墓室的拱顶天花板上。

在接下来的二十王朝里，讲述天堂故事的经书图文取代了这种装饰内容。人们将纳特的形象拉长，作为描绘的主要形象。墓室或前厅立柱上的壁画记录着国王和最重要的阴司之神之间的关系。壁画的规模在新王国时期不断地扩大。

145 图特摩斯一世的石棺

底比斯西部帝王谷中的哈特谢普苏特女王陵（KV 20），公元前1470年，第十八王朝时期，砂岩，长225厘米，宽82厘米，藏于波士顿美术馆，西欧多尔·M·戴维斯捐赠，04.278。

第十八王朝早期的石棺都由砂岩制成，因为狂热崇拜太阳的埃及人与这种材质之间有某种感应。因为这些砂岩是从太阳之城——黑里欧波里斯附近采来的。在这一时期，装饰计划也经过了重新制订。两道长立面上的浮雕刻画了葬礼之神荷鲁斯的四个儿子（两人为一组）和引导亡灵之神阿努比斯的形象。短立面上刻画着女神伊西斯（保护神）的形象（脚端）和奈芙蒂斯（头端）。棺盖上装饰着皇家特有的涡形饰纹。起初，此石棺是为登基后的哈特谢普苏女王设计的。在转移她父亲的木乃伊时，石棺经过了重新雕刻装饰，并转移至她本人的陵墓中。

146 荷伦希姆的石棺

底比斯西部帝王谷中的荷伦希布陵（KV 57），公元前1300年，第十八王朝；红色花岗岩，长272厘米，宽115厘米。

据推测，从阿蒙诺菲斯三世时期起，在王室石棺四角复制展开翅膀实施救赎的保护神伊西斯、奈芙蒂斯、塞勒凯特和奈斯的形象的做法渐渐普遍起来。拱形棺盖在古时就已开裂，人们用楔子（所谓的“燕尾楔”）将它仔细修补起来。

147 图特摩斯四世的石棺

底比斯西部，帝王谷，图特摩斯四世陵（KV43），第十八王朝，1390 BC；画砂岩；长300厘米，宽160厘米。在未经装饰的墓室中央，国王的纪念性人形棺仍然矗立着，其体积大得足以容纳几层内棺。文书的数量增加了，而保护神的形象沿用了图特摩斯时期的基本样式。装饰画的保存十分完好，有限的色彩与砂岩的基色相协调。

国王的石棺

新王国时期法老石棺的体积变化顺应了陵墓规模的变大。第十八王朝早期的石棺体积仍然相对窄小，在阿蒙诺菲斯三世统治时期，开始时兴在石棺中供放纪念物，石棺的体积逐渐增大；到了拉美西斯时期（第十九王朝和第二十王朝），石棺体积达到了最大，重达好几吨。

起初，外部形状与涡形饰纹相似（包围国王姓名的椭圆饰纹），图特摩斯三世时代以前的墓室设计就是如此。到了阿玛纳时期，装饰设计发生了变化，后来的国王图坦卡蒙、艾和荷伦希布的陵墓基本上保留了这种变化。保护神伊西斯、奈芙蒂斯、塞特凯特与奈斯的形象出现在石棺的四个外角上，其基底和边缘都分别进行了处理。

从塞提一世时期起，拉美西斯时期的棺盖半浮雕被继续沿用，画面形象几乎总是女神伊西斯和奈芙蒂斯，此外，几个石棺连环相套的形式也变得越来越普遍。

第十八王朝时期，装饰画的幅度和随附文字都围绕着结构关系明确的基本情节：将死去的法老置于四位卡诺皮克神、防腐之神阿努比斯和欧西里斯活动周期里的四位保护女神的保护之中。天空女神奈特也以同样的形式出现在石棺内部。相比之下，拉美西斯式石棺却主要讲述大量阴间发生的故事。

148 拉美西斯六世石棺上的头像

西底比斯帝王谷，拉美西斯六世陵（KV 9），公元前1135年，第二十王朝，绿色砾岩，高83.8厘米，伦敦大英博物馆，EA 140。

从遭到严重损坏的拉美西斯六世石棺里复原的最美丽的残品是内棺里的面具。

149 莫比塔普棺椁盖上的铭文

底比斯西部，帝王谷，莫尼塔普陵（KV 8），第十九王朝，公元前1205年，红色花岗岩，长410厘米，宽220厘米。

莫尼塔普的石棺一共包括4个独立部分，连环地套在一起。外面的三个棺椁是由红色花岗岩制成的，而内棺由方解石玉制成。棺椁的棺盖重 达几吨，上面刻满了未知的经文和图案。长长的铭文包括女神奈斯对亡故国王朗诵的圣诗。在这幅画中，他化身欧西里斯，被左边的太阳神瑞和奈斯所拥抱，同时也被右边的造物之神苏和盖布所迎接。四位卡诺皮克神（左边）也加入了画面，而伊西斯和奈芙蒂斯以哀泣者的形象填补了画面下部的两端。

150 莫尼塔普陵的第二层石棺

底比斯西部，帝王谷，莫尼塔普陵（KV 8），第十九王朝，约公元前1205年，红色花岗岩制，长345厘米，宽150厘米。

装饰以皇室基本的涡形图案，棺盖上雕刻着大小几乎三倍于已故国王实际尺寸的雕像。雕像的两手交叠在胸前，一手握钩杖，一手握链枷，而这两者都是皇权的象征。翔实的铭文和绘画摘自讲述阴间故事的《阴间书》和《门书》。

151 底比斯墓区的封印

国王的葬礼结束后，人们会用几层石头封住主入口和通往侧厅和墓室的甬道。墓区管理机构在封口处盖上封印，然后人们用灰泥将封印处抹平（可能辅之以木制封条）。此处例证表明了埃及传统中的9个敌人束缚于横卧的阿努比斯和国王的姓名环（涡形饰纹处）之下。

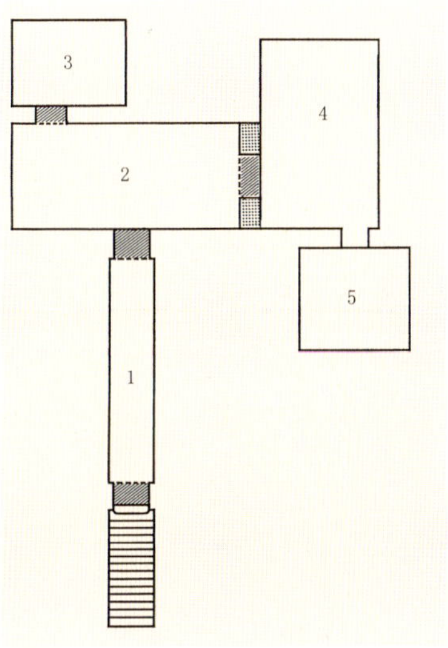

152 图坦卡蒙陵平面图

底比斯西部，帝王谷，图坦卡蒙陵，第十八王朝，约公元前1325年。只能为其准备含四个小室的简陋备用陵的原因很可能在于这位国王的意外早逝。

1 甬道
2 前厅
3 侧厅
4 墓室
5 密室

153 挖掘中的图坦卡蒙陵前厅

底比斯西部，帝王谷（KV 62），第十八王朝，约公元前1325年。

进入前厅时，卡特被眼前的景象折服了，尽管那里一片混乱。后墙靠墙处依次立着三张动物形状的仪式台，其上方和下部摆放着家具、盒子和箱子。仪式台对面堆放着拆开的皇家战车的各个部件。它们十分杂乱地堆在那里，甚至最轻的触碰都有使其倒塌的危险。

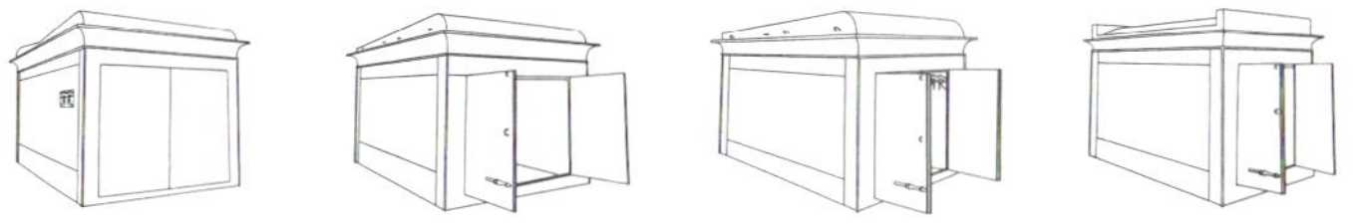

第一层圣骨匣　第二层圣骨匣　第三层圣骨匣　第四层圣骨匣

甚至石棺材质的选择也揭示了国王的各种优先权。起初（图特摩斯四世以前），石棺是由砂岩制成的，而到了第十九王朝和第二十王朝，石棺的材质只有花岗岩和其他种类的硬质石材。至少在十九王朝早期，方解石玉才成为制造国王内棺的标准材料。只有图坦卡蒙陵能为我们还原镀金内棺的富丽堂皇。不过，新王国时代的所有国王不见得都能享用到造好的纯金内棺。

图坦卡蒙——金身法老

1922年11月4日，英国考古学家霍华德•卡特的工作人员首先进入图坦卡蒙陵。当时，卡特一定不知道，他的发掘已经成为考古历史上最轰动的发现。

不过，这项发现并不是意外，而是在周全的计划下实施搜寻的结果。早在1914年，资助这项工作的卡纳冯勋爵就拥有帝王谷考古优先权，但实际的挖掘工作直到1917年才启动。由于数年的失败和巨大的开支，卡纳冯打算于1921年结束对帝王谷的考古挖掘。然而，卡特提出如果他们再次失败，他愿意自己掏腰包为这一新项目筹资，这让卡纳冯非常感动，于是他同意做最后一搏。卡特其实并没有掌握足够的证据证明图坦卡蒙陵的存在，而在此之前，这位十八王朝国王的历史并不明晰。由于地点隐蔽，所有皇陵中只有这一座逃脱了古代盗墓者的破坏，墓室的装饰几乎完好无损。拉美西斯六世陵（第二十王朝）直接坐落在图坦卡蒙陵上方，当前者遭到挖掘时，后者的入口就被重达数吨的碎石掩埋了，因此躲脱了掘墓者的继续搅扰。卡特甚至也一度中止了此处的挖掘工作，以免妨碍游客参观拉美西斯陵。图坦卡蒙在位仅十年就意外早逝，这就意味着合适的陵墓还没有准备好。因此，他的葬礼在一个很浅的狭小墓室里举行。经过几层阶梯之后就能直接进入甬道，其尽头是前厅，而前厅原先堆满了石头。

156、157 图坦卡蒙陵（细节图）的外层圣骨匣

底比斯西部，帝王谷，图坦卡蒙陵（KV 62），第十八王朝，约公元前1325年；材质：镀金镶木和灰泥，高275厘米，长508厘米，宽328厘米，开罗埃及博物馆，JE62218。

第一层圣骨匣的表面装饰以交替出现的成对 彻特符号（伊西斯的绳结状护身符）和节德柱（欧西里斯的祭礼符）。背景镶嵌着蓝色的彩陶片。只有两扇门处画有小人像，象征着蹲伏的欧西里斯。

当卡特和卡纳冯站在由石壁围绕的甬道面前时，内心无不充满期待。卡特起初小心地搬走了几块石头，然后点燃一支蜡烛，照亮打开的缺口。卡纳冯勋爵不耐烦地问卡特能否找到什么，得到的回答是“当然，我发现了奇迹！”（现在看来，这句话充满了传奇色彩）在纽约大都会博物馆的科学工作者大力帮助下，卡特得以在持续挖掘过程中使近5000个激动人心的、无与伦比的文物重见天日。其中有圣骨匣、石棺、年轻国王的金色面罩、宝座、神像、国王的画像和精美的珠宝，这一切都已名扬四海。可不幸的是，它们都曾被堆放于狭小的墓室。此次成功中只有一件事令人失望。卡特没有发现任何手写资料，也没有发现纸莎草。此外他还推测，盗墓者曾两次潜入陵墓，主要是寻找珍贵的膏油和珠宝。盗墓者很可能被逮住了，或者受到了干扰，不得不逃走，陵墓后来被再次封起来。然而，祭司在混乱中并没有不辞辛苦地把这些器物按原来的秩序放好。尤其是那些小块的珠宝，它们只是被随意地扔回盒子里。

原计划对考古发现进行的科学分析因1939年卡特去世而未能实现。卡特形单影只地死去，尽管并非死于“法老的诅咒”。不过，对墓中宝藏的研究还在继续。还有许多疑问需等待满意的答案。金箔的光辉没有掩埋这样一个事实：这次考古发现的意义主要在于其独特的完整性。据估计，相比之下，新王国时期其他国王陵中的大量黄金制品都失去了价值，虽然这些国王比图坦卡蒙在位时期长得多。约18岁的图坦卡蒙的死因至今还是一个谜。对其木乃伊的反复研究也无法证明他是死于疾病还是暴力。

圣骨匣

墓室里共有四个没有基底的圣骨匣，它们围在棺椁旁边，而棺椁里盛放着国王的内棺。顶盖的形状（取材于各类圣骨匣）决定了圣骨匣的象征功能。第一圣骨匣的八字形双拱顶象征着红色祭亭，而其他几个圣骨匣取形于小祭坛。

155（反面）第二层圣骨匣的门板

底比斯西部，帝王谷，图坦卡蒙陵（KV 62），第十八王朝，约公元前1325年，镀金木料与灰泥，高225厘米，长375厘米，宽235厘米，开罗埃及博物馆，JE 62368。

左门的浮雕描绘了欧西里斯（死神）面前的国王。图坦卡蒙头戴双峰皇冠和头饰，身穿长及小腿的褶裙，裙上有一条带蛇形图案的饰带。他身后站着女神伊西斯，她是欧西里斯的妻子。

158 第一层人形棺椁

底比斯西部，帝王谷，图坦卡蒙陵（KV 62），第十八王朝，公元前1325年，镀金镶木，长224厘米。

带有国王木乃伊残存物的椁外棺，仍然放置在石棺内，是帝王谷吸引游客的主要景点。死去的国王以神灵的形象出现，他手握钩形权杖和链枷。人们发现这座皇陵时，还看见一个葬礼小花环环绕在国王前额的权力符号（奈荷贝特秃鹰饰物和蛇形饰物）上。

159 中层人形棺椁

底比斯西部，帝王谷，图坦卡蒙陵（KV 62），第十八王朝，约公元前1325年，镀金镶木，长204厘米；开罗埃及博物馆，JE60670。

国王戴着典型的皇家头饰和神圣的辫形胡须饰物。棺椁上的羽状图案尤其需要艰苦的精雕细琢。工匠们采用的是一种制作景泰蓝的技术，他们从彩色玻璃上切下羽状碎片，嵌入金质基底。光是打造棺椁的时间都难以估量。

160 戴着金面罩的图坦卡蒙木乃伊

底比斯西部，帝王谷，图坦卡蒙陵（KV 62），第十八王朝，约公元前1325年。

由于膏油的过度使用，其中的化学物质长期腐蚀着尸体，图坦卡蒙木乃伊的状况跟其他国王的木乃伊（下葬后不久，盗墓者就将它们与棺材分离）相比显得十分糟糕。卡特从木乃伊身上的裹尸布之间解下了近150个护身符、珠宝和其他器件。

161 石棺

底比斯西部，帝王谷，图坦卡蒙陵（KV 62），第十八王朝，约公元前1325年，着色砂岩，长275厘米，宽147厘米。

宏伟的石棺四角上各有四名带翅的保护女神，棺顶由凹形基台加以密封。棺盖由红色花岗岩制成，但全面漆成黄色，以跟下部色彩相称。棺盖在运输过程中发生意外，断成了两截。尽管无法修复，但它仍然被投入使用。

162、163 金棺

底比斯西部，帝王谷，图坦卡蒙陵（KV 62）；第十八王朝，约公元前1325年；黄金与镶嵌物；长188厘米；开罗埃及博物馆，JE 60671。

这是金匠创造的奇品。最里层的内棺由整块黄金制成，总重量为110.4千克。其设计与中棺大致相似，而铭文则表现出最精湛的镌刻技术。当卡特将一层凝固的涂油（祭司曾在葬礼上将大量涂油倾倒于棺木上）抹去以后，整个金棺的美艳才得以展现。

两个圣骨匣是上埃及风格，第四个和最后一个是下埃及风格。这些圣骨匣由香柏木板制成，刷了一层金粉，作为装饰的基底。每个圣骨匣的东端都有两扇门，三个插入巨大铜质外壳的乌木螺栓将门封住。只有第二个圣骨匣门上完好无损的封印才使卡特确信，他是3000多年以来目睹图坦卡蒙完好尸体的第一人。

圣骨匣上除了装饰着引自《阴间书》的人物及铭文和引自《亡灵书》的咒语以外，还有阴间魔鬼、保护神和国王处于最重要的阴间之神面前的形象。完整的装饰计划为墓室壁画的内容赋予了深具意义的延伸，但由于空间不足，它们只能以删减过的和片段的形式出现在画面上。

圣骨匣的拆卸耗费了84天。这项工作关键而艰辛，同时还要求工作人员具备精湛的技艺和非凡的耐心。圣骨匣运往开罗之前，人们首先得将易碎的灰泥层用固体石蜡保护起来。不幸的是，卡特不得不承受一项损失，尽管不是由于他本人的过错。在第一和第二个圣骨匣之间，有一个木质框架支撑着一张巨大的亚麻布（或称“棺罩”，5.5米×4.4米，上面布满缝上去的镀金的青铜花饰）。考古学家们格外担心这张脆弱的棺罩。卡特与埃及官方发生纠纷期间，挖掘工作常有停顿，而棺罩就得因暴露在露天环境下遭受无法挽回的破坏。再次回到埃及时，卡特批评官方说，“得啦，这是您的棺罩，不是我的，可它是世界上绝无仅有的一张啊！”

棺材的装配

在发现图坦卡蒙陵以前，与国王葬礼相关的石棺的奢华度还很难想象。1881年，发现于德伊·艾·巴哈里的皇家木乃伊贮藏点的棺木，其中的珍贵金属全部被盗，因此，世人只能看到它们留下的灰色阴影。

164、165 金面罩

底比斯西部，帝王谷，图坦卡蒙陵（KV 62），第十八王朝，约公元前 1325 年，黄金与镶嵌物；高 54 厘米；开罗埃及博物馆，JE 60672。

著名的年轻法老木乃伊面罩由厚厚的金板打造而成，细部由镶嵌的彩色玻璃和不同的装饰石材组成（青金石、黑曜石、石英石和长石）。“黄金是神灵的肉体。”可以肯定的是，没有别的埃及工艺品能比图坦卡蒙的面罩更能阐明这句话了。金板的前胸部位展示了带有鹰头饰物的绑扎衣领；后部的铭文喻示脸部的特定部位与特定的埃及神灵相关联。

图坦卡蒙的三层人形棺椁能够精确地层层相套，并将戴着金面罩的法老木乃伊包裹在其中。他死后化身为欧西里斯王，成为神灵中的一员，手中的钩形权杖和链枷以及附于眉上的女神奈荷贝特的象征物（上埃及地区的秃鹰）和眼镜蛇（下埃及地区的毒蛇），无不表现出他在现世和另一个世界的统治者身份。内棺尤其令人印象深刻，展现出当时为准备法老陵而在材料和人力上所作的巨大投入。

卡特于 1924 年打开了棺盖，此后他进行了一项有趣的观察。他发现，石棺基底上洒满了镀金的木屑。他认为这些木屑一定是从最外层棺椁的脚部位置上方刮落的，因为这里必须涂上黑色的沥青树脂。直到葬礼举行时，当时的工匠才意识到，棺椁的尺寸与石棺无法精确配合，于是就采取了以上方法——尽管显得十分粗鲁——来解决问题。这是单纯的设计失误吗？ 考虑到其他陵墓的精准程度，这种失误似乎不太可能发生。

卡特越来越清楚地意识到，大名鼎鼎的图坦卡蒙的许多物件都不是为其陵墓特别制作的，其中有些是在其之前短暂在位的阿肯纳顿和斯门卡尔（人们没有为他们举行葬礼）的殡葬物品。在刻着铭文（《亡灵书》的引文）的金质内棺的稍下方，头部区域的一块方形部分被割除了，为的是能让棺盖盖上时，不至于压住戴着着金面具的木乃伊。

卡诺皮克圣骨匣

除了石棺和圣骨匣，卡诺皮克柜也是每个新王国皇陵的基本设施中最关键的部分，因为内脏的完好无损对木乃伊的完整性至关重要。在第十八王朝开端，卡诺皮克圣骨匣只是一个构造简单的砂岩盒子，其中放有四个罐子。自从阿蒙诺菲斯二世上任以后，卡诺皮克箱的制作更多地选用了方解石玉，后来成了强制性的材质规定，而第二十王朝更偏爱具有纪念意义的、不带箱子的卡诺皮克罐。

166 女神塞勒凯特

底比斯西部，帝王谷，图坦卡蒙陵（KV 62），第十八王朝，约公元前1325年，镀金木质；高90厘米，开罗埃及博物馆，JE60686。

样式精美的保护女神像的外部形态相同（都穿着长长的褶皱服装，头戴袋状假发），只能以其头顶的徽章来加以区分。塞勒凯特女神头顶的蝎形徽章赋予其鲜明的风格。

167 卡诺皮克圣骨匣

底比斯西部，帝王谷，图坦卡蒙陵（KV 62），第十八王朝，约公元前1325年，黄金与镀金灰泥；高198厘米；开罗埃及博物馆，JE 60686。

卡诺皮克圣骨匣是为分开安葬主要脏器而设计的，它是装配木乃伊的圣骨匣和棺木必不可少的部分。在梳形结 构上，坐落着带有两组蛇形楣的外华盖，一组蛇形楣支撑主体，另一组围绕在华盖顶端。圣骨匣四周围绕着四位张开双臂的保护女神：伊西斯、奈芙蒂斯、塞勒凯特和奈斯。这些雕像的风格仍然源自阿玛纳艺术。卡诺皮克圣骨匣构成了宝库的核心。

168 打开的卡诺皮克箱一览图

底比斯西部，帝王谷，图坦卡蒙陵（KV 62），第十八王朝，约公元前1325年，着色方解石玉；高24厘米；开罗埃及博物馆，JE 60687。

照片展示了箱子内部的矩形隔间，棺盖就搭在隔间的边缘。从这一角度只能看到箱内微型棺材的顶端。

169 卡诺皮克箱盖

底比斯西部，帝王谷，图坦卡蒙陵（KV 62），第十八王朝，约公元前1325年，着色方解石玉；高24厘米；开罗埃及博物馆，JE 60687。

卡诺皮克箱内部有四个柱槽，每个柱槽的顶盖（顶盖呈国王肩部以上头部的形象）都能单独关闭。国王的形象以简约形式表现，但被技艺精湛地描绘于半透明的高档材料上。

170、171 卡诺皮克箱

底比斯西部，帝王谷，图坦卡蒙陵（KV62），第十八王朝，约公元前1325年，着色方解石玉；高85.5厘米；开罗埃及博物馆，JE 60687。

卡诺皮克箱坐落于一块镀金木质橇形基底，箱上盖着一块大棺罩，箱子四角同样附着四位保护女神。随附铭文提到了四位女神和四位卡诺皮克神——艾谢特、哈皮、杜阿穆特芙和可贝瑟努芙（Qebehsenuf），她们的职责是保护国王的脏器。

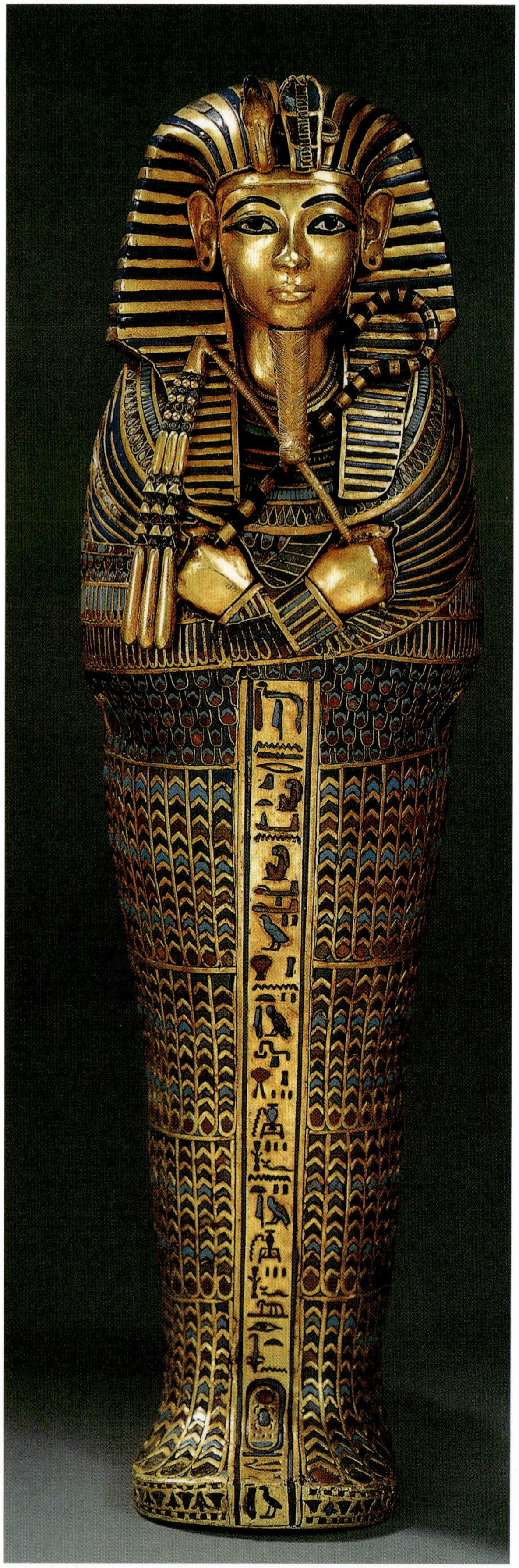

172 ~ 174 安葬脏器的棺木

底比斯西部，帝王谷，图坦卡蒙陵（KV 62），第十八王朝，约公元前1325年，黄金与镶嵌物；高39.5厘米，直径11.5厘米，开罗埃及博物馆，JE 60691。

已故国王的主要脏器被分装在四个微型棺木中，棺木饰以金色凸纹，放置于卡诺皮克箱。微型棺木的外部设计近似于图坦卡蒙的大型中棺，镶嵌物包括玻璃片、黑曜石与玛瑙。棺木内壁上的铭文摘自《亡灵书》。

175 巴鸟

底比斯西部，帝王谷，图坦卡蒙陵（KV 62），第十八王朝，约公元前1325年，黄金与镶嵌物；高12.5厘米，宽33厘米，开罗埃及博物馆，JE 61903。

这枚重要的护身符以皇家巴鸟为形象，它被直接平放在木乃伊的亚麻绑带上。它展开翅膀，脚爪上各有一个圆环。这枚护身符将猎鹰的身体和国王的头像结合在一起。根据古埃及人的观点，巴鸟是人类生活的一部分。巴鸟的灵魂能化身为鸟离开坟墓，与人间产生联系后，再回到木乃伊体内。

176 圣甲虫垂饰

底比斯西部，帝王谷，图坦卡蒙陵（KV 62），第十八王朝，约公元前1325年，黄金与镶嵌物；高9厘米，宽10.5厘米，开罗埃及博物馆，JE 61886。

这枚华丽的珠宝一定是图坦卡蒙在世时佩戴过的。这幅图展现了代表晨间太阳神凯布利的带翅甲壳虫。然而，这枚珠宝的意义远不止于此，因为太阳圆盘、甲壳虫和图坦卡蒙铭文上方三条线等符号，显然将国王的生命轨迹与太阳的循环周期结合起来。

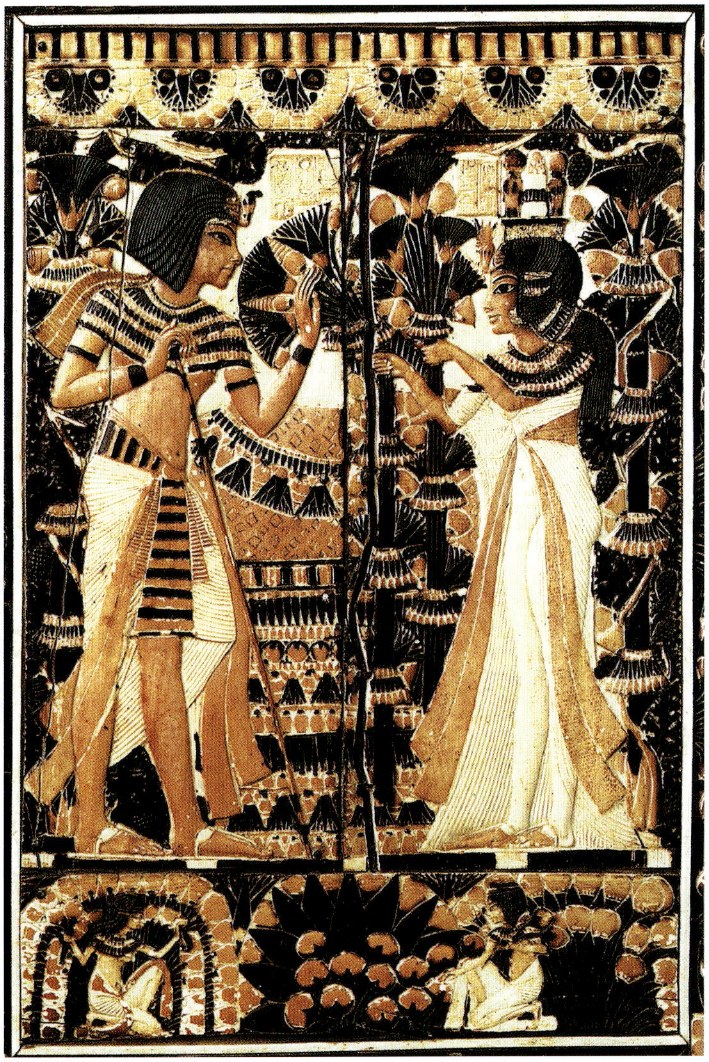

177、178 图坦卡蒙的象牙箱

底比斯西部，帝王谷，图坦卡蒙陵（KV 62）；第十八王朝，约公元前1325年，木料，象牙和青铜；高48.5厘米，长72厘米，宽53厘米，开罗埃及博物馆，JE 61477。

这只珍贵的箱子由象牙制成，顶盖为半球形。箱壁上有国王在丛林中狩猎的场面，不过，箱盖上的图画特别值得注意，因为它的风格与阿玛纳时期的工艺十分相似，因此，整个箱子一定在图坦卡蒙早期就做好了，这时国王的名字还叫“图坦卡顿”，仍然居住在阿肯纳顿。

儿童时期的法老随意地斜靠在长长的树干上，从安克塞纳蒙女王手中接过两束由纸莎草花、荷花和罂粟花组成的大花束。卡特为其完美的工艺所倾倒，他将这件着色象牙箱称为“大师未落款的画作”。

179 图坦卡蒙卡诺皮克箱上的战争和狩猎图

底比斯西部，帝王谷，图坦卡蒙陵（KV 62），第十八王朝，约公元前1325年，材质为着色木材及灰泥；高44厘米，长61厘米，开罗埃及博物馆，JE 61467。

这些细节精致的绘画无疑代表了古埃及艺术的最高成就。这个矩形箱子有四根短短的柱形箱脚和半球形箱盖。箱子最初是用来放置国王便鞋的，但当卡特研究其中放置的物品时，还发现有衣物、珠宝和部分镀金的头垫。“混乱”的原因在于祭司在清理被盗墓者弄乱的物品时，没有耐心地将它们放回原位。尽管从画面来看，战争和狩猎的场面布局十分匀称，使国王的动态惟妙惟肖，但它描绘的并不是真实事件。它更想表现的是国王在混乱中取胜的象征意义，一方面战胜沙漠野兽，另一方面战胜埃及的宿敌——北方的叙利亚和南方的努比亚人。

在卡诺皮克箱南壁，环绕着圆形花饰和其他装饰的虚构画面展示了图坦卡蒙与努比斯人之战，而横陈的尸骨和溃散的士兵表明，他们战败了。相比之下，以二轮战车上的法老为首的埃及军队却有条不紊，画面夸大了这部分构图，使其占据了整个视野。

图坦卡蒙的卡诺皮克罐包括一个织锦外盖，橇形底座上的镀金圣骨匣围绕着四位保护女神像，而每位女神头部下的卡诺皮克箱内有都有一个小型金棺。图坦卡蒙之后的皇陵是否也有这种构造复杂的器物，至今还是一个谜，有待现在的考古学家去解答。

所有神像和铭文都是为了保护国王的内脏。例如女神伊西斯的简短陈词，伊西斯说：“我的臂膀能藏匿我持有的一切。我保护艾谢特（卡诺皮克神），他就在我的臂膀中，我要保护欧西里斯王图坦卡蒙的艾谢特。”从理论上讲，独特构造的皇家卡诺皮克罐最初并不是为图坦卡蒙制作的，而是为他短暂在位的前辈斯门卡尔制作的。在四个小金棺里，能找到四处卡尔模糊的涡形饰物和姓名环的痕迹，但年轻国王的面部特征并没有被透露。

木乃伊的保存

1875年左右，越来越多的沙伯替和《亡灵书》中的莎草纸页开始在当地和欧洲艺术圈出现。埃及官方对这种现象开始有了警惕，并对这些十分有趣的物件出处展开了集中调查。调查最终追踪到底比斯的埃布达•艾•拉苏尔家族，他们因从事皇陵盗墓活动而闻名。尽管对其进行了残酷审讯，官方还是未能取得能证实最初怀疑的供词，于是不得不将他们释放。

直到1881年，穆罕默德•艾哈迈德•艾•拉苏尔才打破了沉默，吐露了保守了很久的秘密。他领着古迹部门的董事代表埃米尔•布鲁格施进入一座陵墓隐匿的入口，很快就到达了德伊•艾•巴哈里山谷以南。一根垂直的标杆指向了12米以下的70米甬道，这条甬道在最后一座墓室前终止。在火炬光线的照射下，布鲁格施被自己的所见惊呆了。墓室四处摆放着几十台棺材，里面躺着新王国时期最伟大国王的木乃伊，其中有著名的图特摩斯三世和拉美西斯二世，此外还有第二十一王朝的大祭师及其亲属的木乃伊。从那时起，这一大“宝藏”的消息很可能像野火一样在当地传播，布鲁格施预见了一切可能；他将棺木重新盖好并装上车，经过最严格的护卫，于48小时内运到了开罗。四十多台装着木乃伊的棺材和几千套陪葬品（包括莎草纸、装在盒子里的沙伯替、木雕和容器）抵达了当时位于布拉卡的埃及博物馆。为了解释把棺木贮藏在德伊•艾•巴哈里的重要性，马斯伯乐不久后提出一套理论，并且在好长一段时间里为人们所接受，即：第二十一王朝的祭司曾在皇陵被盗前救赎了国王的肉身，避免其遭受致命破坏。然而，更多的近期研究结果证明，西底比斯皇家木乃伊的历史比人们想象的复杂得多。

180、181 图坦卡蒙陵（细节图）的外层圣骨匣

底比斯西部，帝王谷，图坦卡蒙陵（KV 62），第十八王朝，约公元前1325年；木料，金片和银片，不透光玻璃，半宝石；高102厘米，宽54厘米，深60厘米，开罗埃及博物馆，JE62028。

可以肯定的是，年轻的图坦卡蒙陵的宝物中最华丽、最著名的家具是他的宝座，是以传统野猫椅的形态打造的，并在宝座的两个前角处饰以狮头像。座椅腿部之间的吊带（早已严重损坏）象征着“上下埃及的统一”。扶手设计为长翅的巨蛇式样，每条蛇都头戴双冠。除了单单具有材质和工艺价值，宝座还具有历史意义。扶手上的涡形装饰和椅背上他妻子的画像仍然显示着他们早年的姓名：“图坦卡顿”和“阿克森帕顿”。这说明，这件华丽的家具可以追溯到国王登基的第一年，这时他仍然生活在阿玛纳。椅背上的图像都处于闪耀的太阳之下，而太阳象征着正在履行职责的神灵阿托恩。如果画面有位国王随意地坐在舒适的宝座上，身穿衣领宽大的褶皱长裙，头戴构造繁复的皇冠，这位国王常常会被认为是图坦卡蒙。女王站在图坦卡蒙面前，右手伸到他的衣领处，而左手托着一只油膏盛器。女王身穿一件衣领宽大的、带饰带的及踝长袍，头戴假发，顶着高大的蛇形羽饰皇冠。夫妇身后的桌上放着另一副装饰着彩色花形的颈圈。

在表现这幅图景时，艺术家的精湛技艺体现在各种材料的运用上，如金银片、彩色不透明玻璃、彩陶和半宝石。皇袍采用了近500枚片状材料，每一枚的切割尺寸都精确至毫米。

作为一件独特的家具，宝座——就像陵墓里出土的其他宝藏一样——除了能告诉人们确切的制作日期以外，还提供了调查其原始归属的机会。对人物形象的进一步调查显示，浮雕是添上去的，两个人的皇冠也在后来被更改。此外，两人死板的面部表情可能不是来自图坦卡蒙和阿克森帕顿的真实表情，而是来自伊赤内顿（Echnaton）去世前不久登基的国王夫妇。宝座最后用在了意外早逝的图坦卡蒙身上。

182 纸莎草 利奥波特二世（单页）

可能来自于底比斯，第二十王朝，约公元前1110年，纸莎草，僧侣文体，高45.5厘米，布鲁塞尔皇家艺术与历史博物馆，E6857。

文献记录了拉美西斯九世在位第十六年的事，包括盗墓者与其同伙闯进西底比斯十七王朝时代的皇陵的事件。文献详细讲述了这一事件。“我们在珍贵的国王木乃伊身上收集了金子、护身符和他脖子上的珠宝。”

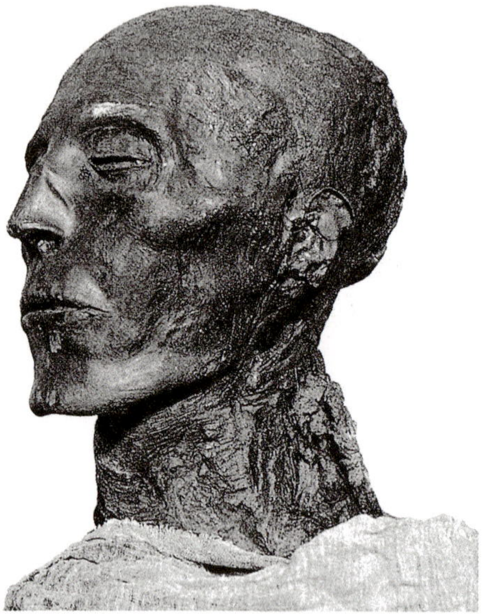

183 塞提一世的木乃伊头部

底比斯西部，德伊艾巴哈里的皇家木乃伊贮藏点，第十九王朝，约公元前1279年，开罗埃及博物馆，CG61077。

塞提一世的木乃伊是新王国时期保存最完好的木乃伊之一。它是当时精湛防腐工艺的极佳体现。

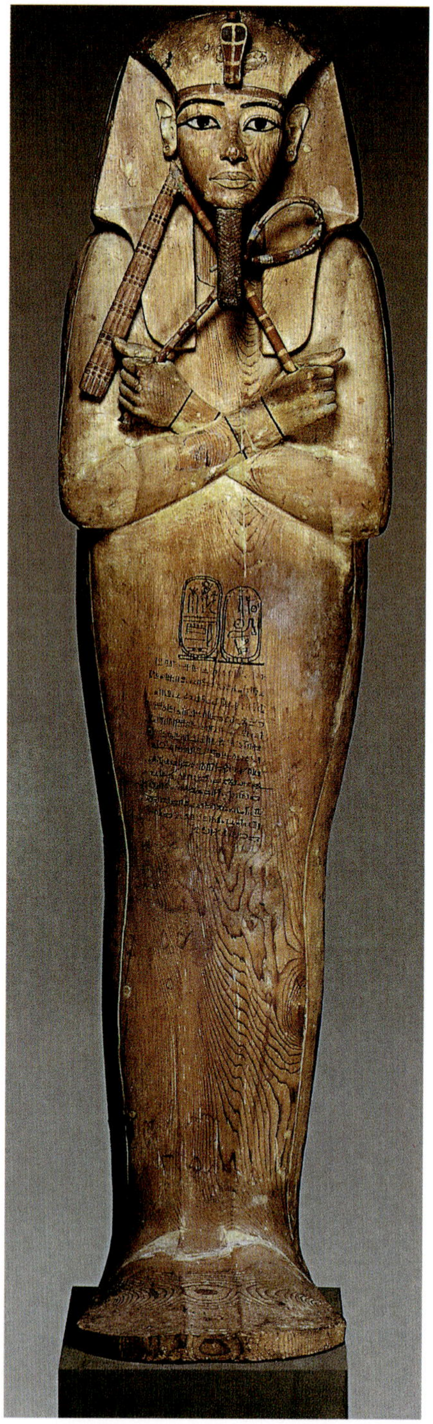

184 拉美西斯二世的棺盖

底比斯西部，德伊·艾·巴哈里的皇家木乃伊贮藏点，第十九王朝，着色木料，长206厘米，宽54.5厘米，开罗埃及博物馆，JE 26214 (61020)。

拉美西斯（“伟大的国王”）的木乃伊并非发现于其原始棺木。棺木的表面特征显示，在木乃伊的移棺过程中使用了第十八王朝的闲置棺木。所有的金质镶嵌物被拆除了，前额的徽章和蛇形饰物也经过了更新。在拉美西斯二世像的涡形装饰下，有几行僧侣体铭文，说明了木乃伊的转移过程，这次转移使其在德伊·艾·巴哈里幸存期超过了千年。

185 拉美西斯三世木乃伊

底比斯西部，德伊·艾·巴哈里的皇家木乃伊贮藏点，第二十王朝，约公元前1150年；着色木料；长168厘米；开罗埃及博物馆，JE 61083。

拉美西斯三世木乃伊的绷带上有四行僧侣体铭文，表明它于斯蒙迪斯在位的第十三年（第二十一王 朝的开端，约公元前1055年）经过了修复（有效地重新包裹过）。这一年是国王葬于帝王谷后的100年左右。经费是由皮诺弟研大祭司向两名墓地管理机构申请到的，这一过程被描述为“骨化”（Osirification）。铭文上方有带翅的阿蒙神像，它长着雄绵羊头，两脚各握着一只鸵鸟羽扇。

186 拉美西斯二世的木乃伊

底比斯西部，德伊·艾·巴哈里的皇家木乃伊贮藏点，第十九王朝，约公元前1213年，开罗埃及博物馆，CO61078。

拉美西斯二世活过了80岁，这种长寿是不寻常的。然而，生命中的最后几年并没有为他带去多少快乐。他患上了严重的牙科疾病，并且深受关节炎和动脉硬化的折磨。1976年，他的木乃伊被运至巴黎进行精确的研究。

新王国前后，不断有盗墓者闯入个别皇陵。这些盗墓者一定是墓区的雇员和工人。他们最感兴趣的是价值连城的材料，如防腐油、高级木料及珍贵的金属（金、银和铜），它们很容易被重新利用，而且不会被人发现。

墓区管理人员发现盗墓者时，会对陵墓进行必要修复，然后关闭陵墓，重新加封。图特摩斯四世陵的铭文中记录了这一过程，此次盗墓事件发生在荷伦希布在位的第八年。直到将近拉美西斯末期（哈内斯九世和十一世统治时期），埃及经历内乱和经济动荡时，盗墓事件才重新泛滥，盗墓范围扩大到整个墓区。

一组特殊的文字资料向我们透露了关于当时情况的有趣信息，这就是所谓的“盗墓笔录”。就像官方的审讯记录一样，这些文献给出了盗墓者的姓名，记录下他们的证词，包括详细作案情节或司法调查过程。未能完整保存下来的纸莎草文献《迈尔•B》（藏于利物浦）详细列出了被盗的青铜、红铜和布匹制品；文中还指出，5名盗墓者每人都能分赃得到近50公斤重的金属制品。

然而，文献并没有揭露所有真相，这批盗墓者几乎全是业余盗墓者。在拉美西斯十一世的混乱统治时期，国王的权力区域缩小至下埃及地区，而阿蒙神大祭司们掌握着底比斯地区的实权。他们持续卷入了与总督努比亚•帕内西的纷争中。为了给南方的小纷争（一直持续到拉美西斯十一世去世）提供资金支持，大祭司皮安基采取了非常手段。他允诺人们可以随意盗窃底比斯墓区的国王、女王和官员的陵墓。他手下的人游荡在大墓区，寻找原封不动的坟墓，以获取珍贵的古物。

甚至在第二十一王朝早期，官员们的淘金行动仍在继续。法老的木乃伊和陪葬宝物被盗墓者收集在一起，放入不同陵墓（包括塞提一世陵）。其中一个临时“仓库”（拉美西斯二世陵）仍然原封未动，直到1898年才被人发现，其中藏着图特摩斯四世、阿蒙诺菲斯三世、麦伦普塔赫和拉美西斯六世的尸体。在对其进行大规模的重新包裹时，盗墓者常常大量使用原陵库藏的亚麻裹尸绷带来完成这项工作，然后将它们草草放进可用的棺木里。直到第二十一王朝以后，国王的木乃伊仍然躺在这些集中区里。

最后，在舍松契一世统治时期（约公元前930年），大部分木乃伊都从临时存放点转移至位于德伊•艾•巴哈里的大祭司皮诺第研二世的家族陵墓中，而它们在这最后的长眠之地再次受到一位现代盗墓者的搅扰。

皇后谷

弗里德里克·坎帕·塞弗里德（Friederike Kampp Seyfried）

除了闻名遐迩的帝王谷和紧靠着的西方谷，在底比斯西岸还有更多的大墓地，许多帝王和他们的亲属都埋葬于此。其中包括该区域中第十一王朝早期的墓地，例如目前众所周知的塔里夫（El – Tarif）墓地以及代尔拜赫里（Deir el – Bahari）谷，其南面还有两个侧谷，在第十一王朝晚期和第十二王朝初期用作墓地。到了第十七王朝，这些皇陵开始向北转移，移到了现在被称作达拉阿布埃尔纳格（Dra Abu el – Naga）的大墓场。在第十八王朝初期，法老选择“帝王谷”作为他们的安葬之所，皇室成员则埋葬在更南端的几个沙漠谷地，其中包括皇后谷。与悬崖陡峭而相对孤立的帝王谷相比，皇后谷为宽广连绵的干河床，干河床平缓向上延伸至利比亚的山脉，从尼罗河的泛滥冲积平原上可以很容易进入河谷，因此皇后谷绝非是隐蔽的埋葬之所。而且，这些陵墓不但未隐藏，还星星点点地分布在干河床的两侧，干河床中很少有积水。尽管帝王谷和皇后谷的名字有点误导式地显示出了相当严格的“墓主人”的范围，但对于现代阿拉伯的 Biban el – Harim 而言，古埃及名字 Ta – set – neferu 是一个更中性的词汇。根据最近被提出的可行性翻译建议，这个古埃及的名字最初意为“皇室子孙之地”，直到最近才被翻译为“完美之地”。从第十七王朝早期起，该翻译与该地区的实际用途最接近，也就是说，是作为王子、公主和其他个人的仙逝埋葬之处，且与皇室子孙的抚养成长具有关联。最早两位皇后的埋葬可以证实其年代为阿蒙诺菲斯三世在位期间。但皇后谷真正成为帝王们的发妻爱妾最佳埋葬之所却是在第十九王朝之初。与此同时，该处也保留了其作为皇室子孙埋葬之所的原有功能，这一点可以从拉美西斯三世统治时期有名的王子之墓得到证实。在今天现存的 98 座墓之中，半数以上已经不是他们原来所埋葬的人，因为这些墓地的装饰品甚少，未经装潢，显示出未完工的状态，或不再具有可辨别墓地主人之物。然而，特别的建筑设计常常显示出一种可能具有的特质。

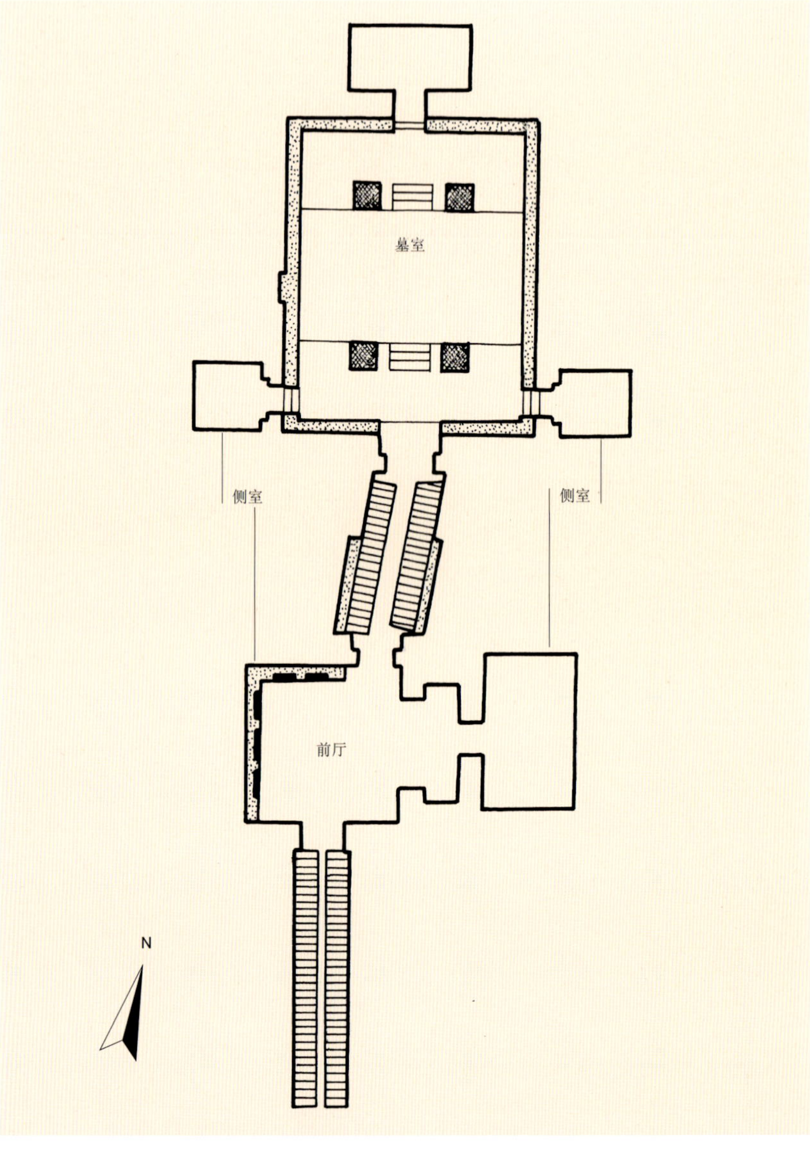

187 西底比斯纳菲尔塔莉皇后之墓的平面布置图（QV66），建于第十九王朝，拉美西斯二世统治时期，约为公元前 1250 年。

虽然该公主墓或匿名的皇后墓仅由一个主室和一两个侧室组成，但比其他重要而闻名的皇后墓的设计要复杂得多。纳菲尔塔莉皇后之墓显示出其设计包括前后两个大主室，两个主室还有至多 5 个侧室。第二个主室，即墓室，也延伸了，有 4 个支柱和一个位于轴线上的壁龛或侧室。

188、190 西底比斯纳菲尔塔莉皇后之墓（各种视图）（QV66），建于第十九王朝，拉美西斯二世统治时期，约为公元前1250年。

纳菲尔塔莉梳形部位上技巧娴熟的浮雕和绘画是新王国中埃及壁画里最美丽的例证之一。加上服饰、皇冠和象形文字精美雅致、浑然天成之细节，艺术家们通过色差成功地勾勒出面部造型的细微差别和折叠的织物。

此处所选的例画位于第一侧室附近的区域，初步显示了走廊概貌（见下图），两侧分别绘有开普利（Khepri）神（左边）和瑞哈拉卡特夫（Re－Harakhtv）以及哈索尔（Hathor）女神（右边）。女神伊希斯（Isis）正在大步行走的形象充分显示，纳菲尔塔莉皇后由两边的神灵引入这个走廊。在墓室内的形象是《亡灵书》符咒94的装饰图案，纳菲尔塔莉皇后在这里从鹭头人身的托特神（最右边）手中接过一块书写用调色板和一个水碗。

因为建筑平面图的特点随着墓主人的性别和官职级别，以及他或她所生活的时代特点等因素而变化。除简单的竖井式坟墓（通常用于埋葬非皇室成员）外，较大的坟墓可以分为三类：简单朴素的公主之墓、走廊类型的王子之墓以及精心设计的皇后之墓。

最重要的装饰精美的皇后坟墓当推纳菲尔塔莉皇后之墓，她是拉美西斯二世的七个“最宠爱的皇室妻妾”之一。另外四个也荣幸埋葬于该墓地中。

因为整个墓地的装饰方案以皇后在未来世界的形象为中心展开，因此，纳菲尔塔莉皇后很少被描绘成接受供奉和礼拜的就坐者。这一点可以从出土的同时期私人墓地崇拜遗址中得到证实。纳菲尔塔莉皇后要么面对神灵，举行个人崇拜礼仪，要么作为由神灵引领之形象。

上半部分描绘了皇后到达欧西里斯王国、其变形的容貌和地狱宫殿。在接下来不断下降的走廊里，纳菲尔塔莉皇后在进入死亡之神王国过程中逐渐变形，最终在墓室完成了变形过程，她变成了欧西里斯，永垂不朽。

纳菲尔塔莉皇后之墓的定位比较模糊，因为这些在皇后谷的墓群介于阴间的皇陵与私人墓地概念之间。即使很明显地使用了皇家的建筑和装饰特点，如走廊式建筑、墓室中的四柱布局，甚至《死亡门之书》的图像，这些人仍然不会被录入阴间的重要皇室名册。他们的墓室有《忘灵书》装饰图案，否则就只能从同时期的私人墓地找到他们。

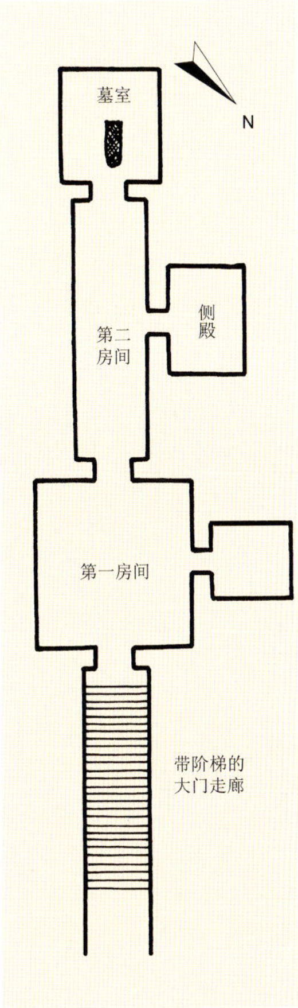

192、193 西底比斯王子之墓（Amitnhtrkhepeshej）（QV55），建于第二十王朝，拉美西斯三世统治时期，约为公元前1160年。

尽管在建筑特点上王子们和皇后们的墓有所不同，然而在装饰方案上有许多共同之处。因此人们在王子之墓中也可以看到很多膜拜、遇到很多神的形象。在皇后墓室里，皇后作为一个单独的个体直接面对着神灵，但对于王子们而言，中间必须有其父亲作为引介，例如在拉美西斯三世中，他就引领着儿子到相应的场景中去。

194 西底比斯王子之墓的底层平面图（QV55），建于第二十王朝，拉美西斯三世统治时期，约为公元前1160年。

与皇后之墓相比，王子们的墓通常由两个长的走廊式房间所组成，通往一个矩形，通常是较为宽敞的墓室。从侧室也能进入所有房间。

191 西底比斯纳菲尔塔莉皇后之墓，太阳神的木乃伊（对页）（QV66），建于第十九王朝，约为公元前1250年。

太阳的周期性运行轨迹包含了太阳神与死神欧西里斯相互转换的概念，欧西里斯在地狱中被看作是太阳神（Re）之尸体。

该神学概念的核心如下：虽然木乃伊形状的尸体属于欧西里斯，但头顶日轮的公羊头却表明标题所提及的死者就是太阳神（Re）。

图画所传达的信息可通过一简短的语句进一步阐述：“欧西里斯依附于太阳神，太阳神依附于欧西里斯”。欧西里斯的两个妻子，伊希斯（Isis）（右边）和奈芙蒂斯（Nephthys）（左边），敬畏而供奉着太阳神的木乃伊。两人都挽着白色的假发头包，上面是他们各自姓名的象形文字符号。

超越死亡——底比斯的私人陵墓

弗里德里克·坎帕·塞弗里德（Friederike Kampp Seyfried）

在埃及有三大墓场，里面的私人坟墓保存得十分完好，因此经常被引以为各个时代（即古埃及历史上最著名的三个时代）的典范。这三个大墓场的使用时间相当长，里面有许多私人陵墓，墓主人虽不属于皇室成员，但拥有高管厚爵。

埃及古王国时期的代表是古埃及的塞加拉以及当时社会精英阶层的石室墓穴，而贝尼哈桑（Beni Hasan）和地方统治者的石窟墓穴则是中王国时期的代表。新王国时期的代表是西底比斯的大墓场。当然，上述每个墓地都只是众多墓地中的一个，故而下列论述仅适用于新王国时期私人墓地特有的底比斯特点，并不一定适用于其他私家的古埃及大墓场。

西底比斯的大墓场分布于现今卢克索（Luxor）对面的西岸山丘上，该处绝大多数石窟墓穴可追溯到第十八至第十九王朝，尽管此地在更久以前曾被使用过。西底比斯在当地通常是聚居点汇合的意思，大墓场因此而得名，包括德尔麦迪那（Deir el – Medineh）和古尔纳（Qurna）。

坟墓建筑

典型的底比斯石窟墓穴是一种复杂的墓葬结构，中间部分，即内部祭仪和墓室，都是在相邻的山丘和悬崖上凿出的。这种坟墓最简单的构造是从岩石上水平地凿入，形成一个单一房间，房间有一个垂直井道通往下面的墓室。

这种简单的“单室墓”通常只为少数上层阶级里的特权人物使用，而最高级别的官员实际上常常尊享“岩凿宫邸”，其墓室具有大厅之阔气，含有几排柱子和支柱。

195 古尔纳酋长（Abd el – Qurna）之家

从今天的西古尔纳小镇后面可以进入为数众多的岩石墓穴。特别著名的是墓排的柱廊正立面，来自寓意为“排”的阿拉伯词汇。

古尔纳酋长之家是第十八王朝鼎盛时期底比斯朝廷高官精英分子最富盛名的埋葬之所。左边凿出的几乎为矩形的山峰就是有名的“角峰（el – Qurn）”，他是一种天然金字塔，在西底比斯大墓场和国王谷中占统治地位。

196 可能位于西底比斯的“宫廷官员的跪坐雕像”

建于第十八王朝，阿梅诺菲斯三世统治时期，约公元前1380年，石灰岩制成，着色，高26厘米。大英博物馆，EA 24430。这种被称为跪坐雕像的小雕像在第十八王朝期间尤为盛行，通常被放置在墓穴入口正上方的小壁龛里。坟墓主人（原文去掉了名字）被描绘成抬起双手跪下膜拜的形象，握住身前的一块石碑，石碑上刻有对太阳的赞美歌。他眺望东方，向冉冉升起的太阳致敬。“当太阳神升起，对其膜拜，日升日落，终其一生。”

想像底比斯官员经典墓地原型的一个简单方法就是把整个墓地沿垂直方向划分为三个部分，然后把该图案投影到第十八王朝至第十九王朝的墓地上。

这样就能更好地了解墓地结构在设计上的显著变化。古埃及阿马尔那时期，即第十八王朝后期埃赫那顿法老统治时期，是此发展过程中具有决定意义的转折点。

上述对墓地的垂直划分以及每个部分对应于特定意义仪式功能的特点是理解墓地总体平面图的关键。如果把这种结构应用于第十八王朝或者第十九王朝的典型墓穴，就会发现许多有趣的差异。上层（太阳层）与太阳神崇拜有密切联系。在第十八王朝，该层作为独立结构的作用似乎微不足道，但是，通过将所谓的跪坐或手握石碑的雕像置于正面壁龛中，它就能成为整个庭院和正面结构的组成部分。

位置	功能	建筑形式
上层	太阳崇拜及仪式	上部结构为小礼拜堂、金字塔或带有跪坐雕像的正面壁龛形式
中层	崇拜与仪式祭祀之处，对坟墓主人的社会性纪念	庭院式或者水平式内部墓室，例如横向与纵向的厅堂与小礼拜堂
下层	欧西里斯崇拜，来世转修羽化，肉身安息处	地下复合式墓地，带竖井、走廊、前厅和侧室，以及摆放石棺的墓室

另一方面，在拉美希德时代（Ramesside），上层都尽可能采用砖式金字塔形式，建在岩凿墓室的上面。这种构造可配置放置跪坐雕像用的壁龛或内部小礼拜堂。

最初，中间层又分为两个部分：坟墓内部前方的庭院和坟墓内室。第十八王朝坟墓的庭院常布置在阶地上，正面构造富丽堂皇，在远处就可以映入眼帘。较低侧的庭院围墙与前面末端建有圆形的墙栏杆，这在当时是一种通行做法。以这种方式封闭起来，坟墓的外部庭院在埋葬和纪念庆典活动的时候就发挥了重要作用。特别是自第十八王朝以来，坟墓综合体建筑的入口通常位于外部庭院。

在拉美希德时代之初庭院外部面貌发生了根本的变化。然而，在第十八王朝，外观华丽且带有跪坐雕像壁龛的坟墓正面，部分取代了上部结构的功能，但在第十九王朝，这种构造几乎完全消失。现在，外墙四周是高度统一的围墙，这些高墙同时起到了支承屋顶结构的作用，并作为围绕庭院的内部柱廊。在外面，庭院入口的砖式塔门具有庙宇建筑的特点。

拉美希德时代墓室外部庭院的整体建筑、视觉和结构设计都把坟墓部分勾勒成了一种庙宇庭院，特别需要注意的是，自该时期起，外部庭院的竖井复合体实际上就消失了。

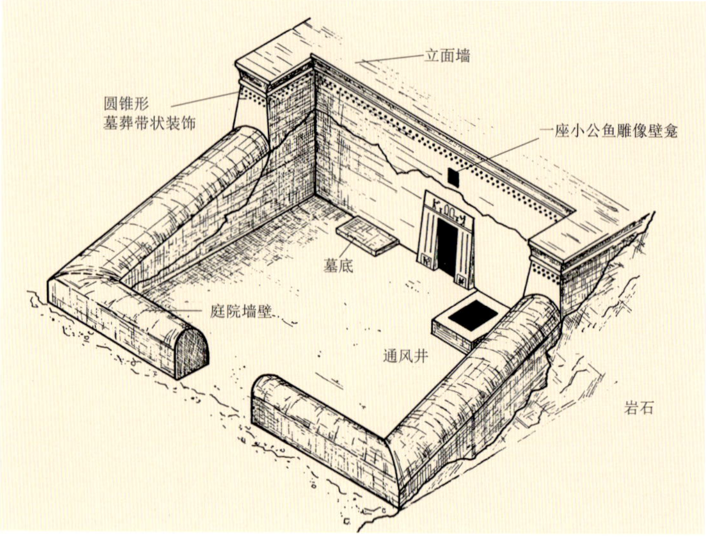

197 公元前 1550—前 1290 年，第十八王朝坟墓的正面和外部庭院的改建。

为了突出第十八王朝坟墓的正面墙构造的主要部分，这种改建是可能的几种变化之一。这种墙终止于顶部，形式为圆环装饰角线和圆弧式檐口，这是典型的古埃及建筑特征。

在进一步的装饰元素中，几排埋葬用的锥形瓦，写上了坟墓主人的名字和头衔，插入在装饰角线以下。埋葬用的锥形瓦正对着刷白的正面树立，像是一排红点。有时在坟墓入口的上方有跪坐雕像的壁龛。该时期的另外一个特点就是外部庭院没有碑铭，而在庭院中设置了一个竖井。

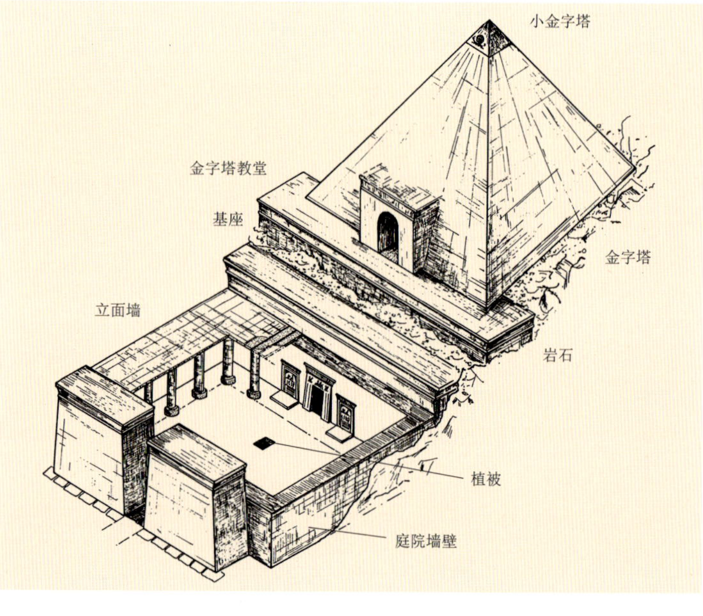

198 公元前 1290 年至公元前 1070 年，拉美希德时代一座尝试改建上部结构以及庭院布局的坟墓。

与第十八王朝的坟墓相比，拉美希德时代坟墓的外形典型特点为外庭院的桥塔和坟墓上的砖砌金字塔。庭院里面由列柱门廊保护，坟墓设计尤其精湛，与坟墓正面庭院墙和以上的装饰相得益彰。

装饰性元素包括“正面碑铭”，位于坟墓入口的左边或者右边，在可能时都由岩石雕刻而成。庭院的中央特点表现为带有一组树木的“微型花园”。坟墓附近西克莫无花果树的种植体现了“死亡树之女神”，女神提供了水和养分。

尽管第十八王朝和拉美希德时代的外部庭院具有明显的差异，但坟墓内室的空间布局却并非如此，最初很难看出它们之间有什么显著差异。

在整个新王国时期采用最多的底层平面图是所谓的倒转T形结构。这就是说，从入口（决定坟墓轴线）出发，首先进入的是垂直于轴线的一个房间（耳堂厅），与此相邻的是所谓的纵厅，与坟墓位于同一轴线上。除了最简单的坟墓之外，对于上面提到的“单室墓”，T形基础平面图可以在很多方面进行扩展和修改，比如，加入支柱和柱形排列。

然而，在坟墓内室也体现了建筑特点，可以清晰地表明坟墓是建于第十八王朝还是拉美希德时代，包括石碑、隐门和神灵雕塑的细节。在第十八王朝期间，石碑和隐门常设置在耳堂厅狭窄侧，相互面对，而在拉美希德时代，石碑往往设置在坟墓正面，隐门则完全省略。拉美希德时代的工匠们也偶尔把圣灵雕塑群放置在坟墓小礼拜堂内，这在第十八王朝是不可思议的。

目前所介绍的坟墓建筑物的两部分起到了对神灵的膜拜以及礼拜和摆放逝者祭品的作用。坟墓实质部分还没有提到。一般来说，有两种方法可以进入新王国的底比斯坟墓的“地下”层，即垂直的竖井和斜坡墓道。斜坡墓道的倾斜角度可以酌情加大，只要可以通过步行进入，有时候可以通过一系列的拐弯向下进入底层。这种隧道系统的设计很可能是受到古埃及人对地狱世界可视化形象的影响。在第十八王朝初期，垂直竖井受到青睐，但在拉美希德时代却更倾向于使用斜坡墓道。然而，需要提及的是，当规划一个大型的石窟墓穴时，更常见的是两种埋葬体系加以合成使用。其中一个体系用作对仙逝者遗体的实际埋葬，另一个可能就会用于一些特别的仪式功能。如果一个坟墓同时具有竖井和斜坡墓道，后者往往通往放置坟墓主人石棺的墓室。这些墓室往往是简陋的未经装饰的房间，墙上有四个壁龛，用于放置所谓的“魔砖”。房间很少经过装饰，Sennefer之墓就是一个典型的例子。

坟墓绘画

即使保护不周，坟墓自身的建筑设计原则也常常是清晰可辨的。遗憾的是，装饰性设计就不能如此乐观了。这是因为所保存下来的仅仅是一些残片。然而，对于第十八王朝和拉美希德时代的装饰内容而言，识别出其典型模式和区别性特征还是可能的。

根据我们的三部分模型，我们首先来看上层的装饰，上层结构是金

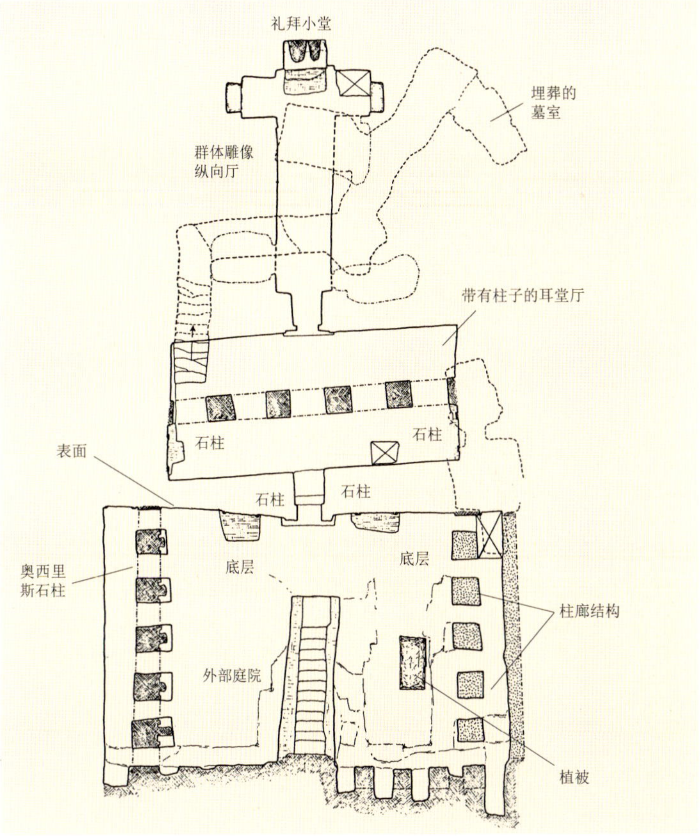

199 西底比斯（TT41）阿蒙（Amenermope）高级区域长官之墓（底层平面图）

第十八王朝和第十九王朝，荷伦希布塞提一世统治时期，约公元前1300年。

该底层平面图显示出拉美希德时代早期底比斯坟墓的显著特点。外部庭院建造在底层之上并被柱廊结构包围。外部庭院石碑设置在坟墓入口左右两侧正面的前方。庭院里有种植植物的场地。内部构造包括带有4根柱子的耳堂厅、纵向厅和带有雕塑壁龛的小礼拜堂。可以从位于耳堂厅左边角的楼梯进入复合式地下坟墓。

字塔和正面壁龛，主要用于祭拜太阳神。装饰性元素暴露在风雨和阳光下，以浮雕形式展现，如跪坐雕像的石碑铭文和小金字塔顶。另一方面，拉美希德金字塔小礼拜堂的内室，装饰有绘画，其主题主要涉及地狱之神欧西里斯，这就揭示了金字塔的第二种功能，即作为葬礼地点的象征。

“中间层”的装饰规划涉及庭院和内室。这里也可以观察到外部表面装饰雕刻于浮雕之上。我们必须要记得的是第十八王朝的坟墓外部庭院通常是未经装饰的，但坟墓入口的框架区域除外。庭院中和正面上的文字和图像形式的装饰仅在拉美希德时代才开始日益增多，尤其是前面提到的“正面石碑”上。从中层进入坟墓的内室，最后呈现在我们面前的是不同场景和物体组成的壮阔斑斓的图组，把底比斯坟墓变成了具有无与伦比艺术价值的纪念馆。这样说实至名归。见到此情此景，我们主要关注的已经不再是工匠的技巧、迷人的色彩和风格的细节。取而代之的是，我们的兴趣将主要聚焦于主题的选择及其内容、功能和意义。

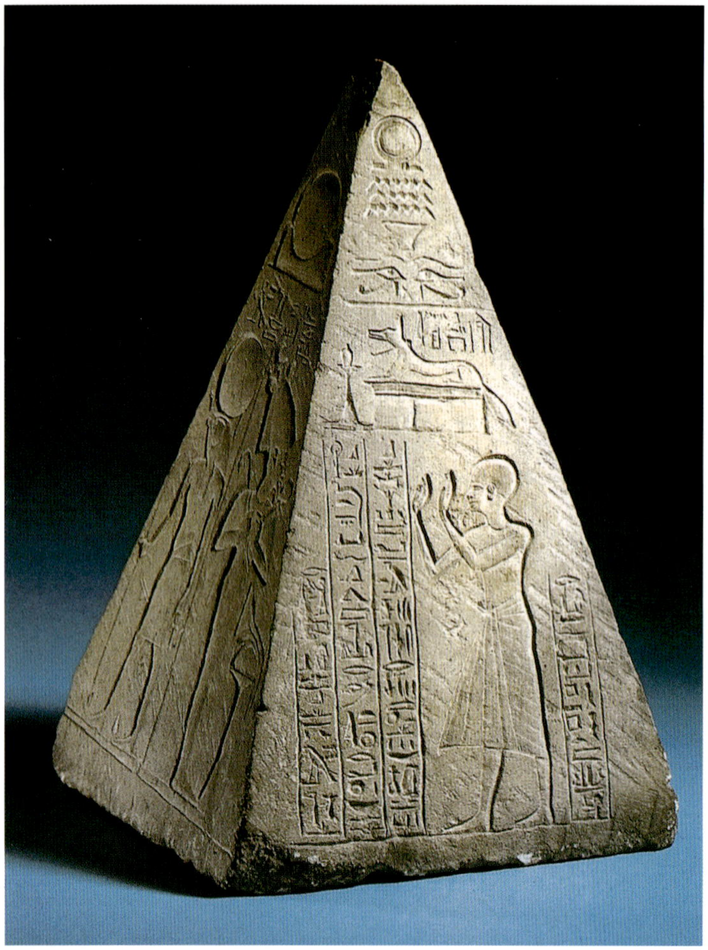

200 帕塔赫姆维（Ptahemwia）小金字塔

拉美希德时代，第十九王朝，约公元前1200年，石灰石制成，高42厘米，宽28厘米。荷兰莱顿国立古物博物馆，AM7W。

私人砖块金字塔的顶端有一个“小金字塔”，其各个侧面可以进行装饰。上面的文字和描述指太阳的轨迹。本例中，太阳轨迹是通过将太阳神（Re－Harakhty）和地狱之神欧西里斯并置来表达的。

因为根据古埃及之宗教信仰，太阳神夜间的运行轨迹会穿越地狱世界，在午夜时分与欧西里斯汇合，但是，这种小金字塔很可能不仅用作金字塔的顶石，还作为“大”金字塔的微型复制品，因此，它们被放置在坟墓外部庭院等处。另外还有证据表明，小金字塔是捐献给寺庙的赠品。

201 可能来自塞加拉的阿蒙霍特普的金字塔石碑

第十九王朝，塞提一世统治时期，约公元前1290年；石灰石制造；高120厘米，宽67厘米，深14厘米；维也纳艺术史博物馆，ÄS 178。

这种顶端为三角锥的坟墓石碑直到拉美希德时代才出现，在孟斐斯坟墓中相当普遍。此处的金字塔形顶部也可能具有金字塔的功能。

因此，这种石碑以高度浓缩的形式展现了整个复合式坟墓最重要的方面。第一，对小金字塔中太阳神的崇拜；第二，对地狱之神欧西里斯的崇拜，同时接受死者转入来世（石碑上层）；第三，死者亲人对死者的祭拜（石碑铭底层）。

如果要出于此目的设计第十八王朝的T形坟墓原型，那么设计者就必须考虑从一开始就赋予复合式坟墓四个基本区域有代表性的特定内涵。

第一个区域是入口区。此处有一幅墓室主人的画像：他正由其妻子或家人相伴走入或离开坟墓。当他从坟墓“离开”，就被描绘成唱着圣歌，称赞冉冉升起的太阳。如果在另外一面还有一件姊妹篇展示坟墓主人进入坟墓之情形，则画像内容应该是指向下落的太阳或地狱之神欧西里斯。这些装饰性物件与坟墓入口区域的联系如此紧密，以至于后来在所有拉美希德坟墓中都能发现它们的踪迹。

第二区域和第三区域是耳堂厅的狭窄端，即所谓的次要礼拜区。如前所述，石碑和隐门是耳堂厅装饰的一部分，且二者通常沿耳堂厅狭窄端相向布置。由于石碑上有自传铭文，因此，石碑起到了坟墓主人向死者后裔作自我介绍和描述的作用。另一方面，隐门象征 着来世与今生的交界点，在这里可以与逝者及所呈贡品建立“联系”。在拉美希德时代，当石碑被赋予不同的装饰内容并安置在正面以外时，隐门就完全消失了。此处进入来世的通道实际上是以斜道的形式存在的。辅助祭拜场所常常以坟墓主人及其妻子的雕塑而不是以石碑和隐门来装饰，或者将狭窄端融入整体装饰方案中。

第四区域是由壁龛雕塑代表的膜拜之主要场所，在纵向厅的末端，完美的底比斯坟墓具有壁凹或者小礼拜堂，用于放置坟墓主人或其妻子之雕塑，其妻子作为死者之化身，接受贡品。这种功能在拉美希德时代的坟墓里仍然保留，但雕塑小礼拜堂的地位常常升格为一种带有附加圣灵雕塑的庙宇圣所。该坟墓四个区域的装饰性主题已经清晰地建立，这些主题也常常是实际装饰得以彻底完成的唯一区域。

202 贵族墓的隐门

西底比斯（TT52），建于第十八王朝、图特摩斯四世在位期间，约为公元前1390年。

203 本亚（Benya）之墓的碑铭

西底比斯（TT343），建于图特摩斯三世在位期间，约为公元前1450年。视图角度为耳堂厅右手边狭窄的墙。

在第十八王朝的岩墓中，碑铭和隐门都是最重要的仪式焦点。通过框架两边相应的描绘，贡献的祭品呈现为血清红色，祭品祀奉给死者，位于碑铭和隐门前面。古埃及人的信仰甚至觉得文字内容和图片都会产生实际的影响。如果没有祭品，也应该有实际供祭品的替代品。在这样的情况下，实际的影响是祭品会滋养死者。至于碑铭和隐门的空间分布，有趣的现象是隐门常常设置在耳堂厅竖井附近的左边。在这样的分布下，竖井和隐门的结合清晰地展现出后者作为来世今生接触与转折之功能。相比之下，碑铭上的传记文字首先要确保墓主人要在后世子孙的社会记忆中永不磨灭。

这是因为这些区域代表了膜拜和默祷的最重要的中心场所。除了这四个区域之外，其他装饰性主题分布于其余墙体之中，其主题极不固定。例如，在第十八王朝，入口对面的墙上直接映入眼帘的图像包括坟墓主人面向君王（即国王）表达敬意的场景。其他例子表明了坟墓主人在宴会中接受贡品与食物的场景。

在第十八王朝的墓室耳堂里装饰性内容包括日常生活场景，农业生产活动，坟墓主人职业生平场景，对沙漠动物、鱼鸟等的捕猎场景。在与墓主人职业生活相关的场景里突出了他的社会地位，农业风格场景用来保证死者来世的供应品，动物捕猎场景也许可以解释为另外更加复杂的宗教仪式概念，比如转世与繁殖。

在纵向厅，我们发现此处更加强调进入另一世界的通道。这里通常有对葬礼队伍、向阿比多斯朝圣以及“入口开启”仪式的详细描绘。“入口开启”仪式的描绘包括很多单个的小插图和仪式过程中相当静态的画像，与耳堂厅里较活泼的作品毫无共同之处，后者描绘的主题来自今生，而非来世。确定坟墓绘画年代的另外一个重要因素是把墙壁划分成不同的图画区，即所谓的“排”（水平层面）与“图像带”。在第十八王朝的坟墓绘画中，“排”的布置是从下向上“阅读”，常常还包括为数众多的辅助场景，这些辅助场景的描绘极为细致，为图像平添无穷魅力。但在拉美希德时代，装饰墙的布局却截然不同。

204 西底比斯乌瑟哈特之墓的宴会场景（TT56）

第十八王朝，阿蒙诺菲斯二世至图特摩斯四世统治期间，约公元前1397年。

在坟墓装饰中，采用了开阔的空间来描绘盛大的宴会场景，这是因为加入盛大的宴会场景可以让死者融入他的亲朋好友圈中去。这些图画中出现的家庭成员，依然健在的和已经去世的毫无差别。总之，在这样的场景中描绘的聚会摒弃了来世与今生的界限。这些场景以理想化的方式描绘了在墓主人前敬献贡品的仪式。在其他各排中，场景被划分为更小的系列，以进一步体现不同的风格。通过将场景进行分组排列，场景在一定程度上显得丰富多样、生动活泼。

因偏爱所谓的“图像带风格”，此处未采用排式风格。“图像带风格”把墙体明确地划分为两个不同的主题带。“分隔线”是一条水平的铭文或装饰带。从主题意义上说，最上排专门用作神灵世界层，而下一排则与墓主人祭拜有关。这里，主题转换的痕迹非常明显。第十八王朝期间，坟墓绘画的主要目的是墓主人身份、社会地位和个人崇拜的自我表现，但在拉美希德时代则转为墓主人对神灵的崇拜。整个复合式坟墓作为“祭庙”的特色越来越浓。

设施的不同使用与所描述的主题变化似乎是并驾齐驱的。在依赖于仪式的宗教场景中，埃及绘画和浮雕工作依然保持了僵硬不变的象形文字特点。然而，在第十八王朝期间，现实世界的主题是在绘画整个变化范围内进行描绘的，从而对主题产生更加鲜活、更加真实和具有代表性的影响。

最后来看看地下层的装饰。在第十八王朝和拉美希德时代，这一层的绘画皆作为一种装饰手段。由于该区域在上述两个时期都着重于来世的内容，因此，在主题方面几乎没有差异。如果暂且不谈德尔麦迪那（Deir el - Medineh）工匠定居点的坟墓设计，可以发现仅有很少的墓室装饰有文字和图画。

坟墓浮雕

我们已通过大量的绘画实例来阐释坟墓装饰的主题内容，而另外一种装饰手段——浮雕装饰也不应被忽略。除了大量坟墓的壁画装饰是完全或部分以浮雕形式表现这一现实外，浮雕这种特别的装饰类型对于具有上部结构和外部结构的坟墓整体概念而言也是必不可少的。从两种技术进行选择的决定性因素很多。从第十八王朝初期开始，浮雕技术开始用于外部结构的装饰。

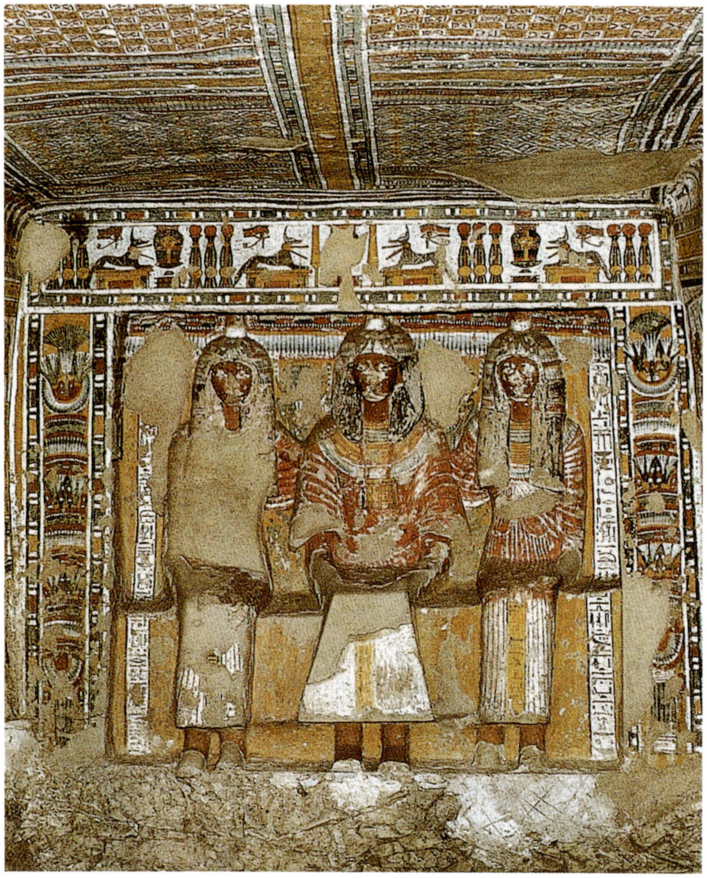

205 内菲色赫鲁（Nefersekheru）之墓的雕塑壁龛

西底比斯，（TT 296）；第十九王朝，拉美西斯二世统治期间，约公元前1250年。坟墓的主要仪式焦点通常由坐在凉亭和神龛里的坟墓主人和亲戚的雕塑组成。这些雕塑要么是单独由木头或者石头雕出的小雕塑，要么是由附近岩石雕出的近乎真人大小的雕塑，如本例所示。

在拉美希德时期，像内菲色赫鲁（Nefersekheru）一样的雕塑群也可出现在横厅的次要礼拜区域，尤其是在主要仪式点被神灵塑像占据时更是如此（本例中，欧西里斯的雕塑放置在入口对面的壁龛里。）

206 西底比斯贵族墓中的“纸莎草灌木丛狩猎”图（TT52）

第十八王朝，图特摩斯四世统治时期，约公元前1390年。

毋庸置疑，在纸莎草沼泽中的狩猎场景是底比斯坟墓中最漂亮和最引人注目的绘画之一。

站在纸莎草的小舟上，墓主人正在与妻子和孩子们一起捕鱼或者捕捉飞鸟。她们的服饰突显了这种奢侈消遣的特性。

完全可以认为，这幅绘画的主题也渲染了仪式特点，该仪式特点通过重复的两个场景的相对布置作了进一步强调。但是，画中人物的细节、他们的相互关系以及鸟群的自然主义表现手法，却使整个画面栩栩如生。

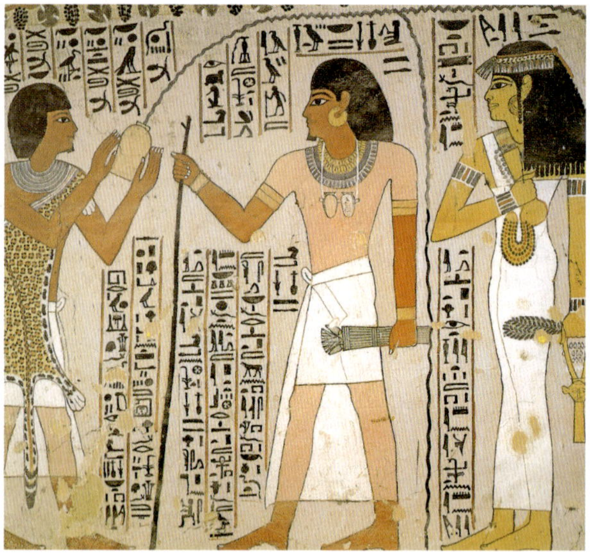

207 坟墓主人克林（Kiln）和妻子在沙漠特（Samut）坟墓中的场景

西底比斯（TT409），第十九王朝，拉美西斯二世统治时期，约公元前1250年。

208 “坟墓主人和妻子”，取自塞内夫（Sennefer）墓室

西底比斯（TT96b），第十八王朝，阿蒙诺菲斯二世统治时期，约公元前1410年。

在第十八王朝和拉美希德时代所采用的风格和构图法的差异在上述两幅图画的比较中得以体现，两幅画有很多相似点，都描绘了一对夫妇。在服饰和附件的细节中有几处差异。拉美希德夫妇的假发位于他们头顶一个较夸张的位置，因为他们倾斜的前额看上去都比塞内夫（Sennefer）和梅里特（Meret）的头要小。通过对比可以看到，齐齐（KiKi）妻子莱亚的假发几达臀部，而且，不仅她的前额上有一条宽的装饰带，其脖子上也有一条。梅里特身着带有饰带的白色素服，酥胸半露。在拉美希德时代，妻子的服装由带有袖子的软袍所代替，画笔描边显示出褶皱。齐齐（KiKi）不仅穿着有短袖的紧身内衣和简单的腰带，还穿着带有宽大袖子的薄纱长袍，这让其身体的轮廓得以凸显出来。画中塞夫和梅里特强壮结实的体型（与齐齐和莱亚的手腕与脚踝相比）、色彩与平易的风格融合在一起，比齐齐和莱亚的苗条体型显得更阳刚和静态，更具“象征”或象形意义。

209 乌塞哈得（Userhat）坟墓中阿比多斯送葬队伍和路程

西底比斯（TT56），第十八王朝，阿蒙诺菲斯二世和图特摩斯四世统治时期，约公元前1397年。

210 在内夫伦佩特（Neferrenpet）坟墓中神圣的膜拜和送葬队伍

位于西底比斯（TT178），建于第十八王朝，哈尼西斯二世统治时期，约为公元前1250年。排式和图像带风格。

这两个例子阐释了两维表征体裁和构成成分处理手法的变化，在两幅图片里，送葬行列的描绘构成了主题的核心。在乌塞哈得的坟墓里，整个场景分布于四排，与去阿比多斯旅途的那一排没有更大的间隔（最下排）。通过对比，内夫伦佩特的拉美希德时代坟墓的送葬队伍仅位于墙部空间的下半部。以上显示的场景顺序，体现了对神灵的崇拜，由刻有铭文的宽阔的装饰性乐队分开。通过这种方式，上层的崇拜场景（坟墓主人起到了积极的作用）与下层模制“图像带”（坟墓主人是仪式行为被动的接受者）系列形成鲜明对比。

211 贵族墓的宴会场景

位于西底比斯（TT52），建于第十八王朝，图特摩斯统治时期，约公元前1390年。

212 莱克米尔墓的宴会场景

位于西底比斯（TT100），建于第十八王朝，图特摩斯三世至阿蒙诺菲斯二世统治时期，公元前1479—前1397年。

这些形象的主题原意旨在进行"象形文字式"的解读。仅仅在对送葬队伍哀悼者的描述和更加综合性主题的附属场景中才具有一定的创作自由度。通过组建小团体，为数众多的宴会场景特别产生出探索这种创作自由度可能性的机会。此处展示的例子阐释了固定的不受时间影响的图片顺序，发展趋向为更加个人化、自发性，最终更具有现实主义的表现方式。这个目标得以实现，主要是靠就坐女士和歌手的交错排列，伴随手势以转动珠子，身体微倾，或者是一个接受姿态，传统的表现模式被忽略了。

因为陷浮雕技术除了有更好的取光效果外，更具有抗风化（抗风雨）的能力。如果石头的质量欠佳，不足以进行处理，就会采用单独加工过的建筑构件。

对于内部墓室的装饰，因为石头的质量并非完美，在许多情况下唯一适当的装饰手段就是绘画。雕刻浮雕的过程比绘画更入木三分，因为从初步绘制、直到根据最终确定的图样的雕刻，其过程要经历更多的重要工作阶段。因此不应该低估这种有名的装潢技术的"成本因素"，这也可能解释了为什么仅有很少的坟墓采用浮雕进行装饰。

除了这些成本因素之外，我们根据所处时代的时尚来进行装饰手段的选择，这些偏好会随着期望达到的装饰图效果的变化而发生变化。因此，在第十八王朝之初，坟墓内室常常采用更固定的象形文字浅浮雕。然而在阿蒙诺菲斯二世和图特摩斯四世统治时期的绘画全盛期，几乎不使用浮雕。后来阿蒙诺菲斯三世时期，浮雕就以一种精炼的形式重新出现，得以复兴。

随后，在底比斯的后阿玛尔纳时代，又出现了多元主义风格。绘画倾向于被用于表现坟墓主人生活的场景，同时凸浮雕、凹浮雕以及粉饰浮雕受到更多宗教性主题的青睐。在拉美希德时代增加了更多的宗教主题倾向性，引起了使用浮雕和绘画各种差异性的平衡，从而产生了一种独立于使用技术的风格。再次出现了一定程度的僵硬风格，符号和象征物的使用给绘画不断增加矫饰性。

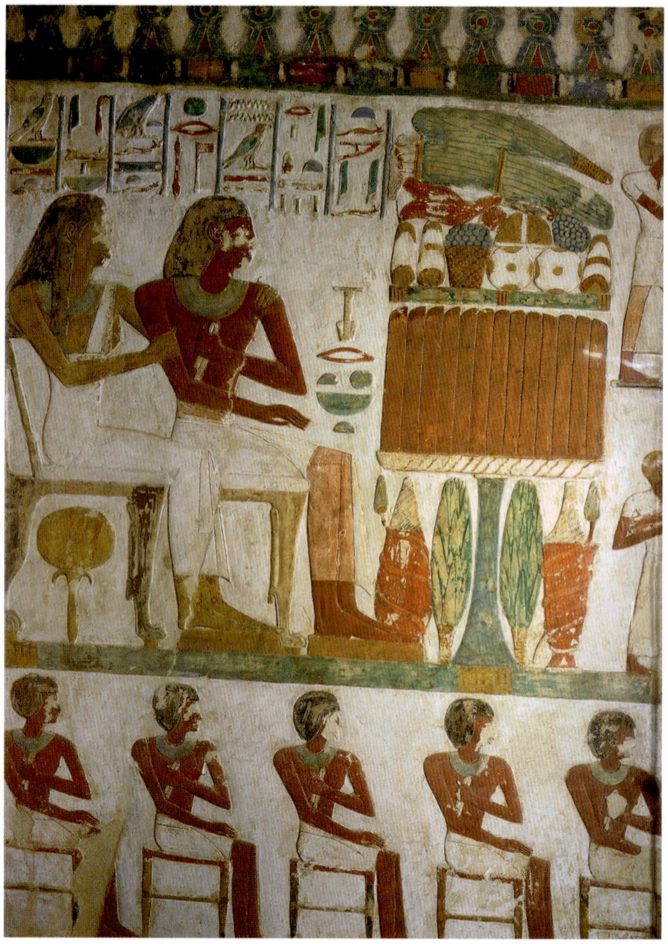

213 塞内菲尔（Sennefer）之墓

位于西底比斯（TT96b），建于第十八王朝，阿蒙霍特普统治时期，约公元前1410年。

塞内菲尔之墓是装饰精良的稀有地下结构之一。塞内菲尔是底比斯的市长，是阿蒙霍特普的朝臣，他的墓室整体装饰了文字和绘画（花饰），内容选自《亡灵书》。从四根柱子撑起的墓室里的视图来看，葬礼之后，低位进入通道就被堵塞了。封闭区域的保护者是两个阿努比斯神豺狼，登上了神龛似的结构。塞内菲尔和其妻梅里特正转向入口处，是为了“从地狱出来，每天拜望太阳，”旁边附着的文字如是说。

214 本杰（Benja）之墓中描绘上层和宴会场景的浮雕

位于西底比斯（TT343），建于第十八王朝之初，图特摩斯三世统治时期，约公元前1450年。

在第十八王朝之初，要界定浮雕墓与绘画墓之间的差异其实是很困难的。他们与系列图画上固定僵硬的象形文字结构、色彩方案以及装饰的风格相互紧密联系。在我们的举例展示中，我们需要稍微提高聚焦灯光亮度，以显示出位置较高的微凸浮雕作品，这些浮雕受到外形结构轮廓以及一些细节表征的限制。

坟墓雕刻

除了我们这里的讨论的重点（在坟墓里面使用雕塑）以外，庙宇庭院也是放置个人雕塑的重要地方。雕塑的所在位置要确保日常供奉活动举行以及给附近神灵提供“供应品”的方便。

庙宇雕像的全部内容包括塞内菲尔等成组人物坐姿形象（它们最初出现的形式为坟墓雕像）、进行祷告的个人和坐着的经文抄书吏的雕像、握住一个神殿形象的雕像（神龛）以及所谓块雕像（长方体雕像）。

除了小型神灵雕像的仪式位置之外，有证据显示在私人的房子里还有雕像或者祖先的半身像。当表达对已故先祖的崇敬时，这些雕像也实现了向坟墓雕像的转变，自从这种雕像在坟墓里出现之后尤其如此。

根据所使用的环境，新王国时代的坟墓雕刻样例可以分成几类。如果我们对私人墓地布局在三种不同的建筑层面作为起点，下列雕刻类型可以划分为恰当的类别。

含有跪坐雕像的、与太阳相关的上部结构（金字塔或者上层小礼拜堂），跪坐雕像上面有敬奉太阳神的赞美诗，在某些情况下是块形或者长方体形雕像。

具有仪式功能的中间层（庭院和仪式崇拜的地点），其作用是为逝者（和神灵）举行膜拜祷告仪式。包括拉美希德时代坟墓内室和外庭院祷告者的雕像，以及祖先半身雕像和描绘墓主人作为从其家庭成员获得供奉品和仪式接受者的雕像（换句话说，这是坟墓雕像中最重要部分）。拉美希德时代坟墓的教堂内也发现有神灵的雕像。

215 拉莫斯之墓中的宴会场景

位于西底比斯（TT55），建于第十八王朝阿蒙诺菲斯三世统治时期，约公元前1370年。

古埃及最完美的凸浮雕就是拉莫斯之墓里的浮雕样例。与第十八王朝几乎缺乏浮雕的状况相比，在阿蒙诺菲斯三世统治时期，浮雕作品艺术达到了巅峰状态。

表面处理的极好方法是给所有细微之处细致地着色，不仅包括假发、衣领、珠宝和服饰，还包括面部，比如脸颊轮廓和眼睑。这些给人印象深刻的描绘效果通过在最终装饰时局部不涂色得到了进一步强化。本图中，只有眼睛轮廓涂了颜料。

埋葬物品具有欧西里斯的风格，保存在底层里（复合式墓地、竖井、斜坡墓道、埋葬墓室与附属墓室）。这些都包括坟墓主人或者他妻子的站立雕像，仆人和陪同睡觉女性的小型雕像（女性的小雕像通常躺在床上，在具有女神哈索尔的背景下，这场景也可以解释为生育的象征）。也有很多的仆人供坟墓主人所差遣，为他在另外一个世界劳动。

回到官员坟墓的装饰墙壁上，我们可能回忆起墓主人在各种场景下和妻子在一起出现，坐在凳子或者椅子上。在为逝者举行的宴席或者祭祀仪式上，逝者和其妻子的形象为接受贡品和食物。供奉祭品的参观者可以看出坟墓雕像以死者的三维特征体现。在大多数情况下，这些坟墓雕像放置在膜拜位置小礼拜堂的仪式中心。无论何时，只要可行，就在周围的岩石上进行雕刻，给死者以提供永恒存在的最佳保证。然而，无论是这些雕像还是墙壁上的两维表征都是以一种现实主义的图片般的模式对相关个人进行描绘的。除了一些例外的个别特征，他们恪守着同时代的抽象观念，这些观念在一定程度上受到皇室雕像影响，人物形象描绘表现为壮年时期，穿着与其当时身份地位相称的服装。

对底比斯区域的调查发现有一群更小的、更精致的站立雕像与木质雕像一样，放置在隐藏的复合式地下坟墓中。根据它们的碑铭，作为死者的代表，这些人物也应该是用来接收祭祀品的。然而由于它们的位置问题，它们没有形成礼拜中心日常供奉仪式的部分。保证其永恒和充足生计维持的是碑文这个媒介。

德尔麦迪那之墓地

如果只考察底比斯大墓场却忽略了德尔麦迪那，则是一种相当的懈怠和疏忽。这是因为这一组墓群尤其值得引起注意。德尔麦迪那整个系统坐落于古尔纳（Abd el － Qurna）酋长山之后相当封闭孤立的区域。自第十八王朝以来，这里就成为了工匠们和画家们的艺术家园，他们的任务就是修建和装饰皇陵。作为一个已经达到相当繁荣的社会群体，工匠们在他们的定居点附近开凿了自己的坟墓，从第十八王朝以来，最早的结构倾向于简单、未作装饰的竖井墓，包含一到两个埋葬墓室。然而，正是在这些坟墓中才发现了为数不多的最为完整的埋葬工具，同时，这些坟墓还包含有有关艾本蒂娜小雕像的其他物品。然而，德尔麦迪那的大多数装饰过的坟墓建造年代都可以追溯到拉美希德时代。

216 塞加拉的拉美希德坟墓中的墙壁浮雕

第十九王朝，公元前1292—前1186/1185年；石灰石制成；高51厘米，长105厘米；开罗埃及博物馆，JE 4872。

217 耐夫侯特普一世坟墓中家人前的食物供奉

西底比斯（TT50）；荷伦希布或斯提尔统治期间，公元前1319—前1279年。

这两幅作品的比较突显了孟斐斯城与底比斯浮雕制作技术的风格差异。尽管两件作品约创作于同一时期，但宴会选择——葬礼浮雕与宴会——等场景不一定具可比性。观察者会被孟斐斯女性舞者的栩栩如生所迷住，而她们仅是使用一些相对粗糙的线条勾勒而成。在孟斐斯城，阿玛尔纳时期表征的艺术形式进一步得到发展，在远景和透视图的进一步使用、使用重叠覆盖的形式复制人物图形或者V形交错排列描绘等方面达到了登峰造极的程度。另一方面，底比斯的工匠在仪式作品上返回到静态的、神圣化的表现方式。

218 提姆尼（Tjanuni）比例雕塑

位于西底比斯（TT76），第十八王朝，图特摩斯四世统治时期，约公元前1390年；石灰石制成；高56厘米，宽15.8厘米，深35.7厘米；维也纳艺术史博物馆，AS S63。出现在中王国时代的头戴斗篷的雕塑类型展示了一种抽象而理想化的表征模式是怎样以非常简单的方式得以实现的？这些雕像不再属于古王国时代不可接近的死者雕像小室，而是树立在庙宇和坟墓之中，因此起到了公共展示的功能。斗篷蕴涵着一种人物图像庄严的统一，同时斗篷几乎覆盖了身体的所有轮廓，甚至那些尽量简化的雕像。提姆尼的绘画石灰石雕像也遵循了这种传统。这因此可以被视作这种抽象类型雕像的典型实例，这种雕像放弃了表面浮华的装饰，构思轮廓清晰。

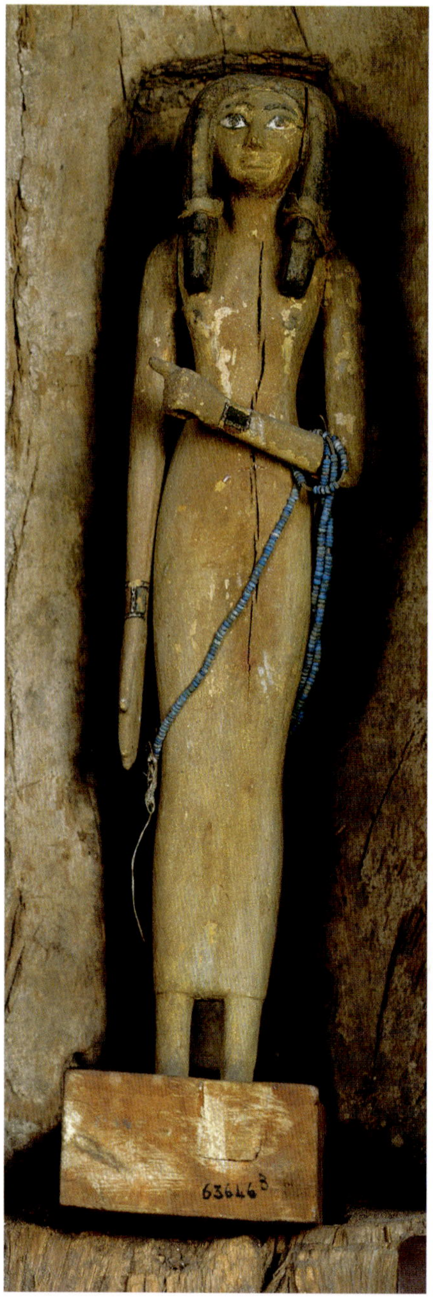

219 艾本蒂娜之小雕塑

位于西底比斯（TT1379），建于第十八王朝哈特谢普苏特一图特摩斯统治时期（TTT），约为公元前1450年。高度为31.8厘米，木制。由开罗埃及博物馆所提供，JE 63646 A/B。

这种简单的、未经装饰的艾本蒂娜雕像尤其适合于用来说明其来龙去脉，这种小雕像最初显示于此。在许多情况下，他们被放置在神龛或者箱子里。一小串彩陶器珠子的装饰很可能不是一种个别的例子。

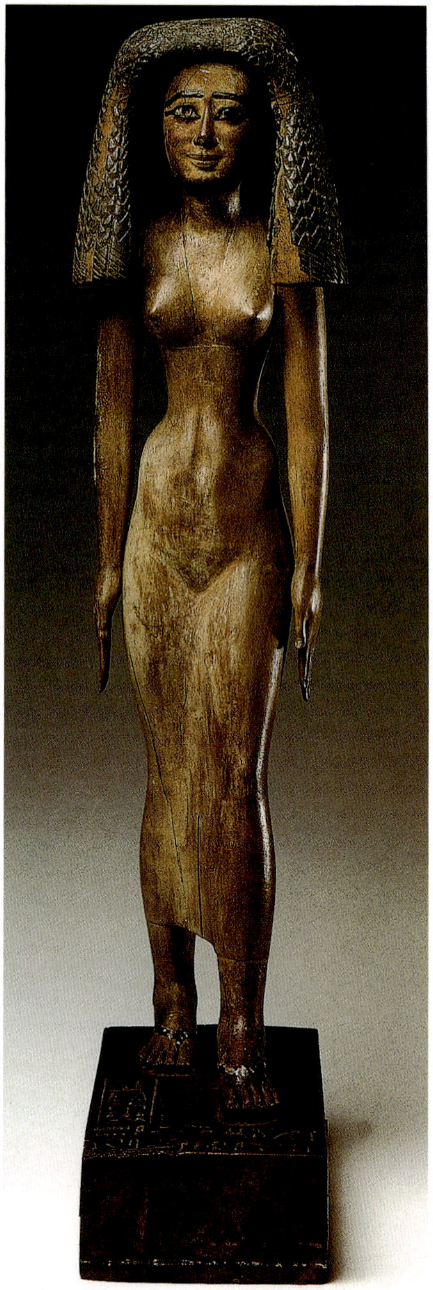

220 立莫莫赫斯（Iimemehes）小雕像

底比斯，第十二王朝，约公元前1900年；木制；高48厘米，宽9.5厘米，深21厘米；荷兰伊瑟顿（Eciden）国立古物博物馆，AH 113。

在中王国时期，也有一些小型的、做工精巧的木制站立式雕像，看起来像小型仆人形象，他们属于埋葬墓室设备，其作用是作为死者的雕像存在。从材料的选择可以看出，这些雕塑很时尚，要比石头制成的类似形象精致得多。例如，有可能去除背柱，手臂上不需要采用僵硬的支撑姿势，大腿的站姿无需连接镶线，在许多情况下，手臂和假发分别进行构建，连接到底层的图像之中。这种方法让局部个体部分得以精致显示，在上述例子中以一种别具一格、特别吸引人的方式展示出来。

221 塞内菲尔和瑟乃（Senai）卡尔纳克（Karnak）群雕像

第十八王朝，阿梅诺菲斯二世统治时期，约公元前1410年，花岗闪长岩制作；高134厘米，宽76厘米，深65厘米；开罗埃及博物馆，JE 36574 (CG 42126)。

222 内耶（Neye）及其母亲穆特诺夫列特（Mutnofret）群雕像

可能来自底比斯，第十九王朝，约公元前1200年；石灰石制作；高54厘米，宽25厘米；慕尼黑，国家埃及收藏品（Staat－lieho Sammlung Agypiischer Kunsi）,GLWAF 25。.

含有塞内菲尔（Sennefer）的雕像群并非来自该坟墓，而是来自卡纳克神庙的阿蒙庙。然而，把相似的雕像放置在坟墓内作为仪式膜拜的雕像的做法也是可能的。就墙上的绘画而言，当把他们与拉美希德时代雕塑群组相对比时，我们就可以感受到艺术设计的差异性。来自第十八王朝时期支撑群雕凳子的抽象立体形式在拉美希德时代就变成了一张椅子，这是通过加工浮雕的边部和降低微微凹陷形状的部分形成的。此处，正如二维图片一样，拉美希德时代人物图片较为苗条，朴素的腰带和带有皮带的简单服饰在第十八王朝时代被丰富褶皱的服饰所代替。此外，穆特诺夫列特（Mutnofret）的雕像不再漆成拉美希德时代象征女性皮肤的理想化的、陈规俗套的黄色，相反涂上了自然主义的红褐色色调。

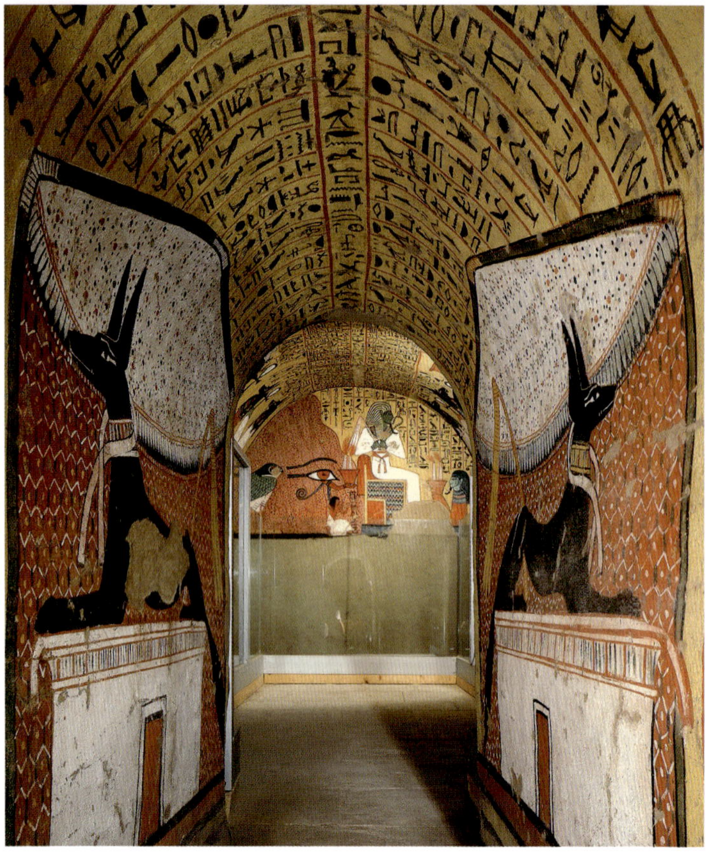

223 帕舍渡（Pashedu）的墓室。西底比斯（TT3），第十九王朝，公元前1200—前1150年。

在神龛内的基座上，从高狭窄的、拱形的入口区域到墓室，两边都有阿努比斯引导亡灵之神的豺狼的形象，护卫着进入内室的通道。在埋葬墓室的前墙上，该位置的正上方常常站立着石棺。从《亡灵书》中，我们在描述中发现了图示符咒137，其中的标题如下“为了给大墓场之主宰欧西里斯点亮火炬念诵符咒，火炬用来驱除地狱世界的黑暗，由西山前乌加特的眼睛和蜷伏的神灵来充当火炬”。在欧西里斯法座之后可以识别出帕舍渡正在祈祷的人物图像。

224 萨摩特塞加拉的块型或者立体雕像。第十九王朝，约公元前1275年；砂岩制成；高62厘米，宽28.5厘米，深41厘米；荷兰莱顿国立古物博物馆，AST 22。

这种类型的雕像，如同中王国时期披着斗篷的雕像，在底比斯坟墓里却非常稀少。发现的极少的例子常常位于上部结构，例如，位于中王国时期坟墓上的壁龛处或者塞那莫特坟墓的上部结构，这些雕像是用周围的岩石雕刻而成。尽管对有关这种代表形式的意义观点有所分歧，他们放置在坟墓以内的这一事实就表明了与上部结构的太阳神的联系。实例中的“位于萨摩特的拉美希德雕像”就代表了该群组的特别类型，在后来得到了进一步的发展。这可以从图特摩斯统治时期确定的立体雕像的各种特点中得以鉴别，包括显示的身体轮廓，手臂、肘和脚的雕刻，服装的褶皱，以及坐垫的渲染。

由于具有独特的保护状态，它们属于新王国时期给人印象最深刻的复合式坟墓。当我们在坟墓里看到这些具有生机勃勃色彩的绘画时，与大墓场其余部分里的官员之墓进行比较，便会觉得《亡灵书》中各章的主题内容场景初看上去似乎很奇怪。然而，当我们回忆起古代建筑结构和坟墓的布局（在论述底比斯私人坟墓的后面各章中有所解释）之时，三层的背景也有助于说明德尔麦迪那坟墓建造的原理。

在拉美希德时代绘画的上层即太阳层通常是通过砖砌金字塔来实现的。除了用于放置跪坐雕像或者刻太阳神赞美诗小石碑的壁龛，大多数修建的金字塔具有容纳筒形穹顶小礼拜堂的足够空间。该小礼拜堂可取代第二层礼拜场所的功能。

然而，在德尔麦迪那比较大型的复合式墓地也建有中层的墓室，这一点我们已经很熟悉了。从大墓场其他部分的拉美希德时代坟墓里也发现了相应的绘画系统。将两层连接起来的金字塔小礼拜堂处于失修状态，加上位于岩石传统位置的小型膜拜地点数量较少，这些都给我们一个误导的印象，似乎我们面对的是截然不同的坟墓概念。

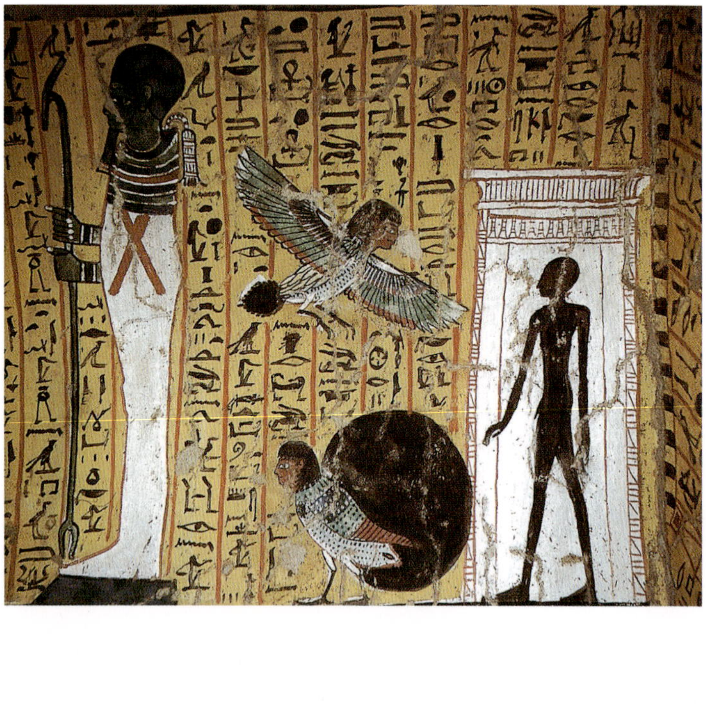

225 伊里内夫（Irinefer）墓室里《亡灵书》中符咒92的装饰图案。西底比斯（TT290），第十九王朝，公元前1200年—前1150年。

来自《亡灵书》的符咒标题如左图所示：“打开死者和其幽灵的坟墓，让他白天可以出来，使双腿获得力量吧！”正如标题所显示，在坟墓门口可以识别出死亡的黑色幽灵，在门口前方，地下日轮被描绘成黑色。伊里内夫（Irinefer）的鸟状灵魂，即所谓的ba，甚至被描绘了两次，一次飞离坟墓，一次飞回坟墓。对于古埃及人来说，在另外一个世界保持移动的自由，或者让他们的坟墓具有各种表现形式是至关重要的，尽管他们深信自己可以重归。《亡灵书》的符咒92是表达愿望的方式之一。

226 塞尼杰姆（sennedjem）墓室《亡灵书》中符咒 110 的图例。西底比斯（TT1），第十九王朝，塞提二世或拉美西斯二世统治时期，约公元前 1279 年。

《亡灵书》中最有名的装饰图案是对“Iaru”（贡品之地或者芦苇之地）的描绘。这是一个超越尘世的天堂般的场所，被水所环绕着，坟墓的主人在他的妻子陪伴下在地里劳动。

直到死者经历过变形并通过了死神之审判，他才能达到有可靠贡品的场所。这样，符咒标题所引用的愿望才能得以实现，标题内容如下：“在那里去获得力量吧，在那里去变形吧，在那里去耕地吧，在那里去收获吧，在那里去做爱吧，在那里去从事尘世的一切活动。”

此外，底层的“欧西里斯”显示了强调这种概念的卓越布局。此处所存在的官员墓地与德尔麦迪那的坟墓之建筑差异当然不能仅仅用空间有限来解释，而是还与所属群体的社会地位密切相关。然而，对应于欧西里斯层面所表现的主题内容，务必与极少装饰的官员大墓地的墓室相匹配。回顾极少装饰的 Sennefer 的墓室，很明显《亡灵书》中的装饰图案已经完全与第十八王朝墓室融为一体。

除了保护完好及色彩亮丽之外，德尔麦迪那复合式墓地装饰中值得称道之处是其显而易见的艺术技巧。虽然基本轮廓常常可以识别，甚至延伸到最细小的细节和碑文；但在这里仅仅在突出绘画的大型线条中和墙体空间的整体结合中方可发现。

在绘画过程随后步骤实施中没有任何预备图纸，这充分体现了画家们令人难以置信的高超技艺。通过有力的着笔，以及在构图和着色方面有把握的感觉，画家们将僵硬和刻板化的目标物转化创作成了令人叹为观止、栩栩如生的艺术画面。这些绘画不寻常的吸引力在于大气的处理风格：毫无改动的大量流动线条、仅用几笔展示概略的细节、某些地方像水彩的绘画的应用。

孟斐斯的隐藏墓

马蒂亚斯·塞德尔（Matthias Seidel）

在阿肯那顿驾崩以后，他的继位者图坦卡蒙离开了居住过一段时间的“太阳之城”埃赫塔吞（现在的阿玛纳）。然而，政府所在地并没有迁回到底比斯，而是搬迁到了孟斐斯。在第十八王朝期间，这个历史悠久的埃及故都孟斐斯曾一直保持其重要的行政中心和卫戍之城的地位，自此又进入了一个短暂的繁华时期。当孟斐斯的政治地位再次崛起的时候，塞加拉附近的大墓场渐渐兴起。新王国的墓地离特提金字塔（自第六王朝以来）很近，考古挖掘已经发现了几处墓葬小教堂，但是除了孤立的石头块之外，却别无一物。然而在第十八王朝晚期和第十九王朝包含更多的尸体墓葬结构的更大区域，从墓葬地道向南延伸，进入乌纳斯金字塔（第五王朝），与阶梯金字塔相距不远。这个大墓场区域存在的证据是 500 多块石灰石碎片浮雕，几十年以来全世界的许多博物馆都进行了收藏。然而直到二十年前，获得这种有趣材料的坟墓之精确位置仍然不为人所知。直到 1975 年才开始对新王国的墓群进行系统的探索考察，参与者包括伦敦的埃及探险协会与荷兰莱顿国立古物博物馆组成的考察队，由英国的埃及古物学家杰弗里•T•马丁带队。与属于纯粹岩墓的底比斯的私人墓群不同的是，塞加拉的埋葬墓群在地面上有建筑，且仅仅竖井里有埋葬墓室，墓室深到下面的基岩里。

荷伦希布之墓

1975 年 1 月 14 日，在现场作业刚刚开始几天，挖掘者们发现了荷伦希布之墓，他是图坦卡蒙时期的埃及军队总指挥。像孟斐斯的许多坟墓一样，他的坟墓群在 19 世纪以来就在人们的视野里消失了，一度曾认为该坟墓群也彻底遭到了破坏。仅仅几块质量相当于新王国时期浮雕雕刻杰出作品的浮雕揭示了这位杰出的达官贵族的身份信息，他在政治生涯的最后几年登上了最后一任第十八王朝君主的御座。这些浮雕资源并没有告诉我们荷伦希布血统渊源和出身，但是他与中埃及地区的赫拉克里奥波里斯（Hcrakleopolis）的古埃及太阳神何露斯崇拜的明显联系似乎说明第十八上埃及省的这个城市就是他的出生地。通过在官职和军衔体系的快速上升，荷伦希布荣登国家管理体系之顶座。他与拥有“神灵之父”称号的阿伊（Ay）一起，在图坦卡蒙法老的孩提时代，作为摄政王统治着整个国家。

227 荷伦希布之墓、锡之线索——塞加拉重建柱庭院建筑群，第十八王朝，约公元前 1325 年。

从巨大的入口桥塔进入坟墓上层结构的第一殿院，庭院由柱子所围绕，几乎所有柱子都已被修复，某些柱子被完全重建。

除了作为军队的最高统帅之外，荷伦希布还拥有“国家的首席发言人”“两块国土的国王代理人”的头衔，这表明他几乎拥有至高无上的权力，他有权选择孟斐斯作为首都必定与他的影响相关。在塞加拉的官员墓地修建埋葬墓群的计划制订后不久，便决定迁都。这并非是一块处女地，古王国时期第五王朝和第六王朝的斯塔巴陵墓（石窟墓穴）首先必须要清除，其中一些石头还可以再次利用。甚至乔塞尔法老附近的墓地区域还为荷伦希布之墓室提供石头。砖砌部分主要是用尼罗河泥浆制作的未烧砖，表面是石灰石块。 在其畅通无阻的升迁过程中，他的陵墓扩建了两次，以至于在最后阶段，其上部结构更像是一个私人坟墓庙宇（总的长度约为 49.5 米）。这样一个豪华的建筑专为这块土地上至高无上的权力者所建造，与其他低级官员的小规模的普通坟墓小礼拜堂相比，明显而永恒地显得卓尔不群。入口是阔大的桥塔，7 米高，从这里进入第一殿院，用石头铺砌，周围是形状为成捆纸莎草芦苇的 3 米高的柱子，在西面形成了一个双排柱子。现在仅仅原有墙面装饰的少数场景保存良好。这些场景在今天依然可以看成是军营里日常生活的生动描述，大量的细节描绘别具一格。一些绘画元素如今只能辨出大概情形，在上面没有进行过浮雕工程的雕刻。

这个事实表明在坟墓的最终结构阶段（桥塔和第一殿院的建造）是在图坦卡蒙直接的继任者阿伊的短暂统治期间里进行的。因此当荷伦希布登上王位的时候，墙壁的浮雕装饰尚未完工，这是因为作为在位的统治者他命令修建的岩墓结构应当使其与帝王谷中的帝王等级相称；以前的将军是不会被埋葬在孟斐斯的坟墓里的。发掘者们现场发现的大多数荷伦希布雕像也是处于一种未完工的状态。

在第一宫殿之外，紧接着是一间大的矩形雕像房间，两侧是狭窄的储藏室。房间有一个拱形的砖砌屋顶，现在已经垮掉了。这里的墙壁也砖是砌结构，从微弱的残存的色泽来看，当时进行刷白处理后再进行过涂漆。拉美西斯二世期间，在该区域对神化了的荷伦希布设立了崇拜祭奠，他被拉美希德王朝统治者视为先祖。荷伦希布后继无祠，颁诏册封军队的高级将领普拉美斯（Paramessu）作为他的继位者，普拉美斯就是拉美西斯 ·世，创立了第十九王朝。雕像屋连接到一个相对较小的第二殿院，同样在四周环立了纸莎草捆形的支柱。该殿院的墙壁上有浮雕，其中一些部分高度达到了 2.25 米。

228 荷伦希布墓地中的线路重新划分，塞加拉，荷伦希布墓，第十八王朝，约公元前 1325 年。

从进入雕像室的通道门框的浮雕上显示出坟墓主人坐在桌子前。他戴着几层卷曲的假发，穿着一件长长的亚麻袍和一双拖鞋。他的左手伸出去拿风格化的面包块，他的右手拿着象征权力的节杖。荷伦希布登基之后，他的前额上添加了蛇形标记，作为王位的象征。

229“荷伦希布”抄书吏雕像

可能是位于孟斐斯；第十八王朝，约公元前 1325 年；材料为花岗闪长岩；高 89.5 厘米，宽 71 厘米；纽约都市艺术博物馆，为伊文特梅西夫妇赠品，1923,23.10.1。

虽然我们没有直接的证据，但我们可以推测这个有名的“荷伦希布”抄书吏雕像来自于在塞加拉的复合式墓地。盘腿和膝盖上未展开的纸莎草所作出的抄书吏经典姿势，显示了这位高位官员作为官僚体制的一员。他戴着梳理成绺的假发，穿着带有翼袖的衬衣般的衣服以及褶皱围裙。

230 “荷伦希布”的战车

塞加拉的荷伦希布之墓，第二殿院的东墙；第十八王朝，约公元前1325年。

在军队大元帅荷伦希布图像后面，几小排画显示了他的战车队和战马队。本节展示了两个战车和他们的驾驶者，其中一个随意地倾斜靠在马背上。除了战车和缰绳的珍稀发现之外，荷伦希布之墓里像这样线条细节的描绘给我们启发了战车作为战争机器的想法。考虑到坟墓主人的渊源和身份，发现这么多弧线就不足为奇了。

231 “正在工作的抄书吏”，塞加拉荷伦希布之墓，第二殿院的东墙；第十八王朝，约公元前1325年。

四个军队抄书吏成对地蹲在地上，两腿交叉，努力地在他们打开的纸莎草上记载着敬献给埃及宫廷的贡品。装有书写工具的移动式容器放在他们的前面。两个其他官员站在后面，他们眼睛和姿势的方向暗示了相邻的场景，展示了坟墓主人巨大的图像，监督着几排囚犯队伍。

232 叙利亚和希泰族囚犯，荷伦希布之墓，第二殿院的东墙；第十八王朝，约公元前 1325 年；绘画遗迹中含有石灰石；荷兰莱顿国立古物博物馆，H.III. OOOO。

通过服饰可以辨别囚犯们的来源。

233 塞加拉荷伦希布的胜利，荷伦希布之墓，第二殿院的东墙；第十八干朝，约公元前 1325 年；绘画遗迹中含有石灰石；整个长度约为 360 厘米；荷兰莱顿国立古物博物馆，H.III. OOOOH.III.PPPP。

举起手臂欢呼埃及军队的统帅荷伦希布，站立在登上王位的图坦卡蒙和王后之前（紧邻右边）。

荷伦希布接受了"金奖"胡须、发型。埃及人仔细地刻画了每一幅图，赋予独特的特点。他们尤其成功地描绘了两位希泰族人（左边），一个叙利亚人痛苦扭曲的脸及其背部的情感表现技艺几乎是登峰造极的。

其构成包括沉重的黄金圆盘项链，一些已经戴在了他的脖子上，其他部分放在他身上。在胜利者荷伦希布之后，两长排人员展示了由埃及士兵和官员押送的西部亚洲和赫梯人罪犯。带着小孩的女人只是手臂被束缚着，但是男性罪犯都戴着木质的脚镣，脖子上还用绳子绑着。

浮雕装饰主题描绘了荷伦希布获得胜利的几个场景，展示了俘获长队战俘和囚犯的胜利将军——这些囚犯来自亚洲、利比亚以及努比亚，这些胜利展示给年轻的法老图坦卡蒙，法老赐予将军"金奖"的荣誉。这些形象的浓厚成分、他们所叙述的事件逼真的令人激动的理念以及他们精巧的做工使该作品在同种类型的浮雕中鹤立鸡群。葬礼仪式情景与军事图像一起被描绘在墙壁上。葬礼仪式包括呈现贡品的宽阔排列顺序、职业哀悼者以及献祭牛的宰杀。

有一个竖井从内庭院通到地面屋以下 28 米的地下墓室。尽管原计划是用来为荷伦希布自己准备的，但起初时他的第一任妻子是这个包含几个竖井和墓室、分为几层的、宽大墓葬系统的唯一主人。然而，在墓刻物品上的书写残片却让研究学者们得出了举世轰动的结论，这就是荷伦希布的第二任妻子，皇后穆特努德玛特也肯定是埋葬在他丈夫孟斐斯的墓中，而不是埋葬在皇后谷里。两个女人的墓室都被古代盗墓者抢夺一空。在坟墓的西端，献祭祭祀膜拜的中间屋子直接与第二殿院相连。这个房间的两侧都是未经装饰的小礼拜堂。砖砌的金字塔顶部是方尖塔的顶尖锥，现在已经不见了，金字塔矗立在膜拜堂的顶部，建筑形式展示出了孟斐斯的许多坟墓浮雕。

玛雅之墓

对于英国和荷兰的探险考察队而言，其挖掘许可证颁发的目标旨在对玛雅墓群重新发现。由理查德•莱普修斯领导的普鲁士探险队于1843年在塞加拉考察时，他们从坟墓的可进入部分移走了一些石块，带回了柏林。

莱普修斯指出了大墓地平面图上坟墓的大致位置，并把浮雕形象出版在他那有名而具有里程碑式的著作《古代埃及与埃塞俄比亚的雕像》（*Denkmaler aus Agypten und Athiopen*）里面。

遗憾的是，在第二次世界大战期间，几乎所有埃及博物馆所保存的玛雅人的浮雕都在柏林毁于一旦。

此外，荷兰莱顿国立古物博物馆对这种显赫人物很感兴趣，因为自从十九世纪二十年代以来一直保存着玛雅和其妻子梅里特的三尊装饰精美的坐姿雕像。他们无疑都是来自于塞加拉的坟墓。尽管挖掘者已经在头一年就偶然接触到了地下建筑群，当时他们正在跟踪另外一座坟墓的竖井分支线路，但直到1987年才正式开始对玛雅坟墓进行挖掘。

234 玛雅人坐姿雕像

位于塞加拉的玛雅人之墓，建于第十八王朝，约为公元前1325年，石灰石制造，高为216厘米。来自荷兰莱顿国立古物博物馆。

玛雅人坐在高靠背椅子上，就如一尊高官雕像，左手握着一个下垂的亚麻护身符。他戴着二分式假发，低垂的修饰精致地卷曲着。圆形丰满的体态特征与细腻描绘的特点，加上比实际尺寸更大的玛雅人坐姿雕像体现了自第十八王朝以来卓越的私人雕刻作品特点。

235 梅里特的坐姿雕像

塞加拉，玛雅之墓，第十八王朝，约为公元前1325年，绘画遗迹中有石灰石，高190厘米，来自荷兰莱顿国立古物博物馆。

梅里特穿着精美褶皱的长袍，坐在高靠背的椅子上。她的饰带由一个沉重的假发所环绕，进行了局部细节描绘，假发几乎垂到了腰部。作为"阿蒙神庙的女诗人"，梅瑞左手握着膜拜物护身符，紧靠其躯干。

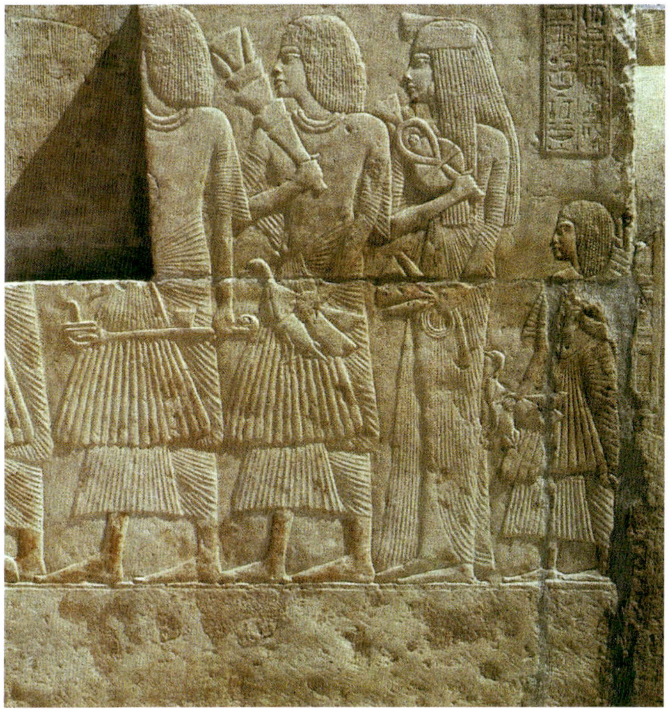

玛雅坟墓的建筑体离荷伦希布之墓只有几米远，在范围布局和结构上都与上级官员和后来国王之墓非常相似。作为“珠宝之首领”，玛雅是官僚等级体系的最上层的达官贵人之一，在图坦卡蒙和阿伊时代都掌管着重要的珠宝部门。

作为其他职务——“来世之地的建筑工程的主要监管人”，在第十八王朝的后期三个君主在位期间，玛雅负责计划和装饰坟墓墓群。只是因为这个原因，他被赋予了捐赠两项东西作为图坦卡蒙坟墓珠宝的特权：精致的沙伯替（shabti）雕像以及带有欧西里斯画像的床之模型，在模型中，国王躺在床上。后来，荷伦希布也委任他对卡纳克神庙的阿蒙帝王之庙进行的宏伟建筑工程进行监管。

这个高官的复合墓地自东向西布置，通过宽敞的桥塔进入，通道里布置了描绘玛雅人的大型浮雕。桥塔后面的第一殿院铺上了砖，仅在西边设计了一系列六束纸莎草形柱子。在其旁边，大型的雕塑像墓室通往内院，周围环绕着柱子，和对应的荷伦希布之墓的布局一样。大多数的墙壁浮雕都致力表现这样的宗教主题，比如对哈索尔牛的膜拜或者送葬行列，但是主题也说明了墓主人的职业生活，显示墓主人在记录罪犯以及他们献祭的牛。手持献祭品的简短行列尤其保存良好。主要膜拜墓室和两边的小礼拜堂位于庭院之西边，但是甚至在经典古代物品年代，他们可能已经丧失了石灰石表层与浮雕装饰。无论是古代还是近代（第十八世纪），坟墓建筑整体因石头的盗窃损失惨重，只有极少部分初始装饰幸存了下来。

然而，发掘者们也获得了重大发现，弥补了损失。地下建筑群的几间房屋，包括该官员和其妻子的埋葬墓室，全部进行了装饰，表达了夫妇二人对死亡神灵的敬意。一个显著的特点是图画的调色板主要限于采用金黄色调，很显然是参照了死者夫妇变容后的状态。

236 玛雅人向欧西里斯祈祷

塞加拉玛雅之墓，桥塔通道，建于第十八王朝，约为公元前1325年，涂上石灰石，整个高度为65厘米。雕像石块上保存完好的油漆似乎告诉了我们浮雕原本的色泽。该场面显示坟墓主人和其妻子梅瑞（只能看见她在他肩膀后面的手）举起手向死亡之神欧西里斯祈祷，后者的登基像位于该夫妇的左边。

237 手持祭品的人物雕像

塞加拉玛雅之墓，第二殿院，建于第十八王朝，约为公元前1325年，石灰石制造。

身穿优美褶皱服装，戴着沉重的假发，送葬行列中的人物雕像手持焚香、鲜花和飞鸟等祭品。他们的面部不是具有个体化特征的描绘，而是赋予了程式化模式，这是图坦卡蒙时期的一般规则。

塔尼斯与底比斯——第二十一王朝至第三十王朝的政治史

迪特尔·凯斯勒（Dieter Kessler）

新王朝之后的第三中间期（Third Intermediate Period）的特别之处在于两个权力中心并存。第二十一王朝的王宫从拉美西斯（Ramesside）首都迁到三角洲东部的塔尼斯，与南部的底比斯对峙。底比斯的阿蒙（Amun）大祭司同时也是军事首领，为巩固自己的统治，他从埃及中部地区一直向北修建了许多堡垒。政治行动需经所谓的神谕批准。但南方地区一直在尝试承认三角洲地区法老的正式地位。阿蒙神庙利用的现有河道运输系统和整个埃及的神庙财产分配，都需要在全国范围内实现合作。塔尼斯和底比斯两个地区一直在尝试通过联姻实现再次统一。底比斯地区“阿蒙神之妻”一职因其神谕的职责而显得政治意义重大，所以常常由北方的公主担任。

塔尼斯国王将其石砌陵墓建于塔尼斯阿蒙神庙恢弘壮观的围墙之内。但在底比斯则恰恰相反，王室陵墓已被有组织地打开，其中的木乃伊被移到了其他墓穴中。自努比亚（Nubia）统治和拉美西斯时期末努比亚黄金丢失后，这些从墓穴中的获得的黄金被另作他用。底比斯家族主要依靠寺庙布施生活。国内常常有人反对无所不能的阿蒙大祭司家族的统治，这些被镇压的叛乱者会被流放至赫迦（Kharga）绿洲和达克拉（Dakhla）绿洲。

国王居住在位于尼罗河支流上的塔尼斯城内，交通便利，与（势力不断增大的）比布鲁斯（Byblos）和亚述（Assyria）保持着贸易往来，且很快再一次卷入巴勒斯坦事件中。西阿蒙国王（KingSiamun，公元前979—前960年）的女儿嫁给了所罗门国王（KingSolomon），并以基色（Gezer）城作为嫁妆。与所罗门建立政治联盟后，西阿蒙占领了腓力斯（Philistine）城市阿什杜德（Ashdod）和沙如罕（Sharuhen）。在这段时期内，埃及手工艺品，特别是圣甲虫形宝石，在巴勒斯坦非常常见。叙利亚巴勒斯坦地区的人很快在埃及风格的基础上发展出一种独特的当地风格。

利比亚王（Libyan Princes）的统治（公元前946—前736年）

泰尼特（Tanite）统治者与很早以前即居住在埃及的利比亚武士贵族的联姻越来越普遍。利比亚梅西维西（Meshwesh）部落的一名舍顺克王（Shoshenq），即《圣经》上的示撒（Shishak），是“来自布巴斯提斯（Bubastis）的第二十二王朝”的创始人，但统治的是塔尼斯地区。

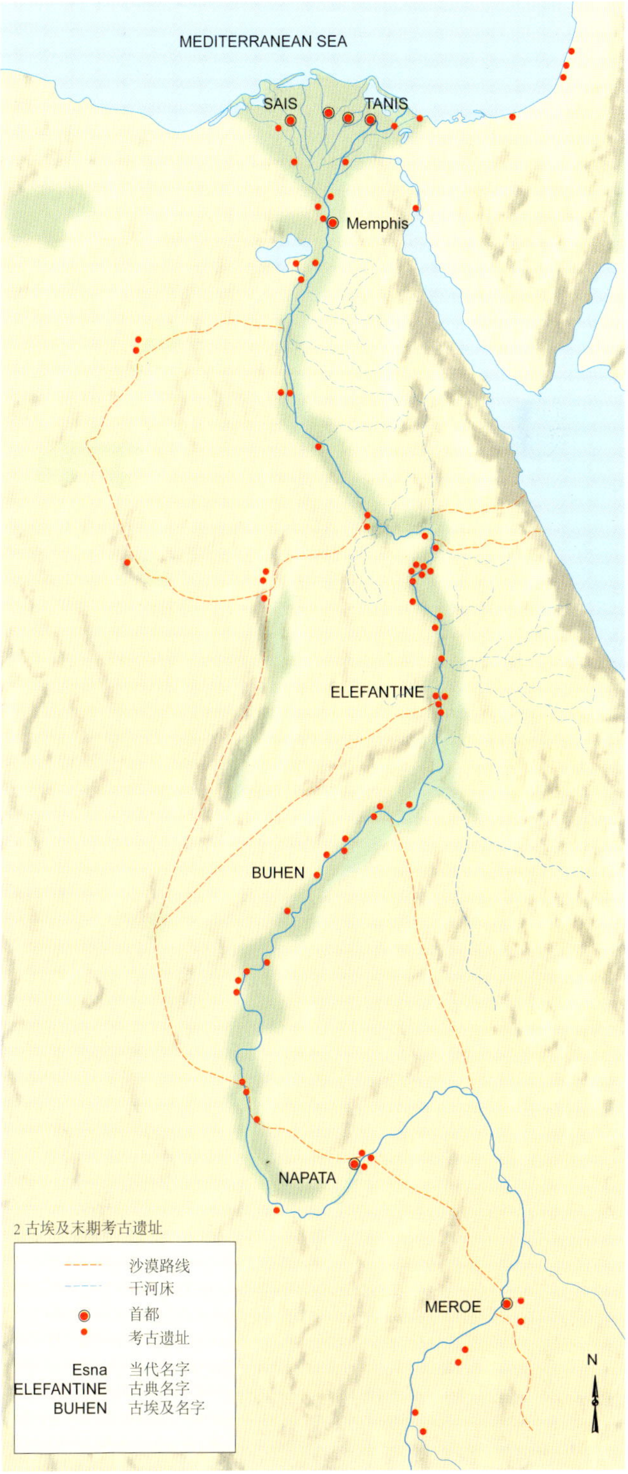

2 古埃及末期考古遗址

3 沙巴寇（Shabako）之巨头

卡纳克（Karnak）；第二十一王朝，约公元前715年；红色花岗岩；高97厘米；开罗埃及博物馆，JE 36677 (CG 42010)。

双圣蛇图案和嘴边的面部特征显示这尊头像来自南部地区。库什（Kushite）的国王自任三角洲地区的地方长官，但有意避免在东部边境上与亚述人产生冲突。

他还成功控制了上埃及，并任命他的一个儿子作大祭司。一名利比亚亲属成为赫拉克雷奥波利斯（Herakleopolis）亲王。与此前朝代的国王一样，舍顺克一世积极干预巴勒斯坦国家的政治事务。反对犹大城（Judah）和以色列城（Israel）的战争一直从加沙（Gaza）蔓延到美吉多（Megiddo）。为避免耶路撒冷被毁灭，犹大城的雷霍博姆（Rehoboam）于公元前925年将寺庙内的所有珍宝转移到法老墓中。

后来，利比亚王室的势力范围越来越局限在塔尼斯和布巴斯提斯，最后埃及分裂成两个权力中心，均通过王室头衔使自己的统治合法化。新的王朝，即第二十三王朝（公元前756—前714年）建于三角洲东部利安托波力斯城（Leontopolis）北部（可能王宫建于此）和底比斯南部。但新国王与泰尼特家族有着紧密的亲属关系。

赫拉克雷奥波利斯（Herakleopolis）的利比亚亲王控制了影响力日增的中部地区并最终自封国王头衔。掌握着船运和交通控制权的赫拉克雷奥波利斯能够独立管理其领地。

赫尔默普利斯（Hermopolis）利比亚王纳姆诺特（Namlot）效仿赫拉克雷奥波利斯王也自封为国王。

在三角洲西部地区，"利比亚王（princes of the Libu）"单独控制了从塞易斯（Sais）到孟斐斯城门间的区域。他们最后甚至得到了孟斐斯大祭司一职。他们因地处尼罗河西部港湾交通要道而大获其利，且越来越多的大宗国际贸易被转移到了孟斐斯。公元前八世纪到公元前九世纪，尼罗河经常泛滥，导致气候愈加湿润，三角洲和上埃及地区发生了巨大的变化。

库什的统治（第二十五王朝，公元前750—前655年）

在埃及撤除对努比亚的直接军事控制后，新的地区和文化中心开始兴起，这些地区和文化中心通过与游牧民族的长期内战不断巩固自己的地位。

4 阿马西斯（Amasis）头像

第二十六王朝，约公元前560年；砂岩；高28厘米；巴尔的摩的沃尔特斯美术馆（Walters Art Gallery），22.415。

尽管这位国王有很多丑闻，但他在希腊雇佣军中却非常受欢迎，因为他的妻子是希腊人，也因为他的士兵化生活方式以及他对饮酒的热爱。他对政敌的安抚态度使他能够吸引各种不同背景的人才为国家的经济建设服务。

这一库什（Kush）地区的中心为纳巴塔（Napata）、栋古拉（Dongola）和塞易斯的老居民点，均位于重要贸易要道上。库什酋长继续通过在自己的领土上修建埃及寺庙将它们的地位合法化，最后他们成功控制了下努比亚地区。后来底比斯王室通过阿蒙政令承认库什统治者为新的法老，就这样拉开了第二十五王朝的序幕。

卡纳克阿蒙和纳巴塔阿蒙在神学上相互联系，库什的加冕仪式效仿了埃及仪式，包括到纳巴塔、卡瓦（Kawa）和纳布斯（Pnubs）朝圣。但是库什王朝的母系家长制特征是独创的。库什统治者在埃及发起了被称为"库什复兴"的活动，在这段时期内古代宗教写作开始复苏，文化改革开始兴起。

其北方邻国开始应对这一新威胁。塞易斯的特夫纳克特（Tefnakh）自立为王并建立塞易斯第二十四王朝（公元前740—前714年）。经过长期战争后，库什国王皮耶（Piye）战胜了他和中埃及地区的一些小国王。三角洲地区的诸侯王正式承认库什国王的绝对统治地位，但赛特（Saite）亲王的权力并未被削减。

亚述威胁

公元前722年，亚述帝国大军在撒马利亚（Samria）覆灭后占领了以色列，对三角洲地区的诸侯王们构成威胁。在犹豫了很久之后，库什国王最终决定积极援助三角洲国家对抗亚述帝国的斗争。公元前701年，亚述王辛那赫里布（Senacherib）击败了埃及军队，但不知因为什么原因他没有占领耶路撒冷。

在经历几次失败之后，亚述帝国最终在公元前671年攻下了埃及。孟斐斯被占领，三角洲东部的埃及城市沦为亚述的势力范围之内。中埃及地区的诸侯王们与亚述人合作，但三角洲地区的诸侯王们一直在密谋反抗亚述人的统治。结果都是一桩桩血腥杀戮，经证实只有塞易斯亲王尼科幸免于难。公元前664年，亚述军队进入底比斯，镇压库什的反抗并劫掠了整个城市。很多人被流放到阿舒尔(Assur)，当时在阿舒尔聚集了大量被流放的埃及人。但上埃及的南部地区仍然与库什国王保持联盟。

塞易斯国王的统治：王朝后期的开始（公元前664—前525年）

塞易斯国王组建了一支由卡里亚（Carian）和爱奥尼亚（Ionian）雇佣军组成的强大军队。当亚述帝国国内面临两大敌人埃兰（Elam）和巴比伦（Babylon）的困扰时，第二十六王朝的创始人普萨美提克一世（Psammetichus Ⅰ）开始迈出走向独立的第一步。他首先反抗三角洲地区的诸侯王们，然后在赫拉克雷奥波利斯的支持下迁移到了底比斯。阿蒙神之妻，一位库什公主被迫收养赛特王的女儿作为该职位的继承者。埃及在公元前656年再次实现了统一。

赛特为保卫埃及在边境上修建了新的堡垒，一部分由外国雇佣军和被流放的犹太人完成。他们在东部修建了达夫尼（Daphnai (Tell el – Defenneh)），在南边的大象岛（Elephantine）驻扎了卫戍部队，在西边修建了马雷亚（Marea）堡垒。在阿马西斯最后一位王的统治时期，在西奈（Sinai）半岛贝鲁西亚（Pelusium）南的米格多（Migdol）另外修建了一座堡垒。尼科二世（Necho Ⅱ）组建了一只强大的舰队，他还开始在图米拉特干河谷（Wadi Tumilat）修建运河，连接尼罗河与红海。据说他还曾环游非洲，但其真实性还有待考证。在南部，普萨美提克二世为反抗纳巴塔的统治，率领卡里亚和希腊雇佣军于公元前591年进军努比亚。此后，库什统治者彻底撤出埃及。 随着米堤亚势力的兴起，亚述帝国面对的压力愈加增大，特别是现在米堤亚人又得到了埃及军队的援助。在尼科二世（Necho Ⅱ）统治时期，他们甚至侵犯了巴勒斯坦，在美吉多打败了犹大国国王约西亚（Josiah）并到达了卡尔基米什（Carchemish）与哈兰（Harran）。腓尼基城市被迫纳贡。但在取得几场战役的胜利之后，埃及军队于公元前605年在卡尔基米什和哈马特（Hamat）被彻底击败。巴比伦人迅速开进巴勒斯坦，但又一次落入埃及人之手。埃及与地中海地区的联系逐渐增多。吕底亚（Lydia）的克罗伊斯（Croesus）与萨摩斯（Samos）的波利克勒第斯（Polycrates）签订了条约，特尔斐（Delphi）与昔兰尼（Cyrene）之间互赠有价值的还愿祭品。塞浦路斯（Cyprus）部分地方归埃及。阿普列斯王（King Apries）派军队帮助昔兰尼的利比亚王反抗定居于昔兰尼的希腊人。

5 阿门尼尔迪斯一世（Amenirdis Ⅰ）立像

卡纳克；第二十五王朝，约公元前 710 年；方解石、雪花石；高 170 厘米；开罗埃及博物馆，JE 3420 (CG 565)。阿门尼尔迪斯是纳巴塔库什国王卡 施塔（Kashta）之女。在卡施塔的儿子皮耶在位期间，阿门尼尔迪斯正式被神之妻——奥索尔孔三世的女儿西佩纽伊佩特一世（Shepenuepet Ⅰ）收养；就这样，来自南方的国王控制了阿蒙神使。

军队被打败后，士兵们发动哗变，并推举被派来平息叛乱的阿马西斯将军（General Amasis）为国王。阿马西斯随后在孟斐斯城门外取得了内战的胜利。在这场战役中阿普列斯战死，但他的对手却将他以隆重葬礼葬于塞易斯。阿马西斯娶了一名来自昔兰尼的希腊女子为妻，因此大家普遍认为他对希腊人很友好，另外他非常喜欢喝酒。他的任务是整合埃及的外国军队。他允许希腊人（包括一些塞浦路斯人）在三角洲西部的瑙克拉提斯（Naukratis）建立贸易殖民地。希腊和卡里亚雇佣军的卫戍部队保卫着孟斐斯。

阿马西斯是“赛特复兴”的实际缔造者。人们再一次收集古代文献，效仿古代陵墓上的浮雕风格，恢复一些过去的国王葬礼祭祀。重新规定了王室守护神、地方神和宗教区划。由僧侣所用象形文字简化而来且用于下埃及地区的通俗文字成为官方文字。新法规管理着王室祭祀，因此即使在几个世纪以后阿马西斯也被视为理想的立法者。

阿马西斯在位期间大兴土木。他大肆扩建了塞易斯的奈斯神庙（temple of the Neith）和家族墓地。在巴哈利亚（Bahariya）绿洲和锡瓦（Siwa）绿洲修建了新的寺庙驻扎当地卫戍部队，另外阿马西斯还在菲莱（Philae）修建了伊西斯（Isis）神庙。

波斯统治时期（波斯统治第一时期，第二十七王朝，公元前 525—前 401 年）

公元前 525 年，中部波斯人在腓尼基和塞浦路斯舰队的帮助下反击埃及。遭到希腊雇佣军背叛的埃及军队在贝鲁西亚被击溃，此后他们还组织了一次反抗，失败后埃及法老被处以死刑。埃及海军主帅和塞易斯奈斯女神庙的祭司吴迦荷瑞斯尼（Udjahorresnet）投降于波斯人并成为他们的顾问。埃及成为波斯帝国的辖地。

康比斯大帝（Cambyse）占领了孟斐斯，处死了很多埃及人，还有很多人被流放到波斯，这些措施使康比斯因残忍而闻名。但很快，康比斯及后来的大流士一世（Darius Ⅰ）开始推行其前任小居鲁士（Cyrus）的安抚政策，希望埃及人能够认可其统治。大流士起草了一份新的法规，规定带翅膀的波斯太阳神阿胡拉马兹达（Ahuramazda）与埃及太阳神地位平等。

埃德夫（Edfu）的荷鲁斯（Horus）神庙收到了大量领土作为礼物，国王特别注重对绿洲的军事控制，因此在当地修建了好几座寺庙。图米拉特干河谷的运河修建已竣工，但却是一个不成功的工程。

在波斯统治第一时期，孟斐斯成为国际交通枢纽，阿拉姆语与通俗文字一起成为第二书面语言。

包括希罗多德的希腊游客参观了埃及并描绘了埃及风光及其“奇特”的宗教仪式。希罗多德还告诉我们埃及人认为希腊人不洁。在象城的犹太阿拉姆社区与克奴姆（Khnum）公羊神祭司间产生冲突，并最终引发暴力冲突。其中的一个争论点即为逾越节屠宰羔羊的习俗。

6 描绘内克塔内布一世（Nectanebo Ⅰ）的横木板

亚历山大（Alexandria）；第三十王朝；约公元前370年；硬砂岩；高123厘米；伦敦大英博物馆，EA22。建筑类型属于横木板，两边装饰有浮雕，通常也称作柱式护栏。但这种挡板通常装在单独的砖块上，可以从装饰和铭文中轻易推断出这里的挡板有进一步连接的横木板。尽管这块横木板发现于亚历山大，但它来自赫利奥波利斯的一幢建筑。保存较为完好的一面显示其基本装饰为一宫殿的正立面，上有内克塔内布一世的跪立像，他正在献祭一块面包。国王来自一个尊贵的将军家族，他戴着一顶有圣蛇图案的紧身王冠帽。

最后的本土王朝（公元前 401—前 332 年）

在波斯的敌人——希腊人的鼓动和支持下，当地的埃及人发动了几次反抗波斯统治的起义，但均告以失败。其中的一次起义由利比亚王伊那罗斯（Inaros）领导，他向雅典请求海军支援以反抗波斯统治。随着希腊军队被彻底歼灭和伊那罗斯被处死，雅典在埃及的冒险军事行动也结束。利比亚王阿米尔泰乌斯（Amyrtaios）的起义取得了成功，他的统治被称为第二十八王朝（公元前 404—前 399 年）。他首先自称反对三角洲西部地区的波斯人，公元前 402 年在整个埃及得到认可。

最后阿米尔泰乌斯被第二十九王朝的创始人耐佛瑞特斯一世（Nepherites Ⅰ，公元前 399—前 393 年）罢黜。耐佛瑞特斯一世来自三角洲地区的门德斯（Mendes），在反抗波斯人的斗争中他向斯巴达（Sparta）提供了谷物援助。耐佛瑞特斯可能也葬在门德斯。他的继任者哈克里斯（Hakoris，公元前 392—前 380 年）终止了与雅典和塞浦路斯的厄瓦戈拉斯（Euagoras）共同对抗波斯的合作。在雅典人夏比里亚斯（Chabrias）的命令下，首次铸造埃及货币支付给雇佣军。公元前 385 年他击退了波斯的进攻。

该王朝最后在内乱中灭亡。

内克塔内布将军的家族来自三角洲的塞本尼托斯（Sebennytos）地区，他罢黜了耐佛瑞特斯二世（公元前 380 年）并建立新的王朝——第三十王朝。在小亚细亚大总督反抗波斯国王的起义的援助下，内克塔内布一世在公元前 375 年成功击退了波斯大军入侵三角洲地区的企图。内克塔内布二世（公元前 360—前 343 年）在反抗波斯的战役中雇佣了由斯巴达王阿格西莱（Agesilaos）率领的军队。但波斯人在公元前 343 或前 342 年占领了三角洲地区，建立起波斯统治第二时期，并最终由亚历山大大帝推翻他们的统治。

借鉴过去——后王朝时期的艺术

伊丽莎白·西伯特（Elisabeth Siebert）

寺庙

尽管埃及人在第二十王朝结束后仍修建了大量建筑，但与新王国时期相比，其中只有很少一部分被保存下来。每一位法老继位后都会检查全国的寺庙，了解它们的建筑状况、祭祀状况并进行必要的修复。有证据表明王室通过扩建或新建全国范围内的大寺庙来履行这一职责。第二十五王朝的库什统治者们在他们的发祥地努比亚修建王宫、陵墓与大型的阿蒙和本土神寺院，但他们同时也没有忘记埃及的大寺庙。例如在卡纳克，寺庙前后均建有柱廊，寺庙围地内还建有各种小型的祠堂。可以推测出从二十一王朝到三十王朝，在尼罗河三角洲地区的新王都中，如塔尼斯、布巴斯提斯、塞易斯、门德斯和塞本尼托斯，新建了很多建筑。但是从古到今，它们都被用作采石场，因此即使是在城市布局独具一格的塔尼斯留下的建筑也不多，这座城市本身也是用从拉美西斯首府运来的建筑材料修建。按照卡纳克寺庙模型修建的阿蒙、姆特（Mut）和孔苏 (Khonsu) 神庙到今天仅剩平面图。

在布巴斯提斯，巴斯苔特（Bastet）女神庙现已完全消失，只有奥索尔孔二世（第二十二王朝）的宴会厅大门可按其散乱的废墟进行重建。上面的浮雕装饰为我们详尽地描绘了赛德节（sed festival）的情景，这是王室统治阶级的大赦年庆典。塞易斯废墟为附近罗塞塔（Rosetta）城的修建提供了建筑材料。在门德斯仅剩一座（原来有四座）高 7 米的花岗岩寺庙内殿仍然屹立在由阿马西斯（第二十六王朝）修建的寺庙废墟上，现在这个寺庙已经被完全摧毁。内克塔内布二世（第三十王朝）在埃德夫修建的荷鲁斯神庙同样仅剩一座较小型的神殿屹立在祠堂之中。后王朝唯一保存完好的寺庙位于黑比斯（Hibis），由大流士一世在第二十七王朝时期建于赫迦绿洲。后王朝建筑中的一项创新即发明了圣洁堂（mammisi），一种位于主庙前的简单建筑，且自托勒密王朝（Ptolemaic）起，周围环绕着带柱间隔断板条的曲廊，象征着神子出生和长大的诞生室。圣洁堂最早出现于丹达腊（Dendara），可追溯到内克塔内布一世时期。

7 奥索尔孔二世与妻子卡罗玛玛（Karomama）献祭

布巴斯提斯；国王宴会厅大门；第二十二王朝；约公元前 855 年；红色花岗岩；伦敦大英博物馆，EA 1077。

奥索尔孔二世在继位二十年后庆祝他的第一个大赦节，为纪念这一盛事，他在巴斯苔特女神庙前修建了一座大门。

如今世界各地的博物馆中都藏有刻着这一节日盛况浮雕的砖块。这块先存于伦敦的砖块描绘的是国王夫妇向神献祭时的情景（左边的人物像已经脱落）。柏林埃及博物馆中的一块浮雕砖描绘了相似的情景，国王夫妇正在象征性地向上埃及的王室守护神奈荷贝特归还“荷鲁斯的眼睛”。荷鲁斯神在与塞特（Seth）的决斗中失去了一只眼睛。

8 阿马西斯为门德斯休神（Shu）修建的神殿，主庙；第二十六王朝，约公元前 550 年；花岗闪长岩；高 7.85 米，宽 4 米。

尽管哈特梅特鱼神（Hatmehit）与“门德斯公羊神”在下埃及“海豚”省省会门德斯受到人们的祭拜，但法老阿马西斯（公元前 570—前 526 年）还是修建了一座庙宇供奉盖布（Geb）、瑞（Re）、欧西里斯（Osiris）和苏诸神。有四座高高耸立的神殿供奉着这些神，各个神殿包含一个整块石头，立于由几层石灰石做地基的最里面的祠堂。如今只有休神神殿依然屹立，其他神殿均已成废墟。神殿内用木隔板将其隔成两个隔间，下层隔间用于安放神的巨大石雕像，上层可能用于放祭祀用品。

9 国王塔哈尔卡（Taharqa）的祭祀祠堂，卡瓦（Kawa,，苏丹北部），阿蒙神庙，第二十五王朝，约公元前 680 年；砂岩；高 257 厘米，宽 395 厘米；牛津，阿什莫尔博物馆（Ashmolean Museum），1936.661。

每一位库什国王继位后，都会去他们的发祥地努比亚参观最重要的祭祀地点作为“登基旅行”，其中包括卡瓦的阿蒙神庙。法老塔哈尔卡（公元前 690—前 664 年）后来在这个神殿的支柱间修建了一个祭祀祠堂。浮雕显示他向阿蒙、姆特、孔苏和在底比斯同样受拜祭的战神蒙图（Montu）献祭。

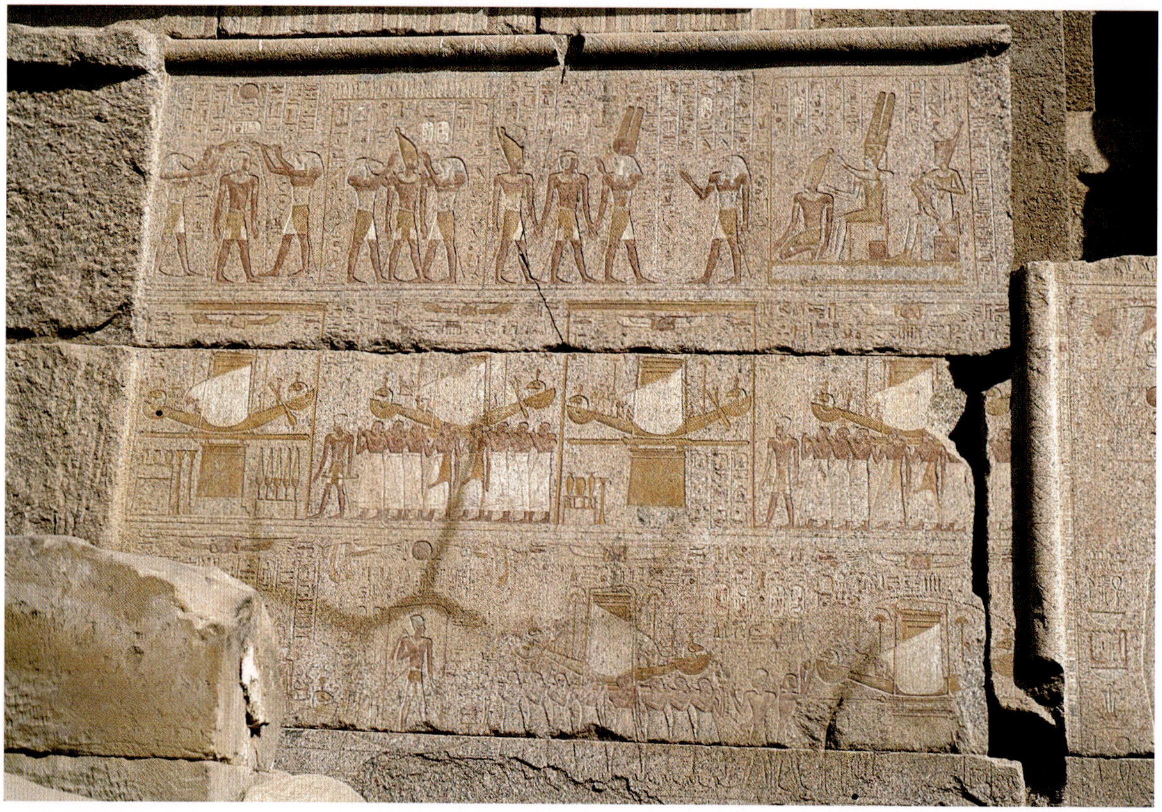

10 菲利普·阿黑大由斯（Philip Arrhidaeus）的圣船祠堂（南面外墙，片段），卡纳克，阿蒙-瑞神庙，希腊时期，约公元前 320 年；红色花岗岩，已上漆，记录高度约 130 厘米。

公元前 323 年，亚历山大大帝意外死于巴比伦后，他的智障兄弟菲利普·阿黑大由斯（统治时间公元前 323—前 317 年）被军队推为国王。尽管他从未到过埃及，但卡纳克庙中央的圣船祠堂被一栋以他的名字命名的建筑取代。按照传统，硬石浮雕只上一部分漆，同时采用了最后一个本土王朝（第三十王朝）时的建筑风格。神殿南墙保留了几处关于王室加冕仪式和阿蒙—瑞神乘坐圣船游行驻扎站主题的记录。

11 黑比斯神庙

赫迦绿洲；第二十七王朝，大流士一世统治时期，约公元前500年；砂岩；长44米，宽19米，高约8.5米。

当波斯阿契美尼德（Achaemenid）王朝占领埃及并建立第二十七王朝后，埃及成为波斯帝国的西部前线。在大流士一世统治期间，有两座神庙——盖斯尔·朱威戴（Qasr Gueida）神庙和黑比斯神庙被修建在波斯势力范围内最西的前哨内，即利比亚沙漠中的赫迦绿洲，两座神庙均供奉着阿蒙神。希望可以借这两座神庙从神灵上和仪式上保卫帝国的前线。赫迦曾经是重要的交通和贸易中心，是通向下努比亚地区的一段沙漠路线的起始点，在波斯帝国统治时期通过修建地下灌溉渠道曾一时繁荣。黑比斯神庙大约建于公元前500年，此处可能曾有一座第二十六王朝时期的神庙，上面的铭文记载“（该庙）用上好的白色石头建成，屋顶使用了利比亚刺槐木和来自亚洲的青铜”。波斯的波斯波利斯（Persepolis）城内大流士宫殿的平面图与该寺庙的平面图极其相似。另外，些波斯波利斯建筑风格的运用，如檐口的凹圆线角、带两翼的太阳圆盘和立柱柱头的装饰花样体现出埃及建筑对波斯统治者的深刻影响。

12 描绘新年仪式的柱间板条

可能来自塞易斯；第二十六王朝，约公元前600年；绿色板岩；高120厘米；维也纳艺术史博物馆（Kunsthistorisches Museum），ÄS213。

因为这块石板两面均刻有浮雕，因此可能是开放式凉亭柱间的独立式板条。下面采用了建筑物地基中常用的“宫殿正立面”样式，顶部有带圣蛇图案的檐壁，一般作为一个建筑构件顶部的标志。这一面描绘的是国王跪着用四个装水的容器依次清洗着“高大洁白”的狒狒神，他用一大块布包裹着四头蛇神，表示“他活在蛇神的神奇力量之下”，他拜祭着六腿女蛇神，表示“她是他的鼻子”。

根据其中一个护栏（现存于伦敦的大英博物馆）上的文字记载推断此建筑建于普萨美提克一世统治时期，但他的继任者尼科二世和普萨美提克二世继续使用并逐渐完善它。普萨美提克二世的姓名戒指在维也纳的一件器物上。每一年，都会把这些神像从阴暗的祠堂中搬到寺庙屋顶上的凉亭中，在阳光下恢复他们的能量。

13 温蒂耶保恩迪耶德（Wendjebauendjed）将军之碗

塔尼斯，将军陵墓（三号墓）；第二十一王朝，约公元前1000年；银、金加玻璃；厚2.5厘米，直径18厘米；开罗埃及博物馆，JE 87742。

除了几个用银制成的石榴型花瓶外，在图坦卡蒙的墓葬中没有找到任何用贵重金属制成的器物（可能它们已经被古代的盗墓贼洗劫一空），但塔尼斯的王室墓地中却发现了大量的金 银器物。其中一件最精美的器物是一只中央装饰着玫瑰花饰的银碗，内部镀金部分装饰着刻有鱼、鸭、游泳的裸体女人和水生植物的浮雕，但这只碗实际上并非来自王室墓葬。这只碗是高官显贵温蒂耶保恩迪耶德将军和大祭司陪葬品中的一件。他被法老普苏森尼斯一世（Psusennes Ⅰ）赐予享受高等级葬礼的尊荣。根据铭文，国王在将军的一生中赐予他荣耀，作为“王室恩典的象征”。

新王国时期之后，被保存下来或发掘出的王室陵墓很少。但是我们可以从对古物的记载（如由历史学家希罗多德（Herodotus）记载的历史文献）中和通过与其他王室成员陵墓的比较一窥它们的面貌。

在第三中间期之初，兴起一种全新的墓葬形式，并一直使用到托勒密时期：陵墓是寺庙围地内的祠堂。陵墓地址、位置和结构的选择都不再遵循古王朝或中王国时期的金字塔陵墓或新王国时期通过在山谷中开凿石头修建陵墓的传统。现在这些国王们被埋葬在尼罗河三角洲各自的都城之中。新王朝后期在山谷中修建大型王室墓地的传统被废止的一个原因可能是因为底比斯地区越来越不安全，盗墓活动十分猖獗，就连王室陵墓也未能幸免。选择寺庙修建陵墓的主要原因是靠近祠堂，可以得到城中最坚实的城墙的保护。

后王朝王室陵墓的主要特点包括：它们通常位于神庙之内，它们的上部结构像祠堂，祭祀区域与陵墓靠得很近（这一传统曾在新王国时期被废止）。通过与同一时期的私人陵墓对比，王室的地下陵墓和地上结构都显得很小。主要通过陵墓地址的神圣性和可能有的历史遗迹而不是建筑布局彰显其重要性。

第二十一王朝和第二十二王朝国王的陵墓位于塔尼斯寺庙围地内的东南角。1939年皮埃尔•蒙泰（Pierre Montet）发现的保存完整的地下陵墓中拥有大量陪葬品，尽管用未经烧制的泥砖修建的上部结构已消失殆尽，但可以从巨大的天花板结构中推测出它们当年的样子。

14 普苏森尼斯一世木乃伊面具

塔尼斯，普苏森尼斯一世陵墓；第二十一王朝，约公元前995年；金，镶嵌青金石和玻璃；高48厘米，宽38厘米，镀金厚0.6毫米；开罗埃及博物馆，JE 85913。

塔尼斯王室陵墓总共发现四面木乃伊金面具。其中包括国王普苏森尼斯一世、阿蒙涅莫普（Amenemope）、舍顺克二世和温蒂耶保恩迪耶德将军的面具。普苏森尼斯一世的面具最为精美，只有闻名于天下的图坦卡蒙面 具能与之媲美。与图坦卡蒙面具不同，普苏森尼斯一世的面具没有铭文，但同样有带圣蛇图案皇家礼仪用的头饰和带褶皱的胡子，胡子端部卷曲象征着国王是欧西里斯神的化身，另外面具的衣领也较宽。但是仅在眼睛周围和系胡子的缎带上镶嵌有蓝色青金石和玻璃，也没有刻画出头饰上的条纹。面具在被发现时仍然戴在国王木乃伊的脸上，被葬在一层叠一层的石棺之中。

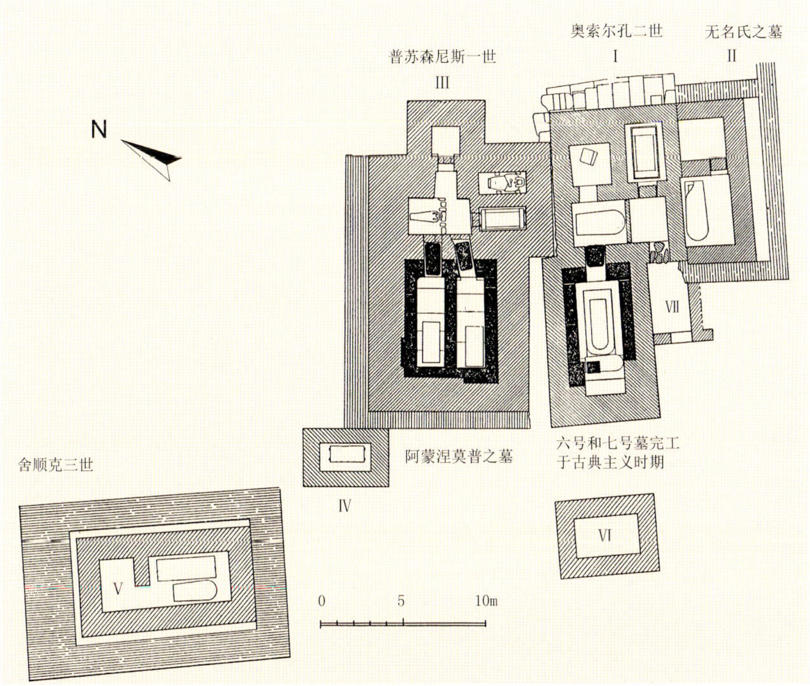

15 塔尼斯王室陵墓平面图

第二十一和第二十二王朝，公元前 1040—前 800 年。

第二十一和第二十二王朝的国王们在阿蒙神庙的西南角总共修建了六座陵墓，通过仔细分析它们的建造顺序可以得知某些国王的墓曾经搬迁过。第二十一王朝的第二位国王普苏森尼斯一世的三号墓（第二十二王朝的舍顺克二世后来也葬于此）与邻近的一号墓的地基部分重合，只有第二十一王朝的创始者和普苏森尼斯的前任斯蒙迪斯（Smendes）才可能下此命令。但是，奥索尔孔二世及其继任者第二十二王朝的塔克洛特二世（Takelot Ⅱ）和同时期的洪纳克特王（Prince Hornakht）墓地在同一陵墓之中。被罢黜的斯蒙迪斯的陪葬品中至少有两只卡诺皮克罐现存于波士顿和纽约。

可以辨别出这一墓葬群西面为阿蒙涅莫普（四号陵墓）和舍顺克三世（五号陵墓）的陵墓。很明显，舍顺克一世不得不为后面的国王让路，其石制卡诺卜箱（现存于柏林）得以保存。

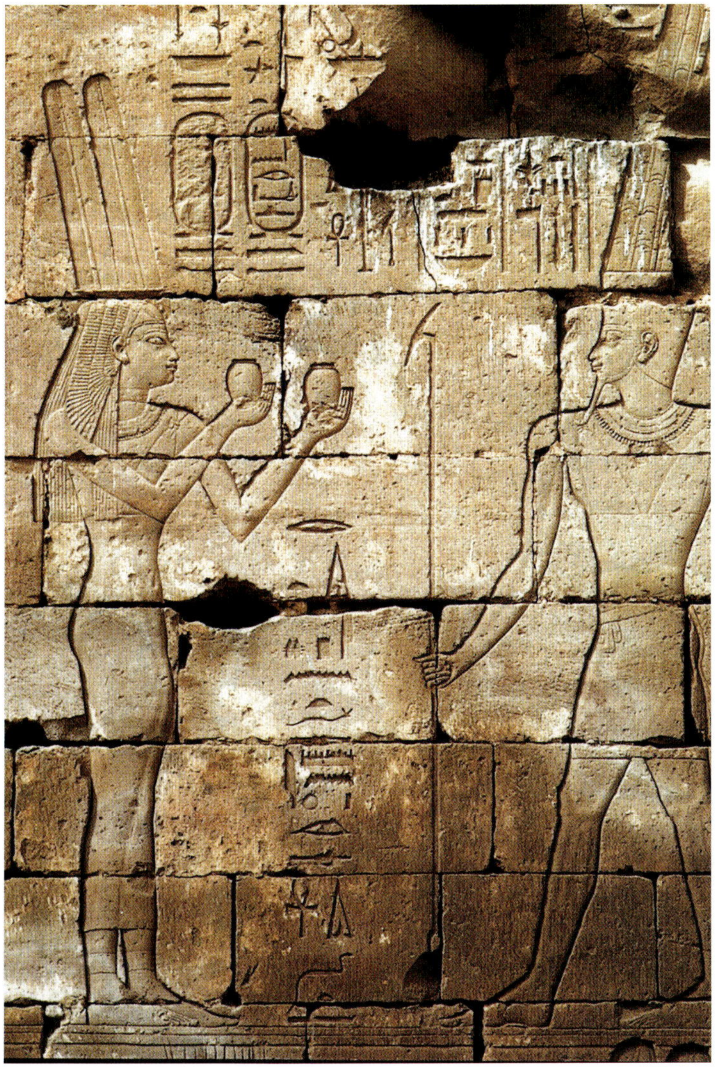

16、17（左图和上图）阿蒙神之妻陵墓祠堂和正立面截图

梅迪涅特哈布（Medinet Habu），拉美西斯三世陵庙外庭院；第二十五、第二十六王朝，公元前 750—前 585 年。

在后王朝，底比斯宗教国家中女性代表的最高世俗职位——阿蒙神之妻，将她们的陵墓建在通往拉美西斯三世陵庙围地的纪念碑式大门与梅迪涅特哈布祠堂之间的庭院内。与西佩努佩特一世（Shepenupet Ⅰ）的陵墓一样，建立在石头墓室上的泥砖上部结构未能保存下来。这个地方的两座陵墓祠堂均保存完好。它们都是奉皮耶法老之女西佩努佩特二世之命修建的。南面的教堂为她的前任——沙巴寇的姐妹阿门尼尔迪斯修建，北面的教堂为她自己而建。北面的教堂未完工，她的继任者——新兴的第二十六王朝国王普萨美提克一世之女尼托克里斯（Nitocris）与她的母亲梅赫特努塞科特（Mehetenusekhet）也葬于此。

18 阿萨斯夫（Asasif）的蒙特赫特（Montemhet）墓

底比斯西部（TT34）；第二十五、第二十六王朝，约公元前650年。底比斯的后王朝陵墓中，高官显贵蒙特赫特的墓是最大的一座。他在政治面临巨大动荡的库什统治后期（第二十五王朝）、亚述人统治的短暂时期内和接下来的赛特时期（第二十六王朝）均任底比斯的埃及首府的市长。另外，蒙特赫特还曾任“阿蒙第四先知”的大祭司一职。在其陵墓侧室入口之间的一号庭院中对称地安放着大片的纸莎草。入口两边的浮雕上雕刻着墓室主人的形象。

19 后王朝陵墓

底比斯西部，第二十五、第二十六王朝，公元前750—前525年。

第二十五和第二十六王朝时期的很多陵墓，特别是位于阿萨斯夫的陵墓直接建于德伊埃尔巴哈里（Deir el－Bahari）山谷之前。奥佩特（Opet）节时，阿蒙圣船列队从那里进入台阶式的海特西朴苏特（Hatshepsut）女神庙。这些陵墓的入口面对着游行路线，与现代的人行道相似（见图片中的左边）。入口前的泥砖塔门非常特别，后面即是墓葬群，蒙特赫特的陵墓在前面，帕巴萨（Pabasa）的墓在后面——构成一个或几个带宽阔且分支较多的走廊和柱身的露天庭院，且地下的侧墓室与之相通。

这一假设还可从墓室的位置中得以证实，这些房间在遗迹地面半米以下，这让后人同样可以在此修建陵墓。墓室本身由更古老的建筑上的石灰石石块砌成，葬有国王、达官显贵和王室成员的遗体。大部分墓室都与其中的石棺大小差不多，装饰有彩绘浮雕，描绘着阴间且带有祈祷经文。陵墓中的大部分石棺都来自别处，不仅仅是因为从遥远的上埃及搬运石材很困难，还有一个原因是希望通过使用旧的石棺保证宗教上的合法性。木乃伊形式的内棺通常镀金或者由银制成，舍顺克二世的棺椁头部为猎鹰形状。有时候木乃伊带着金面具和昂贵的珠宝。

我们所知的另一个安葬身份尊贵的王室成员的墓葬群在孟斐斯的寺庙围地内。这些陵墓的墓室通常在地下，装饰有阴间的画面，建筑方式与位置与塔尼斯、塞易斯和梅尼特哈布的庙陵相似。第二十五王朝的库什国王们在首都纳巴塔（苏丹北部）的墓地中修建了金字塔。

第二十一到第二十六王朝的那些占据最高且当时最有影响力的宗教职位——阿蒙神之妻的公主们将她们的陵墓教堂修建在底比斯西部梅迪涅特哈布拉美西斯二世陵庙围地之内。这些公主的出身和她们履行的职责显示她们与国王有着紧密的联系，而且她们的陵墓也与当时的王室陵墓相似。其中两座用石头而非泥砖修建的祠堂保存十分完好，让我们得以窥见后王朝王室陵墓的形制。通过祠堂前带圆柱木门廊的塔门进入这些面积相对较小（大约10米×15米）、旁边环绕着支柱的内院。祭祀建筑在庭院之外，除了一条狭窄的曲廊外，几乎全被一个带拱顶型天花板的墓室占据。棺椁被直接放到天花板下的柱身下端。

底比斯教堂的平面图与希罗多德记载的塞易斯王室陵墓非常相似。他告诉我们所有来自赛特省的第二十六王朝国王们均葬于塞易斯奈斯神庙的庭院内。他写道阿马西斯的陵墓是一个巨大的带掌型圆柱门廊的石头大厅，末端有两扇门，门后停放着他的棺椁。塞易斯的陵墓还未被发掘，但阿普列斯、普萨美提克一世和二世的陪葬品现存于世界上的各个博物馆中，似乎这些陵墓在很久以前曾被劫掠。第二十七王朝的波斯国王们的陵墓不在埃及而在伊朗的那克希鲁斯塔姆（Naqsh－i Rustam）。第二十八到第三十王朝的王室陵墓很有可能同样遵循祠堂陵墓的形制，且分别位于门德斯和塞本尼托斯。可以说自第二十一王朝起即出现了一种新的王室陵墓形式，这与同一时期的私人陵墓大不相同，但还未找到切实证据说明这一重要变化的实质因素和起源。

私人陵墓

第三中间期的祭司和官员们喜欢集中式或家族式墓葬，且常常重新使用一些旧的陵墓，其原因不仅在于节省资金同时也是出于安全考虑。不久前的盗墓贼审讯使盗墓贼名噪一时。于是采取行动追回了被盗的新王国时期的王室木乃伊。这些木乃伊后来是集体重葬的。

陵墓中避免了那些昂贵精美的装饰，最重要的神话场景都描绘在棺椁上，且棺椁通常用制作木乃伊盒的材料和木头制成。空间的不足使得棺椁上仅能雕刻很少的神话场景，陵墓中还有一本巨大用纸莎草做成的亡灵书。棺椁上的绘画和纸莎草达到了当时艺术审美的最高水平。

尽管在当时的每一个墓地中都有后王朝的陵墓，但陵墓最集中的地方仍然是底比斯和孟斐斯。

第二十六王朝时期建于孟斐斯的陵墓与同时期建于底比斯墓地中的纪念碑式的结构不同。防盗成为首要考虑的因素，并设计出一套独创的安全系统。石棺位于带天窗和墙壁的墓室内垂直柱身的下端，其深度有时超过 30 米。柱身中灌满沙，陵墓由短砖拱顶通过较窄端的垂直柱与主柱相连。最后打开墓室的天窗向内填充沙石。然后拆掉连接通道，这样辅助柱中也灌满了沙。

20、21 梅尼拉陵墓中描绘的场景

底比斯西部（TT69），第十八王朝，约公元前 1395 年；石膏和彩绘石灰石。

22 蒙特赫特陵墓上描绘的场景

底比斯西部（TT34）；第二十五到第二十六王朝，约公元前 650 年；石灰石；高 23.9 厘米；纽约布鲁克林博物馆，查尔斯埃德温威尔伯恩基金，48.74。

第三中间期政治动乱，艺术发展呈现新趋势，开始越来越多地有意识地借鉴过去的模型。底比斯的高官们从新王国时期的石刻陵墓中受到启发。一位母亲坐在树下哺乳她的孩子，她身上披着一块宽大的布，同时她还从一个水果篮里拿水果吃。这一主题同时出现在梅尼拉墓和蒙特赫特墓中，但在蒙特赫特的墓中仅选取了基本的主题。

另外一幅画，尽管只有上部分仍然保存下来，但它经过修复可与梅尼拉墓中的绘画相比，画的是一个年轻女孩帮坐在对面的另一个年轻女孩挑去脚上的刺。只要没有其他已知的场景或主题，那么就可以确定是梅尼拉墓提供了模型。

23 奥索尔孔一世雕像躯干

比布鲁斯（Byblos）；第二十二王朝，约公元前900年；砂岩；高60厘米，宽36厘米；巴黎卢浮宫（Musée du Louvre），AO 9502。

这一雕像残片发现于比布鲁斯，当地的一位统治者加了一段用腓尼基字母写成对该城市守护女神“比布鲁斯女神”的祭祀铭文。对于为什么以及从何时起这座带圣蛇图案和佩戴阿玛纳时期（Amarna Period）颇为流行假发的埃及国王雕像出现在利比亚沿海城市，以及制作雕像与后来在上面添加铭文的时间间隔，人们一直有争议。另外一个争论的焦点是，奥索尔孔一世将带有其名字的漩涡装饰放在胸上（这种设计在国王雕像中非常罕见），这到底是自荷伦希布（Horemheb）时期起的一种艺术形式呢，还是仅仅借鉴了早期的一种风格？

棺椁上现存有2000～3000立方米的散沙，如果有任何人闯入墓地，这些沙都会不停地落到他们身上，因而有效地保护了盗墓贼的入侵。

墓室装饰中含古王国时期金字塔中的经文；但并不是从附近的乌纳斯（Unas）金字塔一字一句地抄来，而是对其他更加完整版的经文进行编撰。柱身上立着一小型的泥砖结构，但现已消失，因此这些陵墓可能也与赛特王室陵墓相似。

底比斯的陵墓因其宏大的规模和复杂的结构而与同时期的孟斐斯陵墓不同，但它们与新王国时期的早期孟斐斯陵墓却有一定的相似之处。第二十五和第二十六王朝的高官们的大型墓葬群位于底比斯西部阿萨斯夫德伊埃尔巴哈里山谷（Deir el－Bahari）前的一块平原上。它们通常靠近旧的游行路线，在“山谷里的美妙节日”中阿蒙－瑞神的祭祀塑像将沿着这条路线进入墓地中。这一节日起源于中王国时期之初，并在后王朝达到鼎盛阶段。

通过融合其他建筑形式中的各种元素，如私人住宅、新王国时期的石刻陵墓和王室陵庙，新的陵墓形式开始发展，但与任何一种建筑思想均不相符。后王朝的底比斯陵墓的特点包括独立的泥砖地上结构、基岩中挖出一个开放式的庭院（参考阿比杜斯的欧西里斯墓），且地下墓室与庭院相通。这些建筑结构上的很多细节是对过去建筑形式的重新发挥，其中有些细节已经过人们长期的讨论，如拱顶门框、神龛、地上结构中所谓的“宫殿正立面”样式及新王国时期私人陵墓中的墓堆或泥砖金字塔。

陵墓装饰同样可以追溯到更早期的建筑样式。底比斯西部的大型赛特墓葬群中经常出现模仿附近更早时期陵墓中的人物描绘、绘图顺序和文字。但与孟斐斯地区的陵墓装饰一样，不能把它们称作抄袭。这些借鉴并不是对其模型的简单复制，而是可能根据个人偏好对旧题材进行选择和重新组合，并通过借鉴其他墓碑中的细节进行补充完善。

尽管不能确定这些模型的来源和年代，但毫无疑问的是它们形成了一种后王朝独有的风格。这一既不能被完全称作“拟古主义”也不能被称作“复兴”的现象在早期只是零星地出现，但自第二十五王朝起，这种现象变得越来越普遍，也许反映出国王们希望重新恢复过去政治昌明、宗教有序局面的愿望。这些主题可能取自样式书和（或）通过直接研究原型而得。

在第二十六王朝与托勒密时期，只有几座陵墓的时间能够被确定。墓地形式多样，包括石刻陵墓、柱身陵墓和寺庙围地内的陵墓。

独立式雕塑

第三中间期内几座现存的王室雕塑延续了新王国时期的传统，并保持了同样高的艺术水准。第二十王朝后，私人购买新王国时期的雕像仍然很普遍，但他们不会修改这些雕像，也不会通过篡改上面的铭文而将其据为己有。这一时期新出现的雕像在描绘内容上逐渐单一化，并出现了简化倾向，例如出现了带清晰几何图案的立方体或长方体雕像。但这些光滑的表面通常不会被空着，而刻有铭文或者人物像。

把普通人与神祇直接放在一起（但直到现在也属于一个无足轻重的艺术流派）让青铜雕像进入繁盛时期。青铜做的雕像既有艺术加工最为精美的塑像，又有造型简单、刻有小型神像和动物像的还愿祭品。

24 塔哈尔卡头像

可能来自卡纳克；第二十五王朝，约公元前670年；灰色花岗闪长岩；高36.5厘米，宽24厘米；开罗埃及博物馆，CG 560。

这个头像被发现于卢克索（Luxor），通过头像后面支柱上所刻铭文证实这是第二十五王朝最重要的库什国王塔哈尔卡的头像。但是，一些典型的特征，如圆脸、大鼻和粗脖可以让我们很容易地准确推断出这一头像属于第二十五王朝。另外一个重要的特征在于双圣蛇图案这一肖像细节。圣蛇图案现已脱落，原来刻于“库什帽”的粗糙石头之上。库什帽以前镀过金，上面有传统的法老式双王冠。

25 库什国王之巨头

可能来自卡纳克，阿蒙－瑞神庙；第二十五王朝，约公元前700年；红色花岗岩；高35厘米；开罗埃及博物馆，CG 1291。

这个从墓碑立像上落下的头像是第二十五王朝最好的王室独立雕塑之一。纹理清晰的S形鼻唇褶皱和眉毛显示这很有可能是摄比特库（Shebitku，又名“沙巴塔卡”（Shabataka））法老的头像。国王头上戴着典型的“库什帽”，前额上系着一条宽缎带，帽上有双圣蛇图案，但已经几乎完全被损坏了。

几个世纪后，当库什领土属于埃及势力范围时，第二十五王朝的努比亚国王认为自己是法老的合法继承人。他们用埃及传统表现自己，但同时又带库什风格，通常是健壮的身体上带一张非洲特点的圆脸。他们在肖像雕刻上所做的创新包括前额上的双圣蛇图案、紧身帽或在脖子上带着公羊头样式的护身符。私人雕塑继续模仿王室雕像。同时出现了带新王朝甚至更早时期风格的雕像。第二十七王朝中非常受欢迎的第一“古代肖像”也在这个时期首次出现。

在第二十六王朝赛特法老的统治下，埃及再一次出现经济文化繁荣发展的局面。但遗憾的是，只有少量不完整的注有日期的王室雕像或雕塑作品可以被确切地归到这一时期。

国王通常戴着蓝色王冠。尽管要表现的不是沉默，但他们的面部表情是非常理想化的。大量私人雕塑被保留了下来。最常用的雕刻材料为一种坚硬且颜色较深的石头，因其光洁或者非常平滑的表面而出名。神像题材的雕像是最常见的类型，无论是独立式还是在神殿内，通常是一个站着、跪着或者蹲着的供奉者手握一尊神像。这一时期新出现的一个服饰上的潮流是丝袋假发。

尽管参考了从前的雕像，但还是可以准确判断出这些雕像的年代。它们不仅仅是模仿，除了高超的艺术和工艺水平外，他们融合了各种不同元素，同时又准确无误地体现出它们自己的特点。王室和私人雕像中微微的笑容是这一时期雕像的一个显著特点，这在希腊艺术中也有所体现。

除了位于苏萨的大流士王宫外一座无头的大流士雕像外，波斯时期没有任何一件王室雕塑被保存了下来。

26 阿马西斯国王头像

塞易斯；第二十六王朝，约公元前550年；硬砂岩；高24厘米；柏林国家博物馆（SMPK）埃及馆，11864。

在赛特时期及其以后的朝代中，开采于哈马马特干河谷（Wadi Hammamat）的硬砂岩再一次被广泛使用于王室和私人雕像与建筑中。据体材推测这个头像是阿马西斯王的头像，体现出当时最典型的雕塑特点，这在艺术史中有一专门术语——“赛特微笑”，它甚至可能影响了古希腊库罗伊（kuroi）雕像。但此处赛特国王戴着带圣蛇图案的（现已脱落）头巾或头饰，这与当时的其他王室雕像不同。这一时期国王通常戴着蓝色王冠（khepresh），也许是为了与从前的库什国王相区别，因为它们从来没有带过这种样式的王冠。

这尊由埃及艺术家创作的雕像最初立于赫利奥波利斯神庙中。这件作品的特别之处在于，它在造型和制作技巧上遵循埃及以前的传统，但国王却同时穿着波斯衣服，且手拿波斯武器。这一时期的私人雕塑显示出现实主义倾向，也许是受到中王国时期雕塑的影响。越来越多地出现老年人的面孔。衣服和饰物常常为波斯风格，如普塔霍特普（Ptahhotep）立像（现存于布鲁克林博物馆）和吴迦荷瑞斯尼立像（现存于梵蒂冈）。

但迄今为止，仅发现了几座后面几个王朝的雕塑。它们代表着对第二十六王朝雕塑的进一步发展，只是区别并不十分明显。身体造型更加完美，雕像表面更加光洁。在后王朝晚期出现了一种新的雕像风格，被称为“药神雕像”（statue guérisseuse），上面充满神秘的符号和咒语，旨在保护其供奉者或崇拜者免遭不幸。这种类型的药神雕像在托勒密时期非常流行。

27 内克塔内布一世立像躯干

可能来自三角洲地区；第三十王朝，约公元前370年；灰色花岗岩；高68.5厘米；伦敦大英博物馆，EA 1013。

在最后一位本土国王统治下的王朝内，所有的艺术形式和建筑都出现了一段最后的短暂辉煌。王室和私人雕塑都明显受到第二十六王朝后期古典主义风格的影响。最令人惊叹的是一座分成三个部分的上体肌肉组织模型。这个躯干立像现存于伦敦，呈现出一种自然且健硕的感觉。国王穿着传统的短围裙，带扣上刻着带他名字的漩涡装饰。原来内克塔内布应该还戴着高高的白色王冠或者更加紧凑的蓝色王冠。

28 阿蒙神之妻卡罗玛玛立像

可能来自卡纳克；第二十二王朝，约公元前 870 年；青铜，嵌有金和银；高 59 厘米；巴黎卢浮宫，N 500。埃及的青铜雕塑艺术在第三中间期达到新的高度。尽管当时已发现了铁，但青铜浇铸，镀金、银、天然金银合金（一种金银合金）或乌银（硫化铁）仍然是当时最精美的工艺。甚至在塔尼斯王室陵墓中发现的舍卜提（shabti）小雕像也由青铜制成。阿蒙神之妻卡罗玛玛的立像是这一时期最精美的艺术品之一，其装饰非常华丽，嵌有珍贵的彩色金属。因为当时有几位贵妇人都叫卡罗玛玛（舍顺克一世、奥索尔孔二世、塔克洛特二世的妻子），因此学术界对这尊小雕像的身份争议很大。尽管她曾被认为是塔克洛特二世的妻子，即大祭司纳姆诺特的女儿和奥索尔孔三世的母亲，而现在她被确认为是奥索尔孔一世的孙女。

29 蒙特赫特立像

卡纳克，阿蒙－瑞神庙，“储藏室”（cachette）；第二十五到第二十六王朝，约公元前 650 年；花岗闪长岩；高 139 厘米；开罗埃及博物馆，JE 36933(CG 42236)。

蒙特赫特在动乱时代的活动被反映到他的各种风格肖像作品中，幸运的是大部分作品都得以保留下来。这尊刻画大步前进的立像于 1904 年被发现于卡纳克“储藏庭院”中，健硕的身材、短而粗的脖子、唇鼻线条清晰的脸、宽而平的鼻子、眼下的泪囊都体现出库什时期的风格，而后来的蒙特赫特独立式雕像则受赛特早期更加学院派、更加拘谨的风格的影响。

30 吴迦荷瑞斯尼立像

可能来自塞易斯；第二十七王朝；绿色玄武岩；高 70 厘米；梵蒂冈哥里高利埃及博物馆（Museo GregorianoEgizio），196。吴迦荷瑞斯尼开始时曾在最后两位赛特国王——阿马西斯和普萨美提克二世统治时任埃及舰队司令，他在波斯人——康比斯和大流士统治时期权力达到顶峰，他是国王们不可或缺的顾问。在这尊古庙式雕像中，他所穿的波斯长袍上详细地刻着他的生平事迹，讲述了他的这一段经历。他的手上拿着一个装有欧西里斯塑像的开放式小型神龛，也许正在举行一年一度的仪式将它放到寺庙屋顶上。雕像表现的是祭司停下来，通过将带支柱的底座放在他右脚的脚趾旁边将神殿支撑起来。

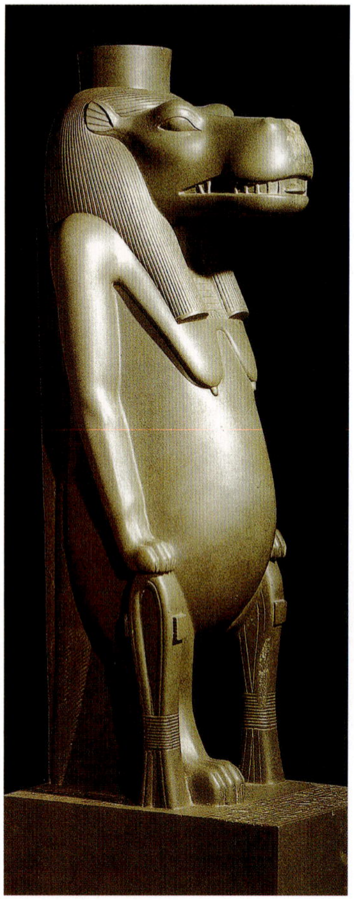

31 女神托埃瑞斯（Thoeris）雕像

北卡纳克；欧西里斯－帕德但克（Osiris－Padedankh）神庙；第二十六王朝，约公元前615年；绿色板岩；高96厘米；开罗埃及博物馆，CG39194。

32 大流士一世的无头立像

苏萨，王宫东面；第二十七王朝，约公元前490年；硬灰色石灰石；现存部分高246厘米；德黑兰伊朗古代博物馆（Iran Bastan Museum）。

33 埃瑞特－霍－努（Iret－Hor－ru）与欧西里斯立像

卡纳克，阿蒙－瑞神庙，"储物室"；第二十六王朝，约公元前600年；绿色板岩；高56厘米；巴尔的摩沃尔特斯美术馆，22.215。

正如赛特时期的独立式人物雕像一样，这座用抛光的板岩雕刻的河马女神托埃瑞斯立像身形圆润。作为孕妇的守护女神，她也是孕妇形象。狮爪和拖在肩后的鳄鱼尾巴，象征着她具有保护能力，一种铭文也表达此特点，因为两个环形的象形文字"Sa"（意为"保护"）便是她用于自我证明的证据。这一雕像发现于卡纳克地区的阿蒙神庙以北的一座石灰石神龛（现存于开罗，CG 70027）中，这座神龛是由当地的行政长官帕巴萨为供奉阿蒙神之妻，即普萨美提克一世的女儿尼托克里斯而建造，证明了在后王朝动物祭祀越来越重要。最初发现（1874）的位置被标明，显示雕像神龛的开孔大小使人仅能看到女神雕像的头部。到寺庙参观的人可以与神直接进行眼神交流，提出他们的请求并献祭。带装饰的神龛建在供奉欧西里斯的砖砌神庙中。

这尊超过真人大小的波斯国王大流士立像身着波斯服装，但其站立的底座却采用的是埃及主题。这尊立像于1972年发现于大流士的苏萨王宫宫门之外，但它却制作于埃及。在雕像的衣褶间雕刻着三种语言的铭文（埃及语、埃兰语和古波斯语）。底座正面刻着两个尼罗河神将他们的代表性植物连接在一起，象征着上埃及和下埃及的统一。按照法老传统，两面刻着战败者的化身，位于椭圆形的城市圈之上，并且刻着其波斯总督的姓名。但与往常一样，雕像中显示这些人并未戴着脚镣，但他们的手高高举起，实际上在"支撑"着底座上的国王雕像。发掘者一直希望能够找到雕像的头或者在宫门的另一面发现一尊保存更加完好的雕像，但遗憾的是，一直没有成功。这尊小立像是一个身着长围裙的官员，戴着辫子型假发，露出两只耳朵。他的双手捧着主管冥府的欧西里斯神的雕像，雕像的穿着与经书上描写的一致，戴着阿提夫（Atef）王冠和徽章。这种类型的雕像有很多种版本，在新王国时期之前非常受欢迎，特别是在寺庙雕塑中非常常见。拥有很多头衔的埃瑞特－霍－努继其父亲和祖父之后在卡纳克的阿蒙神庙中任职。在铭文中，他被封为"众神之父"和"阿蒙－瑞祭司，众神之王"。这座雕像是由他的儿子捐赠的，他的儿子名叫尼科，与国王的名字相同。另外根据其风格判断，这座雕像的时代可以确定为第二十六王朝。1905年，这座雕像被发现于举世闻名的卡纳克"储藏室"发掘过程中，开始时被转移到开罗博物馆进行妥善保管，直到1911年正式售出。

34 老人肖像

可能来自孟斐斯；第二十七王朝，约公元前450年；硬砂岩，高25.1厘米，宽18.1厘米；巴黎卢浮宫博物馆，N 2454。

正如我们所知一样，很少有雕塑作品可以通过铭文被确切地归到第二十七王朝，这段时期延续了赛特时期的风格并进一步发展成一种通过真实反映细节特征的真人肖像风格。这座半身像雕的是一个佚名的权贵，他双唇紧闭，带着典型的“赛特微笑”和一种神秘的表情，可能属于波斯统治时期。但是，脸部刻画得十分细致，完整又带懒散，眼角布满鱼尾纹，微微的双下巴，脖子周围两圈褶皱，这种摒弃了完全理想化的造型方式让人回忆起中王国时期的肖像。

35 猎鹰神祭祀像

也许是第二十七王朝，公元前500年；银和天然金银合金；高27厘米；慕尼黑国立埃及艺术博物馆（Staatliches Museum Ägyptischer Kunst），从巴伐利亚银行（Bayerische Landesbank）借出。

这座神像所使用的昂贵材料显示这并不是某个富人捐赠的还愿祭品，而是放在某寺庙最隐蔽的以前只有法老和大祭祀才能进入的祠堂中。银中的微量元素成分让人觉得这座立像可能是在波斯人统治时期制成的，因为当时波斯人大量进口银并且这一时期银的使用比以前更加广泛。肖像的一些细节地方与当时习惯不同，如双王冠上的“下埃及”部分的上部微微弯曲，但这也显示这座雕像可能实际上是波斯的金属工匠制作的。

36 蒂希基维茨（Tyszkiewicz）雕像

第三十王朝，公元前350年；黑色花岗岩；高68厘米；巴黎卢浮宫博物馆，E 10777。

这座按其前主人命名的雕像属“药神雕像”风格，雕像全身上下布满神秘的文字和图片。大部分这种类型的雕像雕刻的都是地位较高的达官显贵们，他们在死后被追封为保护圣徒。这些雕像立于寺庙中。把水泼到雕像上，水就会顺着神像流下来，似乎这样能够吸收到雕像上的神奇力量，然后流到礼拜者放在雕像底座上的小碗中。最后，礼拜者把水取走并将其当作药水使用。此处的雕像手拿一辟邪石碑，上面雕刻着能辟邪的神子荷鲁斯。

托勒密时期和罗马帝国统治时期埃及的政治史

迪特尔·凯斯勒（Dieter Kessler）

马其顿国王亚历山大大帝从希腊长驱直入进入波斯帝国的心脏，同时也结束了波斯在埃及的统治。马其顿军队于公元前 332 年开进孟斐斯。亚历山大大帝在尼罗河西部港湾交通便利的埃及港口，建立新的亚历山大（Alexandria）首都，取道马萨马特鲁（Marsa Matruh）进入锡瓦绿洲，并在此通过阿蒙神庙的神谕确立其统治地位。

亚历山大大帝制定了一条其继任者也必须遵守的内部政策，要求君主应按照埃及仪式在孟斐斯举行加冕典礼，承认当地的神谕，并将埃及最后一任本土王室家族的成员招进军队。对于在国家节日上集会的埃及人和希腊人来说，他既是埃及的法老又是希腊的国王。希腊的宙斯神鹰与埃及的兽形神并排而立。

亚历山大大帝按照第三十王朝的传统制定了宗教政策。他重建了卢克索神庙的祠堂，后来他的继任者又重修了卡纳克的阿蒙祠堂。他把自己与法老的神圣祖先相联系的思路，成为文学故事《内克塔内布的谎言》中的背景，这个故事叙述了亚历山大大帝的母亲奥林匹娅丝（Olympias）和内克塔内布的关系。在亚历山大大帝死于巴比伦后，他的大将托勒密将他的尸体转移到亚历山大的一个陵墓中，并在那里举行了盛大的祭祀典礼纪念他，但陵墓的位置至今仍不为人所知。

希腊的统治（公元前 323—前 30 年）

希腊人在法老宝座上的位置成为希腊及其附属国的国际政治中的一部分。开始时，埃及的外交政策按照亚历山大大帝的遗愿制定。托勒密二世的舰队试图重新建立古埃及对塞浦路斯的统治，还占领了小亚细亚的南部海岸和希腊与克里特岛（Crete）海岸的基地。对塞琉卡斯王朝（Seleucid dynasty）的叙利亚－美索不达米亚王国（Syro－Mesopotamian kingdom）与埃及间的巴勒斯坦地区产生了激烈的争议。

在埃及，亚历山大大帝的将军托勒密首先以普遍公认的亚历山大继承人菲利普（三世）•阿荷戴俄斯（Philip（Ⅲ）Arrhidaios）和亚历山大四世［亚历山大大帝与大夏公主罗克珊娜（Bactrian princessRoxana）的儿子］的名义统治，但在公元前 305 年，他自立为法老。在埃及和希腊顾问的帮助下，他试图使用一套宗教仪式统一这两个差别甚大的民族，它们在欧西里斯节和新年这样的国家节日中因为宗教习惯不同而被分开。他将塞拉皮斯（Serapis，与古埃及神欧西里斯－埃皮斯地位相当）提升为希腊统治者的主神。亚历山大（当地也有埃及神和神兽）的萨拉皮雍（Serapeum）希腊神庙供奉着塞拉皮斯（当地也有埃及神和神兽），希腊神雕像高 10 米有余，靠近节日中作为中心的欧西里斯、伊西斯和哈波奎特斯（Harpocrates）祠堂。将塞拉皮斯、王室、欧西里斯和伊西斯的祭祀连在一起的做法很快从亚历山大传到整个地中海地区，一部分原因是因为托勒密通过在更遥远的属地上修建新的神庙进行倡导。

亚历山大有自己的城市法律，因此在埃及享有特殊的地位。希腊和埃及生活方式在这个城市融合，并形成独特的亚历山大风格。来自整个地中海地区的各民族人民在亚历山大定居，不仅仅因为这里是很多贸易路线的交汇点。沿红海的航线非常长。熏香、香料、布匹和珍稀动物等奢侈品从各地汇集到亚历山大。托勒密二世（公元前 282—前 246 年）为亚历山大市的人民举办了一场盛大的演出，大象、黑豹和其他外国的珍禽异兽进行游行，场面壮观，万众瞩目。

自托勒密二世统治时期起，亚历山大的人口中埃及人越来越多。人们开始供奉伊西斯和欧西里斯，希望可以拯救希腊人和埃及人，埃及雕像与希腊雕像并肩而列。亚历山大皇家宫殿是很多宫廷阴谋的发生之地，经常是血雨腥风，但亚历山大图书馆和众多的宫廷的学者数量也使其成为古老传统的集中之地。公元前 250 年左右，来自塞本尼托斯的马涅托（Manetho）撰写了有关法老的历史，并制定出了古代国王的年表。诗人卡利马科斯（Kallimachos）和计算出地球周长的科学家埃拉托色尼斯（Eratosthenes）是著名的亚历山大学派的典型代表人物。

1 克利奥帕特拉七世（Cleopatra Ⅶ）

可能来自毛里塔尼亚；公元前 30 年之后，高 28 厘米；柏林国家博物馆古物馆（Antikenmuseum），1976.10。

作为托勒密王朝最后一任摄政王，克利奥帕特拉七世是当时政坛上最突出的一位。从钱币上的画像来看，她并不是特别的漂亮，相反，她的聪明才智和个人魅力而非所谓的美貌才是她名垂千古的真正原因。这张女王死后的希腊画像可能来自毛里塔尼亚，她的女儿克利奥帕特拉·塞勒涅（Cleopatra Selene）嫁给了毛里塔尼亚的朱巴二世（Juba Ⅱ）。她的儿子因为政治原因被奥古斯都（Augustus）所杀。克利奥帕特拉死后，奥古斯都出于私人目的允许制作她的肖像。

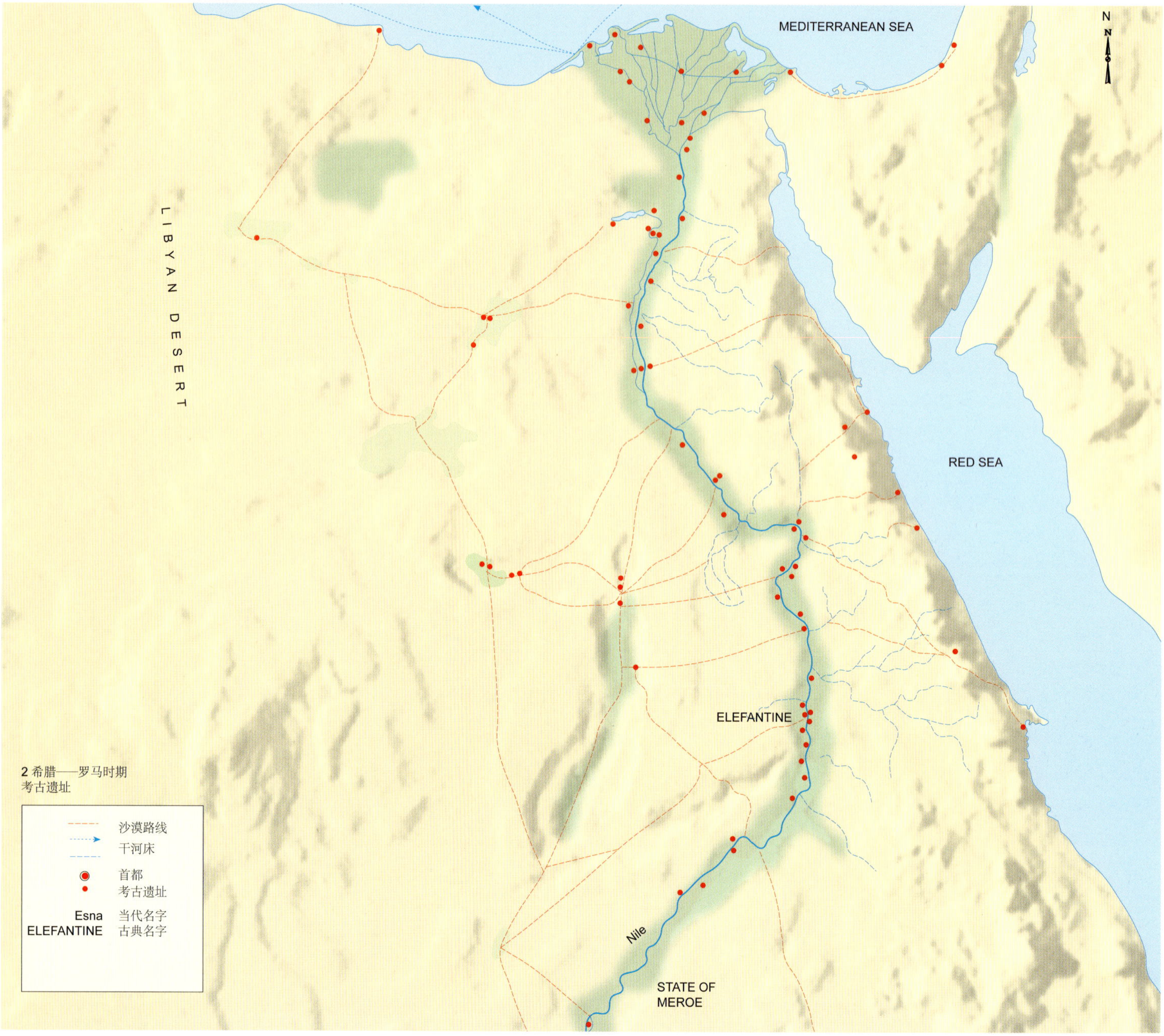
MEDITERRANEAN SEA
N
LIBYAN DESERT
RED SEA
ELEFANTINE
Nile
STATE OF MEROE
沙漠路线
干河床
首都
考古遗址
Esna 当代名字
ELEFANTINE 古典名字

2 希腊——罗马时期考古遗址

亚历山大市与全国其他地方科拉（Khora）差别甚大。当地埃及人的社会地位不清晰，各民族间的冲突不断增加。埃及人在进行传统的以物易物贸易的同时，开始认识到以金钱为基础的贸易带来的“好处”。希腊语是官方语言，普通民众使用通俗文字。国内的少量希腊人多为地主或者住在省城的行政管理官员。同时，大量埃及人继续按古代法律和传统宗教的规定生活。

希腊军队殖民者驻扎的法尤姆（Faiyum）是一个特殊的法律案例。王室财政官如齐诺（Zeno），因其保存下来的纸莎草档案而为我们所知，是当地的大地主。通过河道水渠［即现代的巴尔尤塞夫运河（Bahr Yussuf）］和水库改进供水情况意味着这些新开发的田地可能被作为王室领地耕种，每年收获不止一次。另一个例外是托勒密时期的希腊城，由托勒密一世在阿比杜斯附近的底比斯斯省修建，按照在亚历山大的祭祀习俗，统治者在此举行祭祀。第三个特殊之地为阿斯旺以南的多德卡索伊诺斯（Dodekashoinos）或“十二里条状区域”，它属于王室领地。由于托勒密的定居规划政策和灌溉方式的改进，通过利用水渠和一种新型舀水水车（即高转筒车（saqiya），由畜力拉动），一大片新的农业区被开辟出来。埃及的总人口上升到 500 万 ~ 600 万之间。

希腊人鼓励维修寺庙并重修恢复了几乎全国所有的寺庙。出于国家财政的考虑，托勒密修建了大量的祭祀雕像和小祠堂，维修费用由信教的埃及家庭承担，祭祀中心的劳役按 10 天（旬）为一期，管理部门让埃及家庭分担这些劳役。每个墓地均有可供各民族的人在国家祭祀节日时聚集的中心空地、欧西里斯墓地和化成各种神兽的埃及守护神的墓地。

由埃及寺庙里的祭司主持当地的祭祀仪式，经院哲学成为传统的守卫者。希腊文化没有渗透进祭祀仪式和象形文字文学中。另一方面，希腊统治者通过寺庙宗教大会上签发的王室政令控制和决定祭祀仪式的发展。宗教团体的物质资料和神谕活动都采用双语进行管理。亚历山大市托勒密王室的政治神谕用通用文字传达和写成。某个地方的主要行政管理官员（希腊人）——开始时是省长后为将军同时也是当地埃及寺庙的大祭司。很明显，王室抄书吏的通用文字写作受到希腊影响，而虚构文学则受其影响更加明显。

在托勒密二世（公元前 282—前 246 年）和托勒密三世（公元前 246—前 222 年）统治时期，王室祭祀开始兴起，始于为阿尔西诺伊二世（Arsinoe Ⅱ）和伯利尼斯二世（Berenice Ⅱ）举行的葬礼祭祀。托勒密四世时期（公元前 221—前 204 年），在拉菲亚（Raphia）战役中击败叙利亚国王安提克三世（Antiochus Ⅲ，公元前 216 年）后，埃及遭受了严重的经济危机，当时需要在短时间内为被招进埃及军队的大量埃及人发放军饷。在上埃及，宫廷内乱、腐败和管理不当导致中央权力的削减，出现了两个国王分庭抗礼的局面（公元前 206—前 186 年）。

托勒密王国和美罗埃（Meroe）

第二十六王朝时期，中心在纳巴塔的库什王国与普萨美提克二世交战，此后埃及南部的发展与北部割裂开来。王室保留了埃及祭拜形式，欧西里斯和伊西斯在葬礼上起着主导作用。公元前三世纪后，寺庙墙上才出现了描绘本地神的图案，如化为人形的塞比乌美科尔（Sebiumeker）、象神、蛇神和头为狮子形象的阿佩德马克（Apedemak）。

库什继续保持与波斯“大帝”的贸易关系，但利用波斯统治第二时期国王的软弱增强自己在下努比亚的影响力，并最终让这一区域归库什所有。越来越多的库什国王居住在更南部的城市美埃罗，那里是一条重要的贸易路线的结束之地。最后一任国王名叫额迦马涅（Ergamanes，公元前 270—前 260 年）他将自己葬于美埃罗，引起纳巴塔祭司们的争执。美埃罗的大墓葬中有带埃及祭祀的陡峭的金字塔和墓室，祭祀中很快出现了当地语言。因此而产生了美埃罗草书文字，并开始试验使用一种来源于埃及象形文字的文字。

库什王朝在托勒密二世的劲旅面前显得不堪一击。为了抢夺阿拉齐干河谷（Wadi Allaqi）中的金子，公元前 275 年埃及大军入侵下努比亚。托勒密二世在东边建立了伯利尼斯潘可瑞索斯城（Berenice Panchrysos，“金子之城”）。库什在底比斯两王对立的时期（自公元前 204 年起）内利用埃及的弱点再一次扩大在下努比亚的影响力。他们通过不断修建阿瑞斯努菲斯神庙巩固自己对菲莱岛的统治，并最终同托勒密四世达成协议。来自南部的参观者们可以进入菲莱神庙。托勒密王室与库什合作修建了位于下努比亚达卡（Dakke）的托特（Thoth）神庙和位于德波（Debod）的阿蒙神庙。古老的神祇联系得以复苏，埃德夫的荷鲁斯鹰神与“南部的荷鲁斯”和“库什荷鲁斯”相联系。

多德卡斯其诺斯（Dodekaschoinos）成为自由贸易区，覆盖面积远及阿斯旺南部 120 公里的赫拉斯卡米诺斯（Hierasykaminos）。但是托勒密王室仍然控制着该片地区，阿拉齐干河谷的金矿现已重新开始生产。

3 托勒密一世头像

可能来自法尤姆；约公元前 280 年；白色大理石；高 26 厘米，哥本哈根新嘉世伯艺术博物馆（Ny Carlsberg Glyptothek），JN2300。

这尊头像可能是王朝建立者的死后肖像。尽管为希腊面孔，其面部特征还是体现出埃及传统。托勒密一世将希腊与埃及融合的政策遵循了亚历山大大帝制定的原则。

希腊统治的结束

公元前 168 年叙利亚国王安提克四世入侵埃及，引发亚历山大市一个名叫戴奥尼索斯•佩托萨拉皮斯（Dionysius Petosarapis）的人叛乱，孟斐斯、法尤姆和底比斯均发生社会动乱。

4 托勒密二世立像

可能来自赫利奥波利斯神庙；约公元前260年；红色花岗岩；高266厘米；梵蒂冈哥里高利埃及博物馆，32。

托勒密二世，姓费拉德尔甫斯（Philadelphos，意为爱兄弟）在同叙利亚国王安提克的争夺中占领了大片土地。他还发起反抗库什和阿拉伯的战争，保卫贸易路线。公元前275年，与罗马首次互派外交使节。

5 阿尔西诺伊二世立像

可能来自赫利奥波利斯神庙；约公元前260年；红色花岗岩；高270厘米；梵蒂冈哥里高利埃及博物馆，31。

这是一尊托勒密二世被神化的姐妹和妻子的祭祀像，在雕像铭文中将其与伊西斯的盖布之女相提并论。阿尔西诺伊是色雷斯（Thrace）国王利西麦克斯（Lysimachus）之女。

在赶跑外国侵略军后，大家意识到改革的需要，其中包括货币改革和采取一些影响寺庙和宗教团体的措施。在托勒密王朝的后期新修了大量的埃及寺庙，这些均与经济变化相关。在这个时期罗马对埃及的影响力逐渐增强，这是一个人民遭受压迫、社会不公加剧的时期，因此国内的大寺庙得以重建或翻修。其中包括卡纳克的奥佩特神庙、埃德夫的荷鲁斯神庙（公元前70年竣工）、丹达腊的哈索（Hathor）神庙和菲莱岛上的伊西斯与哈波奎特斯神庙。这些建筑项目由埃及普通民众根据宗教团体组织出资修建，因此通常要持续几十年。寺庙中心通过经济将受保护的寺庙中的神职人员与当地居民团结了起来。寺院学校中宗教知识被再一次收集。现在遥远的法老只在寺庙生活中起祭祀或仪式上的作用，很多时候铭文中仅仅提到“法老”而并未给出国王的名字。

在公元前二世纪到公元前一世纪，埃及受到罗马影响。埃及的谷物被运到罗马，罗马的元老院议员们左右着埃及的政治。托勒密八世（公元前164年和公元前145—前116年）长期无效的统治导致王室被动卷入暴力的内部权力斗争中，给人民带来深重的灾难。当地埃及人再一次叛乱。公元前131或前130年，一个名叫哈尔西斯（Harsiese）的人将自己的名字刻在了底比斯和厄尔赫比（el – Hibe）的旋涡装饰（皇室用的环形饰物）中，成为最后一位本地国王。忠于某城市守护神和神兽的宗教地方主义，导致拥有不同宗教信仰的民族间产生流血冲突，不同民族战士间的仇恨常常与陵庙以及他们的专制行为有关。有一次，一个罗马人因为误杀了一只圣猫而被处以私刑。

这种情况一直持续到克利奥帕特拉七世（公元前51—前30年）时期，才戏剧般地实现了国家独立。她首先与埃及祭司们达成了一致意见，然后在罗马国王的支持下击败了其他的王位竞争者。克利奥帕特拉成功地与尤利乌斯•恺撒取得联系，她邀请恺撒拜访亚历山大，但就在恺撒参观亚历山大王宫时，爆发了危险的民族主义革命（公元前47年）。在战斗中，著名的亚历山大图书馆被火烧毁，大量知识资料因此而流失，造成毁灭性的后果。

克利奥帕特拉与恺撒生了一个儿子，取名小恺撒（Caesarion）。在恺撒死后，她利用小恺撒为埃及谋求政治利益。她把自己和小恺撒的像画在艾尔曼特（Armant）和丹达腊的寺庙的墙上以证明小恺撒的合法地位。她后来大胆公开与罗马执政官和恺撒的政治继承人马克•安东尼的情事，隐藏着希望托勒密王朝重新占领塞浦路斯和西里西亚（Cilicia）的企图，因此她与马克•安东尼的死亡有关。恺撒的养子屋大维，即后来的奥古斯都大帝巧妙地怂恿大家反对这对夫妻奢侈糜烂的所谓埃及和希腊（实际上完全不符罗马传统）化的生活。故事的结局是罗马式的。在亚克兴（Actium）海战战败（公元前31年）和马克•安东尼死后，克利奥帕特拉用一条毒蛇结束了自己的性命。她的儿子被奥古斯都杀害，女儿克利奥帕特拉•塞勒涅远嫁毛里塔尼亚国王朱巴二世，这位国王骄傲地把埃及及标志伊西斯加到钱币中。但公元前30年，埃及成为罗马的一个省，由帝国指任的地方行政长官统治。

6 奥古斯都之巨头

可能来自阿斯里比斯（Athribis），约公元前50年，大理石；高79厘米；亚历山大，希腊罗马博物馆，24043。

奥古斯都并不鼓励修建埃及寺庙，他在对马克·安东尼与克利奥帕特拉的战斗中讨厌埃及的堕落，并憎恶埃及的动物神。但是在希腊和埃及人修建的埃及寺庙中，他本人进入了王朝祭祀中。这尊头像是死后肖像。

成为罗马一省的埃及

奥古斯都在埃及驻扎了几个军团。当公元前 23 年行政长官盖尤斯•佩特罗尼乌斯（Gaius Petronius）进入纳巴塔时，是对早些时候美埃罗入侵阿斯旺地区的一种反抗。在多德卡索伊诺斯以南，罗马人划出一块含三十索诺（shoinoi）的区域作为他们的势力范围。美埃罗与北方开通贸易后，经历了一个新的繁荣期，使喀土穆（Khartoum）东北布塔纳（Butana）平原美埃罗岛上土地肥沃的地区再次出现了很多埃及风格的寺庙。直到后来新的游牧民族努比亚人和贝雷姆耶人来到了下努比亚，开始间接与非洲进行贸易，美埃罗的繁荣走到了尽头。公元 350 年左右，阿克苏姆（Aksum，即现今的埃塞俄比亚）国王伊扎纳（Ezana）发动了对贝雷姆耶人和库什人的战争，导致了美埃罗的衰落。

同时，埃及成为贪婪的罗马帝国的一个省。谷物、纸莎草和来自东部沙漠蒙斯拼波菲莱特（Möns Porphyrites）和蒙斯克劳定纳氏（Möns Claudianus）的斑岩采石场中的贵重硬石，来自阿斯旺和东部沙漠中的花岗岩和雪花石膏被运到罗马，后来被运到君士坦丁堡（Constantinople）。罗马帝国的广场和斗兽场装饰着方尖碑和埃及雕像。意大利城市中的伊西斯祠堂中举行的神秘仪式是埃及和埃及化特征的混合物。哈德良大帝有专门的埃及顾问，他似乎特别偏好希腊－罗马式祭祀，尽管有可能只是出于一种研究古物的兴趣，例如他在罗马附近蒂沃利城（Tivoli）中修建了埃及样式的别墅。哈德良大帝的爱妻安提诺乌斯（Antinous）在与其同游埃及时不慎淹死，为纪念她，哈德良大帝在中埃及建立一个新城——安蒂努波利斯（Antinoopolis），安提诺乌斯的祭祀典礼按照埃及传统举行。

罗马时期的大都市亚历山大市因为政治、社会和宗教原因而动乱不堪。在该城市中，传统的埃及神学与希腊、犹太和后来的基督教思想融合，保留至今的有圣子、圣父、圣灵三位一体，升天、圣母玛利亚与圣子的形象。公元前三世纪，塞拉皮斯与伊西斯祭祀与基督教祭祀并存。

开始时，国内其他地方的本地埃及人仍然朝奉埃及寺庙。新法规管理着祭祀活动。经常以罗马统治者的名义重修或者改建寺庙。在埃斯那（Esna）地区后来修建的神庙中的铭文所体现出的宗教思想性超过以往任何时期。菲莱地区的神庙因为外观漂亮以及与非埃及人的联系一直开放到基督时期，到东罗马帝国时期止（公元 527—前 565 年），庙中有时代最近的通俗文字铭文。

自三世纪中叶起，上埃及地区因为南方游牧民族贝雷姆耶人的入侵而荒废，多德卡索伊诺斯不得不放弃这块领地。因此，国家停止了对当地祭祀的支持，但上埃及人特别忠诚于“异教”习俗和神兽崇拜，即使在第四和第五世纪，大部分埃及人已经皈依基督教后，他们仍然保持着自己的传统。即使在公元前七世纪，基督徒们仍然保持着制作木乃伊的习俗。提奥多修斯皇帝（Emperor Theodosius）通过了一条法律废止异教祭祀，公元 425 年，狂热的僧侣们刺杀了亚历山大的哲学家希帕蒂娅（Hypatia）标志着亚历山大异教哲学流派的结束。埃及的法老历史结束于后罗马帝国时期，但古埃及思想历史传统在埃及基督教中有着深远的影响，直到今天，我们仍然能感受到其中的影响。

石头中的世界秩序——后期王朝的寺庙

迪特尔·库尔思（Dieter Kurth）

参加埃及经典游的当代游客都会看到希腊罗马时期保存完好的大寺庙等景观。这些寺庙可以追溯到托勒密王朝时期，托勒密家族在继亚历山大大帝之后统治埃及长达三个世纪，以及托勒密王朝之后的时期，在此期间埃及不是一个独立的国家，而是在公元前 30 年成为了罗马帝国的一个省。

外来统治者剥夺了埃及的政治独立性但却保留了他们的宗教。虽然这些寺庙在国家的控制之下，但它们保留着土地和祭司体系，在王室和私人捐赠的资助下，埃及人甚至新修或者扩建了很多祠堂。寺庙因此构成国家经济的一部分，为宗教节日提供了公众聚会的场地，并诞生了符合宗教正统性的新一代埃及宗教大师。

这种正统性是通过寺庙浮雕上的外国国王肖像来体现的，这些国王效仿他们的埃及前任们祭拜埃及神。在托勒密国王统治时期，人们游行时拿着在位国王的金雕像，并在寺庙中为他塑雕像以示崇敬，同时那些已逝的国王与神祇们一起出现在寺庙浮雕中，共同接受人们的拜祭。

在该时期修建的一百多座寺庙中，有六座大型的寺庙和一些小型的寺庙保存相对完好。其中包括卡拉布萨（Kalabsha）的曼杜利斯（Mandulis）神庙、菲莱的伊西斯神庙、康翁波（Kom Ombo）的哈拉里斯（Haroeris）与索贝克（Sobek）双神庙、埃德夫的荷鲁斯神庙、埃斯那的克奴姆神庙和丹达腊的哈索神庙。埃德夫和丹达腊的神庙历经两千年，仍然保存完好，是说明希腊罗马时期寺院建筑特点的理想范例。

希腊罗马时期寺庙建筑的传统与创新

将至圣所深嵌入寺庙的做法并不是希腊罗马时期的发明，但当时的建筑师们有意识地系统性地采用这种方法。参观者一踏入埃德夫神庙即有一种与世隔绝的感觉，完全对称的柱式产生一种平静的氛围（见第 300 页，第 9 号，埃德夫神庙平面图）。

参观者走过一条长长的过道，光线越来越暗，地面越来越高，天花板越来越低，过道也越来越窄，就这样一直进入寺庙和祠堂（5）最里面的部分，其中的壁龛（B）中立着神祇的祭祀像。

在通向最里面的祠堂的路上，参观者将经过塔门（A）的巨型门并来到一个开阔的院子中（1）。院子周围立着一排对称支柱，一直排到寺庙外厅的入口处（门廊）。这里是寺庙中最大的内室（2），天花板下立着十八根立柱。参观者从此处继续往前走，来到内支柱厅，即"门厅"（3），游行时神像被从阴暗的内庙中搬到此处。挨着是献祭厅（4），这个厅通向祠堂。祠堂旁围绕着一条走廊（C）通向八个祠堂，其中两个依次通向附室（6 – 15）。三面围绕着小教堂的祠堂与希腊罗马时期的很多其他寺庙结构相似。后王朝的另一建筑特征可通过丹达腊的哈索神庙更好地进行说明（见第 303 页，第 16 号，丹达腊主庙平面图）：这是"净化屋"（wabet）、"净化祈祷室"和前面的露天庭院（A）。很多可搬动的小神像被搬到庭院中，接受人们的慷慨献祭。在净化屋中，为神像涂油，穿上衣服和装饰，为"太阳圆盘合一"节做好准备。

尽管新年之始并不是唯一一个庆祝太阳圆盘合一的节日，但却是最重要的一个节日。在过节日时，神像被从寺庙下面的地窖中搬到净化屋中，在那里穿上衣服，戴上勋章，最后由众多祭司通过西边的楼梯（B）搬到寺庙屋顶上。游行一直到达屋顶西南角的凉亭。小雕像就这样被放在这里接受阳光照射，吸收新年中所必需的生命力。最后通过东面的楼梯（C）将这些雕像搬回寺庙中。因此，净化屋与地窖、楼梯和屋顶凉亭一起成为新年庆祝活动巨大舞台的一部分。

丹达腊的寺庙屋顶上有两座小教堂和一座凉亭。每座小教堂包括一个庭院和两间邻室。与同时期其他寺庙的屋顶祠堂相同，这些祠堂专门用于奇沃卡（Choiak）月的欧西里斯特殊祭祀。寺庙屋顶上的祭祀区域自新王国时期就存在，但它们通常是对着天空，用于太阳神祭祀。

与早期相同，希腊罗马时期的主庙建筑建于宽阔的寺庙围地内（见第 17 号，丹达腊围墙平面图）。几个世纪以来，国王们在里面修建了无数的祠堂和其他建筑。例如，在罗马统治后期的丹达腊围墙内有一座第十一王朝的祠堂、一座第十三王朝的圣洁堂（Mammisi）、一座托勒密时期的祠堂、一座奥古斯都时期的伊西斯神庙、一座托勒密王朝后期至罗马统治早期修建的大型哈索神庙、一个圣湖、一个疗养院和很多口井。另外围墙外还有几座祠堂。

7 哈索神庙门廊

丹达腊；罗马帝国时期；公元一世纪；支柱的形状像一种名叫叉铃的乐器，四个方向都有哈索之头，整个巨大的空间内充满着一种和谐之感。

8 埃德夫：从门廊屋顶看庭院视图

托勒密八世至托勒密十二世统治时期，公元前164—前55年。

庭院南端为一座高35米的塔门，东西两面均围绕着10米高的围墙。塔门和围墙前室一组周柱为中庭式的立柱。这种建筑组合形成一种封闭的空间感，其和谐感来自各个建筑组成部分的完美对称。

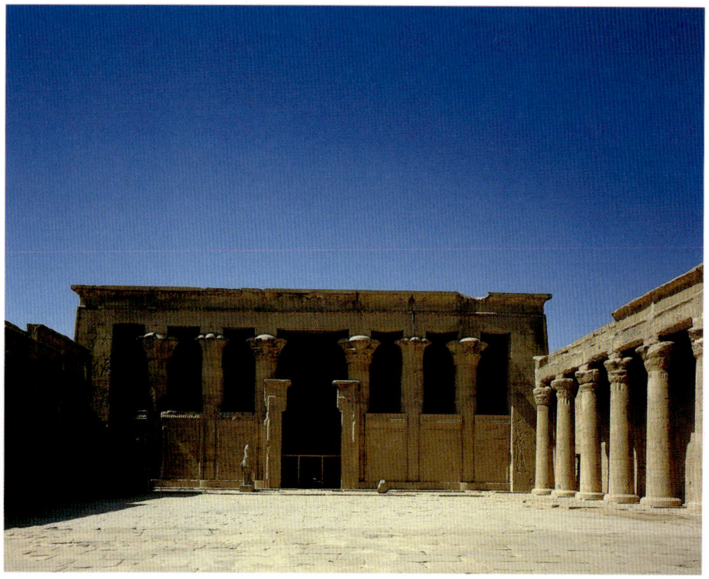

9 埃德夫：寺庙平面图

托勒密八世至托勒密十二世统治时期，公元前164—前55年。

平面图显示各个轴完美对称。参观者从中央的走廊（A－C）进入寺庙，向前直走可直接到达祠堂，光线从明到暗，空间从宽到窄，向右走则进入附属建筑的中心，里面最引人注目的是至圣所。石砌的围墙高10米，自正立面南的塔门起，从三面环绕着主庙。其他祭祀地的寺庙也有围墙，但只有埃德夫祠堂的围墙保存最为完好。

10 埃德夫：庭院北端和门廊正立面视图

托勒密八世至托勒密九世统治时期，约公元前164—前81年。

高高的柱间板条、装饰繁复的复合式支柱柱身和主入口处中央上方的嵌入式门楣都明显具有当时寺庙建筑的特点。柱间板条和嵌入式门楣在新王国时期零星地出现，但复合式柱身在后王朝的寺庙中才完全显示出其多样的风采。门廊中央入口的左边是神庙主神——大上帝荷鲁斯（Horus Behedeti）的塑像，他化身为戴着双王冠的猎鹰。

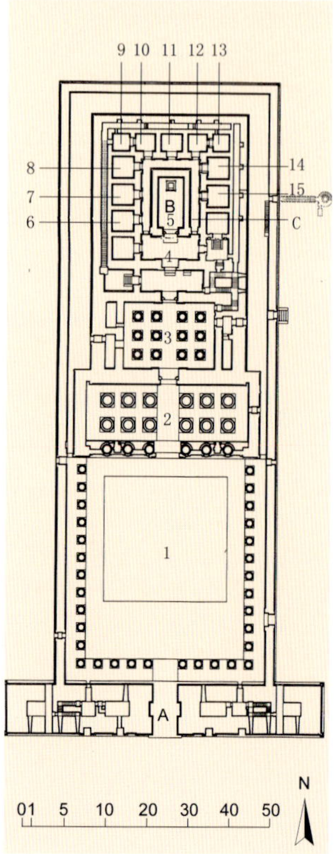

11 庭院和净化祈祷室或净化屋正立面视图

丹达腊，哈索神庙；奥古斯都统治时期，公元前 30 年—前 14 年。

“净化祈祷室”和前面的献祭庭院是太阳圆盘合一节设置的建筑布景之一。“wabet”（净化屋）一词可能来源于古时候的涂油厅；这两个地方都用于做尸体复活的准备。在王室和私人陵墓中，是死人的尸体；在神庙中是在季节循环中死去的神祇之尸体。

单独修建圣洁堂是希腊罗马时期寺庙建筑的另一大特点。每年在此诞生室中举行当地三位一体神子诞生节的庆祝仪式。

丹达腊的神子是年轻的伊希（Ihy），他是丹达腊的哈索神与埃德夫的荷鲁斯神之子。这一仪式背后的故事至少可追溯到女王哈特谢普苏特统治时期，当时人们把她视为法老的女性继承人从而为她举行这一仪式。根据她出生时的传说，其母亲为凡间的女王，父亲为阿蒙神。但现在在外来统治者的统治下，传统的祭祀行为被完全演变成对神的祭祀。

希腊罗马时期寺庙建筑的种类

埃德夫与丹达腊的主庙布局十分相似。但仔细研究则会发现其中有明显的不同之处，例如支撑支柱式大厅天花板的支柱和内部支柱式大厅的侧堂的数量。到丹达腊参观的人不会不注意到哈索寺庙独特的正立面，支柱呈叉铃型，表达对女神献祭的含义。

希腊罗马时期的寺庙建筑常常被指责为过于单调。通过比较埃德夫和丹达腊的寺庙，粗略一看，似乎确实有这种感觉。但如果我们观察同一时期的其他寺庙，我们会发现当时的寺庙其实也富于变化。例如，菲莱岛上的伊西斯神庙的布局非常奇特（见第 305 页，第 22 号，菲莱神庙平面图）。主庙祠堂和后墙（1）前面的三座小教堂属于新王国时期风格。没有内支柱式厅，外支柱式厅与塔门（2）间的庭院非常小。但这个塔门与另外一个外塔门间却有一个巨大的庭院（3）。东面有一排支柱与庭院隔开，西面是圣洁堂。有一扇门从外塔门的西塔通向圣洁堂入口处。

外塔门和第三十王朝时修建的凉亭（6）间有一个开阔的外院，东西两面围绕着两条长长的带顶的曲廊。这些特点来源于当地祭祀的特点，同时也是一种发展，直接在此基础上进行了变动，岛上建筑空间不足可能也是形成这些特点的一个原因。

康翁波的主庙设计也非常不同（见第 306 页，第 26 号）。它有两座祠堂，两条中央走廊穿过寺庙中的所有房间通向塔门。这种双重结构（部分已被毁）反映出当地的神学思想，因为当地有两个主神，而且他们的三位一体神在康翁波受拜祭。寺庙的右边（从里面看）属于哈拉里斯、他的妻子塔斯内特勒芙瑞特（Tasenetneferet）和他的儿子帕尼布塔维（Panebtawy）；左边属于索贝克、哈索和孔苏一家。

但在神庙的装修上没有严格的区别。大量与索贝克和哈拉里斯相关的仪式场景出现在其他神的神殿中，就这样避免了呆板的并列。

该寺庙还有其他一些独特之处。与埃德夫和丹达腊神庙不同，净化屋在右边（靠近最里面的哈拉里斯祠堂），且祠堂与内支柱式厅间有三个而不是两个大厅。另外一个与埃德夫和丹达腊神庙模型 不同的特征是康翁波主神庙被两段石砌围墙环绕，因此有两个曲廊。最后，在外围墙内部的后面有六个房间且中间有一段楼梯。

希腊罗马时期有很多小寺庙也有着各自独特的特点，例如，埃斯那神庙门廊中有各种不同形式的复合式柱身，非常引人注目。一种或多种盛开的纸莎草花形状成为基本的植物装饰样式被用于浮雕中。其中一些非常简化，一些非常逼真。

唯一保留下来的是比加（Bigga）岛上一座欧西里斯（司阴府之神）和伊西斯（古埃及的丰饶女神）小庙。这座寺庙有一扇门通向附近的码头，祭司们坐船从菲莱岛来到此处，为欧西里斯墓献祭，据说他就葬在这个岛上。

13 哈索神庙屋顶视图

丹达腊；奥古斯都统治时期，公元前30年—前14年。右后是凉亭，太阳圆盘合一节时在凉亭中举行主要的庆祝仪式。

大门最初修建和装饰时完全采用的是埃及风格，但后来又用古典的希腊罗马风格重修了走廊。重修仅仅影响了老建筑的中央部分和埃及风格的装饰，所以这扇门现在从整体上呈现出一种奇特的混合式风格。入口处两根带复合式柱身的立柱是门上神庙废墟的主要特点。周围的建筑已被完全摧毁，但这些立柱历经岁月的洗礼仍然保存完好，让人不得不啧啧称奇。

尼罗河东岸卢克索的埃勒卡拉神庙（见第306页，第27号）的布局非常奇特。这座小神庙有两条成直角交叉的中央通道，一条通道由西向东，一条通道由南向北。第一条通道像其他寺庙中的通道一样，从寺庙狭窄的正立面的入口处通向主祠堂；第二条通道从狭长的南面的一个入口处引出，与另一条中央通道交叉，止于寺庙最远端的一个附祠堂。这个附祠堂每年用于举行庆祝“远方女神”回归的仪式。这个女神是太阳神的眼睛，太阳每年向南一次。大部分埃及寺庙都用节日庆祝瑞神之眼从南方回归，但在埃勒卡拉这个节日有着独特的地方特色。

12 欧西里斯祠堂庭院和西面屋顶正立面

丹达腊，哈索神庙；奥古斯都统治时期，公元前30年—前14年。

在屋顶小教堂中举行祭祀欧西里斯神的仪式。祭祀仪式包括传统的用泥土和古物塑欧西里斯的像，然后定期浇水。过一段时间，谷物会发芽，神像上将长满新芽，象征着欧西里斯复活，并将创造出大地上的万物。上一年制作的“谷物木乃伊”，已保存了一年，这时将会被从屋顶上搬走，可能会被埋在丹达腊古神墓地中。欧西里斯神庙屋顶小教堂的围墙上刻满文字和图像，讲述着这些故事。

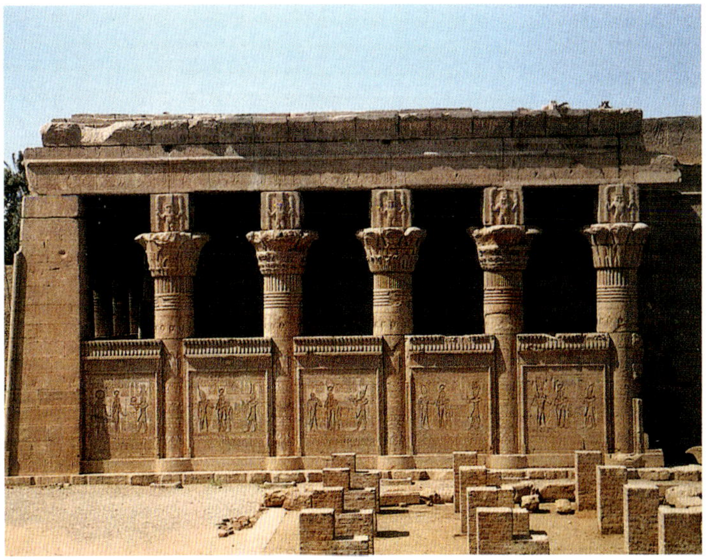

14 门廊正立面视图

丹达腊，哈索神庙；公元一世纪。六根立柱呈哈索尔叉铃型，将寺庙的正立面分隔开。立柱柱身上刻有哈索女神头像，人脸、牛耳，戴着厚厚的假发，并用她的乐器叉铃作王冠，因为她是司舞蹈和音乐的女神。

祠堂上的铭文和考古发现显示在丹达腊地区仪式性建筑有着很悠久的祭祀传统，其他长久存在的拜祭地点也是如此。根据推测早在古王国（第六王朝）晚期或者更早时期，此地就建有一座哈索神殿。后来几经扩建，终于在希腊罗马时期这个几乎不为人知的新王国时期寺庙被现在的这个大型建筑所取代。

15 罗马圣洁堂

丹达腊；公元二世纪。

一条带顶的曲廊围绕着主殿，外面有立柱和柱间板条，这是"诞生室"的典型建筑特征。此处的板条（朝南看）上描绘的是国王图拉真正在向哺育她的儿子伊希的哈索女神及其丈夫埃德夫的荷鲁斯献祭（右边的第一个场景）。在复合式柱身上面高高的顶板上，贝斯(Bes)神以赫(Heh)神的姿态出现。因此贝斯神在圣洁堂中履行着多种功能：他自己的职责是帮助妇女分娩——在神子诞生时提供帮助，另外他还要承担空气之神赫神的职责，即擎住天空并象征永恒——为神子带来呼吸，保护建筑的安全，让它永存。

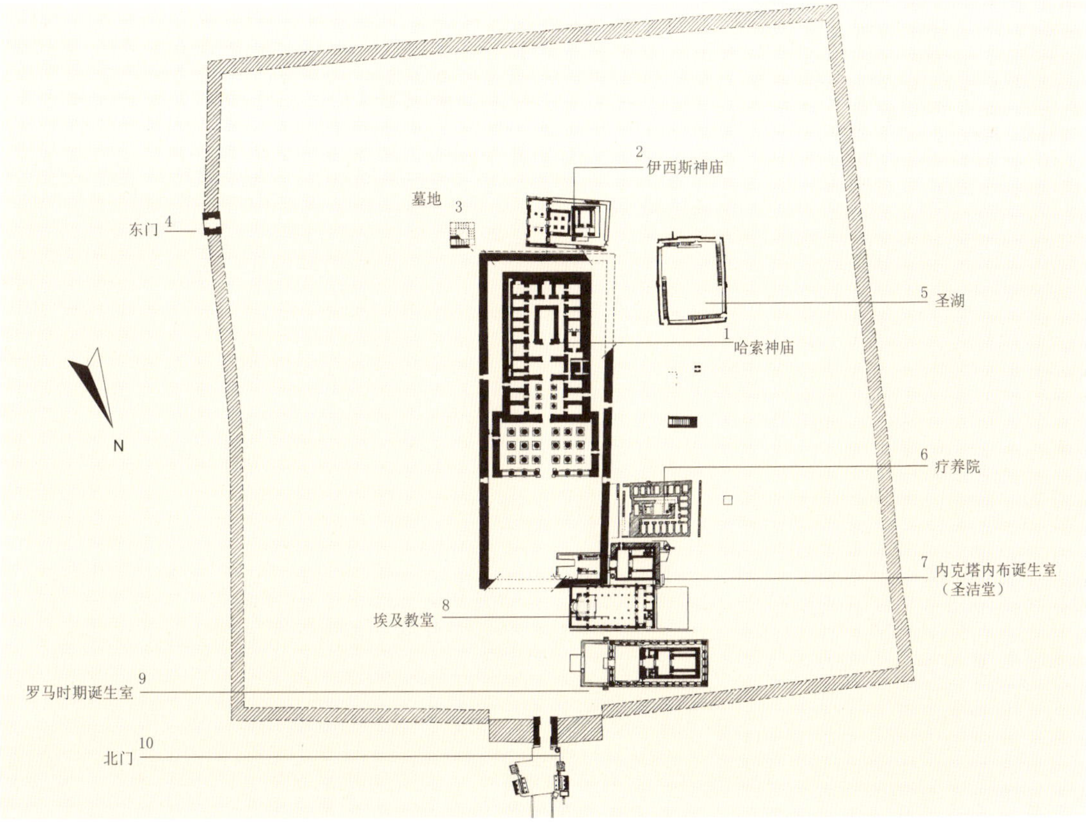

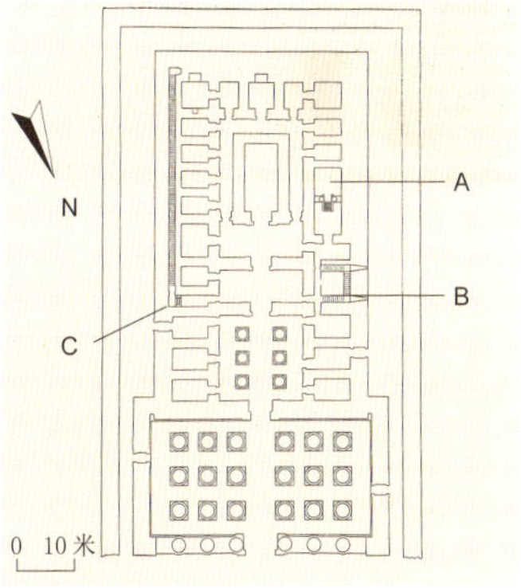

16 丹达腊：哈索神庙平面图

此神庙的平面图与托勒密时期埃德夫神庙的平面图极其相似，此神庙肯定以埃德夫神庙为原型而修建。但在丹达腊，原始设计中的建筑元素，如围墙、庭院和塔门等从来没有完整建成过。

17 丹达腊神庙围地

寺庙周围围着用未经烧制的泥砖砌成的高围墙。北门位于主庙的中轴线上。游行路线从此门出发，经过一组罗马统治后期凿挖的井，进入一条连接尼罗河两岸停泊区的通道，附近有一凉亭。

18（右图）门廊内部视图

埃德夫，荷鲁斯神庙；托勒密八世统治时期，公元前164—前116年。

从西到中部走廊到东墙的视图。在南面，阳光透过正立面的板条照进大厅，立柱上的部分浮雕沐浴在灿烂的阳光下。里面的十二根立柱上雕刻着全埃及的伟大神祇们。国王为他们呈上他们最喜爱的祭品，象征着埃德夫神庙欢迎来自全国各地的神祇。

19 西面的周柱中庭

埃德夫，荷鲁斯神庙；托勒密八世至托勒密十二世统治时期，公元前164—前55年。

阳光从东面照进带顶的曲廊，并在地面和墙上投下立柱的阴影。

20 哈索尔叉铃状立柱

菲莱，伊西斯神庙；内克塔内布一世修建的凉亭；第三十王朝，公元前370年；砂岩；立柱高约3.6米。

这座由内克塔内布修建的小凉亭已成古迹，被迁到码头上直接重建，其最初修建位置现已不详。柱顶上方装饰着植物图案，而立柱上面描绘着哈索女神，四面形的脸和一对牛耳朵。这种典型的叉铃状立柱在菲莱岛上的诞生室中也有发现，主庙内大庭院中的东面柱廊也非常典型，它让哈索祠堂或者伊西斯祠堂内举行的宗教仪式更具庄严感。这种风格的立柱与埃德夫的荷鲁斯神庙中纯粹复合式立柱有很大的不同，荷鲁斯神庙中立柱的柱顶只有在天花板下面的柱腔部分装饰有植物图案。

21 在阿加勒凯（Agilkia）岛上被重建后的菲莱寺院

阿加勒凯与小岛上原来所建的寺庙方向非常一致。中间是带曲廊的圣洁堂；后面是内院，位于南北塔门之间；左边的小塔门之后，是伊西斯主庙；右边的大塔门前是长长的前院，延伸至小岛南端。在背景中，水中的现代建筑所在位置显示出菲莱岛的最初位置。

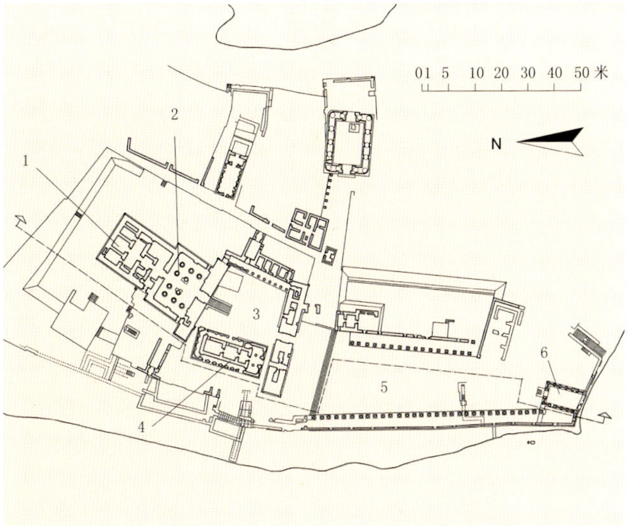

22 菲莱寺院平面图

此处也有神庙围地，中间包含很多其他的祠堂和主庙。很明显，最初的建筑规划中考虑到了岛上的地理位置条件，这可以从伊西斯神庙弯曲的轴线中看出。在搬迁过程中需搬运40000块石块。

23 比加岛码头上的大门

奥古斯都时期，公元前30—前元14年。每隔十天一次以及节日时，来自菲莱岛的游行队伍从该门进入欧西里斯陵墓。各种不同的古代建筑元素（圆形拱顶、卵锚饰嵌线）被融合进埃及建筑和墙面装饰中。

24、25 埃勒卡拉神庙鸟瞰图

罗马帝国时期［奥古斯都到克劳狄斯(Claudius)统治时期］，公元前50—前30年。现代建筑冲击着寺庙外墙。照片清晰地显示带两条中央通道的两个祠堂成直角交叉。

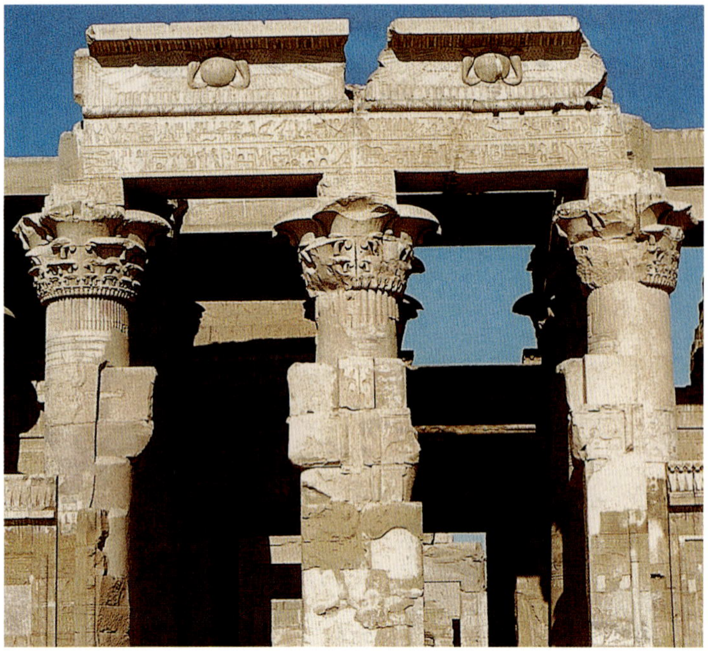

26 康翁波寺庙围地平面图

这座索贝克与哈拉里斯的祠堂拥有两条中央通道与两座石砌围墙，因而显得与同时期的其他埃及神庙不同。圣洁堂（大部分已被摧毁）的位置与埃德夫神庙相同。

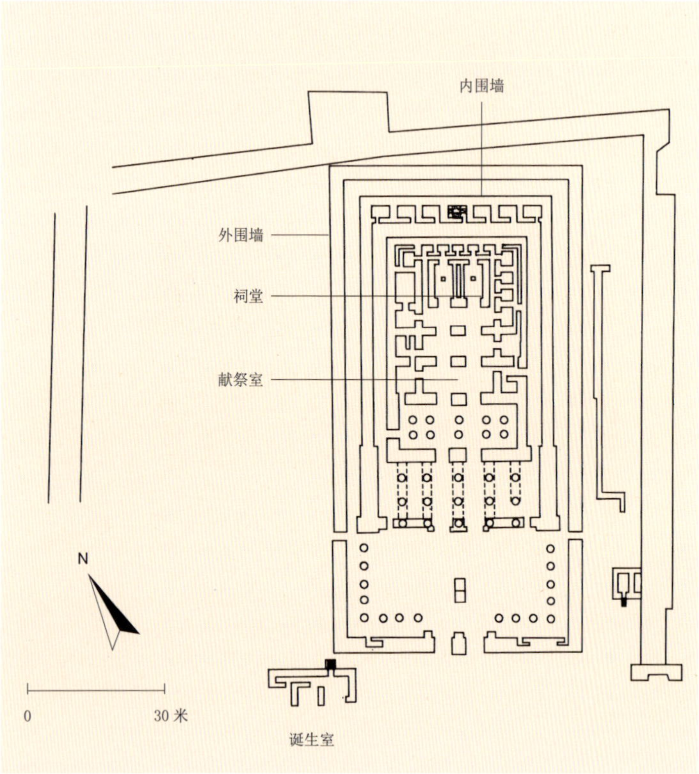

27 埃勒卡拉神庙平面图

主祠堂南面为纯净屋，即“纯净祈祷室”。附祠堂的位置是这座寺庙的一大特点，与同时期的建筑大相径庭，例如环绕着主祠堂的曲廊，且附祠堂与主祠堂相通。

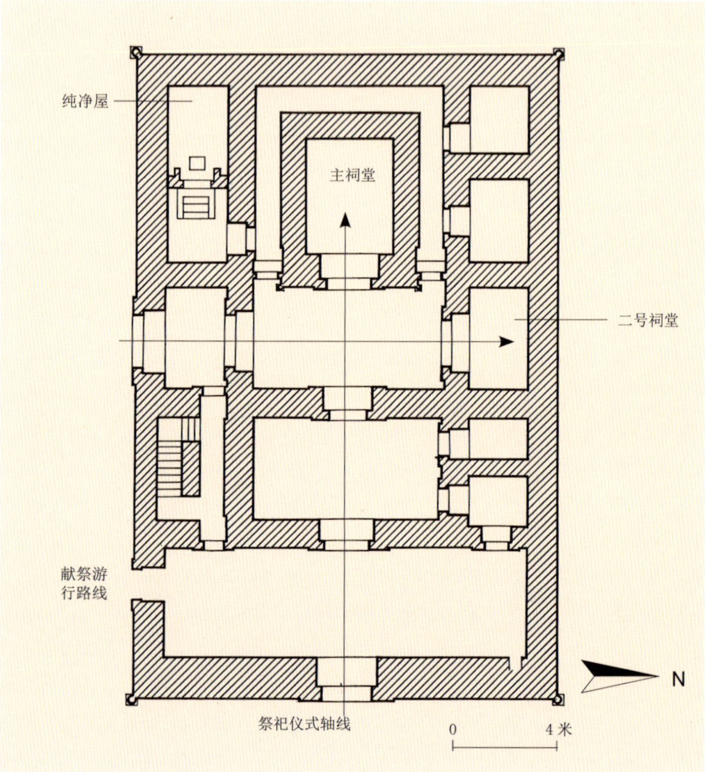

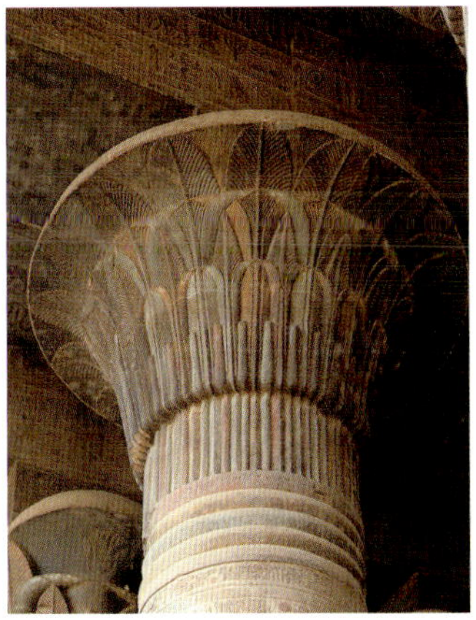

寺庙装饰主题

根据不同的观点寺庙装饰可以有几种分类方法。按照装饰主要是与寺庙、国王还是神祇相关，我们可以将其分为三类。主要与寺庙相关的装饰元素是整个世界的写照，与宇宙般浩瀚无穷的神力相符。这种装饰风格将立柱结构描绘成植物，将天花板描绘成天空。主要与国王相关的装饰元素包括国王进入寺庙、净身、加冕或者由神赐予其王位的神圣合法性等诸多场景的描绘。绝大多数绘画形象和文字都与神相关，因此有这样一个问题：在希腊罗马时期哪些神能够继续从新寺庙或扩建后的寺庙中获益？

总体上讲是当地那些伟大的古代神祇们，如阿蒙、克奴姆、盖布、哈拉里斯、哈索、荷鲁斯、伊西斯、敏神（Min）、蒙图、奈斯、欧西里斯、瑞神、索贝克、托特等。有些神原来相对不那么重要，但与他们相关的祭祀活动却在后王朝时影响力日增，因此也为他们修建了新的寺庙。

其中包括罗马时代在达克拉绿洲的易司曼特埃勒哈拉布［Ismant el－Kharab，喀里斯（Kellis）］修建的提头斯［Tithoes，图图（Tutu）］神庙，在赫迦绿洲的卡斯杜什（Qasr Dush）修建的塞拉皮斯和伊西斯神庙。此时，埃及很多祭祀中心的大祭司们在旧传统的基础上独自创造发展出各种不同的神学体系。各个祭祀中心的神学家们交换意见，互通有无，且互相启迪新的智慧。因此在寺庙装饰中体现出很多共同的理念，同时又极富当地色彩。

像过去一样，寺庙装饰中表现的是国王向各种不同的神献祭的传统埃及王权象征物。尽管他实际上不是埃及人而是一名外来统治者，但他仍然是唯一一个可作为埃及大祭司接近神权的人物。在这些后王朝修建的寺庙中仍然奉行古代的王室教条，认为只有埃及国王能够向埃及神献祭。另外，为了保证国泰民安，神必须接受这些献祭。

相应涉及的两个不同主人公，祭祀场景分为王室与神两个部分，并写出了国王与神之间发生的对话。国王的礼物种类繁多。

28 克奴姆神庙门廊中的复合式柱身

埃斯那；罗马帝国时期；公元一世纪到二世纪。

图中显示的是庙内十八根柱身中的两根。与埃斯那的埃德夫神庙不同，此处没有把庙内不同类型的柱身按照轴线对称排列。

29 丹达腊神庙门廊中的天花板

罗马帝国时期；公元一世纪。天空女神努特（Nut）生下了太阳，其光芒照耀着丹达腊（左图，图倒立显示）。

努特女神衣袍上弯曲的线条表示天空如水一样也有波纹。星座神祇们的圣船漂浮在水面上，船首刻有黄道十度分度：例如从左数第二个，伊西斯索提斯以躺着的牛出现，在她右边，猎户座神（Orion）化为人形朝后看。

30 荷鲁斯埃德夫神庙中的第 24 号房间

托勒密四世统治时期，公元前 221—前 204 年。

托勒密四世接受“天使报喜”。国王跪在神圣的许愿树（ima tree）下，从其父亲荷鲁斯·贝赫蒂提“手中接过”确认其合法登上王位的公文。奈赫贝特女神（右图）赐福于他，保佑他可以永远荣任“荷鲁斯国王之位”。荷鲁斯与奈赫贝特手拿棕榈叶，象征王位继承永久有效，叶子卷曲的一端刻着表示“继位庆典”的象形文字。

31 荷鲁斯埃德夫神庙中的第 24 号房间

托勒密四世统治时期，公元前 221—前 204 年。

哈索拥抱了国王托勒密四世。女神长长的假发上和王冠顶部戴着秃鹰冕，由牛角和太阳圆盘组成。这一形象是对上面文字的一种图像式强调，上面写到：“深受丹达腊的守护女神——伟大的哈索女神喜爱的国王托勒密四世。”

很多场景显示实际的物品有食物、鲜花、织物或护身符。其他仪式包括国王跪在神面前，向神祈祷，在神面前显舞，通过在神眼前击打神的敌人表示自己将成为一位优秀的君主，或者表演各种各样的仪式性行为。

寺庙的重要主题就是保护祠堂和里面的神祇。在埃德夫，有四组守护神，各组守护神均有一名主导神。主导神被描绘成拥有猎鹰、狮子、毒蛇和公牛四个头的混合动物形象。这些形象被放于寺庙中最易受到损害的地方，即主入口和围墙上。

大部分装饰都为寺庙节日而准备。埃斯那神庙立柱上的节日日历完全由文字组成。菲莱岛上的哈德良大门上有与比加岛上的欧西里斯［阿巴顿（Abaton）］陵墓游行有关的文字记载和图像。埃德夫的荷鲁斯神庙中一长串的场景描绘了神的胜利节日和到贝赫蒂提（Behedet）神圣区域游行。丹达腊哈索神庙的屋顶祠堂上最为详尽地描绘着奇沃卡节日的情景，这个仪式是为了保证欧西里斯每年的复苏。

在埃德夫最为盛大的一个节日是庆祝荷鲁斯的胜利，始于 6 月 21 号（美克尔，Mekhir）。记录相关事件的图片和文字在围墙西段的内墙表面上。围墙的第二个区域有祭祀传说叙述性文字，被分为独立的章节。节日的意义来源于传说，第一区域描绘的是节日中所发生的故事，接下来时祭祀和胜利节的传说，各含四个场景。

祭祀浮雕和叙述文字——荷鲁斯的胜利

祭祀传说中叙述的故事始于一次反抗太阳神瑞的叛乱，他的力量因为年事已高而减弱。这次叛乱突然爆发于下努比亚的阿斯旺地区。埃德夫的荷鲁斯向其父亲紧急求援并一起打败了他的敌人。敌人被荷鲁斯和瑞神追赶，一直向北逃窜到尼罗河下游地区。

32 献祭室

埃德夫；托勒密四世统治时期，公元前221—前204年。托勒密四世（右图）向荷鲁斯献上面包和一根装饰有鲜花图样的权杖。他的前面，牛头神姆奈维斯（Mnevis）请求荷鲁斯（以国王名字命名）吃下供桌上的热面包。“噢，来吧。我的神，趁热把这些东西吃掉吧！［……］每一天你的供桌上都将有很多美味的面包，您可以尽情地享用它们［……］”国王用以下词语向神形容这些鲜花：“［……］借着您的汗水（水）的滋润和阳光的照耀，这些花儿才能够在土地上生长［……］。”神这样回答国王：“［……］您为我带来了这些礼物，我很高兴，作为回报，我会让整个埃及为你带来礼物［……］。我要赐予你很多好东西，你可以将它们赐予苍生万物。”

33 西面塔门塔楼两边描绘的场景

菲莱，伊西斯神庙，一号塔门，从上数第三区；托勒密十二世统治时期，公元前80—前51年。

托勒密十二世杀死了布亨（Buhen）的荷鲁斯的敌人。“噢，荷鲁斯，您父亲的守护神，高兴起来吧！您的敌人已经死了，就躺在您的脚下！”国王说道。神回答道：“我要让您的武器更加强大，以对付您的敌人。”神像头部右边的十字架表示基督徒是可能破坏浮雕的罪犯。”

34 荷鲁斯神庙围墙

埃德夫；托勒密九世至托勒密十世统治时期，公元前116—前88年。

“强大的他一声怒吼”，接下来神的名字，预言着任何试图翻过荷鲁斯神庙围墙的人都将遭受厄运，形象为牛头猎鹰的额赫姆赫姆（Urhenmhem）伫立于寺庙最高处。

荷鲁斯神话中的场景

埃德夫，荷鲁斯神庙；内曲廊，围墙西面内墙的装饰；托勒密十世至亚历山大一世统治时期，约公元前 100 年。

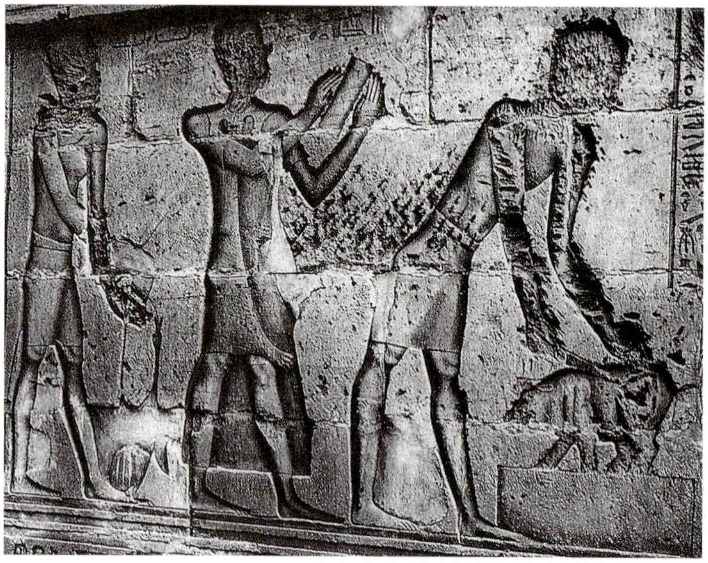

35 在这一场景中，胜利节日庆祝活动达到高潮。在左边，国王正在喂一只鹅，是象征战胜敌人的很多仪式中的一种。在中间，祭司代表——被神化的伊姆贺特普（Imhotep）正在宣读仪式书；在右边，屠夫正在进行宰杀，但没有血溅出来，因为仪式上斩杀的敌人是用面粉做成的。各位神都被分配到河马身体的一部分，因此他们可以吃掉它并参与摧毁塞特的行动。但伊西斯指示他的儿子荷鲁斯正确分配：“请把他的前腿［……］给你的父亲欧西里斯［……］。请将他的肩膀拿给赫尔默普利斯的托特……］。将他的臂献给古代的荷鲁斯［……］。但他的前面部分属于我，他的后面部分也属于我，因为我是你的母亲［……］”。这段铭文以胜利符咒结束，各出现了四次，其中包括：“每天因为荷鲁斯而感到快乐，也因为他的父亲感到快乐。”［……］伟大的天空之神荷鲁斯·贝赫蒂提战胜了他的敌人，并推翻了他（塞特）的统治。”

36 描绘叉鱼仪式第七和第八节的场景。国王站在地上，举起手臂进行拜祭。在国王前面的两条小船上，荷鲁斯手拿长矛刺向河马，一手牵着系住鱼叉的绳索，鱼叉已经刺入河马的体内。一名带着矛与匕首的守护神在后面监视着荷鲁斯。

37 与仅有神出现的祭祀传说不同，现在国王在整个节日庆祝过程中都积极参与。他站在图中的左边。荷鲁斯在圣船中面对着国王，并说道：“我们将用这两把鱼叉刺那个懦夫（塞特）。”伊西斯在荷鲁斯后面举起手来保护他。她说：“荷鲁斯，我的儿啊！我要让你的心变得更加强大。抓住河马，他是你父亲的敌人！”托特在宣读节日卷轴：“噢，深受喜爱的土地之神、伊西斯之子、胜利之神和欧西里斯的继承人荷鲁斯，今天是你的好日子。”托特后面是埃德夫的荷鲁斯，他手拿鱼叉，再后面是他的母亲伊西斯。在同一场景中两次描绘同一个神是很常见的，但是通常每次描绘的角度不同。

38 太阳神以带两翼的圣甲虫形象出现，国王托起他下面的天空。他通过文字“天堂是属于你的，（荷鲁斯）贝赫蒂提，有着明亮羽毛的人！”表达出整个神话的精髓：太阳神每年都能战胜他的敌人。左边的神殿在陆地上是埃德夫神庙，里面供奉的主神为荷鲁斯·贝赫蒂提和瑞—赫拉克提（Re — Harakhty）；左边的神殿在即将航行的船上，我们可以看见同样的神，但不同之处在于此处的瑞—赫拉克提被称为“上埃及和下埃及之王。”故事通常这样开始：“在上埃及和下埃及之王统治的 363 年中，瑞—赫拉克提国王在努比亚。”有一天发生了叛乱，在这一天（在太阳神统治时期，一年被计为一天）发生叛乱是有原因的，因为一年中的第 363 日是所有叛乱者的领袖塞特的生日。

39 胜利旅程向北到达了中埃及和主要的欧西里斯祭祀中心赫尔默普利斯。欧西里斯位于左边的神殿中，前面是伊西斯。“她充满神秘的力量［……］，她击退了纳瑞夫（Naref）（祭祀中心）的敌人。”在中间，埃德夫的荷鲁斯正与哈尔西斯一起刺杀敌人。两个神看起来外表一样，表示当地的神埃德夫的荷鲁斯与哈尔西斯地位平等，伊西斯与欧西里斯之子在全埃及受到人们的祭拜。在右边，太阳圣船靠在岸边，瑞神在里面登基。

40 在飞行过程中，敌人到达了二角洲东部地区，即梅森(Mesen)的荷鲁斯的家乡，他化为狮子形状与敌人作战。场景中央的底座上显示，最后埃德夫的荷鲁斯变成“带人面的狮子，头戴赫姆赫姆（Hemhem）王冠，爪子锋利如刀”，他将敌人撕得粉碎。在左边，一名鱼叉手扬帆拖动着太阳神圣船，驶向远方。神本身立于右边自己的神殿中，前面是托特，埃德夫的荷鲁斯立在船首。托特在整个旅途中一直相伴，很多时候以第三者身份讲述着发生的事情。在这个场景中，他用魔咒将水面平静下来，这样瑞神舰队就不会受到损害。

41 国王在岸上杀死了河马。他后面仅靠的人像包括“国王之子、荷鲁斯团队、梅森神（荷鲁斯）的刺杀者、强壮的荷鲁斯·贝赫蒂提鱼叉手”，他试图结束所有敌人的性命［……］。他们说：“来吧，让我们到荷鲁斯（圣）湖去吧！在那里，我们可能会看见猎鹰站在他的船上，我们可能看见伊西斯之子在自己的战船上［……］。”伊西斯跪在船首，她在战斗中奋勇作战并鼓励她的儿子：“荷鲁斯，你一定要坚强！”不要在邪恶的水生动物面前逃跑！不要害怕河中的敌人。不要理他（塞特）的求饶！”伊西斯本人也抱着荷鲁斯在战船上：“噢，我的儿子，荷鲁斯，把你的战船拿回去吧！我就是那个抱着荷鲁斯走在水面上的护士，我把他藏在深色木船板下。”这样描绘这艘船：“［……］完美的船舵在其范围内摆动，就像荷鲁斯在其母亲伊西斯的膝盖上一样。舵杆紧紧位于底座中，就像驻扎的维齐尔。桅杆紧立于杆基上，就像荷鲁斯夺得了这片土地一样。这次完美的航行闪耀着光芒，就像伟大的（天空）女神努特一样，她孕育了众神。［……］皮带在两边抽打，就像战士用棍棒在打斗一样。船板像亲密的朋友一样，任何一块都不会比其他的船板先离开［……］。”

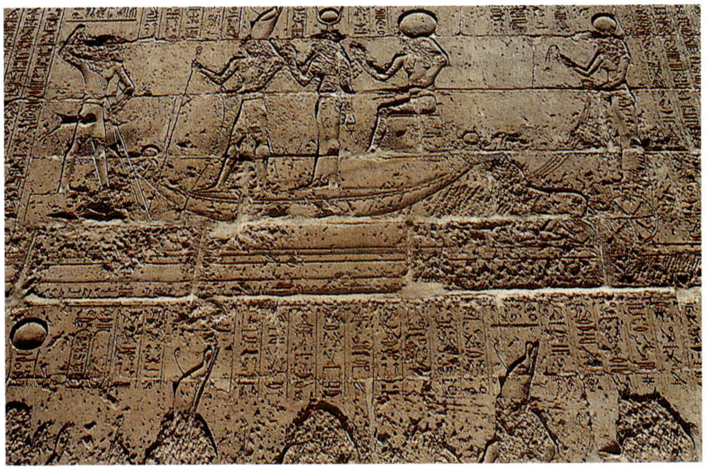

42 这一场景发生在埃德夫。荷鲁斯将其敌人打瞎打聋，他们就只能自相残杀。瑞神与战斗女神即“战马女神和战车女主人”阿斯塔尔特（Astarte）被邀来一起观战。他们都在画的右边。在船中，加冕后的瑞神前站着丹达腊的哈索女神与其丈夫埃德夫的荷鲁斯。我们还可以看见一名鱼叉手在陆地上帮助荷鲁斯战斗。

43 荷鲁斯神庙塔门

埃德夫；托勒密八世至托勒密十二世统治时期，公元前164—前51年。哈索女神戴着并非随意拼凑而成的复合式王冠，它反映出与其相关的仪式场景。

44（下一页）西面欧西里斯屋顶祠堂的内室

丹达腊，哈索神庙；奥古斯都统治时期，公元前30年—前14年。

这一场景并没有用平常的方式，即用带已发芽的谷物的图像描绘神的复苏。欧西里斯的尸体被放在棺材架上，哈索伊西斯正在表示哀悼（左图）。但是，神并没有死。他的性器官依然勃起，伊西斯化作雌雀鹰在上面盘旋。按照神话传说，她将接受欧西里斯的精种，并生下荷鲁斯，欧西里斯因此而获得重生。

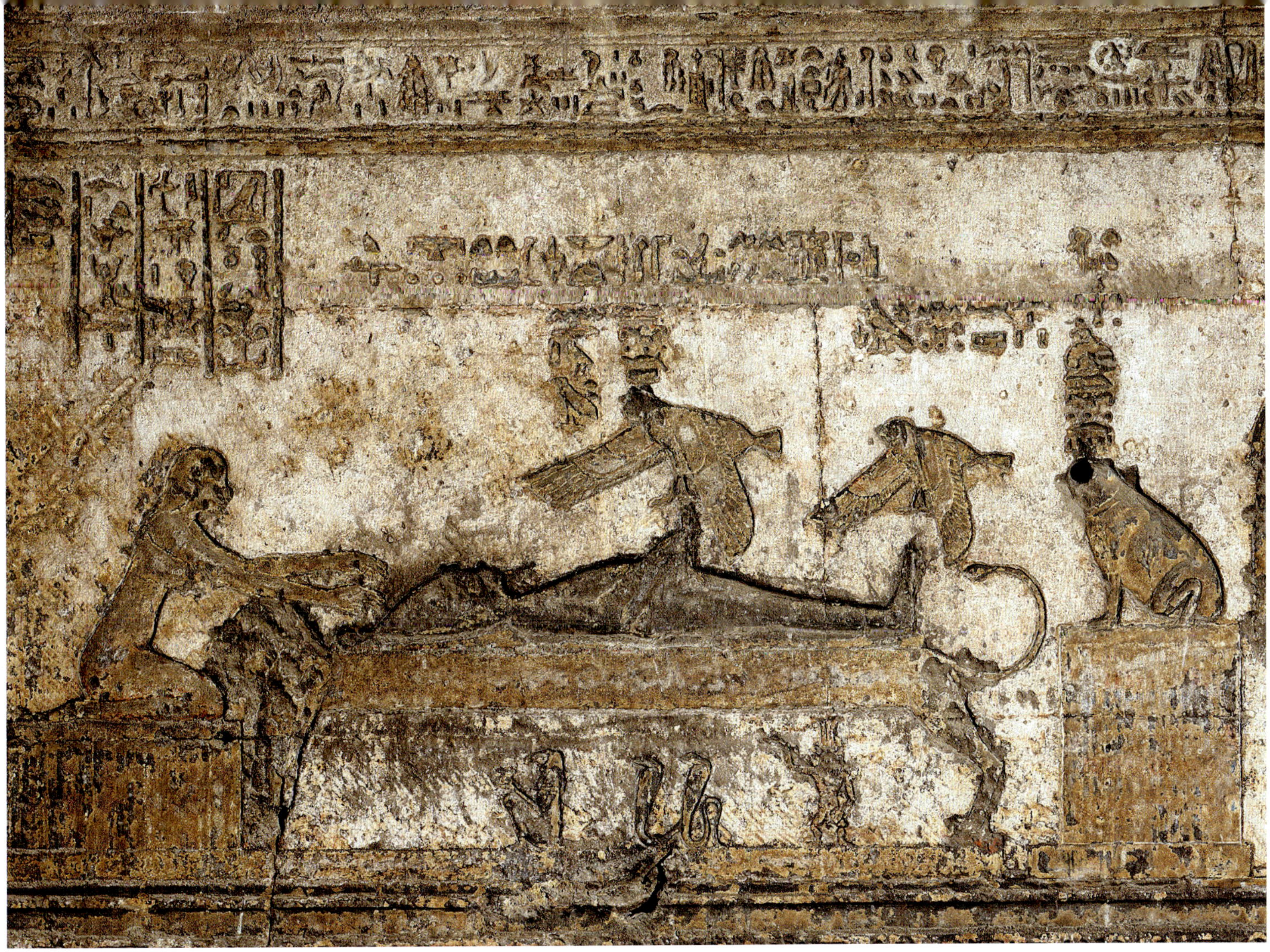

荷鲁斯在尼罗河谷的很多地方击败了他的敌人瑞神，并把他一直追赶到地中海地区。太阳神和他的儿子后来回到了努比亚，一路上并未遇到其他任何敌人。但回到努比亚后，叛乱再一次爆发，荷鲁斯再一次成功地打败了敌人，并以胜利者的姿态回到了埃德夫。

这个祭祀传说背后隐含着几层复杂的意思。其中心思想为埃及国王荷鲁斯的王权包括凡间与神界。当一名统治者继另一名统治者之后登上王位时，凡间王权的继承受到敌人的威胁，因此每次王权继承都需要进行战斗。神界的例子是当欧西里斯被其兄弟塞特谋杀之后，欧西里斯的儿子，王位的合法继承人需在打败塞特后才能登上王位。但是在这个特别的故事文本中，这些反复出现的事件被视为与太阳每年的运行过程平行发生。冬至时，瑞神在南方，在一年的季节节奏中，太阳已经衰老并垂垂欲死，非常容易受到敌人的攻击。他的继任者埃德夫的荷鲁斯成功打败了这些敌人，并向北走，作为新年的太阳变得越来越强大。直到夏至时，他的力量开始逐渐变弱，并再次向南走，下一次循环又开始。

在庆祝埃德夫的荷鲁斯取得胜利的仪式中，其高潮部分为表演仪式戏剧，舞台可能建于圣湖之上。我们可以想象，埃德夫的市民们，有些是观众，有些是参与演出的演员。在演到荷鲁斯的鱼叉刺入敌人的身体时，有无数个声音在大声呼叫："打啊，荷鲁斯！打啊！"戏剧中的故事包括倒叙、对主人公及其武器的抒情说明、根据用到的十把鱼叉的仪式将情节分成几幕，其结局——斩杀化身为河马的塞特是整出戏剧的高潮部分。每一把鱼叉都用相同的词语描写，只有河马身体的各个部分会变化："第一把鱼叉刺进他的鼻子［……］。第二把鱼叉刺进他的前额［……］。第十把鱼叉刺进他的脚［……］。化身为河马的塞特从头到脚均被完全刺穿。

重复出现这些相同的词语非常常见，它们可以从语言上造成紧迫感并吸引观众。总体上，这出戏的戏剧性效果更多的是通过语言表达而非依靠动作体现。

看完各种各样的仪式场景后，我们可能会想知道与之相应的实际祭祀行为有哪些。一些祭祀行为可能非常忠实地反映出当时的社会现实，例如献祭熏香或水，或游行。其他可能来自仪式戏剧，如埃德夫的胜利节。在实际的祭祀庆祝中，有时候会使用缩微模型来表现这一故事，例如刺杀代表敌人的蜡像。一些故事仅靠手势表现，其他一些故事通过小型的独立式神像来简单表现。

最后可以得出一个结论：那些宣称后王国时期的浮雕雕塑没有艺术原创性的观点是一种现代的偏见（见下页的图）。当然与其他任何时代一样，这一时期肯定也有一些缺乏想象力且做工粗劣的作品，但同时也出现了大量做工精美的作品，其工艺水平堪称一流。

亚历山大大帝之后的墓穴和墓葬习俗

约阿希姆·维勒特奈（Joachim Willeitner）

埃及与希腊丧葬习俗

至少自第二十六王朝起，埃及与希腊就保持着频繁的文化交流。在普萨美提克二世统治期间，米利都（Milesian）商人与雇佣军定居于三角洲西部的瑙克拉提斯（Naucratis）。大约公元前560年，法老阿马西斯宣布，埃及的一个镇为全希腊唯一的一个自由贸易区。宗教思想与丧葬习俗表明，在埃及独立王朝末代，本土传统与外国传统独立并存，中间不存在相互交叉。例如，埃及的希腊公民不会将死者做成木乃伊。亚历山大大帝在占领尼罗河地区后，首次尝试将埃及文化与希腊文化进行融合。当然这并不是因为他特别喜欢埃及，而是为加强政治权力而精心谋划的结果。

正是在后来的希腊时期，对死者的祭祀，特别新首都亚历山大的地下墓葬群装饰，非常明显地体现出埃及人与马其顿人的生死观念的融合。三竖线花纹装饰壁缘与其他建筑连接件来自希腊，但门楣却是按埃及传统的凹弧檐口的方式制成，圆环体是以带翼的太阳圆盘为模型制成的。另外，还可以发现圣蛇壁缘、狮身人面像等其他本地元素。但是通过研究发现，这种镜式建筑元素与人物形象式元素间表面上的融合仅仅是装饰性的布置，它们并没有被完全理解或者也许甚至是一种误解，因此我们不能得出结论说这体现了内在宗教思想的互相接受。

亚历山大的陵墓

亚历山大大帝接受外来习俗的策略在他与锡瓦绿洲的阿蒙神使战斗时期体现得非常明显。他在此自命为阿蒙神之子，通过这样把他在世界上的统治合法化。亚历山大大帝特别喜欢靠近现代利比亚边境的那个地方，曾不止一次表示希望这块地方能够成为马其顿统治者的最后安身之地（“墓地”）。但是古代的资料［斯特拉博（Strabo）、齐诺和卢西恩（Lucian）］将亚历山大政府的墓葬地划在了布鲁却姆（Brucheion）。迄今为止仍未被发现的亚历山大墓很有可能同时装饰着希腊和埃及主题，并带有亚历山大非王室大型墓地和地下陵墓中的元素。这一假设同样可用于后来的托勒密国王们的陵墓，这些陵墓紧靠亚历山大墓，也是迄今为止仍未被发现的。另外，根据由狄奥多罗斯（Diodorus）传下来的历史记录来看，亚历山大曾计划为其父亲菲利普修建一座规模可与基奥普斯（Cheops）大金字塔媲美的墓葬金字塔。

亚历山大的希腊式墓葬建筑

托勒密王朝延续了亚历山大时期政治融合的传统。但是上层阶级仍然保持着纯正希腊传统，葬礼祭祀也是如此，他们从心底里瞧不起埃及人，将他们视为“野蛮人”。

45 梅-哈索-伊德（Mer-Hathor-ites）墓碑。托勒密时期早期，公元前四世纪末；着色木料；高36厘米；维也纳艺术史博物馆，ÄS 8493。

自托勒密时期起，墓碑不再被放于地上的祭祀室中，（为便于亲人们供奉死者），而是被放于地下棺室中，并且在陵墓修好后被封存在地下。用石砌的墓碑上通常只有象形文字铭文。自第三中间期起便盛行且一直流行直到托勒密时期的木头墓碑，只露出圆形上部边缘以下部分的上半部分，象征着神面前的死者。下半部分刻有祈祷文。在这里，梅-哈索-伊德夫人被画在瑞神和阿图神前面，而上面的文字则是致赫拉克提（Horakhty）、索卡尔（Sokar）、欧西里斯和阿努比斯（Anubis）。

46“缇格兰帕夏”（Tigrane-Pasha）墓

亚历山大；罗马帝国时期，可能为公元一世纪；亚历山大［康尔希舒加发（Kom esh-Shugafa）］，露天博物馆。

这是一座重修后的无名氏墓，现距康尔希舒加发地下陵墓不远。用混合式风格漆成的三个石棺壁龛中描绘的是传统式埃及丧葬祭祀的场景。在中间壁龛中，木乃伊躺在棺材架上，伊西斯和奈芙蒂斯（Nephthys）在表示哀悼，明显呈十字形的木乃伊绷带，在罗马帝国时期才成为习惯做法。带两翼的太阳圆盘来自埃及，但其中的花环图案、棺材架与棺椁的形状却属于希腊元素。

47 某地下墓室中的壁画

沃德（Wardian，亚历山大）；罗马帝国时期，公元二世纪或三世纪；彩绘石灰石；亚历山大，希腊罗马博物馆，27029。

这是沃德小型墓地中唯一一座彩绘墓，但遗憾的是，一直未能确认墓主人的身份。墓中描绘了最古老的高转筒车，一种由牛拉动的水轮。这一场景和附近与其垂直的壁画完全属于希腊罗马风格，且墙壁支柱的顶端装饰着赫尔墨头像。但就在同一座墓中，用鸟代表灵魂的这种表达方式属于传统的埃及风格。尽管鸟在希腊文化中也能代表女妖，但这里的绘画让人联想起的却是古埃及前辈们。

48、49 康尔希舒加发地下墓室中的棺椁室

亚历山大；罗马帝国时期，公元一世纪或二世纪，石灰石。

康尔希舒加发墓室位于“碎石山”中，地下分成好几层地层，分布着亚历山大最大和最老的地下陵墓。与其他的墓葬群相比，中央祭祀室中的人物装饰最能体现出埃及与地中海式风格的融合，例如其中的一尊人像，头为豺头，是埃及的防腐神阿努比斯的形象，但身上却穿着罗马士兵的制服。像这样大型的墓葬群，祭祀需用几百个墓洞（loculi）和一个大型的餐厅（triclinium，宴会厅），因此这种祭祀不再由各个家庭单独操办而是由“墓葬团体”组织并进行管理。

50 大祭司派特奥塞里斯（Petosiris）陵墓祠堂

图纳埃尔盖贝尔；托勒密王朝早期，约公元前300年；石灰石；宽约11米。

大祭司派特奥塞里斯的陵墓祠堂位于图纳埃尔盖贝尔，形状像一座寺庙。半高的石砌墙在四根复合式立柱间升起，柱身顶端装饰着复杂的花卉图案。中央入口大门处两边的浮雕描绘着派特奥塞里斯正在向当地司智慧与写作的神——猴与朱鹭头形象的托特献祭。描绘的墓主人身着的服装在"实际"陵庙浮雕中只有法老才能穿。

最令人惊讶的是他们焚化尸体的习俗，对于那些认为复活时木乃伊必不可少的埃及人来讲，这简直是不可思议。在这种背景下，"哈德拉瓶"则是最重要的考古发现。这是一种以亚历山大东南部地区命名的骨灰瓮，首次发现于某墓地中。

在亚历山大发现的大部分地下祭祀室（地下墓室），如沙提比（Shatbi）墓、穆斯塔法（Mustapha）墓、帕夏墓、埃斯贝特•玛鲁夫（Ezbet Mahlouf）墓、加巴里（Gabbari）墓和安福什（Anfushy）墓均采用土葬而非火葬。尸体被平行推进深凹进去的石刻壁龛或石砌壁龛（"墓洞"）。墓洞洞口分布密集且上下重叠，最终用石板将他们封住，有时候上面装饰着法老式的图案作为假门。即使墓葬群中包含一些埃及风格的装饰元素，如基座平台顶部装饰有带两翼的狮身人面像，或者圆环体装饰线和装饰着带两翼的太阳的门楣或其他一些传统绘画元素，但陵墓的平面图却属于埃及风格且与住宅相似，可以通过相通的凹陷式庭院进入墓洞。康尔希舒加发地下墓室是这种墓葬群中的典范，尽管它建于罗马帝国时期也同样遵循了这一传统，其中央祭祀室中的人物装饰仍属于埃及与地中海的混合式风格。

亚历山大西部地区的一些地下墓室，如1952年在修建缇格兰帕夏路时发现的墓室和在今天的康尔希舒加发地区某重修后的墓室（可能建于公元一世纪）中用壁画取代了浮雕。1960年在沃德地区的四个地下墓室墓地下发现了一个公元二世纪或三世纪的彩绘墓。

派特奥塞里斯陵墓——尼罗河谷的耕作传统

对纯粹埃及风格最生动的诠释没有出现在亚历山大，而是在更南边的古老国家祭祀中心。根据考古资料和丹达腊或埃德夫新建寺庙中的浮雕判断，埃及传统之所以在这一时期得到传承，最关键的原因不是由于北方统治者的鼓励而是当地祭司和宗教团体成员的努力。

在各个不同地方发现的墓碑上的铭文和图像透露出陵墓修建时期和这些人之间的亲属关系等重要信息，但发现地周围的环境却记录甚少。这就是为什么我们常常对各个陵墓的形成一无所知。按地形因素判断，井式墓穴还可在山谷岩石上开凿或在沙漠中挖出。（也许他们还有地上建筑，但未能保存下来。）很多时候会重新使用旧的墓葬群。因此很多托勒密时期的墓碑来自阿斯旺附近库贝特哈瓦（Qubbet el－Hawa）的石刻陵墓，这个墓地建于古王国晚期、中王国早期。

在这个时期，人们结束了制作木乃伊时将死者的内脏取出并单独存放于墓中的卡诺皮克罐中的习俗。

51、52 派特奥塞里斯墓门廊上的画像

图纳埃尔盖贝尔；托勒密王朝早期，约公元前300年；彩绘石灰石。

除了使用象形文字外，派特奥塞里斯墓前室中的浮雕装饰体现出传统的古埃及主题，上面刻有劳作场景，如犁地、收获葡萄或正在工作的手工艺工匠。但是这些身着希腊服装有时候从斜面或正面看具有埃及人特点的人像，体现出一种明显受到希腊艺术影响的雕塑风格。另外，陵墓浮雕上手工艺工匠制作的工艺品，如家居和饮水器皿，看起来更像是阿契美尼德波斯风格而不是埃及风格。

53（右图）派特奥塞里斯内棺

图纳埃尔盖贝尔；托勒密王朝早期，约公元前300年；松木，嵌有玻璃；长195厘米；开罗埃及博物馆，JE 46592。

1920年发掘者清理派特奥塞里斯墓时发现墓室被洗劫过。盗墓者留下墓主人的两具人形木棺，木棺里面还有一具石棺。与涂黄色石膏的无花果 树制成的外棺不同，用松木制成的内棺保存相当完好。根据墓碑上的铭文，墓中曾有一具派特奥塞里斯的女儿杰赫奥（Tjehiau）的松木棺，但现已消失。用金银丝制成的象形文字铭文，镶嵌有彩色玻璃，在棺材表面上呈五纵列排开，并引用了《亡灵之书》上的42段符咒（spel），让这具木制内棺成为举世闻名的杰作。

54 派特奥塞里斯墓中壁画

夸里特埃勒穆扎瓦卡（Qaret el－Muzawaqqa，达克拉绿洲）；罗马帝国时期，可能为公元一世纪或二世纪。

穆扎瓦卡坟与几年前发掘出的德伊埃尔哈加（Deir el－Haggar）相距不远，位于达克拉绿洲东北。在无数的石刻陵墓中，仅有两座，即培都巴斯提司（Petubastis）墓与派特奥塞里斯墓中饰有绘画。在派特奥塞里斯墓的前室中，墓主人出现在壁画中，披着大披肩，穿着束腰外衣和凉鞋，手拿一卷书。他前面是一个小很多的人像，正在献祭液态和固态的祭品，后面是尼罗河神，端着一盘祭品。这里再次体现了传统埃及与希腊主题和风格元素的融合。

55 西阿蒙墓

盖贝尔埃尔马他（Gebel el－Mawta，锡瓦绿洲）；托勒密王朝早期，公元前三世纪初。

在锡瓦绿洲的西阿蒙墓中，埃及神身着传统服饰出现，如保护墓主人的秃鹰女神。同样，天花板上画有双翅展开的秃鹰和老鹰，以及传统的星状图案和象形文字铭文。只有墓主人及其家人的衣饰和他下巴上的络腮胡子不属于埃及风格。这些既不属于典型的希腊风格也不属于利比亚风格。对于西阿蒙的种族本源，仍然存在着争议。

56 墓碑

康阿布比罗（Kom Abu Billo，泰瑞努提斯（Terenuthis））；罗马帝国时期，公元二世纪或三世纪；石灰石；宽44厘米；雷克林豪森（Recklinghausen）圣像博物馆（Ikonenmuseum），564。

以发现地命名的“泰瑞努提斯墓碑”没有以崇拜的姿态刻画死者，即象征性举起手臂，而是斜倚在长榻上，身体靠在一只手臂上，另一只手向外伸着，并端着一个饮水的器皿。留存的墓碑表面上常常刻着狗和鸟，似乎并没有什么特殊含义，右边是一只栖在圆顶石碑上的老鹰，在上面以前肯定刻着死者的名字。尽管大部分葬在泰瑞努提斯墓地的人信奉基督教，但同样也有古埃及死亡之神阿努比斯和猎鹰神荷鲁斯的痕迹。

57 女木乃伊画像

哈瓦拉(Hawara，法尤姆)，可能为公元24年；画布蛋彩画；高42厘米，宽32.5厘米；柏林国家博物馆埃及馆，11411。

58 男木乃伊画像

额努比亚特(Er－Rubiyyat，法尤姆)；可能为公元三世纪；木板蜡画；高36厘米，宽22厘米；希尔德斯海姆(Hildesheim)，柏力扎伊斯博物馆(Pelizaeus－Museum)，3068。

59 女木乃伊画像

额努比亚特(Er－Rubiyyat，法尤姆)；可能为公元三世纪；木板蛋彩画；高38厘米，宽23厘米；慕尼黑，国立埃及艺术博物馆(Staatliches Museum Ägyptischer Kunst)，AS 1。

对于法尤姆的木乃伊画像来说，死者画像全画在几乎真人大小的原木板上，这已成一条规律。大部分时候使用的是蜡画技巧，即将颜料溶于蜡中，颜色会变得更加有光彩，然后加热成塑胶状，在画带深色头发和络腮胡子的男性肖像时直接用刮铲而不是画刷上色（下一页，左上图）。女人肖像画（下一页，右上图）中使用的蛋彩画技巧使用频率较小。画中的女人头发短而卷曲，戴着珍珠耳环。将盖脸的亚麻布拉直、弄平并加上衬里后直接在上面画死者肖像画的情况非常少见。泰伯利亚（Tiberian）时期的阿莱（Aline，左图）夫人肖像无疑是这种类型的木乃伊肖像画作中最精美的作品之一。

装在涂有石膏并经彩绘（有时候镀金）的木乃伊盒中并缠有绷带的木乃伊可能是身体的某部分（头、胸、脚），或像盖子一样盖住的整块躯干。尸体被装在几层棺椁内，一层棺椁重着一层。托勒密时期木乃伊的特点是有厚厚的用一串串仿真头发制成的假发，腹部凹陷特别明显，脚端有支座。最后把所有这些东西放进一个大石棺中，在特别奢侈的墓中，石棺上可能绘有阴间的神秘场景。

在中埃及赫尔默普利斯古城图纳埃尔盖贝尔的大祭司托特、其妻子派特奥塞里斯和儿子的家族墓（属于托勒密王朝早期）中发现的大型棺椁尤其出名。竖井式墓穴上方按照托勒密时期寺庙风格用石头修建的地上结构非常特别。正立面上的浮雕采用了传统风格，其后面无立柱的前室中的图像则呈现出一种非常有趣的混合型风格。耕作和贸易的日常场景与更早时期的陵墓相似，但图中的人物毫无埃及人的特点，却间接体现出早期的希腊风格，带有一些重叠和倾斜透视的手法。

另一方面，后面由四根支柱支撑且直接位于竖井式墓穴上方的祭祀祠堂则完全使用古埃及法老王的风格装饰，绘有与世俗生活相关的宗教和神话中的场景。这从字面上象征希腊文化的影响止于阴间的门槛之前。

大祭司派特奥塞里斯之墓在古迹史上享有一定的地位。这体现在自公元二世纪起，出现了很多按这种墓葬方式修建的泥砖式陵墓。

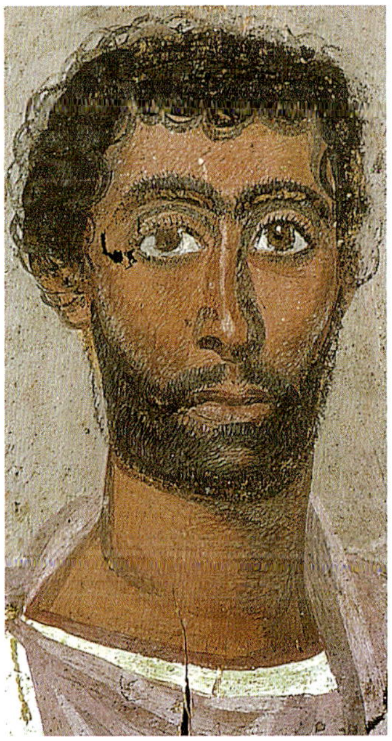

来自绿洲的宝藏

令人惊讶的是,除了亚历山大外,托勒密和罗马时期保存最为完好的带壁画的陵墓出现在埃及西部沙漠的绿洲中。因为在这些陵墓中均没有提到国王的名字,因此不能确定这些墓葬群及其装饰的确切年代。其中最精美的陵墓无疑当属锡瓦绿洲中的西阿蒙墓,墓室呈长方形,位于盖贝尔埃尔马他的山脊中。它很有可能建于托勒密王朝早期。另外,在附近有一座陵墓因为其中的奇怪装饰而被称作“鳄鱼墓”。此墓建于托勒密时期,墓中葬有一个不知名的男人与他的妻子梅苏–伊西斯。这座墓在罗马时代被重新使用,并增加了壁龛以容下更多的尸体。

达克拉绿洲最西北端的夸里特埃勒穆扎瓦卡(“彩绘石头山”)石刻墓最先建于罗马时期,公元一世纪或二世纪。壁画让其中的两座墓,即培都巴斯提司单室墓与后来修建的另一位叫派特奥塞里斯的人的双室墓更加光彩照人。在派特奥塞里斯墓中,一个墓室位于另一个墓室之后。墓中有传统的埃及神和图像,但他们看起来比例不协调,显然是受到了希腊罗马风格的影响。这种影响在派特奥塞里斯墓中体现得尤其明显,画像中的墓室主人穿着宽大的打褶形罗马衣服。

60 帕迪琼斯(Padichons)棺柜

阿布西尔埃尔麦勒克(Abusir el – Melek);罗马帝国时期,公元一世纪;着色木料;高 250 厘米;柏林国家博物馆埃及馆,17039。

制作木乃伊画像的成本显然较高,平均只有五十分之一的陵墓中有木乃伊画像。有画像的死者死后不会立即下葬,而是要被放在家中的木乃伊棺柜中一段时间。在法尤姆边界上的阿布西尔埃尔麦勒克出土了几件这种类型的木家具。它们通常有两扇门,当人们希望死者参与家庭生活时,可以将门打开,死者的肖像仿佛可以从棺柜内向外看。帕迪琼斯棺柜中曾有一具 61 岁老人的木乃伊,但现已丢失。

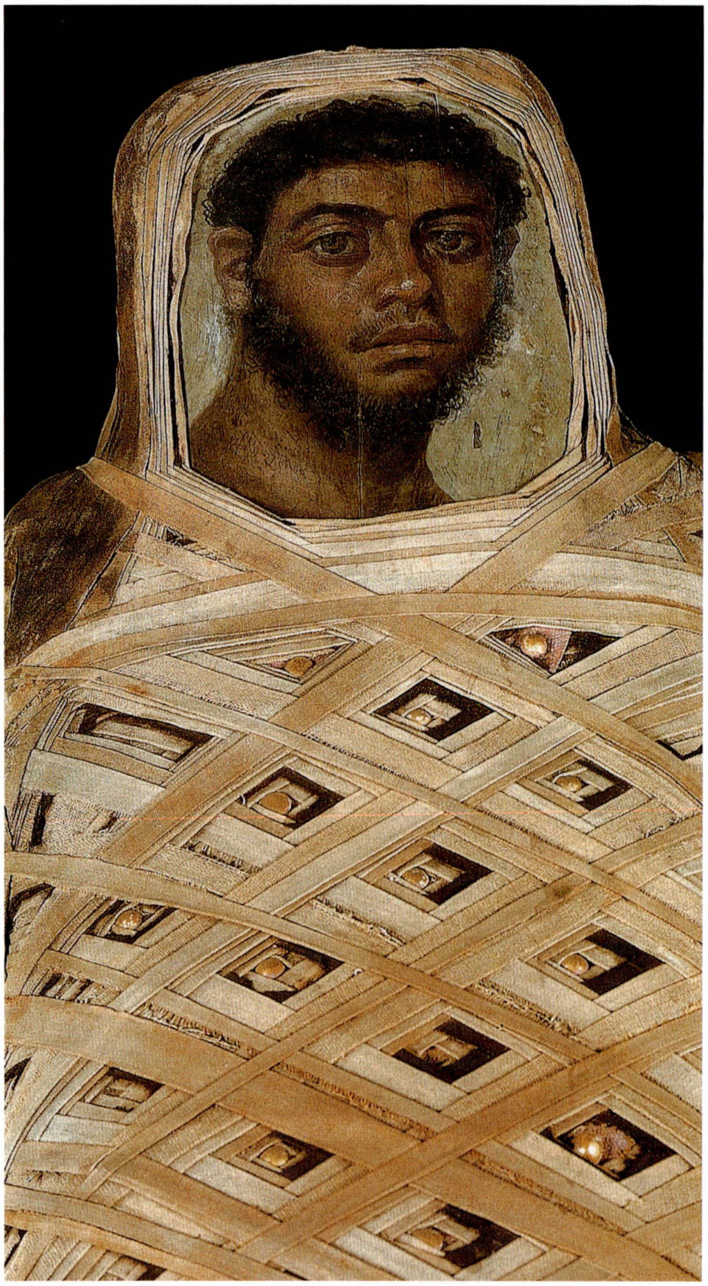

61 带画像的男木乃伊

哈瓦拉；罗马帝国时期；公元二世纪或三世纪；长175厘米；柏林国家博物馆埃及馆，11673。

迄今为止，已发现了700幅分离的肖像画板，但罕有带画像且包扎完整的木乃伊被保存了下来。很明显这个时期的男人和女人们均效仿罗马皇室家族的最新着装样式，因此至少可以通过比较木乃伊画像中人物与皇帝和皇后的发式和首饰可大致推断出这些画的年代。尽管带有明显的埃及人面部特征，这幅用“方格”包扎法完整包裹的木乃伊上的肖像画（木板蜡画）在风格上与罗马皇帝卡拉卡拉（Caracalla，公元前198—前17年）画像相似。

在尼罗河谷的同时期石刻陵墓，如阿赫米姆（Akhmim）以北破坏颇为严重的萨拉穆尼（Salamuni）墓地中，发现了带完全不属于埃及风格的十二天宫图和其他拟人化星座图的天花板壁画。

在达克拉绿洲另一端的埃斯贝特巴森蒂（Esbet Bashendi）村有一座建于公元一世纪或二世纪的石砌陵墓祠堂，其平面图为正方形。这座祠堂连同一座现已被摧毁的陵墓是为一位名叫切提努斯（Qetiinus）的高官修建的，听他的名字不像是埃及人。里面有六个墓室，中后方的墓室中装饰着传统的埃及丧葬祭祀图案。但这些图案不是壁画，而是浮雕。

在附近的赫迦绿洲中，罗马和早基督时期埃及最大的墓地横跨巴格瓦特山的顶峰。这里作为“异教徒”墓地被占领时未曾遭遇基督徒们的干涉；另外，早期的基督徒们也延续了将死者做成木乃伊的风俗。赫迦南部发现的文字记载证明，制作木乃伊的基督徒们和信奉传统埃及宗教观点的人曾经和平共处并各自实践自己的习俗。另外还证明了基督时期以前和基督时期早期在尼罗河三角洲西端的古代城市泰瑞努提斯即现今的康阿布比罗墓地中，丧葬习俗的过渡较为平稳。美国考古学家在此处没有发现大型的陵墓祠堂，仅有一些低矮的泥砖地上建筑，像是古王国时期埃及古墓的缩小版。因为上面准确无误的装饰而被学者们称为“泰瑞努提斯碑”的墓碑被放进更窄一端的墙壁中。

罗马影响——石膏面具与木乃伊画像

受到罗马肖像绘画的影响，公元最初几世纪内埃及出现了将墓中的木乃伊脸部化装成较为真实的死者画像的习俗。

在尼罗河谷，特别是中埃及地区使用了石膏或者木乃伊盒材料制作的面具，以达到上述化装目的。很明显只有法尤姆绿洲中才有真实的木制木乃伊画像。所使用的木乃伊绷带大部分包成复杂的菱形，与某些文艺复兴时期的方格天花板类似，而用来放置死者画像木面具的脸部区域不裹绷带。这些面具肖像画画的总是主人年轻时候的样子，很明显是在他们活着时专门画的，并且这些画最初挂在他们家中的。

在基督时期，埃及仍然保留着人死后并不立刻下葬，而是将死者保存在家中一段时间的习俗。公元392年，提奥多修斯皇帝（Emperor Theodosius）将这种习俗视作异教迷信，并明令禁止这种习俗。法尤姆的居民们被迫将所有死尸从家中搬出并将他们葬在如哈瓦拉的大型墓地中。早在十九世纪末，进入这些陵墓的盗墓贼们把木乃伊上的木画像面具切开，因此其中所有的考古资料均已丢失。

基督统治最终导致传统埃及墓葬习俗及其丰富陪葬品的消失，至少在接下来的时期内埃及的丧葬文化变得非常匮乏。

63、64 佩森塔鲁若斯（Pesentaluros）木乃伊标签

阿赫米姆；罗马帝国时期，公元二世纪或三世纪；木板；长 8.7 厘米，高 5.3 厘米；布鲁塞尔比利时皇家历史艺术博物馆，E 397。

如果所有带肖像的木乃伊均按计划正常发掘并仔细记录发现时的实际情况，就可以更加准确地判断这些葬礼肖像的年代，因为这些尸体通常带有木制标签，记录死者的姓名和头衔。

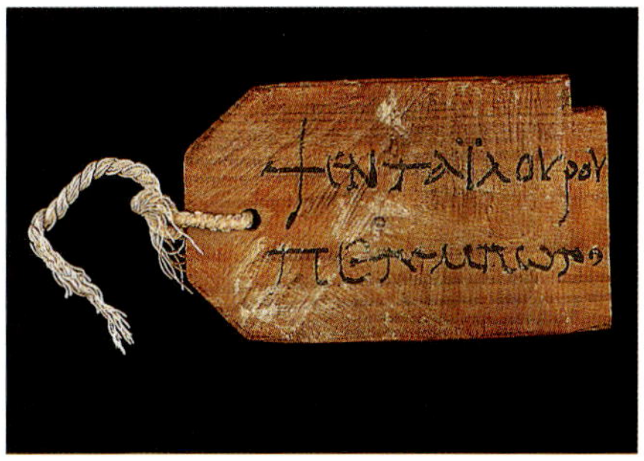

62 女木乃伊面具

梅厄（Mir）；罗马帝国时期，公元一世纪初；亚麻布上覆盖有石膏和染色的用棉线制成的假发，玻璃和彩陶制成的项链；高约 55 厘米；柏林国家博物馆埃及馆，2/89。

这副石膏彩绘木乃伊盒材料制成的女人面具是一组面具（四具）中的一具，属于罗马帝国早期，来自于中埃及城镇梅厄。她戴着单独制作的耳环和项链且染黑的棉线头发上还戴着用精美的石膏叶子制成的花环。她的耳环、手镯和外衣（长袍）上的金镶边均体现出罗马风格。相反，她头上绘图式檐壁中神的形象在主题和风格上均符合传统埃及绘画的习惯。很多木乃伊标签来自中埃及城镇帕诺波利斯（Panopolis），即现今的阿赫米姆。大多数情况下铭文是写在木板上的，但有时也刻在木板上，不过较为罕见。一些标签两面均刻着通俗文字铭文，另一些标签则像例子中一样一面刻着通俗文字铭文，一面刻着希腊文铭文。这是阿赫米姆镇人佩森塔鲁若斯的木乃伊上的标签。

神圣的王权

托马斯·施奈德（Thomas Schneider）

1 图特摩斯四世（Thutmosis Ⅳ）的前臂护腕

太尔·艾尔阿玛纳（Tell el － Amarna），住宅 Q 48.1；新王国时期，第十八王朝，约公元前 1388 年；象牙；长 11.2 厘米；柏林国家博物馆埃及馆，21685。该护腕对射手的手臂起保护作 用，防止被弓弦击伤。该护腕象征着图特摩斯四世（公元前 1397—前 1388 年）用其半月形弯刀击败了亚洲人。从一开始便有了埃及国王在实际生活中或宗教仪式中征服仇敌并维持世界秩序的主题。图左侧中，战神蒙图（Montu）交给国王一把剑，“国王可以用这把剑击败异国的所有亲王。”

2 普苏塞奈斯一世（Psusennes Ⅰ）

内棺 塔尼斯（Tanis），统治者之墓；第三中间期，第二十一王朝，公元前 994 年—前 993 年；银制；长 185 厘米；开罗埃及博物馆，JE 85912。

该棺材描绘了盛装下的木乃伊普苏塞奈斯一世。他头裹王室头巾，前额上盘旋着神圣的毒蛇，手握王室标志曲柄杖和链枷。尽管该棺材并未体现出新王国时期金棺的制作技术，但银的广泛使用却是王室丧葬用品领域真正的创新。至于棺材所需的贵金属是否通过墓穴抢夺而获得这一问题，还尚有争议。

王权代表着古埃及文化的主旨之一。埃及的罗马帝国皇帝仍然继承着埃及传统。最后一位继承埃及传统的罗马帝国皇帝是德西乌斯（Decius，公元 249—251 年）。德西乌斯为埃德夫（Edfu）寺庙门廊处的克努姆（Khnum）神供奉祭品。而早在德西乌斯之前三千五百年，便有了可证明埃及王权存在的第一个证据。那个时期，对该习俗的阐释有所变化，但其本质却基本未变。德西乌斯一即位便成为了“扮演神之角色的人”（E. 霍尔农），是一位“坐在大地之神盖布（Geb）宝座上”的太阳神荷鲁斯（Horus）在人世间的继承者。根据这一思想意识，统治者是一个世俗的人，也是一个超越世俗的化身，二者结合为一体。权力要求与现实之间的矛盾并不与埃及的王权概念相冲突，反而与法老人神合一的双重性相吻合。

国王的王衔和正式服装

仅就外观而言，国王的王衔、仅有细微变化的王室纹章以及教理中所规定的王室行为举止的陈述均体现了埃及王权的基本连续性。国王的王衔将国王称为国王统治的当前代表，并有权决定其政治纲领。王衔中共有五个（依照教规的）名字，且终生具有约束力。“荷鲁斯王衔”表明其是扮演太阳神荷鲁斯之角色的国王。太阳神对世界的统治委托给了帝王。第二个王衔为“两女神王衔”（埃及语为 nebty，即两位女统治者）。两女神指上埃及的秃鹰女神奈荷贝特（Nekhbet）和下埃及的女蛇神乌加特（Wadjet）。这两女神均是国王的守护神。王衔的第三部分为“金王衔”（曾经为“金荷鲁斯王衔”），其重要性尚不明确。第四和第五个王衔最常见。与其他王衔 不同的是，这两个王衔由名字环（椭圆形图案）包裹着的。其是分别是“上埃及和下埃及国王”王衔的第一个名字和国王的第二名字或出生名。其名字中还有“瑞神（Re）之子”的意思。因为自第四王朝起，国王便被认为是太阳神瑞神之子。

王室的另一表现形式是国王的正式服装。国王的服装象征着其权力和防护。国王的服装和纹章部分起始于古风时期。例如，牛尾象征早王国时期的动物神力和国王的牛一般的勇猛本性。国王还可能以猎鹰、猛师等其他动物的形式出现。国王穿各式各样的所谓男用短裙。但根据季节和场合的不同，国王也穿披风、衬衫、某些类型的围巾或貂皮。国王通常头戴王冠，如上埃及白冠、下埃及红冠、统一区双冠或蓝冠（蓝色王冠，即所谓的作战头盔）等。

3 阿蒙诺菲斯三世（Amenophis Ⅱ）的门楣铭文

吉萨（Giza）；哈玛盖斯（Harmakhis）神庙；新王国时期，第十八王朝，约公元前1400年；石灰石；高53厘米，宽126厘米；开罗埃及博物馆，JE 55301。

位于吉萨狮身人面像中的阿蒙诺菲斯二世（公元前1428—前1397年）祭庙中的额枋中有两行铭文。这两行铭文体现了王衔两个最重要的元素。铭文上方有带翼的太阳。各行铭文均以中央的古埃及十字架为中心，左右对称。第一行为第一个名字“瑞，其伟 大的图像”，前面加“上埃及和下埃及国王”的头衔，后面跟“哈玛盖斯之所爱”的尊号。第二行为第二名字“阿蒙满意”，前面加“瑞神之子”的头衔，后面跟“玛特女神的神圣拥有者”的尊号。

但是法老戴帽子，裹有斑纹的头巾，或者戴顶部空的假发。神圣的毒蛇在国王前额上盘旋着，保护国王免遭敌军的侵害。国王权力的标志通常是曲柄杖和链枷。

国王和玛特女神

大多数国王图像并没有体现每个国王的历史独立性，体现的是国王所设想的角色，以维系并扩展所创造的世界。世界受到祭拜仪式和宗教的约束。国王的行动基础是玛特女神。玛特女神是埃及人世界观中的基本概念。玛特象征着人生和世界的正确结构以及社会团结和国土的责任性管治。根据王室晨礼中的陈述，太阳神让国王来到世间的目的是为了充分了解玛特女神（真理正义之神）、伊斯福特神（Isfet，混乱不公之神）。同时，国王还与玛特紧密相连。他不是位居首位，而是与其紧密相连。神、国王、人类均在玛特的保佑下生活。在一次重要的祭拜仪式中，国王将一座玛特女神的塑像作为供奉神的贡品。每位国王十分清楚自己仅仅是众多前任和继承者中执行该永久性任务的暂时执行者。

因为国王是世界秩序的保证人，所以当国王逝世时，世界便受到了被破坏的威胁。因此，王位继承人即位后，便会重新创造世界，并象征性地重新统一上埃及和下埃及。由于国王从未真正发动过战 争，在提到新国王的首次军事战役，或将其描述为战地指挥官时，但应在这种环境背景下进行理解。

麦伦普塔赫（Merenptah）和拉美西斯四世（Ramesses Ⅳ）的即位赞美诗中，有关于特定王国统治之初救世时代开端的叙述。例如：新国王刚刚即位，流浪者就迫不及待重返了家园；饥者有饭吃，渴者有水喝；衣不蔽体者有衣穿，争吵者的争吵平息了；不公平被消除了，玛特女神回来了。另一方面，中王国时期的政治性著作极端地描述了无统治者时期的状况，更生动地显示出王权是救世的手段。

根据王室的意识形态，国王的心、思想和意志是神圣的，国王是无所不知的、十全十美的。国王的言辞即是战争中的正确决策，是公平的判决，是有说服力的话语，也是有魔力的宣言，可创造新事物。《莱顿草纸文稿》第一版344页的阿蒙神赞诗中这样描述阿蒙神：“你的精髓即上埃及国王心中之物，国王的愤怒直指你的敌人。你坐在下埃及国王的嘴边，他的话语对你的指令作出回应。统治者的两片嘴唇是你的神殿，他体现了你的最高权威。他向尘世间宣布你已决定的事情。”关于希克索斯王朝的统治者阿波斐斯（Apophis，约公元前1550年）的一篇著名文章中写道：“托特（Thoth，智慧之神）亲自指导阿蒙神，塞丝哈特（Seshat，书记女神）在阿蒙神口中提供了唾液。”

国王的诞生和重生

国王的祖先早已“命中注定”,是国王诞生传说的主题。根据三个已知场景(德伊埃尔巴哈里的哈特谢普苏特,卢克索神庙中的阿蒙诺菲斯三世,拉美西斯二世祭庙),世间的女王因神而孕育了此后的国王。古王国时期因此而诞生的的荷鲁斯神和瑞神,新王国时期诞生的是阿蒙神,拉美西斯时期诞生的是卜塔(Ptah),卜塔是门德斯公羊神。创造之神克奴姆(Khnum)创造了孩子,其后他便出生了,并被给予了名字。小孩由神圣的奶妈照料,最终成为了法老。

使国王合法化的其他形式即是继承其父王的王位或由神进行特殊选举。继承王位与奥西里斯将其王位以神化方式传给其儿子荷鲁斯很相似。中王国时期,当时的国王尚健在,但他作为摄政王与其继承者共同执政,实现了实质性的政治稳定。

为了获得重生并确保其统治时期的救世得到延续,日益变老的国王通常在执政三十年之后第一次庆祝所谓的赛德节(Sed Festival,复活节),此后每三年庆祝一次。相关经文中也预示了国王无尽头的统治。前一晚将国王塑像下葬,这象征着国王已死。而第二天国王会再次“出现”在王座上,这与隔夜后太阳的再次升起相似。国王精神焕发,再次戴上王冠,并在众神前赛跑以证明其新的生命活力。

阿蒙诺菲斯三世曾夸耀自己是“依照古经文”再次庆祝赛德节的第一位国王,因为“从瑞神时代之后,没有更早的人类(正确地)庆祝过赛德节”。

随着时间的流逝,国王的人类本性在诸多神话传说、故事和叙述中与意识形态中的理想图像形成了鲜明的对比。除此之外,还有精力充沛、狂欢作乐的阿马西斯(Amasis)国王、背信弃义的塞索贝克(Sasobek)国王或同性恋事件中的奈弗尔卡拉(Neferkare)国王。

国王——国家的守护神、世界的管理者

国王加冕礼之后,国王便是军事指挥者、建筑委托人、祭拜仪式的执行者以及埃及的守护神。在这些身份下,国王的所有行动均是为万物的不断更新及“存在之物的扩展”提供服务(E. 霍尔农)。

根据传统,国王是国家的养育者、供给者。因此,国王应保护国民的生活,使其不受饥饿、贫穷和暴行。一本被称为忠臣指令的文集叙述了通过国王的统治得以巩固的救世:“他实现了心中的理想,他放眼于所有人。他是领导人类的太阳神,其笼罩下的每个人均有诸多仆人。他是太阳神,人类凭借其光芒目睹万物,他比太阳更能照亮两国(……)他使尼罗河清澈见底,而不是洪水泛滥,故埃及漫山遍野均有果树。”

通过国王命令的魔力,整个世界唾手可得。在克班(Quban)的石碑上有关于拉美西斯二世的叙述:“你对着水说‘从山中出来’后,远古海洋便随之召唤而来。”但是在经济、管辖和领土管理方面,这种效果却更加具体。

4 帕麦(Pamay)国王供酒像

第三中间期;第二十二王朝,约公元前780年;青铜像;高25.5厘米;伦敦大英博物馆,EA 32747。

双膝跪地的国王祭供的图像首次出现于佩比一世(Pepi Ⅰ,公元前2335—前2285年)统治时期。此处为头戴上埃及白冠的帕麦。此类图像中的国王为祭供者和在神前进行日常祭拜仪式的执行者。因此,国王是人类与神界间沟通的担保者。

国王是上帝指定的埃及之主。因此，从根本上说，国王是埃及以及埃及万物的唯一拥有者。国王有王室特权（远征和交易）、经济独占权，可任意处置军事活动中的战利品以及异国［西奈 (Sinai)、努比亚 (Nubia)］的矿产资源。国王作为至高无上的权威人士，掌管所有行政管理权，并做出决策。国王还是代表着埃及执行法律的最高合法代理。

国王是世界的主宰者，克服了埃及仇敌带来的混乱。埃及的仇敌常在“击败仇敌”场景中出现。国王是王室形态意识中永恒的主题（传统主题）。国王平息异国敌军的侵略（意识形态之要求），同时向亚洲和非洲扩展埃及边境，力争扩张领土。国王是世界 的统治者，掌控着“所有领土和所有国家”，“其南部边境延伸至风吹及的地方，北部边境远至大洋末端”［源自布亨（Buhen）的一处铭文］。在混乱的对立世界中，国王猎取大型兽类（猛狮、大象）时还要与野生动物斗争。而猎取大型兽类是国王独享的特权。

国王——祭拜仪式的执行者

国王不仅对人有义务，对神也有义务。根据晨礼经文中的叙述，国王应“用神圣的祭品拜神，为被神化的死者提供丧葬祭品。”虽然国王实际上将祭拜仪式交由祭司负责，但祭拜仪式的举行和祭拜建筑物的建造均是国王不可推卸的职责。国王是神和人之间的中间人。在世间，神仅出现于寺庙和祭拜雕像中。

5（上一页）奈荷贝特和乌加特为托勒密八世幼厄格特斯二世（Ptolemy Ⅷ Euergetes Ⅱ）加冕

埃德夫，荷鲁斯神庙；托勒密时期；约公元前 130 年。

托勒密八世幼厄格特斯二世（统治时期为公元前 164 年及公元前 145—前 116 年）被上埃及女神奈荷 贝特和下埃及女神乌加特加冕为两地的统治者。他身穿牛尾男用短裙，头戴下埃及红冠和上埃及白冠组成的双冠。他还蓄着典礼仪式中的王室胡须，前额上盘旋着神圣的毒蛇。国王头顶上为两个椭圆形图案，图案中为国王的第二名字和第一名字。

6 塞索斯特里斯一世（Sesostris Ⅰ）在敏（Min）神前的祭拜仪式

科普托斯（Coptos），中王国时期，第十二王朝，约公元前 1926 年；伦敦大学学院，皮特里博物馆，14786。

浮雕中的塞索斯特里斯一世（公元前 1956—前 1911 /1910 年）正在敏神前举行祭拜仪式。当时正是赛德节—— 王室的复活节。以这种方式证明其再生力和统治力。他头戴下埃及红冠，身穿带牛尾的王室短裙，手持两个祭品。其左手上方的椭圆形图案中有他的第一个名字。

仅能通过拜神的方式与神交流，且与神的交流是维持社会稳定所需要的。我们不妨暂时看一看阿肯纳顿（Akhenaten）统治时期的后果，所谓的图坦卡蒙（Tutankhamun）复位石柱明确地传达了离弃神灵将带来的严重后果："当陛下（图坦卡蒙）成为国王时，从大象岛（Elephantine）到三角洲湿地的神庙（……）逐渐被遗忘。神殿逐渐消失，成为了碎石小山，杂草丛生。祭拜偶像室似乎从未存在过一样，神庙大厅早已变为人行小径。由于土地变得贫瘠，众神对此亦置之不理。他们为了扩张埃及领土而在叙利亚驻军，但结果却事与愿违。若某人祈求于男神，这不奏效。若以相同的方式祈求于女神，也不奏效。在形式上他们的意志变的薄弱，并摧毁了之前创造的一切。"祭拜仪式被认为是满足神灵、保证其在国家中的权益所必须的。因此，对祭拜仪式的忽视便相当于对世界的摧毁。

关于古埃及的信息来自国王在埃及各地建造的各种纪念碑。修建"不朽的"纪念碑是埃及国王的主要任务之一（根据埃及语中"纪念碑"的含义）。除修建国王自己的墓地，首要任务则是为该国众神修建神庙。

历史上的王权

与王室形态意识基本特点的连续性和仪式化的历史概念相比，在三千年的埃及文化中，王权概念有着明显的转变。埃及王权起源于公元前四千年后半叶。至少公元前 3200 年便有了王权和王室形态意识的存在。其首要证据可能是希拉孔波利斯（Hierakonpolis）（绘画）和阿比杜斯（Abydos）（此处发现了统治者权杖和早期的国王名字）的王室陵墓，其他证据还有光亮的调色板、装饰性木棍和巴勒莫石刻（Palermo Stone，埃及最初五个王朝的国王列表）的最初形式。

与早期研究中的认知相比，根据这些发现拓展视野"建立了埃及王权的进化图像，虽然不那么英勇，但却更真实可信"[J. 贝恩斯（J. Baines）]。在埃及学研究过程中，对古王国时期国王地位的评估也发生了变化。曾将古王国时期的国王假想为神，之后其神性逐渐减少，人性逐渐增加。但如今得知古王国时期的国王也被认为是人。但是在理想状态下国王的作用是十全十美的，其实本质上就等同于神，与其他神尤其是太阳神共存。自阿蒙诺菲斯三世（公元前 1388 年—前 1350 年）统治时期起，国王的身份便近似于太阳神瑞，其终身受人敬仰朝拜。

7 手持玛特塑像的跨步国王

新王国时期，第十九王朝，公元前十三世纪；镀金银像；高 19.5 厘米；巴黎卢浮宫，E 27431。

该座第十九王朝的小铸像中，国王身穿短裙，头戴无边帽，前额上盘旋着一条眼镜蛇。国王为站于其前的神（现已遗失）献上玛特女神像。玛特女神是维持宇宙基本秩序的女神。该铸像体现了国王的职责，即在其统治期间应保证世界合理、公正地运作。

8 祭拜奥西里斯的的埃里霍尔（Herihor）国王及勒杰梅特（Nedjmet）王后

《埃里霍尔之死》一书；第二十一王朝，约公元前1070年；彩色古抄本；伦敦大英博物馆，EA 10541。

该插图描绘了埃里霍尔国王及勒杰梅特王后祭拜死亡判官索卡尔-奥西里斯的场景。当时，死亡判官正在对来生做最终判决。埃里霍尔国王是底比斯阿蒙神的最高祭司。死后是否能继续存在取决于品格（用心代表）的分量。品格的性质和完整性必须与玛特女神的性质和完整性相等。玛特女神是诚实的楷模［《亡灵书》（*Book of the Dead*），斯佩尔（Spell）125］。

例如，拉美西斯二世统治时期的资料［卜塔-塔特嫩（Ptah-Tatenen）法令］中叙述道，他是“世间的（创造神）克奴姆”，是“神圣之王，（……）其一出生便是（早晨之太阳神）凯布利（Khepri），他有瑞的躯体，源自瑞，并由卜塔-塔特嫩怀胎十月。”此处他是神之“子”、神之“像”、神之“形”。神使其登上王座。他“头戴双冠，为白冠之子，红冠之继承人，并和平统一了两地”。中王国时期为维持国家与社会的福祉而强调王权的必要性。《至莫里卡尔（Merikare）国王》中有这样一句话“君主身份是很好的管理机构”。该段时期以及新王国时期中，国王的一举一动不再被认为是理所当然的，而是独特的历史行为。因此，有这样一句关于图特摩斯一世战利品的叙述，“自荷鲁斯继承人（早王国时期的国王）之后，先辈编年史中便再也找不到此类物品”。极具趣味性的是拉美西斯二世在卡叠什（Kadesh）之战中的叙述。其目的明显是为了与赫梯帝国签订历史上的罕见和平条约。此外，以下叙述表明了新王国时期的另一趋势：第二十一王朝时，神日益影响着历史进程，削弱了王权的重要性，最终在底比斯出现了阿蒙神权政体。直至那时，后王国时期的国王鼓励塑造过去的埃及文化，而其程度则未知。国王及其国民如今意识到他们是生活在“回忆的世界中，这个世界存在了数千年，每个角落均按时间顺序从历史角度得以阐释”［J. 阿斯曼（J. Assmann）］。那时，还在希伯来传统中为国王引入了埃及术语Per-aa，即“大住宅”。这就解释了为什么“法老”一词成为现代常用词的原因。埃及王权的让位意味着基督教的胜利，这种胜利颠覆了国王是救世主、太阳神之子的信念。人们开始相信耶稣基督才是救世主、太阳神。古埃及王权曾一度被认为是非洲神圣王权的起点［G. 隆茨科斯基（G. Lancz-kowski）］。古埃及王权的主要特点也强烈地影响了苏丹的美埃罗（Meroe）国王。此外，其也是希腊罗马统治者图像中所谓的“暗流”之一。因此，古埃及王权也是中世纪国王神权和国家元首双重性概念中不可分割的部分［S. 莫伦兹（S. Morenz）］。但如今我们往往认为王权思想具有普遍性，并在诸多不同地方创造了大量文化特性。

美与完美——法老时期的艺术

丽塔·E. 弗雷德（Rita E. Freed）

千余年来，埃及艺术赢得了世界范围内无数游客和博物馆参观者的青睐和向往。作为西方艺术的基础，现代艺术家们仍然从埃及艺术中吸取灵感。几乎所有的西方艺术都可以从中找到埃及的影子。尽管产生这些杰作的文明经历了三千年的沧桑巨变，但艺术的基本原则——用二维和三维的方式表现世界，却基本没有改变。人物的理想造型、视角、动作和层次等概念在头几个王朝里即已全部固定成型，而且，除偶然情况外，基本保持不变。

尽管古埃及艺术家们的作品受到普遍青睐，作品传世量甚多，但我们对这些艺术家本身却知之甚少。在大多数情况下，雕塑作品都没有署名，我们也无法从其他地方，如陵墓中的铭文，知道某件作品创作者的身份。但这些艺术家无疑备受尊重，他们在戴尔 - 艾尔 - 麦迪纳（Deir el-Medineh，一个专门供修建和装修新王国时期皇家陵墓的工人们居住的村庄）的生活状况可以清楚地说明这一点。现代艺术的核心——独特性与独创性，对古埃及的艺术家们来说无关紧要，他们甚至刻意避免这一点。当时艺术家的职责就在于严格的指导下准确地复制模型。雕像获得其唯一性，唯一方法就是通过增加命名雕像的铭文，而不是通过再创造雕像的独特特点。

因此，无论是雕像、浮雕或整个纪念碑都是由祭司通过“开口”仪式赋予它们神奇的生命。栩栩如生的雕像代表着永恒，可作为主人灵魂或卡（Ka）的寄居之地。该灵魂可能离开并根据意愿以鸟的形式回来，被称作哈（ha）。神像代表着神成为拜祭的对象，与之类似的是上面的浮雕，雕刻着如制作食物和物品或者向神献祭等活动的场景，并且可以永远保存，这些是生命永恒安宁所必需的。艺术家们在寺庙内或附近的“生命之家”中接受培训，这进一步体现了宗教与艺术之间的紧密联系。祭司们可能也在同一机构中接受培训。

基于上面提到的原因，我们就可以理解为什么“为艺术而艺术”的观念在古埃及实际上并不存在。如今在博物馆的陈列窗中展示的相同的纪念碑具有非常实际且重大的意义。这并未阻碍当时的人们让艺术家创作这些漂亮的作品，艺术家也同样未停 止创作。实际上，很多精美绝伦的雕塑、浮雕和绘画都不为外人所见，而是与它们的主人一起被埋在墓中。直到中王国时期，寺庙装饰中才大量采用雕塑，且这些雕塑通常被放于群众容易看见的地方。当时为了显示人与神的亲密关系，在寺庙中出现了大量皇家和私人的各种雕塑，这就不难理解了。

尽管埃及艺术家使用了各种材料制作雕塑，如石头、木材、赤陶、青铜、彩釉、象牙和玻璃，但石头因其可永久保存的特点成为最常用的雕塑材料。在尼罗河附近可大量开采石灰石、砂石和花岗岩，并且运到目的地也很方便。其他石材，如石英岩、玄武岩、硬石膏或闪长岩因其颜色、硬度或可达到的光洁度而显得更加珍贵，为了得到它们，可能会派人到遥远荒凉的地方去开采。更加实用的办法是，石匠们在采石场里大概雕出雕像的轮廓，这样可以避免搬运多余的石块。这种做法同时表明是为了某个具体的雕塑工程而去遥远的地方采石。埃及某些知名的精美细致的雕塑采用进口木材雕塑而成，但遗憾的是其中仅有少量存世。自古王国时期起，就有用铜以及后来的青铜制成的上好作品。

埃及最早的雕塑可追溯到公元前四千年，当时已经显示出后来埃及纪念碑中出现的某些特点，特别是用尽可能俭省的方式表达最多的内容。人被简化成最基本的形状，虽然简单但却非常富有表现力。将泥土捏成柱形作手臂，女性躯体上的腿被抽象成泥塑的三角形和锥形。这件制作简单的雕像（现在已不见其头）被发现于巴达里（Badari）遗址，暗示着性。同样，在莫林达（Merimda）定居点发现椭圆形泥雕，尽管只有几厘米大小，其眼睛凹陷，鼻头紧缩，嘴巴微微张开（见第 8 页图 1），生动地表现了病痛。

雕塑大量出现正好体现出当时埃及社会组织的复杂性日益增加，就在这段时期内国家实现了统一。早期作品中使用了很多相同的风格手法，特别是简化成简单的几何形状，如科普托斯的敏神巨像，产生一种怪异荒诞的感觉。重要的是这些早期的巨型雕像都是神像。

公元前三千年的浮雕雕塑显示当时的艺术家们已经能够成功地将三维形式转化成二维形式，这在整个王朝时期被反复使用。其中最好的例子便是著名的纳米尔调色板，记录了埃及历史、宗教、文学和艺术的重要发展。在正面，一尊大型的纳米尔王雕像脸朝右，穿着皇家所穿的短裙，戴着上埃及王冠。

9 美凯里诺斯（Mycerinus）三位一体神

吉萨（Giza），国王陵庙谷，旧王国时期，第四王朝，约公元前 2520 年；杂砂岩；高 83.5 厘米，宽 39.3 厘米；波士顿美术馆，09.200。

美凯里诺斯像的面部特征被重复使用于哈索女神登基像（带牛角和太阳圆盘）和外省女神像中。这组由三尊雕像组成的雕像群被发现于吉萨的国王陵庙谷中，是九组三位一体雕像中的一组。

10 荷库（Heku）石碑

塞加拉；中王国时期，第十三王朝；约公元前1700年；石灰石；高51.5厘米；纽约布鲁克林博物馆，37.1347E。雕塑家内菲尔特穆（Nefertem）用大号字体将其名字刻在石碑底部，这座石碑为大臣荷库及其家人制作。

浮雕上刻有创作者的名字，这在埃及三千多年的历史中屈指可数。

11 未完成的狮身羊头像

盖贝尔埃尔西西拉（Gebel el-Silsila），采石场（东）；新王国时期，第十八王朝，约公元前1370年；砂岩；长约210厘米。

盖贝尔埃尔西西拉采石场是建造寺庙和雕塑所用的砂石的重要产地。此处我们可以看见一个粗略雕刻成型的狮身人面像，可能因为材料上的缺陷而未被运出采石场。

12（上一页）哈比斯（Harbes）立像

卡纳克，阿蒙 - 瑞神庙，"储藏室"，后王国时期，第二十六王朝，约公元前 590 年；杂砂岩；高 61.5 厘米；纽约大都会艺术博物馆，罗杰斯基金会（Rogers Fund），1919,19.2.2。

哈比斯祭司手捧着欧西里斯雕像，显示他对阴间神的尊敬。这件雕像最初立于卡纳克的阿蒙 - 瑞神庙中，直到几个世纪后连同其他几千件雕像经仪式化的方式被葬了著名的"收藏室"。

最典型的特点是无论是从正面看还是从侧面看，国王身体的各个部分都以最容易辨认的方式体现，有力地传达出力量、稳定和前进的信息。相应的，脸为侧面，但眼睛为正面图。用正面体现的宽阔的肩膀和胸膛体现出国王的皇家威严，用侧面展示的两条腿一前一后，增加了动态感和稳定感。简言之，二维表现方式是象形文字，尽最少的努力表达最多的信息。

雕像的尺寸反映出其重要性。国王通常比其随从大很多，如纳米尔调色板中的国王像，通常还要把他的妻子和孩子缩小。国王雕像可能与神像一般大小，体现出皇家的神圣性，但从来不会比神像更大。在私人陵墓中，也可以根据塑像的大小确定墓主人的身份，其塑像可能是工人的四倍或五倍。

早王国时期或古朴时期作为尝试和试验，在皇家和私人雕像中都明显有体现。私人雕像中的经典例子便是孟斐斯的荷特佩蒂夫（Hetepdief）雕像。在这里并未将纳米尔调色板中身体比例要相对匀称的观念转化成三维形式，而是眼睛直接嵌在头上。层层卷曲的假发与明显憔悴的脸部特征让头成为雕像最细致的部分，也是比例最大的一部分，且呈前倾状。相比而言，身子被简化成立方体，四肢与躯干揉在一起，各个部分几乎难以区分。可能是因为担心石头无法承受其重量，脖子——狭窄且脆弱的区域，被完全省略掉了。但雕刻家巧妙地用披散下来的假发掩饰了头与躯体之间过渡部分可能产生的扭曲感。在大约同一时期的皇家雕塑中，如卓瑟王（Djoser）墓附近的卓瑟王雕像上的那美斯（nemes）式头饰也有相同的作用。

到第四王朝，即金字塔时期，埃及人在圆雕和浮雕雕塑中进一步完善了这一概念并在雕塑中表现出他们认为完美的体型，这成为一种标准，一直实行到基督教扩张至埃及之前。自古王国时期起，长生不老、永远美丽成为当时人的理想，这在美凯里诺斯（Mycerinus）与其王后卡蒙若内比提（Khamerernebty）雕像（见第 332 页，图 9）中体现得尤为明显。国王神情庄重，一派君王气度，眼睛直视着无边无际的远方。他的眼睛表现得非常逼真，为杏仁状，鼻子挺直但有一点带蒜头鼻，嘴巴线条很直，不带任何感情。不仅国王，基本上所有的男性都有着宽肩、细腰和健美的双腿，脸上几乎不带任何表情。女人通常肩窄、唇薄、胸部圆润，并且通过裁剪得体的衣着进一步强调这些特点。尽管在各个王朝某些细节部分，如脸部表情或衣着样式会有变化，但臣民们通常会遵随在位时的国王制定的模型。

男性立像通常左腿在前，但重量仍然落在后（右）腿上，这已成为一种传统。大多数情况下，女性的双脚通常较被动地并在一起，但王后和女神的左腿可能微微靠前，如美凯里诺斯的王后。

13 某高官立像

可能来自法尤姆；中王国时期，第十二王朝；约公元前 1800 年；铜加银；高 32 厘米；慕尼黑国立埃及艺术博物馆，ÄS 7105。

这件小雕像来自第十二王朝后期，是一件用铜制成的杰作，它是埃及历史上最早使用空心浇铸的一件雕像。与同一时期的几件石雕像相同，这里用一条超过臀长的裙子来掩饰官员体态的臃肿。

14 两件女性雕像

早王国时期，涅加达Ⅰ期，约公元前3800年；骨雕；分别高10.6厘米和12厘米；伦敦大英博物馆，EA 32142,32139。

因为质地柔软，骨头在早王国时期常常被用来制作写实性的雕像。雕刻的线条和凿的洞强调了两件女性雕像的性别，可能是希望他们能够保佑主人生前多子多孙，死后能复活。

15 敏神之巨型雕像

科普托斯；早王国时期，涅加达Ⅱ期，约公元前3100年；石灰石；高168厘米；牛津阿什莫尔博物馆，1894.105 d。

这件立柱式雕像超过真人大小，雕刻简单却具有很强的表现力，表现的是埃及所有时期均被拜祭的男性生育神。最近研究证实雕像一侧所刻的符号表示其所在地的名字。

通过他们的肤色进一步强调男女角色分工的不同。因为男人一般在室外——地里或者河上工作，他们的肤色呈红色，女人按照传统在室内工作，如做饭或缝补等，因此她们的肤色略显黄色。

为了不受雕像大小、方法或制作媒介的限制而准确复制完美的体型，艺术家们使用了一种含十八格的方格图来制作雕像（广泛使用于各个时期）。这种方格图下隐藏着一种比例准则，认为身体的不同部分按自然比例而相关。基本单位为标准腕尺，从肘到大拇指指尖的距离。立像为六腕尺。一腕尺可分为四掌半长（拇指穿过其余四指的距离）、六手宽（四根指头的宽度）或二十四指宽（一根指头的宽度）。方格图中的每一格为一掌宽，身体的各部分在指定的方格上或方格间。未完工的雕像上用红漆画着方格线，在“雕塑家模型”——浮雕或圆雕的小型样 品上精心刻着方格线。

上面所规定的人像雕塑规则在不同的时间以不同的方式被打破。到中王国时期，大约塞索斯特里斯二世（Sesostris Ⅱ）统治时期，国王的形象在艺术和文字上都发生了转变。理想化的永远年轻的脸庞变成忠实反映雕像主人的年龄：额头上布满皱纹，眉毛明显突出，眼角眼袋明显，脸上深深的皱纹成为一种标准。这种严峻的表情能同时让人产生畏惧和恐惧感，特别是当把它放在过路人可看见的寺庙中或寺庙周围时。在中王国时期后半叶，私人雕像，特别是小型的私人雕像开始大量出现。这在时间上与死神欧西里斯崇拜深入普通大众重合。在欧西里斯被埋葬和复活的城市阿比杜斯发现了大量这种类型的雕塑，表达出主人希望获得重生的愿望。

16 荷特佩蒂夫（Hetepdief）跪像

孟斐斯；古王国时期，第三王朝，约公元前2650年；红色花岗岩；高39厘米，宽18厘米；开罗埃及博物馆，CG 1。

荷特佩蒂夫跪在地上，双手放于膝上，做拜祭状。他的姿势和雕像出现的地方（孟斐斯）都暗示这尊雕像曾经被放置于寺庙中。雕像右肩上刻着第二王朝前三位国王的名字，可能荷特佩蒂夫是他们的祭祀对象。

17 纳米尔王装饰调色板

希拉孔波利斯；零王朝时期，约公元前3050年；硬砂岩；高64厘米；开罗埃及博物馆，JE 32169。在著名调色板的主侧，纳米尔王举起手臂击打自己的敌人。埃及王朝历史之初的这座纪念碑显示出王权的传统标志，例如上埃及的白冠，仪式用胡子和牛尾。

18 耐法尔（Nefer）画像

吉萨，墓地西边（G 2110），古王国时期，第四王朝，约公元前2550年；石灰石；高95.2厘米；波士顿美术博物馆，07.1002。

在某私人陵墓的门框边框上描绘着财务大臣耐法尔，他的像是对面向他报告财产账目的抄书吏的三倍。在高官“表情拘谨”的脸上可以看见耐法尔引人注目的鹰钩鼻。这两个人的形象在埃及艺术史上都较为罕见，因为它体现出了肖像画般的特点。

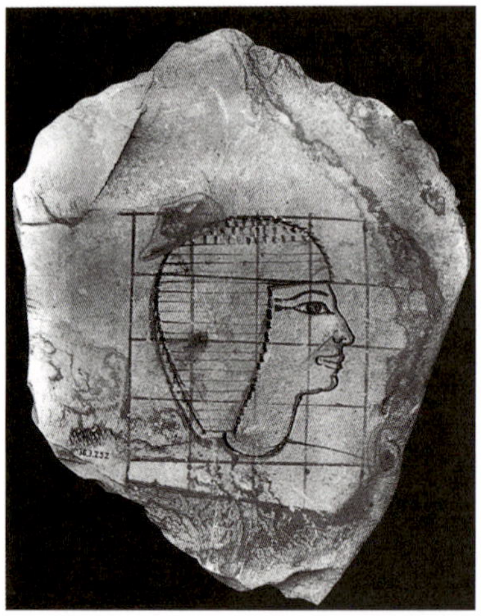

19 塞索斯特里斯三世（Sesostris Ⅲ）像

中王国时期，第十二王朝，约公元前 1860 年；砂岩；高 54.1 厘米，堪萨斯市（Kansas City）纳尔逊 - 阿特金斯艺术博物馆（The Nelson-Atkins Museum of Art），62.11。

这件埃及雕塑作品中的杰作呈圆形，可以很容易地识别出这是一位国王，因为他有着厚厚的眼睑，前额上有深深的皱纹，嘴巴一动不动，表情严峻。他因为对埃及的行政管理机构进行综合性的结构调整而出名。

20 带塞那穆特（Senenmut）画像的陶片

底比斯西部德伊埃尔巴哈里（Deir el-Bahari）塞那穆特墓；新王国时期；第十八王朝，约公元前 1470 年。彩绘石灰石；头部高 9.3 厘米；纽约大都会艺术博物馆，罗杰斯基金会，1936,36.3.252。

在此陶片（石灰石碎片）上，艺术家在带红色格子的方格图上用黑色颜料画出哈特谢普苏特（Hatshepsut）的建筑师塞那穆特的脸部肖像图。他那典型的鹰钩鼻不仅与其王后相似，同时也与其继任者——图特摩斯三世（Thutmosis Ⅲ）相似。

值得注意的是新王国时期的埃及艺术试图摆脱中王国后期不安的面部表情的特点，重新呈现出古王国时期神情冷漠的特点。甚至连哈特谢普苏特，这个取代其继子图特摩斯成为埃及国王的女人也被刻画成永远年轻、表情冷峻地凝视着远方的形象，她肩宽腰细，左脚微微向前，与男性国王的姿势一致。哈特谢普苏特死后，图特摩斯三世继位，他将埃及的版图扩张到前所未有的地步，在接下来几任国王统治时期，艺术表达中采取了很多新的材料和观念。在新王国时期，在埃及特别是底比斯，陵墓绘画蓬勃发展，很多作品中都表现了外国人进贡或者进行贸易时的情景。各国人的相貌和衣着都体现得非常仔细，但与埃及人描绘本国人时相同，这些形象也被模式化了。

尽管很多在这些陵墓中表现的基本主题，如墓主人坐在一桌食物前，接受献祭或在自己的领土上检查各种活动，也出现在古王国和中王国时期的陵墓中，但新王国时期的陵墓还是体现出当时一些独特的时代特点。如乌塞赫特（Userhet）墓中动物疯狂躲避追捕者时惊恐的表情，或者雷克密尔（Rekhmire）墓中婢女背对着观察者时的羞怯之情体现出新王国时期的艺术家们捕捉细节、动态和感情时的高超技巧。最近在太尔艾尔达巴（Tell el-Daba）发现的据说由克里特（Minoan）艺术家们创作的宫殿绘画让我们开始重新评估这一时期的陵墓绘画受到爱琴海地区文化影响的程度。

新王国时期的绘画因其主题丰富而常常涉及角度问题，而画家们则也通过典型的埃及方式，即描绘各元素中最突出的方面，来解决了这一问题。例如，塞贝霍特普（Sebekhotep）墓中的一幅小插画显示他正与妻子在他家花园中的池塘边休息。为了 让池塘清晰可辨，得从高空的角度描绘，因此呈三角形。但池中的鱼和莲花又是从侧面描绘的，池塘周围郁郁葱葱的树木也同样如此。

尽管在中王国时期国王的正式画像变化较大，但健壮而苗条的身材仍然体现出古王国时期的传统。但在新王国时期阿蒙霍特普三世（Amenhotep Ⅲ）统治期间，就连这一传统也改变了，因为大腹便便是这位国王的标志之一。在他的儿子阿蒙霍特普四世统治期间国王画像变化最大。在这位君主的画像中，完全摒弃了外貌上的写实主义。他那张肥胖的长脸上一双细细的小眼睛戏剧性地向下倾斜，颧骨高高突出，鼻子又细又长，鼻孔张开很大，V 字形的嘴巴与下垂的下巴正好形成对应。国王长而凹陷的脖子首次出现了皱纹，瘦弱的上身上锁骨突出。这与他肥胖的臀部和高高隆起的肚子形成对比。不仅是国王，他的妻子、六个女儿和宫中的其他人也都用同样夸张的方式进行描绘。

阿蒙霍特普四世［他改名为阿肯纳顿（Akhenaten）］继位五年后，他迁都于阿玛纳，并开始大兴土木。在阿玛纳的宗教和世俗建筑上，包括私宅的浮雕中，埃及王室画像中的另一原则被打破。国王首次以非严肃的形象出现。相反他变成了慈爱的父亲，正在吻他的孩子，这些孩子有的坐在他膝盖上玩耍，有的正在往他身上爬。他的妻子奈费尔提蒂（Nefertiti）王后的形象也与他相似。与此处的欢乐形成对比的是，在阿玛纳皇家陵墓壁画上国王夫妇正在为他们的二女儿去世而感到悲伤。

21 哈特谢普苏特（Hatshepsut）的祈祷像

底比斯西部德伊埃尔巴哈里女王陵庙；新王国时期；第十八王朝，约公元前 1465 年。红色花岗岩；高 242 厘米；纽约大都会艺术博物馆，28.3.18。

尽管哈特谢普苏特为女性，但此处的她与她的其他大部分雕像一样带有与男性国王相同的王权标志：那美斯式头巾、圣蛇、假胡须和短裙。这件雕像的另一个特点是女王的左脚在前。哈特谢普苏特在德伊埃尔巴哈里的陵庙中装饰着无数大小不一、材质各异的雕像，但后来他的继子和继任者图特摩斯三世把这些雕像搬走了。

22 乌塞尔哈特（Userhat）沙漠狩猎图

底比斯西部乌塞尔哈特墓（TT 56）；新王国时期，第十八王朝，阿蒙诺菲斯二世（Amenophis Ⅱ）统治时期，约公元前 1410 年；石膏油画。

这位皇家的抄书吏异常镇定，盯着自己的弓，这与动物慌忙逃窜时的混乱情景形成鲜明的对比。低低的灌木丛和波浪线显示这是在沙漠中。

23 卡叠什（Kadesh）之战中的拉美西斯二世（Ramesses Ⅱ）

底比斯西部国王陵庙（拉美西斯祭庙），1 号塔门，新王国时期，第十九王朝，约公元前 1270 年。

拉美西斯的战车向希泰（Hittites）军队发动猛攻，希泰军队在他的攻击下溃不成军。国王的英勇形象与敌军战士的狼狈不堪形成对比，让人回忆起私人陵墓如乌塞尔哈特陵墓中的狩猎场景。

24 阿门诺菲斯三世小雕像

可能来自底比斯；新王国时期，第十八王朝，约公元前 1360 年；蛇纹岩；高 22.5 厘米；纽约大都会艺术博物馆，西奥多·戴维斯（Theodore Davis）遗赠，1915,30.8.74。

最近研究证实阿蒙诺菲斯三世的雕像制作于其统治晚期，是专门为他的生日而制作的，将他刻画成一个很胖的男人。在埃及历史上这是第一次如此刻画一个国王的身材。

25 祭坛板面绘画

阿玛纳，新王国时期，第十八王朝，约公元前1340年；石灰石；高32厘米；柏林国立普鲁士文化遗产博物馆埃及馆，14145。

在阿肯纳顿时期唯一神阿托恩的光芒的照耀下，国王与其妻子奈费尔提蒂正在与他们年幼的女儿们玩耍。这座石碑发现于阿玛纳某户人家的神殿中，该神殿曾经是祷告中心。

26 某年迈官员的浮雕画像

可能来自塞加拉；新王国时期，第十八王朝，约公元前1310年；石灰石；高14.4厘米，宽31.3厘米；纽约布鲁克林博物馆，查尔斯埃德温威尔伯恩基金会，47.120.1。

布满皱纹的额头、凹陷的脸颊和皱纹深深的前臂都表明这是一幅老年男子的画像。细节部分的高度写实主义是阿玛纳后期某些作品的典型特点。

28 沙巴寇（Shabako）王跪像

后王国时期，第二十五王朝，约公元前710年；青铜；高16厘米；雅典国家博物馆，ANE 632。

沙巴寇王跪在神像（现已遗失）前祈祷。虽然他的腰带上并没有刻名字，但可以通过紧身帽、双圣蛇图案和带公羊头垂饰的项链推断出他是埃及的一位库什王。

27 玛雅（Maya）与美瑞特（Merit）塞加拉玛雅墓

新王国时期，第十八王朝，约公元前1320年；石灰石；高158厘米；莱顿（Leiden）荷兰国立古物博物馆（Rijksmuseum van Oudheden），AST3。

这里显示的雕像群是第十八王朝后期私人雕塑中最精美的作品之一。它描绘的是财政大臣玛雅与他的妻子同时也是阿蒙神庙中的歌手美瑞特。这对夫妇永远都是衣着优雅。尽管雕刻者没有采用阿玛纳时期的极端风格，但对他们脸的写实性刻画也体现出了阿玛纳时期的传统。玛雅同时在图坦卡蒙和荷伦希布（Horemheb）统治时期任职。

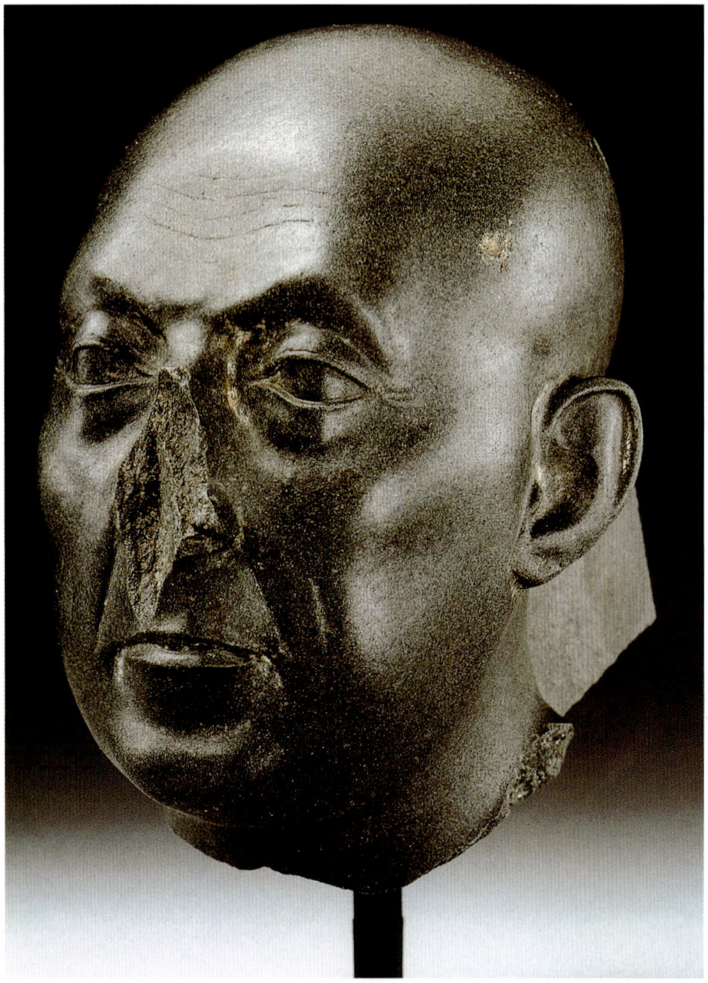

29 波士顿“绿头”

塞加拉，第四世纪末，约公元前330年；深绿板岩；高10.8厘米；波士顿美术博物馆，04.1749。

在整个埃及历史中，尽管较为罕见，但艺术家们确实偶尔也创作了几件写实性的肖像作品。额前浅浅的细纹、眼角的鱼尾纹和疣子都栩栩如生地体现在这件拳头大小的硬石雕刻作品中。这样波士顿的“绿头”雕像成为这种肖像作品中最重要的一件。这名男子的头发被剃光，表明了其祭司的身份。

这些体现王室家族成员亲密无间的日常生活的画像前所未有，但也是昙花一现，后来在埃及艺术中也从未出现过。

尽管就在阿玛纳时期阿玛纳风格中的很多古怪特点就已经开始缓和化，但在阿肯那顿死后和其都城被废弃后很久阿玛纳艺术传统仍然得以留存。面部特征特别是眼睛的立体性、漂亮的嘴巴、脖子上的皱纹、丰满的胸部、凸起的肚子和对细节的普遍关注均属于阿玛纳传统。但也许最重要的是，阿玛纳后期的艺术家能够通过姿势或者细节表现塑像人物的情感。甚至就连拉美西斯时期所存在的自由的创作风格也离不开阿玛纳时期的艺术积淀。

伟大的拉美西斯时期的艺术因规模宏大、数量众多而引人注意。从三角洲地区以南到努比亚地区，为了把国王当做神和统治者一起纪念和庆祝，他的辉煌事迹出现于巨型雕像、寺庙甚至整个城镇。拉美西斯通过将自己的名字，有时候是自己的画像放在前任的墓碑上，肆意夸大自己的功绩。尽管他不是第一个抢占别人功绩的人，但他所抢占的规模却是前所未有的。他在全国各地的寺庙的浮雕上夸耀自己在从希泰人手中夺回战略重镇卡叠什的战斗中表现出的英勇和军事才能，并配以文字说明，而实际上敌军是因为受困而最终溃败。故事分成多个章节，一步步发展至两军对峙，战斗本身及其结果都被记录下来，后来成为埃及最细致也是最宏大的叙事性作品。

后王国时期的埃及艺术因为吸收并融合了外国理念和本国上千年的肖像画创作理念而引人注意。当努比亚人占领埃及并建立起第二十五王朝时，他们的统治者的画像与传统的埃及法老的姿势和衣着相同。但他们的脸型和脸部特征以及王权标志具有典型的努比亚特点，其中包括带双圣蛇图案的王冠（其代表意义至今仍未得到合理解释），脖子和手具有公羊头形象的阿蒙神的特点。

他们在政治上试图将自己与埃及的鼎盛时期相联系，后来的王朝刻意回归到更遥远的理想时代，采用更早时期的艺术风格。同时，艺术家开始对带有年龄特征的肖像和肖像画法进行试验，成为埃及艺术中的另一个反常现象。因为埃及的雕像是通过添加主人姓名的方法而非具体体现某种特征的方法表现个人，同时埃及的雕像无论是身材和脸部特征都是理想化的，因此没要必要实施肖像画法。这使藏于波士顿的“绿头”显得非常特殊。尽管这位孟斐斯的祭司脸上因为衰老而布满皱纹，但他的脸却不像其他中王国时期的雕像一样仅仅是刻板地反映其年龄。他的头骨的形状，紧闭的嘴唇和极不对称的脸，其中包括左边脸颊上的一颗疣痣，都无疑显示了这表现的是某个具体的人。尽管这件作品产生于埃及的法老时期末期，但在埃及历史上几乎每个时期都有几件可以被真正称得上肖像的作品。

当埃及最后陷入希腊及后来的罗马的统治后，外来统治者为赢得当地人民和拥有很大权力的祭司的支持，在服饰上沿用了他们所理解的法老传统，常常是健美的身体与古典时期均衡布局的姿势的结合。但在私人雕塑中从未出现这种别扭的结合，而这些民众才是真正理解并仰慕当地埃及风格与古典风格的人，他们将两种风格相提并论却很少进行糅合。

30 伊拉 - 孔苏（Ir-aa-Khonsu）立像

可能来自卡纳克，阿蒙 - 瑞神庙，"收藏室"，后王国时期，第二十五或第二十六王朝，约公元前 670 年；黑色花岗岩；高 43.5 厘米；波士顿美术博物馆，07.494。

这件来自公元前第一个千年内的伊拉 - 孔苏踏步像，采用了大约两千年前即已常见的年轻的身体与衣着风格。只有其比例、造型和雕刻上的细微区别，极为光洁的表面和硬石材质使得这件雕像与古王国时期的雕像不同。

象形文字的书写与文学

斯特凡·维默尔（Stefan Wimmer）

“圣图”起源

上埃及的阿比杜斯（Abydos）镇作为主要的欧西里斯祭祀点，很多到过埃及的游客都知道它。在著名的塞提一世（Seti Ⅰ）神庙背后几公里处有一座全国最古老的皇家陵墓，可以追溯到早王国时期。位于开罗的德国考古研究所组织的墓地挖掘中最近出土了几件文物，将埃及的文字起源提前了几个世纪。大致时间为公元前3000年。因此再一次提到一个老问题：埃及的文字是否与几乎同一时期发展的美索不达米亚文字和伊朗文字有所联系？因为经济原因，近东地区的人们发明了一种早期的象形文字，并很快以此为基础而形成了一种所谓的楔形文字。各种各样的故事、神话和信息通过口头流传和传播没有任何困难。但为了进行贸易却需要单独记录一些简单的事实，如成本、收益或账目等。

但埃及人用完全不同的方式解释他们在文字上前所未有的成就：天赐的礼物，确切地说托特神赐予的礼物。作为月亮神，他负责编年表和管理我们通常所说的科学，而他最重要的任务则是负责管理文字书写与誊录。

埃及人将他们的文字称为“神的文字”（medu-netjer），而我们给它一个语义上非常相似的名字——“象形文字”（hieroglyphics grâmmata），源于希腊语，意为“神圣的符号”。如果你曾经为植物与人体各部分的神奇组合、几何形状与鸟类而赞叹，因为通常它们都以非常细致且可爱的方式呈现，那么你就能够明白“画中诗”这一概念，同时能够体会到埃及文字确实是在神来之笔般的灵感启发下的产物。

象形文字的使用

但令人惊奇的是，与其邻近的美索不达米亚地区不同，在埃及无法找到文字在石刻艺术和器皿装饰中通过上千年的逐渐演变而形成的漫长发展痕迹。象形文字几乎是突然出现的，并成为一种基本完备的系统，在长达三千五百多年的历史中基本没有变化。最古老的文字文物上仅有各别词语的书写方式。它们是墓碑或者向神的还愿祭品上的标明器皿容量、人的名字与头衔或地名的符号。但间接的资料表明早在第一王朝时期（约公元前2950年）就出现了完整的书籍。

象形文字最后出现在菲莱岛神庙中的铭文中，时间是公元394年。但在那个时候，象形文字早就成为只有古埃及宗教中为数不多的祭司才能读懂的文字。当时统治埃及的拜占庭帝国禁止“异教”祭祀，他们的“神圣”文字也在几个世纪后被人遗忘。基督教进入埃及时同时带来了希腊字母，增加了一些埃及本地语言中的符号，其读音在希腊语中也不存在，就这样形成了埃及语。直到今天，埃及基督教堂中的礼拜仪式仍然继续使用这种科普特语言和书写体系。

埃及语的阅读和理解

对古埃及文化的现代科学研究始于拿破仑占领埃及。此后很快便产生埃及学。法国人让•弗朗索瓦•商博良（Jean-François Champollion，1790—1832）最终成功破译了象形文字和僧侣文字。这一成功离不开一些人如瑞典人约翰•戴维•阿克布莱德（JohanDavid Äkerblad，1763—1819）和英国人托马斯•扬（Thomas Young，1773—1829）的准备工作。

31 罗塞塔（Rosetta）石碑

罗塞塔，托勒密王朝，公元前196年；玄武岩；高118厘米，宽77厘米，直径30厘米；伦敦大英博物馆，EA24。

公元前196年3月27日，托勒密五世统治埃及九年后冬天的第2个月的第18天，祭司们在孟斐斯聚集并签发了一张与国王加冕相关的教令，而此时国王才刚刚14岁。由马其顿人统治的托勒密王朝，在法老继位以后仍然属于希腊的一部分。此处希腊语是通用语言。当时，埃及人使用通俗文字，而宗教文件（这里的祭司教令即为宗教文件的一种）用历史悠久的象形文字书写。

因此，全国颁布的教令有时为希腊语，有时为埃及语（象形文字、通俗文字，或者两种都有）。在某个石碑上刻有三种文字，每种文字相互对照。这块大型的黑色玄武岩石碑在1798年拿破仑攻占埃及时被发现于港口城市埃尔拉什德（el-Rashid），欧洲人称其为罗塞塔。尽管石碑重达762公斤，在法国人投降后还是被搬到了伦敦，一直陈列于大英博物馆。作为解读象形文字的一把钥匙，这块石碑成为研究古埃及的基础，现在已成为最著名的埃及纪念碑之一。

商博良认为，尽管外形相似，但实际上这些象形文字并不是像汉语一般的图片式语言，并不是每一个符号都代表了一个单词，而这一观点正是能够成功解读这些象形文字的关键。他通过研究罗塞塔石碑上的文字而得出了这个结论。托勒密时期的罗塞塔石碑上用三种文字、两种语言刻着祭司教令，其中包括象形文字、通俗文字（也是一种埃及语）和希腊语。

根据商博良的统计，1400 个象形文字对应的希腊文不到 500 个字。他正确推断出希腊文中的托勒密和克利奥帕特拉（Cleopatra）王室名字在象形文字中用引人注目的国王戒指或者漩涡装饰代表，在理论上只得一个字母一个字母地读。其他文件中其他国王的名字也是如此，最后他一步一步地解读出了其他文字，然后是其语法，最后是句式——不再仅仅是书写，而是真正的语言本身。商博良的科普特语知识无疑对他有巨大的帮助。1824 年，商博良出版了一本 400 页的著作《详论古埃及象形文字系统》（*Précis du système hiéroglyphique des anciens Egyptiens*），向世人公布了他的惊人成就。他死后几年，即 1836 年，他的《埃及语语法》（*Grammaire égyptienne*）一书出版，1841 年又接着出版了他的《埃及语词典》（*Dictionnaire égyptien*）。

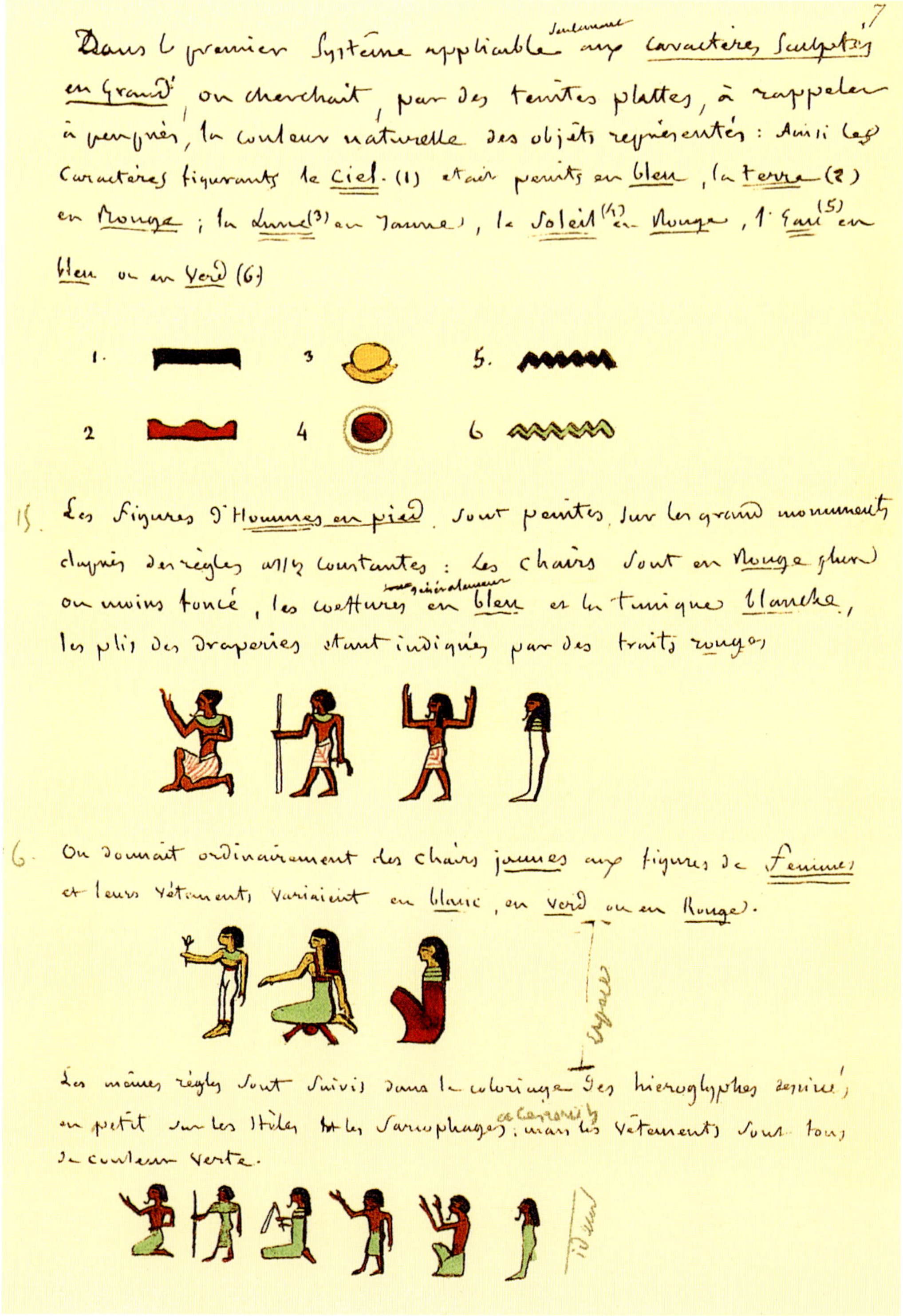

埃及学家的工作

此后，一代又一代的埃及学家都在致力解读埃及语言。到现在只要保存状态完好的所有文字基本上都可以被读懂。大部分读不懂的情况都属于祭司们在托勒密和罗马时期专门发明的一种密码文字。当然埃及人落后了，他们没有一本自己语言的词典或者语法书。因此即使一种观点或另一种观点已经得到了证实，语言学家在语义学的范畴内对准确理解埃及语语法形式和句式基础的讨论仍会继续。例如，最近几年在现代语言学研究方法的帮助下语言学家们尝试了新的研究方法。

但特别让人感到遗憾的是不知道埃及语的实际发音。因为记录下来的只有辅音，中间没有元音，埃及学家使用了人为的“发音辅助”法：研究者们仅就所谓的半辅音阿列夫（希伯来文中的第一个字母），一种声门塞音的发音达成了一致意见。阿因（希伯来文中的第十六个字母），一种深腭音，和 w 一样被当作英语中的 a、i 和 u 或者 e 加在其他辅音之间。同时，很多专家研究实际发音的重组并取得了进展。这一方面通过借鉴科普特语；一方面通过对当时的埃及语进行标音，即用楔形文字命名，来达到这一目的。

也许我们在不久的将来就可以看见进一步的进展。例如,我们现在已经知道法老阿肯那顿的名字实际读作“阿坎亚提”(Akanyati)。标准的科学语音音标为 -n-] tn 并读作“阿肯 - 恩 - 伊腾”(Akh-en-iten)。

文字类型

象形文字首先是一种很正式的纪念碑式的文字,专门用于书写建立起来希望永久保存的纪念碑上的铭文。我们发现象形文字被刻或画在寺庙和陵墓的墙壁、陪葬品、各种类型的石碑、珠宝或其他东西上。象形文字文本的内容涉及所有希望写下来永久保存的东西,特别是宗教文本、历史和政治铭文和传记。所谓的曲线形象形文字稍微简化后用墨水写在某些纸莎草手稿中。例如,著名的《亡灵书》就是以这种方式写成的。

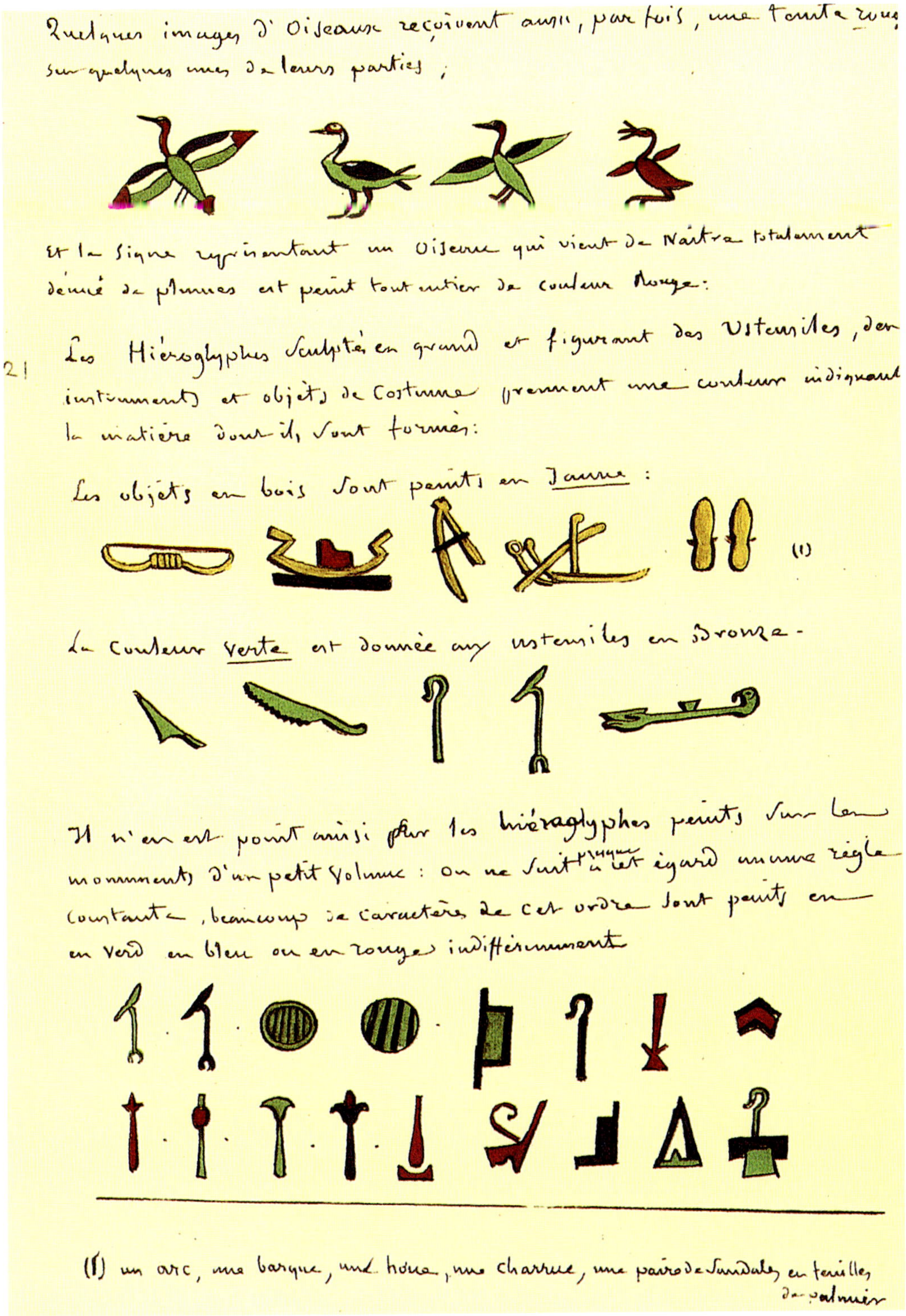
Quelques images d'Oiseaux reçoivent aussi, par fois, une teinte rouge sur quelques unes de leurs parties;

Et le signe représentant un Oiseau qui vient de naître totalement dénué de plumes est peint tout entier de couleur Rouge:

2) Les Hiéroglyphes sculptés en grand et figurant des Ustensiles, des instruments et objets de costume prennent une couleur indiquant la matière dont ils sont formés:

Les objets en bois sont peints en Jaune: (1)

La couleur verte est donnée aux ustensiles en Bronze.

Il n'en est point ainsi pour les hiéroglyphes peints sur les monuments d'un petit volume: on ne suit presque à cet égard aucune règle constante, beaucoup de caractères de cet ordre sont peints en vert en bleu ou en rouge indifféremment

(1) un arc, une barque, une houe, une charrue, une paire de sandales en feuilles de palmier

另一方面,使用目的有限且按年代顺序记录的世俗文本则用僧侣文字书写。尽管这两种文字似乎是几乎在同时发展成型,但僧侣文字是通过象形文字字型的迅速发展普及而发展的。这两种书写方式同时被使用。谈到曲线形的书写风格是正确的,可以与我们现代打印体的手写曲线文字进行比较。

根据文本类型和抄书吏的个人书写习惯,僧侣文字看起来与象形文字有很大的区别。如果你曾经遇到一封字迹无法辨认的手写书信使你仅能凭猜测去了解其意思,那么你就能够理解某些僧侣文本给埃及学家带来的挑战了。

在公元前七世纪,文字进一步简化并产生了可用于速记的实用性缩写。其结果就是产生了第三种埃及文字,即通俗文字,后来通俗文字取代了僧侣文字。通俗文字成为日常所用的文字,但在宗教文本中仍然继续使用僧侣文字。

希腊人观察到了这一现象,因此分别将这两种文字称为“通俗文字”(即“普通群众使用的文字”)和“僧侣文字”或“祭司文字”。

32、33 1836 年出版的由商博良所著的《埃及语语法》中的例子

商博良还希望能够在第一本用科学方法分析埃及语语法的书中体现象形文字“画中诗”的特点。漂亮的象形文字符号镶嵌在我们现代文字的黑色字母间,通过对比可以看出现代文字仅仅是空洞符号的单调组合,而在埃及文字书写与艺术则是完全相联系的。后来的埃及学家所著的语法书则没有通过如此精巧的方式进行体现。过去通常使用标准的象形文字排版字体,或者作者自己画这些符号,现在则更常用电脑生成的象形文字。

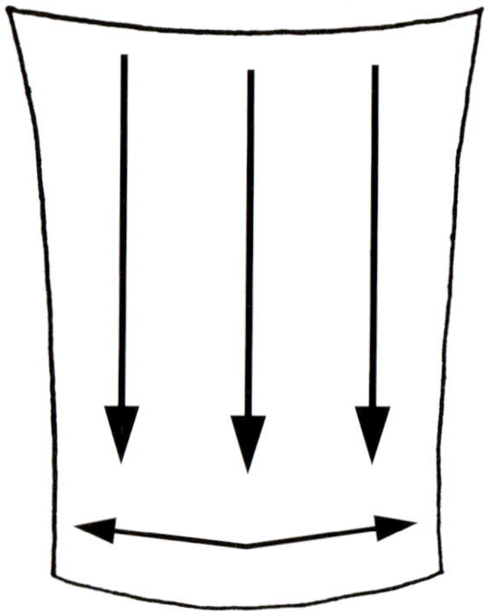

34、35 带国王佩比二世（Pepi Ⅱ）铭文的油膏容器

古王国时期，第六王朝，约公元前2240年；方解石、雪花石膏；高15.5厘米；柏林国立普鲁士文化遗产博物馆埃及馆，14280。

象形文字可以横着从右到左书写，或者从左到右书写，或者竖着从上到下书写。在各种情况下，这些符号都是面对读者的，就像人们讲话时面对着对方一样。这些书写文字不仅仅是具有一定功能的线形形状，而且被认作是与拥有灵魂的生物相似的“圣图”。

书写过程

这本书最终印刷时所用的纸张来源于中国的发明。但是用“纸”这个词来指代一种比石头和泥块更合适的书写材料则是法老之地上的另一项伟大的文化成就。

将纸莎草的茎杆砍成条状，然后压成两层，一层为横向，一层为纵向。将用这种方式做成的几页粘在一起形成卷轴。现知最长的纸莎草卷轴长达 40 米。但 20 页 1.5 ～ 2 米长的卷轴更为常见。卷轴的高度不固定，通常为 16 ～ 20 厘米，最高为半米。新鲜的纸莎草为白色，时间长了变成黄棕色。

在埃及抄书吏用笔之前，他首先从一个小水罐里取出几滴水洒在地上，作为对书写之神托特的献祭。他带着这个小容器，用来搅拌固体状的墨水，这种墨水与现代绘画时使用的颜料相似。黑色墨水用煤烟制成。红色墨水用赭石或赤铁矿制成，可用于标明日期或某一章的开头，或者就像如今一样用于修改。通常用一种薄的灯心草蘸墨书写，抄书吏常常在耳朵后夹着一根备用，这已成为他们身份的象征。需要时将灯心草的一段嚼为刷子状。但一些学者认为光滑的那一端才是用于书写的，被嚼的那一端可能与我们今天的“咬铅笔的习惯”相似。

抄书吏盘腿坐在地上，他的裙子紧绷在膝盖间，然后就在上面写。纸莎草卷轴向右微微卷开，因此书写的方向非常自然。竖排方式是从右到左，缺点是对用右手写字的抄书吏来说，翻页时手可能将墨迹未干的字弄花。在第十二王朝，开始使用横排方式，僧侣文字和世俗文字都是从右到左书写。与我们今天的书写方向不同，各种书写文字最初的排版方式都是右到左，在今天的希伯来语和阿拉伯语中仍然保留了这种排版方式。

36 带诅咒盗墓者文字的门楣

吉萨美尼（Meni）墓，古王国时期。第六王朝，约公元前 2250 年；石灰石；慕尼黑国立埃及艺术博物馆，Gl. 24. a。象形文字文本复制和转抄已转换至易于翻译的方向。

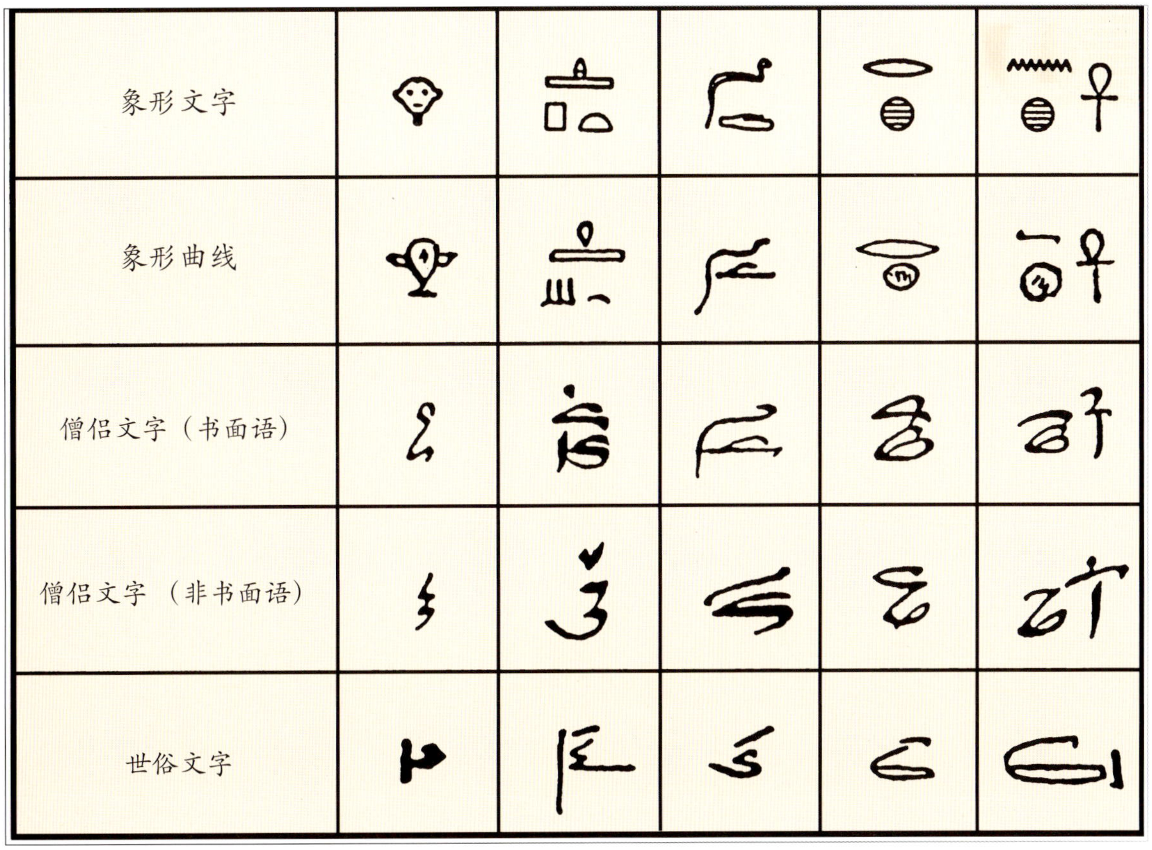
象形文字
象形曲线
僧侣文字（书面语）
僧侣文字（非书面语）
世俗文字

37 文字

继象形文字后，埃及人陆续使用了各种不同的线形文字。

38 抄书吏的调色板

塞加拉；新王国时期或更晚时期；木质；长27.6厘米，宽3.6厘米，厚0.8厘米；开罗埃及博物馆，JE 32745。

39 画家的调色板

新王国时期，第十八王朝 石灰石；长21厘米，宽3.6厘米，厚2.2厘米；克利夫兰（Cleve-land）艺术博物馆，约翰·亨廷顿艺术与工艺信托机构赠品（Gift of John Huntington Art and Polytechnic Trust），1914.680。

抄书吏的调色板（左边）在较低的一端有两个非常浅的孔，分别用来装黑色和红色墨水。明显有使用过的痕迹。中间一格带有可滑动的盖子，保存了大量用于书写的灯心草。带有装几种颜色的孔的调色板用于在纸莎草上描绘彩色图像（小插图）。克利夫兰的这个调色板（右边）可装五大块颜料，并且也刻有文字。从铭文中我们得知此调色板的主人是阿蒙诺菲斯二世统治时期的一名高官。

40 竖列（右边）和纸莎草卷轴页面布局（图解插图）

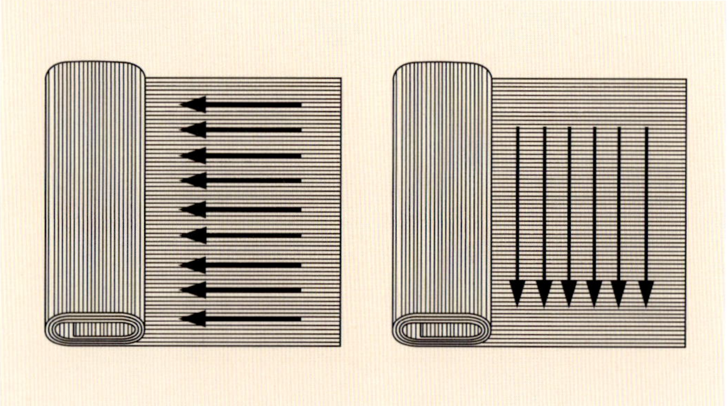

当然不是每次都把一行字在纸莎草卷轴上从头写到尾，而是分文本块书写，写完一段后继续打开纸卷，在前一块的左边开始写新的一块。如果写满一页，则将卷轴水平翻过来，在另一面继续写。写完或者读完后，应把卷轴再次卷起来，把文字的开头放在最外面，方便下一个人阅读，就像我们听完一盘磁带，要将其倒回开始时一样。

抄书吏、档案馆和图书馆

有多少埃及人能够读书写字？答案不能确定。但可以确定的是这个为期较长的培训期是很少一部分人的特权。除了抄书吏和非常少量的负责装饰寺庙和陵墓墙壁的工人外，最有可能学习写字的人是祭司、官员，还有可能是高级军事将领。所以抄书吏这个阶层带有一定的优越感，就不那么让人感到惊奇了。“请记住成为一名抄书吏，你的名字就将永垂不朽！ 卷轴比彩绘石碑和墙壁都更有用。它们（书籍）在提到其名字的人心中就像神庙和金字塔一样神圣……”（出自《切斯特贝提纸莎草卷轴四》）。

抄书吏在学校中的学习方式为抄写指定的文本，其中包括经典文学作品。因此他们是分整体单元记这些图片单词，而不会对其组成符号一个一个地进行分析。不会学习各个单词——这是最近的语言教学中所预期的一种方法。我们现在还不知道法老式图书馆的构成。由各个委托机构负责生产、普及和保存科学书籍和与寺庙相关的宗教作品。

41 狒狒形象的托特

托勒密王朝早期，约公元前300年；彩釉、银和金；高15厘米；巴黎卢浮宫，E 17496。

朱鹭和狒狒被认为是托特的象征和化身。这位司写作与科学的神同样司编年史的修订。这个神兽头上带有新月和满月，因为时间是不可记忆的，因此月相成为记录时间最明显的依据。

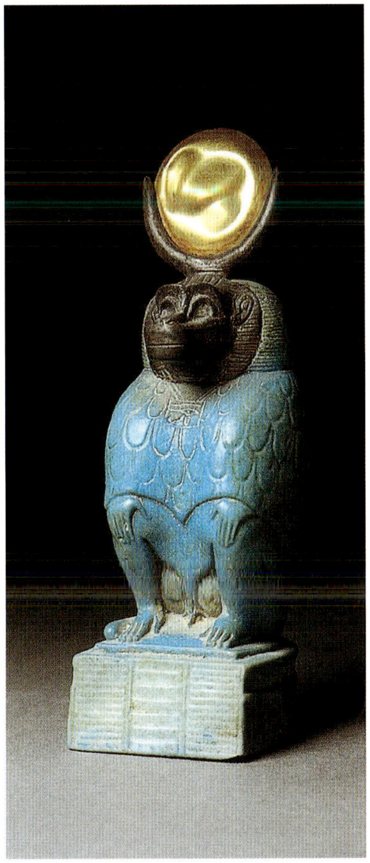

42 某抄书吏雕像

塞加拉；古王国时期，第四、第五王朝，约公元前2500年；彩绘石灰石；高53厘米，宽43厘米；巴黎卢浮宫，E3023。

抄书吏左手拿着纸莎草卷轴放在紧绷着的裙子上，右手曾经拿着书写工具（现已遗失）。他的面部表情和他腹部周围的肌肉褶皱显示出抄书吏这一阶层的自信和富有。

43 受托特保护的坐着的抄书吏

新王国时期，第十八王朝，约公元前1360年；硬砂石；高19.5厘米，长20.5厘米；巴黎卢浮宫，E 11154。

这里智慧之神托特由其神兽狒狒代表。铭文中称他为“神道之主。”抄书吏奈布美图夫（Nebmertuf）盘腿坐着工作。他左手拿着一卷打开的纸莎草卷轴放在紧绷着的裙子上。

46、47 圣甲虫

金龟子，即圣甲虫，将动物粪便滚成球，并从中产生了幼年的圣甲虫。埃及人将这个球看成是天空中的太阳，圣甲虫则是“出生、变成和创造”的象征。无数的小型圣甲虫雕塑被用作印章和护身符，其中大部分用石头雕刻而成。

圣甲虫（右上图）

釉面滑石；高 0.7 厘米，长 1.4 厘米，宽 1 厘米；耶路撒冷以色列博物馆（Israel-Museum），76.31.2954。

圣甲虫护身符上写着：“爱阿蒙 - 瑞者，阿蒙 - 瑞必爱他！”

圣甲虫（右图）

滑石；高 0.6 厘米，长 1.5 厘米，宽 1 厘米；耶路撒冷以色列博物馆，76.31.4429。

“阿蒙 - 瑞赐予人力量！”

45 某官员印章饰板

新王国时期；第十九王朝，约公元前 1250 年；滑石；长 1.9 厘米，宽 1.4 厘米；慕尼黑，私人收藏。

与圣甲虫相似，长方形的小型石板可用作官用印章。印章上通常钻有孔，中间穿一根绳子，长度正好够人挂在脖子上。一面刻着骑兵中尉卡 - 纳赫特（Ka-nakht）高举双手，在刻着国王拉美西斯二世的漩涡装饰前拜祭。在这里名字，即所写的文字代表国王同时也是祈祷的对象。背面写着官员的姓名和职位。卡 - 纳赫特意为“强壮的公牛”，在右列中有一只公牛。左边的马非常漂亮，有鸵鸟羽毛作为头饰。这代表着骑兵一词。现在我们已不清楚拉美西斯时期越来越多出现的这种姓名板的作用，可能是一种拜帖或者身份证明。

48 阿蒙诺菲斯三世的圣甲虫纪念品

新王国时期，第十八王朝，约公元前 1385 年；带蓝绿釉的滑石；长 8.8 厘米，宽 5.8 厘米；莱顿（Leiden），荷兰国立古物博物馆（Rijksmuseum van Oudheden），AS4。

阿蒙诺菲斯三世统治早期批准了五种不同版本的大型圣甲虫雕像，现今它们被归类为“圣甲虫纪念品”。内侧记录着重大事件，统治者 希望通过圣甲虫这种广为流行的媒介向全国公布这些事件。莱顿的这件藏品属于所谓的婚礼圣甲虫，但是这种定义有点不准确，因为在阿蒙诺菲斯三世的全称及其正妻泰雅（Tiye）名字后，写道：“她的父亲叫余雅（Yuya），母亲叫图雅（Tuya），她是一位明君之妻，其疆域南及卡罗伊（Karoi）（努比亚），北至纳哈瑞（Naharin）（幼发拉底河上游的）米坦尼（Mitanni）帝国。”

49 阿布西尔（Abusir）纸

纸莎草（碎片）；诸神列表，阿布西尔，尼弗瑞卡拉（Neferirkare）陵庙；古王国时期，第五王朝，约公元前2470年。带僧侣文字的纸莎草，右边碎片（抄本）尺寸为21厘米×21厘米；伦敦大英博物馆，EA 10735（第10帧）。

现存最古老的僧侣文文档为阿布西尔纸莎草，按其发现地命名。无数大小不一的碎片最初保存于金字塔管理中心档案中，登记后，与其他东西一起每个月交付一次（这里为玉米），用于皇家陵庙中每日的献祭。

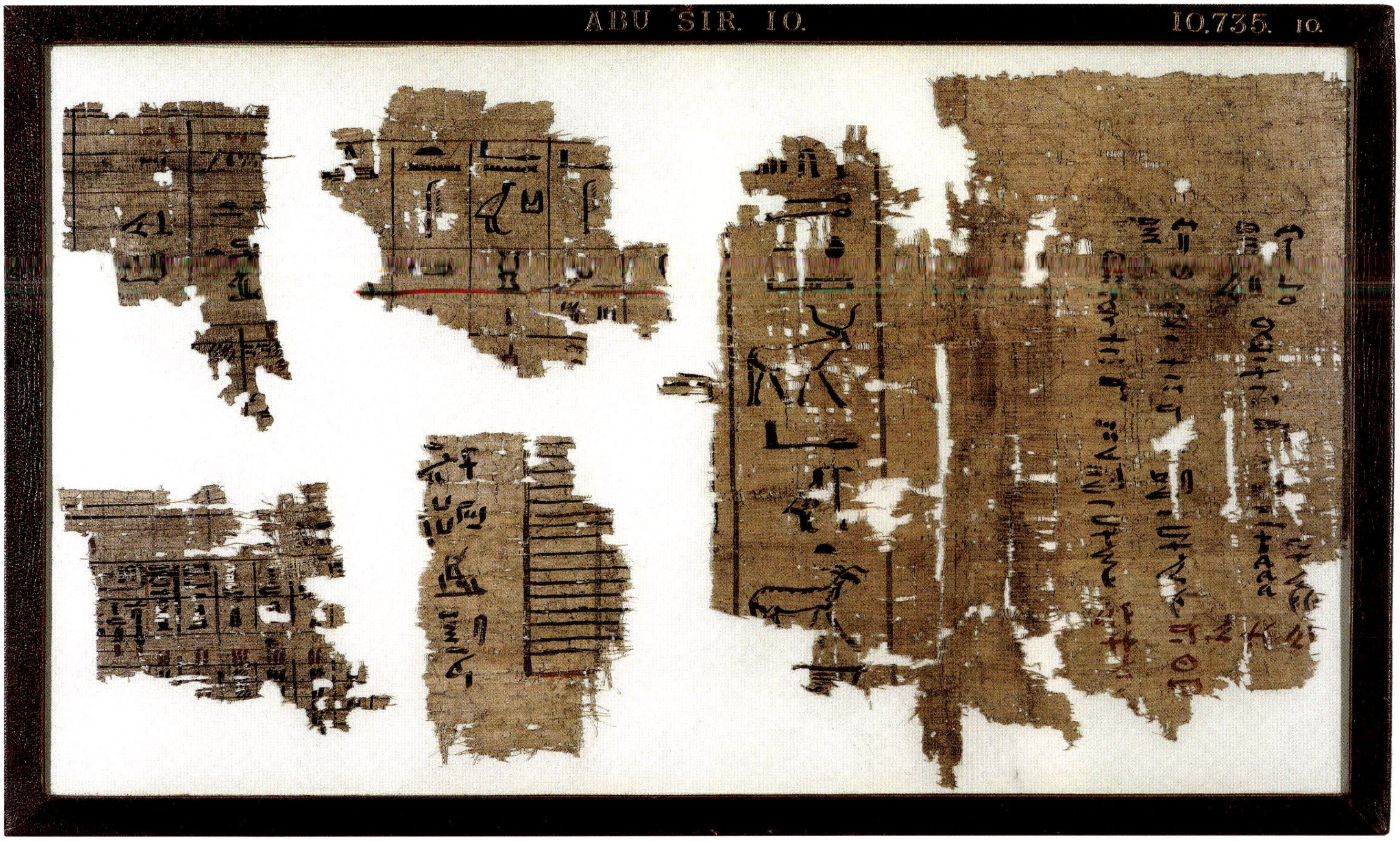

他们被称为“生命之家”，由此我们可以看出当时有多么重视书写。在一些个例中，我们发现某些人完全因为高兴而收集文学方面的书籍。这些私人图书馆被流传了下来，并通过家族的世代更替而不断扩大。亚历山大市著名的图书馆完全属于希腊人，与法老文化无任何联系。即使如此，尤利乌斯•恺撒占领亚历山大市后将图书馆付之一炬，同样也让大量流传几千年的法老精神财富化为灰烬，造成了不可挽回的后果。希腊人从埃及拿走了纸莎草，实际上我们无法想象如果没有这些书（纸莎草卷轴）的存在，我们的文物将变成什么样。可以肯定的是希腊语中的“biblos”（书）一词来源于腓尼基城市比布鲁斯（Byblos），而这正是出口纸莎草卷轴的主要港口。

从《亡灵书》到“摘记碎片”

埃及文学有着长达三千年的悠久历史，因其丰富性和深度，我们在这里仅能简单提及。如今我们仍然可以看到大量的古埃及文字作品，但比起曾经存在的那些作品而言，它们仅是沧海一粟，其中有很多都因为年代久远而被遗失。即使如此，因为古埃及“丧葬和寺庙文化”的重要性，所讨论的文本大部分为宗教文本。但我们不能由此而得出结论：当时的文学作品仅限于这一题材范围。可以毫不夸张地判断埃及文本中几乎包含了我们现今已知或曾经存在的所有题材。用抒情诗和散文写成的小说，道德文学，科学论文，与法律、经济、贸易事务相关的文件，受王室认可的官方证书，国家各单位各种各样的文件，私人散文、信件，当然还有涂鸦作品。

50 切斯特贝提纸莎草卷轴一

新王国时期，第二十王朝，约公元前1150年；用僧侣文字写成的纸莎草；高21.5厘米，长5.02厘米（展开时）；伦敦大英博物馆，EA 10682。原始状况下的纸莎草卷轴。该书由僧侣文字写成，含一个神话故事，很多经济笔记和歌谣。

52 书信

盖博拉（Gebelein）；托勒密时期，公元前110年；用通俗文字写成的纸莎草；长22.5厘米，宽7.5厘米；海德尔堡（Heidelberg），海德尔堡大学纸莎草学研究院收藏馆（Sammlung des Instituts für Papyrologie der Universität Heidelberg），P Heid.Inv. Dem. 781b。

这是一封几个士兵写给他们的同伴的信。最后一行标明日期："写于第八年泛滥季的第四个月第十二日（即公元前110年，10月1日）。"

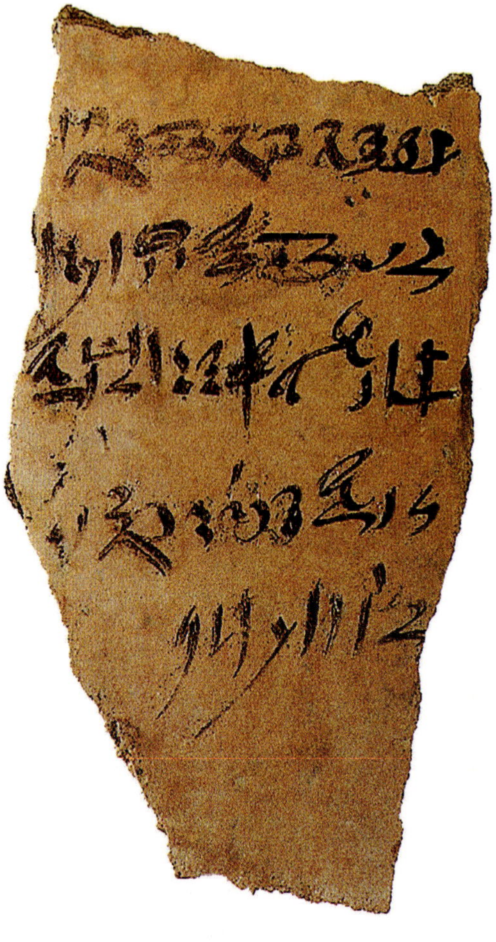

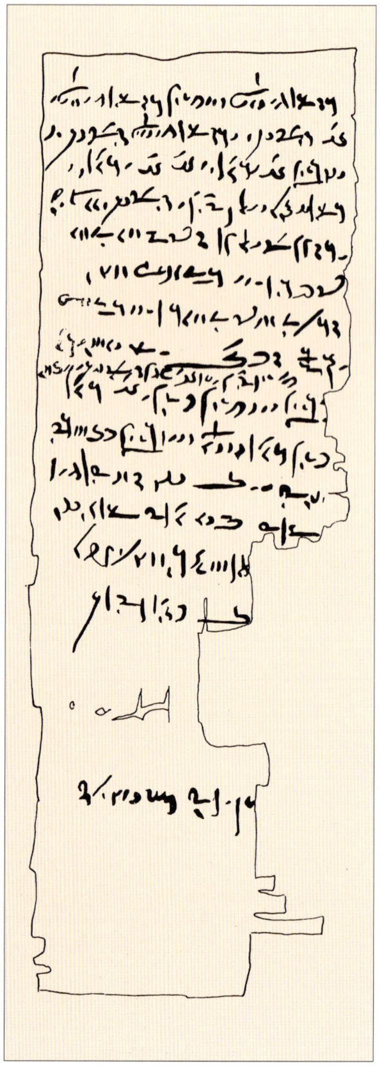

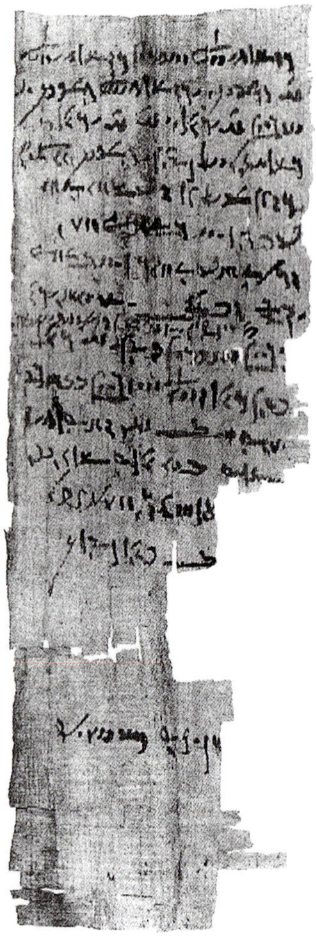

51 陶片

底比斯西部；新王国时期，第十九王朝后期，约公元前1200年；陶器；长12厘米，宽7厘米；卢克索埃及文物主管部门，Q 656/3。

来自戴尔-艾尔-麦迪纳的陶片上用僧侣文字写着一段简短的文字。消息的接收者因为"在沙漠中跳舞"（而不是工作）而受到责备。第三行中有表示跳舞的男子的符号。

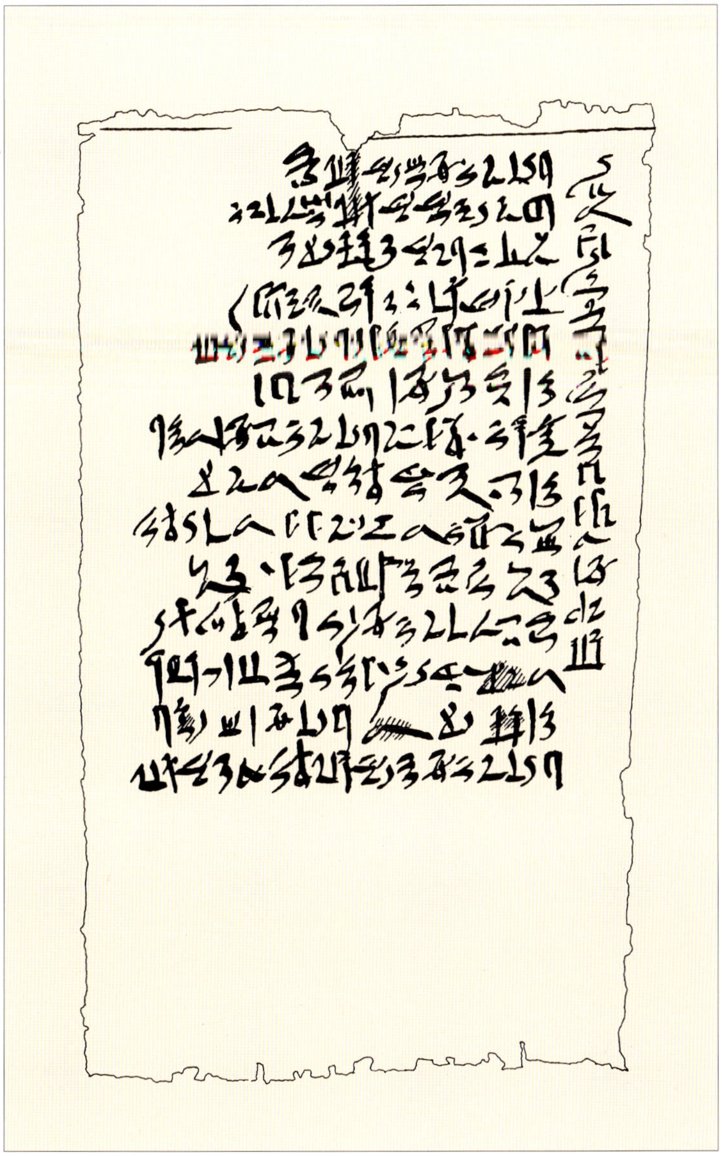

53~55 纸莎草书信

中王国时期，第十二王朝，约公元前1800年；纸莎草，黑色墨水；长30厘米，宽19厘米；莫勒（Möller），神职读片，I,19B。

这是一个叫内尼（Neni）的人为他的上司写的有关财产事宜的备忘便条，前面两封信都未得到回音。这封信是用僧侣文字写在纸莎草上。通过现代的重组（见照片）显示信写好后，如何折叠、写好收信人地址和加封。

日常生活中的文字资料

正是这些日常生活中的文字资料让我们一窥尼罗河谷的古代先民们所经历的喜怒哀乐。在这种情况下，底比斯西岸的戴尔 - 艾尔 - 麦迪纳定居点具有特殊的地位。据考古记录，这里曾是手工艺人、艺术家及修建附近帝王谷和王后谷中皇家陵墓的人及其家人世世代代居住的地方。

因职业关系，在这个特殊的村庄里，有很多人都能读书写字，实际上也出土了很多文字资料。但其中只有很少一部分写在纸莎草上。与埃及其他地方一样，戴尔 - 艾尔 - 麦迪纳的文字碎片写在所谓的陶片上，仅使用很短的一段时间。陶片即石头碎片，因为在沙漠边缘地带有大量石头可供不限量使用，有时也是打坏了的器皿的陶瓷碎片。这种免费的书写材料被用于学校练习和法院写的协议、发票和各种类型的清单、信件和简单的便条。

有趣的是在新王国时期的下半叶，非文学性的语言文字所使用的语法与官方的、小说和宗教语言文字差异甚大。这种差异的程度可以用现代语言中方言与“高级”的标准语言差异相比。日常文字资料用口语写成，而官方的和文学文字用“高级”的古典语写成。

56 维齐尔拉蒙斯（Ramose）

底比斯西部；维齐尔拉蒙斯墓（TT 55）；阿蒙诺菲斯三世统治时期，约公元前1350年。

尽管没有含其姓名和职位的铭文，但从衣着上我们可以断定接受净化仪式的这个人是一名维齐尔。这种 官服是埃及负责民事的国家官员唯一的官方身份标记。这是一条下及小腿、上至胸部的围裙，脖子上系着带子。他手握长棒和权杖，显示维齐尔具有较高的社会地位以及这一职位的权威。拉蒙斯是阿肯纳顿晚期阿蒙诺菲 斯三世时期和阿蒙诺菲斯四世统治初期的维齐尔。他的陵墓未完工，是突然终止的。可以推测他要么是新王继位后立刻就去世了，要么就是政治上失势了。但此浮雕显示，其陵墓中的画像没有人为破坏的痕迹。

皇家行政管理及其组织机构

埃娃·帕蒂（Eva Pardey）

国王

皇家信条规定国王担任神职。他的职位是作为皇家守护神荷鲁斯在凡间的代表——用其荷鲁斯名字体现。这是最古老的一种皇家头衔，可追溯到古朴时期。另外，皇家信条还说国王是神，他有责任担负此重任。从第四王朝起，即用“太阳神之子”这一称呼显示其神圣的出身，从哈特谢普苏特统治时期起即用圆圈形象表示，这就是所谓的出生传奇。在新王国时期，皇家先祖为帝王神阿蒙 - 瑞。

埃及实行君主专制。至少在法律层面上是如此，国内大小事宜均归国王管辖。国王登基后则拥有唯一立法权、宣布法律和政令的权力、任命官员和祭司的权力，官员和祭司将作为国王的代表在全国各地履行其职责。国王集政府的立法与行政权于一身。

埃及人并无国家一词。必须用表示“国王”或“王国”的表达解释“国家”。这同样显示了国王的关键地位：国王即国家。

古埃及资料中将国王描述成制定帝国内所有决策的人。在官方资料，如所谓的皇家小说文本中，有一群顾问官员，但国王最终可以无视他的反对意见和建议。无论国王说什么，到什么地方去，都是正确的！实际上这些文字描述的并非实情，但他们证明了国王的伟大、全能、智慧和至高无上。同时强调了其权力的不容侵犯性。

国王是军队的最高司令。很多情况下都可以看到国王在军事战斗中的影响力。另外，他个人可以决定是战还是和，并且拥有调遣军队的特权。

国王不仅仅是埃及境内的领袖，传统的边界北到地中海，南到阿斯旺大瀑布。在埃及大肆扩张的时代，他同时统治着被占领的努比亚和近东地区。他负责维系与外国的外交关系。国王负责外交关系最有名的证据是阿玛纳发现的泥匾档案，中间记录了埃及与近东地区国家的书信往来。国王还负责外贸活动，其中最有名的是与朋特（Punt）的长途贸易，这些明显都是皇家和国家事务。

但埃及从未对朋特发动军事侵略或占领。自图特摩斯四世起，常常采用由国王迎娶争议国公主的方式缔结和平条约。因为这个原因，在十八王朝米坦尼的公主成为了国王的新娘，拉美西斯二世统治时期，赫梯（Hittite）国王的女儿也是如此，因此与这些国家的和平关系就通过与国土联姻的方式得以体现。

维齐尔一职

维齐尔享有行政管理权。“维齐尔”一词来源于阿拉伯，在埃及古物学中用于指代埃及最高官员，即实际上的首相。古王国和中王国时期，全国只有一个维齐尔，但在新王国时期这一职位出现了分化。下埃及的维齐尔总部位于孟斐斯，或者在第十九王朝曾一段短暂的时期位于拉美西斯法老的首都——派拉姆西（Pi-Ramesse），除此之外，底比斯还有一位上埃及维齐尔。但至今仍不清楚什么时候出现了这种分化。但可以证明的是图特摩斯三世时期即已存在（第十八王朝）。两位维齐尔各司其职，地位平等，各自负责相应的区域。古王国时期，维齐尔的权力范围为远至阿斯旺的埃及传统疆域以内。中王国时期，他控制的区域扩张到了下努比亚，在那个时期内，努比亚被占领且被并入埃及版图之内。新王国时期，再次占领下努比亚并将上努比亚并入埃及后，努比亚拥有了独立的行政管理权，受库什的埃及总督管辖。

在拉美西斯后期，维齐尔的部分职责转移给了卡纳克神庙中的管理机构，这样维齐尔一职至少在埃及南部地区丧失了一定的重要性。

在新王国时期的各种陵墓中都用一种叫“维齐尔职责说明”的文字描述维齐尔的职责。尽管可以证实这种与维齐尔官职相关的描述最早来自中王国时期，但其中描述的职责在后来同样有效。

作为政府的行政首脑,维齐尔是国王的代表。他控制并协调埃及的内部行政管理并承担一定的法律职责。如果规定维齐尔负责实施玛特(法律或秩序)就意味着他不仅仅是法官,同时还维护国内法律司法秩序的稳定。他没有立法权,因为这是国王的唯一特权。

维齐尔与各国家和地方机构一起管理着全国的行政事务。对于这些机构的官员们所犯的任何错误,他均要承担一定的责任。另外,他还负责保存与整个国家和人民相关的档案。最终由维齐尔保证这些调查的合法性和准确性,这是国家强制要求人民承担的所有义务的依据。根据其任职说明,他还有义务监督运河水闸的开启。因为这项任务关系国计民生,因此只能由中央控制。管理全国收入的国库也由他负责。

因为事关重大,维齐尔还负责建造皇家陵墓。戴尔 - 艾尔 - 麦迪纳负责修建帝王谷中陵墓的工人直接受他的领导。维齐尔随时视察工程进度。他负责工人工资的发放和所需材料的运输。在第二十王朝,工作环境严重恶化,因为按实物支付的工资常常拖延很久才发放。艺术家们被迫罢工并将其不幸归罪于维齐尔。

司法体系

我们所熟悉的政府行政司法机构独立对埃及人来说却无法理解。行政和司法构成一个单独的实体,因此没有专门的法官。因此埃及语中没有专门的“法官”一词,这就并不让人感到奇怪了。在新王国时期,仅有一个叫长辈地方理事会(kenbet)的法官委员会。我们从荷伦希布的政令中得知,他统治时重组了很多地区型的长辈地方理事会。长辈地方理事会由地方长官和负责民事事务或者神庙管理机构授予其司法职权的祭司组成。但我们却不知道这种法庭履行司法权时使用何种形式的司法辩护。

维齐尔担任由高级官员组成的“大长辈地方理事会”的主席。但将维齐尔称为全国最高级别的法官只是部分正确。通常他只是作为同级中居首位者行使职权。例如与财产相关的案子,由大长辈地方理事会负责审理。因为财产是国家税收的来源,所以这类案子属于影响国计民生的事务。另外,因为中央政府的文件存于 王宫,而维齐尔有权随时查看,因此这类案件只能由国家最高司法机构进行裁决。

拉美西斯后期在底比斯举行的盗墓者审判同样由“大长辈地方理事会”审理。为了体现出这一事件在国家事务上的重要性,由卡纳克神庙中的大祭司承担领导职责。这些审判清楚地表明法庭有检举职责,要进行审查并通过判决。法官和国家律师这两种职位没有区别。例如在刑事审问中,嫌犯常常遭到棍棒殴打。盗墓在埃及被视为最为严重的罪行,罪犯要被处以死刑。其他一些罪行,例如由官员所犯的一些罪行,法院会判财产充公、笞刑,有时候还会判劳役。在新王国时期,割掉罪犯的嘴巴、鼻子或耳朵使其伤残变得普遍起来。

在后宫中的妃嫔行刺拉美西斯三世后,因为案件的严重性,成立了一个特殊的法庭,要求对罪犯判处死刑。一些参与谋杀的人员,以及后宫中的女人们被赐死。但不知道死刑如何实施。

戴尔 - 艾尔 - 麦迪纳工人定居点提供了最多的与司法体系管理相关的资料。居住在这里的工人不仅进行自我管理,在法律事务上还有独立的司法权。他们的法官委员会也被称作“长辈地方理事会”,由工头、抄书吏和社区里其他相关的人员组成。

除与偷盗相关的财产犯罪,拖欠工资或追索未果、通奸和虐妻都是法庭管辖的事务。原告通常为当地居民,妇女也有权向法院提出索赔要求。法院审理案件并依据先前的惯例作出判决。只有与纪律程序或行政管理机构相关的法庭判决才会影响当地行政管理机构。但是戴尔 - 艾尔 - 麦迪纳当地法院的处罚权还是相当有限:一个案件通常要处理几遍,因为犯罪一方并未履行法庭判于其的义务。例如,一件与支付一罐肥肉相关的诉讼困扰了法院长达十年之久。严重的罪行,如谋杀,需递交维齐尔审理。

在戴尔 - 艾尔 - 麦迪纳,有些案件由神使裁决。因为被神化的国王阿蒙诺菲斯一世备受工人们的尊敬,因此在节日游行时,工人们会就诉讼相关的事宜,“问”阿蒙诺菲斯——更确切地说是其祭祀像,并作出决策。在这种情况下当然还得咨询祭司,这些祭司通常也是民事“长辈地方理事会”中的代表。

57 维齐尔大厅

底比斯西部雷克密尔(Rekhmire)墓(TT 100);图特摩斯三世统治时期,约公元前1430年。

在这张详图的中间显示的是维齐尔一职。维齐尔雷克密尔最初坐在右边(现已脱落),正在其职位上监督着活动的进行。雷克密尔在国王图特摩 斯三世和阿蒙诺菲斯二世统治时期担任国家最高长官。这张画是某国家部门中的几位代表,但唯一已知的插图描绘的是维齐尔一职。左端成竖线排列的铭文恰好在“维齐尔职责说明”开始处可被辨认。铭文写于第十二王朝,描述着当时的情况。但其中 描述的内容反映的是后来的国家大事。在维齐尔大厅前有五个受他领导的行政管理人员正在接受任命,其他人跪倒在地,另外还绘着在全国各地宣布维齐尔命令的传令员。大厅内,官员十人一排,站成两排,他们中间有两个男子被引到维齐尔面前。这些 官员可能就是中王国时期所谓的“上埃及十大臣”,他们与维齐尔一起工作,并参加在维齐尔办公地点举行的会议。

中央政府

各地方行政管理机构直接由维齐尔的中央行政管理机构的高级代表控制，并直接与中央公文办公室合作。他们所征的税将被直接运到最重要的行政管理机构——谷仓和国库。他们管理着国家收入，为必要的国家支出项目提供资金，其中包括外贸中需要用埃及商品支付的进口货物，军队维护开支和武器装备开支以及重大项目中的支付工人工资的开支。甚至还要保障国王的开支。谷仓是负责管理谷物的行政管理机构，其他产品直接上缴到国库，如金、银、（准）宝石、亚麻、牲口、木材等。国库附近的工厂加工这些原材料。运送货物时，粮仓和国库有专用的船队。有许多抄书吏负责登记收入 和支出情况。

除管理粮仓和国库的官员外，管理土地的官员也是最重要的国家官员之一。他需要全面管理所有的皇家领地。在新王国时期下半叶，除这些制度化的官职外，所谓的“宫廷内务大臣”也掌握了一定的政治职权。他们凭着与国王的亲近关系，依据特殊的皇家权威处理国家事务。

地方行政管理

在早期，埃及按照“省”进行行政区划。象形文字中的“省”一词表示为分成几块的土地。

58、59 运输黄金

艾尔卡布的帕瑞（Paheri）墓；图特摩斯三世统治时期，约公元前1450年。邻近艾尔卡布东部沙漠中的金矿当时被艾尔卡布省长控制。矿工搬运金子的情形描绘在这幅画的右上半部 分。非常典型的一个特征是尚未被加工的金子都被描绘成圆环形。粮食用量器称量，而作为贵金属的金子也要被称重。下面画的是一些当地人把金子从当地运给帕瑞。在这些贡品之下，金环再一次与其他货物一起出现。在这细致描绘的场景中，帕瑞的弟弟兼助手，站在左边，记录着运输的情况。由此可知他的弟弟也是一名行政管理官员。左边描绘着帕瑞，其庞大的身 躯清楚显示了他在所描绘的这些事件中的主导地位。

大多数情况下，省的名字来源于当地受拜祭的神的名字。这些古老的省在第一中间期时不再作为行政区划单位，这一变化被详细记录在上埃及南部地区的资料中。相反，中王国时期的行政区域按照各地区的主要城市命名。新的行政区划作为 埃及的行政结构，一直保留到希腊罗马时期。后王国时期寺庙列表中的四十二个传统省份并不属于行政区划。

地区行政机构最重要的任务为征税和抽调当地劳力为国家项目服劳役。税收和劳役基于国家对地区的调查，与土地丈量登记相似，同样也是地方行政长官的职责。这一任务的重要性体现在上面提及的省这个字的象形文字中：用简图的方式描绘所调查地区的土地。记录结果的文件将被送到由维齐尔负责的中央记录办公室。然后由中央办公室计算应征收的税收和国家大型项目中所需的劳力。然后根据维齐尔的命令征税或招募劳力。地区总督直接对维齐尔负责，但在古王国后期和中王国时期，埃及南部的地区总督对维齐尔的直接下属——上埃及督察和在中王国时期接替督察职责所谓的发言人负责。

地区内的寺庙均有自己的行政管理机构，经国王同意后，常常在民事行政管理司法权以外运作，因此他们可以不用缴税和服劳役。在古王国后期和中王国时期，地区总督同时也是当地寺庙中的大祭司，因此两个独立的行政层级上人员配置有重叠。

60 谷物运输

艾尔卡布的帕瑞（Paheri）墓；图特摩斯三世统治时期，约公元前1450年。

图的上部是一排货船，谷物被成袋地运上船。从新王国时期起，各州间的谷物运输都有详细的记录。第二十王朝，即拉美西斯统治后期的大量文字资料显示，这些船的船长偷了很多谷物。图下部的船供乘客乘坐，从船舱的布局可以清楚地看出。这些船均由帕瑞调遣。

新王国时期这一实行了几个世纪的做法被废除。总督需要维护辖区内的法律秩序，因此他们能够调动警察。但对他们作为法官的权力，我们却知之甚少。

官吏

除国王、王室成员、宫廷和私人奴仆外，埃及社会可以被分为统治阶级和被统治阶级。官员阶层与大多数平民百姓形成对比。官吏和某些时期内的军队成为国家的支柱性阶层。因为埃及是一个“政教合一”的国家，寺庙同时也是国家机构。它们不仅是祭祀场所还是经济机构，拥有调配国家某些生产资料、耕地、劳力和原材料加工资料的权力。例如在新王国时期，卡纳克神庙中的行政管理机构的结构与国家行政管理机构相似，拥有独立的金库、土地管理员和仓库。

所有大型的经济支出项目由国家确定并资助，并受国家官员的指挥。在国家机构附近的工厂里对原材料进行加工：在这些国家机构中，国库特别重要。艺术家和商人为国家服务，甚至连科学也受官员控制。

除了中王国时期被称为“贸易讽刺”的文章外，拉美西斯时期有很多文字资料将官员的穷奢极欲与人民大众的水深火热进行对比。但实际上官员并不拥有文中所描述的任何一种特权：其他很多资料证实，官员实际上也需要缴税。

对官员生活的赞美还可在供学生阅读的文字中发现，目的在于激励新一代的官员更加勤奋地工作。读、写和计算是官员必须具备的基本条件，这就是他们喜欢将自己描绘成抄书吏的原因。已发现的抄书吏雕像，最早可追溯到古王国末期。自中王国时期起，“抄书吏”一词成为官员的统称，既可指代官阶较低的抄书吏，又可指代那些位高权重的高官。

在宫廷或者属于民事行政管理机构、寺庙和军队机构的各个分支机构中训练新的抄书吏。全国对官员的要求和期望基本一致，因此官员能够随时从一个行政管理机构调到另一个行政管理机构，而且这种做法也很常见。

这些官员的俸禄由国家以实物的形式支付。他们拥有田产，能够保证他们经济上的富裕，同时他们还能从其所在的国家机构 的经济分红中受益。寺庙中的所得全部会被分给寺庙中的成员，各人的等级地位将决定他所得的份额。另外在特殊情况下，他们还可能得到国王的额外赏赐。

官员“职业”

我们知道很多埃及官员通过世袭而做官。“智慧文学”中记载在很早的时期内，很多埃及人就希望他们的儿子能够继承自己的官位。例如在第十八王朝上半叶，维齐尔议事会即被一个家族掌控，其中最有名的代表是雷克密尔。中王国时期的中埃及地区，省长实行世袭制。但这也不是一个严格的世袭过程，因为新上任者由国王正式任命，必须由他批准这种世袭。

我们可以推测当时可能只有官员子弟才能接受教育，并最终具备做官的基本条件。但是，官员一直在自己的自传里强调他们的官职和升迁都是因为个人成就、工作勤奋和为人踏实可靠。

另一方面，阿肯纳顿统治时期的官员则强调他们官场升迁首要的原因是对国王的顺从和忠诚。勇于打破陈规的阿肯纳顿要求他的官员必须忠诚，且不受传统官员或祭司阶层中地位的束缚。他倾向于任用新人，要求他们对自己绝对忠诚。从那些非埃及式的名字可以看出官员中还包括外国人（这在埃及历史上前所未有）。

当然在不同的时期起重要作用的因素不同。例如，在第十八王朝上半叶，很多国家高官来自卡纳克阿蒙神庙中的行政管理机构，因此这座寺庙在埃及建筑史上非常有名。与国王年轻时的个人关系也是影响国家官职分配的一个重要因素：图特摩斯四世任命了几位与他一起在宫中长大的人做高官。

新王国时期，军队成为一股重要的势力，军方人员和军队行政管理机构中的人占据了重要的国家官职。拉美西斯末期，在上埃及地区，这些军队中的成员依赖其经济实力和卡纳克神庙的政治和宗教影响力巩固自己的势力。

称职的官员在卸任后常常担任大神庙中的祭司，这个工作不仅清闲而且报酬颇丰，是官员年老时的额外收入来源。

军事

曼弗雷德·古特格赛尔（Manfred Gutgesell）

61、62 两支军队

阿修特，麦赛特的墓穴；中王国时期，第十一王朝，约公元前2000年；木板画。开罗（Cairo）埃及博物馆，JE 30986（CG 258），埃及军队，长169.8厘米，宽62厘米，高5.9厘米。开罗埃及博物馆，JE 30969（CG 257），努比亚军队，长190.2厘米，宽72.3厘米，高5.5厘米。

他们武装着矛和巨盾。从油漆面我们可以清晰地看到盾牌是将动物皮革绷在实木板架上制成的。矛上有宽扁的青铜尖。在位于埃及中部阿修特的麦赛特的墓穴里，人们发现了这 支四十人的军队和四十名努比亚弓箭手，每一名弓箭手都佩戴有弓箭。麦赛特很可能将他的私人护卫模型扩充到相当大的规模，以备在战乱时期保护自己。

我们所了解的古埃及军事大多是新王国时期的情况，那时诸如图特摩斯三世或者拉美西斯二世等法老已经将埃及发展成占支配地位的世界强国——至少在他们的丰碑上宣称已经达到了如此程度。埃及的军事设备和军事组织机构经历了巨大的发展。

对于新王国时期以前的军事我们知之甚少。王朝前时期和古王国时期没有常备军。需要之时，男丁会被征集、配备武装、并编制给军官指挥，后者也是他们在平民生活中的领导者。他们用棍棒、战斧和弓箭进行武装。远距兵器有长矛、投石器，当然还有弓箭。制作弓的技术异常复杂，有穿透力的远程复合弓当时也被使用。这些弓是由多种木材和动物角片做成的，这些角片被粘在一起并固定在动物肌腱上。还有普通士兵使用的简易木弓。盾是将动物皮革绷在木头框架上做成的。

古王国时期以后雇佣兵的引入，使军事开始发生巨大变化。专业士兵所得的报酬是金子，以及用于自己耕作的土地。由小群体所组成的作战单元被划分成了更小的单元。十人为一班，每组有一位班长。一个100人的单元被分成两部分，每部分五个班。整个单元服从第一部分的第一班班长的领导，而第二部分服从第二部分的第一班班长的领导。这一组织体系也被用于管理劳动者。

兵器在新王国时期也得到了革新。控制大半个埃及超过一个世纪的希克索斯人（Hyksos），从他们的故乡亚洲带来了马和战车。法老们开始养马，并在希克索斯王朝统治结束之后建立了自己的战车队伍。他们偏好于由两匹马拉的轻战车，这种战车只载两人，一名驾战车者和一名士兵。

士兵佩戴高级的复合弓和金属尖长矛，这些东西放置在战车上的皮革箭袋里。雇佣兵被更加频繁地征集——努比亚人通常做弓箭手，利比亚人做轻步兵。这些分遣队在原来长官的指挥下为钱财而战。埃及军队从命于陆军上校，由上将，所谓的“监督者”，指挥更大的军事单元。埃及军队的军事力量在这一时期得到了极大的加强。这时的盾是由实木和青铜盾扣做成的，长矛有很长的青铜矛尖，士兵戴头盔和盖有铜牌的革甲用以局部防身。从亚洲士兵引入的短弯刀成为近距离作战的首选兵器。国王是最高统帅，同时单个的军队可以由国王的儿子们或大臣统帅。

靠驴穿越沙漠——装备和供给

埃及在法老时期是没有战船的。当时军队增援很可能是通过尼罗河船由武装卫兵护送运输的。但是要塞的建设却很先进。当时的一个南部边陲小镇大象岛，在王朝前期已因其健全完备的要塞而名声远扬。古王国时期，埃及人试图靠修筑一道长墙——"统治者护墙"，来抵御亚洲人的入侵。该墙后来被东部边界严密的要塞防御体系所取代。埃及侵略叙利亚最重要的基地和入口就是位于德尔塔最东端的赛尔要塞。该要塞集军事基地、商业中心和边关小镇于一身。它是埃及军队在亚洲最重要的增援基地，由自己的要塞指挥统领，该指挥官在埃及的等级制度中居于极高的位置。

两位副手和一整队的文书员和行政官员监督着军队的给养。供给的运输十分困难，特别是穿过东部沙漠时——通常都会是这种情况，由于新王国时期的政治局势——埃及当时没有运输车，再加上沙漠恶劣的条件，即使有运输车也无用武之地。因此给养只能靠驴运输，后来改用骡。由于绿洲稀有，牲畜饲料缺乏，任何东西都要由牲畜负载，这就意味着距离越远，能将运输物送达目的地的数量也就越少。因此埃及人试图通过海路尽可能多地运输给养，并在战场上或至少在战场附近卸载这些给养。不过，自从拉美西德（Ramesside）时期开始，这些给养运输队伍都需要加以严密护卫。但是即使这样，装备和给养丢失或者不能及时送达军队的风险依然很高。因此军队被迫驻扎得尽可能远离内陆。这也迫使埃及人极力维持其在叙利亚国内的基地——其实际边界以东——他们在那里进展得相当成功。最为关键的是控制巴勒斯坦和叙利亚的港口城镇。

由于给养困难，沙漠遍地，军队向东行进别无他法。因此他们从埃及出发，或沿稀少的绿洲强行穿过沙漠，或沿条件稍好但线路却更长的海岸线前行。海路是最理想的选择，但埃及的航海技术很落后。毋庸置疑，他们的敌人肯定更熟悉这些线路并会采取有效对策。

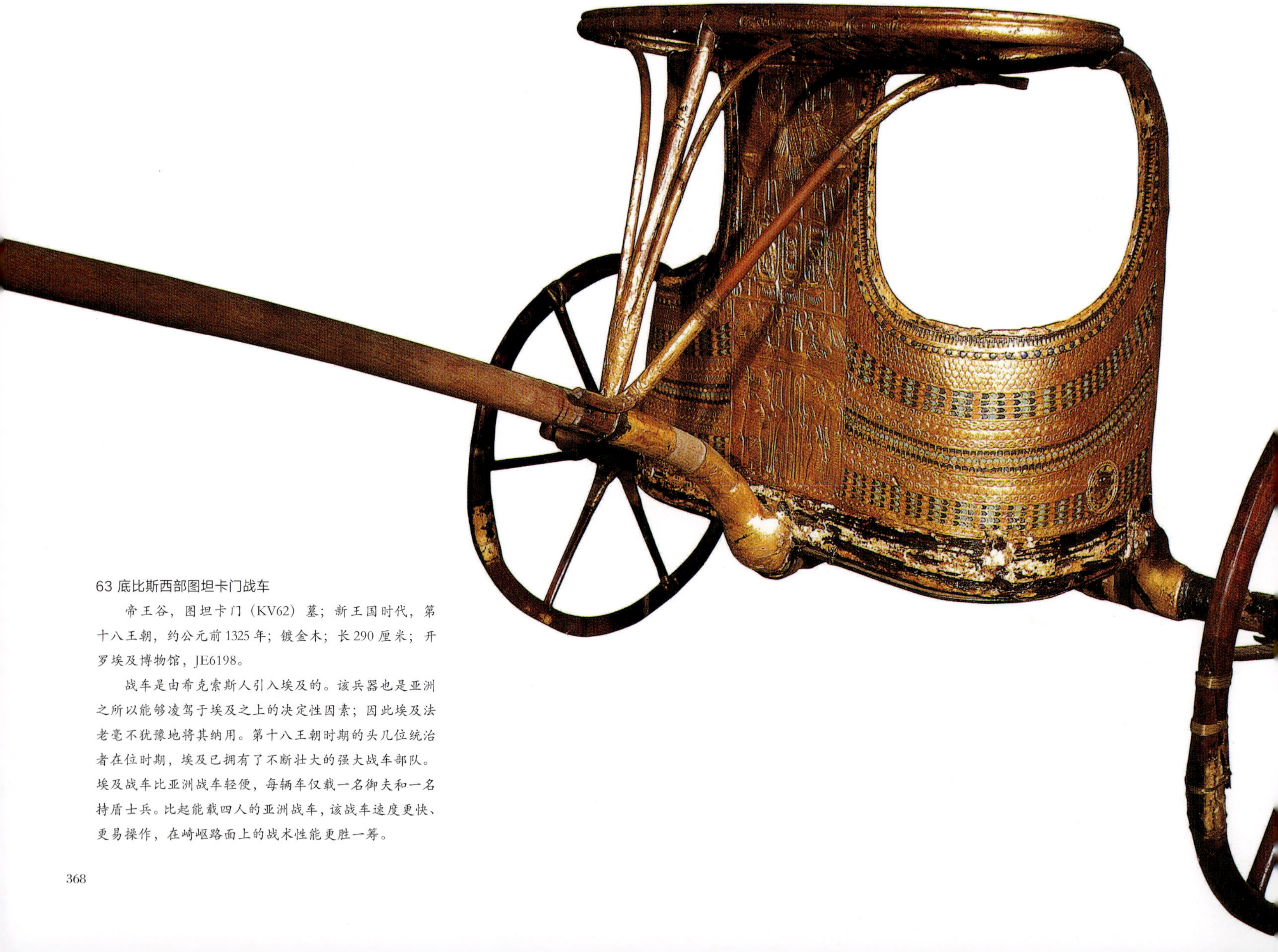

63 底比斯西部图坦卡门战车

帝王谷，图坦卡门（KV62）墓；新王国时代，第十八王朝，约公元前1325年；镀金木；长290厘米；开罗埃及博物馆，JE6198。

战车是由希克索斯人引入埃及的。该兵器也是亚洲之所以能够凌驾于埃及之上的决定性因素；因此埃及法老毫不犹豫地将其纳用。第十八王朝时期的头几位统治者在位时期，埃及已拥有了不断壮大的强大战车部队。埃及战车比亚洲战车轻便，每辆车仅载一名御夫和一名持盾士兵。比起能载四人的亚洲战车，该战车速度更快、更易操作，在崎岖路面上的战术性能更胜一筹。

64 短弯刀

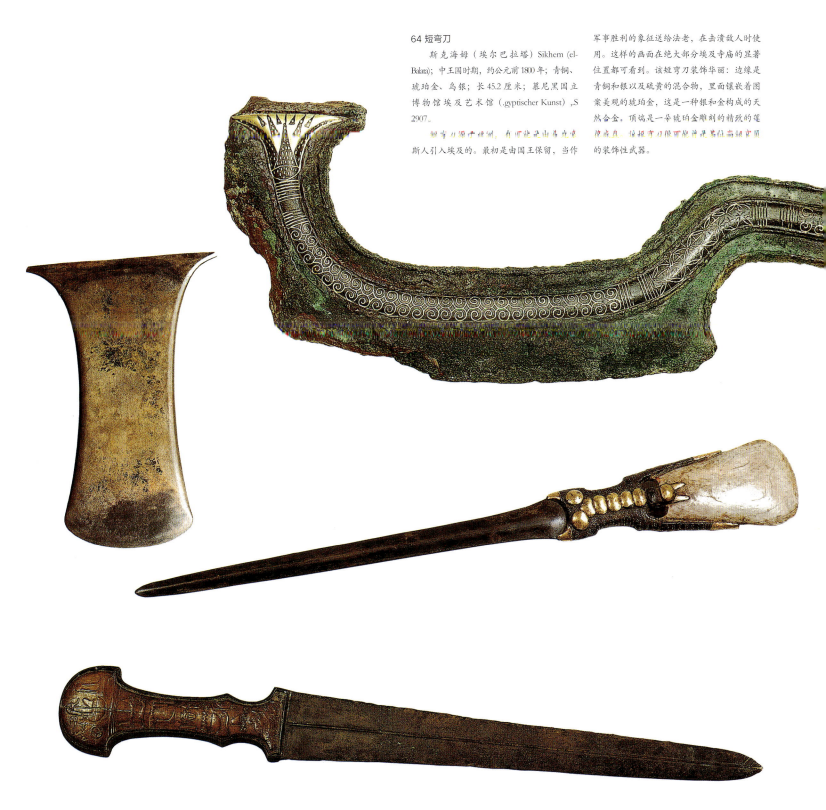

斯克海姆（埃尔巴拉塔）Sikhem (el-Balata)；中王国时期，约公元前 1800 年；青铜、琥珀金、乌银；长 45.2 厘米；慕尼黑国立博物馆埃及艺术馆（.gyptischer Kunst），S 2907。

短弯刀源于亚洲，有可能是由希克索斯人引入埃及的。最初是由国王保留，当作军事胜利的象征送给法老，在击溃敌人时使用。这样的画面在绝大部分埃及寺庙的显著位置都可看到。该短弯刀装饰华丽：边缘是青铜和银以及硫黄的混合物，里面镶嵌着图案美观的琥珀金，这是一种银和金构成的天然合金。顶端是一朵琥珀金雕刻的精致的莲花底座。该短弯刀很可能曾是某位高级官员的装饰性武器。

65、66、67 战用武器（从上到下）

底比斯，新王国时代，第十八王朝，约公元前 1500 年；青铜和镀金残留；柏林国家博物馆埃及馆，2769。

匕首，底比斯西部；公元前 1700—前 1450 年；青铜，角，象牙，金；长 40.5 厘米；柏林国家博物馆埃及馆，2053。

迪幼提的匕首，据推测出自塞加拉；新王国时代，第十八王朝，约公元前 1450 年；青铜，木；长 35.5 厘米；达姆施塔特，黑森州州立博物馆，AE: I,6。

埃及的兵器种类并不繁多。战斧和棍棒是步兵近距离作战的首选武器；新王国时期剑也列入其中。弓和箭用做远程武器，矛则用于中长距离作战。匕首用于徒手作战。许多被收藏的武器都经过精心装饰，仅适用于礼仪庆祝或装饰。在实际战场上则被简单普通的兵器所取代。战斧华美的刃是镀了金的，当然不会用于作战。图特摩斯三世时期的上将迪幼提的华丽的匕首，肯定也是用作装饰兵器。

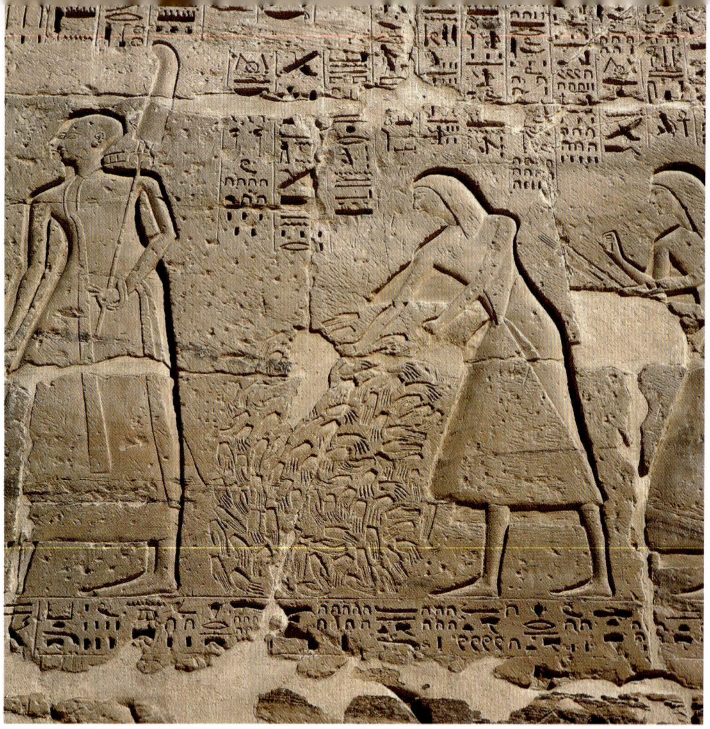

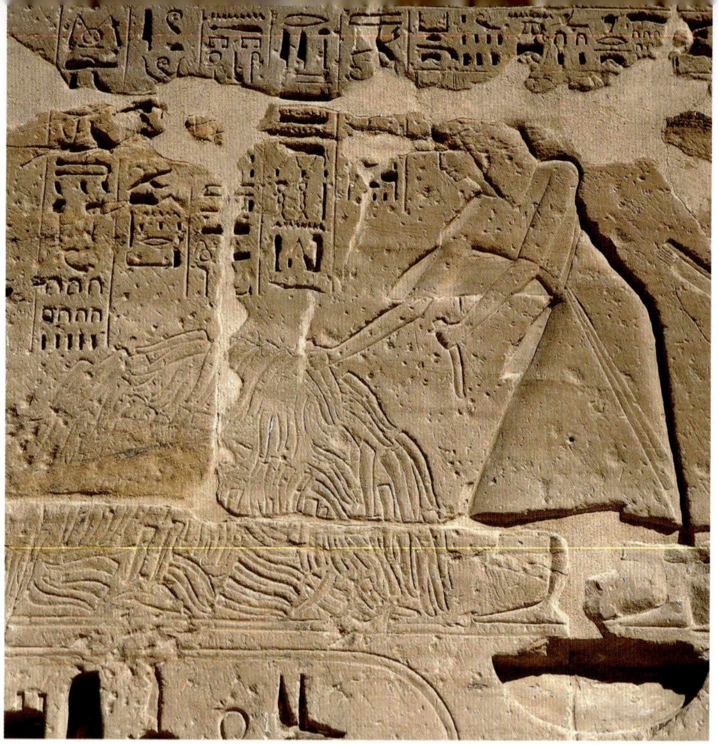

68、69 胜利者对底比斯西部的评估

麦迪乃哈布（Medinet Habu），拉美西斯三世时期的祭庙，二号厅；新王国时期，第二十王朝；约公元前1175年。拉美西斯三世在他奢华的祭庙里记载了他统治时期的重要事件。在第二厅的南墙上可以发现一个有趣 的细节：人们正在数一次利比亚战役中的敌军死亡人数。埃及人砍下每个死者的右手和阴茎，并记下总数。被杀戮的敌军人数被小心翼翼地记录在案，因为这是士兵获得报酬和升迁的机会。

卡贝尔（Kadesh）战役——一次战术的失败

关于埃及的作战战略和战术我们知之甚少。战略通常都是根据他们面对的自然环境和条件临时制定的。由于在法老时期没有参谋或类似的指挥者，显然不可能制订出周密的作战计划。

唯有一次战役我们能够详细分析他们的军事行动，因为我们不仅有埃及的原始资料，也有他们的敌军希泰人（Hittites）的资料来源。在拉美西斯二世在位的第五年（公元前1274年），他决定对希泰国王穆瓦塔利斯（Muwatallis）以及他的众盟国挑起战争。

拉美西斯将他的军队分为四支，穿越沙漠朝地中海进军。然后他们计划进攻位于奥龙特斯河上游河段的卡贝尔要塞重镇，他们相信希泰军队驻扎于此。第二支较小的军队将乘船抵达比布鲁斯北部，随后朝卡贝尔内陆进军。第二支军队的任务是要保护主力军的行李安全，包括国王和他的护卫的行李。战略意图非常明显：拉美西斯二世企图通过一次帝王战争摧毁希泰。

但是国王犯了一些致命的错误。他的四支军队相距10公里之远，几乎相当于在没有道路的沙漠中行进一天的路程。这些军队之间无法互相援助。更糟糕的是，四支军队分别是在不同的时间渡过奥龙特斯河（the Orontes）的。国王认为胜券在握，不必再费工夫进行必要的侦察，但他将为此付出高昂的代价。

就在即将抵达卡贝尔前混乱的局势出现了。拉美西斯二世与第一支军队已过了奥龙特斯河；第二支军队也已过河，但是其余两支军队仍然在河的右岸。就在此时埃及人逮捕了两名贝都因人，他们汇报说希泰军队已经恐慌撤退了，这是拉美西斯再想听不过的消息了。令他痛悔不已的是，后来他才发现这两名贝都因人实际上是希泰的间谍。被骗的埃及军队继续前行，像是在进行一天的旅游一样轻松自在。灾难降临在第二支军队，在全无防备的情况下，他们遭到1000辆希泰重战车的袭击，每辆车上载有四五名士兵。在全无防备的情况下，他们在一个岔路口腹背受敌，在很短的时间里，他们彻底溃败。第一支军队和其他两支军队之间隔着20公里的距离，而且，还有广阔的奥龙特斯河横在国王的两支部队之间。

拉美西斯二世同他的私人护卫和第一支军队一起逃到山上，筑起了一个防御营。希泰军队紧追不舍，他们高居上风的军队（指他们的主力军和埃及的一支军队相比）差一点就攻占了防御营，是国王和护卫的勇敢才避免了一场彻底惨败。

派出的信使将消息传达到剩余两支军队，并警告他们停止行进，可能是为了给他们留出时间寻找第二支军队的幸存者。后来，在埃及人看来，一个奇迹发生了：人数较少的那支军队乘船抵达了防御营——当时几乎已完全被希泰军队占领——袭击了无组织掠夺式的希泰军队。希泰军队撤回卡贝尔，拉美西斯二世回到了他的强行军队伍，并立刻返回埃及，庆祝在这场战争中埃及的伟大胜利。在国王的长期统治期间，几乎所建造的所有重要寺庙的墙上都装饰着卡贝尔战役的画面。

作为指挥者，拉美西斯二世无疑是一败涂地的，他忽略了最基本的军事理念。他的各支军队之间相隔甚远，无法互相支援。而且，他们是在分别不同的时间渡过奥龙特斯河的，以至于当国王遭袭时，他和他的支援军之间却隔着一条鸿河。不过当然，最大的错误还是他在敌军领地上进攻时的缺乏常识、自大自负和粗心大意，就是这点使希泰伏军的伏击能够得逞。最后是两支埃及军队意外的完美配合使得即将溃败的国王得以撤退，幸免彻底溃败。

70 位于卡贝尔的战营

卢克索（Luxor）神庙，拉米西斯二世时期修建的第一座塔门；新王国时期，第十九王朝，约公元前1265年。

浮雕显现了卡贝尔附近埃及军队的战营。大的帐篷是法老住的，以他的名字命名。这些循环重复的画面也展现了典型的军营生活：战马被细心照料，战车排成排等待修护，士兵们在战营后面安详地吃饭。而在画面的右边，呈现的却是希泰的进攻，以及战营旁的激烈交战，士兵们用木桩和盾牌护身。战营有两条路在拉美西斯帐篷处汇合。它的构造跟很晚以后的罗马军队的战营非常相似。

71 卡贝尔战场（局部）

阿布辛贝神庙（Abu Simbel），拉美西斯二世时期的重要寺庙；入口大厅的北墙；新王国时期，第十九王朝，约公元前1265年。

古埃及战争场景的构图结构严密。敌军混乱不堪，濒临溃败，而埃及军队则显得作战有序，胜利在望。而实际的作战过程则显得不那么重要。该图的描绘完美呈现了对卡贝尔战争的描述。幸运的是，我们还有希泰方的战事记载，与埃及人的描述截然相反，他们对战争过程的叙述更加真实。

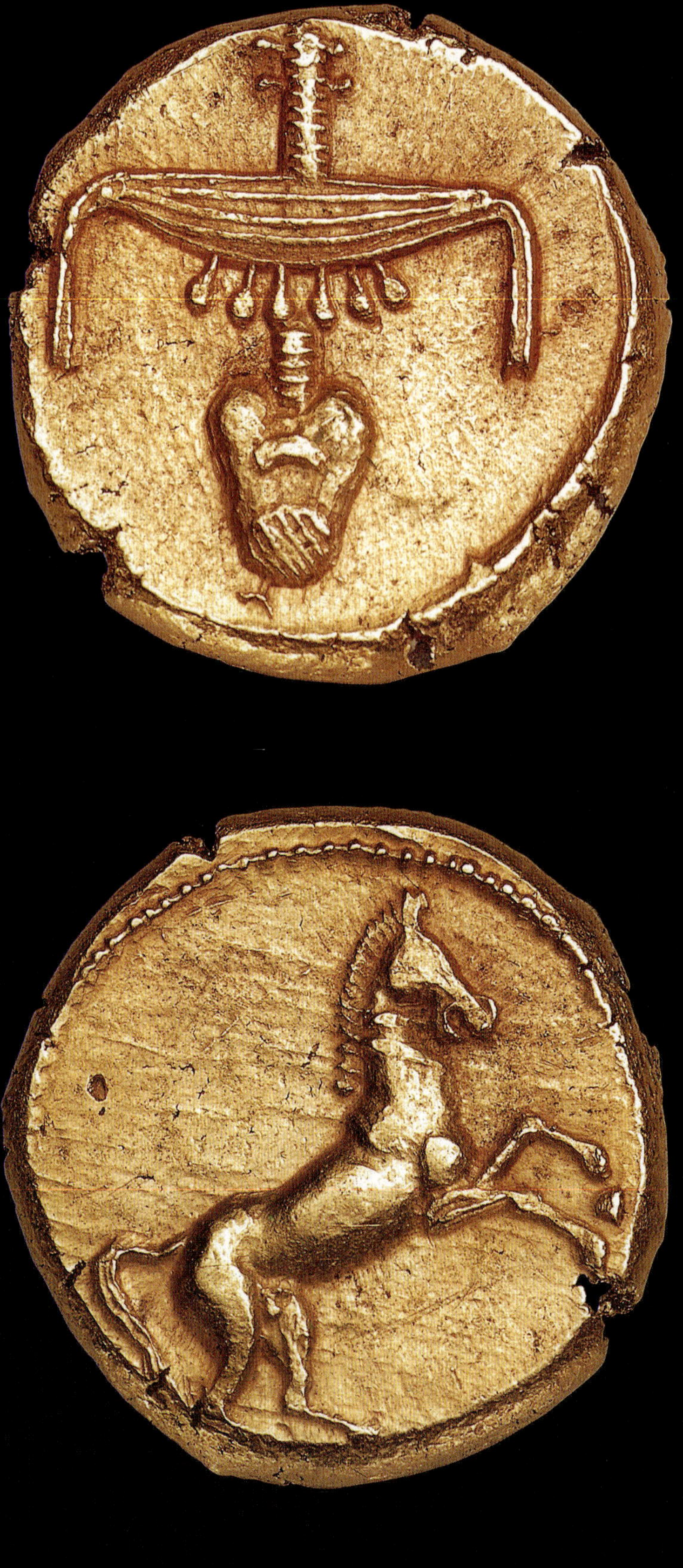

经济与贸易

曼弗雷德·古特格赛尔（Manfred Gutgesell）

在法老统治的各个历史时期，唯有新王国时期有充足的资料供我们合理准确地解读当时的经济状况。在底比斯西部的得热尔－马丁（Deir el-Medineh），发掘了一口在古时就早已干涸的古井，它不啻为我们研究当时经济状况的一个天赐礼物。当时得热尔 - 马丁（Deir el-Medineh）大约居住着 120 户人，他们在此修建帝王谷的皇家墓地以及众多私人墓地。他们也为自己修建小的墓地，其中有些在埃及还算得上是最好的。

这些人毕生都生活在他们工作的地方，或者被尼罗河隔离的村子里。他们打仗、恋爱、做生意、一起庆祝节日。令我们饶有兴趣的是，他们的商业活动都记载在一种叫做陶片的东西上，这是一种由石灰岩或陶瓷碎片制成的小薄片，上面会列出物品价格、规定支付手段、担保信用、租借驴子，以及许多其他经济活动。记录内容不再需要时，陶片便会被扔到古井里，二十世纪初的考古学家已发现了这样的古井。这一发现中包括好几万片僧侣用陶片；它们为我们探索古埃及的经济状况点亮了明灯。

古埃及经济是一个管理严密的体系，采取中央集权制度，几乎不允许有个人自由。国家分配制度可以为人民提供任何生活必需品和用以养家糊口的固定工资，这些工资在一定程度上满足国家所不能满足的需要。特别是指储积足量的坟墓陈设品。

自由选择职业几乎是天方夜谭。通常，父辈会让他们的儿子进入自己的行业做学徒。官宦子女则被送到为数极少的政府学校读书认字，日后成为官员。当时根本不存在商人阶层。所有这些都表明古埃及经济不是一个自由市场体系，而是一种中央集权经济，正如我们经常在现代世界近代史中所常听到的。

得热尔 - 马丁的记载中最有意思的字眼是价格和工资。劳动者的工资和价格在几百年间都未变过——这也是计划经济的另一个特征。我们现代意义上的货币在当时还不存在。尽管货币首次出现是在公元前十七、十八世纪的希腊，但直到公元前四世纪才被引入埃及，用以支付给希腊雇佣兵。古埃及时期的货币是其他实物形式。例如，用标准规格的袋装粮食（大麦或双粒小麦）当做一种支付方式，或标准体积的贵金属当做货币。工资是用粮食支付的，也可以按固定兑换率转换成铜或银。得热尔 - 马丁的领班和书记员每月可得到两袋大麦和五袋半双粒小麦。普通劳动者可得一袋半双粒小麦和四袋大麦，学徒仅能得半袋双粒小麦和一袋半大麦，其余帮工则更少。一袋粮食约重 77 磅。铜以黛本（Deban）为计量单位，一黛本重 91 克。更贵重的银以实乃提（Shenati）(7.6 克) 或凯特（Kite）(9.1 克) 为计量单位。金属兑换粮食的兑换率以及由此导致的工资水平有时会有很大波动。不过可以肯定的是每位普通劳动者可以得到的粮食相当于 7 黛本的价值，领班相当于 9.5 黛本。

工作绩效受到官员的严格管制。生病者或旷工者还需补工。工作表现和旷工情况都会被记录下来列成长清单，并与计划对比。最孜孜不倦的人要数行政高官，特别幸运的年份，他可以将业绩配额翻一倍，并将此丰功伟绩赫然记载在大石碑上。

在得热尔 - 马丁买卖是如何进行的呢？一片第二十王朝时期的陶片上记载着，出卖铜罐支付给派德胡（paidehu）的是："十黛本铜；芝麻油五欣（hin）(=2.5 升)，每欣一黛本；一件滑布衬衣，换成五黛本；两个皮囊，换成四黛本；四个垫子，换成两黛本；四欣涂油膏，换成两黛本。总计 28 黛本铜，欠 9 黛本。"

72 金币

第三十王朝晚期，约公元前 350 年；金；8.51 克；汉诺威市（Hanover）克斯特纳 (Kestner) 博物馆，1985,1890。

这是唯一一种正面刻有象形文字的法老金币：正面刻着"纳布纳发"(nubnefer)，意为"纯金"。背面是一匹朝右跃起的马。这块金币是按阿蒂克（Attic）铸造的，这是希腊语，"标准"的意思，用于支付帮助奈克塔内博（Nectanebo）二世维护统治的希腊 雇佣兵。该金币可能是在孟斐斯 (Memphis) 铸造的；存留下来的仅有几枚。大规模的铸造是在大亚历山大（Alexander the Great）（公元前 332 年）征服埃及之后才开始的。

73 锻造金属

塞加拉(Saqqara),马利如卡(Mereruka)墓;古王国时期,第六王朝,约公元前2330年。

集约的专业化分工生产始于古王国时期。这一生产过程的劳动分工表明了当时的社会发展水平。在没有重大技术革新的情况下,唯有劳动分工才使生产效率的大幅度提高成为可能。金属锻造在许多早期文明中都是最重要的职业之一。我们可以看到六名工人通过长管将气扇入坩埚中,以增加温度。熔化的金属被倒入模具中制成各种各样的东西。工具、兵器、容器、首饰,以及各种各样的居家用品都是这样被大量生产出来的。工人上方描绘的是几个制好的金属容器。

该记载也告诉我们油、皮囊、垫子以及衬衣等各种实物的价格。我们知道这是一笔赊账交易,因为还有九黛本未支付。而且,购买者部分以实物支付;为便于对比,实物被转换成铜。类似这样的记录可以使我们将大约公元前1200年时期条目繁杂的价格列表整理在一起。

一些例子可以说明某些实物所具有的价值。价值最低廉的是食物;一只鸡值四分之一黛本,一块糕点值四十分之一黛本;半公升油脂值半黛本;篮筐、劳动者的围裙以及普通的护身符各值一黛本。家具花费较高:衣柜可值五黛本,脚凳两黛本,椅子高达八黛本,床值二十黛本。一头猪的价格需要七十黛本,一头牛更是高达140黛本,而驴值三十黛本。普通衬衣需花费五黛本,较好的外套则高达六十黛本,等等。可见有些物品是劳动者支付不起或者需要赊账购买的。

埃及人舍得花大量的钱装饰自己的坟墓。装饰好的棺材,如得热尔 - 马丁的领班所用的,花费高达200黛本,即便是劳动者所用的棺材也需花费大约二十五黛本。木乃伊面具可用四十黛本购买;石棺无疑更是贵得离奇。坟墓陈设品包括衣物、家具、食物、容器、雕像,以及其他很多东西。我们可以推测,最普通的劳动者也需为自己的埋葬花费大约200黛本——大约相当于三十年的工资。书记员或较低等官员更高的期望使他们需要在坟墓陈列品上花费大约1000黛本。那么国王呢?仅图坦卡门(Tutankhamun)重达100千克的金棺就相当于一个劳动者工作35000个月所得的工资!在这位年轻国王的坟墓里所发现的许多其他陈设品的价值,即使在今天也是我们难以想象的。

经济状况也不是完美无瑕的。经常会存在很多缺点以及拖欠工资的情况。于是人们就会挨饿;他们无法正常劳动,最终穷困潦倒。大约在公元前1150年,这一状况使得热尔 - 马丁的劳动者聚集起来,进行短期罢工,要求支付已被拖欠了数月的工资。国家最高首脑宰相亲自来到他们中间,并承诺帮助他们。当这一承诺化为泡影时,劳动者们再次罢工,这次他们甚至占领了底比斯西部国王的祭庙。直到底比斯州长亲自带着粮食和铜出面,他们才肯回去继续工作。人类历史上的第一次罢工为罢工者赢得了胜利成果。该州下令不准制裁工人,并依法支付了拖欠工人的工资。

盗掠国王和官员陵墓的防不胜防的盗墓行为是国家经济面临的一个重大难题。这些盗墓贼能将各级行政部门精心制定的计划完全打乱,因为大量金子突然一下子涌入流通市场。比如,靠着这种不变价格,整个得热尔 - 马丁的劳动者都可以不用再劳动,仅一位国王的陵墓陈设品就足够他们奢华享乐一辈子。但是政府的对策也残酷至极。一旦被抓,盗墓贼将受到严刑拷打并被押送到盗窃现场。他们的盗窃所得将被没收,这样一部分财宝就不会流入经济流通领域。那么那些成功逃过逮捕的人会怎么做呢?他们将盗窃物陈设在自己的坟墓里,或者节日里为自己买上一头牛和蜂蜜酒——这是埃及的奢侈饮品。然而,即使这些第二十王朝末期严重的盗墓行为也未能对埃及的经济造成严重破坏。

74 称重金银

底比斯西部，伊匹克(Ipuki)墓(TT181)；新王国时期，第十八王朝，约公元前1380年。

古埃及官员最重要的职责一方面是监督工场的做工，另一方面是分配原料。在这一发生在法老宝库的场景中，一名书记员在监视银和金环的称重，并记录在莎草纸上。天平上放的是金环和秤砣。需要做极其精确记录的不仅是贵重金属，还有其他所有的材料和名目。一名书记员负责将原材料分配给工人，另一名监督工作的进行，还有一名记录制好成品的运输，另外还有一名负责派发商品，用于交换或贸易。令人吃惊的是，这一异常庞大的官僚机制似乎并未对经济业绩造成严重影响。

75 法老的宝库

底比斯西部，乃法仁派特（Neferrenpet）墓（TT178），新王国时期，第十九王朝，约公元前1250年。

乃法仁派特，拉美西斯二世的一个高级政府宝库，在他陵墓的一面墙上描绘着他的工场。我们可以看到一名官员在宝库的大厅里监督货物的存放。顶端和左边是独立的储藏室，里面塞满了贵重物品。埃及有大量的贵重财富都储藏在这些皇室宝库里。这些机关是分配经济的中心。比如，据悉得热尔－马丁劳动者的工资就来自这些金属和宝石等贵重物品，从描绘的场景中我们还可清楚地看到衣物、昂贵的油、装饰品及其他物品。

76 粮仓的模型

戈伯伦（Gebelein）；中王国时期，第十一王朝，约公元前2000年；黏土和稻草；宽21cm；都灵埃及博物馆（Museo Egizio），15802.

粮食的储存是一个国家诞生的绝对首要条件。直到粮食生产者拥有了能够生产比他们自身需要更多的粮食的手段时，养活那些不直接参与粮食生产的人才有可能性。这些人包括商人，当然还有牧师、官员，以及国王本人。谁掌控了粮仓，谁就在掌控了整个社会。他就有权利决定粮食的配额，甚至在饥荒时期决定谁存谁亡。对盈余粮食的管理为国王及其下属的强大权势打下了根基。早在史前，埃及就已如此，粮仓和储库通常都会围绕寺庙和皇室宫殿建造。

这里所描述的新王国时期的情形同样适用于埃及更早的时期。已知的几种更早的商品价格与新王国时期的商品价格具有可比性。据考证，古王国时期已有工资支付形式，但支付数额从未被记载过。有人认为经济制度的发展与国家实力的发展平行。埃及的财富是构建在农业盈余的基石上的。粮仓经济和劳动分工两者都标志着埃及历史的开端。古王国时期“创造”了许多新职业，推动了生产过程中的劳动专业化，甚至还推动了金字塔以及整个埃及庞大庙宇体系的建造。农业生产劳作是墓穴中最古老的描绘内容之一，几乎所有的墓穴里都描绘着农业劳动者的劳动场面，可见他们发挥着极为重要的作用。有效运行的农业是埃及国家的根基。

那么国王掌控整个国家也就不足为奇。他为有功劳的官员及其家人授予耕地，用于商业活动；但是如果这些人不忠，他们的财产就会被剥夺，并被驱逐出有产阶级。生活在这块国土上的人民是这个国家必不可少的组成部分，因此国王也掌控着生产手段，或者说掌控着劳动者。他还垄断采石场和矿山，这样，作为生产手段的资金也成为他的财产。直到旧王朝末期，大量官宦家庭才成功占有土地。这一发展趋势一直持续到新王国时期，此时国王仅掌控着埃及的一小部分，但他依然能够动用寺庙财产的庞大资源以及进行各种各样的征税。大寺庙在这个国家新时代的经济生活中所发挥的主导作用是再强调都不为过分。诸如卡纳克（Karnak）的阿蒙（Amun）神庙之类的机构都拥有可供自己支配的大量土地、成群的牲口和家禽，以及手工业企业。成千上万名农民和雇工都在直接或间接地在为寺庙劳作。寺庙在拉美希德时期发展成为最大的国家耕地占有者。

古埃及经济活跃了数千年之久，原因也许在于此，尽管它的本质是计划经济，但它依然具有很大程度的灵活性。它的蓬勃发展是因为其法律制度保障了每个人的生存手段，使人民有能力去追求更好的生活。从另一方面来说，它的经久不衰也许是因为人民受到严格的控制，犯错会受到残酷的惩罚。

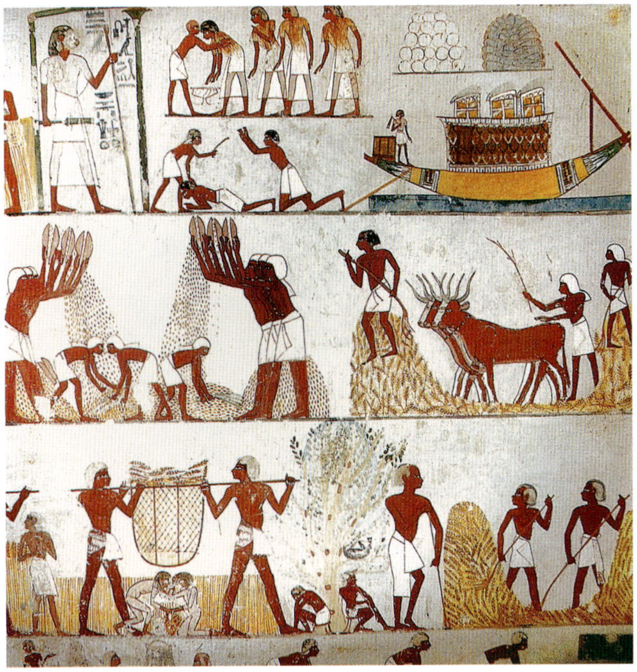

77 粮食丰收

底比斯西部，麦纳纳（Menena）墓（TT69）；新王国时期，第十八王朝，约公元前395年。

农业是埃及经济的基础。肥沃的尼罗河流域地区一年可以收获数次。农民的劳作受到严格的管制；几乎所有的盈余都要缴纳给中央粮仓，而农民却仅能从那里获得作物的种子。生产过程是按照劳动分工进行的，由国家行政人员及其下属监控。墓穴壁画的右上部分描画了关键的场景，即向财产所有者运送收获的粮食。同样有趣的是，男人是农业生产活动的主力，这幅画面展现出了不同性别的劳动分工，这也可从其他文化中观察到。

尼罗河的馈赠——农业

克里斯汀·施特劳斯·席伯

79 尼罗河水位丈量仪

大象谷；罗马时期最早的测量仪，一世纪。

为了以具体的数字评估淹没深度，古埃及中期发明了尼罗河水位丈量仪。这种刻有刻度的石头建筑物有两种类型，要么是井，要么是一系列上升的台阶。征税和税收是根据测量结果进行计算的。尽可能精确地预测 尼罗河每年的洪水泛滥对于公众和经济生活的各个方面来说都极为重要。因为对于土地和尼罗河沿岸的农业居民们来说，只有理想水量的洪水才是来自尼罗河保护神哈皮 (Hapi) 祝福满满的馈赠。

尼罗河和农耕经济

尼罗河是埃及的生命线；埃及的生存发展和富饶丰收都要归功于尼罗河每年的河水泛滥。世界上任何国家的文化和经济发展受到河流的影响都不及埃及受到尼罗河的影响深远。

今天，尼罗河的洪水受到阿斯旺大坝 (Aswan Dam) 的控制，但在古代，这里的季节都打上了河水水位变化的烙印。埃塞俄比亚 (Ethiopian) 高原地区和苏丹南部雨季的降雨使尼罗河夹着湍流滚滚而下；埃及人会带着他们的牲畜撤到沙漠边缘地势稍高的土地上。最后，肆虐的洪水会淹没肥沃的土地。它们会在九月初达到最高潮，然后河水会趋于平缓。洪水带来的肥沃泥沙会沉淀下来。直到十月份洪水才会逐渐退去，一开始速度很快，后来则慢慢减弱。每一次尼罗河都会为自己开辟新的河道。

此时土地上已经覆盖了一层黑泥，这是一种可以使植物茁壮生长的上好肥料。被重新视察并分配给农民的田地有三种类型：高地——灌木丛生的古老的泛滥平原、低地，以及河道上新形成的沉积土地。史前时期能带来肥沃沉积物的洪水在古王国 时期逐渐减弱。来自第一中间期的资料记载了严重的饥荒。为了更有效地利用洪水，人们在可耕地上修建了水渠，并将洪水贮存在泥墙筑成的大水库中。当洪水减弱时，这些水库就会逐渐放水。地方州长监督灌溉进程，并根据尼罗河丈量仪的水位读数调节灌溉活动。这一农业强化措施意味着可以获得更多的可耕地，使农业增产。

78（背面）农耕劳动

底比斯西部，麦纳纳陵墓（TT69）；新王国时期，第十八王朝，约公元前1395年。

日常的农业生活被完整地描绘在高官陵墓的内壁上。作物成熟后，土地监管者（最高登记官）就会来丈量田地的确切面积。书记员对测量结果进行记录，这将决定征税和税收额度。作为身份的象征，土地监管者会在肩上扛一根缠了好几圈的绳子，丈量绳在等长的间隔处会打一个结，作为严格的丈量单位；画面中可以清晰地看到结点的位置。底部描绘的是作物的收割和运输。粮食产量也需要做详细记录。中间区域描绘的是以蒲式洱为单位称重作物并记录结果。躺在亭子里的死者象征着监督的无处不在。

80（左）桔槔

底比斯西部，得热尔－马丁，伊披优（Ipui）的陵墓；新王国时期；第十九王朝，约公元前1240年。

81（左，中）现代桔槔，约1960年。

自新王国时期起桔槔开始出现在坟墓的壁画上；它是一种汲水用的机械设备，主要用于灌溉园林。一根长棍悬挂在可以自由旋转的立柱上。一端是作为平衡锤的重石或尼罗河泥结块。另一端是一只桶，系在长绳上，可以浸入低洼的水渠里，将水移到较高的水渠。这也是获取饮用水的一种方法。直到托勒密（ptolemaic）王朝时期，靠手动旋转的阿基米德螺旋泵（Archimedean screw）才被发明。

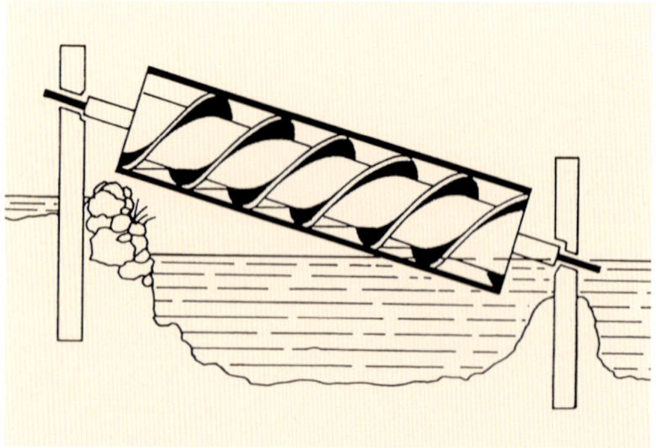

82、83（左图和下图）现代阿基米德螺旋泵，约1960年。

用于汲水的现代阿基米德螺旋泵是在希腊化时代发明的。圆筒内是一个倾斜的螺旋，其螺纹可以将水向上运。

为调节大自然的力量，大型的水利工程项目开始被实施。第三王朝时期，孟斐斯南部的外迪卡达维（Wadi Garawi）建造了一座巨型拦河坝，用以贮存急剧倾盆大雨过后由于干河床暴涨而流入尼罗河的洪水。

中王国时期渠道的修建是为了将第一次洪水改道，或者将渠道作为尼罗河水流入红河的运输通道。

留在地面上的水分足以供给作物的整个生长周期。使用圩垸灌溉（Basin lrrigation）系统时每年仅能收割一次。直到托勒密王朝时期，通过改用水渠灌溉，第二次收获才得以实现。汲水装置被用于大面积的灌溉。

84 现代三奇亚（saqiya），约1960年。

水车三奇亚是在希腊化时代发明的；它不是靠人转动而是由动物拉动的。水平旋转的轮子是由牛（现在是水牛）拉动的，通过齿轮传动，带动竖直转 动的轮子。这样又带动另一个与之平行的带桶的轮子，桶会自动舀水并升到距田地10米高的高空。现在，这种费力的操作已经基本上被自动泵所取代。

85 园林的灌溉

塞加拉，买哈卢卡（Mereruka）；古王国时期；第六王朝，约公元前2330年。画中的网格是一个被水渠分割开来的花园；边缘种着树和植物。园林需要每天进行灌溉。这里画出的农业劳动者们每人扛着一根扁担，上面吊着两个球形的水罐；他们各自浇灌植物。

法尤姆（Faiyum）沼泽借助巨大的防护坝和排水渠排干了水，变成肥沃的绿洲。在艾玛拉（el-Mal）谷地，托勒密王朝时期修建有一个名为摩立斯湖（Lake Moeris）的水库。它的容积达2.75亿立方米，湖面面积为114平方千米。每年的八月到九月，它会被巴尔余苏福（Bahr Yussuf）河注满河水，然后从三月到五月一直放水，这样从四月开始，湖床可以提供1.5万公顷的土地供夏季作物生长。

尼罗河是埃及最重要的运输路线。人、动物以及所有的重物都是通过该河运输的。只有阿门诺菲斯（Amenophis）三世在马尔卡塔（Malqata）为他的宫殿修建了一个港口，面积达2.4平方千米。《献给尼罗河的伟大赞美诗》颂赞了这条河孕育生命的伟大力量——但同时也警示了它的强大破坏力。

农业

尼罗河舒适的气候环境吸引新石器时代的游牧民族作为农民或牲畜饲养者定居下来；他们耕种谷物，种植亚麻，并饲养牛、驴、绵羊和山羊。埃及很快繁荣起来。有序的供求经济也为欠收年份提供了保障。即使到了后基督教时期，埃及依然被称为罗马帝国的面包篮子。农业生活的主要时期决定了“民间历”，并将一年分为三个主要季节：泛滥期、生长期和夏季。洪水消退后的十月中旬到十一月初，是种植作物的最佳时机。

86 谷神欧西里斯

公元前六世纪至前五世纪；黏土；长24厘米；希尔德斯海姆（Hildesheim），普利兹伊斯（Pelizaeus）博物馆，4550.

对自然孕育生命的伟大力量的膜拜在整个埃及历史上的祭仪中都有表达。哈皮神曾在洪水中被看到过；长着蛇头的雷内努特（Renenutet）是保佑丰收的女神，还有植物之神欧西里斯，也曾在肥沃的埃及土地上被看到过。他的身体通常被描画成黑色，象征尼罗河泥土的肥沃。但欧西里斯也象征土壤里生长的作物。这里所说的谷神欧西里斯象征着焕然一新的大自然。瓦片中央欧西里斯的形象被挖空并填满土壤。当种子被种进这块土壤里时，作物看起来似乎就是从神身上发芽的。

87 摘葡萄

底比斯西部，来自纳黑特（Nakht）（TT52）墓穴中的一幅画；新王国时期，第十八王朝，约公元前1390年。

两个人站在蜿蜒的葡萄藤下，后面的人扛着一个装满葡萄的篮子和成串的葡萄。葡萄汁稍后被挤到大桶里。为防止滑倒，两人都系在从架顶上吊下来的皮带上。葡萄汁被倒进容器里放在一边，等到献祭人来领取将其供奉给死者。

主要作物是两穗的谷物双粒小麦，但也种植六穗的大麦，专门用于酿啤酒。小麦在古埃及农业中的地位不太重要。四月到五月作物被收割并储存到粮仓里。

书记员要对收获产量做记录。大麦的数字要用黑笔记录，双粒小麦用红笔。账本也会列出分给劳动者和他们家人的粮食数量，以及发往国有面包房的数量。

园林也是生产的一个重要领域。埃及园林都用围墙围起，并由水渠分割成网状。水塘边种植着灌木、枣椰、岛姆棕榈、滨枣、角豆树、撑柳、柳树、柿子，还有结无花果、石榴和曼陀罗的果树。这些园林一般都需缴纳一种特殊税。园林里还种有洋葱、韭葱、大蒜、莴苣、南瓜和柠檬等蔬菜，以及药用植物和药草、香料，例如葛缕子、胡荽、杜松子，还有蓖麻子、芝麻和红花之类的产油植物。

红葡萄在三角洲和绿洲地区长势特别好，被种在专门修建的葡萄园里。葡萄树被栽在挖空的坑里，然后填满肥料并围以加高的边缘，以保持水分。它们被定期浇灌，并用鸽子排下的粪便当做肥料，这些鸽子被关在葡萄园中修建的鸽房里。拉美西斯二世喝的葡萄酒出自他所居住的德尔塔（Delta）东部的皮拉美西（Pi-Ramesse），酿造这种酒的葡萄树居然是用皇室大马厩的马尿施肥的！

木材生产作为工业的一个重要分支，为诸如棺材、家具以及其他大量产品的生产提供了原材料。修建屋顶、支撑大厅、造船，以及寺庙建筑中的脚手架都需要用到木材。在大量生产陶瓷和冶金时都需要用木头作为燃料。很显然，埃及过去的森林覆盖肯定比今天可以看到的要多很多倍。新石器时代尼罗河两岸仍有大片的森林，但在过去的几个世纪中已被砍伐殆尽了。最主要的品种有假挪威槭、尼罗河相思树、柽柳、枣椰树和桑树。唯有宰相才有权力下令砍伐树木。香柏和乌木之类的硬木是从努比亚和黎巴嫩进口的。长期潮湿的土壤适宜大面积种植亚麻，可以制作节日非常流行的麻布衣服。直到后王朝时期棉花才开始在埃及种植。

庆祝农业丰收是宗教节日游行以及宗教仪式的主要内容，敏神(Min)、雷内努特 (Renenutet) 以及奈伯（Neper）象征着土地的肥沃。但是使自然重获新生的根源是奥里斯西（Osiris）神。

家畜

饲养牲畜家禽最重要的目的在于产肉和奶，接着是提取外皮、毛皮、绒毛、角、蛋，以及脂肪。家养动物在田地耕作和运输重物上也出力非凡。自远古时代开始，通过劫掠式的突袭，畜群数量开始迅速增加，特别是在叙利亚、利比亚，以及努比亚。拉美希斯二世鼓吹他曾逮过3609 头牛、184 匹马、864 头驴和 9136 只羊，并将它们驱逐到埃及。

最有价值的家养动物是牛，它们是人们从事农业活动最得力的助手。它们过着群居生活，洪水消退后，就会被赶到种植着粮食作物的三角洲西部湿地的广阔草地上。初夏时节这些牛群重新回到它们自己的草地上，它们需按头数被征税。短腿的公牛会被圈在畜栏里养肥，用作献祭祭奠死者或敬奉神灵。

牛奶是一种有价值的产品。为了产奶，牛的腿被缚在一起绑在桩子上。最后它们会被割喉咙屠宰。在被使用之前，动物检验者会详细检查它们的整体状况，甚至包括它们的气味。出土于艾尔劳亨的第十二世纪著名的《兽医纸莎草卷》详细介绍了如何处理牛的各类疾病。

绵羊和山羊也被饲养。长着螺旋角的长毛山羊在中王国时期被四肢细长的茸毛绵羊所取代，后者的羊毛和肥肉价格都很高。长着螺旋角的长毛山羊的皮可以制成水袋，这是埃及沙漠干旱地区一种重要的运输工具。猪在户外或圈内养殖，但不是特别珍贵。从定居点厨房堆积的垃圾里可以看出猪肉是当时一种很普通的美味。在农业中，动物可以用来踩踏种子或在谷仓里脱粒。羚羊和瞪羚也被饲养并催肥，主要用作献祭和制作号角。野山羊，甚至是鬣狗的饲养也一样，但是效果一直不很理想。最常用的运输人和货物的动物是驴。没有驴的人租借一头驴需付相当于租借一名女性奴隶三倍的价格。马和骆驼在新王国时期的埃及也已不再陌生，但是仅在后王朝时期用于载重和沙漠运输。

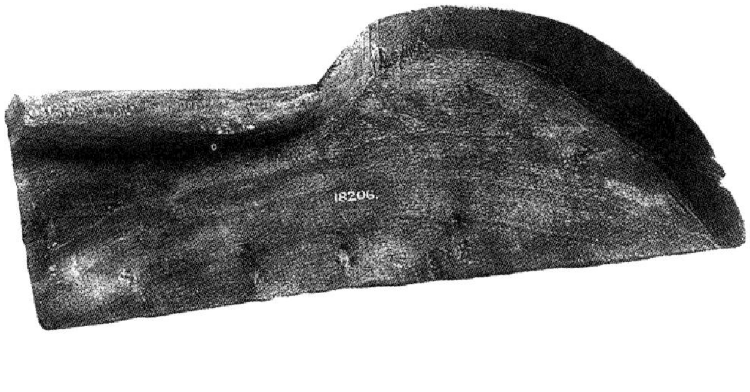

88 ~ 90 三种农业工具

可能是新王国时期，约公元前1200年；伦敦大英博物馆。

a) 犁，木质；长 93 厘米；EA50705。

b) 镰刀；木质，带燧石凿；长 27 厘米；EA52861。

c) 簸箕装置；木质；长 40.5 厘米；EA18206。

耕作工具设计简单而高效。即使今天的农民也依然使用类似的鹤嘴锄、镰刀和犁。因为埃及土质防腐性好，古木，很多情况下甚至是系有绳子使用的古木，通常都可以完好无损。镰刀的割刃是用燧石敲凿出来的。

91 农业场景

塞加拉，提墓穴；古王国时期，第五王朝，约公元前 2450 年。

在最下面的区域，牛被赶着趟过浅滩。秋季和初夏，牛被赶到不同的草地上，它们在尼罗河流域的不同轨迹就意味着它们要穿过不同的浅滩。走在前面的牧人背着一头小牛，其母牛和其他牛紧随其后。中间区域的右边人们在挥动鹤嘴锄耕地。最后，在左边，一位牧人驱赶动物走过开垦过的土地，使他们用蹄子踩深种子。在中间可以看到牧人们挥鞭驱赶羊群走进田地；羊群后面的人拿着棍子和一包种子。在顶部右边，一头腿被捆绑着的牛正在被挤奶，左边的牛在拉犁。在最顶端和最低端描绘了埃及最重要的牛的品种——长角牛、短角牛和无角牛。

92 养蜂

底比斯西部，帕巴萨（Pabasa）（TT279），帕巴萨古墓的柱廊；晚期，第二十六王朝，约公元前 610 年。

埃及人将大量的陶土管叠建成蜂巢，蜜蜂在其中建巢。取蜂蜜时，会向管里吹烟，将蜜蜂驱逐出来。在糖问世以前，食物都是用蜂蜜加甜的。

家禽饲养是农业一个重要的分支。鸭、鹅、鹌鹑以及鸽子都是供食用的。埃及处于候鸟的迁徙线路上，有着丰富的猎物资源。候鸟在纸莎草丛、激流中，或水面上被折叠网或撒网捕捉，抑或是在灌木丛和树上被细密的网捕捉。大型家禽农场里饲养鸭、鹅、斑鸠、鹤，甚至还有天鹅。面条和浸湿的面块儿是它们的催肥饲料。新王国时期第一次被记载了“每日产蛋”的鸡。直到后王朝时期，它作为家养动物的重要性才日益凸显。埃及人的另一种主要饮食是鱼，他们用鱼钩或渔网以及篮子捕鱼。除了尼罗河，德尔塔东部的曼莎拉湖（Lake Mansala）和法尤姆的伯克特卡仁（Birket Qarun）（摩立斯湖）也有资源丰富的渔场。价值高的动物也需要纳税。从第二王朝时期开始，对牛和其他动物的价值评定成为埃及历史的一个重要转折点。拉美希德法老时期，一头牛值 2 阿拉拉斯（aruras），相当于半公顷的可耕地的价值。自中王国时期开始，国家和寺庙牲畜开始归各地市长管辖。新王国时期，牲畜由国王的牲畜监督者管理。这些牲畜通常都会被取名字，并打上烙印以便识别。

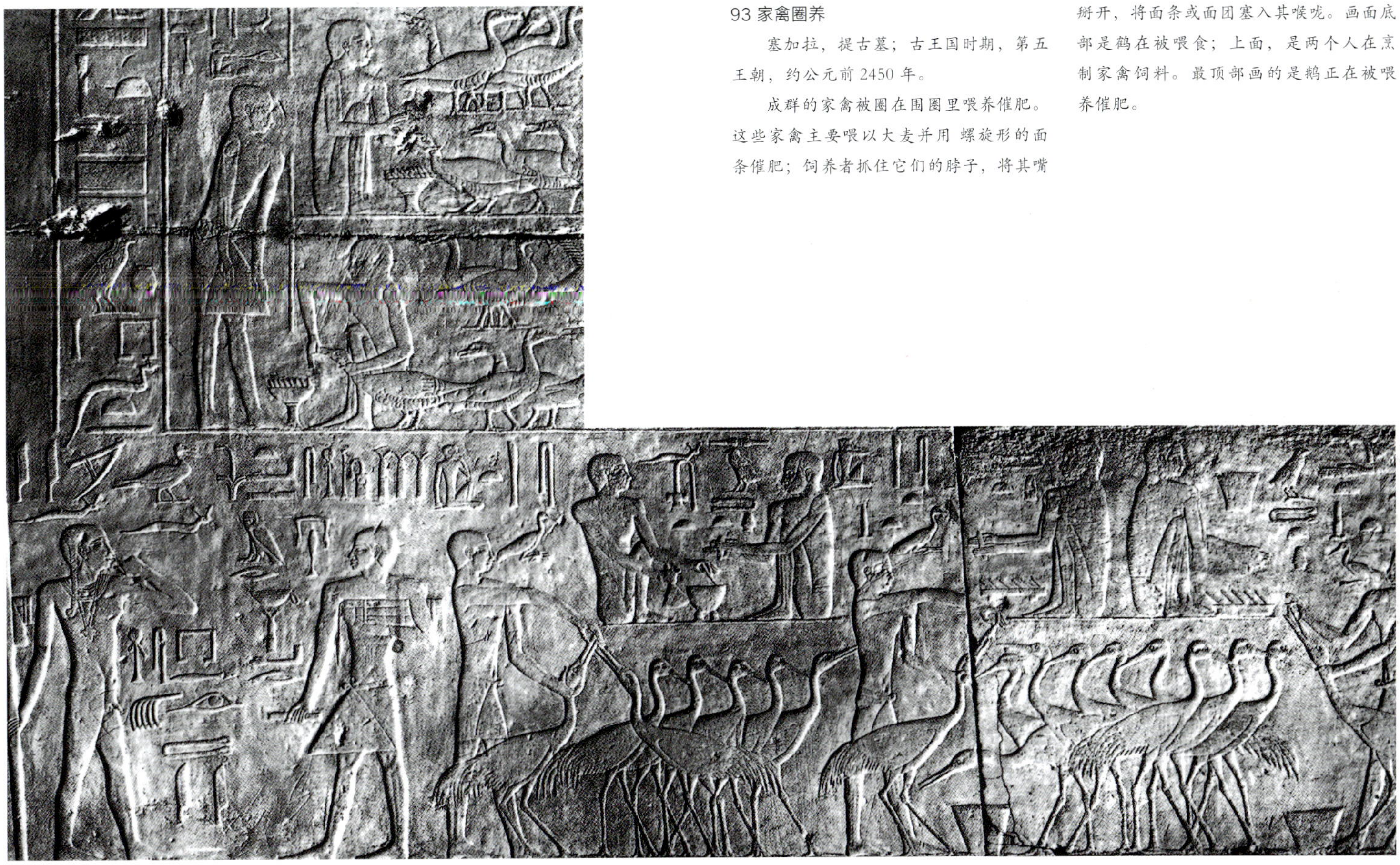

93 家禽圈养

塞加拉，提古墓；古王国时期，第五王朝，约公元前 2450 年。

成群的家禽被圈在围圈里喂养催肥。这些家禽主要喂以大麦并用螺旋形的面条催肥；饲养者抓住它们的脖子，将其嘴掰开，将面条或面团塞入其喉咙。画面底部是鹤在被喂食；上面，是两个人在烹制家禽饲料。最顶部画的是鹅正在被喂养催肥。

农业管理机构

对自然恩赐的分配是由一个有序的、中央集权的行政机构负责的。依据古埃及的皇家条例，土地是由国王垄断的。作为唯一的财产所有者，他控制着生产资料：农业工人、动植物、种子、作物收割、水果和蔬菜，以及水渠、池塘，或汲水桔槔。使用土地或其他资产需缴税。

土地被分割成管理单元。这里所说的地产或领域是指包括田地和加工用辅助建筑在内的小村庄，它们由国王、金字塔管理机构或大寺庙掌控。主监督者行使最高监督权。地方官员管理着覆盖面积达 23 ～ 54 阿拉拉斯（10 阿拉拉斯等于 2.75 公顷）的地产。

从第三王国时期开始，国王开始给有功劳的国家官员授予土地；土地逐渐发展成为私有财产。随后在新王国时期，老兵或其他职业的多年从业者也开始获得可耕地，用以维生。所分配土地的平均面积根据社会地位在 3 ～ 5 阿拉拉斯之间不等。设备或劳作牲畜可以向国家租赁。我们现代意识中独立的农民——那些耕种自己的土地，只对自己负责的农民——在过渡期才开始出现，此时国家管理机构已经崩溃。

农业劳作的组织与计划经济是一脉相承的。大部分埃及人都是为国家或寺庙的地产劳作的奴隶。按照法令，这些人要一辈子做农夫、牧人或修筑堤坝水渠的苦力。他们没有权利拒绝劳作，终身被束缚在土地上。

地产上出产的粮食要按一定比例缴纳给国家粮仓。国家管理者进行分配的配额取决于上一次洪水期尼罗河丈量仪所测量的最高水位记录。随后每一块土地又会被重新测量。贡物拖欠可以用成袋的粮食、牲畜，或者酒或蜂蜜抵押缴纳。例如，在拉美希德时期，租赁土地给多年从业者，每 10 袋粮食就需缴纳 5 袋。其他生产领域也有固定配额。例如，据资料显示，渔民每年要缴纳 5000 条鱼。没有完成定额的人要挨打。

拉美希德时期人口为 450 万，总农用面积约 600 万阿拉拉斯。

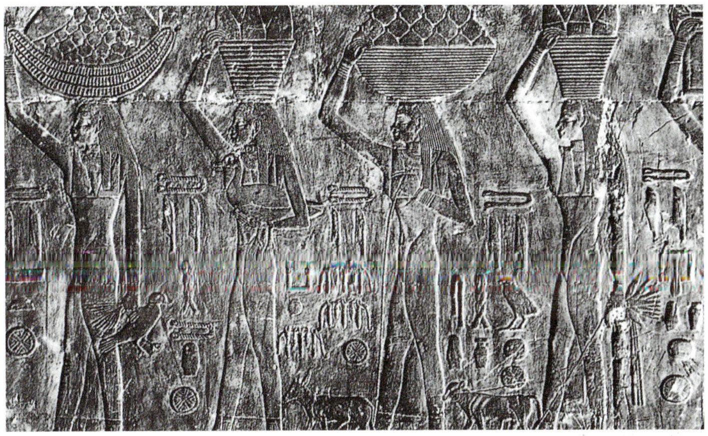

94 塞加拉，倨古墓，祭仪室

古王国时期，第五王朝，约公元前450年；石灰岩。

地产上的女性代表将土地里的出产物供奉给死者。她们头上顶着敞口的大篮子，里面装满水果、蔬菜和面包；有些还拿着纸莎草束。她们还用绳牵着一头小牛和一只小羊。

托勒密时期有三分之二到四分之三的可耕地都种植谷物。按照分配经济的原则，粮仓储存的粮食应能够供应所有人口一整年：劳动者、商人、官员、士兵，以及在各自领域中作为专家被雇佣的人们。困难时期拖欠工资的情况是时常发生的。法庭文献记录了对一次曾导致严重罢工的粮食支付事件的镇压。粮食的年产量无法由古老的资源确定。粮食作为一种支付方式受到价值波动的影响，价值波动又受到季节或洪水的影响。大麦通常比双粒小麦贵两倍。在土地上劳作并不是什么值得争取的事。田间工人的形象通常会被描绘成是长着粗硬的白发或者秃顶，与高贵的官员形成鲜明对比。死者死后将他们的劳苦重担转交给他们的沙伯替（一种放在坟墓中象征奴隶的小型雕像）。

95 打鱼场景

塞加拉，尼安科南姆（Niankhkhnum）墓和柯南姆赫泰普（Khnumhotep）墓；古王国时期，第五王朝，约公元前2380年；石灰岩画。

打鱼在日常生活中非常重要。画面顶端，鱼被从河岸撒下的长网捕捞。渔民们竭力从水中拖拽捕捞物。画中鱼的繁多种类象征着鱼的富足。肥胖的领班下令用力拖拽缠固在地上的绳子。底部，渔民们正在船上打渔。站在纸莎草船上的人们把长篮子的底端降到水里，其另一端被固定在河道两岸上。再向左边，小篮子已经浸入水里。右边，一个人正在用大编织网捕鱼。

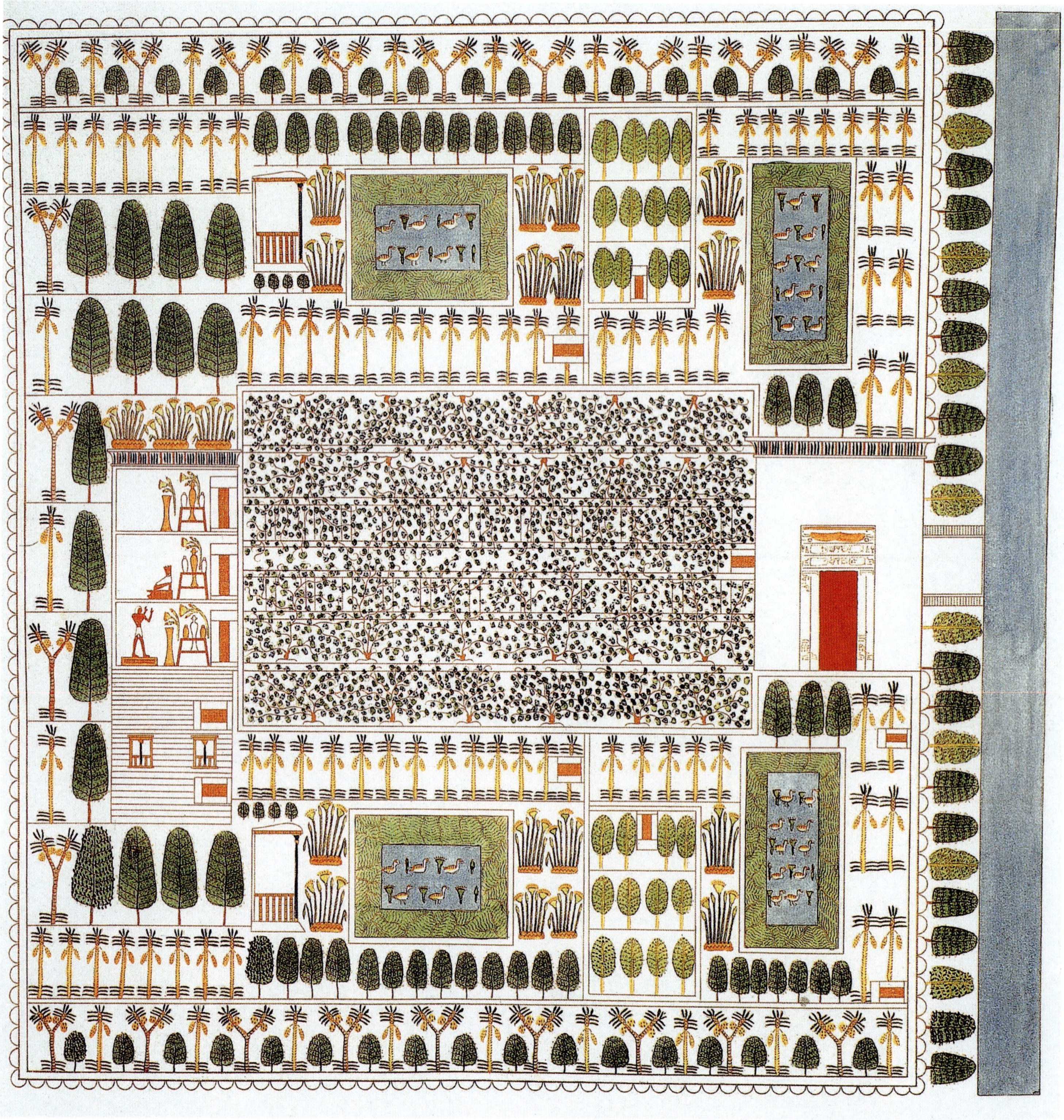

96 塞尼夫（Sennefer）墓穴中的园林

底比斯西部，塞尼夫墓（TT96）；新王国时期，第十八王朝，阿蒙诺菲斯（Amenophis）二世统治时期，约公元前1410年。

这幅画描绘了一个位于尼罗河或其他水渠（右）旁的广阔的园林，四周都有墙围起，可以由面对观众的大门进入。中央区域栽满了葡萄藤。我们可以看到单层房子（左）外墙的砌砖、两道门以及带中央支架和围栏 的两扇窗子。透过上部可以看到屋子里面；三个房间层层叠加，被实际上位于每个房间后面的门连接在一起。房间里的摆设仅画出了祭台，使之凝重，不适宜人居住——画面中的葬礼场景让这一点更显得不足为奇。围绕园 林有四个人工池塘，里面有鸭子、莲花、湿地，以及纸莎草丛。整个设计遵循严格的轴向系统，细节翔实，可以被视为一个理想化的园林。除了实用价值外，该园林还具有象征意义：这是一种理想化的自然，是埃及文学作品经常强调的修身养性的佳地。

住宅、城市和宫殿—— 古埃及人的生活方式

阿尔布雷赫特·恩德鲁魏特（Albrecht Endruweit）

法老时期的埃及建筑的普遍特点主要体现在寺庙和陵墓上。这些寺庙和陵墓均是用石材建造，石材经久耐用，具有永恒性，起防止盗墓的作用。虽然至今仍然可以看到这一特点，但是人们应该意识到这仅仅是埃及建筑的一个方面。

平常建筑的其他特征不为人所见。至今，大部分埃及建筑的遗迹已不复存在，或被掩埋于现代建筑工地之下。这是因为当时的住宅是由每年尼罗河泛滥之后沉积的肥沃泥浆修建的。埃及还认为该泥浆是其国富民强的大功臣。直到当今时代，用泥做砖的方法仍在沿用，但如果像埃及人那样，仅将砖坯在太阳底下晒干而成，其耐久性就比不上窑烧制的砖或石块了。从考古学角度看，其后果极其严重。从古代直到二十世纪，当地居民为了开辟沃土一直在城乡遗迹上耕种，系统性地侵吞了这些遗迹。整个都市景象就这样消失了。即使如此，仍然发现有埃及历史上三个大时期的建筑遗迹。于是，我们得以获知与家居建筑有关的基本问题的答案。但必须强调的是，由于泥砖建筑很难在历史中长存，所以此处描述的建筑有些在数十年前的挖掘中得以重见天日，而大部分已经完全销声匿迹。

根据古王国时期行政文本的叙述，历史上存在所谓的金字塔城。金字塔城位于行政中心之外，用于修建法老墓穴，后来被用作在金字塔式台庙中举行王室丧葬仪式的机构。吉萨（Giza）高原上，克亨特凯斯王后（Queen Khentkaus）之墓的东侧坐落着 11 座第四王朝的埃及祭司住宅。这些祭司住宅邻近王室墓穴，且高度一致。这表明其是由金字塔高原行政部门规划的。每座住宅可能为平顶屋，有大致呈正方形的地块，总面积约为 170 平方米。住宅内部通常分为大小各异的不规则房间。住宅后院（见第 391 页，图 99）或难以轻易进入的区域可能是就寝区（A），大型中央区可能是生活区（B），有灰烬的南侧房间最有可能是厨房。这些住宅的主要作用是为克亨特凯斯王后丧葬仪式中的祭司和其他高官提供住宿。他们是享受特殊待遇的，特别代表了金字塔时代奢侈的生活状况。

这些住宅专供显赫的社会阶层使用，因此不应视为通用标准。法尤姆（Faiyum）边界拉罕（el-Lahun）中的塞索斯特里斯二世（Sesostris Ⅱ）墓穴附近有座金字塔城。该金字塔中挖掘出的生活区和祭司别墅遗迹也不应视为通用标准。大量工匠住宅紧邻这些区域，包括中王国时期即第十二王朝时保存下来的家居建筑主体。

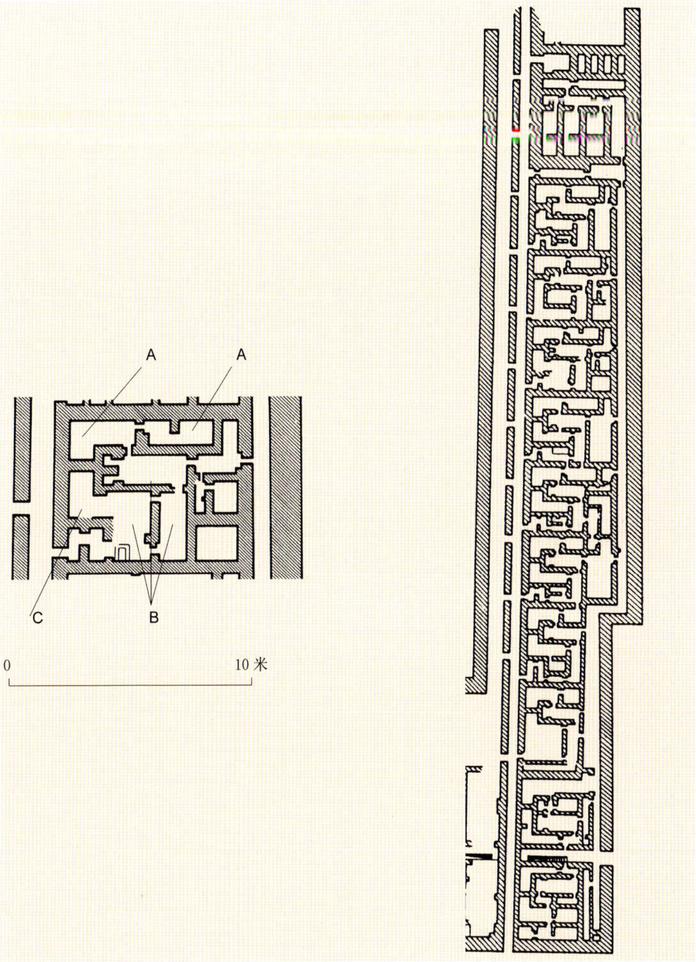

97 “克亨特凯斯王后升天”中的祭司住宅

吉萨；古王朝时期，第四王朝，约公元前 2500 年。

按严格序列化顺序排列的 11 座住宅可能代表着东地中海或近东城镇规划中最早的实例之一。厚达 1.8 米的大型内墙和外墙以白色涂料粉刷，与当地气候相得益彰。尚待重建的平式屋顶很容易进入，同时也提供了额外的生活空间。

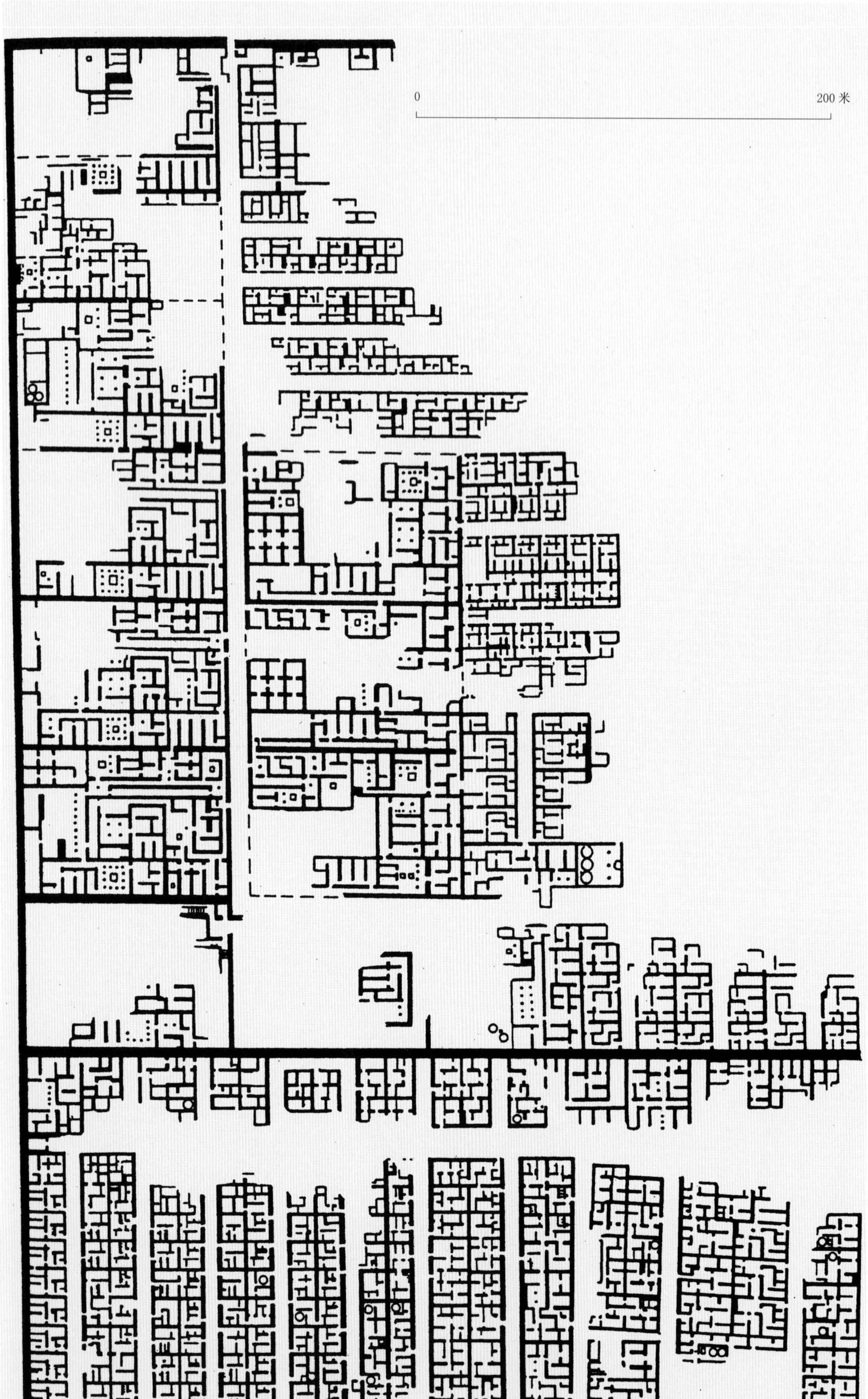

98 塞索斯特里斯二世金字塔中的工匠和祭司居住区

拉罕；中王国时期，第十二王朝，塞索斯特里斯二世统治时期，约公元前1875年。

该金字塔城覆盖的区域南边尚未挖掘，开挖部分对准正北，西边缓缓向上倾斜，直达约800米外的金字塔边缘。这些住宅的建筑材料主要为混有沙子的尼罗河泥浆。屋顶横梁和支柱的材料为木材。

99（下一页，左图）祭司别墅

拉罕；中王国时期，第十二王朝，塞索斯特里斯二世统治时期，约公元前1880年。

该大型建筑群的入口在南面。平面图中的交叉影线指代中央住宅。在南侧和北侧，中央住宅从庭院E和庭院F处分开，为独立式结构，自带成群房间。这些成群房间可视为“内置式”住宅。

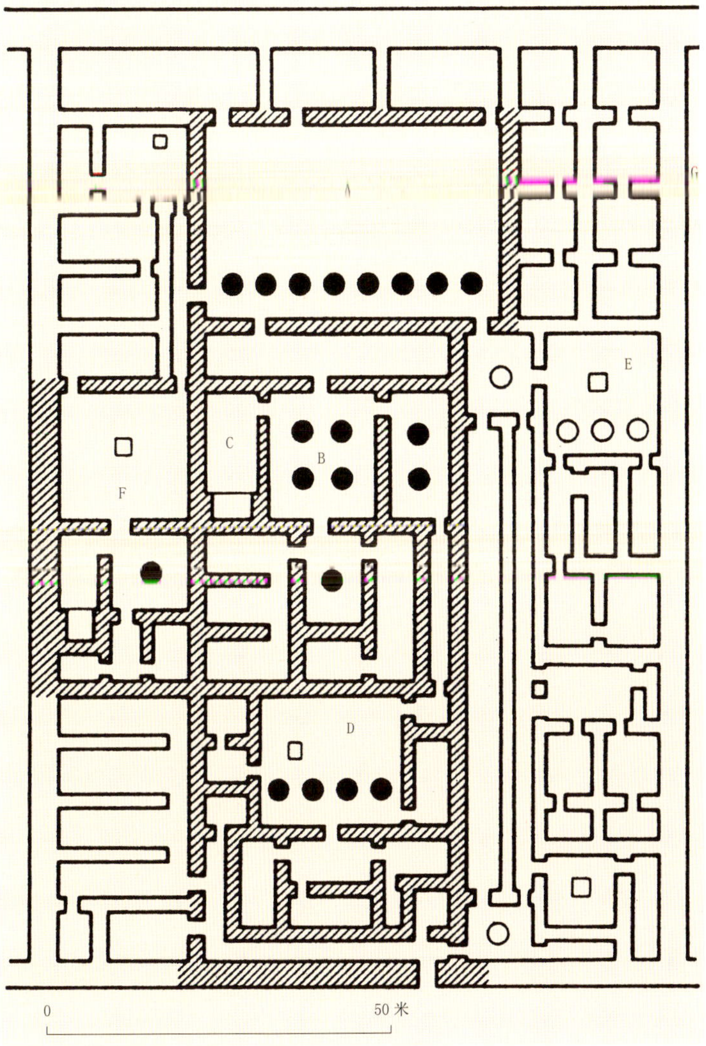

100 麦克特瑞（Mettre）的样板房

底比斯西部，麦克特瑞之墓（TT 280）；中王国时期，第十一王朝，门图荷太普二世统治时期，约公元前 1990 年，上漆针叶木；长 84 厘米，宽 42.5 厘米；纽约大都会艺术博物馆，罗杰斯基金会和爱德华.S. 哈克尼斯赠送，1920，20.3.13。该样板房中无内部房间，但却颇具豪华住宅的代表性：正面（图中不可见）颇具艺术风格，大厅中有立柱（两组纸草花式柱，每组四根），花园中有池塘，绿树（美国梧桐）环绕。屋顶上有三根排水管，将水引至花园中。

该居住区与其位于吉萨的对应居住区一样，均根据严格的直角平面图而设计。该座城市也尚未完全挖掘。其中有 390 米 ×420 米的矩形区域，且带有围墙，并被细分为东建筑群和南建筑群。基础平面图中规定了整个道路网，也规定了住宅区的分布情况。北部主要为一排排大型住宅。除面积高达 2400 平方米之外，其主要特征是面向北面的开放式庭院。南侧的生活区实际上是与开放式庭院相连的。住宅位于两排附属仆人杂用房之间。其朝北主立面用一排立柱加以强调（A）。有四根立柱的房间（B）居于中心位置，所以可视为起居室、展示室。在西边，从壁龛处可辨认的房间为卧室（C）。整个建筑群均有平式屋顶。某些楼梯的遗迹表明通过楼梯可到达屋顶。建筑中有半露天的庭院。与大多数保留至今的家居建筑相比，这一结构特点是这些毗连的大型建筑物所特有的。南边带有立柱的大厅面向北方。至少在夏季时，会有一缕凉风吹来，十分惬意（A、D、E）。西侧的房间四面均有立柱，也有中央水盆（F）。该房间可视为早期的罗马式中庭。第十一王朝时期的墓穴祭品中的木质或陶制微型模型证实了拉罕中结构各不相同的开放式庭院的存在。麦克特瑞之墓中的两座样板房便 是最好的例证。样板房的庭院中有带立柱的大厅，绿树成荫，还有池塘。这些景观几乎占据了整个建筑群。这表明了对这些建筑特点的高度重视。

但金字塔城的“普通”人却不得不满足于其他 400 套居住单元的居住条件。每套居住单元的面积为 40 ~ 70 平方米。这表明了其居住者与别墅居住者社会地位的迥然不同。此外，高官阶层还有专用粮仓，储存容量超过 300 立方米（G）。粮仓容量表明其是为所有人或至少某部分重要人物提供食物的中心。这样看来，这些住宅的功能不仅是提供居住场所，还要用其为以金字塔城为中心的某些行政部门提供食品。

比较而言，新王国时期的建筑最具代表性，因为已挖掘出大量该时期的居住区遗迹。底比斯的住宅遗迹主要为德伊埃尔麦迪纳（Deir el-Medineh）的工匠居住区。此处大约有 70 座住宅。这表明其与上述例子一样，均是由监管机构设计规划的。这是因为当时的居住者正在参与王陵的修建，这是重中之重的工作。因此，埃及肯定希望高效地控制其劳动力。

平面图一般为标准平面图，同时也表明了新王国时期建筑一分为三的建筑特点：入口或过道通往主起居室，有时也有较矮的砖砌就寝区；建筑物后侧为厨房和食品储藏室；楼梯连通厨房和屋顶，屋顶用于储存柴火并提供额外家居空间。除屋顶外，每套住宅的总面积大约为七十平方米。

在埃及其他地方少有的一类住宅是居住区中有78间独立房间的建筑群，房间紧密相连，大小各异，是帝王谷（Valley of the Kings）中工匠们的就寝区。这源自对有限空间最切实利用的需求，即巧妙地将景观（鞍状山脊）特点融为一体，在夜间时可遮风挡雨，也可避寒。这便是其与修建在平原和上述区域中的居住区布局的主要区别。

阿玛纳（Amarna）出土的建筑遗迹见证了埃及家居建筑的鼎盛时期。城市中有面积达400平方米的奢华乡村别墅，有中小型建筑，也有25平方米的小型住宅。这些建筑紧密相连。这便是当时城市建筑结构的原则和基础。当时城区间显然没有社会分化。

阿托恩神庙（Aten temple）的高级行政官员住宅便是很好的例子（见第393页，图104）。该住宅与所有其他大型住宅一样，坐落于宽敞、成比例的区域，周围有庭院、工作坊、花园、粮仓、炉灶、储藏室等附属建筑，有时也有仆人居住区。高高的围墙使主人与邻居保持着一定的距离。

101（最上方）德伊埃尔麦迪纳的工匠居住区

底比斯西部，新王国时期，第十八至第二十王朝，公元前1525—前1070年。

住宅的坚实内部结构（厨房和楼梯）以及浅色石基（大部分位于主居住区）的遗迹清晰可见。这些石基原先是用来支撑平屋顶木柱的。在背景环境中，还可看见被居住区的居民修建在周围斜坡中的墓穴的遗迹。

102（上图）德伊埃尔麦迪纳的工匠住宅

底比斯西部；新王国，第十八王朝，公元前1550—前1305年。

插图所示为带有嵌入式家用圣坛的起居室。图右方可看见通往主房间的通道。圣坛与粗石和泥砖建造的住房一样，均用于私人组织的拜神活动和祭拜祖先的活动。圣坛上原本装饰有绘画、石柱和祭祀饰板。

103 帝王谷中的工匠住宅

底比斯西部，新王国时期，第十八至第二十王朝，公元前1525年至公元前1070年。

由于工匠的工作场所与其村庄之间有一定的距离，所以便将工匠的简易住宅修建在了帝王谷和德伊埃尔麦迪纳之间。工匠们完成每轮工作后回村庄一次，每轮工作为期十天。修建这些住宅的材料为当地石块。工匠们所吃的食物来自德伊埃尔麦迪纳。当时的石凳和就寝区至今犹存。铭文中的姓名和头衔表明当时为专人设置了专房。

104 阿托恩神庙高级官员别墅

太尔·艾尔阿玛纳（Tell el-Amarna）；新王国时期，第十八王朝，阿肯纳顿（Akhenaten）统治时期，约公元前1340年。

别墅给人以深刻印象的规模尺寸反映了其主人的地位。其面积尺寸为75米×59米。北部尚未挖掘的大部分区域为园林，其中还有小礼拜堂、池塘和培植各种植物的沃土。别墅所处位置地势优越，交通便利。其位于穿城后连接北部和西部的主干道上，距市中心约2千米。该别墅的主人任职于城中的一座大型行政神庙建筑中。别墅南面有5间圆形储藏室，西面有畜舍。

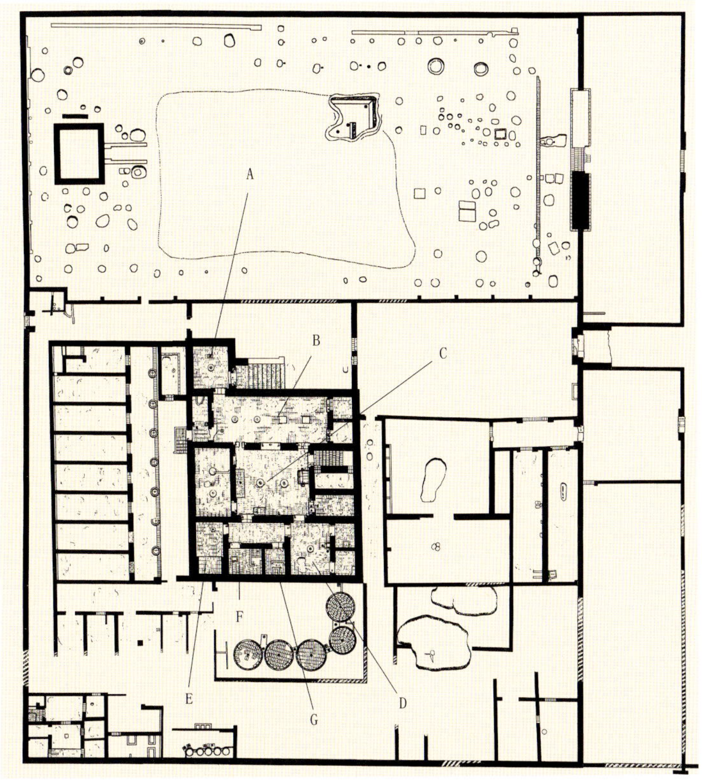

该住宅修建于稍高于地平面的平台上，被分为三个连续部分，总面积达340平方米。可从前厅（A）进入该住宅。住宅前部分为可称之为接待厅的宽敞门厅，有四根木柱（B），邻侧有房间。门厅南面是住宅的中间区域，住宅中心有正厅（C），正厅很可能是举行各种仪式的场所。从正厅可前往所有其他房间和屋顶。住宅的后部分为起居室（D）、卧室（E）和卫生间（F、G）。起居室有独特的家居特点，卧室后部有清晰可辨的就寝区，卫生间中有嵌入式石盆。

住宅前方、门厅上方（C）为凉廊，夏季可在此伴着凉风安然入睡，也可从此处远眺北面的大花园。底比斯私人墓穴中的铭文和浮雕均表现了如此奢华住宅的存在情况。例如，因勒尼（Ineni，第十八王朝早期）细致入微地记录了他历经千辛万苦在沙漠中种植的整整540棵树。

住宅的平式屋顶由木质横梁和泥浆建成。与邻近的房子相比，这里的屋顶高出中央大厅的程度更大。通过天窗将空气和光线引入大厅，同时也将人们的视线引至上漆木柱和墙壁，突出了房间的特殊性质。房间中的陈设极少，且屋顶也可供人使用。因此，其居住者可按季节选择居住场所，这样可大大缓解严峻的沙漠气候带来的不利影响。

105 官员住宅

太尔·艾尔阿玛纳，P47.17，内部楼梯；新王国时期，第十八王朝，阿肯纳顿统治时期，约公元前 1345 年。关于 1914 年的挖掘情况的照片显示了一座大型别墅中高达 2 米的泥砖墙局部。该座别墅位于中心城市阿玛纳。其楼梯起始于中央大厅，共有 十个支持性良好的台阶，每个台阶高 18 厘米。这一点与所有其他住宅相同。楼梯原先可以通往平式屋顶。从插图左右侧还可看见最初抹灰的痕迹。可惜石灰石水槽被推倒在楼梯前方。其后方的浮雕遗迹表明此处很可能并不是水槽的最初位置。大厅中的地面为泥砖地面，墙壁最初用白色涂料粉刷过。

106 帕内赫西（Panehsi）的别墅

太尔·艾尔阿玛纳，新王国时期，第十八王朝，阿肯纳顿（Akhenaten）统治时期，约公元前 1345 年。

插图中间高出的住宅面积约为 450 平方米，建造场地较为广阔。其外墙仍清晰可见。其北边（左侧）即住宅前方为一座小礼拜堂遗迹。小礼拜堂周围很可能有花园，其东侧有人工湖。此处明显体现了一分为三的方案中内部房间的组织结构，正如别墅背面前方的“前厅”一样。该住宅墙壁较厚，因此保存相对完好。至挖掘之时（1923 年或 1924 年），墙壁厚度约为 2 米。

108 房子模型

后王国时期至希腊罗马时期；高21厘米，石灰石；伦敦大英博物馆，EA 2462、EA 27526。

埃及历史后期，塔式住宅较为盛行。二十世纪二十年代美国人在埃尔法尤姆的卡拉尼斯（El Faiyum，Karanis）的挖掘证明了这一点。此外，希腊旅行者希罗多德（Herodotus）公元前第五世纪时记述道，埃及人在塔式住宅的屋顶入睡，以防“成群蚊子”的侵扰，因为蚊子不能在风中飞向屋顶（历史，Ⅱ，95）。该模型表明，建筑为分层结构，呈凹形，向顶部逐渐变窄——至少其上半部分是如此。高层建筑中的结构问题可解释这一特点：因为结构中有巨大的推力和拉力，所以建筑师不得不设计较大的建筑物基部，建筑物重心就可以大约处于住宅较低部分的中间。

墓穴浮雕和绘画中的住宅图像证实了上述考古发现。埃及艺术中最显著的特征是将多个景象集中于同一场景中，所以这些景象在某种程度上相互遮掩。用这种方式看，杰夫帝奈菲（Djehuty-nefer）的住宅仅为单层建筑。插图中的三个框架指前后的关系，而非上下的关系。因此，上述一分为三的具体平面模式为新王国时期家居建筑的基本模式。

窗户位置、通风设施、房间的布置和实心墙壁均为大型住宅的居住者提供了舒适的环境，且可随气候的变化做相应调整。光照、色彩安排、房间比例等美学因素可能也影响了大型别墅的建筑风格。例如，可看出阿玛纳别墅中某些房间的门和柱子的位置具有对称性。此外，值得注意的上层通往楼梯的过道以及大型双层门主入口仅用对面墙壁上的壁龛作为匹配。其主要目的是为了保持房间的美学平衡和视觉平衡。因此，修建了设计精密的内部结构。阿玛纳的住宅类型便成为法老时期家居建筑的原型，并最终成为古代近东和地中海家居文化的“卓越设计式样”。

109 杰夫帝奈菲的住宅

底比斯西部，杰夫帝奈菲之墓；新王国时期，第十八王朝，阿蒙诺菲斯二世统治时期，约公元前1410年；石膏画。

该住宅图画分为三排，主要对房间进行描绘。房间实际上相互间背对着。图中下方描绘的是织布（左）和磨面粉（右）等家务活动。真实住宅的主厅中有为死者准备的祭品。主厅高度与其他房屋高度截然不同，有天窗和双开门。双开门上也有高窗。住宅几乎占据了图画中的整个中央位置。图中上方部分再次代表死者。其他人则为抬祭品的人。通过楼梯可前往屋顶。楼梯中间有五个粮仓和两个炉灶。

宫殿

埃及国王的宫殿与大型乡村别墅一样给人以深刻印象。但修建国王宫殿的主要目的是为了做礼拜或举行仪式。法老们并不居住在宫殿中，仅将其作为履行其公职的场所。即使如此，我们仍然可以恰当地将其视为实际居住宫殿（见第395页，图114）的复制品。如今，此类宫殿的遗迹已经极其罕见。

必须假设孟斐斯（Memphis）和底比斯（Thebes）的法老宫殿是强有力的建筑象征，且能永久证明法老在该国行政中心中的“存在”和“权力”。许多类似的建筑遍布埃及的各个角落。法老在旅行期间可怡然自得地居住在这些行宫式建筑中。这些宫殿具有独立的组织结构和经济实体。可与中世纪时期欧洲的王室宫殿或帝王宫殿相媲美。甚至可以推断出法老是否在同一城镇中拥有多个行政场所。卡纳克（Karnak）的哈特谢普苏特（Hatshepsut）红色寺庙中的石块保存至今。其铭文上记载了至少三座宫殿。这可以解释三座宫殿的功能各不相同：行政功能、仪式功能和居住功能。 除三角洲东部新王国时期的太尔•艾尔达巴（Tell ed-Dab'a）遗址等单个发现物外，新王国之后最著名的建筑便是埃及宫殿。

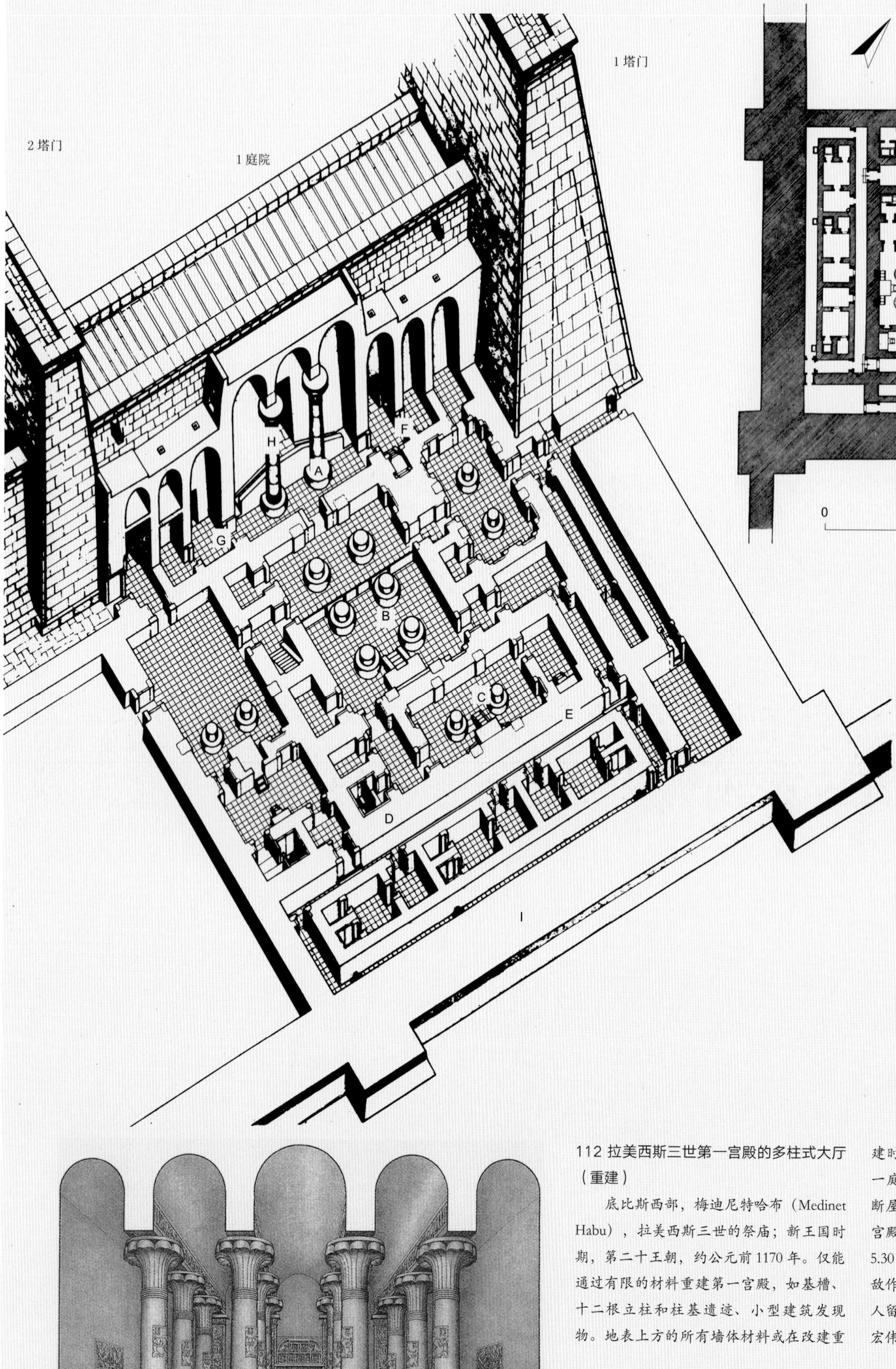

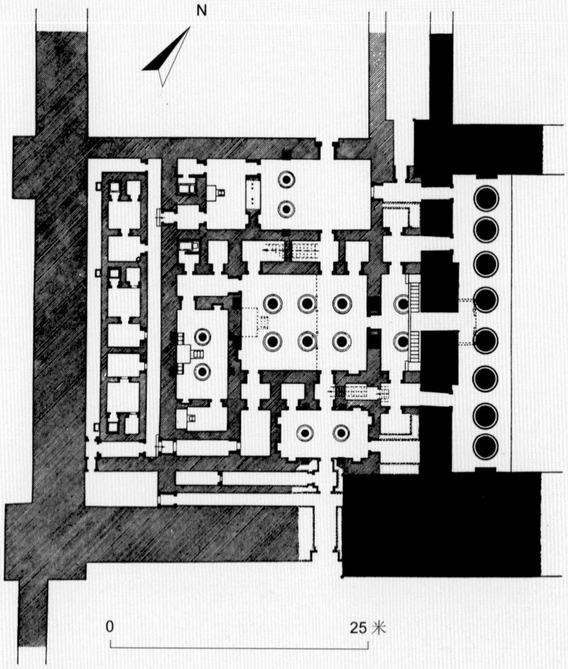

110、111 拉美西斯三世宫殿

底比斯西部，梅迪尼特哈布（Medinet Habu），拉美西斯三世的祭庙；新王国时期，第十二王朝，约公元前1170年。两幅插图所示为第二版王室宫殿。石材部分以黑色显示。可从位于宫殿背面墙壁上的横梁洞处重建屋顶；石柱和额枋支撑着砖拱，砖拱填充了碎片，形成了平屋顶。大厅中有六根支柱，西侧有楼梯间，这表明通过楼梯间可前往屋顶。屋顶上有简易开口，光线可通过开口射入大厅内。

112 拉美西斯三世第一宫殿的多柱式大厅（重建）

底比斯西部，梅迪尼特哈布（Medinet Habu），拉美西斯三世的祭庙；新王国时期，第二十王朝，约公元前1170年。仅能通过有限的材料重建第一宫殿，如基槽、十二根立柱和柱基遗迹、小型建筑发现物。地表上方的所有墙体材料或在改建重建时去除，或被再次用于新地基中。根据第一庭院南侧 外墙上横梁孔的的痕迹，可判断屋顶和泥砖拱券的结构。这一点与后来的宫殿一样。大厅中最引人注目的是三组高约5.30米的纸莎草花式柱，前方用国王大败仇敌作为主题加以装饰。明亮的原色使大厅给人留下了深刻的印象，也大大增强了建筑的宏伟感。

除孟斐斯的麦伦普塔赫（Merenptah）和阿普里埃斯（Apries）的建筑综合体之外，底比斯的下列地点也有具有考古意义的宫殿遗迹：哈特谢普苏特和麦伦普塔赫的“百万年住宅”以及拉美西斯二世祭庙（Ramesseum）。其中最突出的例子便是梅迪尼特哈布，即拉美西斯（Ramesses）三世的“百万年住宅”（见上一页，图110、图111）。其被二十世纪二十年代的美国考古学家复原［见雷根•舒尔茨（Regine Schulz）和胡里格•苏鲁让安（Hourig Sourouzian）合写的文章］。

该宫殿坐落于第一祭庙庭院南端，通过门、窗与第一祭庙相连。柱子、门框及其他外露建筑结构由沙岩建造而成，而巨大的筒形穹顶等其他结构则为泥砖结构。主室周围有附属室和杂用室，其高达7.5米的沙岩立柱尤为显眼。中心式双立柱大厅位于前厅和整个宫殿的中心的后部，大厅中有六根立柱。其很可能是会议厅，紧靠后墙有御座石基。一扇侧门通向宫殿后部第三私人场所。侧门与第二王座厅（C）相连。王座厅侧边为卫生设施场所（D）和卧室（E）。因此，该宫殿的平面设计明显可与阿玛纳别墅的设计相媲美。其包括位于宫殿正后方的三座仆人住宅。该宫殿同样是按照一分为三的原则而设计的。乍一看，这似乎很奇怪。因为所有建筑物的功能仅仅是为法老或仆人提供居住场所，而与他／她在此的职务似乎无关。就此而言，该宫殿可视为规模壮观的住宅。宫殿的作用除为正式观众提供讲台、用作底比斯节日游行中各种仪式的出发点之外，其主要功能是法老嘉奖功臣的场所。坐落于宫殿正面中心位置的接见窗（window of appearances）完全可按照字面意思理解该建筑结构的功能。官员聚集于窗户前方第一祭庙庭院中，参加“颁发荣誉金牌”的仪式。国王在窗户前的木质露台上颁发奖牌，整个宫殿正面则转变成了国家要人的背景。

接见窗和侧边国王大败仇敌的浮雕之下，有雕刻着象征埃及敌人雕像的石质平台。若石浮雕是为了证明埃及对全世界的统治并永久统治世界，那么当国王亲自出现于接见窗并无情地将其仇敌踩踏于脚下时，该图像则成为了具体的事实。

底比斯西部的和阿蒙诺菲斯三世所建的城市的一部分——马卡塔（见第398页，图116）中有仅供居住用的宫殿。通过两个相连的庭院可进入住宅区。各庭院中均有王座基座（A、B）。因此，通往实际居住区、半公共场所与私人场所间的边界的入口处有一个角度适当的大厅，大厅通往长廊（D）。该部分的后部为国王的私人殿堂：大厅中有四根立柱，有高座（E），其后有三间房间。根据壁龛可判断，三间房间之一为国王的卧室。中央大厅两侧有两套四套间房间（D），其很可能是国王亲信的房间。整个宫殿中均发现有彩色壁画和天花板绘画残片。中央大厅等房间的外观用地板画加以装饰。阿玛纳北部宫殿中还发现有其他壁画。此宫殿很可能是阿肯纳顿女儿们的居住场所。

113 拉美西斯三世的宫殿

底比斯西部，梅迪尼特哈布，拉美西斯三世的祭庙；新王国时期，第二十王朝，约公元前1170年。

插图所示为宫殿管理区第一庭院中的南侧外墙。右方显著位置为第二塔门周围的饰面一角。芝加哥大学 东方研究所重建该宫殿时，墙壁高度保持一致（一米、两米）。仅能重建门框、柱基和王座基座，因为已经没有了无焙烧泥砖这样的原始建筑材料。仅能根据地基和柱基遗迹重现该建筑的平面图。

114 拉美西斯三世宫殿中的接见窗

底比斯西部，梅迪尼特哈布，拉美西斯三世的祭庙；新王国时期，第二十王朝，约公元前1170年。

窗户上方有一排蛇形装饰，两侧有浮雕。上方为带两翼的太阳圆盘，左右为秃鹰女神。这些均为保护性标志，是标准埃及神庙装饰中的一部分。其目的在于为国王提供神灵援助，协助其执政。浮雕中，窗户两侧也有国王自己的图像。

115 瓷砖镶嵌物：埃及的仇敌

底比斯西部，梅迪尼特哈布，拉美西斯三世的祭庙；宫殿入口；新王国时期，第二十王朝，约公元前1170年；彩釉陶器；高25～26厘米，宽7厘米，开罗埃及博物馆，JE 36457 a、b、d、h；RT 12.3.24.13。

宫殿入口两侧均以埃及仇敌图像加以装饰。从左至右，这五个瓷砖上所示人物分别为纹身的利比亚人、努比亚人、有胡须的叙利亚人、头戴黄色头巾的贝都因人以及戴圆帽的赫梯人。这些人物均有其自己特有的服装和发型。由于其被捆绑着或戴上手铐，故不会对埃及的继续存在造成任何威胁。

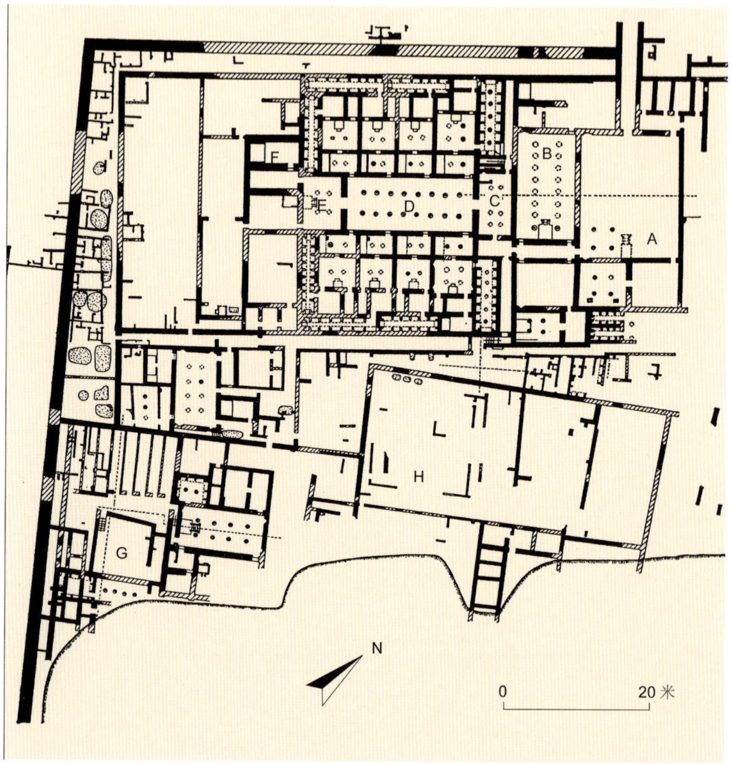

116 阿蒙诺菲斯三世的宫殿

底比斯西部，马卡塔；新王国时期，第十八王朝，约公元前1360年。该综合体的中央部分围绕着大厅（D）进行分组。其规则的结构表明其平面设计图井然有序。“王室夫人泰雅”的住宅位于南端（G）；三个庭院周围相邻的建筑物（H）可能为厨房和为宫殿服务的其他设施室。

117 拉美西斯三世宫殿中的王座厅

底比斯西部，梅迪内特哈布，拉美西斯二世的祭庙；新王国时期，第十二王朝，约公元前1170年。

柱基较大，而立柱直径相对较小。这是拉美西斯时代建筑的特征。王座后面很可能有一扇双层假门。假门绘有已故国王的象征图像，其可继续接受其大臣和异国使节的效忠和拜见。这样的特点突出了宫殿的祭拜功能。背景为该圣殿的砖围墙，保存完好。

所谓的“绿室”（Green Room）中保存有动植物绘画。这些绘画的颜色和主题处理技巧与印象派相似。阿玛纳中心位置有一座巨大的建筑综合体，其中的两座建筑物由一座桥相连。这两座建筑物便是“格雷特宫（Great Palace）”和“国王宅邸（House of the King）”。该建筑物中有一系列房间。这些房间更具私人性质，阿肯纳顿可能居住于此。建筑物后部为储藏室。住宅前方的庭院中有接见窗，国王在此以与梅迪尼特哈布第一庭院中相同的方式嘉奖功臣。

宫殿南端高耸的柱式大厅庄严宏伟，适宜接待外宾，外宾也能大致感受到国王以及埃及的威严。这便是建造这些建筑物的主要目的。宫殿中一排一排的大厅、高高在上的王座、接见窗、头像雕塑和国王大败仇敌的浮雕均可视为权势建筑物的原型。

日常家居生活

加布里埃莱·文策尔（Gabriele Wenzel）

119 底比斯墓穴中放有食物的架子

新王国时期，第十八王朝，公元前1550年至公元前1292年；伦敦大英博物馆，EA 5340。

为死者提供了其来世所需的一切。包括各种不同种类的家禽肉，这些家禽肉摆放在小架子上；编织篮筐和陶制菜盘中有面包、无花果和干鱼。

埃及人非常关心他们的来世生活，当今的官员陵墓和商人陵墓也能证明这一点。因为他们希望在来世继续过安逸舒适的生活，所以他们用家具、衣服、工具等为其陪葬，陵墓墙壁上则以日常生活场景为装饰。墓室中的绘画可充分展现埃及人的详细的饮食状况。这些绘画记录了从耕种、园艺到膳食的实际制作的完整食品生产过程。浮雕或绘画中描绘的祭品的清单同样表明这些祭品是为其来世提供安全保障的必要基础。在这些陵墓中甚至还可以找到不计其数的完好无损的祭品。这些祭品是死者来世的食物，在埃及干燥的气候条件下保存完好。

主食：谷类、面包和蔬菜

主食主要为谷类、面包和蔬菜。例如，这些主食可作为采石场和大型工地上工人的劳动报酬。已证实古埃及人主要耕种大麦（古埃及语为 it）和双粒小麦（古埃及语为 bedet）两种谷物。同时还有各种水果、全麦面粉或白面粉，这为众多烘烤食品增添了不少美味。维齐尔雷克密尔（vizier Rekhmire）之墓中的一幅绘画描绘了用捣碎的“世间的杏仁”烘焙糕点的过程。“世间的杏仁”是原产于塞浦路斯（Cyprus）的灌木的块茎，带有坚果味。所做的糕点中加有蜂蜜，使其变甜，再加油后进行烘焙。

小扁豆、豆子、豌豆、鹰嘴豆以及胡芦巴等豆类在埃及人（尤其是下层阶级的埃及人）的饮食中是主要品种。而上层阶级的饮食品种则更加丰富。其包括各种蔬菜：水芹、马齿苋属植物、莴苣、洋葱、大蒜、南瓜、植物块茎、莲子和纸莎草。但我们却不能从文章和图画中获知其制作过程。受人青睐的水果有葡萄、无花果和小无花果、枣和棕榈坚果以及产于新王国（New Kingdom）时期的石榴。最初从近东（Near East）进口石榴树，后来很快便开始在埃及园林中种植石榴树。

118 堆满食物祭品的餐桌

西底比斯，雷克密尔之墓（TT 100）；新王国时期，第十八王朝，约公元前1450年。

餐桌上摆满了可能在高官的餐桌上出现过的精选食物：最上方是一棵莴苣和一扎韭葱；下方是一碗无花果、葡萄，几个黄瓜形状的南瓜，两只鹅——一只已拔毛，另一只已取出内脏，以及牛头、牛腿和牛肋骨，还有几个蛋糕、几块面包。

120 做面包

塞加拉(Saqqara)，尼安克克努姆(Niankhkhnum)和克努姆霍特普(Khnumhotep)之墓（浮雕）；古王国时期，第五王朝，约公元前2450年。

最重要的烘焙面包的方法既不需要炉灶也不需要烤箱，而是使用厚壁陶制模制品。小心翼翼地将模制品堆放在明火上方（左侧），加热至足够热度时，将其取下，朝上放置，并添加液体生面团（中间），然后利用模制品的余热将面团烘焙成面包。需要更多热源的大模制品需要用另一个开口朝下的模制品罩住。然后用细棍检查面包是否已烘焙成功（右侧）。将锥形面包铺在模制品顶部，加以冷却。古王国时期发明了壁式烤箱，可同时烘焙大量面包。

美味佳肴：肉、酒及香料

埃及大多数人的饮食肯定包括面包和啤酒、豆类和蔬菜，可能也包括廉价鱼肉和家禽肉（主要为鸽肉、鹅肉和鸭肉）或者羊肉、猪肉。但也有仅上层阶级才有能力购买的某些美味佳肴。发现的大量陶器碎片、陶瓷碎片和石灰石碎片上刻有字母和账单。从这些所谓的碎片可获知食物的价格。价格的计量单位通常以1黛本（deben）铜为单位。基本食物明显不是很贵：1袋75公升的大麦为两黛本，1袋双粒小麦为1黛本，5升啤酒为2黛本。更好的食品和饮料相对更贵，而且肉特别贵。1头成年牛为50黛本，1个容量为10公升且装有腌肉的双耳细颈椭圆土罐为10黛本。在新王国时期，一个国家聘用的工匠除了有基本生活品 发放外，每月最多还能挣7黛本。

简易房屋——包括工匠居住区中的房屋——中没有喂养牲畜的空间。只有农庄和高级官员的庄园才有牲口棚和带有宰杀、加工牲畜的其他建筑物。

催肥是牲畜养殖中的一个重要环节。墓穴中也有关于羚羊、瞪羚、野山羊等竞赛奖品的绘画。竞赛中，羚羊、瞪羚、野山羊等的肉是理所当然的奖品。牲畜被屠杀后，立即进行加工，供人们食用。肉类一般用大锅炖，或者在明火上烤。柴火为木块和动物粪便，有时还用木炭。如果需要保存肉类，供以后食用，则先将其晾干或制成腌肉。关于那时用于精制加工食品的香料，人们还不得而知。

121 酿酒厂

塞加拉，尼安克克努姆和克努姆霍特普之墓（浮雕）；古王国时期，第五王朝，约公元前 2420 年。

酿酒厂常建于面包店附近，因为埃及啤酒最重要的原料成分是被称为"佩森（pesen）"的扁平圆面包。次重要的原料成分是枣。枣中含有必不可少的酵母培养物。尼安克克努姆之墓中的绘画场景展现了从面包烘焙到啤酒灌装的各个重要酿酒过程。首先在大桶中将切成片的面包、水和枣捣成糊状（左侧），然后放置一段时间使其发酵。之后再通过编织滤网将糊状混合物压入带有出口的大容器中。此时，酿酒过程便结束了。然后再将啤酒倒入内壁涂有薄泥层的专用容器中。容器内壁上涂的泥层可作为啤酒澄清剂（上方中间）。之后立即用厚泥浆塞密封专用容器——必须迅速进行该步骤，以防止二氧化碳溢出。埃及啤酒的保存期限不长，需要尽快饮用。因此，仅采用小型容器。

在阿玛纳工人居住区发现有小布袋。有些小布袋中还装有芫荽种子。但大多数香料——莳萝、芫荽、小茴香子、葫缕子、干杜松种子和芥菜种子——似乎仅用于医学用途。

仅高级官员家庭和王室宫殿才能饮酒——特殊庆典活动时除外。一些酒从近东尤其是叙利亚（Syria）进口，此外，埃及本土也生产酒。藤本植物需要特殊照料，种植于含尼罗河淤泥的空洞中。

埃及最佳的产酒地为尼罗河三角洲和绿洲。这些产酒地通常为国有土地，但根据双耳细颈椭圆土罐上的铭文可判断，当时也存在私有产酒地。在底比斯附近马卡塔（Malqata）中阿蒙诺菲 斯三世（Amenophis Ⅲ）宫殿废墟中，发现有不计其数的陶制酒罐碎片，上面用墨水记载了酿酒的时间和地点："产于南非绿洲"或"产于玉玺掌管人庄园……"除酒的产地外，出土的酒罐上也可能会记载各种酒的制造人姓名。

厨房

厨房通常位于房屋或大型庄园的后侧，在附属建筑物中。因为当时主要用露天篝火做饭，所以厨房一般没有固定的顶棚。在"厨房庭院"的一角有磨制面粉和全麦的磨石、烘焙面包的小烤箱和做饭或烤肉用的壁炉。

122 炖牛肉

西底比斯，安特费克（Antefoqer）之墓（TT 60）；中王国时期，第十二王朝，约公元前1900年。

数名屠夫除去屠杀后动物的内脏，助手则将单片牛肉挂于长绳子上。在图的最右边，一名厨师站在大锅前，锅中正炖着肉。

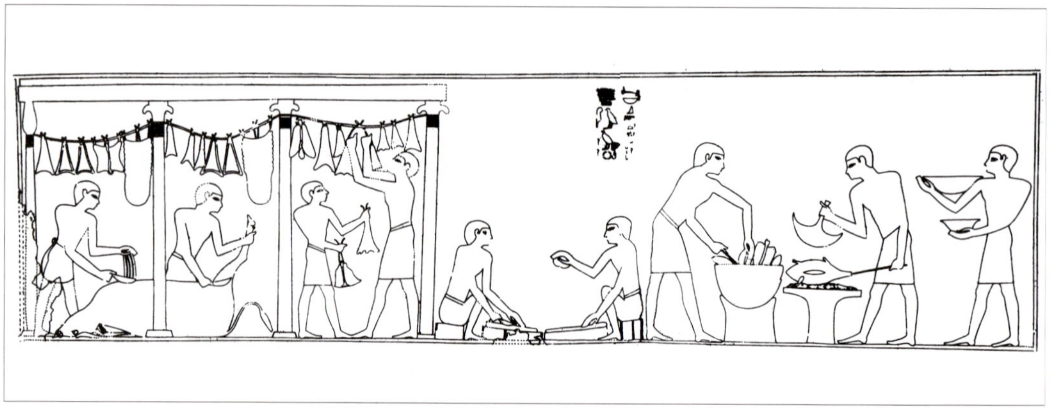

123 女磨工塑像

吉萨（Giza）（古埃及墓室，D 29）；古王国时期，第五王朝，约公元前2400年；石灰石；高26厘米；莱比锡城（Leipzig）埃及博物馆（Ägyptisches Museum），2767。

仅采用手工——通常由女性承担——研磨谷物，然后进行筛选，除去残余小麦。但麦子仍然还有细石粒。这样即使是青年埃及人的牙齿也被磨损得甚是严重。平民百姓尤为如此，最近发现的一个工人墓地的发掘物中的骷髅可证明这一点。

124 榨酒

塞加拉，普塔霍特普（Ptahhotep）和阿克赫特霍特普（Akhethotep）之墓（浮雕）；古王国时期，第五王朝，约公元前2420年。

丰收后，将葡萄存放于大盆中，由多人踩踏。榨汁从侧边水孔中流出，然后流入容器。然后挤压葡萄汁，使其渗过麻袋。为充分发挥其力量，数名男子反向旋转长杆，其他工人则负责将其推开。第一次“静”发酵发生于踩踏桶中；第二次“剧烈”发酵仅发生于酒罐被灌满之后。存酒容器用泥浆塞密封，泥浆塞上预留的多个小孔可排放二氧化碳。

126 墙上挂饰

新王国时期，第十八至第十九王朝，公元前1550—前1200年；染色亚麻布；长104厘米；伦敦维多利亚与艾伯特博物馆（Victoria and Albert Museum），T 251-1921。地毯和壁毯通常用作墙壁或天花板装饰品。墓穴及灵柩图画中通常有色彩艳丽、呈各种几何图形的地毯壁毯装饰品，如条纹形、棋盘形、Z字形或菱形。

还有猪肉、素油以及腌肉，正如铭文上记载的一样："源自阿克赫佩鲁勒（Aakheperure）的庄园的羊肉"、"纪念庆典水禽"或者"源自阿蒙诺菲斯庄园的加工肉制品"。房屋中有小型浅地下室，用于储存易腐败的货物。地下室距厨房仅几步之遥。

家具

虽然居住区从未真正发现过移动式家具的残骸，但是人们已经从墓穴中的大量发现物中获得了埃及家具的印象。墙壁上挂有染色的亚麻布挂饰。地面上铺有植物纤维编织的垫子，有时也将此垫子用作床垫。

最早保存的家具——座椅和床的支脚和配件——自古风时期（Archaic Period），即第一和第二王朝时期便开始保存了。这些家具的设计后来被沿用了，仅作了微小的修改，并盛行于整个法老时代。椅子似乎是新王国时期文职人员家中最常见的家具。普通椅子的价格为4～8黛本，一般官员均有能力购买。有各式各样的椅子，如普通矮凳、折叠式椅子、带有靠背的扶手椅等。座位上通常还有坐垫，使用者会感觉更加舒适。

餐桌和贮藏器使家具更加完善。餐桌和贮藏器一般由木材制成，但有些物品含有坚实的编织材料。从盛宴壁画中判断，公共用餐时，当时没有供主人和客人围坐进餐的大餐桌。每人均站于其自己的小餐桌前或由轻质木框支撑的方解石、雪花石膏或陶制厚板前。挖掘时发现的餐桌的尺寸可支持这一结论。

各个家庭都非常重视卫生。人们用针对不同类型害虫的各种方法对付随处可见的寄生虫。医学古抄本上记载道："开始医治时，应先驱除房屋中的跳蚤。在房屋中洒苏打水可驱除跳蚤。"或"另一方法为，先将飞蓬放在木炭上，之后用其擦拭房屋，也可驱除跳蚤"。人们还使用其他药剂使香气弥漫于整个房屋中。

床的基部高于地面，这样可防止爬行动物爬上床。衣服及其他个人物品存放于墙龛中。设施齐全的家庭中还有多个木质或编织材料的盒子、箱子。

125 （上一页）卡（Kha）之墓中的双耳细颈椭圆土罐

西底比斯（TT8）；新王国时期，第十八王朝，约公元前1400年；陶器；高58厘米，直径25厘米；都灵埃及博物馆（Museo Egizio），Suppl. 8526。陶器储罐在日常生活中用于存储各类食物，此罐用于存储家禽肉。先用黏土盖子或者仅用一匹布盖上储罐，再用黏土塞将其密封。

127 四脚凳

新王国时期，第十八王朝，公元前1550年至公元前1292年；木凳，粉饰帆布；高24厘米，宽40厘米；都灵埃及博物馆，物品编号6404。

那时的椅子和凳子比现代的椅子和凳子矮很多。该凳子的座部为粉饰帆布，并绘有植物图案和几何图案。

128 卡之墓中的木桌

西底比斯，德伊埃尔麦迪纳（Deir-el-Medineh）；卡之墓（TT 8）；新王国时期，第十八王朝，约公元前1400年；木桌，48厘米×26厘米，高32厘米；都灵埃及博物馆，Suppl. 8432。

该木桌是塞尼特（senet）棋盘游戏的平台。

129 卡之墓中的靠背椅

西底比斯，德伊埃尔麦迪纳（Deir-el-Medineh）；卡之墓（TT 8）；新王国时期，第十八王朝，约公元前1400年；上漆木椅；高91厘米，宽56厘米；都灵埃及博物馆，Suppl.8333。

通常用象牙、黑檀或玻璃浆料镶嵌物装饰昂贵的椅子。若主人无力承担如此昂贵的装饰物，木匠则会用油漆模仿出上述装饰物的装饰效果。此处的铭文为献祭祈祷文，该铭文表明该椅子为陪葬品；该椅子实际发现于同一个墓穴中。

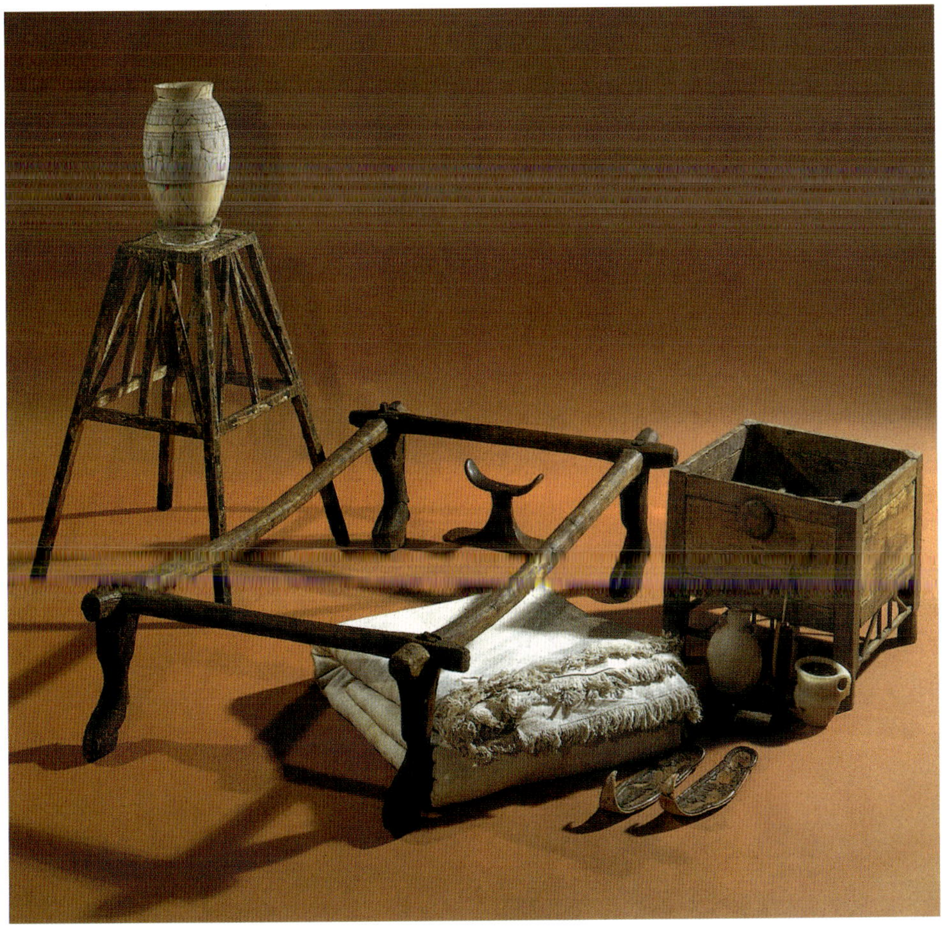

130 卧室家具

新王国时期，第十九王朝，约公元前1300年；伦敦大英博物馆，EA 2470、6526、6639、18196、14708。

家具中，人们最梦寐以求的非床莫属。床的支腿常常为狮爪或牛腿形状。床垫安放在哈法草或其他植物纤维的密实编织品上，编织品固定于框架横梁之间。上端是头枕。床的上端与床的下端一样，均以矮神拜斯（Bes）的雕刻图像或绘画图像进行装饰。拜斯被视为夜间的守护神，可驱走邪恶之物——尤其是蛇——因此，矮神拜斯在卧室中拥有一席之地。

卫生、化妆品和服装

大多数埃及人都在尼罗河、运河或池塘中沐浴。仅上层阶级才有经济能力可以在浴室中沐浴，还可以洗淋浴。卫生间设在浴室中，或设在独立房间中。泡碱或特殊清洗膏由动物油脂或植物油脂制成，且人们认为其对皮肤有利。将其与石灰石或粉笔混合后可用作肥皂。埃伯斯（Ebers）医学古抄本的药方中写道“使肌肤变美的另一药物为：一份磨碎的（方解石）雪花石膏、一份红泡碱、一份下埃及地区的盐、一份蜂蜜，相混合后涂抹在皮肤上即可。”同时也使用其他药物消除体味；这些药物主要包括熏香、止血剂、没药等芳香物质。将这些物质擦拭在皮肤上即可消除体味。人们还知道用卷压成药丸状的物质防止口臭。最有名的是碾碎的胡芦巴种子与香薰、没药、干杜松种子、弹性树脂混合物、葡萄干和蜂蜜相混合而制成的“西腓（kyphi）香锭”。埃及人喜欢用亚麻布做服装，他们也有树皮制成的粗布，而用羊毛作为衣服则较为罕见。特别受人青睐的是折有细褶的全白超薄亚麻布织品。相关文章已证实织品漂白后便可成为全白织品。清洗后晾晒于阳光下即可。埃及人也掌握了纺织品染色的方法。除矿石赭石外，埃及人还使用植物颜料，如茜草、红花、可染成红色的朱草、可染成蓝色的菘蓝、以及可染成黄色的石榴树树皮。有些染色样式需要首先进行碱液浴。进行碱液浴时，埃及人主要采用明矾。明矾即沿用至今的硫酸铝钾。

131 衣柜

西底比斯；新王国时期，第十八王朝，约公元前1390年；上漆木衣柜；30厘米×55.5厘米×31厘米；都灵埃及博物馆，Suppl. 13968。

更大的衣柜用于存放衣物或假发。衣柜内部根据各自主人的喜好进行制造。

132 洗具

古王国时期，第五王朝，约公元前2400年；铜制品；青铜：高13厘米，碗：高12厘米，直径25.5厘米；都灵埃及博物馆，13721。埃及人就餐前用铜器洗手。洗手用铜器包括一个浅碗和一个带有长喷嘴的金属容器。洗具在人们生活中起着至关重要的作用。因此，每个墓穴中均有洗具。洗具的材质通常为红铜或青铜等金属。

133 曼都赫特普王后的化妆盒

第二中间时期，第七王朝，约公元前1600年；棕榈纤维、芦苇和纸莎草；高42.7厘米，柏林，柏林国家博物馆（SMPK），埃及博物馆，1176年至1177年。该化妆盒分为六个小隔间，用于存放易碎的小化妆用具；仅有部分存放软膏和眼部化妆品的盒子为石质材料，大部分以玻璃、彩陶器甚至芦苇为材料。

不论是国王的塑像还是平民百姓的塑像均生动形象地体现了日益变化的风格式样。古王国和新王国时期，女性穿朴素的紧身吊带裙，而男性则穿齐膝或齐小腿的运动型裹覆式褶裥短裙。但在新王国时期，人们则更加青睐蓬松的长袍式束腰外衣。该时期的女性穿大块矩形布料制成的裹覆式连衣裙。连衣裙以各种方式环绕着女性的身体，同时还带有褶裥式束腰带。男性和女性的正式礼服均一成不变地包括各种不同长度、不同风格的假发。

最主要的鞋类为棕榈叶、牧草、灯心草或纸莎草等植物的纤维制成的带子鞋。带子鞋可能是妇女在家里做的，而并非在工作坊制造的。当时也制造皮制带子鞋。皮制带子鞋比编织的带子鞋更加昂贵，但也更加耐穿。

家庭

典型的埃及家庭包括核心家庭的成员，即父母和尚未成年的孩子。各家庭与其远方亲戚保持比较松散的关系。这表明埃及语中仅有指代一级亲戚的词，即父亲、母亲、兄弟姐妹以及儿女，但却没有指代姑妈姨妈、姑父姨父、表（堂）兄弟姐妹的词。为了表达较复杂的亲戚关系，必须用“妈妈的妈妈的姐妹”等复杂结构。但墓穴石碑上的铭文有时不仅包括死者的直系亲属还包括其远房亲戚。

较富裕的家庭也会雇佣一个或多个仆人做大部分家务活。据书面材料记载，德伊埃尔麦迪纳的雕刻师克尼（Qeni）家里便有大约十名家庭成员以外的外来者。一个中层官员的家庭中包括七至九个仆人，这些仆人大多为埃及或亚洲的奴隶。

婚姻生活为常见的生活方式。一般为一夫一妻的婚姻关系。适龄男子足以承担一个家庭的重担时，便开始组建自己的家庭。婚后女方通常迁入男方家中居住。极少数情况下，婚后的夫妻居住在女方家中。没有关于合法婚姻规则的可溯之源。仅从第二十二王朝开始，才出现了婚约契约。若夫妻离异或丈夫逝世，婚姻契约则为女性提供了有据可依的财务保障。男性主要负责养家糊口。其有义务按照其自己的方式供养妻儿。

134 水平式织布机

拜尼哈桑（Beni Hasan），克努姆霍特普二世（Khnumhotep Ⅱ）之墓（BH 13）；第十二王朝，约公元前 1880 年。

女性的主要任务是制造纺织品。她们也纺织亚麻衣，编织布料。近东地区纺织工人的专业技术受到了埃及人的高度赞扬。第十八王朝初期立式织布机的发明可能也源自近东地区。仅在大型编织作坊中才使用立式织布机，但小型水平式织布机在私人住宅中也很常见。小型水平式织布机用于生产家用织品。其结构简单、优势显著：两根横梁（即所谓的编织柱）互不相连。因此，即使在有限的空间里也可以纺织任何尺寸的布匹。

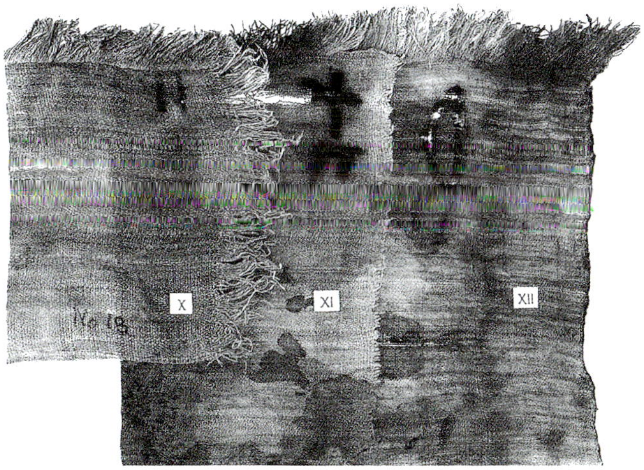

135 带有织物标记的亚麻织物

底比斯，德伊埃尔巴哈里（Deir el-Bahari），门图荷太普二世（Mentuhotep Ⅱ）士兵之墓；第一中间时期，第十一王朝，约公元前 2050 年；纽约大都会艺术博物馆，罗杰斯基金会（Rogers Fund）1927，27.3105/197/108。

完善的墓穴设施包括织物，有时还包括服装或织物标记。大多数样本出自一座底比斯墓穴。该墓穴中葬有 在第一中间时期的对抗中牺牲的 60 名士兵，保存完好的织物证明埃及人拥有各种不同的纺织技术。他们采用了多种亚麻纺织法，纺织成各种精致的图案。他们甚至还采用了哥白林纺织技术。墓穴中的织物记录证明当时有大量不同品质的纺织品。遗憾的是，仅鉴定识别了极少数的纺织品。最精细的织物是王室中的亚麻布制品。

136 女性的假发

新王国时期，第十八至第十九王朝，公元前 1550—前 1185 年；真人头发；长 50.5 厘米；伦敦大英博物馆，EA2560。

至今保留了新王国时期的多种女性假发。研究表明几乎所有假发都是用真人头发制成的。真人头发被牢牢地系在亚麻帽上。用蜜蜡为精心制作的发型定型。仅举行仪式或在正式场合下才能戴这样精心制作的假发。不论男女都青睐较短的发型，或在其个人生活中剃光头。

137 束腰外衣

西底比斯，德伊埃尔麦迪纳，卡之墓（TT 8）；新王国时期，第十八王朝，约公元前 1400 年；亚麻布；128 厘米 ×109 厘米；都灵埃及博物馆，Suppl. 8530。

束腰外衣穿起来像衬衣。普通白色亚麻布制成的束腰外衣是最常见的款式，而较奢华的束腰外衣在脖子部位和褶边周围还有穗带饰品。侧边起褶的服装在新王国时期较为流行。从上方捆扎又长又宽的束腰带，可将蓬松的外衣收拢于腰间。

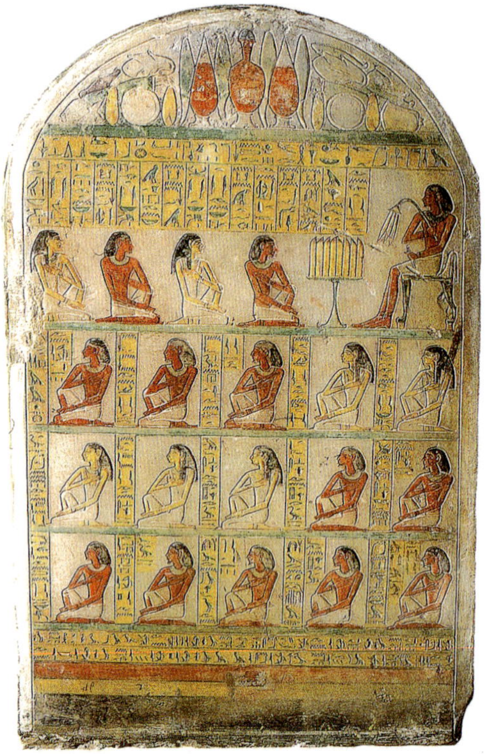

138 高等法院记录员霍尔霍纳克特（Horhernakht）之墓碑

中王国时期，第十二王朝，约公元前 1900 年；上漆石灰石；高 68.5 厘米；都灵埃及博物馆，物品编号 1613。

霍尔霍纳克特与其大部分家人一起：其父母塞霍姆索贝克（Sekhemsobek）和科提（Kheti）坐于霍尔霍纳克特之前；其父母后方是其同胞霍勒姆塞克特（Horemusekhet）和伊特（It）。第二排的最后三人也是他的同胞兄弟姐妹。但前两人为其母方和父方的舅舅和伯伯。第三排的第三和第四个人最有可能是其岳父和岳母，两者的名字均为塞嘿特皮布（Sehetepib）；他们也被称为其父母。

139 坐姿夫妇塑像

新王国时期，第十九王朝，约公元前 1290 年；蛇纹石；高 12.7 厘米，宽 7.2 厘米；巴黎卢浮宫（Musée du Louvre），E 3416。

埃及人在死后也试图维系其家庭关系。因此，常常有夫妇相伴的墓穴塑像，少数情况下也有母子相伴的塑像。新王国时期，塑像同高，表明男女平等，至少在私人生活中男女是平等的。

140 怀抱小孩的妇女

早王国时期，约公元前3000年；象牙；高6.5厘米；柏林国家博物馆埃及馆，17600。

自早王国时期起，便发现有怀抱小孩的小型妇女塑像。此类塑像最初发现于寺庙中。其也许用于向上帝祈祷顺利生产或祈求上帝赐子。

141 哺乳妇女坐像

中王国时期，第十二王朝，约公元前1900年；铜像；高13厘米；柏林国家博物馆埃及馆，14078。

将小孩喂奶至3岁。非宗教环境中几乎没有母亲为小孩哺乳的塑像。上层阶级的妇女和王后委托奶妈为其小孩哺乳。而奶妈则被视为其家庭中的一分子。王室中奶妈的丈夫和儿子则常常因其裙带关系而身居高位。

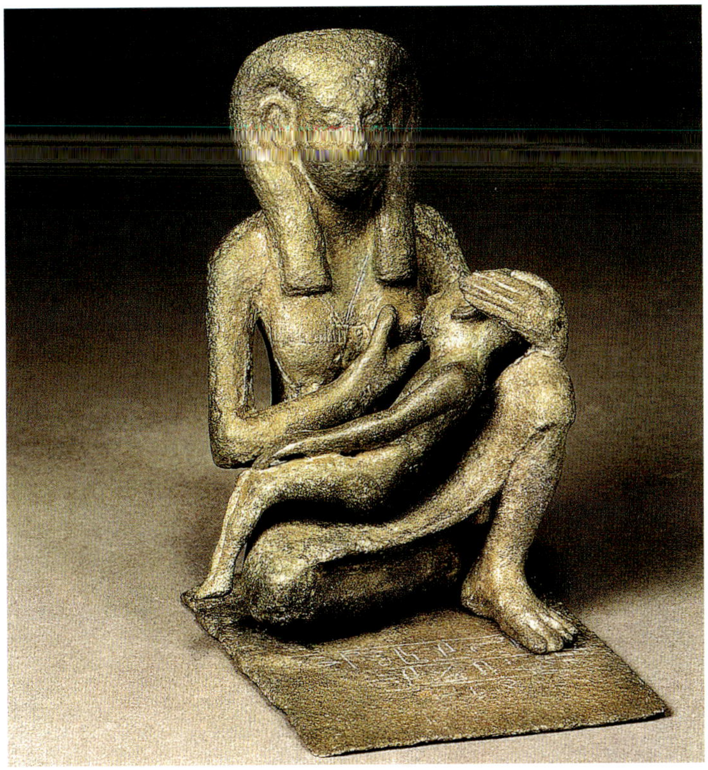

仅无儿女的男性可以续娶，而续娶的妻子通常为奴隶。此种关系下诞生的孩子与其母亲有同等的法律地位。

在诸多方面，女性在法律上与男性平等。其有可能成为法庭上的原告或证人，可能成为孩子的监护人，也可以将其私有财产遗赠他人。但妇女仅有权让其孩子继承其丈夫的财产，因为继承法很明显仅局限于血缘关系之中。

每段婚姻的目的都是为了繁衍后代。当父母步入老年时，后代必须赡养他们，同时也负责在父母墓穴旁举行葬礼仪式。那时的出生率较高。通常一个家庭中有5 ~ 10个小孩。但婴儿死亡率也同样较高。家中无子是极大的不幸。当时的埃及人也知道避孕用具，当时仍然有大量针对孕期妇女或生育期妇女的民间偏方。例如，当时人们试图用魔法咒语及祈求矮神拜斯和女神托埃瑞斯（Thoeris）的方式减轻分娩痛苦。妇女在花园中或屋顶上明亮的房间中分娩，且分娩后还将在该房间中继续居住两周。这两周为净化期。因为与许多其他地区的文化习俗一样，月经期和怀孕期的妇女被视为不洁净的、肮脏的。

孩子成长时期的教养主要是其母亲的责任。家庭中的儿子自一定年龄起，便开始由其父亲养育。其父亲将其培养为助手和继承人。若孩子打算从事与其父亲不同的职业，则将其送往寺庙的附属学校学习。他们在寺庙的附属学校中学习读、写和算术。儿童教育中也强调根据所谓的智慧文学中表述的思想促进个人发展。

石材和采石场

罗斯玛丽・克莱姆（Rosemarie Klemm）

埃及文化中的物质遗产给人们留下了深刻的印象，主要是因为其历经数千年也能保持相对较好的状态，埃及建筑和雕塑尤为如此。这种耐久性毫无疑问地反映出古埃及人的世界观中重要的一方面，即死后再生。除制成木乃伊保存死者遗体外，实现死后再生的关键要求便是用永久性材料修建墓穴和寺庙，并用石棺、雕塑和方尖碑加以装饰。

埃及人在从开罗（Cairo）至阿斯旺（Aswan）之远的整个尼罗河谷（Nile Valley）以及东部沙漠中发现了各种各样的石材作为理想材料。在其艺术和建筑中，埃及人采用了约 40 种不同类型的石材，其中包括多种单一类型的石材。在埃及博物馆紧凑的空间中，五彩缤纷的石块最引人注目，古埃及几乎成了"石头之国"（G. 埃弗斯）。

重要石材类型及其地质环境如下。

1. 在埃及，第四纪的主要特点是尼罗河沉积土，形成了尼罗河流域，并在北部形成了三角洲。沉积土由尼罗河泥沙和黏土构成。泥沙和黏土最后形成了该国肥沃的土壤，也成为了非宗教建筑中最古老、最重要的建筑材料。而实际上，人们至今仍然在使用这种建筑材料。

在北部，地中海海岸沿边的更新世暗礁由鱼卵石构成。鱼卵石是化石聚合物的圆形小颗粒形成的石灰石。希腊罗马时期时，这些石灰石专门用于修建亚历山大市的建筑物。实际上，亚历山大市本身是修建在一座暗礁上的城市。

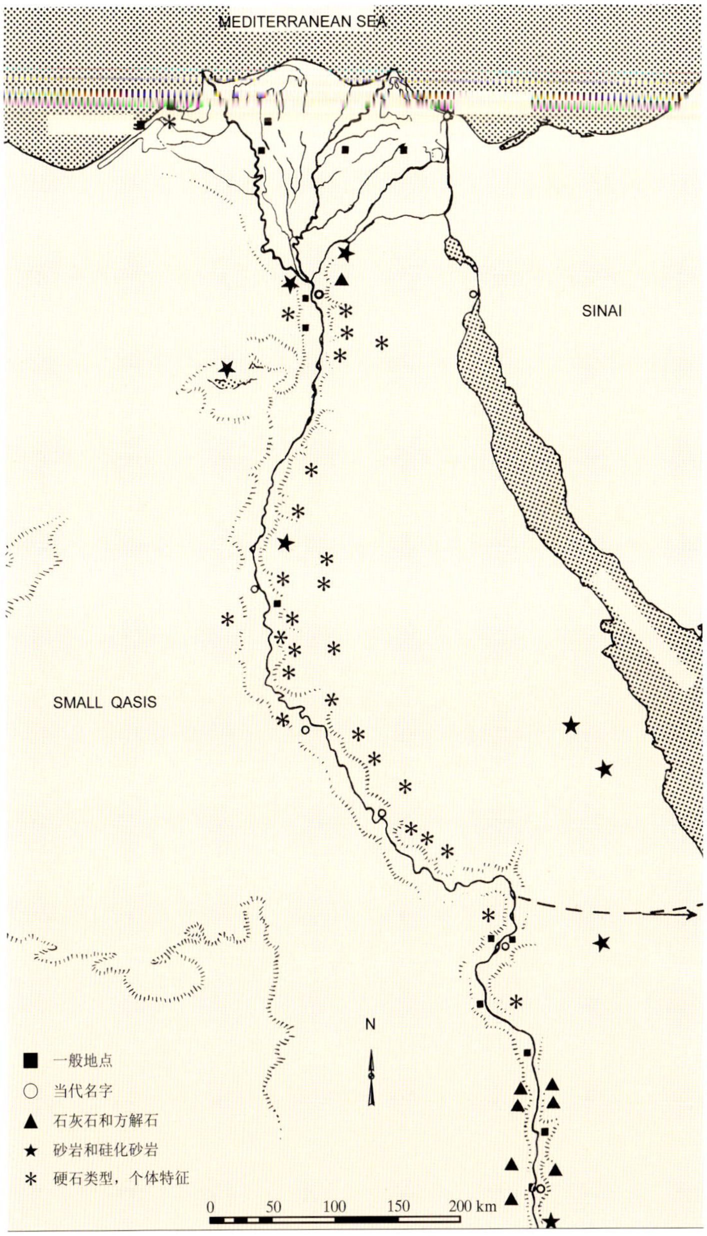

142 （上一页）埃尔贝尔莎（el-Bersha）附近的石灰石采石场

平巷采石场依附于岩石层，受支撑墙支撑，深入山体 20 ~ 30 米。从中王国时期一直到后王国时期（Late Period），均在不断地开采这些采石场。在公元后初期，因为这些采石场位置偏僻，且受保护，故采石场被隐士或基督教教派使用。

143 埃及地图，附最重要的岩石类型及采石场分布

图中符号指代大型古代采石场。这些采石场包含大量独立采石场。

144 玄武岩路面

基奥普斯（Cheops）金字塔式台庙；古王国时期，第四王朝，约公元前 2590 年。

据科学分析，这些大小各异的玄武岩块来自法尤姆（Faiyum）的采石场。其毗邻侧被锯得光滑、平滑，故可紧密地铺成路面。

145 阿斯旺的红花岗岩

这块独特的岩石由瓷器旁的超大粉红至深红色长石晶体——白色斜长石和有光泽的灰色石英构成。深色部分占总体积的 30%，主要为黑褐色黑云母和绿色角闪石，为该石块增添了引人注目的斑点美。

2. 第三纪时，主要形成了上新世岩的砂质石灰石矿床，有时还富含化石岩屑，与其他类型的石材一起用于吉萨金字塔的核心区域中。

3. 渐新世时期时，产生了玄武岩和石英岩（硅化沙岩），广泛用于建筑和雕塑中。在法老时代，阿布鲁韦斯（Abu Roash）附近的吉萨北部以及盖贝尔跨串尼（Gebel Qatrani）附近法尤姆北部边缘沿边均大量开采玄武岩。亮红色的石英岩主要在开罗东部的盖贝尔埃尔阿曼斯（Gebel el-Ahmas）开采。

4. 尼罗河谷侧面从开罗至卢克索（Luxor），有各种类型的始新世石灰石，且厚度较厚。从极细的颗粒到粗石再到化石，可谓应有尽有。事实证明，这些石灰石是古埃及所有地区和时代中最常用的材料。从古王国时期塞加拉和吉萨的大型墓地到中王国和新王国时期的寺庙，均采用了石灰石材料。尼罗河的整个石灰石矿床区域均分布有采石场。且采石场通常坐落在特定建筑项目附近。 埃及雪花石膏或方解石雪花石膏矿道或矿脉形成于一系列的石灰石矿之中。雪花石膏为透明带状岩，常用于艺术和建筑中，并常常与出类拔萃的建筑项目相联系。另一地方变体是红石灰角砾岩。石灰角砾岩是王朝时代初期容器和小雕塑的首选材料。

5. 遍布于卢克索南部和努比亚（Nubia）的白垩纪沙岩不仅用于所有后期埃及寺庙中，还用于各种类型的雕塑和浮雕中。该类石材也称努比亚沙岩，其最大的采石场位于康翁波北部的盖贝尔埃尔西尔西拉（Gebel es-Silsila）。自中王国时期至罗马时期，人们便在此处开采沙岩。

6. 红海沿岸、阿斯旺附近的矿床和西部沙漠中的前寒武纪岩石中富含多种结晶岩。自埃及历史之初，结晶岩便持续用于艺术和建筑中，包括种类繁多的阿斯旺花岗岩和花岗闪长岩。从深红花岗岩到浅红花岗岩（粉红花岗岩），从深灰花岗闪长岩到浅灰石英闪长岩，可谓应有尽有。

变质硬砂岩和细砂泥岩有条不紊地在东部沙漠地区开采。它们对雕塑、小型艺术作品、石棺、建筑组件以及众所周知的早王国时期的化妆调色板具有重要价值。该种材料上标有大量铭文。其采石场位于瓦迪哈马马特，在连接库伏特（Quft）和库赛尔（Qosseir）的新路和旧路之间。

除蛇纹岩、块滑岩、闪长岩和辉长岩外，东部沙漠还富含各种斑岩。但当时却没有对斑岩进行开采，而是将其作为独立的巨砾拉运至尼罗河谷。早王国时期和王朝时代初期，斑岩主要用于制造容器。

罗马帝国时期，蒙斯拼波菲莱特（Mons Porphyrites）（红斑岩）和邻近的蒙斯克劳定纳氏（Mons Claudianus）（浅色石英闪长岩）有大量采石场，主要制造豪华浴盆、泉水盆、立柱、建筑组件和装饰罗马帝国大厦的雕塑。

东在东沙漠南部的盖贝尔洛克汉姆（Gebel Rokham），有带绿色水镁石细脉的白大理石。对图特摩斯三世（Thutmosis Ⅲ）时期大理石制品的对比分析表明，这些大理石开采于此。先前人们猜想埃及使用的大理石一般进口于爱琴海。至此，该猜想得以更正。

托希卡西边的西沙漠，自古王国时期便在此开采灰绿色的带状斜长岩片麻岩。在较早的学术文献中，该种岩石的岩类学名称被错误地称为“切夫伦（Chephren）闪长岩”。这很可能是因为用该种材料雕刻过著名的切夫伦雕像的缘故。

该种岩石价值极高度。这是因为其仅以沙漠中的平岩层的形式出现，但主要还是因为需要经过艰辛的长途运输才能获得该种岩石。正因为如此，古王国和新王国时期才将其保存起来，专供王室使用。后来再次使用斜长岩片麻岩主要是因为旧碎片的再次使用。这一事实证明了这种奇特石材始终如一的高价值性。

采石场

由于石灰石山脉和砂岩山脉是通过沉淀形成的，故这些山脉呈层状，且岩层之间存在很大的品质差异。埃及人仅开采最优质的岩层，即任何地质环境中均有最结实的地层。这意味着埃及人必须在山体中修建隧道和平巷。他们选择的如此奏效的方法大幅度减少了其珍贵的金属工具的磨损。仅当所选地层规模太大或为顶层地层时，埃及人才采用露天开采技术。

砂岩和石灰石是首批成块开采的岩石。根据其具体用途，开采的石块或为矩形（金字塔砌块），或为正方形（大型寺庙建筑砌块）。一般以自上而下的顺序开采石块。先将石块从裂缝处分开，再从基部将其折断。

从一开始埃及人便用木槌和金属工具开采砂岩和石灰石。其采用的工具最初为红铜凿子。但自古王国时期末开始，他们便开始用更加坚硬的青铜工具。再后来他们也用了铁凿子。即使当今也能在采石场墙壁上找到此类工具的痕迹：古王国和新王国时期的敲打痕迹短小，且大多数较弯曲，但后来逐渐变得更长、更直。后王国时期的痕迹长达50厘米，且高度平行。只有使用又长又硬的铁凿子才可能出现这样的痕迹。砂岩、石灰石或结晶岩采石场中，古埃及人并没有用湿木楔子从基部涨裂石块。这一点与普遍看法相反。阿斯旺花岗岩采石场中，沿分割面打凿的楔孔最早发现于托勒密时期。这些插铁凿子的楔孔用楔子支撑后，可分担来自岩石的压力。自罗马时期便开始使用该方法，经改进后沿用至今。

但法老时期的硬质石块采石场中的采石工作却大有不同。由于这些岩石相当坚硬，所以不能用红铜或青铜凿子开采。所以埃及人不得不使用粗粒玄武岩工具敲击石块。粗粒玄武岩是一种硬度极高的坚韧火成岩。阿斯旺花岗岩采石场的施工现场中发现的半成品以及粗粒玄武岩均有不同程度的磨损。这些半成品清晰地为我们重现了埃及人的施工方法。他们首先寻找适合目标物体的天然巨砾，通常为风化的花岗岩，即被称为"羊毛袋"的松散圆形花岗岩块。埃及人用锋利的粗粒玄武岩碎片将其磨成期望的大致形状。

146 盖贝尔埃尔西拉山的砂岩采石场

该露天采石场中主要开采大型同质的砂岩。采石场墙壁上的凿印（高达20米）表明了其开采年代以及开采石块的高度。

147 蒙斯克劳定纳氏的巨石柱

蒙斯克劳定纳氏的罗马采石场主要生产立柱和泉水盆。这根因断裂而废弃的立柱长达21米。人们尝试过用铅锚修补该立柱，但很明显此举无济于事。蒙斯克劳定纳氏16米长的立柱用于修建万神殿（Pantheon）。三角墙上的初始施工平面图仍清晰可见。但其中的立柱明显更长。很可能是所示的灾祸迫使建筑师降低了立柱的高度。

148 中埃及地区特纳（Tehna）附近石灰石采石场中的石块开采

最低的地层清晰地展现了埃及人的采石方法。先通过裂缝将石块分开，再用杠杆使其从基部断裂。吉萨和塞加拉的大墓地中使用的所有大型石块上均有杠杆孔。从未完成的石块可看出，当时也用凿子将较小尺寸的石块凿松。

150 奥西里斯（Osiris）塑像

阿斯旺，采石场；新王国时期，很可能为第十九王朝，公元前1300—前1200年；红花岗岩；长约450厘米。阿斯旺附近广阔的采石场中留下了诸多未完成的纪念碑。该座奥西里斯纪念塑像的材质为红花岗岩。可能因为材料的缺陷而使得该寺庙塑像在运输过程中被放弃。尽管王冠已经明显地表明了最重要的神化特点，其形成的风格使我们不能将其归类为新王国时期的塑像。

凿石过程中，石锤逐渐变圆变钝，最终成为无用钝石球时被人丢弃。埃及人仅在较精细的表面图案塑造或铭文雕刻等最终阶段才使用金属凿子。埃及石匠用细磨石英和手持式抛光石对石材表面进行抛光。

149 阿斯旺附近未完成的方尖碑

可能为新王国时期，第十八王朝，约公元前1450年。

该红花岗岩方尖碑长41米，且已开凿完成三面。放弃开采的原因可能不是因为其顶部清晰可见的裂缝，而是因为其体积过大。其长度和宽度（约1000吨）的比例很可能不便于运输和安装。该方尖碑上，各侧上的波浪似石锤痕迹均清晰可见。

作为工作场的采石场

我们从铭文中得知，采石队中不仅有体力劳动者，还有受过专门训练的石匠、雕塑师和书记员。在此意义上，采石场也是雕塑师的工作室。他们在采石场对目标物品做艺术方面的加工，就连其上面的铭文也不放过。因此，在采石场便已基本完成物品的塑造工作。但通常只有大型物品才是这样的。采石场大量的各种未完成或断裂的石块证明了这一点。而这些石块也使采石场显得乱七八糟。由于采石场与建筑现场之间的距离通常较远，所以运输过程中必须特别小心。为此，修建了特殊岩石坡道，并用光滑砂泥混合物覆盖。至今仍然可看到许多这样的坡道。最长的坡道之一长达10公里，起于跨串尼山的玄武岩采石场，止于法尤姆湖（Lake Faiyum）的原湖岸。

151 雕像运输

杰胡提霍特普（Djehutyhetep）之墓中的叙述，埃尔贝尔莎；中王国早期，可能为第十一王朝，公元前2119—前1976年。该图描绘了从哈特努布（Hatnub）采石场运输一座雕像的过程。这座方解石雪花石膏雕像高约6米，固定于木质运输长橇上，由四组人员拖拉运输。固定雕像时，特别注意对边缘处的保护。长橇滑板前的坡道是湿润的，更具光滑性；据推测，可能是在上面铺设了尼罗河中的泥浆。

152（右图）中埃及地区的采石场坡道

清晰可辨的坡道起于中埃及地区扎维耶特苏尔丹（Zawiyet Sultan）附近的石灰石采石场，止于尼罗河上的装载港湾。如今其穿过农业用地的坡道部分已不再见到。

此处，在一座名为宝石匠宅邸（Qasr es-Sagha）的寺庙附近仍然可辨认出相关装船装置。利用此装置可将玄武岩石块装载于开往尼罗河流域目的地的船上。古王国时期的金字塔葬礼寺庙中，采用了玄武岩石块及其他材料作为铺路石。那么，在这个时期，肯定发生过大体积的石块运输，同时也证明了如此巨大的坡道存在的合理性。需要运输的物体被固定于长木撬上，由牛或人拖拽前进。相关绘画可为这两种方法的作证。

不同的世界宗教观念

乌尔里希·卢夫特（Ulrich Luft）

当古埃及人从史前的黑暗中崛起时，他们已经显示出了高度文明出现之前的特征。我们对新石器时期埃及的宗教信仰知之甚少。神像和不同类型的墓葬所显示的宗教观念似乎是所有史前文化的特点。作为人类社会结构核心的部落接受并需要神圣的至高权力。首领及后来的国王成为人与神之间的中间人。陪葬品显示出人们相信来世的存在。

现代宗教术语研究显示，似乎埃及的神祇仅仅被看做力量的化身而没有名字。但最近的研究表明埃及万神殿中的大部分神祇均有来源于亚非语系的名字。由此可见，并不是所有的神都仅仅用“神力”来称呼之，尽管用塞克荷迈特（Sakhment）来称呼“万能女神”只可追溯到王朝时期。在埃及为神祇命名可以让信奉者从精神上接近他们：神成为可以理解的“实体”和祭祀对象。因此从古埃及人的角度来看，即使是在非常原始的时期，也不可能存在没有名字的“神力”。

“神”（God）（古埃及语中为 Netjer）这一统称如今仍然以努特语（Nuti）用于埃及的礼拜语言，且对其手写文字字体的评价仍在热烈争论中。象形文字 F 被视为寺庙标准、神力的神圣象征和一种包裹着的祭祀对象。但这些解读都备受争议。

埃及的万神殿一部分分地区建造，一部分分大区域建造，通常是埃及重要地区的神祇之一。其中著名的神包括：尼肯（Nekhen）的荷鲁斯、奥姆鲍斯（Ombos）的塞特、盖博拉（Gebelein）的索贝克、科普托斯（Coptos）的敏神、赫尔默普利斯的托特、孟斐斯的卜塔（Ptah）、赫利奥波利斯（Heliopolis）的阿图和塞斯的奈斯。不能确定在早王国时期，是否所有这些神均与创世和神力相关。很明显，敏神通常具有潜在的创世能力，而卜塔和阿图仅在后来的文献中才具有创世能力。其他神仅拥有次级的创世能力。

从最早时期开始，一些神就经历了特殊的境遇。他们的形象基本由此塑造而成，后来通过口头传说进一步完善。例如，在埃及的历史中，塞特的名声时好时坏，且毫无规律。直至后王朝初期，塞特仍然被视为强大的太阳神保护者，同时也是谋杀欧西里斯的凶手。

后来他被确认为太阳神的敌人并最终被放逐。其他神则完全被赦免，如野兔女神维姆特（Wemut）。在早王国时期，“光明与世界之神”荷鲁斯似乎承担着统一职责，但这一职责在古王国时期由瑞神承担。后来研究发现，在早王国时期万神殿中就已经形成了等级结构。

1 “大白”神

古朴时期，大零王朝，约公元前 3050 年；方解石雪花石膏；高 52 厘米；柏林国家博物馆埃及馆，22607。

在阿比杜斯和希拉孔波利斯（Hierakonpolis）神庙中发现的一组用彩陶制成的小型狒狒雕像是埃及 最早的纪念性动物雕像。尽管它的形象与托特神相似，但后来人们不再祭拜此神。

2 瑞内博（Wadj）国王之象牙梳

古朴时期，第一王朝，约公元前 2950 年；象牙；开罗埃及博物馆，JE 47176。

第一王朝的瑞内博法老之梳是证明天地之间关系很好的图证。画中荷鲁斯位于带宫殿型正立面的长方 形圣船顶上，法老的名字也被刻在圣船的上半段上。天上和地上的荷鲁斯代表着两个分隔开的世界，由自称荷鲁斯的国王将他们统一起来。

3 蛙式槽内胚胎状的人像

涅加达文化Ⅰ期（Naqada Ⅰ）；公元前四千年；耐火黏土；高 8.8 厘米，宽 25.3 厘米，直径 11.3 厘米；莱顿（Leiden，NL）荷兰国立古物博物馆（Rijksmuseum van Oudheden），F 1962/12.1。

对于这件作品，至今仍不知应如何解读。这个男人以胚胎状躺在碗里，根据把手状的较长一端上的图像 证实这个碗应为一个蛙式槽。在分析碗时，学者们认为这是一只青蛙形状的船，可以理解为人死后的一种变身方式。很明显死者躺在青蛙内是期待重生，因为在后来青蛙女神被视为可以帮助女人们分娩。

4 纳米尔（Namer）在仪式上使用的权杖头

希拉孔波利斯；古朴时期，零王朝，约公元前 3035 年；石灰石；高 19.8 厘米；牛津阿什莫尔博物馆，E3631。

权杖头上描绘着法老再生节（赛德节）仪式中的一个场景。纳米尔坐在这种庆祝盛典中常用的一个小隔间的高台上。

尽管没有证据可以证明，但通常认为神祇的拟人化是史前时期末埃及“神学”思想的先决条件。在接下来的一段时期内，人形神和兽形神同时受到祭拜。在这种情况下，某个具体神的形象与其重要性无关。万神殿中等级划分的变化更有可能是决定因素。史前时期可能也同时存在着人形神和兽形神，涅加达文化Ⅱ期中的“胡须男子”和早王国时期与古朴时期大量的动物图像便是很好的例子。有些兽形神的形象可以追溯到王朝时期。可能希望通过这些神来象征新统一的国家。但这些时期的实物图像寥寥无几，因此不能得出更多的结论。在这种多神体系中，神可能享有相同的地位，并以各种不同的形式存在。

在早王国时期，祭拜地通常为一种简单的封闭式建筑。这种分界线强调世俗世界与宗教世界的分隔。在这个可以被称为神祇之家的地方，神与人进行接触。早期的图片仅仅显示了这些建筑的外观，没有描绘任何祭祀活动。

5 奈芙提阿贝特（Nefertiabet）石碑

古王国时期，第四王朝，约公元前2580年；彩绘石灰石；高38厘米，宽58厘米；巴黎卢浮宫，E 15591。

基奥普斯（Cheops）王之女奈芙提阿贝特坐在摆满面包片的供桌前的一张兽腿凳上，她伸出手来接贡品。她戴着长长的线纹假发，穿着豹皮衣服以强调她尊贵的身份。供桌旁刻着死者来世需要的所有物品。上面还画着两排贡品，希望让她来世过得尽可能舒服。油膏和水果，酒与大枣。右边是亚麻布布料清单，可以肯定这与木乃伊祭祀相关。这块石碑保存完好，以二维的方式展现了旧王国的鼎盛时期，让我们一睹当时的风采。这块石碑成为公元前七世纪塞特艺术家们创作的模型。

为了了解更多的仪式活动，王室祭祀中的物品更有说服力。希拉孔波利斯有两个权杖头得以保存下来，其中一个属于统一王国的国王纳迈尔，上面描绘着“三十年节”上仪式游行时的情景。这是为庆祝年迈的国王持续执政30年后为继续执政而举行的活动。

在史前时期，首领及后来的国王充当神与民众间的中间人。可以推测在不久后，“遥远”的猎鹰神，光与世界的主宰——荷鲁斯将由中间人代表。拥有这种领袖气质的人要确保世界秩序稳定，并负责每年进行改革。他还需负责履行必要的仪式，因为如果没有向神供奉祭品，神将不再对其供奉者宽厚仁慈。为神举行的仪式可视为祭拜，旨在按照神的性格平息他们的愤怒。在后来万神殿中众神被系统化的时期内，荷鲁斯国王成为诸神中最年轻的一员。

当荷鲁斯国王在庆祝活动中出现时，身边有神旗上的神作为随从。这些神可能为当地神，他们为荷鲁斯国王服务，是荷鲁斯的随从或“荷鲁斯的跟随者”。通过这样为荷鲁斯国王服务，神祇们赋予他必要的权力，他反过来为神祇们提供必要的保护。

荷鲁斯之死与荷鲁斯国王的这一宗教观念不符。已故的荷鲁斯国王被安葬在哪里，这是一个未解之谜。在早王国时期，欧西里斯神之死这一宗教观念不可能已经出现。另外，第一王朝王室陵墓中出土了年轻人遗骸，种种迹象表明这些年轻人死前曾经历剧烈挣扎，可以得出结论他们是被活埋的。国王死时他的家人可能被要求陪葬，和国王一起进入来世。从生到死被看作是一种别离。稍晚期的金字塔经文中祭司安慰国王道：“你的离世不是死去，而是重生。”

6 荷特佩蒂夫（Hetepdief）雕像

孟斐斯；古王国时期，第三王朝晚期，约公元前2650年；玫瑰花岗岩；高39厘米；开罗埃及博物馆，CG 1。已故的官员被描绘成做祈祷状。第二王朝三位法老的名字和小金字塔上的一只凤凰被刻在右肩胛骨上。可能死者曾经为三位法老举行葬礼仪式，那么其祈祷姿势可能与其从前的职业相关。凤凰可能象征死者已升天。

古王国时期神界的系统化

几乎所有在后来出现的神都在古王国时期得到了证实。王室首都之一的孟斐斯出现了大型的宗教中心，另外全国各地都有重要的祭祀点。宗教系统的形成使诸神有了等级划分，同时各种不同的神学观点相互竞争。其中的典型例子便是孟斐斯以卜塔为中心的神祇体系和太阳之城赫利奥波利斯以阿图为中心的神祇体系。

尽管孟斐斯是行政中心，但在宗教竞争中，赫利奥波利斯却占了上风。卜塔神学中一份古老经文的拓本中有关生命起源的神话与《旧约》中的《创世纪》非常相似。《创世纪》中的物品命名方法符合古埃及人的习惯，因而容易被古埃及人接受。

但后来赫利奥波利斯神系中的创世神话占了上风。阿图（此名字意为“有才华的”）后来成为了夜晚的太阳神，通过自体受精的方式生下了第一对神祇夫妻——休神与泰芙努特（Tefnut）。

可能除此之外还有其他创世神话，但王室传统中通常未采用它们，所以它们只有在当地才有一定的影响力。例如，后来曾与阿蒙融合的赫尔默普利斯的奥加达（ogdoad）教义认为世界是从黑暗中分离出来的，但当地神托特则并不这样认为。在奥加达教义中四对神祇夫妻分别为朗神（Nun，原生之水）与纳乌奈特（Naunet）、赫神（Heh，无限）和赫赫特（Hehet）、科克（Kek，原生黑暗）和科克特（Keket）、阿蒙（隐藏的力量）与阿蒙奈特（Amaunet），后者可能已被其他神祇夫妻取代。四对夫妻均代表生命起源前的原生状态，但提及赫尔默普利斯创世之神时通常认为他是无形的，且具有光明之神的特点。

对神的祭祀以诸神间对话的形式进行，由祭司以荷鲁斯国王的名义宣读。国王的神祇身份保证祭品能够被诸神接受，神也像国王一样有义务按照真理正义之神玛特（maat）的指示指导自己的行为。玛特是埃及文化中最基本的信仰，认为它管理着世界上所有的存在物，即从生命的创造到普通人的行为规范。神和人都必须遵守玛特。作为中间人的国王必须保证玛特接近太阳神的旨意，在新王国时期，有时由太阳神之女代表。任何试图违反玛特的人，无论是神还是凡人，都被看作是诸神的敌人。

祭祀地为寺庙，同时也是诸神在尘世间的家，寺庙中放置神的祭祀像。古王国时期的神庙如今只剩废墟。

神学的变化在不断变化的王室神学中体现最为明显。在早王朝，荷鲁斯与塞特之间的竞争在王室神学中占有重要地位（可以从女王的头衔“看见荷鲁斯与塞特的人”中看出），而在古王国时期，王室理论中的主导地位之争转向了太阳神瑞与城市守护神卜塔（可从自第四王朝起，国王的头衔为“瑞之子”中看出）。

尽管有不同的保留观点，国王的头衔显示出他对太阳神的从属关系。这两种观念间的思想联系可能为天空之神，他的眼睛分别用太阳和月亮代表。

太阳神代表着宇宙的永恒进化。确实可能将这部分看作生界。太阳神学及其姊妹篇欧西里斯神学（欧西里斯代表宇宙静止的一面，死亡的可触知性）几乎在同时产生并不断发展。两种神学一起构成了国王在世时和死后的神学。通过荷鲁斯，在世的国王可以与瑞神对话并以荷鲁斯的身份成为死者之王欧西里斯的儿子。按传说，欧西里斯被其兄弟塞特谋杀，荷鲁斯最后为他的父亲欧西里斯报了仇。但是埃及神话文本中从未提及在世的欧西里斯，仅仅说到他的死亡。因此，在王室神学中两种思想相互融合形成一种并不完全同质的神学。

由于在金字塔中发现了仪式记录、神秘文字、赞美诗以及所谓的金字塔经文，我们能够更加清楚地了解在古王国时期人们是如何想象国王的来世生活的。受到不断变化的王室神学的影响，两个神系再一次形成：太阳神系和欧西里斯神系。自第五王朝起，就在古王国王室金字塔中发现了刻写的符咒。但是这些符咒并非专门为国王而刻写，其文字形式显示它们可能可被追溯至前王朝和原始王朝时期。

符咒是为保护已故国王的尸身完好而发明的，很明显本来葬礼祭祀时必须宣读这些咒语，但后来已不能保证这个仪式按规定执行，因此才必须把这些符咒刻写下来。事实上这些符咒被用书面形式固定下来是为了显示其神奇的作用。与早期的假设不同，符咒可能并没有根据葬礼仪式按照严格的秩序进行排列。

符咒有三个目的。第一个目的是尘世生活的继续，这是来自古王国时期的一种观念。第二个目的是天堂，与国王作为天空之神荷鲁斯的描述相符。这可能比作夜间天空，连同永不沉落的拱顶星都象征着永恒，或者比作国王希望可驶着圣船旅行的昼间天空。正如所有人希望的一样，死后生活代表着第三种可能。在这里，宣称生命可以在木乃伊中继续的欧西里斯信仰巴（ba）灵魂与宇宙双灵魂（ka）都与太阳神学交叉。第四王朝时期修建了大量的金字塔，作为在世国王化身成已故的欧西里斯的时代背景，金字塔便是这一发展的考古见证。金字塔旁边葬有巨型的船，它们与太阳神系或者欧西里斯神系有关。瑞驾驶着他的圣船在天上的尼罗河中航行，而欧西里斯驶着他的圣船穿过尘世间的尼罗河。在第五王朝时期，国王们修建了较小型的金字塔，并在旁边修建了小型的太阳神殿，其主要特点是神殿中央中庭里有带金字塔顶的方尖碑。这是太阳神系与欧西里斯神系相互联系在建筑上的体现。普通人要实现死后永生的愿望需依赖于国王的永生。因此很多人选择葬在国王陵墓附近，作为接近国王的一种方式。

7 两地统一

利希特（Lisht），塞索斯特里斯一世（Sesostris Ⅰ）陵庙；中王国时期，第十二王朝，约公元前 1950 年；石灰石；高 200 厘米；开罗埃及博物馆，CG 414。此浮雕位于国王宝座的一侧，来源于法老陵庙中 10 座雕像中的某一座。

荷鲁斯与塞特二神将上埃及和下埃及地区的象征性植物系在一起，象征着统一，上面的漩涡状饰物中刻着法老塞索斯特里斯一世的名字。用化名来描述这两位神：用“有着多彩羽毛的伟大神”称呼荷鲁斯，用“上埃及之主，奥姆鲍斯的神”称呼塞特。

8 索贝克神庙中的绘画

阿布西尔（Abusir），尼乌塞尔（Niuserre）太阳神庙，季节室；古王国时期，第五王朝，约公元前 2430 年；彩绘石灰石；柏林国家博物馆埃及馆。

在埃及祭祀习惯中，水与一排排象形文字间常出现一种祭祀建筑，常常让现代人感到疑惑。寺庙由三个前院和三者之间有拱形屋顶的神殿组成。在这种寺庙中神的塑像被放在前院中，通常从外面无法看见这些塑像。

9 鳄鱼神索贝克祭祀像

中王国时期，第十二王朝，约公元前1880年；青铜、乌银、天然金银合金；长22.4厘米；慕尼黑国立埃及艺术博物馆，S 6080。

古埃及寺庙塑像中被保存下来的为数不多，这是其中的一尊。塑像上雕刻的凶猛的动物和神显示出高超的技艺水平。在体现埃及神的多样性方面，这尊塑像所表现出来的准确性无可比拟。

10 塞皮三世棺椁（细部图）

埃尔贝尔莎，塞皮三世墓；中王国时期，第十二王朝，约公元前1920年；彩绘木；高70厘米，宽65厘米；开罗埃及博物馆，CG 28083，JE 32868。“地图”中的阴间画面仅限于以欧西里斯所在的岛为圆心的同心圆范围之内，可以看见死神欧西里斯戴着典型的阿提夫王冠。极乐世界周围的火圈用红色的同心圆表示。

中王国时期阿蒙神进入万神殿

在古王国之后的时期内，当万神殿初次建成时，进入或排除出殿中的神数量都很少。中王国时期，来源不明的阿蒙神在与太阳神瑞同化后，在第二个千年的埃及神学体系中处于重要的位置。来自底比斯的新国王们开始时信奉猎鹰头神蒙图，因为他的外表与荷鲁斯十分相近。新神阿蒙以各种形式出现，其中包括科普托斯的古老神祇敏神的典型形象——勃起的阴茎形象。

自中王国时期起，死神欧西里斯越来越多地以阴间主宰的身份出现。当时普通的埃及民众同样觉得自己死后也能像国王一样化身成欧西里斯，且依然抱有虚幻的信念，相信化身成欧西里斯的死者与神是完全相同的。为了参与欧西里斯节日仪式，国王和官员们在阿比杜斯的“神坛”上修建了衣冠冢祠堂或墓碑。此处即为欧西里斯的祭祀地，自前王朝和古朴时期起，就成为备受欢迎的纪念式墓地。

欧西里斯节日仪式是每年回春仪式中的一部分，对玛特思想的重新确立与继续发扬意义至关重大。在阿比登（Abydene）祭仪表演中，对神的潜在敌人进行了反复和成功的打击。

在政治割裂的黑暗时期，埃及人会质疑国王的神祇地位。与王室有关的文学作品会强调国王的凡人品质：国王作为国家的公仆犯下了错误，会成为违抗玛特的罪人。另一方面，神（这里神指单独的某一个神或专门的创世神）的影响变得更加模糊。他宣布服从玛特并自行遵守，但普通民众看到的现实却不同。神的公正性受到质疑，他需要证明自己：是民众屈服于不公正。现在我们还不清楚这种思想到底是形成于中王国时期还是在古王国时期即已萌芽。中王国时期的文学形式很有可能结束了源于古王国时期的沉思性特点。

当时民众中受过教育的精英分子不再认为国王是神时，实际上国王就不再像神。但是狮身人面或献祭者的国王形象确认了国王作为人神交流的中间人的身份。作为瑞神之子荷鲁斯的国王仍然是神界的一员，如果没有他的影响，埃及整个的神学元素都将完全消失。根据玛特，他是寺庙的建造者、献祭仪式的主持者和生命的守护者。

死后观念

关于中王国时期王室的身后观念，我们知之甚少。国王们被葬于金字塔中，从孟菲斯旧城向南一直延续到法尤姆。第十二王朝的塞索斯特里斯二世将他的金字塔入口从北面移到南面，似乎是一个重要的创新。但是这实际上不如金字塔中心部位走廊和墓室系统的形成意义重大。他的墓被比作欧西里斯墓，强调国王拥有死神欧西里斯的身份。但是在国王陵庙的庆祝活动中，提到的神是塞加拉（Saqqara）墓地中的死神索卡尔（Sokar）而不是欧西里斯。庆祝活动包括大游行和瓦吉（wagi）仪式，这两个仪式在阿比登节日中都非常重要。新王国时期国王驾崩的意义在于不断更新太阳神界。已经查证，自中王国时期起瑞神和欧西里斯就被视为同一个球的两半，因此国王对话太阳神和死神的双重取向也是可以理解的，他本质上是生者和死者的统治者。自古王国时期起，埃及人就在不改变任何以前的宗教观念的前提下不断发展更新这种思想。

普通人越来越多地表达出希望接替荷鲁斯职责的愿望，这个“有孝心的儿子”不仅照顾他的父亲欧西里斯还为他报仇。这种风气的形成通常被看成是冥界的民主化，但这仅在狭义上是正确的：国王承诺死后可以保持职位的官员是这种发展中的关键因素。他们死后被授予“公正”的称号，而这一荣誉通常只赐予荷鲁斯。这一称号明显体现出与为父亲报仇的儿子荷鲁斯的精神联系。

在阴间，非王室的死者将面临一场审判，按照玛特标准衡量他在人世间的行为。通过这场考验的死者将与被赐福的人一起生活在“火岛”上。但是死者需要一张地图来指引自己穿过所有的河道和火湖。这就是为什么有时候棺底绘着极乐世界的地图，棺壁上装饰着神秘的咒符（棺文）和陪葬品的图案。

11 图坦卡蒙（Tutankhamun）献祭

可能来自卡纳克；新王国时期，第十八王朝，约公元前1325年；花岗岩；高178厘米；伦敦大英博物馆，EA 75。

图坦卡蒙与后来篡位的荷伦希布（Horemhab）统治时期创作的这一尊塑像属于罕见的一种新王国时期王室雕塑。第十八王朝的所有雕像均刻画了国王献祭一大批祭品时的情景。上面描绘的莲叶、石榴、玉米穗和家禽代表着尼罗河的富饶，尼罗河由尼罗河河神哈皮（Hapi）的塑像代表。在位的法老是尘世间保护这片土地永远富饶的守护者。

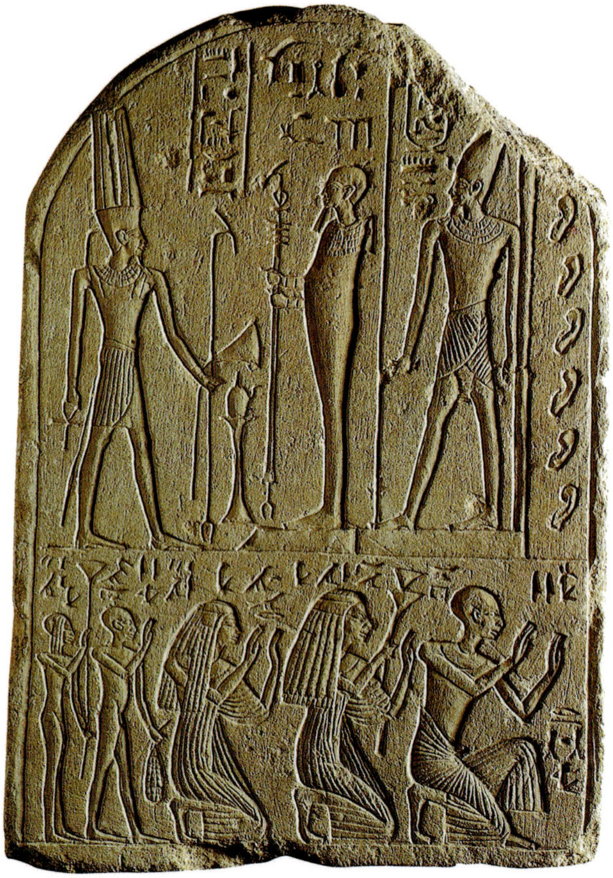

12 塞提耶内赫（Setierneheh）石碑

坎蒂尔（Qantir）；新王国，第十九王朝，约公元前1250年；石灰石；高34.5厘米；希尔德斯海姆（Hildesheim），柏力扎伊斯博物馆（Pelizaeus-Museum），375。

石碑上描述了新王国时期神学中的非常难以理解的地方。众神之王、天堂的主宰——阿蒙-瑞在英俊的众神之父卜塔、拉美西斯和蒙图神前献祭（派拉姆西（Pi-Ramesse）的拉美西斯一世宗教雕像）。因此阿蒙-瑞扮演了法老的角色。雕像后的耳朵表示神在倾听这些祈祷。

14 雕塑家肯（Ken）的还愿献祭

可能来自底比斯西部；新王国时期，第十九王朝，约公元前1250年；彩绘石灰石；希尔德斯海姆，柏力扎伊斯博物馆，4544。

九只尼罗河鹅象征赫利奥波利斯和赫尔默普利斯的九柱神，阿蒙属于九柱神中的一个，它们也是肯献祭的对象。尼罗河鹅在卡（ka）形象中显示的是阿蒙，在巴（ba）灵魂中显示的是神在人世间的形象。

13 阿托恩（Aten）神下的阿肯纳顿（Akhenaten）和奈费尔提蒂（Nefertiti）

太尔艾尔阿玛纳；新王国时期，第十九王朝，约公元前1340年；彩绘石灰石；高12厘米；柏林国家博物馆，埃及博物馆，14511。

奈费尔提蒂正将一个宽颈圈挂在丈夫的脖子上。这幅画像的主题是神（这里用阿肯纳顿代表）的衣饰。一般由国王担任的大祭司一职此处由奈费尔提蒂担任。阿托恩用手赐福人世间。

新王国时期的帝国神与太阳神

在第十八王朝出现了典型的阿蒙神与太阳神瑞。阿蒙-瑞的统治地位在第二十一王朝达到顶峰，阿蒙大祭司在一段时期内成为继阿蒙之后在俗世中的精神领袖。这种最早的变化迹象出现于证明哈特谢普苏特女王（Hatshepsut）继承王位合法性的神谕中。

对神的理解也出现了重要转变，主要体现在几乎所有的神都要参加太阳祭祀仪式上。在中王国时期，即使是鳄鱼头形象的索贝克神也有相似的特点。诸神进入太阳神学进一步模糊了各祭祀的最初特点，让鉴别工作更加困难。阿蒙-瑞两个神特别相近，甚至已经无法区别他们。

在新王国时期，太阳神瑞已经失去了大部分的原始创造力。自阿玛纳时期末开始被刻在王室陵墓墙壁上的神话——《神牛之书》中记载着年迈的太阳神回到了他在天上的安息之处，因为统治尘世间不安分的人类对他说已经是一个沉重的负担。这非常清楚地表明了神与人之间的距离。随着阿蒙祭祀活动的增多，该神体现出一种独占性，掩盖了太阳神瑞之创世者的特点，以前由阿图担任这一职。死后观念基于死神欧西里斯与在世神瑞的融合。阿蒙-瑞派的神学家不认同这一观点，因此人死后就不再受瑞的统治。

但是阿蒙-瑞成为具有在世政治神意义的创世之神，他像以色列神一样掌管人间事务，并由此实现自己的神圣意志。当然玛特仍然是他行为的依据，神谕中的决定证明实际上是对玛特的实施。但是玛特对世间凡人来说越来越遥不可及，相反它与神之间形成了紧密的联系，越来越被当成是神的意志。

对应于神学的快速发展，大量小型的神圣祭祀作为辅助祭祀在全国各地的大型祭祀中心和相关神的主要祭祀点蓬勃发展。这些神的面貌也发生了变化。在第十八王朝时期，兽形神逐渐增多。动物被视为某神在世的形象，即他的巴（ba）灵魂，尽管这种发展模糊了一种更加复杂的神学思想，但它像原始王朝时期把神看成是荷鲁斯的随从一样，把神与国王相互联系了起来。

在阿玛纳神学时期内，这种太阳神学发展到顶峰水平。阿肯纳顿在宗教上把太阳神从阿蒙神中分离出来，并取名为阿托恩。为了支持所选择的这个神，他否定了所有传统的创世神。阿托恩既非人形也非兽形，他是太阳圆盘，他的光线就是太阳神。阿肯纳顿制定了活人的宗教，为死人留下的空间较小，这就是欧西里斯在阿玛纳时期仍然存在的原因。新神阿托恩的独立地位由国王政令得以实施，并废止了其他神。但似乎普通民众并不完全追随他们的统治者，且在阿肯纳顿死后不久这种试图在埃及推行一神教的尝试即宣告失败。

在拉美西斯时期，再一次强调神的二元性，即政治上的创世神（即阿蒙）和史前的创世神（即瑞）。其他所有的祭祀在该时期内同样得以保留。神的发展达到历史性规模。

在新国王时期，国王开始时仍然是神与人之间的中间者。他作为神子，拥有特殊的作用。神（阿蒙-瑞）创造了国王，并在神界会议上决定国王的命运。在阿肯纳顿统治时期，太阳神之子在神学上成为埃及第一个神权国的小伙伴。在庆祝再生节的活动中他们被一起纪念，这在当时是仅有国王才能享受的精神特权。

尽管国王们尽一切努力用祭祀品安抚诸神，他们还是无法在祭祀中维系自己的主导地位。在拉美西斯末期，阿蒙大祭司给王权带来了严重的政治压力。这表示将所有的神，特别是众神之王阿蒙-瑞，归纳进历史范畴中。

15 卡之碑

底比斯西部，得热尔-马丁；新王国时期；第十九王朝，约公元前1280年；彩绘石灰石；高81.5厘米；都灵埃及博物馆，50012。在最上面的一排，死者祭拜着五位对他死后生活影响重大的神：阴间的主宰欧西里斯、孟斐斯与下埃及地区墓地的主宰卜塔、防腐神阿努比斯（Anubis）、统治者荷鲁斯、最后是西方女神即阴间的女性主宰。在第二排，卡为他的祖先和亲属献祭。在下面一排，他接受继任者的供奉。实际上古埃及的葬礼祭祀分成三个部分。

16 西佩努佩特（Shepenupet）狮身人面像
后王朝时期，第二十五王朝，约公元前720年；花岗岩；高82厘米；柏林国家博物馆（SMPK），埃及博物馆，7972。
皮耶（Piye）王的女儿阿蒙神之妻西佩努佩特被描绘成统治者的象征——狮身人面像。她献给阿蒙一个装着公羊头的祭祀容器，公羊是祭祀阿蒙的一种动物。西佩努佩特戴的"哈索假发"进一步强调了她作为王室和神使的地位。

新王国时期死后观念的二元性继续存在。一方面，国王和普通民众遵守太阳神学中的教义，为不断变化的死后生活提供安全保障；另一方面，化身成欧西里斯可以保证尸身永存。这两者都是成功跨过死亡门槛的必要保障。这种思想在《阴间书》（一本首次提出太阳循环中国王的作用的葬礼经书）中首次发展到顶峰。在接下来的拉美西斯时期，其他经文，如《天国之门书》（*Book of Gates*）和《葬礼书》（*Book of Gates*）只有国王才能使用。《阴间书》中描绘了太阳神危险的夜间之旅，他在此期间暂时与欧西里斯合体。在这个组合中，太阳神是可以移动的，他成为欧西里斯的巴（ba）灵魂。在这里两种神系的融合非常明显。国王同样允许他的臣子们在陵墓中刻这本书。但对普通民众来说，更重要的是《亡灵书》。他们的《亡灵书》是专门为法老写的《亡灵书》的基础版。自第十八王朝起，普通人可以不通过中间人直接与神交流。

新王国之后的神界

随着政治权力中心的北移，当地的祭祀显得越来越重要。在第二十一王朝，阿蒙-瑞在神界的统治地位不容争议，但在接下来的利比亚人统治时期，其影响力逐渐缩小到底比斯地区。利比亚统治者祭拜赫拉克雷奥波利斯（Herakleopolis）的城市守护神哈尔舍斐斯（Harsaphes）。赫拉克雷奥波利斯同时也是利比亚中央墓地所在地。为了安全控制底比斯地区，利比亚统治者使用了祭司——"阿蒙神之妻"一职，现存证据表明这可以追溯到第十八王朝时期。通过选用家族中的女性成员担任这一神职，北方的统治者们增强了他们在南方的影响力。但当时的铭文证明利比亚统治者不在阿蒙庇护的范围之内。因为当时已无神人之间的中间人，普通人不得不直接与神交流或者与某不太知名的神交流。尽管在宗教画中仅提到并描绘了一种神，但这并不意味着当时在精神或者实践层面上奉行的是一神论。相反，这代表着神的力量无处不在，其中有很多方面对普通民众来讲是无法理解的。

17 奈斯女神坐像

后王国时期，第二十六王朝，约公元前600年；青铜，镶嵌有金；高16厘米，柏林国家博物馆埃及馆，15446。

这尊工艺高超的青铜雕像是后王国时期同类作品中最为精美的一件。细腻的工艺完美体现了塞特艺术家们试图在精神上重现过去繁盛时期辉煌的努力。这尊小神像可能是塞斯的奈斯神庙中的还愿祭品。作为第二十六王朝发祥地的城市的守护女神，她带着下埃及王冠，左手中曾握着一根权杖。她的祭祀符号——盾上的十字形箭显示奈斯早些时候是战斗女神。但她也是原始女神，是鳄鱼神索贝克的母亲。

阿蒙涅莫普的教义与《旧约》中的教义非常相似，对逝世有着相同的看法。

神与正式祭祀地越远就与广大的信奉者越近。宗教塑像背后的神是普通人关注的焦点。法老或者普通人将神的祭祀塑像在神殿中或者祭坛上，为该神建造"居住地"，保证他的言行能够得以实施。埃及的神学家一直关注如何将神从祭祀像中分裂出来，当时经过努力已经被付诸实践。但正如古埃及所有的创新一样，它仅仅是对已有宗教观念的一种发展和延伸。在外来王朝的倡导下，信奉者通过改变祭祀加强内省。在第二十五王朝，随着阿蒙-瑞与其他神祭祀活动的增加使这一过程暂时停止。阿蒙祭祀最重要的次级中心位于上努比亚统治者统治区域中的博尔戈尔山（Gebel Barkal）。上努比亚的统治者在公元前八世纪搬到了埃及，帮助重现阿蒙祭祀的辉煌。但据他们的记载，他们也祭拜其他传统神，铭文明确显示宗教已成为一种政治工具。

在接下来的塞特王朝，靠亚述人帮助掌权的统治者们鼓励复兴古代传统，因此这一时期成为埃及的文艺复兴时期，在神学上也是如此。尽管如此，因为支持较小型的祭祀，所谓的全国性神失去了与他们身份不符的影响力。

自拉美西斯时期起，新神的重要性日益增加，他们被视为人民之神，但对于这一称号的真实性，能够找到的证据不多。也不能得出结论说这些神从当时起才开始为特定的区域负责。某个神可能是某一群人的守护神，如抄书吏的守护神托特或手工艺人的守护神卜塔。新神有时来自小祭祀点或者由地位较低的神发展而来。因为大型祭祀点中的神普通民众已经无法接近。

对于祭祀像的一种复杂观点也是其中的一种宗教变化。当时各种动物通常被养在寺庙里，它们同时被视为祭祀像和凡间的活神。祭祀像被视为神的卡（ka）灵魂，活着的动物被视为可移动的巴（ba）灵魂，自中王国时期起，埃及人就开始思考它们与死尸的关系。神圣动物是卡（ka）像，可供神寄身，同时它又是神活着的灵魂。因为神的外貌各有不同，所以就有各种各样不同的神兽；很明显埃及人并不觉得将这两个方面结合起来有何矛盾之处。

阿蒙祭祀代表与国王之间的政治权力斗争一直延续到阿玛纳时期。

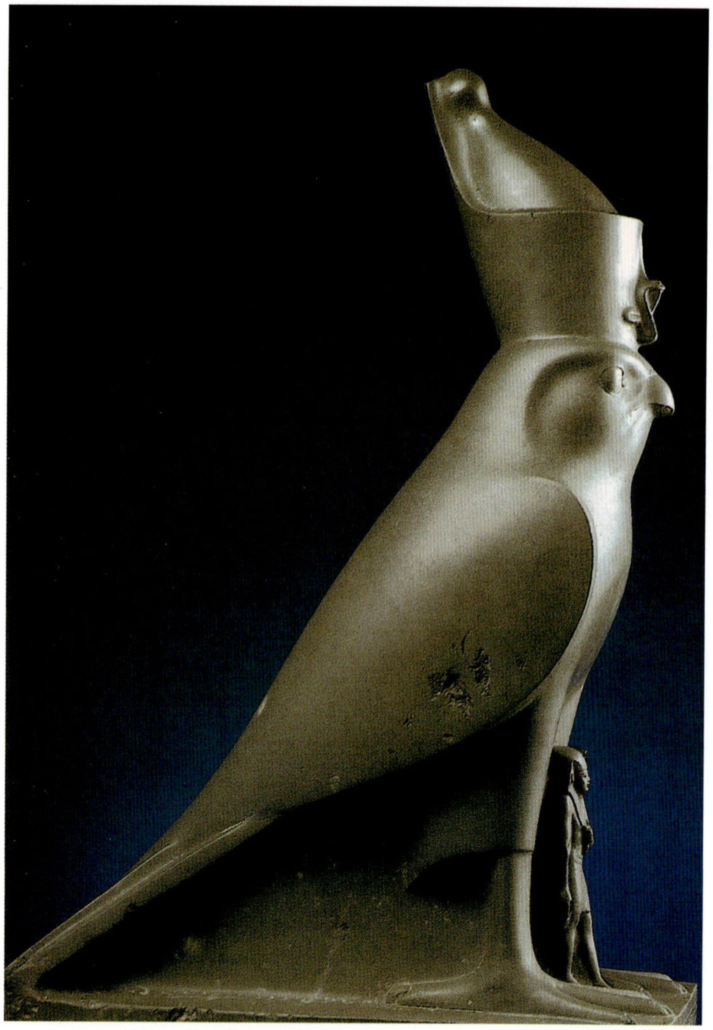

18 荷鲁斯与内克塔内布二世雕像

后王国时期，第三十王朝，约公元前350年；硬砂岩；高72厘米；纽约大都会艺术博物馆（The Metropolitan Museum of Art），34.2.1。

戴着双王冠的荷鲁斯神保护着法老内克塔内布二世。从而明显强调了荷鲁斯对法老的统治权。这座雕像从正反两个方面显示古王国时期雕像风格的发展。

在第二十一王朝时期，因为阿蒙大祭司承担了政治统治的职责，因此王室神学的一大支柱——神界与凡间的中间人理论受到了严重质疑。尽管此头衔仍然被保留，但在政治上意义已经不大。

当然，国王试图保留传统，因此鼓励新修寺庙。但保存下来的铭文告诉我们神而非国王掌管着已去世的官员。自第十八王朝起，阿蒙-瑞参加的政治活动逐渐增多，南方的阿蒙神权国家与北方的君主国家在空间上的分离说明已有的王国观念不可避免地出现了分歧。即使是在第二十五王朝时期国王暂时重建了神界秩序（玛特）也无法逆转这一分离趋势。君主政体成为政治机构，需要集中精力巩固权力。

绿洲中的神权国家由诸神管理，已由神而不是国王决定死者的命运。这导致权力由法老向神转移，神的代表不断削减国王的权力。欧西里斯王国继续繁荣，仍然是很多死者向往的归宿。为了达到这一目的，需要使用各种魔法。所有死后需要的物品都紧靠死者放置，陵墓中仅能容下棺椁，陪葬品也非常少。但欧西里斯葬礼信仰仍然与太阳祭祀有着很深的联系。国王寻找新的办法确保自己死后能够得到安宁。他们为打破陈规所作的最有趣的尝试当属木乃伊棺椁外观上的变化。在不长的一段时期内，国王被葬在饰有猎鹰头的银棺中。因为猎鹰头神与每个猎鹰神或看起来像猎鹰的神相关，因此这种新型棺椁的重要性很难估量。

托勒密罗马时期的神学系统化

希腊精神与埃及文化的完美邂逅，对神界造成了深远的影响。新的马其顿统治者在他们的圈子内仍然保留传统的希腊祭祀习惯，但很快他们也不得不同时尊重埃及的宗教传统。在埃及传统重点关注欧西里斯-埃皮斯（Osiris-Apis）的托勒密王朝早期，为了实现希腊人与埃及人的融合，因此创造一个新的神——塞拉皮斯，他的面貌完全符合希腊观念。

新神在埃及的新首都亚历山大备受爱戴，但在埃及其他地方却并不十分受欢迎。一些神，如欧西里斯、伊西斯和阿努比斯，也被赋予了一张希腊面孔。欧西里斯仍然与埃及传统有着很深的联系，但伊西斯已经被完全同化成希腊神。随着时间的推移，伊西斯祭祀变得越来越神秘，特别是在其发源地仅参加过入会仪式的信奉者才能参与。埃及神的魅力可能就在于他们拥有掌控自己命运的力量。

19 祭祀服装（后面细部图）

托勒密王朝后期至罗马时期初，约公元前30年；亚麻布，红色图案；73.5厘米×105厘米；开罗埃及博物馆，JE 59117。

年轻的荷鲁斯躲在茂密的灌木丛中，伊西斯跪在塞特的象征“金”的象形文字前，手拿一条毒蛇（欧西里斯）。像在整个埃及地区一样，带两翼的太阳圆盘在上面盘旋。右边，伊西斯-乌托（Isis-Uto）戴着下埃及王冠在祭拜凤凰；左边，相貌相同的伊西斯-奈赫贝特（Isis-Nekhbet）戴着上埃及王冠在祭拜圣甲虫、鳄鱼与蛇混合的一种动物；太阳与月亮在上面盘旋，要在特定的时间背景下才能理解这个场景所代表的含义。

20 伊美内米内特（Imeneminet）棺盖内饰图

第三中间期，约公元前1000年；木质，带灰泥布与绘画；长187.5厘米；巴黎卢浮宫，E 5334。

在各个部分用简笔描绘着死者在阴间将遇到的情景。由神旗、伊西斯和奈芙蒂斯(Nephthys)保护的阿比杜位。这一场景来源于《亡灵书》中第138章中的小插图，但有改动。下一部分描绘着在索卡尔圣船中的孟斐斯墓地神，最后一部分显示欧西里斯已经醒了，由秃鹰女神传达着生命的征兆，表示神子这一观念。

传统的埃及祭祀，如埃德夫的荷鲁斯祭祀、丹达腊的哈索祭祀与其他神的祭祀同时也在蓬勃发展。希腊殖民者为这些埃及神取了希腊名字，阿蒙被叫作宙斯，荷鲁斯被叫作阿波罗，巴斯苔特被叫作阿佛洛狄忒（Aphrodite）。这种希腊式的释义有时可以帮助我们了解后王国时期受祭拜的神的特点。按照希腊习惯，这些神的主要所在地分别被称作阿波利诺波里斯（Apollinopolis）、宙奥斯波里斯（Diospolis）和阿夫罗底托波里斯（Aphroditopolis）等。

寺庙成为埃及思想一个安全的避风港。寺庙是神的世界，他在这里完成创世。埃及人在寺庙中刻的每一样东西都是为了了解相关的神，他的仪式、祭祀神话与寺庙墙上相应的卷轴。因此托勒密与罗马时期的神庙提供了大量与某神相关的信息，并慢慢为人所知。有些传统可以被追溯到更早的时期。

埃及神界已融汇了各种神像，这一点体现得越来越明显。这种特点在某些时期的赞美诗中大量出现，但样子古怪的神的形象在后王国时期才开始出现。

公元二世纪末，基督教在埃及的科普特教堂中全面兴盛，埃及很快受到某基督教精英分子的影响，他希望将他们基于耶稣唯一一神的基督一性论思想强加于埃及人。科普特人对法老式的纪念碑误解程度很深。在始于公元三世纪初的隐士运动中，科普特僧侣们摧毁了埃及大部分的视觉艺术作品，并隐居在被废弃的山洞（大部分为古墓）中。公元四世纪，帕科米乌（Pachomius）发起了僧侣运动，并不断扩大，最终由谢努特（Shenute）完成。所有名字中带前缀“Deir”的地方均表示当地有许多科普特修道院。

科普特神即为基督教中的神，与埃及神没有联系，但一些画像中的主题，如正在哺育的神母可能来源于欧西里斯、伊西斯与荷鲁斯三神合一。新信仰中具有埃及宗教中所欠缺的两个成分：作为外在形式的迷惑性与作为内在形式的神秘感。与同时期的埃及宗教不同，科普特宗教吸引了大部分的埃及民众。仅有受过教育的人才参与埃及祭祀，但这种祭祀不具备神秘信仰的特点。因为埃及宗教基于玛特，世界秩序由神确定，但同时神本身也受到玛特的约束。

尽管马其顿统治者托勒密肯定不是埃及祭祀的信奉者，但他却在孟斐斯古城自立为埃及王。如果不在孟斐斯举行献祭和涂油礼，他的统治就不会得到埃及人的认可。

早期的托勒密家族逐渐被埃及国王同化，并继承了他们的传统。

21 （下一页）某贵族妇女的木乃伊面具

公元一世纪；带灰泥、玻璃和彩釉的亚麻布；高57.5厘米；纽约布鲁克林博物馆，69.35。

木乃伊形状的棺椁被吸收进希 腊文化中，成为托勒密罗马时期埃及与希腊文化交融的象征。后来在制作面具时，衣饰细节、手和脖子上佩戴的珠宝及对头发的处理都明显借鉴了埃及传统。

在祭祀仪式中，由祭祀代表王室的古老习惯仍然普遍适用。国王们负责为维修寺庙提供资金，但自公元前十世纪起，照顾死者便不再是他们的职责之 。

托勒密统治者们开始实施一种在埃及早些时候不得已才实行的宗教灌输——在世时即把自己美化。因为希腊统治者还在埃及文化范畴外的领域取得了神圣地位，因此需要澄清这种观念到底是来源于埃及信仰还是某种普遍的希腊观念引发了这种神化活动。

在实施法老制度的最后几个世纪内，当时普遍信奉的一种原则是：每个人对自己的幸福安康负责。托勒密时期的丧葬仪式来源于希腊-马其顿传统，与埃及的丧葬仪式差异很大。在上埃及，有钱人继续实行厚葬，这一传统，已传承了几个世纪。棺椁内的尸体保存非常关键，因此继续使用木乃伊形式的棺椁，这一传统首次兴起于中王国时期。

法尤姆的希腊人修建的陵墓与埃及人的陵墓非常相似，但他们改变了木乃伊的面貌，在脸上的绷带中放置一幅死者的肖像图。虽然希腊和希腊化的埃及人使用的是这种木乃伊肖像，但它的作用可能与古王国时期保存或另外放置头的习俗相同，是为了帮助自由飘散的灵魂找到方向。肖像和木乃伊证明移民者接受了埃及葬礼祭祀中的外在形式，但我们却不知道他们是否接受了相应的神学观念。

22 勇士荷鲁斯

可能为公元前一世纪；青铜；高46厘米；伦敦大英博物馆，EA 36062。

天庭授予荷鲁斯（欧西里斯与伊西斯之子）其父亲的王位，但塞特对该王位同样有继承权。在这段时期内， 不再提到塞特，但是另一方面埃及王位中的神子荷鲁斯继续在基本的宗教观念中扮演着自己的角色。在希腊时期，古神们有时候身着新的服装，正如这尊雕像一样，荷鲁斯身着罗马军官（大将）服。

男女诸神

曼弗雷德·格尔克（Manfred Görg）

在古埃及，神在普通人的生活中占了很重要的地位。当时人的世界观并不是基于洪荒时代遥远地方无生命的抽象观念。他们信奉那些强大的生物，这些生物的行为并不神秘莫测，它们在所创造的巨大世界舞台上，即自然世界上来来往往。对古埃及人来说，无论这些信奉之物的作用是什么，它们均代表着真实的世界与真实的生命形式。甚至在现代人都可能怀疑被混乱和死亡主宰的地方，古埃及人仍然以一种积极的心态面对一个与他们愿望相反的世界。在普通人的感官和视觉世界里，有诸神演绎的乐章和戏剧。

在古埃及，神的世界多彩多样，它本身就体现出了必须遵守的统一性与形式多样性之间的冲突。它既让古埃及人和现代研究者着迷，又让他们感到困惑。面貌古怪的神摒弃了所有人类的特征并开始以植物或者动物作为其形象，这些神也开始出现在象征或者标志中。人形神、兽形神或者植物形的神——融合了三种生命的自然状态，并发展成为人以外实际力量的视觉形象。在这里，神的作用范围和重要性由所选择的外形而决定。但是最重要的是，尽管存在与各神外貌相同的生命形式，但不能根据他们的外貌判断各神的性格。

现在可以从三个方面，即每一位神的姓名、宇宙时空内的外貌和祭祀中的形象，全面说明神界的存在。但这种三个方面的说明不会影响神统一性的观念，只是简单描述了一种常人难以理解的一种宇宙含义。多样性中的统一，即各种外在形式的基本神学元素，是我们在研究埃及神学过程中常常遇到的一个观念。

重要的创世神

我们从阿蒙开始，这个神在很早时就存在，其发源地在赫利奥波利斯。他的名字有两层含义，一为“完成”，二为“不存在”，因此具有相互矛盾的一面。例如在中王国时期，他被描述为“已成神而尚未入世之神”（棺文）。在新王国时期，他是宇宙的主宰，“先于其他所有神而存在”同时“又是原神的创造者，他创造了瑞神，因此他应像阿图一样完美”。作为“众神之父”，他处于实现神话中所描述的创世之初。

神话从埃及人所面临的现实开始继续发展：在现实中，太阳每天从东方升起，中午时达到顶峰，阳光最为耀眼，最后从西方落下，完成一次循环。大多数观点认为在三个阶段中，夜晚太阳神的力量最为强大，因为他所积累的潜在创造力可以不断更新，这可以从代表神的名字中清楚地看出，早晨的太阳神为凯布利（Khepri），中午的太阳神为瑞神，夜晚的太阳神为阿图。

人形神的描述较为罕见，这与神承担的首要职责一致。最近在卢克索神庙中发现的雕像储藏室的特点却是对人形神的描绘。其中的铭文、头饰和徽章都证明了神的身份。阿蒙更多的时候以兽形神的形象出现，这是因为阿蒙为雌雄同体的原始神（其形象包括狮子或蛇等）或者太阳神（其形象包括公羊、甲虫或埃及獴等）。姓名、外貌和描述共同决定神的特点，特别是其特别之处。对现代的研究者来说，兽形神的外貌或描述与其性格之间的联系并不明显。尽管像狮子代表力量，公羊代表生育这样的类比非常明显，但由蛇代表的原始神的特点或者甲虫的再生能力需要通过研究很多宗教文本才能得出结论。

23 塔内特佩瑞特（Tanetperet）石碑

底比斯；第三中间期；第二十二王朝，约公元前 850 年；彩绘和加灰泥的木头；高 31 厘米；巴黎卢浮宫，N 3663。

这座小型的石碑雕刻的是猎鹰头的太阳神瑞 - 赫拉克提（Re-Harakhty），他的头上方有太阳圆盘。他从圆盘中向女性献祭者发出一束束鲜花形式可赐予生命的光线。女献祭者正在双臂高举祭拜他，并向他呈上满满一桌的祭品。在这个场景中，带拱顶的天堂的象形文字表示着宇宙的结构，两边有埃及两个地方的象征性植物支撑（左边：下埃及的象征性植物——纸莎草，右边：上埃及的象征性植物——莲花）。两种植物在地面上从人头中长出，代表广义上的人类。

24 群雕中的阿图与荷伦希布（Horemheb）王坐像

卢克索；新王国时期，第十八王朝晚期，约公元前1300年；闪长岩；高190.7厘米，直径151.5厘米，宽83.5厘米；卢克索古埃及艺术博物馆（The Luxor Museum of Ancient Egyptian Art），J. 837。

1989年，在卢克索神庙的常规保护工作中出土了一个重要的雕像储存室，其中包括很多神的雕像。最先发现的一件为荷伦希布法老跪在阿图面前献祭的群雕。神的姿势看起来似乎有点僵硬以强调他的尊贵，在该群雕中他戴着双王冠，右手拿着象征生命的标志。

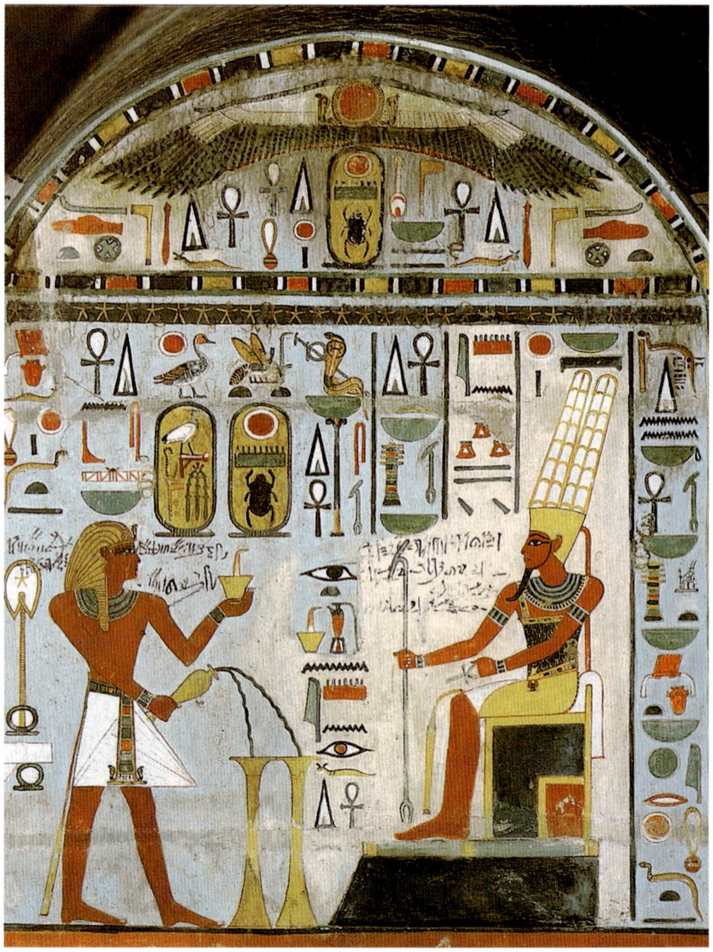

25 国王向阿蒙献祭

底比斯西部，德伊埃尔巴哈里（Deir el-Bahari），图特摩斯三世（Thutmosis Ⅲ）陵庙，哈索祠堂；新王国时期，第十八王朝，约公元前1440年；彩绘石灰石；高225厘米，宽157厘米；开罗埃及博物馆，JE 38574-5。

图特摩斯三世在德伊埃尔巴哈里山谷为哈索公牛雕像修建了一座石刻祠堂。现在可以在开罗的埃及博物馆看到祠堂和雕像。后墙上雕刻着图特摩斯三世向全国备受尊敬的神阿蒙 - 瑞献祭水和熏香。阿蒙 - 瑞所戴的王冠上高且精美的羽毛似乎在随风飘动，同时显示出他是新王国时期地位最高的神。

原始神在三个阶段的宇宙形象——凯布利、瑞和阿图，通过强调神话中的自然秩序和力量完全发挥自己的作用。神话中的世界不是通过公式计算得出的抽象存在而是一个生机勃勃的世界。阿图创造了赫里奥波利斯神系，他从口中吐出了空气之神休和湿润之神泰芙努特。休与泰芙努特又生下了努特（天空之神）与盖布（Geb，大地之神），他们也是一对夫妻。神界与冥界的神变成了九柱神（或一组九神），而且从此以后九在很多情况下成为说明神界的一个非数值近似值。

附近城市孟斐斯中几乎同样极端或者偏激的卜塔神学观点与原始神阿图的宇宙（但非超自然）状态抗衡。卜塔的名字显示他是一个“创世者”和“开拓者”，他也是一位原始的创世神。“孟斐斯神学理论”，其中包括人能够表达出他心里所想，在新王国时期的王室中才发展成我们现在所熟知的状态，例如孟斐斯神的多样性就如同在赫利奥波利斯一样受到尊敬。卜塔以自己独特的方式统领着九柱神，他的名字显示他是“创造者”和神界的手工艺人，可与希腊的赫菲斯托斯（Hephaistos）相提并论。卜塔的常用名显示他长着一张平易近人的脸。在很多与卜塔相关的描述中，他的形象通常是人形神，姿态僵硬地立于某种祠堂内，头上戴着有流苏的蓝色帽子，双手握着权杖。这体现出他作为玛特统治者的能力。卜塔与王国有着特殊的关系，并体现出神化成人形的基本原则。

正如在古埃及的祭祀中心一样，卜塔在神界拥有三位一体的统治地位。三位一体常出现在星座中的神祇家庭中——父亲、母亲与儿子，是实际祭祀活动的神话基础。在孟斐斯，塞克迈荷特女神与神子内菲尔特穆（Nefertem）立于卜塔旁边。塞克迈荷特女神的名字意为“强大的”，她的名字显示出蓬勃的生命力，她最初的作用是保护，但后来逐渐变成了军事防卫。在神话中她是一位攻击性很强的女神，《神牛之书》中记载她甚至准备消灭全人类。她用最典型的方式象征着富有攻击性的治愈女神，从而证实了所有圣人均具备的驱邪（apotropean）作用。狮头雕像常常出现在圆形的雕塑中，以强调这种双重性，与底比斯的母亲神姆特雕像相似。

宇宙神阿蒙

在重要的三位一体天体演化学说（创世学说）中，首先要考虑的是赫尔默普利斯神系，其中的神秘原始神为“隐藏着的”世界起源时的阿蒙。开始时他是混乱的史前时期中的原始神，后来他摇身一变成为埃及万神殿中地位最高的神。他与太阳神瑞结合，最终成为带世界神特点的“复合神”。

阿蒙体现的是朦胧的原始生命力，这种生命力创造了阿蒙本身（卡姆特夫，Kamutef）和其在空间与时间中的表达方式。作为灵魂之神，他的影响无处不在，他的呼吸我们随处可以感觉到，但我们却不知他来自何处去向何方。作为空气之神，他与休相关。作为新王国时期的大都市底比斯的主神，他统领着包括姆特女神（与塞克荷迈特女神地位相当）与神子孔苏（Khonsu），即天空行者（月亮神）和“计划制订者”的三位一体神。作为全国范围内的宇宙之神，阿蒙－瑞是“众神之父”。大部分埃及诗歌都是献给阿蒙的，他是拥有“无数化身”的神。在祭祀肖像画中，他通常以王位上之神的形象出现，他有着一张人脸，戴着所谓的羽毛王冠，象征着他在天界的地位。著名的图坦卡蒙国王的姓名以一种最微妙的方式体现出国王与阿蒙之间的关系。被神化的法老形象是阿蒙与统治者间独特关系的体现。

随着埃及南方与北方地区（分别是上埃及和下埃及）的不断融合，来源于地区、由固定化的神祇家庭组成的三位一体神成为全国性的三位一体神，其中包括地位较高的神瑞、卜塔和阿蒙。

在著名的石窟寺庙阿布辛贝（Abu Simbel）神庙的内圣所中可以看见国家三位一体神最为典型的宗教形象（见第 215 页，编号 128）。寺庙的建造者及迄今为止最雄才伟略的法老——拉美西斯二世出现在赫里奥波利斯太阳神瑞的右边，让人备感困惑。但是这其实是国王有意识但却诚实地将其头衔提升到神界中“神之子”的地位，在这个特殊且伟大的时刻，他可以“站在万能的父亲的右边”。瑞、卜塔和阿蒙神像与法老像相对于其他神像的位置反映出宇宙哲学结构，并最终成为所有创世中心学说的基础。原始神最开始时在国内仅属于体现混乱这一级别的神，后来他从黑夜中脱身出来，用自己强大的光线照亮和修复这个世界，以瑞的身份不断重新创造与卜塔［塔特嫩（Tatenen）］相联系的空间，并最终取得了对白昼和时间循环的绝对统治权。正是这一提升让神在尘世间的合作者——国王能与太阳神一起合作，保证整个世界的安宁。

26 卜塔雕像

底比斯西部，图坦卡蒙墓；新王国时期，第十八王朝，约公元前 1325 年；镀金木，带彩釉、青铜与玻璃；塑像：高 52.8 厘米，底座：高 7.4 厘米，直径 26 厘米，宽 11.6 厘米；开罗埃及博物馆，JE 60739。

此处，卜塔被描绘成世界秩序的统治者。他是一位有着“平易近人的脸”的神，他用神道创造了世界。神所站立的底座外观上装饰着象征真实、公正和正直的世界秩序（玛特）的象形文字。这尊精美异常且生动细致的雕像被发现于图坦卡蒙墓。

27 塞克荷迈特女神坐像

卡纳克；新王国时期，第十八王朝，约公元前1380年；花岗岩；高205厘米，直径97厘米，宽54厘米；开罗埃及博物馆，CG 39063。

女神坐像上的铭文显示这座雕像创作于阿蒙诺菲斯三世（Amenophis Ⅲ）时期，他在卡纳克的姆特神庙中为该神立了800座石像。这项独特的工程包含如此众多的雕像，可能是希望借助塞克荷迈特治愈病痛的神奇力量治疗法老的慢性疾病。塞克荷迈特的神像为狮头，铭文中将她称为“恐惧的控制者”，这比任何语言都更加生动地体现了当时人们希望知道神是否灵验的狂热程度。

28 荷鲁斯雕像

新王国时期，第十九王朝，约公元前1250年；正长岩；高163厘米；慕尼黑国立埃及艺术博物馆，GI.WAF22。

在这里天空和王室守护神荷鲁斯被描绘成带猎鹰的人的形象。这种形象不能被误解成当时的人试图描绘神的外貌。动物头旨在强调神可能拥有的非凡人的特点。此雕像中的长头发很明显是为了实现从动物的外貌到人的外貌的过渡。这座雕像发现于罗马从前的伊西斯与塞拉皮斯神庙中，以前可能被作为古董放于该处。

29 哈索女神坐像

卢克索；新王国时期，第十八王朝，约公元前1370年；闪长岩；高154厘米，长77厘米，宽40.5厘米；卢克索古埃及艺术博物馆，J. 835。

哈索是底比斯西部地区的保护者，是司天空与爱的女神。在这座雕像中，她坐在王位上，左手拿着象征生命的标志。在王位上的铭文中，阿蒙诺菲斯三世宣称自己受女神喜爱，并证实自己捐赠了卢克索神庙中的这件杰作。1989年，这座雕像与其他很多雕像被一起发现。

天界之神与王室守护神

王国时期的三位一体神中同样表达出的“万能的主”这一观念融合了另一观念:原始神经过一个过程（即太阳神的循环转变）变成举足轻重的神——瑞－赫拉克提——即“光耀之地的荷鲁斯”。这一形象体现出天界神力神秘无穷。瑞 - 赫拉克提承担着至高无上的神的宇宙职责,每天都要经历循环。该神不仅立于天界和万神殿中,还具有一种神秘的可接近性。猎鹰样的面孔使其与高空翱翔且视觉敏锐的猎鹰相联系,让人体会到深深的距离感、无所不在感和敏锐感,从而使该神与其他诸神不同,有一种似远似近之感。

荷鲁斯是埃及万神殿最重要的神之一,他也被称作赫拉克提,其名字意为“遥远的”,即神圣且神秘的信使与中间人。荷鲁斯拥有至高无上的地位。在神界,他被称为“太阳神之子”。这一头衔在宗教和历史上均意义重大,因为它是形成每一种“神之子”神学的依据。在凡间,他与被称为“瑞之子”的国王地位相符,这一称谓从第三王朝开始一直持续到希腊罗马时期。国王成为猎鹰头的荷鲁斯的肉身,因而国王也成为神话中拥有各种不同存在形式的荷鲁斯的一部分。在神话传说中,荷鲁斯为报父仇而与塞特决斗。后来塞特逐渐成为埃及神话中邪恶的象征。正义的荷鲁斯成为战胜死亡与混乱力量的主人公。

在地中海地区的宗教中,荷鲁斯成为永恒的光明与黑暗之战的象征性人物,遍布各地的荷鲁斯之子体现出他的重要性[希腊:哈波克瑞特（Harpokrates）]。例如,与荷鲁斯有关的神话记载,他的父亲欧西里斯被塞特所刺,在垂死时遇到了他的母亲伊西斯,并生出了荷鲁斯。他出生后即被藏起来,后来才出现并打败了他的杀父仇人塞特。在埃及的“出口物品”中,绘有神子与处于混乱状态的危险动物的护身符最为有名且最受欢迎,这一点也不让人感到惊讶,因为护身符可以神奇地保护每个人远离威胁其生命的暴力与疾病。

司母亲与爱的女神

哈索女神的名字“荷鲁斯之家”（司母亲与爱）,明显暗示她是至高无上的神的化身,与创世学说有很强的联系。作为世间万物的“主宰”,她的眼睛望着东南西北各个方向。她涵盖了生命中的各个方面,从世俗的欢乐到诱人却又遥不可及的冥界中的异域情调。她在离开埃及后,去了很遥远的地方,因此必须把她重新放回神话中,以保证人世间与天界上生活的稳定。她是创造性的爱与持续更新的生命力的守卫者。肖像画中,她有一张人脸,戴着太阳圆盘形状的牛角王冠,体现出具有创造和再生力量的特点。她同样还以母牛的形式出现,赐予国王生命力。无论环境如何变化,她总是被大多数埃及人当做救世主一样崇拜。

与哈索相同,伊西斯也被当做神之母亲。

30 荷鲁斯石碑

托勒密王朝早期，约公元前 300 年，板岩，高 44 厘米，直径 12 厘米，宽 26 厘米；开罗埃及博物馆，CG 9401。

孩提时期的裸体荷鲁斯（“哈波克瑞特”），留着埃及年轻人的耳边鬓发，用他的手和脚毫不费力地打败了各种危险的动物。此处描绘的神子战胜了各种邪恶和恐怖的力量。荷鲁斯顶上还出现了贝斯（Bes）神之头，旨在增加石碑抵抗疾病与灾难的能力。

31 抱着孩提时的荷鲁斯的伊西斯、欧西里斯与哈波克瑞特

后王国时期，第二十六王朝，约公元前600年；青铜、加金箔与玻璃；伊西斯：高28厘米，欧西里斯：高24.5厘米，哈波克瑞特：高22.1厘米；维也纳埃及中东收藏馆（Ägyptisch-Orientalische Sammlung），8564,6622,4162。

伊西斯（右）坐在狮子宝座之上，膝盖上放着孩提时的荷鲁斯，这成为后来圣母玛利亚抱着婴儿耶稣的形象的蓝本。伊西斯戴着牛角，环绕着眼镜蛇的王冠上是太阳圆盘。木乃伊形式的欧西里斯带着象征权力的曲柄杖与链枷。他戴着旁边饰有羽毛的阿提夫王冠，眉毛上有一只眼镜蛇。青年时期的荷鲁斯，即哈波克瑞特小雕像中描绘的荷鲁斯为裸体，仅戴着王室所用的头饰，年轻人的耳边鬓发和一顶漂亮的赫姆赫姆王冠（由羽毛、植物束、太阳圆盘和刻有眼镜蛇的公羊角组成）。他将食指放入嘴中，这是一个孩子气的姿势。

32 带权力徽章的冥界统治者欧西里斯

德伊杜朗卡（Deir Durunka）（阿西尤特（Asiut）附近），阿蒙诺菲斯石墓祠堂，右边长墙；新王国时期，第十九王朝，约公元前1280年；石灰石，墓室：高260厘米，宽150厘米，直径230厘米；浮雕石块：平均高110厘米；柏林国家博物馆埃及馆，2/63-3/63,1/64-2/64。

作为天庭中的法官，欧西里斯象征了升天与正义永存。他坐在自己神殿中的宝座上，奈芙蒂斯（Nephthys）与伊西斯立在他背后，并伸出手来保护他。神殿前面，荷鲁斯与托特正在报告评估结果，确定死者在生前是否行为端正。

自新王国时期起，特别是在公元前一世纪，她越来越多地承担以前由哈索女神承担的职责，因此她的影响力远远超出埃及的范围，并最终成为“众女神之主”。尽管对于她的重要性还存在着争议，但从最开始时，她即以欧西里斯之妻和荷鲁斯之母的身份出现。神话中对她的身份形成了最终的结论，即“贞女”与“神妻”，同时也是神奇力量与天界的统治者。她对孩提时的荷鲁斯的照顾与保护让她成为典型的保护神。她的特点和明确无误的标志即为出现在其头上的王位。很明显，这个标志并不是实物，而是一个象形文字，在语音上表示女神的名字。那么伊西斯成为埃及以外地区地中海与欧洲神话中传统的神之母，就不让人觉得奇怪了。因为她作为“正在养育荷鲁斯的伊西斯”的形象可成为后来宗教形象的原型。

神与人

围绕着荷鲁斯、伊西斯和塞特的神话表现出人们对死后生活的希望，即在古代近东宗教历史中不断演化的人死后会升天的信仰，如果没有了这一信仰，出现这个神话则是难以想象的。当然我们会提到欧西里斯，他的名字就像他妻子的一样高深莫测。欧西里斯最开始时是三角洲地区司植物与收获的神。在阿比杜斯，他成为“最早的西方人”，他代表并保卫着永恒的生命、死者复活与最终的辩护。但最后他在神话中的形象出现了转变，这是因为荷鲁斯为他报仇并取得了胜利。瑞与欧西里斯共同代表着宇宙生命的循环，瑞代表着夜晚和冥界。他作为法官，帮助那些通过审判大会获得准许的死者接近太阳神。

33《默哀的伊西斯》小雕像

后王国时期，第二十六王朝，约公元前600年；木雕，涂有灰泥；高40.5厘米，宽10.4厘米，直径28.3厘米；希尔德斯海姆，柏力扎伊斯博物馆，1584。

跪在地上的伊西斯用右手捂住嘴：她为她死去的兄弟与丈夫欧西里斯默哀。她的头上象征性地戴着“王位”的象形文字，同时也是表示其名字的符号。

虽然埃及的神身份显赫，地位高高在上，但他们总是充满热情或感情丰富。神话中的他们时不时地带有人的特点。特别是在面对死亡之时，尽管尽了一切努力希望获得永生，但埃及人还是感到恐惧与悲伤，正如雕像《默哀的伊西斯》中所表现的一样。尽管正在哀悼，尽管心中悲伤，但这同时代表着走出绝望的出口。伊西斯不仅是出生时的光明引路人，同时也是从生过渡到死时的守护神。在埃及的宗教历史中，每一个死去的人都将经历一个神话的蜕变过程，与欧西里斯神统一，以实现生命的升华。生与死和宇宙被融进一个体系中，从而决定了凡人与神之间的关系。埃及人用女神甚至是太阳神之女的方式祭拜的掌控世间万物基本秩序的玛特几乎无法被翻译成我们的语言。尽管玛特非常重要，但在画像中几乎从未得以体现，甚至也没有被刻在神像背后作为解释。大朱鹭（托特神的化身）旁边的玛特小神的星座清楚地显示了即使是失灵的神祇也必须遵守的权威形式。因为托特是诸神中最聪明的一位，他是司科学与艺术、数学与医学的神。他是神使，与希腊神赫耳墨斯相似，另外他还拥有神秘的光环。托特，即特利斯墨吉斯忒斯（Trismegistos，名字意为“三重大神”）应被视为埃及灵知的宗教历史鼻祖。

玛特对埃及人的世界观和人生观中的父权思想构成挑战，看起来似乎不是很具备代表性的女神奈斯的重要性日益增加，则进一步证明了这一点。这位女神的名字可能与原水有关，最开始时是战斗女神，配有弓和箭。在后王国时期，她成为最终的创世女神，同时拥有男性和女性特质。她被称为“众父之父”与“众母之母”。在第二十六王朝，她成为下埃及城市塞斯的守护女神，具有宗教与政治的双重意义，在埃及神学中，她的吸引力也逐渐增加，成为与希腊女神雅典娜齐名的女神。

女性神与原始神深入普通民众，除了官方祭祀外，当时有相当地位的埃及人还专门举行祭祀。梅丽赛格（Meretseger）女神与托埃瑞斯（Thoeris）女神是普通人日常生活中的救世女神。梅丽赛格女神的名字意为“爱好沉默”，她掌管着生死，常常以眼镜蛇的面孔出现，显示出其与智慧玛特的精神联系。

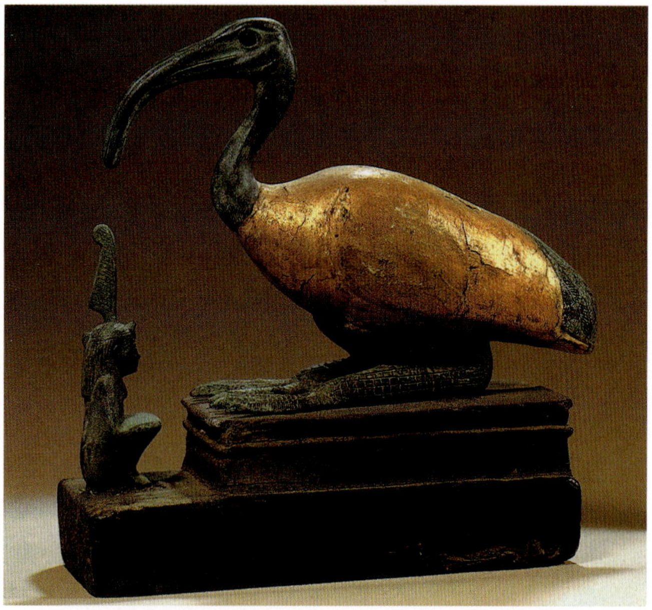

34 托特与妻子玛特小雕像

后王国时期，第二十六王朝，约公元前600年；木雕，带青铜、金箔与玻璃；高19.5厘米，长20厘米；汉诺威克斯特纳博物馆（Kestner-Museum），1957.83。托特的形象为神兽朱鹭。

作为决定并记录世界大事的知识与文字之神，托特与“正义的世界秩序”的代表玛特结合，他们有着共同的特点，头上有鸵鸟羽毛。

35 奈斯女神像

底比斯西部；帝王谷，塞提一世（Seti Ⅰ）墓（KV 17）；新王国时期，第十九王朝，约公元前 1280 年。

在《阴间书》中的第十一个小时，奈斯以几种形式出现；此处她带着具 有下埃及特点的王冠。三角洲地区的城市塞斯在第二十六王朝成为埃及的首都，作为该城市的最初的守护女神，奈斯的重要性日益凸显，并且在文化和政治上均具有重要影响力。

与眼镜蛇女神雷内努特（Renenutet）和伊西斯一样，梅丽赛格来自女神创造生命的传统。她与哈索关系紧密，她常与孕妇的守护神，“伟大”的托埃瑞斯相伴。她戴着与哈索相同的头饰，他们象征着尘世间与阴间的生命的创造。托埃瑞斯是强大的孕妇守护神，她以河马的形象出现，有时装饰着鳄鱼壳，既出现在大型雕像中也出现在小型艺术品中，如装饰性的护身符。

虽然善良只是巴斯苔特很多迷人性格中的一种，但却很难被人忽略。她居住在布巴斯提斯，尼罗河三角洲地区一座以她的名字命名的城市。巴斯苔特与其象征的动物一样，也有不可预测的一面，她同时是一名意志坚定的女神，与哈索有亲属关系，在妇女们祈子和分娩时提供帮助。

但最受欢迎的神却是贝斯，他性格古怪，身材矮小，却为舞蹈家和音乐家深深喜爱，他还被称为“小魔鬼”。

36 海（Hay）之石碑

底比斯西部；新王国时期，第二十王朝，约公元前 1150 年；石灰石；高 43 厘米；都灵埃及博物馆，约 1606 年。

底比斯王室的这块小墓碑上供奉着两位女神：一位是托埃瑞斯，她是孕妇的守护神，其形象为河马，负责家族的延续。另一位是梅丽赛格女神，其形象为蛇，居住在王室陵墓所在的山谷。通常死去的眼镜蛇化成苗条的女神像之头，托埃瑞斯将生命的象征——T 形十字章拿在腹前，恰好位于墓碑中央。蛇头和头巾周围有厚厚的假发，上顶着牛角和太阳圆盘。

37 巴斯苔特像

塞加拉（Saqqara），塞拉皮雍（Serapeum）；后王国时期，公元前第六世纪；青铜嵌金；高 14 厘米；开罗埃及博物馆，CG 38991。

此处雕刻的猫神巴斯苔特显得有点滑稽可笑，甚至有点“可爱”，一个带猫头的妇女，左臂上挎着一个篮子。但她有时以野狮的形象出现。

38 雕像群：哈索与普萨美提克

塞加拉，普萨美提克墓；后王国时期，第二十六王朝，约公元前 530 年；杂砂岩；高 96 厘米，开罗埃及博物馆，CG 784。

第二十六王朝晚期一位高官普萨美提克墓中的几件雕像显示出后王国时期宗教观念中掌管冥界的几位主导性神。在该群雕中哈索女神以神牛形象出现，保护正在祈祷的墓主人，它堪称这一时期最精美的艺术品之一。

在神话中，他与具有异国风情的哈索相爱，为了抚慰哈索，他从遥远的地方把她找回。贝斯的形象被用于装饰寺庙墙壁、还愿祭品和日常工具。难怪希腊人把他与“调皮”的捣蛋鬼潘（Pan）相比。

万神殿之外

在结束万神殿中诸神研究之前，让我们来看看两个尽管毫无关联但却特别具有外来文化特点的神。塞拉皮斯神的名字是欧西里斯与埃皮斯（Apis）的组合，因此同时具有这两位神的特点。在虚构中，塞拉皮斯出生于亚历山大，让希腊人与埃及人找到了共同点。欧西里斯与埃皮斯牛让埃及人想到了生命的延续，而宙斯形象却是希腊宗教的体现。塞拉皮斯具有起死回生的能力，能够宣读神谕，能够拯救病患，同时也是水手们的同伴。他在整个地中海地区都很知名，声名远播至西欧诸国。在早期的基督艺术中，他被描绘成创世神的代表。但在埃及人眼中，他仍然是一名外来神。

阿托恩神的名字来源于“太阳圆盘”，在阿肯纳顿（阿蒙诺菲斯五世）统治时期拥有“唯一”神的地位。埃及宗教中的双元性原则，即“比许多多一”暂时被一神论取代。阿托恩属于创世神，与地位逐渐上升的阿蒙并立且只有王室成员才能祭拜，即使在阿玛纳宗教衰落之后仍然保持着一定的影响力。后来，“一神化身百万”的理论在拉美西斯的世界神阿蒙 - 瑞中应用更为广泛。

39 塞拉皮斯与伊西斯圆形浮雕

早王国时期末，约公元前 100 年，多色缠丝玛瑙带金（镶座加于公元十六世纪）；3.5 厘米 × 2.8 厘米；维也纳艺术史博物馆，inv. IX A 8。

塞拉皮斯与伊西斯的半身浮雕像显示出石刻艺术的辉煌成就。托勒密人的新神塞拉皮斯融合了希腊众神之父——宙斯的外貌特点与孟斐斯的埃及神埃皮斯 - 欧西里斯的基本特点。

40 绘有阿玛纳王室成员的家庭祭坛

新王国时期，第十八王朝，约 1340 年；石灰石；高 44 厘米，宽 39 厘米；开罗埃及博物馆，JE 44865。

异教徒国王阿肯纳顿所在城市阿玛纳的祭司与高官们在其家庭祭坛上刻有王室成员像，且这些王室成员笼罩在太阳神阿托恩的赐生光线下。在此祭坛上，阿肯纳顿与奈费尔提蒂正在同他们的女儿们玩耍，就这样将神的力量转到祭坛前祈祷的人上。

宇宙世界观

君特·伯卡德（Günter Burkard）

现代宇宙观基于以下一些科学发现：地球是圆的，是绕太阳转动的行星体系中的一部分，而整个行星体系又是一个巨大的星系——银河系中的一部分。银河系又是浩瀚无边深不可测的宇宙的一部分，其中还有很多东西亟待我们去探索。

还有很多未解之谜：宇宙源于何处？它源于大爆炸吗？它还会扩张多久？扩张完后会发生什么？它会在遥远的将来收缩并消失吗？只有一件事是肯定的：在我们无法预计的几百万年之后，太阳会灭亡，而且我们的地球也将随之灭亡。

就在几百年前，地心学说仍然是占主导地位的世界观：地球是中心，太阳、月亮及其他星体均绕地球转动。伽利略是最先挑战这一神学权威的人之一，他被教会判为异教徒，直到最近才得到平反。

现在让我们回到几千年前，看看古埃及人的世界观：我们很快便发现，他们的世界观也是以地心学说，或者更准确地说“埃及中心论”为主导。但更重要的是我们发现当时的埃及人也在思考一些我们现在仍然试图回答的问题：宇宙源于何处，它如何形成并将如何结束？在对自然科学进行现代研究之前，当然主要是靠神学思想来回答这些问题，但其他一些方法，如自然观察、太阳循环或尼罗河水每年固定出现的汛期等都对回答这些问题起到了关键的作用。

但我们很快发现，并未形成一种埃及的世界本来的存在观。在不同的宗教中心，形成了不同的观念，如中埃及的赫尔默普利斯、古都孟斐斯，后来在上埃及也同样如此，如埃斯那或埃德夫。形成太阳神瑞神学理论的赫利奥波利斯神庙中的僧侣们，在这方面无疑发挥了重要作用。

尽管各种观点各不相同，但所有神学体系中均拥有一些共同点。埃及人的宇宙观包含三个层次：阴间、尘世间与天堂。阴间是死人与冥界神祇，特别是死神欧西里斯的所在。尘世间是生物、人类与造物者的所在。最后天堂是宇宙神，特别是太阳、月亮和星星之神的所在。

但埃及人并未意识到地球为球状，这是由希腊的自然哲学家发现的。但公元前三世纪，希腊人厄拉多塞（Eratosthenes）在埃及首次计算出了地球的周长。

埃及人认为地球是一个圆盘，周围围绕着原水——囊海（Nun）。埃及是其中心，这就是我们提到的埃及中心论的原因。囊海也由两个区域包围——天堂与阴间，因此整个宇宙都处于浩渺无穷的原始海洋之中。尼罗河特别是在每年的泛滥时期由囊海滋润，尼罗河又反过来滋润着土地。其中一种创世神话说囊海中升起一座“原始山”，所有生命由此起源。

天堂被想象成一个带拱顶的舞台，太阳神瑞每天驶着圣船经过这个舞台，晚上从“西边的地平线”落到阴间。他在阴间向西行驶，早上从“东方的地平线”处再次出现。晚上，月亮和星星之神位于天堂之上。地球边界上立有四根支柱，支撑着“世界建筑”，即宇宙。让我们来仔细看看这三个区域。死者到达死神欧西里斯的地界——阴间。死者进入阴间后将站在由欧西里斯作为高级法官的天庭面前接受审判，并在由法庭宣布“所叙属实”或“证据充分”后可在阴间继续得以存活。另外除了将阴间看成是尘世生活的映照外，还有一些较阴暗的理论：阴间还被看成是一个充满危险与恐怖的地方，只有被正式接纳者才能战胜这些危险与恐怖。太阳神瑞每晚坠入此危险的世界中从西运行到东，一共需要十二个小时。他站在自己的圣船中，圣船由几位神拖动，另外一些神，特别是塞特负责保护。强大而暴力的塞特神通常被刻画成神的敌人。这种保护是必须的，因为瑞受到很多邪恶力量的威胁，其中包括邪恶的敌人，阿波菲斯蛇（Apophis）。瑞在夜间经过阴间的各个地区时，将会给阴间的生物带来光明以及生命。

人们用文字和图片在图示性地图上记录着阴间的地理情况，尽管差别甚大但却十分细致，旨在帮助死者找到阴间的路，并保护他们远离危险。《天堂地狱之书》《天国之门书》《葬礼书》《尘世神之书》等指南被保留了下来，它们在新王国时期的王室陵墓墙壁上最为常见，但纸莎草草稿中也有，且《天堂地狱之书》还有可能出现在棺椁底。

41 天空女神努特

丹达腊，哈索神庙，新年祠堂天花板，希腊罗马时期，公元前一世纪。

女神嘴巴之前是她吞下的夜晚之太阳，膝盖上是她孕育的早晨之太阳。早晨之太阳在此处被描绘成向丹达腊 的哈索神庙发射光线。此庙位于两座树木葱郁的沙漠山之间，其特点在于刻有哈索头像的支柱柱身。

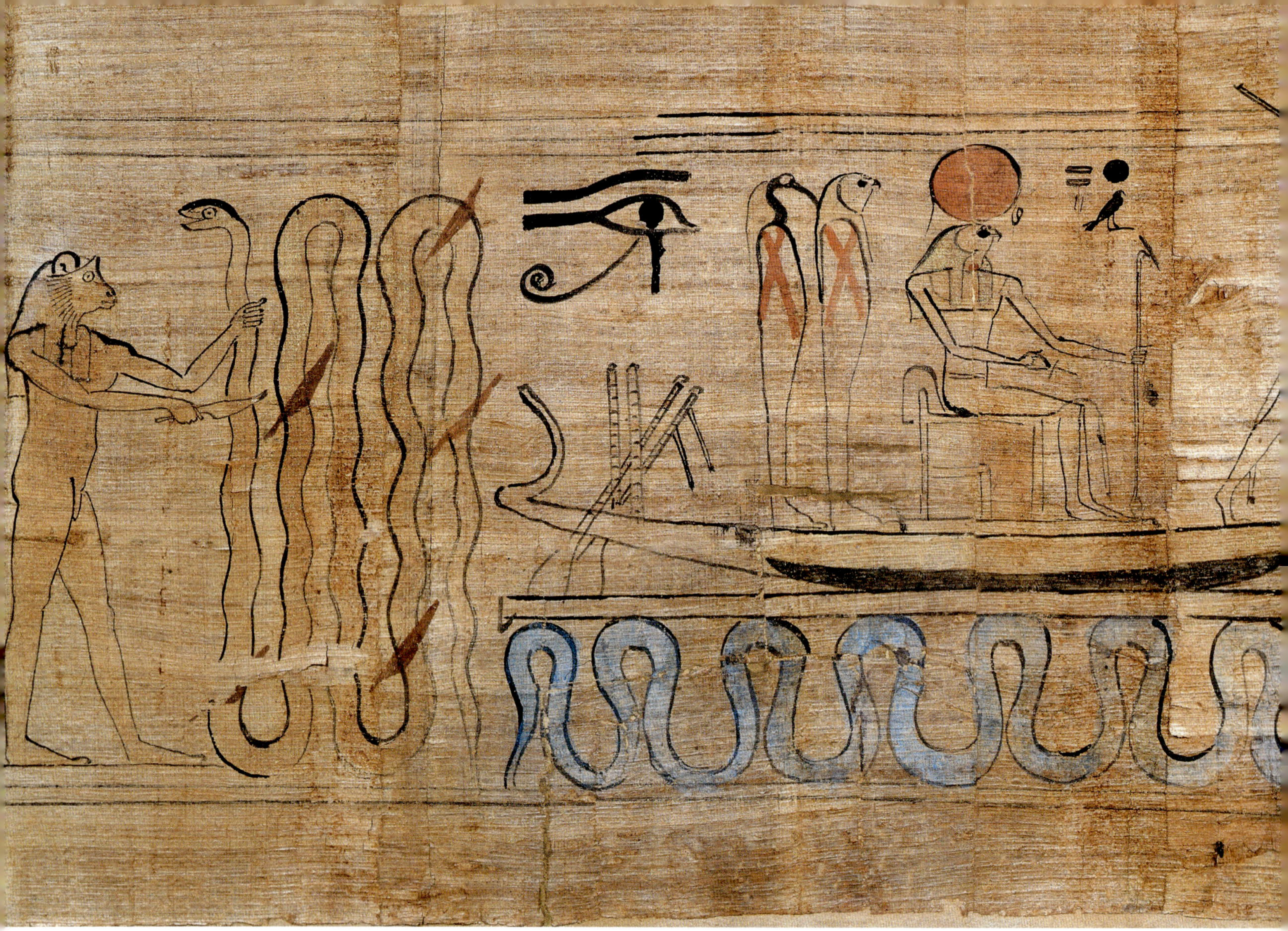

42 太阳神驶着圣船的夜间旅行

荷鲁比斯（Herubes）的神学纸莎草（细部图）；第三中间期，第二十一王朝，约公元前900年；彩绘纸莎草；高23.5厘米；开罗埃及博物馆，无编号。圣船由四条豺拉，下面是四位眼镜蛇神，他们举起手臂做祈祷状。

在船中我们可以看见太阳神，他后面是荷鲁斯与托特，前面是塞特。太阳神正用他的长矛刺向阿波菲斯蛇，这条蛇正图谋不轨地盘在船边，并在他面前突然跃起。身后是一只正在砍阿波菲斯的狮神。有几把刀已经插入蛇的身体。

除《阴间书》外，《亡灵书》是最为常见的阴间指南。它通常以纸莎草卷轴的形式被放在墓中。很多《亡灵书》都得以保存。

相反，尘世是生者的世界，正如前面所提到的一样，埃及是尘世中的中心。尼罗河是世界的南北轴线，太阳循环轨迹是东西轴线。埃及的边界线南到尼罗河第一大瀑布，北到地中海沿岸，东西到太阳升起和落下的沙漠山。在边界之外即为混乱的蛮邦、敌对之国。总之，这一切都是非埃及的。埃及人更偏好于以南为定位方向："右"与"西"为同一词，"左"与"东"为同一词。

天堂的穹顶更像华盖，在世界的尽头立有四根支柱作为支撑。另外一种说法为天空女神努特身子俯向地面，手和脚在地面上代表四根支柱，她的身躯象征着天空的穹顶。这是太阳神行经的路线，也月亮升落和星辰出现的地方。努特在晚上吞下太阳，太阳在其体内运行一圈后，第二天仍然由她吐出。白天，星辰在天空女神的身体内行经的路线也基本相同。有时候将雨解释成绕着天堂流淌的囊海中的原水溢出。埃及人清楚地区分了对天上的不同区域，并且描绘得相当详细，特别是在古王国时期的王室金字塔经文中。

但世界是如何形成的并将如何灭亡？一些创世神话可以告诉我们答案。让我们看看具有赫利奥波利斯神学特点的创世之神阿图。他的箴言由第一人称写成，自公元前四世纪起即被记录在纸莎草上。

世界形成之初是一片原始的海洋——囊海，创造之神漫无目的地漂浮在海上，世界一片死气沉沉。

这种原始的混乱而无秩序的世界并不是有意识的创世行为的结果——它之前就一直存在。最后经过漫长却不知有多久的时间，创世神在发现了他所谓的“立身之地”后从囊海中立起。这个地方最终成为囊海中升起的原始山。后来，他说道：“我用自己的拳头站起来，用自己的手性交，从我嘴中吐出种子，我吐出休神和泰芙努特。”就这样创造了第一对神祇夫妻，司生命、空气和光明的休神与湿润女神泰芙努特。因此原始神是雌雄共体，既是众神之父又是众神之母。休神与泰芙努特生了大地之神盖布与天空女神努特，但当时的具体情况已不甚清楚。后来，休神把努特从躺着的盖布身上托起，就这样创造了天与地。盖布与努特结合而生出欧西里斯、伊西斯、塞特与奈芙蒂斯。赫里奥波利斯的九柱神已全部诞生，但创世仍在继续。

其他有些创世传说与此相似，有些又有很大的区别。在赫利奥波利斯形成了八位一组的原始神，并且两两配对。在孟斐斯，从创世神卜塔的“心里”和“想象”中产生了创世的愿望，然后被转化成了神道。就像基督教一样，这种观点认为世界是通过神道创造的。

值得注意的是人类的创造通常仅仅是一笔带过，只有寥寥数语。例如，在阿图的创世叙述中，他说：“当我哭泣时，人类就以眼泪的形式从我眼睛里流出来。”这种形象是可能的，因为在埃及神学思想中双关语有着至关重要的作用。“眼泪”与“人类”两个词在埃及语中是相似的。

宇宙不是静止的而是处于动态运动过程中或者自然现象的循环过程中。世界并不是一次性创造而成，而是不断循环的一个过程，最直观的感受就是太阳每天的东升西落。这就是为什么人们将创世称为“首次”，后面还有“很多次”。当然，在这种观念中对自然现象的观察起到了关键性的作用。自然循环体现在太阳每天的东升西落，月亮的阴晴圆缺，四季更替与尼罗河每年的泛滥。周期性重复的观念自形成起就根深蒂固。例如，当国王继位后，他有义务重组世界秩序，消除混乱并统一“两地”为一个国家，即埃及。

但这种循环却一直受到被中断的威胁。例如，太阳神夜间在阴间行走时可能遇到很大的危险，而中断则意味着世界末日的来临。

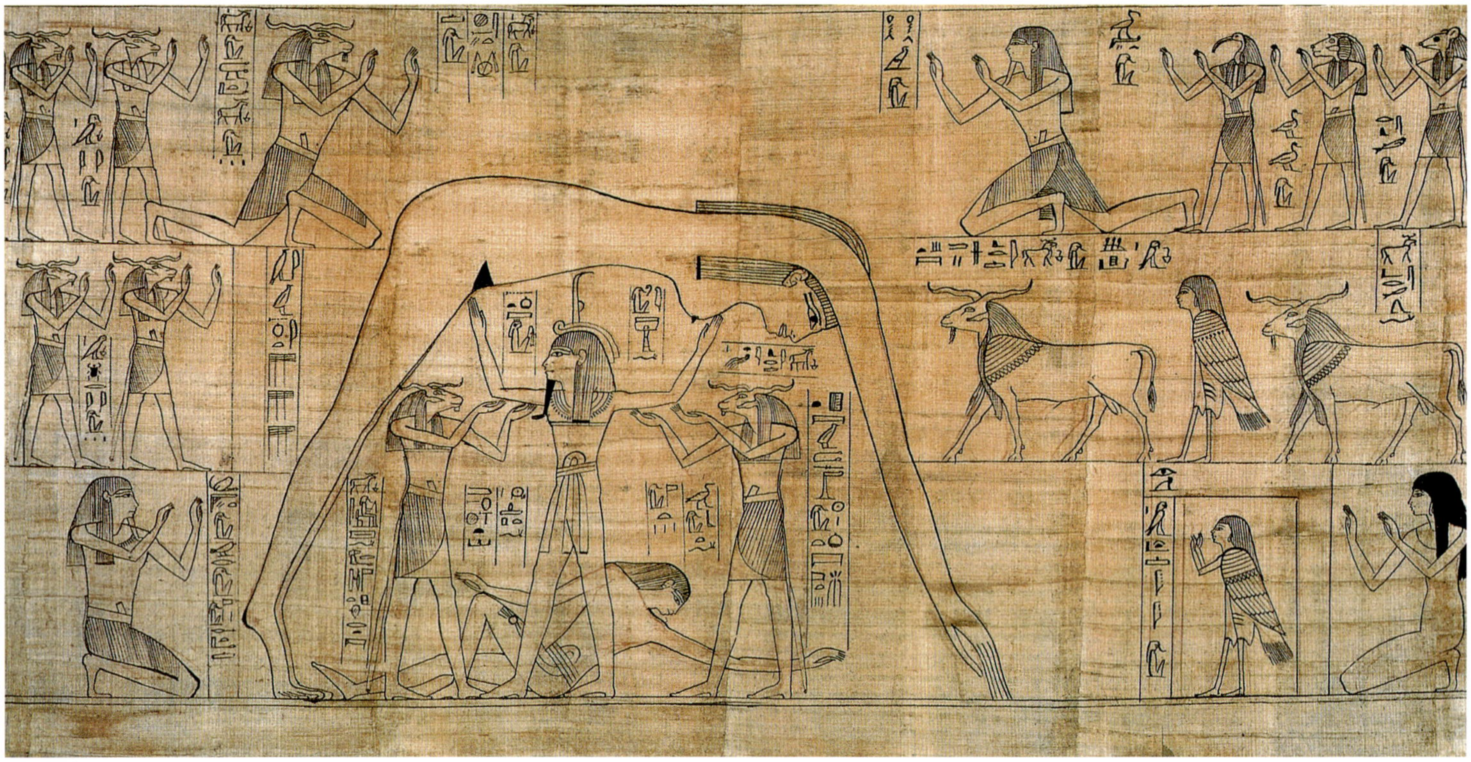

43 天地的创造

格林菲尔德纸莎草（第 87 张）：《奈斯塔尼布塔西鲁(Nesitanebtasheru)亡灵书》(细部图)；第三中间期，第二十一王朝，普苏塞奈斯一世统治时期，约公元前 1025 年；刻字纸莎草；高 47 厘米；大英博物馆，EA 10554。

休神在两名公羊神的帮助下将天空女神努特从躺着的大地之神盖布身上托起，象征着创造了天与地。努特被描绘成“天顶”，她的手和脚触着地面。

44 天庭之牛

底比斯西部，帝王谷，塞提一世墓；新王国时期，第十九王朝，约公元前1280 年；大英图书馆罗伯特海（Robert Hay）创作的水彩画。

自新王国时期起，天在埃及神学中以牛的形象出现。插图里支撑着牛的诸神中，支撑着牛身体的休神是主角。他的位置与他在努特创世观点中的位置相同。牛的身体上画着夜间的星星。

45 托勒密八世即埃乌尔太斯二世（Euergetes Ⅱ）时期带支柱的大厅

菲莱岛，伊西斯神庙；托勒密时期，约公元前150年；勒佩（Lepère）为埃及一世法老铭文创作的彩色雕版，pl. 18,1809。

寺庙是缩小版的宇宙：支柱像植物一样从原始的沼泽中升起，柱身支撑着寺庙顶，即天空。门上方中央是驶着圣船的太阳神，几位神正在向他祈祷问候。天花板右上端画着夜晚的天空，有天空女神努特和繁星点缀的夜晚天空景象。墙壁和支柱上到处都画着国王在各神面前举行仪式的场景。

中断可能意味着世界末日。为了应对这一挑战，维护世界的正常秩序，需要付出大量的努力，特别是维护在日常的寺庙仪式中的秩序。国王在履行这些仪式时的主要职责在于避免世界循环被中断。埃及所有寺庙中的墙壁上均描绘有举行这些仪式的场景，通常由国王来履行这些仪式。尽管拥有世界循环的观念，但埃及人同时意识到时间的线性特点：人的生生死死，一代接一代，一位国王代替另一位国王。这种思想在所谓的国王列表中体现得尤其明显，列表中记载了自史前神话时期法老的姓名，证明了国王的统治历时长久而未被中断。很可能正是这种线性的世界观——世界末日的观点与世界起源的观点形成对照。让我们回到创世神身上。同样也是阿图，这一次他在《亡灵书》中说道："但我将摧毁我所创造的一切。"世界将会回到原水状态，即起源时的洪荒也再次出现。"只有我与欧西里斯能够永存。"但世界灭亡并不是突然爆发的，它是有意识的与创世相反的行动，就像在同一篇文章中提到的一样，需在"几百万年之后"出现。

为了更加清楚地了解埃及人的宇宙观，我们必须参观埃及寺庙，特别是后王国时期的寺庙。在那里用石刻的方式阐述着埃及人的世界观：埃及寺庙是一个缩微版的宇宙。当走进寺庙围墙时，这种感觉就很明显了：这些围墙并不是直接用石块或者砖块层层堆砌而成，而呈波浪状，不断地起起伏伏。可以通过生动的假设推断出这些围墙正代表着环绕着宇宙的原始海洋中的波浪。寺庙本身通常位于地势较高处（有时是刻意地人为垫高）；通向寺庙后面最内的祠堂的地面通常也稍高。这象征着囊海中升起的原始山。

两座进入寺庙必经的壮观的塔门楼象征着地平线上竖起的两座山，太阳在两山之间升落。人们从地板，即地面进入象征着阴间的地下室。地面上立起的纸莎草和莲花形状的支柱代表着从原始沼泽中长出的纸莎草和莲花。它们也象征着天柱，支撑起寺庙屋顶即天空。如果仰望，这种建筑特点和对这种观点的视觉化阐述效果则更加明显：可以看见尤以猎鹰与秃鹰神为代表的天空神、繁星点点的夜空或者天空女神努特本人的形象。

王室和神的节日

约阿希姆·维勒特奈（Joachim Willeitner）

与今天我们庆祝某些事件的习俗不同，固定节庆在古埃及人的生活中似乎无足轻重。生日、命名日、结婚纪念日等在当时的文化结构中不是什么值得庆贺的特殊的事。在古埃及，既没有与基督教洗礼类似，为新生儿取名的正式活动，也没有相关的注册程序。而广泛举行的割礼显然与出生无关，因为割礼举行的时间十分靠后。庇护神及与历法相对应的圣人在古埃及宗教世界观念中并未作为主角，即使伊姆霍特普（Imhotep）、海奎贝（Heqaib）、哈普之子阿蒙霍特普这些重要人物在死后都被封为圣人，以及在伊姆霍特普的生日、祭日、安葬日也举办纪念活动，但他们在古埃及宗教世界观念里并未起到主要作用。

此外，婚姻与公家无关。新婚夫妇宣布他们自愿成为夫妻，然后居住在一起，不需要任何祭司或注册官员在场举行庆典（但是，为了税收，官方必须知道每一位公民）。不过，孩子的出世还是家里的一件大事，不仅因为孩子多了老有所养，而且孩子出生（或者有人去世）时，人们不用去劳作。尽管如此，庆祝或纪念某人生日的记录很难找到。唯一说明人们还是在庆贺生辰的，就是戴尔-艾尔-麦迪纳（Deir el-Medineh）出土的工人名单的缺勤记录（"某某某由于庆祝生日缺勤"）。

然而，明日法老——"王神"的生日却是全国上下的大事，显得格外重要。从阿蒙神的受孕，到这孩子的出生、由神性的乳母照料，各种情形都集中在神庙的浮雕上。但是，就是对这么重大的事情，我们也没能找到公开的正式庆祝活动。倒是有一些军事胜利之后的全国庆典［比如图特摩斯三世（Thutmosis Ⅲ）征服美吉多（Megiddo）］和君主去世后全国哀悼的模模糊糊的说明。

不过，有个节日我们还是非常了解。每一位统治时间满三十年的君主都会庆祝这个节日，有的君主知道自己不能活到那一天，也会提前庆祝。这便是"塞德节"。

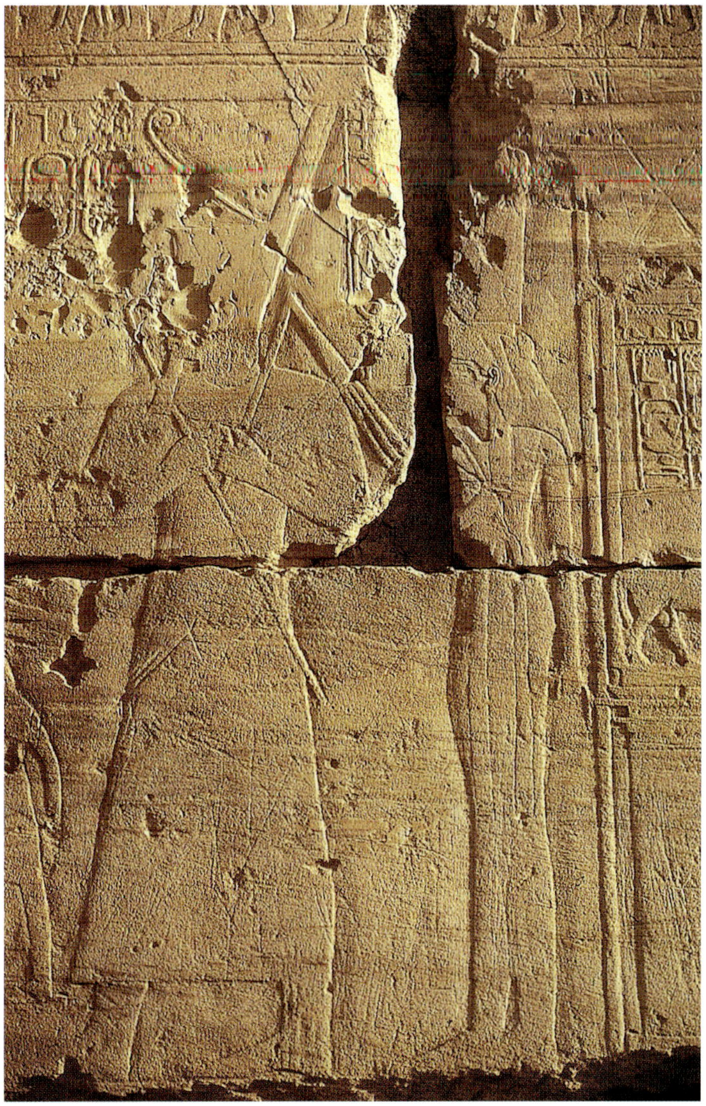

46 哈特谢普苏特（Hatshepsut）参与奔跑仪式

卡纳克，阿蒙神庙，"红色寺庙"；新王国时代，第十八王朝，约公元前1460年；砂岩；高60厘米；卡纳克露天博物馆，无编号。

塞德节（hebsed）是最重要的皇家节庆，标志着法老统治达三十年，之后约每三年庆祝一次。不过，多数法老都不能活到他们庆祝这一纪念日的时候，所以也不常举行。有时，如果上一个塞德节逾期很久未举行，则这次的塞德节会提前。在仪式中，君主须参与奔跑，并完成其他任务，情形就与浮雕中哈特谢普苏特和埃皮斯（Apis）神牛参与仪式一样。这块浮雕出自阿蒙神庙中心三桅船圣殿的红色寺庙，神庙位于卡纳克。

47 阿蒙诺菲斯三世和泰雅王后庆祝塞德节

索勒布，阿蒙诺菲斯三世墓，第二个院落（详图）；新王国时期，第十八王朝，约公元前1360年；沙岩。

从新王国时期开始，法老的配偶在塞德节中越来越重要，例如阿蒙诺菲斯三世的妻子泰雅王后，她的特点是戴着高高的头饰，上面插着两根羽毛。这块精细的浮雕来自努比亚的索勒布神庙，详细描绘了庆典的盛况。泰雅站在她的丈夫身后，两人一同参加各种仪式。奥索尔孔二世和他的妻子卡罗玛玛（Karomama，见277页，图7）后来也遵循了这种做法。

48 刻有塞索斯特里斯三世的门楣

美达姆得周年纪念建筑；中王国时期，第十二王朝，约公元前1860年；石灰石；高157厘米；开罗埃及博物馆，JE 56497 A。

在塞德节中，君王会参与若干重生和出世的仪式，而且一直要穿着特制的斗篷，即塞德节斗篷。这幅图通过埃及拟人化的两个部分表现了君王对其长时间的统治。仪式中，君主（这里即是指塞索斯特里斯三世）以两个人的形象出现，一个戴上埃及王冠，一个戴下埃及王冠，并坐在很有特点的圆顶华盖下方。神赐给君主象征塞德节的象形图，设计成一对祠堂，其圆顶具有相同的特征，上面的浮雕象征着长久的统治。

49 奥索尔孔二世神殿

布巴斯提斯，巴斯苔特（Bastet）神庙，正门砖块；第三过渡时期，第二十二王朝，约公元前850年；红色花岗岩。

君王在塞德节期间必须进行的一项仪式是向神殿中供奉的神上供。这块浮雕是布巴斯提斯的巴斯苔特神庙正门的一部分，其上就描绘了奥索尔孔二世在统治期间举行庆典的情形；这座正门现在已经被彻底摧毁。和其他浮雕一样，这块浮雕上也表现了神殿以及神殿中供奉的神像［本图中即是荷鲁斯、奈斯（Neith）和另一位男性的神］，神像与神像之间很近，有可能是从全国各地搬到此地参加庆祝。奥索尔孔将自己描绘成在每座神殿左下角跪拜神的形象，但是已经被严重风化，难以辨认。

50 戴着荣誉金领圈的哈伦海布（Horemheb）将军

塞加拉，哈伦海布墓；新王国时期，第十八王朝，图坦卡蒙统治时期，约公元前1325年；莱顿（Leiden）荷兰国立古物博物馆（Rijksmuseum van Oudheden），H. Ⅲ. QQQ。

举行庆典还有一个比较特殊的原因，就是君王以个人名义对立功的臣民进行嘉奖。这种庆典叫作“荣誉之金”，有很多相关记录，尤其是在埃赫那顿（Akhenaten）在位时期。庆典中，君王［我们暂且认为这块浮雕出自当时国都所在地阿玛纳（Amarna）］将重达15磅以上的几个黄金领圈从皇宫的“显灵之窗”中扔向下面欢呼的人群。哈伦海布将军在他塞加拉的墓中描绘自己戴着几个这样的领圈，很可能是图坦卡蒙所赐。后来，他也成为法老。

这些庆祝是要肯定君王继续统治国家的能力。庆典的特点在于，至高无上的帝王要完成奔跑仪式，其他还有再生、复兴的仪式。塞德节在君主统治达三十年举行庆典之后，一般就每隔三年再举行一次。在拉美西斯二世漫长的统治中，塞德节的庆祝格外隆重。他常常邀请外邦的达官显贵，还把这宏大场面繁复的礼节传给了王 储——他的儿子喀伊姆维斯（Khaemwese）。

在最早修建的王室大墓中，即塞加拉的卓瑟王阶梯式金字塔，墓葬周围的建筑有几座就是为了表现卓瑟王举行塞德节而特意设计的。卓瑟王在位不到三十年就去世了，所以修建这些建筑让他至少能在来世庆祝。纽塞拉（Niuserre）的情况也差不多，他也在阿布古拉布的太阳神殿的墙上饰以塞德节庆典的场景。阿蒙诺菲斯三世（Amenophis Ⅲ）在索勒布（Soleb）修建的神庙的浮雕则详细、生动地刻画了仪式的过程。奥索尔孔二世（Osorkon Ⅱ）曾在布巴斯提斯（Bubastis）修建了神庙，全世界的博物馆都藏有这座神庙一部分的结构。通过来自这座神庙一扇大门的几块砖上的描绘，我们也找到了更多线索。另外，“引人注目的拉美西姆纸莎草”上描写 的加冕仪式，肯定也被这些再生仪式采用过。君主嘉奖立功的臣民时，也有公开的大型庆典。这些立功的人一般用纯金制作、重达15磅以上的“荣耀的领圈”加以装点。

大多数全国性的节日都是每年庆祝一次，因此也和古埃及历法中的三季一致：洪水季（akhet）、播种季（peret）与收获季（shemu），每一季持续四个月。一年中，第一个值得庆祝的全国节日是在仲夏时节，这一节日标志着尼罗河洪水期的开始，被埃及人奉为女神索提斯（Sothis）的天狼星也在此时重现。

此后，多数年度节日都只是在地方上比较重要，总是和特定的神有关。雕刻在神庙墙上的节日时间表说明了相关节日的日期，所以是非常重要的信息来源。通常，祭司将神像从神殿中取出，放在有撑船蒿的大船上，载着神像一路吹吹打打通过村庄。雕像放在可以搬动的神殿内，以阻挡船队两旁民众非法紧盯神像的目光。但是，百姓们可以向雕像祈祷、提出请求，而雕像则通过让船以特殊方式移动（当然是祭司操纵）给予回应。有很多称王时发生争议的君主，就是利用这些神谕让自己取得了法老的身份。

51 节日时间表

康翁波（Kom Ombo），第二前厅；托勒密王朝时期，托勒密四世 - 菲拉帕托尔（Philopator）统治时期；约公元前170年；沙岩。

神庙墙上的这些庆典日期记录了各种各样的庆典，这些庆典总是在每年的同一天举行。本图中的日期来自索贝克和哈拉里斯（Haroëris）神庙：右边的一栏是庆典的日期，圆形代表月，直线代表日期的单数，曲线则代表双数（例如，2根曲线和5根直线就 表示25日这天）。节日的名称在左边一栏、相关的行。但是，没有说明具体的步骤和祭品的数量。全国性的节日非常重要，当月月份都要在节日后面标出名称。比如，寻常百姓就将洪水季期间举行的奥佩特（opet）节之后的第二个月叫做“帕奥皮（Paopi）”，即“奥佩特节所在的月份”。

可以移动的三桅船经常是被搬到神船上，然后神船再下水。一般在需要将神像渡过尼罗河时就这样做；比如阿蒙神的神像每十天就会从尼罗河东岸的卢克索神庙搬到西岸的梅迪涅特哈布（Medinet Habu）神殿。神与神之间长途跋涉、相互探望时所经过的河道路线也是要加以甄选的；比如哈索尔与荷鲁斯每年往来于丹达腊和埃德夫。埃德夫还是大众举行“仪式比赛”的地方。似乎可以说，这种比赛也是以荷鲁斯和塞特（Seth）的竞争为背景的；埃德夫的神庙中的浮雕说明，人们通过一头用面包做成的犀牛再现了这位长着隼头的神报复塞特，为被其杀害的父亲欧西里斯报仇的情景。 与三桅船有关的重

52 荷鲁斯神船起航

埃德夫（Edfu），塔门面向内院的一侧；托勒密王朝时期；托勒密十二世 - 尼欧斯·狄奥尼索斯（Neos Dionysos）统治时期。约公元前70年；沙岩。

每个庆典的高潮部分是神在祭司庆祝队伍抬着的船上巡游。队伍的目的地一般是异性神的神庙，这样，神就可以在庆典高潮时，在神殿中双双举行“神圣的婚礼”。其中最有名的是每年为埃德夫的荷鲁斯与丹达腊的哈索尔举行的巡游。船队通过尼罗河，装饰华丽的三桅船首尾都摆放了长着隼头的荷鲁斯像。向下游行驶时，船就利用水流向前行进，船桨也提供更多加速度；返回时，将船帆设置恰当，让不绝的南风推动船队向上游行驶。

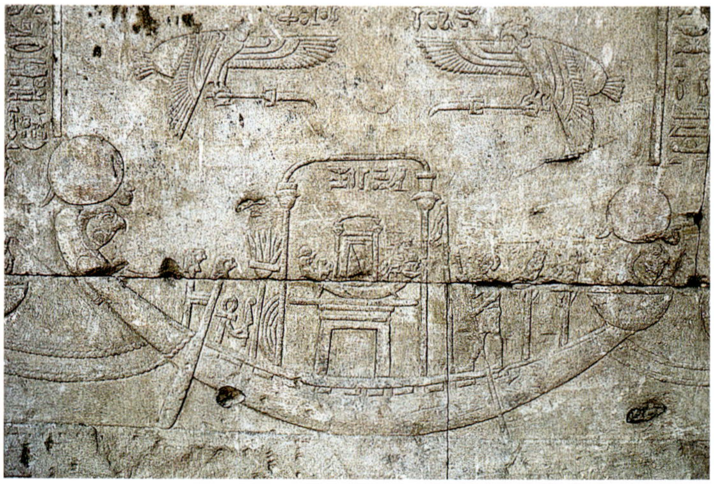

大节日都在底比斯举行：从新王国时期开始，奥佩特节就在“洪水季的第二个月”举行；而从中王国时期起，“河谷盛会”就在第二个收获月的新月出现时举行。在奥佩特节上，全国都信奉的大神阿蒙神带着妻子姆特（Mut）、他们的儿子以及月神孔苏（Khonsu）从卡纳克神庙的家中来到卢克索神庙。在此背景下，卢克索神庙就是他的“后宫”（即“奥佩特”的含义）。从仪式方面讲，卢克索神庙的地位明显较低。其实正如我们所预料，这座神庙的轴线并未垂直于尼罗河，而是与其平行，指向其北侧远处的国家级神庙，并通过一条排列着狮身人面像的华美的小道与其相连。但是，神圣的三桅船并未沿着这条路走，而是绕着尼罗河上将近三公里长的水道行进。图坦卡蒙、荷伦希布、拉美西斯二世统治期间的浮雕都详细地表现了欢庆的船队。普通大众、乐手、舞者以及全国的贵族都参与进来；还有经过装饰的肥壮的公牛，排成长长的一排，用作祭品；公牛最后是三桅神船，放着丰盛贡品的餐桌正等待船队最后的到来。节日的时间从最初的11天延长到后来的27天。

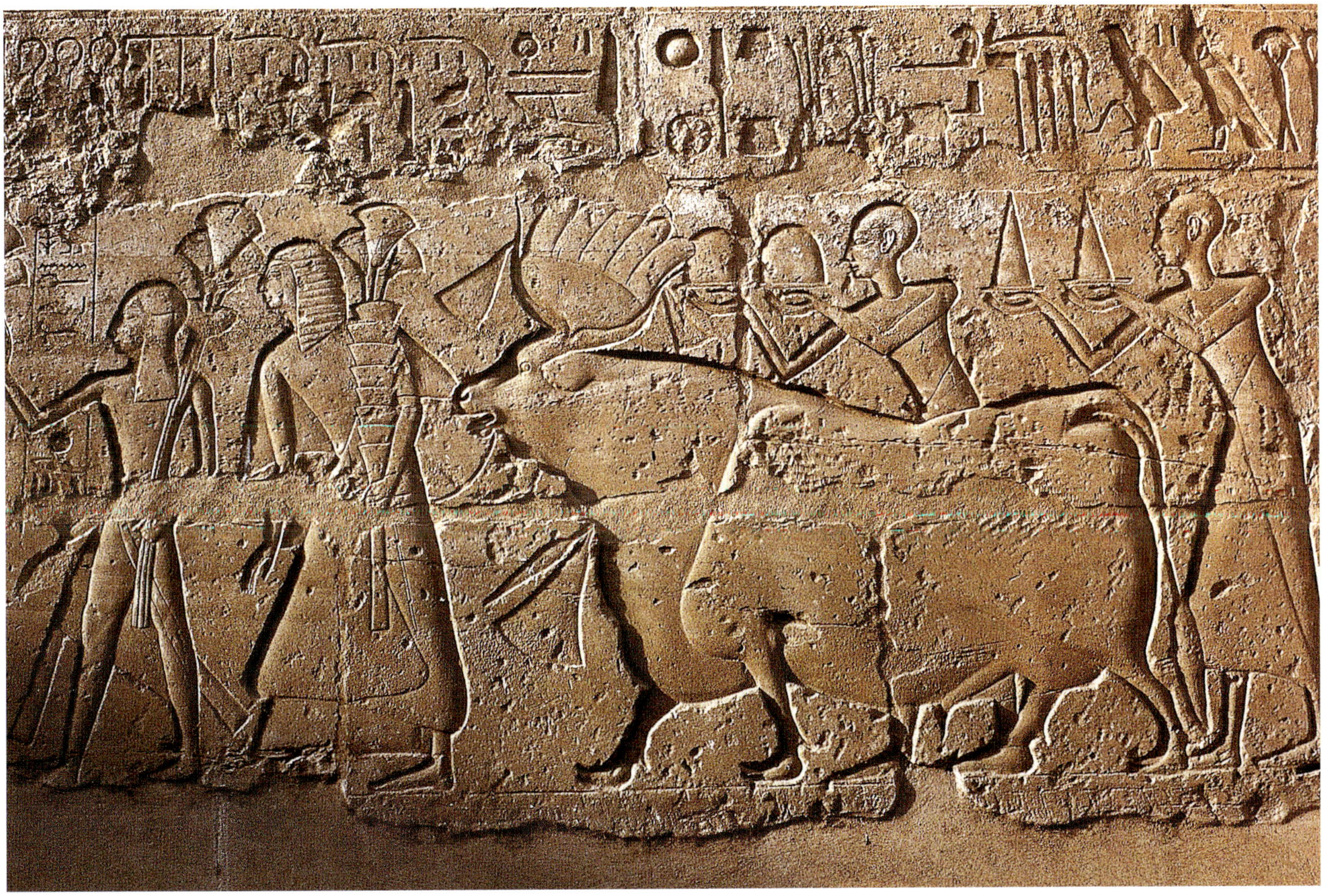

53 奥佩特节上献祭用的牛

卢克索拉美西斯二世宫殿，新王国时期。第十九王朝，拉美西斯二世统治时期，约公元前1250年；砂岩。

在奥佩特节上，三桅神船的目的地是卢克索神庙中放着祭品的祭坛。队伍中肥壮的公牛稍后会被屠宰，以对神表示敬意。公牛很明显是为了保存肥肉而圈养的，因此其蹄子都没有磨损，向前长出角状增生。

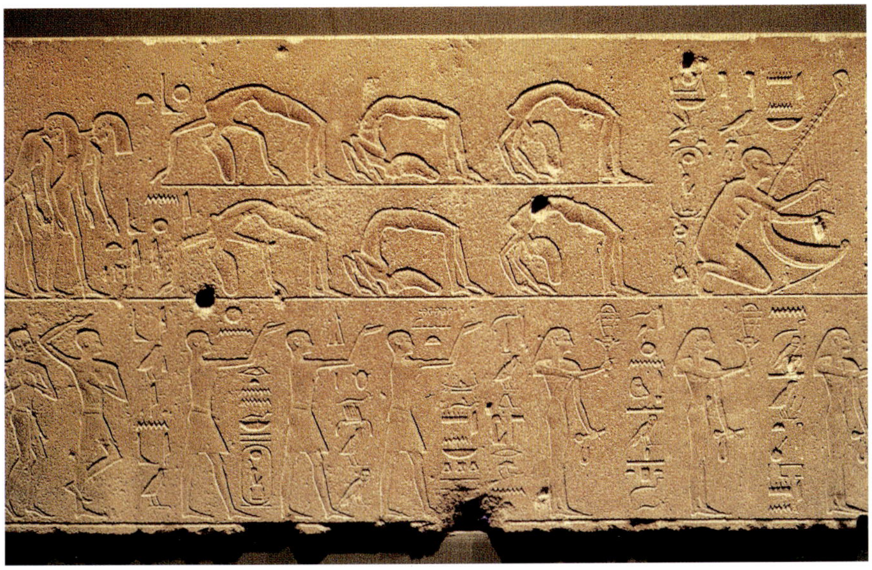

54 乐手和杂耍艺人

卡纳克，阿蒙神庙，“红色寺庙”；新王国时代，第十八王朝，约公元前1460年；砂岩；高约60厘米；卢克索古埃及艺术博物馆，J. 151。

在卡纳克的阿蒙神庙，女王哈特谢普苏特（Hatshepsut）“红色寺庙”上的这块浮雕描绘了在队伍最后等待载着神像的三桅船的杂耍艺人和竖琴师。卢克索神庙的墙上以及最近发现的德伊埃尔巴哈里阶梯式神庙（也是由女王哈特谢普苏特修建）的残垣断壁中也找到了几乎一模一样的场景。

55 宴会场景

底比斯西部德拉阿布埃拿加内巴蒙（Nebamun）墓（TT 146）；新王国时期，第十八王朝，约公元前1380年；石膏画像；高61厘米；伦敦大英博物馆，EA 37984。

尽管并没有明确说明底比斯墓葬中的宴会场景就是描绘“河谷盛会”中的葬礼，我们也能很有把握地推测多半就是这种情况。值得注意的是，葬礼宴席的场景只出现在第十八王朝修建的墓葬中。随着风格的不断演进，人物也越来越生动；本来十分严格的性别差异，也变得越来越模糊，就像内巴蒙墓中的这幅画一样，直至最后完全消失。

56 一群乐手

底比斯西部安伯达·艾·古纳首长纳赫特墓（TT 52）；新王国时期，第十八王朝，约公元前1390年；石膏画。

“河谷盛会”每年举行，君王也会参加。盛会同时也是神孕育一位神子的契机：卡纳克的阿蒙神来到“沙漠河谷”，现在称为德伊埃尔巴哈里，探望住在这 里的哈索尔女神。对于死者而言，则是从巡游的大量祭品中分得一杯羹。底比斯人会来到亲人的墓前，在音乐的陪伴下，同亡灵一起庆祝，并由仆人照料；就好像纳赫特墓中这幅图所绘一样。这种私人举行的庆祝经常绘制在墓葬的墙上，反倒是官方三桅船巡游的情形非常少见。

贵族都参与进来；还有经过装饰的肥壮的公牛，排成长长的一排，用作祭品；公牛后面是三桅神船，放着丰盛贡品的餐桌正等待船队最后的到来。节日的时间从最初的11天延长到后来的27天。

“河谷盛会”持续数天，远在底比斯城外的人很快也乐在其中。在这场盛会中，阿蒙神的三桅船渡过尼罗河，从卡纳克神庙前往德伊埃尔巴哈里（得名于沙漠河谷）的神庙，再从德伊埃尔巴哈里去到底比斯西岸上的各个王室葬祭殿，继续举行朝拜，在埃及人的信仰中，只要阿蒙神在巡游中造访其葬祭殿，逝去的统治者就能吃到献给他的贡品；因此，埃及人一般也希望他们逝去的亲人能因此受到同样的恩惠。有证据表明，尤其是晚期发现的证据，高级官员们都十分热衷于将其墓葬修建在尽量靠近三桅神船巡游路线的地方，确保他们的墓葬入口朝向这条路线。

面对底比斯广大的墓场，那些安葬地点距离节日活动很远的死者的亲人们自有应对之法：他们盛装打扮，来到亲人的墓地同他们一起庆祝。他们喝很多酒，进而感到从世俗中解脱，和逝者离得更近，这种体验在庆典中有很大的作用。这样，也就不难理解他们为什么要在庆典上追求宿醉一场了。因此，底比斯墓葬绘画和浮雕上不仅表现了庆典中仆人们将食物、饮料、香精抛向宾客，乐手也来助兴等让人愉悦的一面，毕竟“制造假日气氛”是埃及人对这一节日的理解，还表现了仍然身在现实中的人妄图进入亡灵世界的令人不悦的后果——来到墓地喝得酩酊大醉的人有时呈呕吐状。

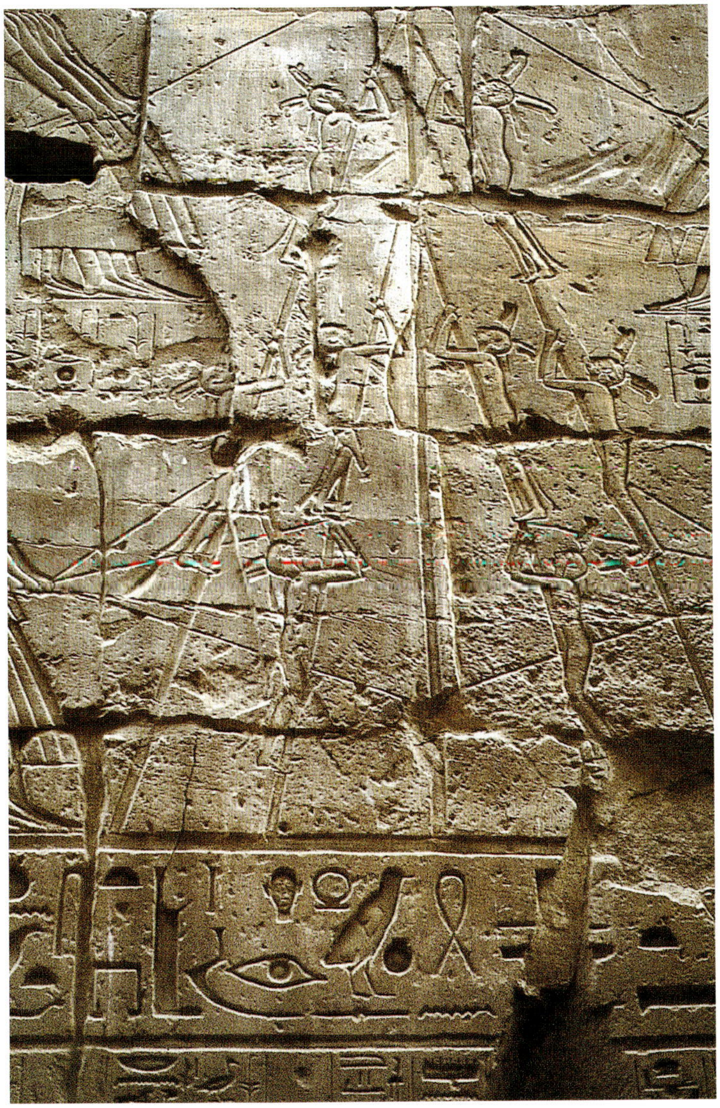

57 “登高祭拜敏神”

卢克索拉美西斯二世宫殿塔门内侧；新王国时期，第十九王朝，拉美西斯二世统治时期，约公元前1250年；沙岩。

为生产之神敏举行的庆典中，有一项“登高祭拜敏神”的仪式，塔门内侧描绘了其情形。“登高祭拜敏神”是埃及古物学家编造的一个具有误导性的词，因为这个词并没有真实说明这是一场竞技的仪式，而是说这是在修建一个很大的节日帐篷。在整个庆典中，这项仪式非常有特色。神庙墙上常常只表现这项仪式，而不表现整个庆典的情况。其实，整个庆典的情况只被完整记录过一次，就是塞索斯特里斯一世在卡纳克修建的三桅船圣祠——“白色祠堂”（见137页，如图61所示）。

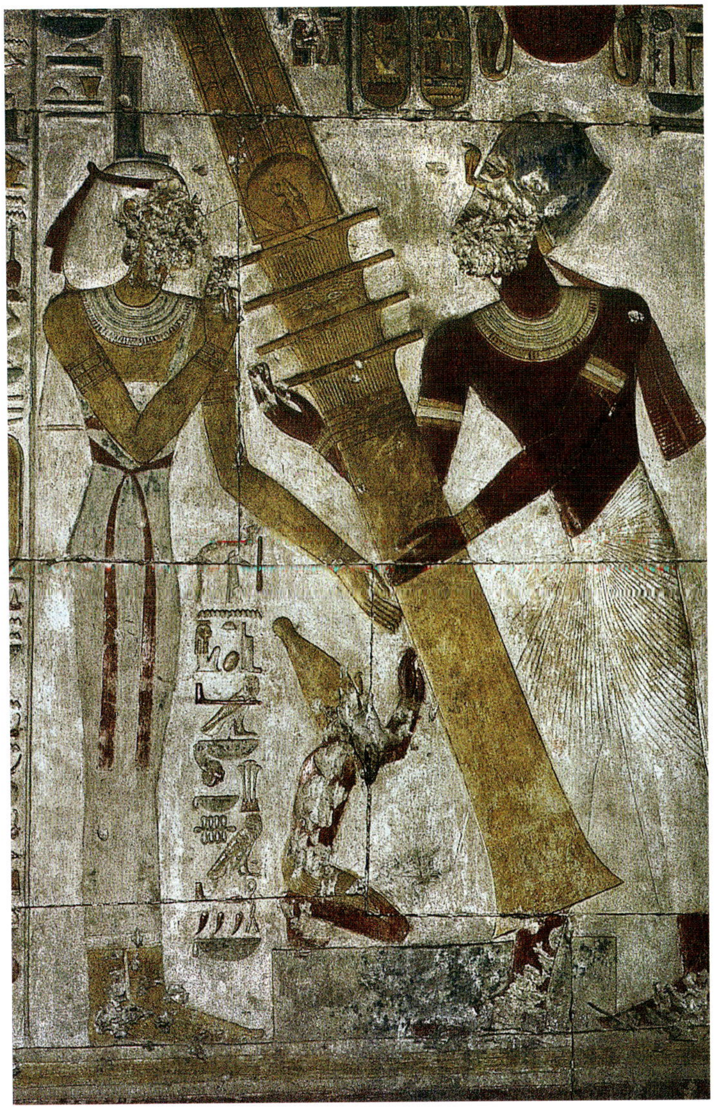

58 塞提一世（Seti Ⅰ）树立节德柱

阿比杜斯塞提一世庙欧西里斯大厅；新王国时期，第十九王朝，约公元前1285年；沙岩；彩色。

洪水季第四个月奇沃卡（Choiak）月后半段期间，主要是为传统的孟斐斯守护神索卡尔举行庆典。这场庆典持续数日，其间会举行“破土”和“包洋葱”等活动，最后在仪式“拉起索卡尔的三桅船”中达到高潮；后面的三桅船队叫作“大墙周围的三桅船”。竖起节德柱（多半采用麦束编织而成）后，庆典活动即结束。阿比杜斯的塞提一世庙中，就有类似描绘的浮雕。

大量饮酒的情况似乎在其他节日中也十分突出：每年新年伊始不久后，就会庆祝一个名为“酩酊大醉”［泰希（Tekhi）］的节日。这一节日前面一个就是托特（Thoth）节，布鲁塔克（Plutarch）形容，人们在节日中狼吞虎咽地吃着蜂蜜和无花果。

大多数庆典都或多或少地与草木每年的枯荣相联系，相应地，也就是与死亡和重生的轮回相联系。从各种与收获有关的庆典中尤其可以清楚地看出这种联系。比如为了向滋养女神雷内努特表示敬意的在收获季之前的几个节日；在收获季第一个月新月出现之时，持续几天的纪念生产之神——敏神的节日。就拿后面这个节日来说，在节日期间，君王会向东、南、西、北各个方向放飞一群鸟儿，象征再次拥有整个世界；他还会献祭一些用一种特殊的镰刀收割的谷物。羽衣人的表演是这一丰收节的重头戏。他们正在用木头杆子架设一座巨大的锥形建筑物，明显是要搭建一个用来举行仪式的帐篷，很长时间以来，他们的这一动作都误以为是在表演登高祭拜敏神。

每年的最后一个节日是在收获季第四个月的最后一天。这天会举行一场特殊的麦斯特（Mesit）晚宴。节日中，人们点起火把，在不祥的降神日期间获得庇护。降神日是除月份之外的最后五个闰日，加上这几天使一年的天数成为365天。

24 4
26+

木乃伊的制作

雷娜特·格尔默（Renate Germer）

对死者进行防腐处理是古埃及文化的一大特点，而且也有永久保存遗体的目的。制作木乃伊源于埃及当地的气候和地理条件。史前时代，死者安葬在沙漠的沙土中，以兽皮或草垫包裹。在这样高温、干燥的环境中，身体组织由于水分被吸出得以保全，因此也就形成了天然的木乃伊。

但是，自有史料记载开始，由于人们开始为死者修建墓穴，将其安放在棺木中，上述保存条件不复存在，尸体也就腐烂了。可是，古埃及宗教信仰又要求将死者的遗体保存下来，以进入所渴望的来世；因此，埃及人开始通过各种方式进行试验，防止身体在人死亡之后自然腐化。

首先是尝试用亚麻绷带将尸体紧紧地缠绕起来。后来，埃及人发现，如果不将胸腹内的脏器除去，腐败在所难免。这一情况很容易从捕到的鸟、鱼等食物中观察到：这些食物只有在去除内脏之后，才能保持新鲜。因此，尸体防腐处理工从古王国时期开始就打开死者腹腔，并取出内脏。在制作人木乃伊时使用泡碱，很可能也是从利用具有脱水作用的盐保存肉和鱼的做法中得到了启发。

不过，尽管去除了内脏，由于古王国时期的技术并不纯熟，尸体甚至还不能保存到现在。现在，亚麻布下剩余的东西只有骨头和组织碎片，一碰就散；但是，亚麻布条又常常保存完好。这就说明埃及人决心要将尸体保存好，尽量与其生活时的样子一样，而且死后也能发挥功能。女性的乳房、耳朵、眼睛、口鼻等器官通常会用亚麻布做成模型，或者至少是在绷带上画一张脸。亚麻绷带的最后一层模仿衣服的样子。女性就制成直筒式连衣裙，男性就制成缠腰布。

在中王国时期，木乃伊制作技术取得新的进展，就是将大脑从颅骨中取出。起初只是偶尔进行这一步骤，而且从遗体判断，只针对与王室关系最亲近的上流人士。从新王国时期开始，防腐处理时将尸体的大脑和其他内脏取出就变得比较普遍了。这样一来，肌肉也终于得以保存，直到3500年后的今天。

在法老时代末期，埃及人还是继续对死者进行防腐处理，但是一般都不怎么仔细了。尽管基督教会明令禁止这种异教行为，埃及的僧侣照样我行我素。然而，对尸体进行防腐处理的做法似乎还是在十七世纪从埃及消失。

木乃伊制作过程

对于将遗体制作成木乃伊的过程以及在过去的几百年中制作技术的变化，我们能从两个来源加以了解。除了检查真实的古埃及木乃伊，我们还可以研究公元前第五世纪时的希腊史学家和旅行家希罗多德的文献和狄奥多罗斯（Diodorus）针对这个问题的文章。

纸莎草文献、墓葬和神庙墙壁上的许多文字和图画等幸存下来的埃及文物反而没有提到过如何进行防护处理。我们所知的防腐处理仪式仅在罗马时代的两份纸莎草文献中有所提及，可只是围绕仪式说明而已：遗体的各个分离的部位如何涂油、如何缠绷带、如何通过护身符和咒语对其施加魔法的保护；而怎样保存遗体的技术步骤却只字未提。

与最近对木乃伊的分析相比，希罗多德的文献十分准确，让人惊讶。他的信息来源肯定非常好。推测他可能亲自在埃及见过防腐处理方法，或者是了解到一些很准确的说法。

59 木乃伊盒上的面具

可能来自于底比斯；中王国时期，第十一王朝，约公元前1990年；涂过灰泥并绘图的亚麻布；高71厘米；开罗埃及博物馆，RT 24.4.26.1。

古王国时期之后，墓葬中就有了木乃伊面具。最早的面具采用石膏制成；到了中王国时期，面具就包含几层亚麻布，然后涂上一层厚厚的灰泥。这张面具是一张男性的脸，头戴假发，分在两侧，下巴上有一段特色胡须，脸颊上也有人造胡须。面具还覆盖了身体上部，与多重领圈配合。领圈一直到达脸颊下面和耳朵部位，这种情况比较少见。

终于，前几年的考古学发现和最近对木乃伊的检查让我们得以充分地准确解读希罗多德的文章，在文中一两处甚至能更上一层楼："对死者哭丧之后……他们把需要做防腐处理的死者抬进来。这些人都是献身于这一行的行家，他们的技术代代相传。"

由于清洗遗体需要大量的水，防腐处理工都是在村子边沿的尼罗河上或者从河中开凿出的运河上工作的。无意间粘到木乃伊上的植物更加说明了防腐处理是露天进行的。遗体应该是放在一张木桌或石桌上，桌子边上装饰有狮子像。处理君王的桌子肯定十分昂贵；制作埃皮斯神牛的木乃伊时，桌子就是采用雪花石膏制作的。在古王国时期塞加拉的卓瑟王金字塔中发现同一种用雪花石膏制作的小桌子，可能是用来处理内脏吧。

按照希罗多德所说，进行防腐处理的人从头开始工作，先将死者的大脑从颅骨中取出："他们先用钩状的钢质长钉通过鼻孔将大脑取出，之后再慢

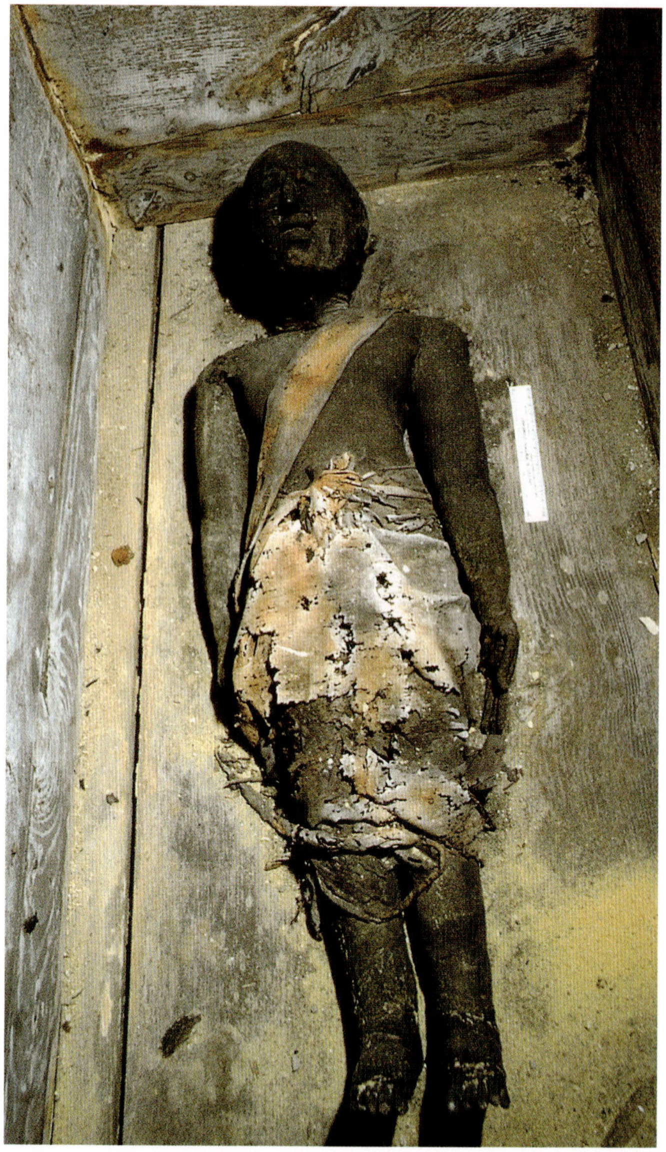

60 一位祭司的木乃伊

塞加拉，乌纳斯（Unas）金字塔辅道附近的竖井墓；古王国时期，第五王朝，约公元前2350年；埃及文物部（Egyptian Antiquities Service）发现，1986年。

这具身份不明的男性木乃伊属于亚麻布木乃伊，也就是说死者的遗体并没有保存下来，但是，由于亚麻布条缠绕的技术好，将遗体的形状反映了出来。而且这具木乃伊的脸部做得非常细致。该名男性穿着短缠腰布，胸前有一条绶带，这说明他生前可能是一位祭司。

61 一位女性的木乃伊

吉萨，西部墓地（G 2220B），古王国时期，第四王朝末，约公元前2510年；长约150厘米；波士顿，哈佛大学美术展览馆，1933年，33.1017，美术博物馆，33.4-22a。

这位女性木乃伊是在一口木棺里发现的。木棺长240厘米，实际上比木乃伊大很多。死者的遗体处理得极其细致，手指和脚趾都是单独包缠的；乳房用绷带做出模型，甚至还突出了乳头。每根亚麻布条宽约10厘米，一层又一层地包缠了37层。最外层是单独一块亚麻布，裁剪成一条细长的连衣裙的形状。两个用来构成身体部位的亚麻布包上用墨水写着：shemat nefret，即"优质御用亚麻"之意。

62 防腐处理仪式的桌子

塞加拉，约瑟王陵墓建筑；古王国时期，第三王朝初，约公元前2700年；方解石玉；高38厘米，宽42厘米，长89厘米；开罗埃及博物馆，CG 1321。

这张小桌子是与另一张一起在墓葬走廊中找到的。走廊后来是被卓瑟王扩建的石砌建筑盖住了，所以看起来像是在卓瑟王之前的时代制作的。其形态酷似后王国时期发现的大大小小的防腐处理用桌，都装饰有狮子像，而且有一条排水槽。目前，人们认为 这两张小桌子是用来处理内脏的。可是，这种说法还是有问题的。因为我们不能确定在这么早的时间是否出现了对五脏六腑进行防腐处理的做法。由于动物形态的停尸架后来变成木乃伊制作中不可分离的一部分，所以还与葬礼有关。狮子像就说明这张桌子是御用的。

慢灌入树脂状液体。”

埃及有很多博物馆现在都有这种曾经用于防腐处理的钩子。这些制作木乃伊时使用的工具和材料之所以能保存下来，是根据仪式将其放在了墓葬前的一个坑中。但是和希罗多德所说不同，这些钩子都不是用钢制作成的，而是用铜，最长达40厘米。尖端形态多变：或像针，或呈钩状，甚至弯曲成蜗牛状。

防腐处理的人多半是采用一整套不同的钩子开展工作，因为他不仅要打穿筛骨，从鼻孔进入颅骨，还必须清除脑组织和脑膜。不过，通过对木乃伊的检查，我们发现这些防腐处理工并不总是从鼻子清除脑组织，更常见的做法是通过颅骨的枕骨大孔加以清除。

根据希罗多德的说法，在这之后就是向掏空的颅骨中注入树脂状液体。从最近对这种物质所做的化学分析中我们得知，这种物质是由从针叶树制取的各种树脂、蜂蜡和芳香植物精油组成的混合物。

63 铜钩

后王国时期，约公元前600年；青铜；分别长28厘米、28.5厘米、35.5厘米；莱顿国家文物博物馆，AB 140 b-d。

防腐处理的人用这种手柄较长、末端成钩状或扭成螺旋状的铜质工具将脑组织从颅骨中取出。既可以从鼻子，也可以打开颅骨后面颈椎与其相连的部分，从枕骨大孔进行。有时，制作木乃伊使用的这些工具和材料会埋在墓葬附近的一个坑中，所以这种工具找到很多。

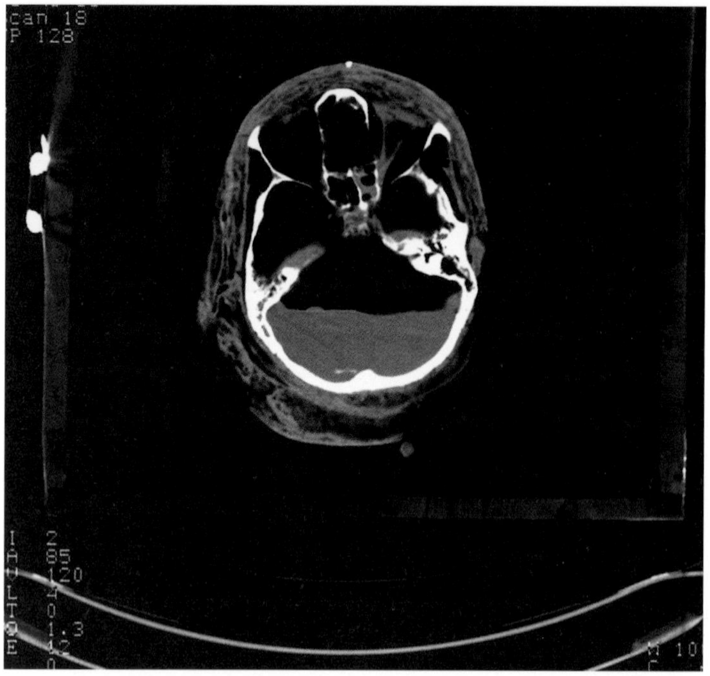

64 后王国时期一具木乃伊颅骨的计算机断层扫描图［CT 扫描；医科大学，吕贝克（Lübeck）］

从这幅断面图中可以在头部下部清楚地看到大脑组织清除之后灌入的树脂油。这种油本来是液态的，随着其固化，表面也变得平滑。从筛骨部位的损坏情况看来，这具木乃伊的脑组织在防腐处理时是通过鼻子清除的。头部仍然包缠在层层亚麻绷带中。

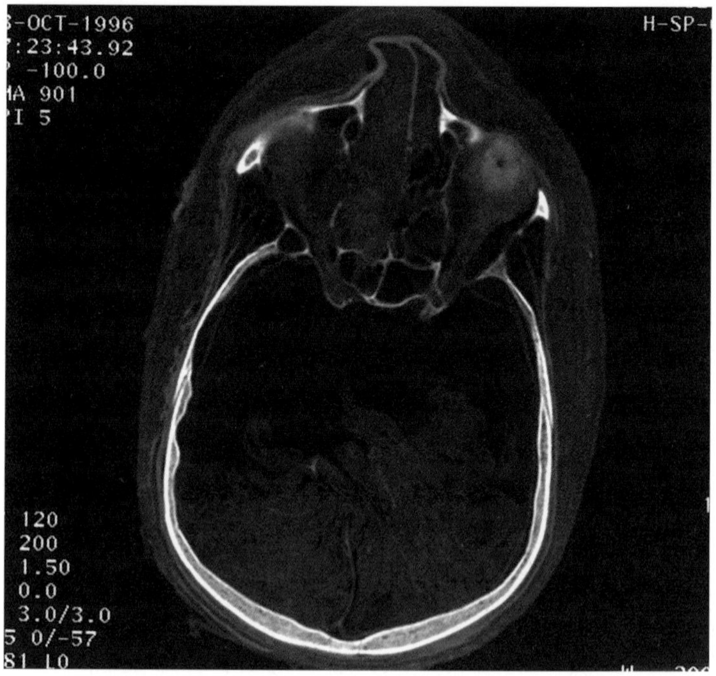

65 木乃伊颅骨的计算机断层扫描图，约公元前 900 年［CT 扫描；艾本德医科大学 Eppendorf University Hospital），汉堡（Hamburg）］

在这具木乃伊中，掏空的颅骨是用亚麻布填充的，这种做法比较少见。

针叶树的树脂以及有时候也会添加的沥青肯定都是从巴勒斯坦地区进口的；普通埃及人想必不能得到这些东西，除非他们是公职或神职人员。

不同物质混在一块儿加热成液体，以便灌入颅骨，并在此固化。今天，在对木乃伊做 X 光扫描时能清晰地看到这些物质，不过最好是采用计算机断层扫描。近几年，我们利用计算机断层技术扫描过很多木乃伊，并且发现防腐处理工并不绝对采用某种固定的技术进行工作。有时，他们不用树脂油膏，而是在掏空的颅骨中填上亚麻布。

头部处理完毕之后，他们会打开腹腔，继续处理躯干部位："接下来，他们用一块采自埃塞俄比亚的锋利的石头从腹股沟处向上剖开尸体，将五脏六腑取出。然后进行清洁，用棕榈酒冲洗，再用粉末和油膏处理。"腹壁始终是从身体左侧骨盆上部切开。做防腐处理时取出的肺、肝、胃、肠等脏腑会分开存放，用亚麻布绷带包缠，分别置于四个特制的卡诺皮克罐中，然后放在墓葬中的木乃伊旁边。葬礼中出现卡诺皮克罐最早要追溯到古王国时期。最初时，卡诺皮克罐只是简单的罐子，盖子扁平。后来，盖子则做成了人头的形状。

这些内脏由四位大神，也就是荷鲁斯的四个儿子施法加以保护。在这四位神中，"艾谢特（Amset）"是人形，而"哈皮（Hapi）"、"凯布山纳夫（Qebehsenuf）"和"杜米特夫（Duamutef）"则分别长着狒狒、隼鹰和豺狼的模样。为了发挥这种保护功能，第十九王朝及其后的卡诺皮克罐的盖子都做成这四位神的头像，分管从身体上取出的四种器官。

在取出脏腑时，防腐工对心脏十分谨慎，要么让其留在体内，要么在之后重新放好。对于埃及人而言，心脏是才智与情感之所在，决定了每个人的天性，因此必须留在体内。在当时的宗教信仰背景下，可以用心形的圣甲虫代替心脏。心形的圣甲虫是一颗具有魔力的心，能在冥界的审判庭中站在欧西里斯面前，代替真正的心脏讲述死者的一生。

下一步，也是防腐处理的最后一步，是用泡碱处理尸体。泡碱是一种具有强烈吸湿作用的物质；也就是说，泡碱能吸出身体组织所含的水分，使其干燥，进而得以保存。不久前，学者们都仍然相信埃及人是用泡碱溶液。而最近的研究表明，埃及人是用泡碱固体填充尸体，并堆放在尸体旁边。用泡碱处理这一步会持续 35 ~ 40 天。之后，尸体就会变得干燥，避免了腐烂。

为了让遗体看起来更接近生活状态，取出内脏的胸腔和腹腔须重新填充起来。大多数情况下所用的是亚麻布或者锯木屑，偶尔也会用尼罗河的泥沙或经过芳香处理的布料。吉萨出土的一具第四王朝的女性木乃伊（见 460 页，61）就很清楚地说明了用亚麻布填充、做模型的情况。希罗多德写道，用这种方法将尸体填充完毕后，为了便于制作木乃伊而在腹腔上剖出的切口又再缝合起来。其实，这一步很少做。通常情况下，防腐工会用亚麻布、一层蜡将切口覆盖；对于王室成员，则采用黄金薄片。

木乃伊的制作和古埃及的医疗

从上文的内容看来，你可能会认为，既然尸体防腐处理程序如此繁复，古埃及医师们应该非常精于人体解剖学吧？其实并非如此。做医师和尸体防腐处理这两种职业的人是完全独立工作的。制作木乃伊时，医生们并不在场，因而也不会学到有关人体内部的知识。这一情况是从很多留存下来的医学文献中发现的。这些纸莎草文献表明，当时的医生是根据丰富的经验来诊治某些疾病的。为此，他们采用了各种各样的药物，但主要是从植物中提取。从其解剖技术反映出，他们的知识是从养牛和解剖动物学来的。这种情况在表示体外部位的象形文字中表现得十分清楚，因为体外部位是基于人来绘制的；而表示内脏的象形文字却是动物的内脏形状。

希罗多德还告诉我们，埃及的疗法十分高超；在埃及和小亚细亚发现的公元前两千年中叶外国统治者的书信可以证明这一点。他们请求派遣埃及医师到他们的宫廷，因为埃及人的知识更丰富，能达到比本国医师更好的疗效。

埃及出土的纸莎草医疗文献记载了多种影响尼罗河河谷百姓的病症。迄今为止，文献中记载的疾病只有寥寥数种还可以确定。不过，古生物病理学领域的专家利用现代生物研究技术获得了很多新的发现。

现代技术对木乃伊的诊断

木乃伊生前所患的疾病目前可以通过三条途径诊断出来。第一条：检查尸体上因疾病导致的病理变化。著名的例证是法老西普塔（Siptah）的跛脚。造成这一异常的原因不得而知，但有可能是童年时期的疾病落下了残疾，拉马的铭碑上也有所表现。另外，关节炎和动脉钙化所造成的病理变化也能轻易从木乃伊上辨别出来。

诊断疾病的第二条途径是通过媒介或者实际病因辨别。比如，病因可能是寄生虫，也可能是对肺部组织造成严重损害的吸入沙粒或烟灰。对木乃伊的检查说明，蠕虫是最普遍的致病因素，不仅仅局限于下层社会。绦虫、金钱癣、肝吸虫、旋毛虫都曾找到过。其次，和现在一样，血吸虫病也很常见。这种病通过在尼罗河的螺蛳体内发育的血吸虫进行传播，人们在游泳或者在水塘中劳作之后就可能被感染。

对 DNA 或保存在木乃伊细胞中遗传信息的检测是找到感染媒介的一种全新的方法。通过此法已经能诊断出古代美洲木乃伊所患的结核病，现在正在着手准备研究古埃及木乃伊的此类疾病。

最近几年发现了诊断木乃伊疾病的第三条途径，即检测现今仍然留存在其体内的抗体。如果外来蛋白质（比如寄生虫）进入一个人的身体，身体会制造抗体进行抵抗，而这些抗体在历经数千年之后，仍然能够通过特殊的血清采样加以辨别。这一方法的优点在于所需木乃伊的组织非常少。通过抗体检测法，目前已经诊断出古埃及木乃伊曾患有血吸虫病和疟疾。

66 一套卡诺皮克罐

新王国时期，第十九王朝，约公元前 1210 年；釉面彩陶；高 30 厘米，直径 16.2 厘米；波士顿美术博物馆，J.D. 卡梅伦·布拉德利（J.D.Cameron Bradley）女士 1948 年捐赠，48.1286-89。

从拉美西斯时期开始，装有脏腑的罐子的盖子开始变成荷鲁斯神的四个儿子的头像—— 四位保护内脏的 神。四个罐子也因此被视为与神一体。图中，艾谢特（人头像）、杜米特夫（豺狼头像）和凯布山纳夫（隼鹰头像）分别戴着假发，而“哈皮（狒狒头像）”则是其本身像斗篷似的皮毛。罐子肩部是一圈莲花的花瓣，象征重生；罐体上有一块图案，描绘了死者于坐在王座上的冥神欧西里斯面前祈祷的样子。

血型检测及 DNA 分析等现代实验技术还能提供木乃伊之间家属关系的信息。无论是科学家还是史学家，都对能检测王室成员关系的这一研究领域颇有兴趣。

而今放射学和医疗技术取得很多创新，可以制作模型，可以在木乃伊仍然包缠在绷带里面时，通过颅骨重塑其面貌。利用这种技术，几千年之前就已离世的人，只要其木乃伊不被损坏，即使被放在棺材里，我们也可以重现他的外貌。

但是，科学研究提供的数据还是有一定局限性。比如，在研究王室木乃伊时，用 X 光扫描技术确定每位君王去世时的年龄就仍然是个问题，亟待解决。

67 西普塔王的跛足

底比斯西部帝王谷木乃伊存放室（阿蒙诺菲斯二世墓，KV35），原属西普塔墓（KV47）；新王国时期，第十九王朝，约公元前1185年；木乃伊长163.8厘米，开罗埃及博物馆，CG61080。

西普塔王的木乃伊是王室木乃伊中仅存的一具有残疾的木乃伊。他的跛足既可能是遗传缺陷，也可能是脊髓灰质炎之类的疾病。目前还不能做出准确的诊断。

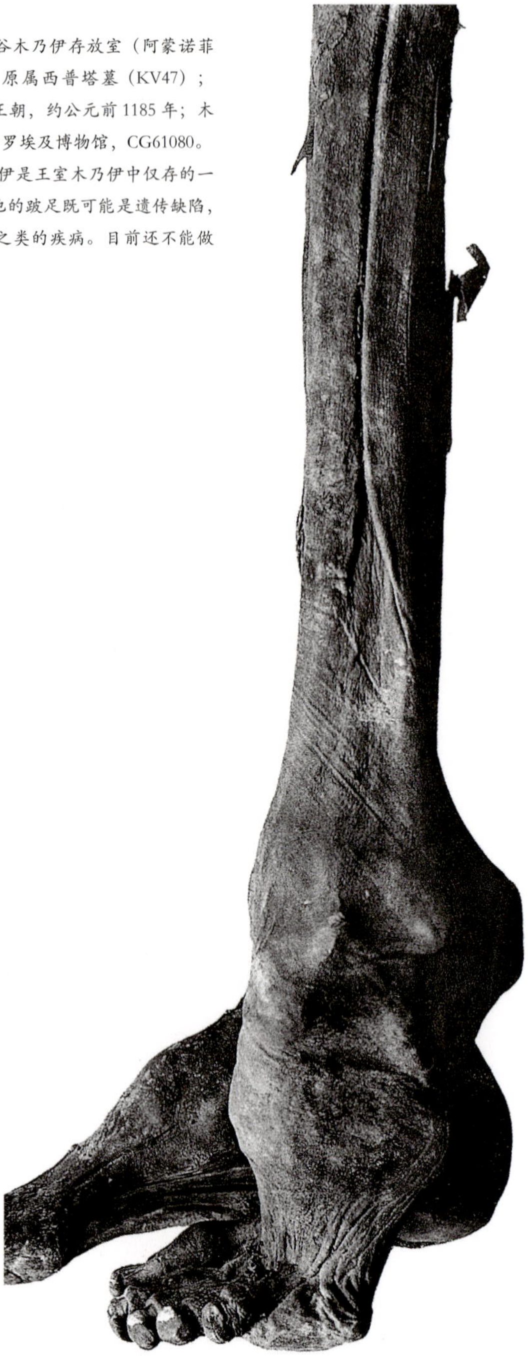

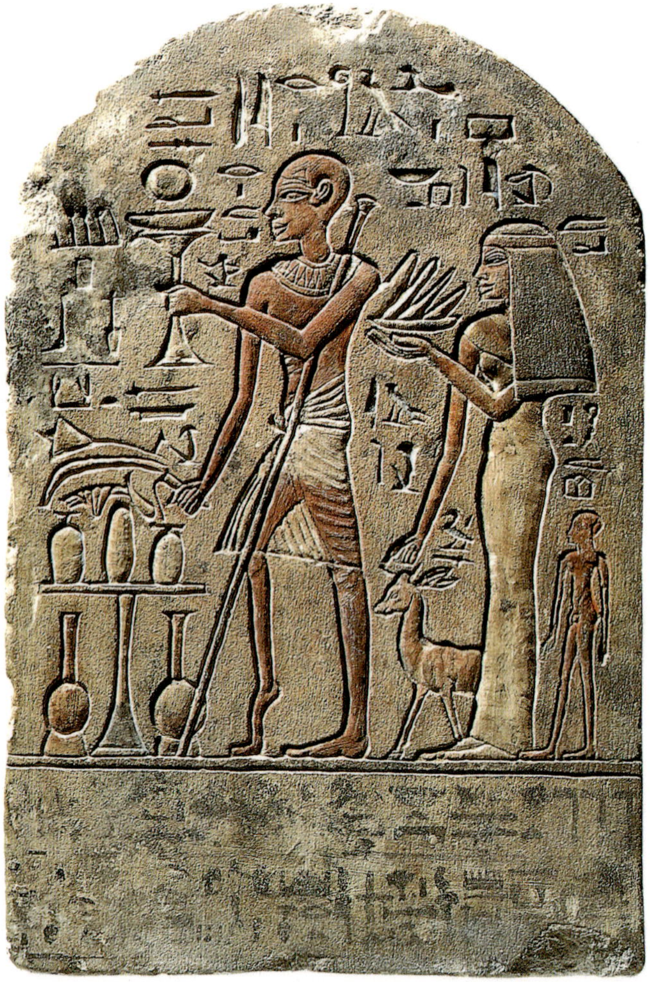

68 拉马铭碑

新王国时期，第十八王朝，约公元前1380年；着色石灰石；高27厘米，宽18厘米；哥本哈根嘉士伯艺术博物馆，M.I.N. 134。

看门人拉马铭碑为女神阿斯塔尔特（Astarte）专用。铭碑描绘了拉马和他的妻儿一同向女神上贡的情形。他的跛脚非常明显。可以清楚地看到拉马的肌肉组织发育不良，不能用脚正常站立。这样的生理畸形在埃及艺术中没有另予表现。

通过这种方法得到的数据在很大程度上与史料记载不符。此外，没有哪一位君王的死因能被确认，就是图坦卡蒙早逝的原因也是一个未解之谜。

木乃伊的包缠和葬礼的筹备

尸体防腐工在包缠木乃伊时，需要用到大量亚麻布和绷带。为此，他们会将衣服等不穿的物料撕成布条。为了更好地支撑遗体，有时将木乃伊绑在一块板子上，或者沿着颈椎在颅骨和胸廓之间插入一根棍子，将头部和胸部牢牢地固定在一块儿。

防腐处理工会在包缠将近结束的时候在木乃伊上放很多护身符，这种做法在后王国时期尤其风行。所有护身符都有特殊的保护功能，确保人在死后的重生。但是，由于被最后一层亚麻布包裹，这些护身符从外面看不见。有时，亚麻布最表面一层外面会有一张采用精美的彩陶珠子制作的网罩。

木乃伊的头部采用面具遮盖。面具是用彩色的亚麻木乃伊盒制作的，但王室所用的是黄金面具。从木乃伊面具所呈现的面容来看，死者是一个被神化了的人，长着一副理想化的脸，看不出年龄大小，且缺乏个性特点。这种表现形式直到公元一世纪在罗马的影响下才得以终结。

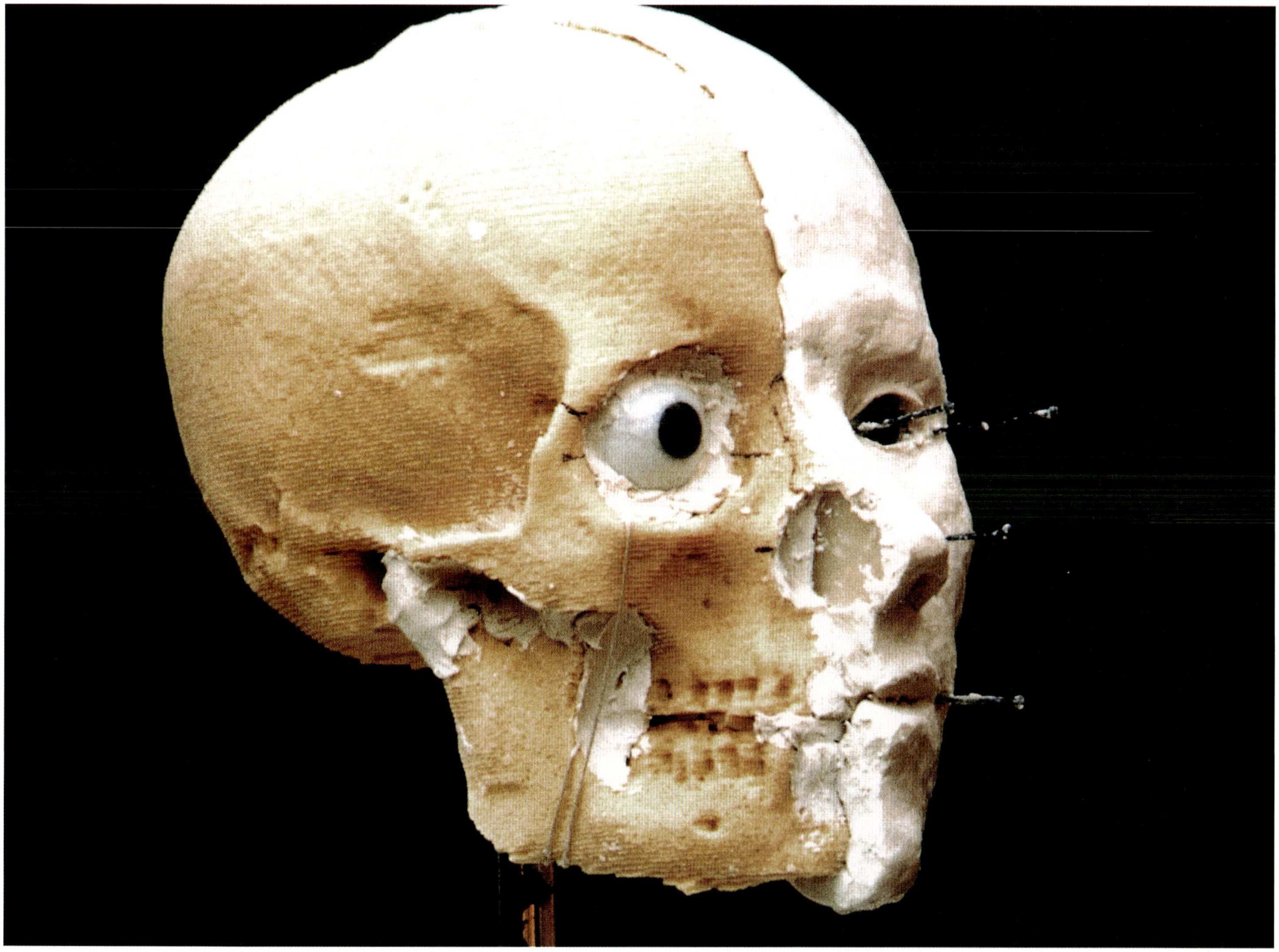

69、70 一具女性木乃伊的面容重塑

阿赫米姆（Akhmim）；托勒密王朝时期，约公元前300年；汉诺威（Hanover）克斯特纳博物馆，LMH 7849（前乡土博物馆（Provinzialmuseum））。由R. 黑尔默（R. Helmer）和F. 默尔（F. Möhr）重建塑模。

在计算机断层扫描获得的数据基础上，我们可以在木乃伊仍被绷带包缠时制作其颅骨模型。法庭科学家R. 黑尔默教授重建了木乃伊的面部，她的外貌给人一种她在20～30岁之间去世的印象。

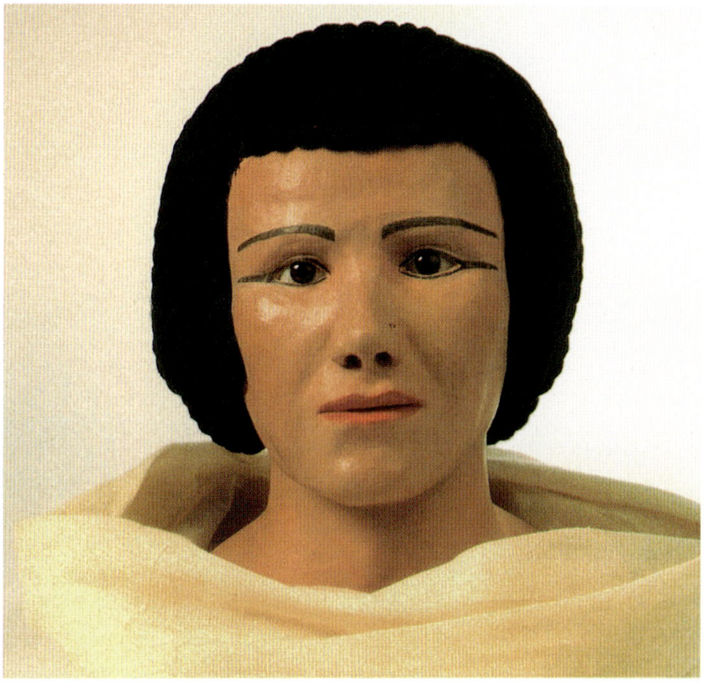

在中埃及地区，木乃伊面具用灰泥制成；在法尤姆地区则是木乃伊的肖像画。在花费巨大的精力处理完木乃伊之后，就会准备棺材，一口或多口，一个套一个。

在古王国时期和中王国初期，棺材差不多是长方形的，可后来变成了贴合木乃伊的人形。葬礼通常在人死后七十天左右举行，不过，也有很久都不举行葬礼的情况。这可能是因为墓葬或墓葬内的设施还未竣工的缘故。

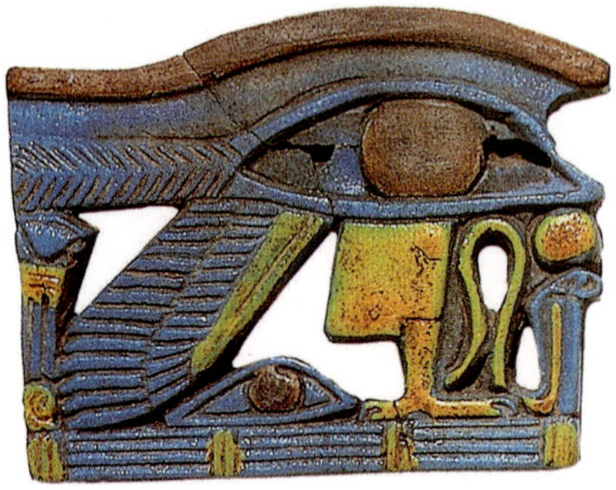

71 ~ 81 一系列护身符

新王国时期至后王国时期，第十八王朝末至第二十六王朝，公元前 1320—前 550 年；彩陶、滑石、次宝石；伦敦大英博物馆。

从很早之前开始，护身符作为保护和幸运的符咒，在埃及人的生活中就有非常重要的作用。人们在世时佩戴，死后也要带进坟墓。把各种护身符结合在一起使用能增强它们的魔力，或者改变、加大它们的影响力。正因为具有这样的魔力，护身符经常被放在死者的绷带之间，保佑死者重生，避开他在今生来世所遭遇的危险。从左上到右下依次为：

真知之眼；第二十二王朝至第二十五王朝时期；彩陶、彩釉；长 6.7 厘米；BMEA 29222。

心形护身符；第十八、第十九王朝；黑滑石，镶嵌物；高 6.4 厘米；BM EA 50742。

心形护身符；第十八王朝后期；彩陶、彩釉；高 6 厘米；BM EA 29440。

血色环（“伊西斯之血”）；第十八、第十九王朝；红碧玉，高 6.5 厘米；BM EA 7865。

心形圣甲虫胸饰；第十八王朝；彩陶、彩釉；高 9.7 厘米；BM EA 7865。

节德柱；第二十六王朝；彩陶，蓝釉；高 11.3 厘米；BMEA 12235。

小头枕；第二十六王朝；赤铁；宽 3.9 厘米；BM EA 200647。

荷鲁斯四子；第二十六、第二十七王朝；彩陶、蓝釉；高 6.6 ～ 6.8 厘米；BMEA 52244-47。

82、83 奈斯木塔阿特奈鲁（Nesmutaatneru）的木乃伊和棺材

底比斯西部，德伊埃尔巴哈里，杰德苏伐克（Djedesiuefanch）墓，哈希尔神殿下半部；后王国时期，第二十五王朝，约公元前700年；波士顿艺术博物馆，埃及探险基金会1895年赠送，95.1407 a-d。棺材外层（外棺）：彩绘木材；长204厘米；外层人形棺材：彩绘木材；长186厘米；内层人形棺材：彩绘木材，涂有灰泥；长169厘米；木乃伊：长151厘米；木乃伊绷带：亚麻布；木乃伊网罩：彩陶、彩釉。

奈斯木塔阿特奈鲁和杰德苏伐克是夫妻俩。杰德苏伐克是蒙图的祭司，也是在底比斯大家族的成员。她的一套棺材包括一口像祠堂似的外层棺材，棺盖呈拱形，里面有两口相互嵌套的人形棺材。最外层的棺材装饰 已经面目全非。棺盖上，精美的领圈下面只画着一个有翅膀的太阳盘、向太阳神上贡的场景和刻有铭文的两根中柱。棺材内部是西方女神的画像，也就是冥界的象征。最里层的棺材装饰十分豪华。其胸部绘着一只长着公羊头的隼鹰，头顶上是太阳盘，太阳盘展开双翅，表现出保护的姿势。其下方的几幅画中，表现了各位神明和符号，以及还躺在停尸架上的木乃伊。木乃伊则包裹在布条当中；两条彩色的木乃伊绷带在躯体上半部交叉。一张用彩陶珠子制成的木乃伊网罩从肩部覆盖到脚踝处。木乃伊胸部上是一只展翅的圣甲虫和保护内脏的荷鲁斯四子。

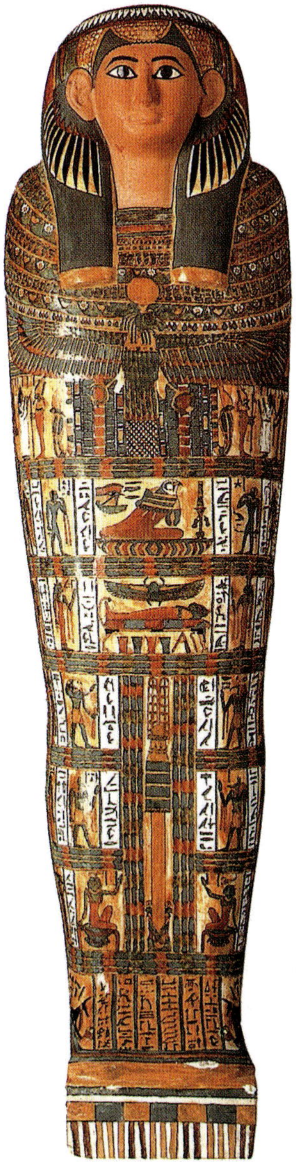

85 男性黏土面具

迪奥斯波里斯帕尔瓦；罗马时期，约公园100年；彩绘黏土；高25.4厘米，伦敦大英博物馆，EA 30845。

从很早以前开始，埃及人就在葬礼上使用石膏木乃伊面具了。在罗马时期，人像的种类大量增加，形成了一种比较明显的木乃伊面具制作传统，在年龄和表现形式上都多种多样，不同于托勒密王朝时代。大多数面具都是铸造的，并在表面绘画。这种面具与采用黏土随意制作的面具很不一样。其具有强烈写实主义的特点表明，这种做法肯定受到了罗马肖像画传统的很大影响。

84 阿提密佗露斯(Artemidorus，年轻者)的木乃伊肖像画

哈瓦拉；罗马时期，约公元100年；彩绘木材（蜡画法）并镀金；木乃伊长167厘米；伦敦大英博物馆，EA21810。

阿提密佗露斯（年轻者）的木乃伊是于19世纪末在哈瓦拉的一处墓葬中发现的。木乃伊的放射照相技术检查表明，阿提密佗露斯约20岁，头部有一处严重的骨折，这也许就是造成他死亡的原因。防腐处理工在他的体腔内灌入了大量用树脂浸润的物质，可能是沙子，所以非常沉重。木乃伊的肖像绘制在一块涂有灰泥、点缀了黄金树叶的帆布上，覆盖整个木乃伊。领圈下是三幅画，画着阿努比斯显灵制作木乃伊、荷鲁斯和托特(Thoth)作为保佑省的神对阿比杜斯象征的崇拜，以及伊西斯以鹰隼的形象让欧西里斯木乃伊复活的场景。

86 一位女性的石膏面具

可能出自厄木波利斯（Hermupolis）；罗马时期，公元二世纪上半叶；彩绘石膏；高 34 厘米；希尔德斯海姆（Hildesheim）的柏力扎伊斯博物馆（Pelizaeus-Museum），573。

这张石膏面具表现了一位年轻女性的肖像。她的额前梳着三排时髦的小螺卷发，两侧的卷发下垂。项链是一条简洁的菱形装饰，还有荷花样的花环。这种面具最初是在木框上做成的；木框又利用亚麻绷带固定在木乃伊的上半身。

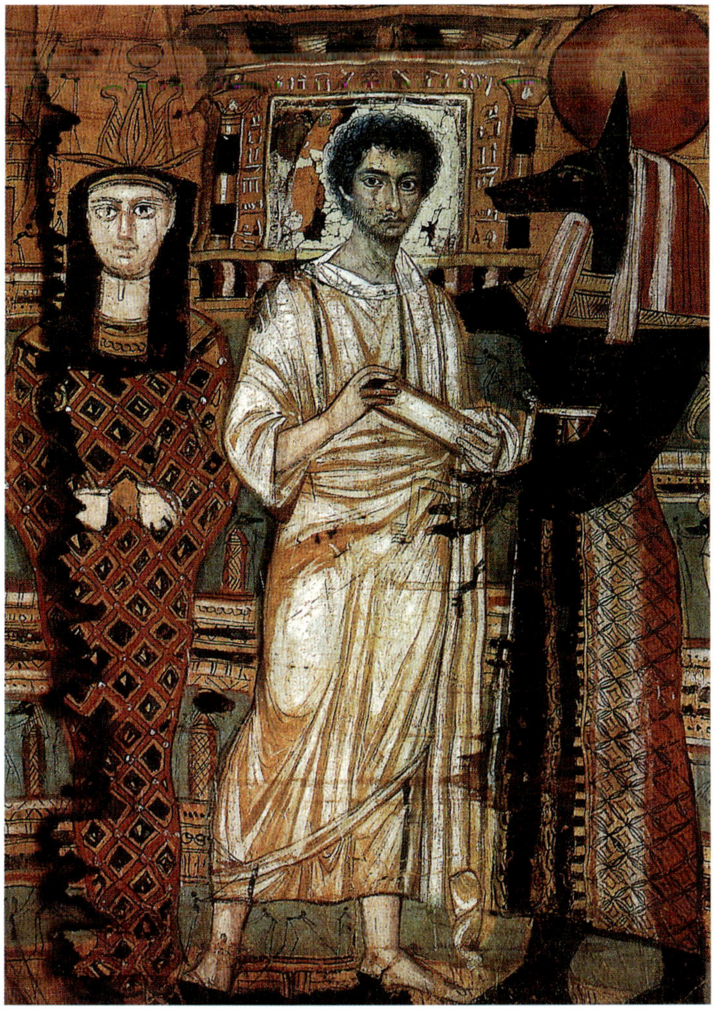

87 木乃伊裹尸布

可能出土于塞加拉；罗马时期，公元二世纪；涂有灰泥的彩绘亚麻布（蛋彩画）；高 185 厘米，宽 125 厘米；莫斯科普希金美术博物馆，I la 5749。

从新王国时期开始，埃及人肯定已经在使用彩绘裹尸布了。但是，保存最完好的裹尸布却是希腊罗马时期。在托勒密王朝时期，裹尸布通常在中间会有死者木乃伊的画像和冥神欧西里斯；如果死者是女性，则其旁边是女神哈索尔。在这张裹尸布中，死者在中间，旁边是以木乃伊形象出现的欧西里斯。他的另一侧站着的是豺狼头像的墓地和不朽之神——阿努比斯。他的双臂环绕着死者的双肩。

动物木乃伊

埃及人不但制作人的木乃伊，还制作动物木乃伊。在这方面，区分葬礼的不同缘由十分重要。如果某人最喜爱的宠物死了，也许是一只狗、猫、猴子或羚羊，就可以将其做成木乃伊。有时，宠物还有特制的棺材，有时甚至还有自己的铭碑。另外，第二十一王朝马特凯尔（Maatkare）公主最喜欢的一只猴子，其葬礼就十分隆重；而且被制成木乃伊，和它的女主人一起放在棺材里。

埃及人从有些动物身上也能看到神的化身。比如卜塔的形象可能是头公牛，索贝克又是一条鳄鱼；而在活着的时候，这些动物是受到崇敬的。当它们死去，就会举行相应的葬礼，尸体做防腐处理，配以棺材和昂贵的宝石。

在希腊罗马时期，除了这几种动物被视为神的化身之外，整个生物群也都被看成是神圣的。而且，不同地区崇敬的动物差别很大。会为之举行仪式的动物种类非常多，排上号的有公牛、公羊、狗、朱鹭、隼鹰、鱼、鳄鱼、猫，还有小型啮齿动物甚至昆虫。虔诚的埃及人会向神明上贡，有的用铜雕像，有的用制作精良的所供神的木乃伊。这种做法在希腊人和罗马人眼里十分古怪，但是却很普遍，最后还导致了动物大墓地的修建。

88 猫的木乃伊

阿比杜斯；希腊罗马时期；公元前第二、第一世纪；高 45.7 厘米；伦敦大英博物馆，EA 37348。

埃及人很崇敬以猫的形象示人的女神——巴斯苔特（Bastet）。这位女神肩负着保护屋舍和家庭的责任。特别是在希腊罗马时期，许多猫都被制成木乃伊，仔细包缠过，甚至会放在小棺材里献给巴斯苔特女神。

墓葬

瓦法·阿萨迪克

“死亡是原始的神秘。它将人引入了一个更神秘的世界。人的思维从看得见上升到看不见，从短暂升华到永恒，从尘世跨越到天国。”

福斯特勒·库朗热　《 座古老的城市》

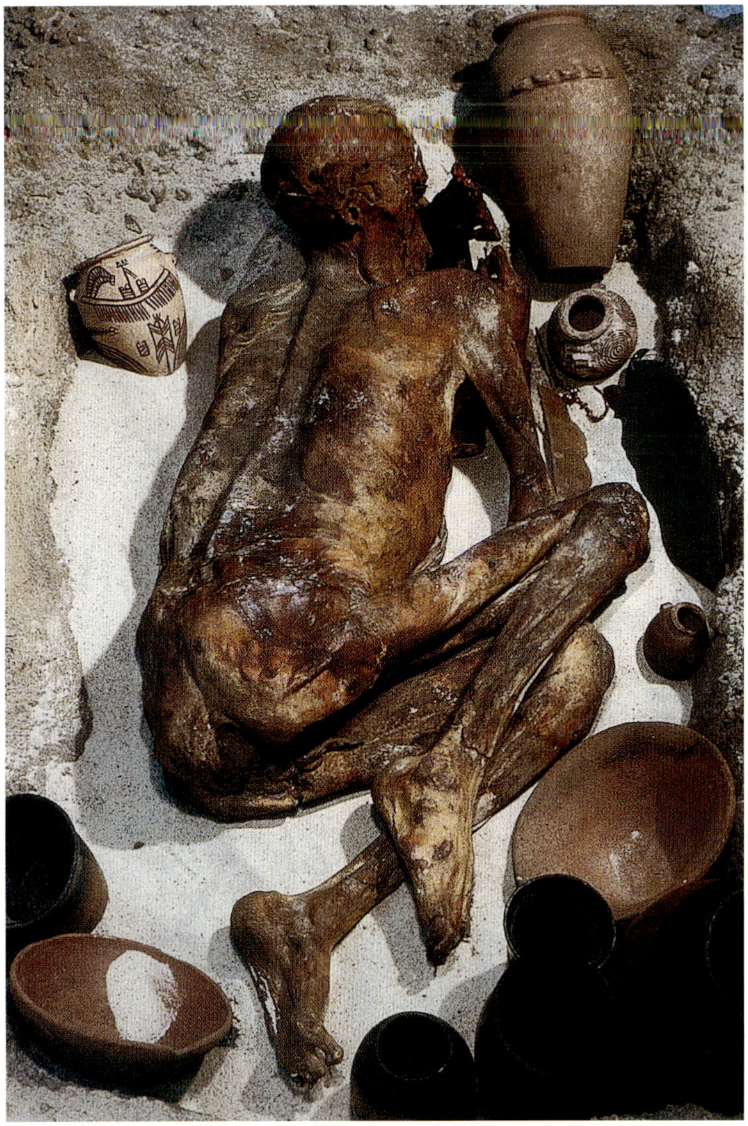

灵与肉

死亡，或者更确切地说是来世的准备，在埃及文明中占极为重要的地位。每一个埃及人的梦想就是将自己的尸体制作成木乃伊，这样防止肉身腐烂，并确保死后转世。因此尸体的保存是埃及葬礼仪式上最为重要的部分之一。炎热的沙漠气候一定使早在王朝前时期的埃及人们就已经注意到只要把尸体埋葬在灼热的沙漠里，尸体就可以几乎完好无损地保留下来。因此，凡是能办得到的人都会十分重视自己的墓葬，或者更具体地说是他们的木乃伊、墓室陈设和祭品供奉。他们的卡（ka）仅能回到保存完好的“身体”里，如果卡无法识别腐烂的身体，这就会毁了他们转世的机会。埃及人对第二次“死亡”的恐惧程度远超乎我们的想象，这使他们愿意不惜一切代价保存自己的尸体。

埃及人相信人是由六个部分组成的。其中三部分与物质相关：身体（khet）、姓名（ren）以及影子（shut）。另外三部分与生命、精神或者来世相关，并且可以简单地但不准确地称之为灵魂的三大组成部分；它们分别是卡（ka）、吧（ba）以及阿卡(akh)。卡保障个人来世生命得延续；它跟本人长得一模一样，如同手足，且是不死的。人们认为一个人自出生的一刹那卡就永远地进入身体；这种两面性在绘画中会经常有所表达。造物主赫努姆（Khnum）在他的制陶轮盘上同时制造出人和他的卡。卡也可以在人死后继续 照料他，因为它可以在实际的坟墓和摆放祭品的前室之间自由移动。卡接收摆放在那里的祭品的灵魂等价物。它是由举起的手臂，或者是将手放在头上的人物形象所代表的。

89 阿努比斯（Anubis）死神

中埃及；托勒密王朝早期，约公元前300年；着色木；高72厘米，宽10.2厘米，D20.7厘米；希尔德斯海姆普利兹伊斯博物馆，1582。

长着豺头的阿努比斯是最主要的死神之一。他看管尸体的防腐，也是葬礼过程中一个积极的参与者。这一功能是由头戴阿努比斯面具的祭祀代替执行的。

90 王朝前时期的“天然木乃伊”

戈伯伦；拿卡达二世文化，公元前第四个千年中期；伸直的人物长163厘米；伦敦大英博物馆，EA32751。

该具木乃伊名为“姜人”，是在灼热的沙漠中干透的，保存得非常自然。史前时期的埃及人从目睹这种类型的干燥经验中逐渐发展了尸体防腐的习俗。

91 奈斯泰娜巴什茹（Nesittanebasheru）公主的木乃伊绷带

底比斯西部，德伊埃尔巴哈里，王室木乃伊储藏室；第三中间期，第二十一王朝，约公元前1000年；亚麻布；最长480厘米，最宽30厘米；莱顿国家文物博物馆，AMM8。

所使用的木乃伊绷带长宽不等。布料编织精细。有些边缘有流苏。

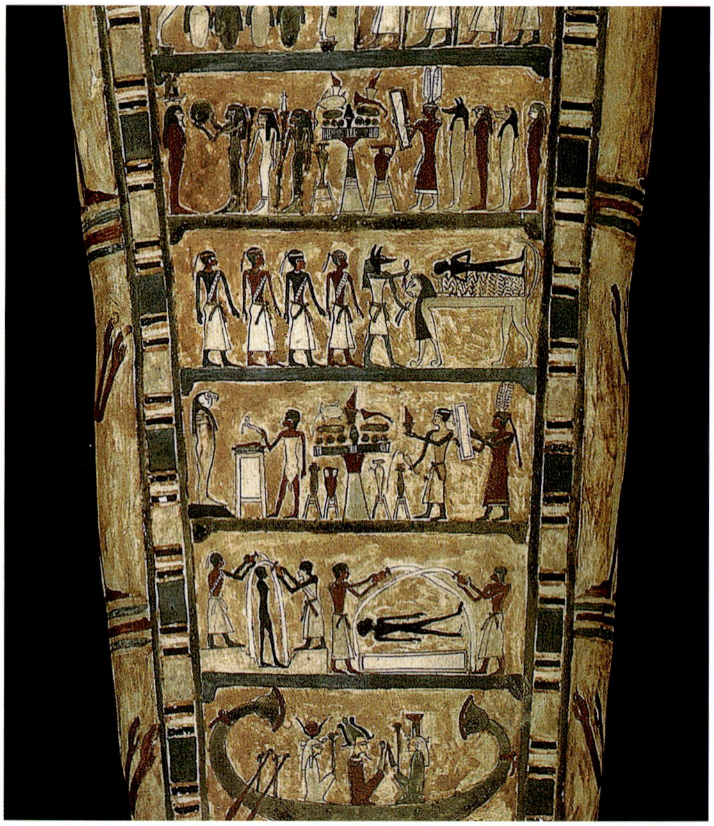

92 穆特迪斯（Mutirdis）的木棺

艾海贝；希腊罗马时期，公元前第二至第一世纪；着色木；长170厘米，宽46厘米；希尔德斯海姆普利兹伊斯博物馆，1953。

该木棺由八块依次排列的嵌板装饰而成，其中第五和第七块上面画着极为少见的防腐仪式的情景：黑色轮廓所代表的身体正为防腐处理做准备。他们口中念着咒语，正在倾倒纯净液体。

灵魂的第二个组成部分吧则与人的心脏有密切联系；它在人死亡的一刻离开身体，因此用长着人头的鸟的形象呈现。它可以以任何形态呈现并四处游荡，但是最终都会回到它的根据地——坟墓。吧是人内在的组成部分，可以使人在生死之间转换。通过这种“鸟魂”，它可以使死者白天回到尘世，只要他的身体答应在晚上毫发无损地回到死亡国度的栖息地。腐烂的身体则宣判了吧永远无家可归，因此将永远抹去一个人的存在。第三种个人的“灵魂本质”是阿卡。它也是不死的，因此可以被精确地描述为“永恒的灵魂”。据金字塔文字描述，阿卡属于神灵世界。它的形象是头戴王冠的朱鹭。

这看起来似乎有些自相矛盾，古埃及人认为卡、吧和阿卡是不死的，但是又坚持要尽可能完好地保存肉体这一准则，认为只有如此这三个灵魂本质才能够存留下来。

在史前时期，死者是以胎儿的姿势直接葬在土地里的，要么裸露，要么用亚麻布覆盖。只要不触及地下水，尸体就会在灼热的沙漠里完全干化。它还可以被天然盐物质杀毒并防腐。

通常肠内的物质也会被保存下来，因此有些情况下还可以辨认出死者最后一餐所吃的食物。这些蜷缩着的埋藏姿势——像胎儿一样在土壤的怀抱里蜷缩——很可能对于后来认为死者在永生的国度里等待重生的观念起着决定性作用。但是如果对于“天然干尸法”的物理和化学过程知识缺乏了解，那么很可能是因为目睹死了很久的埃及人的尸体看起来仍完好无损这一事实，才开始了一系列最终导致人工干尸法产生的事件。我们依然可以部分重现干尸化的详细程序及所需材料的精确量化。我们可以从“木乃伊”和“尸体防腐”的词源中找到线索。“木乃伊”一词源于古波斯语，最初是表示沥青或人造沥青，常用作药物。“防腐”可以追溯到拉丁文，意思是芳香油和油膏擦身体。干尸化过程的详细细节并未流传下来，至少不是出自古埃及文明的巅峰时期的。该主题在公元前第二和第一世纪的棺材上有所表现，但是它们却不能为我们提供比赫罗多斯（Herodotus）所发现的关于法老木乃伊更为精确的细节。

干尸仪式

来自公元第一世纪末的两本古抄本解释了身体各部位的仪式性防腐。它们重点描述了所要念的咒语，这能保障“正在被处理”的身体部位能够最终复活成一个新的生命。

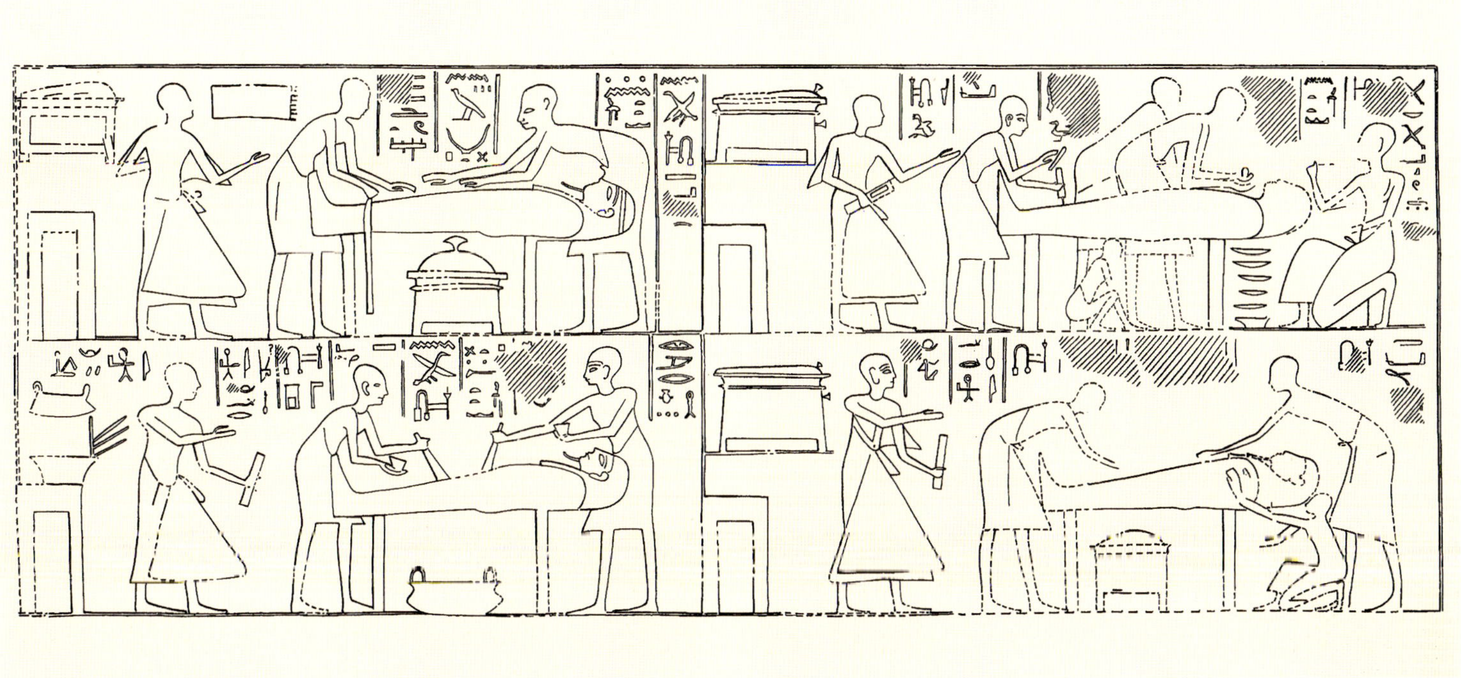

93 包裹木乃伊和准备棺材

底比斯西部，提吉(Tjai)的坟墓(TT23)；新王国时期，第十九王朝，约公元前1250年。

这些干尸仪式场景详细描绘了祭司包裹木乃伊的过程。右边的两个场景描绘的是在准备棺材。

这些文本无疑反映了更早的干尸者所编写的实际“手册”，详细描述了每一个细节：处理尸体的适宜时间、需要使用的材料、如何使用，以及要念什么仪式咒语。木乃伊绷带的使用要持续 15 天之久。每一个细节都被描述，要准备大量各种厚度和宽度的浸透松香的亚麻绷带，总长度有时甚至能达 4800 米。有些绷带上有流苏作装饰，如阿蒙诺菲斯二世和图特摩斯三世的王室木乃伊绷带上就有这样的流苏以及摘自亡灵书的象形文字。总体上我们可以说包裹木乃伊的技术一直在不断地提高，它穿越了整个新王国时期，一直延续到第二十一王朝时期。

在包裹以前，所有的绷带（埃及语为“外特”）都要按照用途、长度以及厚度进行分类，每一段的起点处都要做上标记。尸体放在专门准备的床上，以便使干尸防腐者毫无妨碍地对尸体全身进行操作。通常是先用粗糙的亚麻包裹身体，在结束时再使用做工精致的绷带。头部和脚部则用宽大的亚麻衣服包裹。材料要么是为埋葬专门购买的，要么如考古证据所发现的那样，有时是从死者的家里拿来的。

也有较特殊的衣服，上面画着事先被包裹好的神灵；这些被认为是非常神圣的，价钱也非常昂贵。上面所提到的古抄本也介绍了“掌管奥秘者”，即头戴阿努比斯死神面具的祭司。他指挥干尸过程并将手放在死者的头部。头是除了心脏以外身体最重要的部位。它被认为是生命的核心；死者的面部特征使他的灵魂能够认出自己的身体，并回到身体里面使他复活。

头部操作完后紧接着对整个身体躯干进行防腐处理。在描述这一操作的古抄本中评价了油和材料的性质。油被认为是“神圣的起源”；里面是四位神圣造物者的体液。

祭司所念的祷词特别强调放置在绷带之间的有巫术力量的辟邪物和护身符的“使用”。护身符所使用的材料赋予了它们特殊的象征能力，金象征白天，银象征夜晚，绿松石象征白天的天空，琉璃象征夜晚的天空。

最为重要的护身符是放置在胸前用于保护心脏的圣甲虫饰物。背面是一段简短的告诫，提醒心在欧西里斯的审判大厅接受冥界审判时不要说不利于主人的话。

包裹完成后，最外面的绷带也会用护身符加以装饰，例如神灵的画像：荷鲁斯的四个儿子、保护女神伊西斯、奈芙蒂斯（Nephthys）、奈斯 (Neith) 和塞勒凯特（Selket），以及带翼的圣甲虫。防腐处理和绷带包裹的结束被比作日出和日落。最后木乃伊面具被置于头部和肩部。它们是由涂有灰泥的亚麻或金属——一些法老的面具使用纯金——复制出死者的面部特征。

人类不是唯一可以被制作成木乃伊的生物，动物也可以被制作成木乃伊，已经发现了成千上万具动物木乃伊。它们主要来自托勒密王朝时期和罗马时期。这些发现可以使我们推测出早在法老时期就已有动物木乃伊。

仅在塞加拉一处就有四百万具朱鹭木乃伊被发现。这种对动物进行干尸处理的一个原因是用死者最喜爱的宠物陪葬，不过更常见的说法是将动物作为相关神灵一起祭拜。

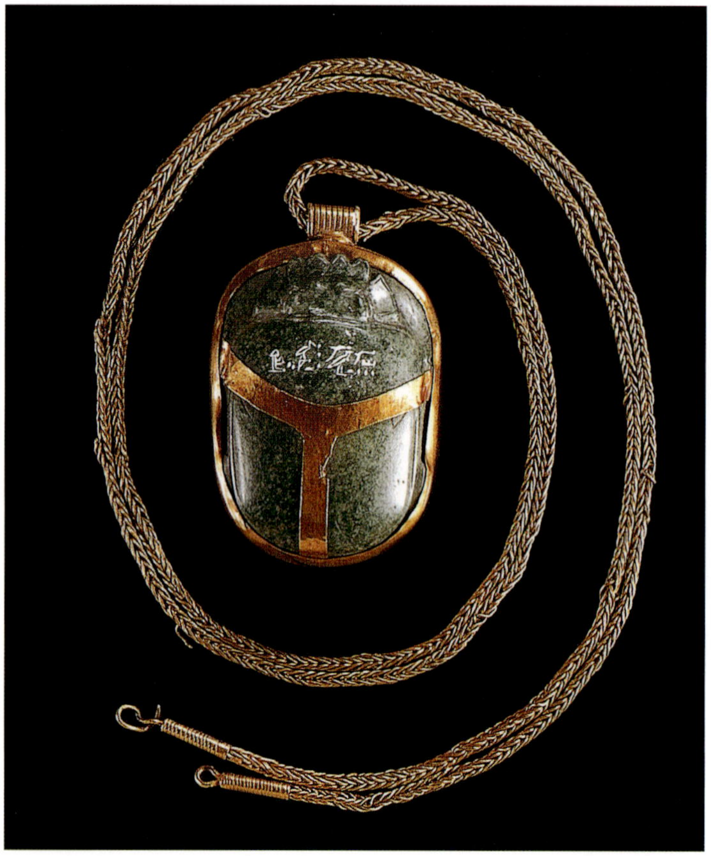

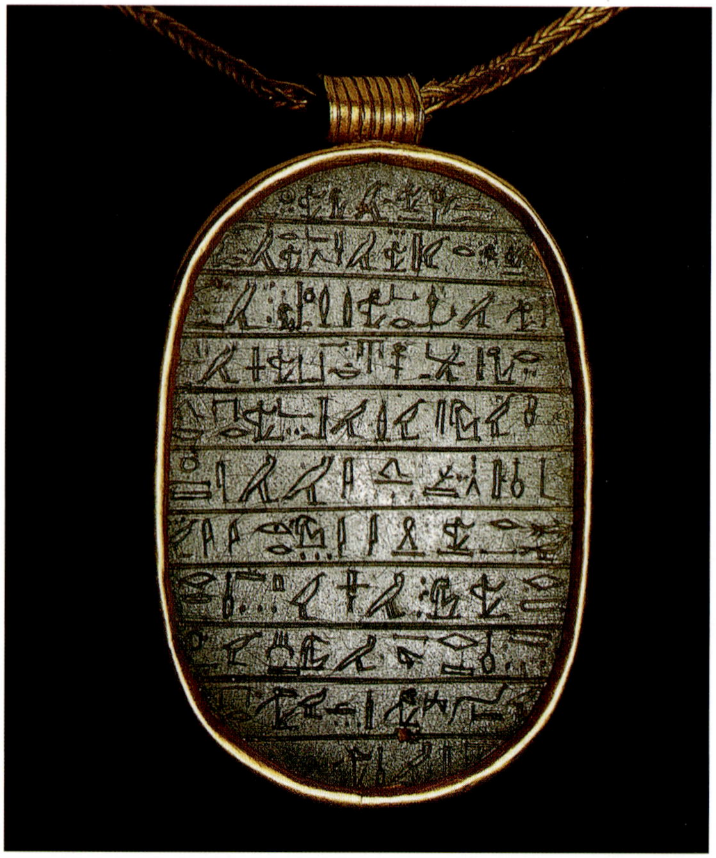

通常动物木乃伊都有自己的棺材和墓碑。在埃及献祭动物被赋予很高的荣耀的一个例证就是神牛。这些动物有专门的坟墓并奢华地埋葬在巨大的石棺里，这在今天塞加拉的塞拉皮雍（Serapeum）仍可看到。干尸仪式与人的大致相同。如王室木乃伊一样，神牛的木乃伊身上也铺满了昂贵的护身符和珠宝。这无疑也是它们为什么会被盗墓者销毁的原因，其结局是现在毫无一例幸存。

棺材

干尸处理仅是为死者的永生做准备。尸体通过防腐处理和亚麻包裹得以保存，然后再使用护身符进行巫术和灵魂保护，紧接着在用棺材保护身体，如果有条件，它还会被密封在另外一个包围物——石棺里。

棺材的内壁上通常都会作画。门和眼睛在图画中发挥着举足轻重的角色。死者在棺材里就如同在自己的房子里一样，但是如果他，更确切地说是他的卡想要出去时，他也需要离开这个家。乌加特（Udjat）眼睛能帮助他辨认坟墓祭品、看日出，或者感受其他事物。同样棺材里有时还会放“冥界的地图“，帮助他选择正确的道路。还有咒语使他能够在危险重重的冥界免受第二次死亡。

木乃伊和类人棺材最初是在中王国时期发展起来的，当时在尸体头部和肩部放置死者面具已成为惯例。这种面具很可能也是为了弥补随着时间的推移干尸身体所逐渐发生的变化，这样死者就可以一直被他的卡辨认出来。这同时也使棺材与死神欧西里斯非常相像，他也常以被制成木乃伊的国王形象呈现。

棺材最初是由制作木乃伊盒的材料以及灰泥加固的亚麻或纸莎草做成的。后来到了第二中间期末期，木制棺材越来越普及。它们通常都用介绍死者的成行的铭文以及神灵的画像做简单的装饰。从图坦卡蒙坟墓的发现中我们得知新王国时期的国王被葬于层层相套的几个棺材中。

94、95 上将杰胡提（Djehuti）保护心的圣甲虫饰物

塞加拉；新王国时期，第十八王朝，约公元前1450年；板岩，金钩以及长金链；圣甲虫饰物长8.3厘米，宽5.3厘米，高2.7厘米，链子长133厘米；莱顿国家文物博物馆，AO 1a。

保护心的圣甲虫饰物对死者作用重大。背面的文字摘自《亡灵书》（咒语30B），大致意思是确保死者的心在死者接受审判时不会说任何诋毁死者的话。在古埃及人的观念中心是智慧和良心的重心。杰胡提的圣甲虫饰物是同类中最好的饰物之一。

98（背面，底部）“两条道路之书“——《瓜艾伯纱》（*Gua el-Bersha*）

棺材的内壁装饰，中王国时期，第十二王朝时期，约公元前1910年；泥灰粉饰的着色木；棺材长260厘米；伦敦大英博物馆，EA30839。

棺材内壁的绘画描绘了一幅冥界的地图，有两条不同的道路；死者把地图当作行程指南。“两条道路之书”代表着埃及人将他们的地域观念转化成地图表现的最早尝试。所有的这类棺材都出自《瓜艾伯纱》，因此这本关于冥界的书很可能是在此所作。

96 猫的棺材

罗马，公元第一世纪；木，部分镀金；长37.7厘米，高19厘米。宽13.3厘米；巴黎卢浮宫博物馆，E2562。

献祭猫属于国王女神和富饶女神贝丝蒂（Bastet），它在晚期和希腊罗马时期都发挥着非同寻常的显著作用。这些动物有时会被制作成木乃伊并装入埋葬猫的大墓地里属于它们自己的猫形棺材里。

97 海努特买黑特（Henutmehit）的内棺材盖子

底比斯西部；新王国时期，第十九王朝，约公元前1250年；灰泥粉饰的镀金着色木；长188厘米；伦敦大英博物馆，EA48001。

即使连非王室血统的人也被埋葬在由多种材料制成的层层相套的几口棺材里。里面有图画、铭文以及护身符保护着死者，并确保他平安地抵达来世。

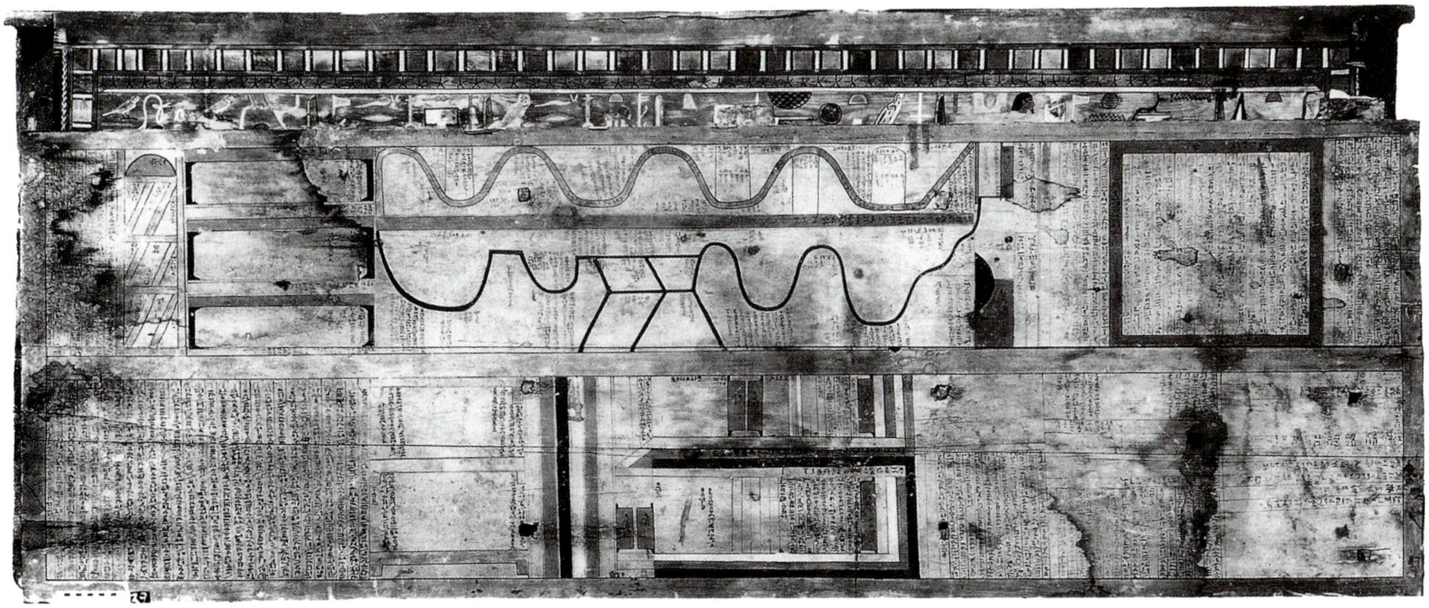

这种保护棺材的做法是将一个棺材套在另一个棺材里。这种用一系列嵌套的木乃伊棺材保护木乃伊的做法在第十九到二十一王朝时期非常普及，甚至连非王室埃及人们也开始以这种方式进行埋葬。同时人们开始将棺材的内外壁装饰得更加奢华。所有的内壁都描绘着冥界、保护神，以及护身符画像的画面。外壁展现的则是坟墓装饰中非常常见的场景：死者祭拜神灵、在冥界中朝向坐在三桅帆船中的太阳神、欧西里斯的审判大厅，以及荷鲁斯的四个儿子。这些带翼的太阳圆盘和带翼的圣甲虫饰物为死者提供了更多的保护，反映了死者希望参与太阳神永恒循环的愿望。

除了这些装饰华丽有时甚至过于精致的棺材，还有较为朴素但价格同样昂贵的石棺，通常都是用玄武岩或花岗岩等最硬的石头制成的。上表面上刻有铭文，包含有死者的自传以及摘自《亡灵书》的文字和雕刻精美的图画。

这些环绕棺材的祭仪评论以及棺材和石棺的外形和装饰主要是用于国王、国家高官和富裕的精英阶层的埋葬。对于大部分贫穷的埃及人民来说，能够保护他们的身体在来世得到重生的祭品仅有木板、席垫和陶制容器。很多人都无法偿付制作木乃伊的高昂花费，但是往往自相矛盾的是，比起棺材里经过精心防腐的木乃伊，很多穷人的尸体在灼热干旱的沙漠里反而得到了更加完好的保存。

祭品

卡诺皮克 (Canopic) 罐放置在紧靠石棺的位置，通常有一个卡诺皮克盒保护。里面盛放着从木乃伊上取下的死者的内脏器官，因此它也是埋葬礼仪的一个组成部分，与盛放尸体的棺材同等重要。在这一组物品周围摆放着大量的祭品——其中有些是专门为埋葬制作的，其他的则来自死者的财产——为了使来世的生活尽可能舒适。

然而这种永恒的宁静生活却被死者需要在来世耕种作物的责任所扰乱。他需要付出劳动在田间生产粮食。这是通过在坟墓里放置尽可能多的佣人小雕像实现的，它们被称为沙伯替，要承担最繁重的劳作。小雕像上刻画的神奇的文字能够帮助达到这一目的。有些坟墓祭品中所发现的沙伯替多达 365 个，也就是说一年中每天都有一个沙伯替，还有 36 个穿着考究的沙伯替监工，他们身上带着鞭子，监督劳作能够不受妨碍地顺利进行。

99 ~ 102 一位身份不详者的成套棺材用品

底比斯西部，德伊埃尔巴哈里 (Deir el-Bahari)，第二“储藏室”(巴布埃尔盖萨斯) (Bab el-Gasus)；第二十一王朝；灰泥粉饰的着色木；外棺材长 194 厘米；内棺材长 197 厘米；伯尔尼，伯恩历史博物馆，AE10。

这具身份不详的女尸木乃伊出自德伊埃尔巴哈里的名为巴布埃尔盖萨斯的第二储藏室。大量祭司及其亲属的木乃伊都被放置在这里，以避免盗墓者的盗窃。身份不详的女人的两口棺材都用各种各样的宗教场景装饰得非常华丽。这是第二十一王朝时期非常典型的棺材，它们钟情于拥有多种多样特殊能力的画像，并将其放在尽可能靠近死者尸体的位置。同时，珍贵的珠宝也证明了现世的富裕，特别是夺人眼目的假发和颈圈装饰品，也被认为能够确保来世的富足。

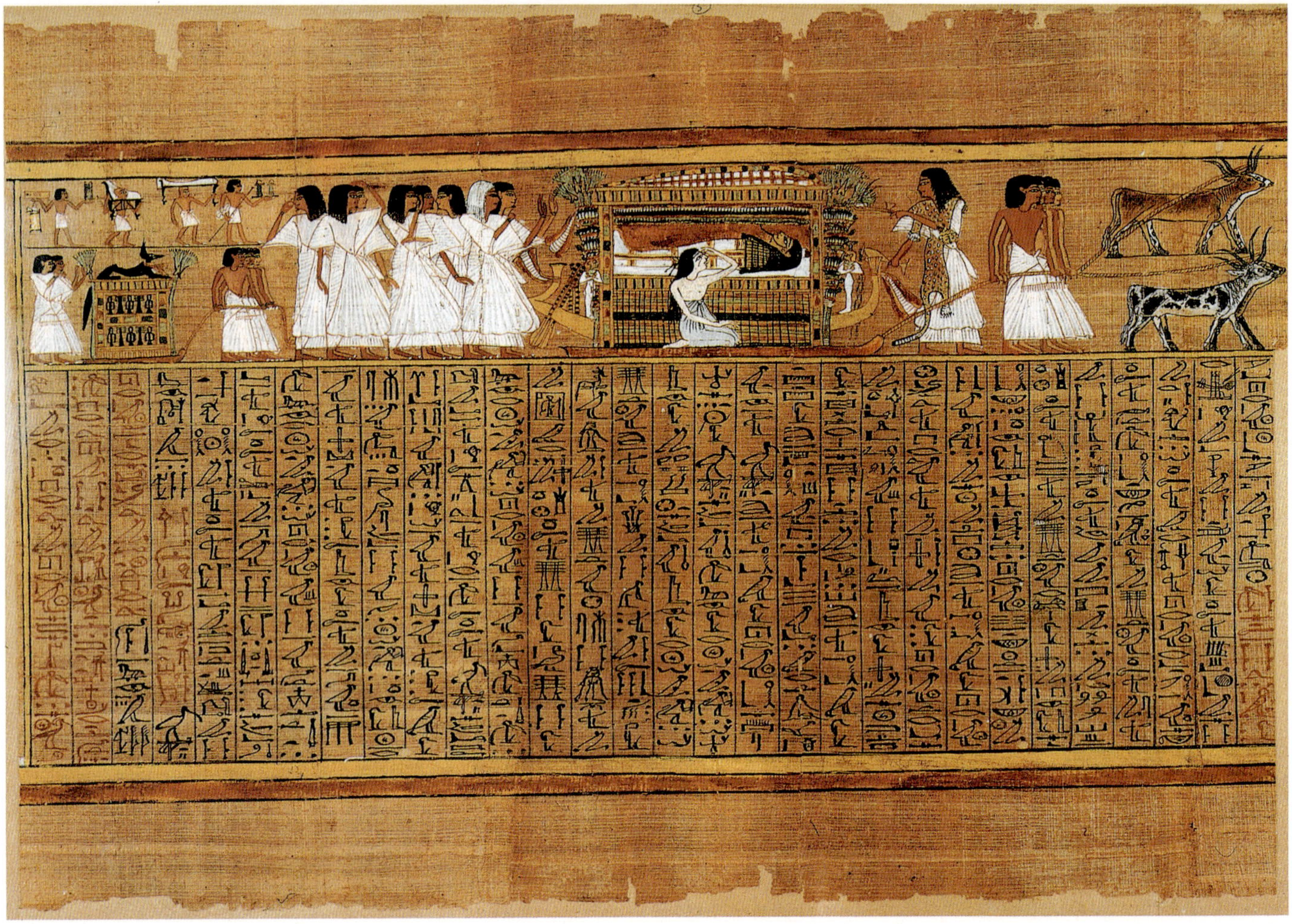

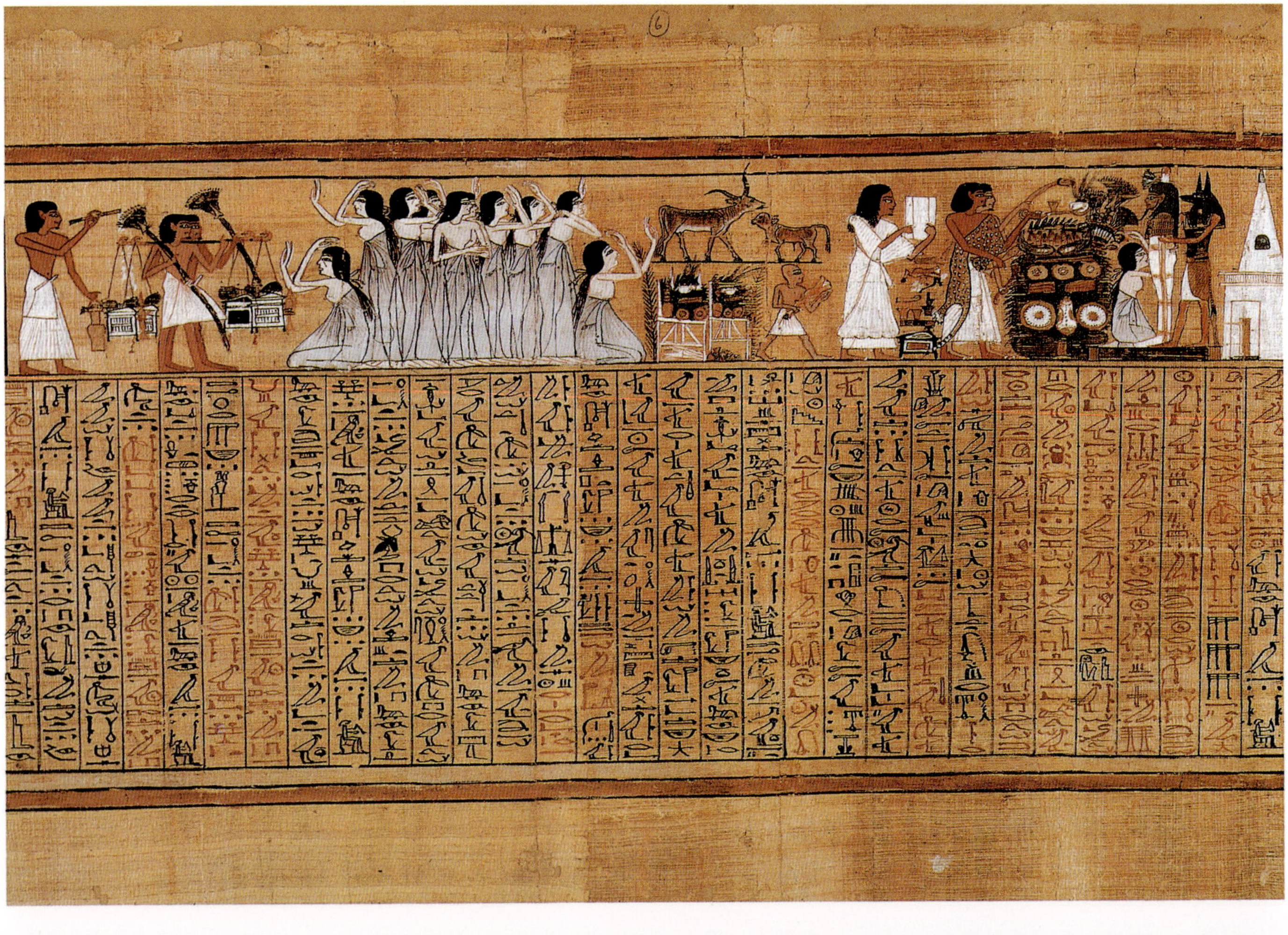

葬礼仪式——复活和永生

尸体和坟墓祭品要在专业送葬者的哀悼声中被送葬队伍送到预备好的坟墓里，理想的情况下，在这之前要首先朝拜阿拜多斯。

对阿拜多斯的祭仪朝拜即朝拜复活之神欧西里斯的神圣地，这与对该神的信仰是密不可分的。然而在现实中大部分埃及人仅是象征性地进行这一朝拜，因为送葬队伍要向西渡过尼罗河并穿过大墓地。

但是人们的确想得到阿拜多斯的神圣恩惠，并参与到那里进行的膜拜欧西里斯的神秘当中。向阿拜多斯的祭仪朝拜的场景被描绘在墓室的墙壁上，这就意味着这一祭礼对埃及人来说是最为重要的，是每一个葬礼的关键部分。

对尸体进行防腐处理以后，接着就是葬礼游行，这在坟墓内外以及亡灵书的古抄本上都有呈现。木乃伊有坟墓装饰品陪葬。死者被装在棺材里送往墓地，后面紧跟着他的卡诺皮克神龛、祭仪工具、埋葬工具，以及祭品。棺材里还有一种叫作泰肯努（Tekenu）的东西，它是一种麻袋状的物体，像人头的形状，可能是用来盛装制作木乃伊的残余尸体。

佣人、祭司和送葬者紧跟在送葬队伍后抵达坟墓，在此木乃伊要进行"张口"仪式。意思是木乃伊或者雕像要通过代表死者长子的塞姆（sem）祭司神奇地"复活"。要举行多达75场祭仪，进行涤罪仪式、烧香，并用油膏涂抹死者脸部以及身体各部位。这些都明确地表明了人们是多么坚定地认为死者会在肉体和灵魂上复活。

总之，我们可以说葬仪是为了确保死去的埃及人能够尽可能有把握地获得永恒的新生命。

埃及人认为真正的生活是从死亡以后才开始的，因此不需要为之抗争，这使得祭仪在埃及人的生活中比在任何其他古文明中都显得更为重要。对活着的人来说，这一观念使一系列花费极为高昂的准备和责任显得非常必要。正如上文所提到过的，不是每个人都能负担得起所要求的每一道程序；这让我们认为只有富人有希望盼望死后的"富足生活"。不过也有文字解释说来世的获得不是依靠坟墓，而是取决于死者在尘世间的道德行为和思维观念。

103、104 安尼（Ani）纸莎草纸亡灵书——送葬队伍

据推测出自底比斯西部；新王国时期，第十九王朝，约公元前1250年；着色纸莎草；高38厘米；伦敦大英博物馆，EA10470。

安尼的纸莎草书是新王国时期最著名的保存最为完好的亡灵书之一。文字中配有很多彩色小插图。送葬队伍的画面描绘得特别翔实。在该插图中运载木乃伊和棺材用品的雪橇被颜色多样的公牛所拉，旁边有一位祭司正在烧香和倒祭酒。雪橇上还装有一个装饰华丽的小卡诺皮克神龛。队伍里有祭司和亲人、坟墓供给的搬运者，以及一大群送葬者。在坟墓前，阿努比斯被祭司的祷告和献祭召唤出来迎接木乃伊。一位祭司手拿"张口"礼仪的用具，正在执行复活死者的礼仪。

105 海努特买黑特的沙伯替和装沙伯替的盒子

底比斯西部；新王国时期，第十九王朝，约公元前1250年；小盒子：灰泥粉饰的着色木；高34厘米；伦敦大英博物馆，EA41549。

从第十八王朝晚期开始，木乃伊的佣人雕像数量开始飙升，它们被称为沙伯替或尤沙伯替（Ushebtis），被用作死者的葬礼献祭，并一直沿用到托勒密王朝早期。这些坟墓小雕像的面积、质量和材料各不相同，这是由坟墓主人的花费支出所决定的，《亡灵书》第六章（沙伯替神奇文本）对于它们的描述几乎是强制性的，尽管也存在各种各样的变更和特例。同样典型的是着色木盒的使用，它们被设计成灵堂的形状，用来盛装沙伯替。

106 亨利 (Heny) 与子女的墓碑

中王国时期，第十二王朝早期，约公元前 1920 年；着色石灰岩；高 30 厘米，宽 35 厘米；哥本哈根嘉士伯艺术博物馆，AEin 1018。

左边站着死者亨利，他是海特普（Hetep）的儿子，一只手拿长棍——这使他显得非常重要——另一只手持一根节杖。他身上的穿戴仅有颈圈和缠腰带；头上戴着短假发，长有 小胡子和胡须。在他面前站着儿子热胡（Rehu），全身裸露，表明他很年幼，抓着父亲的长棍。右边站着"伊特（It）"，由赛特苏白克（Sat-Sobek）所生。人物的空隙里画了两个献祭 装置，小的在儿子上方的垫子上，大的在女儿面前的矮桌子上。人物之间相互关系的介绍以及他们的属性特征描绘了这是儿子和女儿为去世的父亲举行祭仪的画面。

丧葬祭仪

乌尔苏拉·费尔赫芬（Ursula Verhoeven）

“古埃及”一词最容易让人联想起金字塔、木乃伊以及金灿灿的墓室宝藏。这些都是展现埃及文化魅力和奇特祭仪的内容要素。但是国王和朝臣们雄伟的陵墓建筑只是整个丧葬的一部分，我们不应忘记还有更多穷人的丧葬，他们的埋葬和祭仪活动几乎不为人所知。

为死人举行的祭仪——在埃及，甚至世界各地——分为持续时间不同的两个阶段。

1. 对尸体进行处理的有限时间段，这是从死亡时开始一直到埋葬仪式的结束（请参见有关木乃伊、墓室布局和埋葬的文章）。坟墓里需要放置专门的用品以永远满足死者的需求：其中有些是实物，还有些是象征性物品。还有书面祭文，为死者提供来世王国的信息，并确保他的富足、保障其充足的供应、使其变为神灵，并保护其免受邪恶力量的伤害。

2. 埋葬完毕之后开始进行献祭仪式和节日仪式。这些都是要定期举行，并自开始之日起就要无限期持续下去。

生者对死者的总体态度可被视为第三个领域，通常以说明和理想的自传的形式写下来，这些都扎根于社会现实。在埃及，可以从写给死者的信中找到完全属于个人化的方式，类似于为过去受人尊敬的村民举行的祖先祭仪。

献给死者的祭品

早在史前时期埃及人就已开始将装在陶土瓶里的祭品，以及装饰品和武器随埋葬放在坟墓里。可以确保冥界的生活尽可能安全正常进行的还有其他的东西：女人的小雕像（代表着性欲、多产以及重生）和各种各样的护身符。我们不知道后来定期在坟墓上举行的祭仪是怎样的，甚至不知道是否曾举行过一次。

有明确的证据显示自第一王朝开始，坟墓就被视为死者的家，他可以在此继续过来世的生活。坟墓用品的排场反映了生前生活水平的高低。献祭仪式主要是在坟墓东侧进行的，以有特征的建筑作为标记。祭品主要是各种供给品，公牛大腿可被视为献给死者的典型祭品。同样的功能可以由在陶土上塑造的或是石头上雕刻的食物祭品神奇地替代，只要确保定期通过用水进行仪式清洗进行更新。

107 神奇的祭品盘

中王国时期，公元前2100—前1900年；带红色泥釉的陶土；高4厘米，长27厘米，宽25厘米；海德尔堡大学埃及考古学研究所收藏馆，976。

盘子上铸造了各种各样的食物：被捆绑的公牛、两块圆面包或蛋糕、一条牛腿和公牛角。两条互相交叉的水渠和一道沿边缘凹槽可以使倒入盘中的水储积起来，并从开口处流向底部。水可以湿润象征性的菜肴，同时为一种神奇的“汤”供死者享用。

108 船模型

王朝前时期，约公元前3300年；上过釉的陶瓷；长55厘米；柏林国家博物馆埃及艺术馆，13834。

这种类型的船在王朝前时期以及王朝早期被当做坟墓装饰品供奉给死者。它们作为死者来世的交通工具。该模型再现了一只灯心草小船，中间有一个船舱，船上和船尾各有一人。

109 葬宴上的祭司奈法内苏特（Nefernisut）

吉萨，西墓地；古王国时期，第六王朝早期，约公元前2340年；石灰岩；高45.5厘米，宽47.6厘米，D14.4厘米；希尔德斯海姆普利兹伊斯博物馆，414。

这块石板出自一位专业祭司的假门（“卡的仆人”）。他的坟墓位于大金字塔附近，离去世国王很近。他和妻子赛那特(Senet)坐在堆满很高面包的献祭桌上，上方是用象形文字描述的其他祭品：“香、绿色和黑色的眼影，以及洗净的碗。”桌子下面列着：“1000个面包、衣服，以及雪花石膏容器。”上下横条纹上的献祭准则规定了“每一天以及每一个宗教节日”都要向死者进行献祭（帕雷特-凯如）(peret-kheru)，而这在王室祭仪中则是不定期进行的。

财物模型如石头容器、佣人雕像、房子和船都要放进坟墓里，作为现世舒适享乐的替代供死者使用。

通常是由长子负责埋葬以及以后定期进行的献祭。我们知道在早期已有祭司。后来他们被称为（国王的）“灵魂寻找者”“卡的仆人”“守护者”“涤罪祭司”或“献祭祭酒者”。这些人负责坟墓上献祭仪式的开展，同时助理祭司在一旁念神奇的咒语。

在古王国时期的双结构坟墓中，尸体被放在隐藏在地下深处的葬室里，为了领受祭品他须被召唤到地面以上可以接近的地方。献祭处有一个祭龛作标记，后来发展为假门，到了新王国时期放置的是雕像龛。祭司的职责是要召唤死者从假门里出来或进入雕像，用摆放在祭垫或祭桌上的新鲜食物来为卡提供精力。祭品被称为帕雷特-凯如也是由此而来，帕雷特-凯如的意思是“应召唤而出来”。新鲜面包成为最早出现在祭宴或祭桌场景上的食物，正如在墓碑、石碑和墓壁上一样，它们展现了死者正在献祭桌上用餐的场景。这些画面旁边通常有详细列出的祭品，有多达90种数目详细的品种，包括主要的食物、油、容器，以及各种各样的饮品。在第二王朝时期的一个坟墓里找到了一餐真正的饮食，摆放在棺材旁边分类的陶瓷盘和石盘里。菜单（根据菜品重新组合的）包括小麦面包、大麦粥、煮熟的鱼、炖鸽肉、烤鹌鹑、腰花、肋骨、无花果蜜饯、浆果、蛋糕、奶酪和酒。坟墓女主人的骨骼经检验是一位大约60岁的老妇人，她只能够用一边的牙齿慢慢咀嚼上几十年。

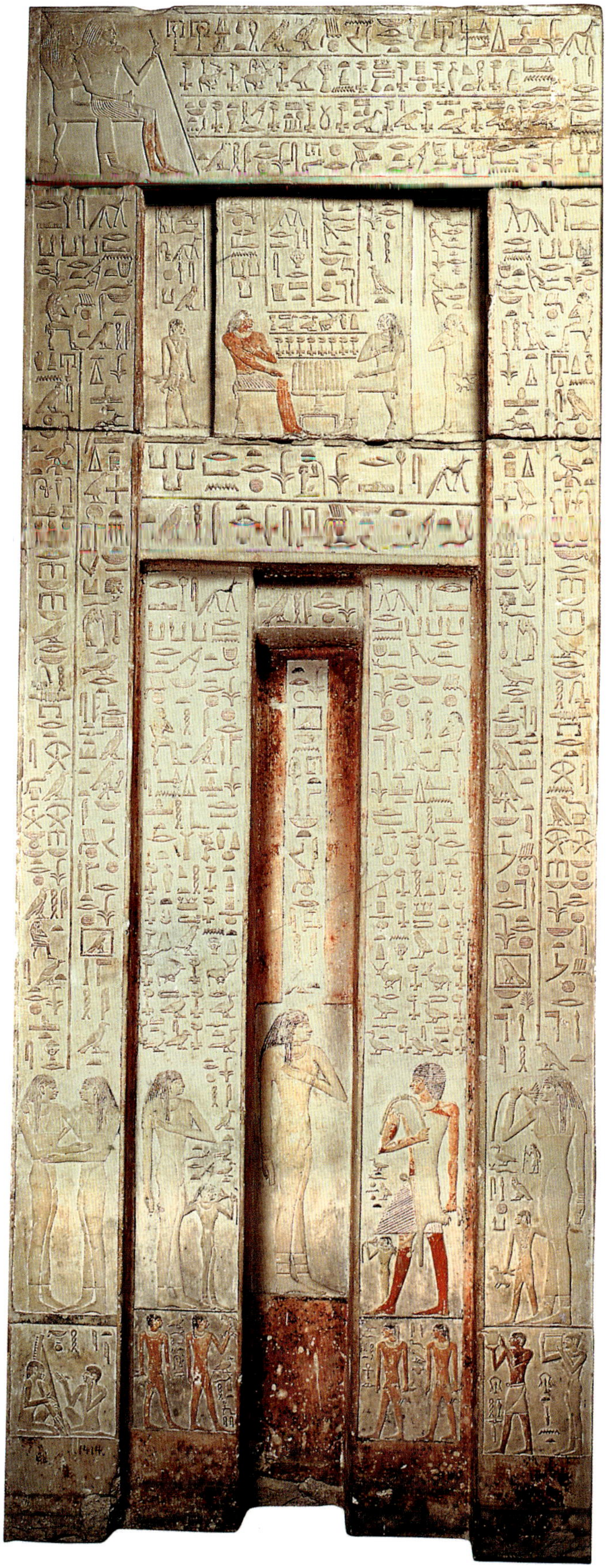

定期上贡死者的祭品是由献祭队伍运送的。有条件在王室坟墓建筑附近建造自己的坟墓，并且有建造实力的文职人员享有更多的特权，因为他们的需求是由王室祭仪供给的。去世的法老从王室接受祭品。国王生前亲自供给的周围王室朝臣官员的坟墓，也能从这些祭品中分得一部分，最后这些祭品被分给祭司及其家人享用。

祭文

透过祭文我们可以窥见普通百姓得以分享王室特权的另一种途径。从第五王朝时期开始，用魔法召唤国王升天成为神灵的咒语被刻在王室墓壁的墙上，被称为“金字塔文”。它们提供了有关埃及宗教观念最早的详细信息，并暗示出一种当时已有自己独特特征的万神殿。它们最初的功能是祭仪活动的组成部分，主要是由祭司在葬仪上或者其他特殊节日仪式上所念的咒语构成的。将它们刻在石头上这一行为就将它们加固了（很幸运也为我们）永远“储存”了下来。

中王国时期产生了一种民主化的祭仪观念，即使普通的埃及平民都可以为自己的葬仪书写这种或其他类型的祭文。它们从不被刻在坟墓墙壁上——在个人埋葬中通常都被保留用以描绘日常生活和献祭礼仪的场景——而是被刻在离死者很近的矩形木棺的棺壁上。这些“棺文”也与食物和用品的画面放在一起——与坟墓装饰品一样。

新王国时期这些咒语的数量增加到如此之多（超过 190 条），以至埃及人不得不将它们写在长达 25 米的纸莎草卷上。它们被放在棺材里以节省空间，有时恰好位于木乃伊头部的下方或上方。到了第十九王朝这种集合在一起的咒语是用《亡灵书》来记录的，该词容易让人稍起疑惑。埃及文字将其陈述为：“开头是为白天出发、为升天和转型、为进出死亡国度念咒语，为了在——此处加入死者的名字——的葬礼上发出正义的声音，他出去后（再）进来。”

咒语的语言和顺序有时会不一样，直到第二十六王朝时期一个规范的 165 条咒语的列表才得以建立，其顺序我们至今仍在严格遵守。这些咒语中有例如“为了防止人在冥界中被蛇咬伤的咒语”（BD34）、“在冥界中防止身体腐烂的咒语”（BD45），以及“在冥界中有空气呼吸以及有水喝的咒语”（BD59），该愿望对于在令人难以忍受的沙漠环境中的坟墓具有特殊意义。

110 尼考热（Nikaure）与妻子伊海特（Ihat）的假门

塞加拉，尼考热的坟墓；古王国时期，第五王朝，约公元前 2470 年；着色石灰岩；高 227 厘米，宽 235 厘米；开罗埃及博物馆，CG1414。

假门最初与另外一扇假门一起放置在尼考热的墓室，他是“信使和枢密院顾问官的最高官员”。该门很可能主要是为了他的配偶“哈索尔的女祭司”伊海特而修建的，伊海特也被呈现在假门中央的门龛里。在门的上部，我们可以看到位于祭品列表前面的祭桌旁的夫妻；下面是他们的子女在陪着他们。基座上显示的是正在为死者举行祭仪的祭司，以及一名竖琴师和一名歌女。

111 伊姆霍特普（Imhotep）的祭桌

托勒密王朝早期；公元前第三世纪；石灰岩；伦敦大英博物馆，EA1688。

T 形祭桌与用水做祭奠的简易黏土盘一样，可以看到水流从中央的水瓶流出。各个神灵画像在石板中占据着重要位置，为死者提供食物和祭酒。上面的两个三角形里描绘的是欧西里斯的妹妹伊西斯和奈芙蒂斯，她们在照料死者的吧鸟:“愿你的吧在水中永生。”在中央部分水瓶的两旁，是两个头戴两个世界的植物徽章的尼罗河人物。该形象用肥壮的男人象征尼罗河的严重泛滥以及随之而来的肥沃富饶。下面，死者自己出现了两次，一次是站着，另一次是坐在女树神面前。左边她以女人的形象从树上长出，右边仅画出的两只胳膊透露了“祭品女主人西卡莫尔”是一位神灵，这是她在亡灵书咒语中被召唤的名字。

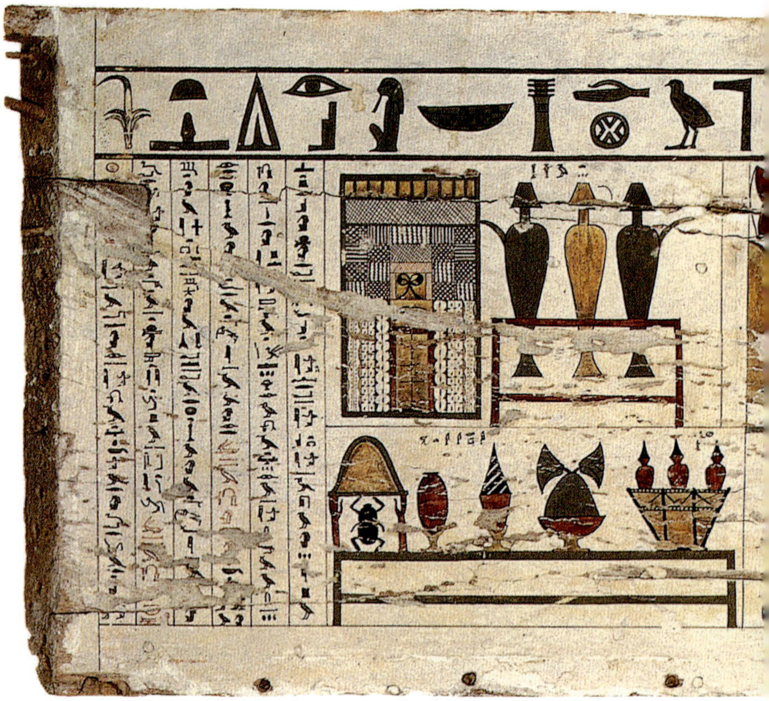

这些咒语向“纳特（Nut）的西卡莫尔（Sycamore）”发出祈求，她被奉为可以提供树荫和果实的无花果树女神，经常被呈现在墓碑和墓壁上。

《亡灵书》的核心部分集中在来世在法庭对死者进行的审判，这是由“伟大的神”欧西里斯主持的（BD125）。同样非常有趣的是第 175 条咒语（“不要在冥界中再死一次”），它包含有一段阿图姆(Atum) 和欧西里斯两位神灵之间关于世界末日、贫穷之地、死亡国度的对话。第 136 条咒语的第二部分指出了通过拥有这些咒语所希望实现的愿望，同时也解释了他们为什么如此热衷于为自己或亲人获取一本有很多彩色插图的《亡灵书》，这样的一本书价格一定不菲。

你为之所作的人的灵魂永不会灭亡。
他会在神灵的荣光中永存。
没有任何不幸会降临到他头上。
他的灵魂与所有能力将在西方永存，他不会再次死亡。
他将每天与欧西里斯一同欢宴畅饮。
他将与上下埃及的国王们一起高升。
他将在溪流的饮水处啜饮。
他将尽享男女之欢，白天还可以像荷鲁斯一样出来降临到人间。
他将像神灵一样活着。
他将像瑞一样被生者膜拜。

113 萨赫迈特（Sakhmet）的祭司尼艾（Niay）及妻子的墓碑

塞加拉；新王国时期，第十九王朝开端，约公元前 1290 年；石灰岩；高 56 厘米，宽 59.5 厘米；汉诺威克斯特纳博物馆，2933。

来自孟斐斯的光头祭司与其头戴靓丽假发和圆锥形没药的妻子跪在西卡莫尔面前。这棵树长着女人的胸脯 和胳膊，在文中它被描述为伊西斯女神；她为死者在来世提供影子和水以及食物。死者希望随着“灵魂”的自由移动——像吧鸟一样——他们也能够飞到一个如这幅画中所描绘的田园风光里，并能畅饮欢宴。这里，长着两个死者头部的两只鸟正在树下进行这一行为，旁边有一条开满莲花的小湖。

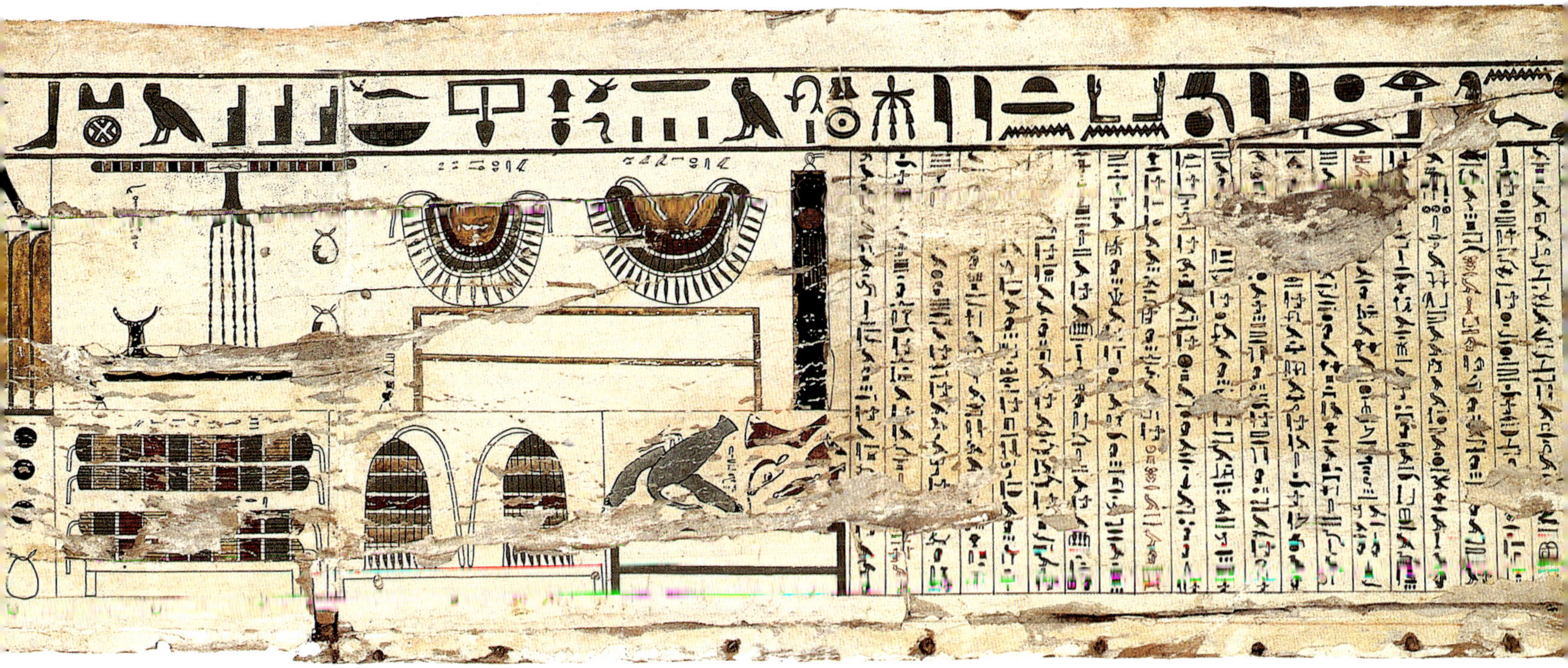

112 纳黑特（Nakht）棺材的东侧内壁

阿修特（Asiut）；中王国时期，第十一或第十二王朝，约公元前1980年；泥灰粉饰的着色木；长191厘米；希尔德斯海姆普利兹伊斯博物馆，5999。

该棺材内壁上刻有第252～258和第261条文字咒语，仅死者可见。

它们的主题集中在描述与来世继续享有特权的国王、太阳神，以及造物神的抄写员的重逢。这些场景展示的是：左边，一道宏伟的假门，通过它与外面世界的接触就成为可能；紧接着是放在架子上的三个水瓶，下面是各种水罐，其中有些里面装有酒。右边是摆满细长的半条面包的大祭桌；其上方有一条牛腿，下方是成包成团的香。中间展现的是一个小靠枕，紧挨着一根带子、两个颈圈和一个抄写员用的写板，这些东西下面是装饰用写板，以及一个盛有各种肉的盘子。这样死者就可以“伸手拿到”除宗教咒语以外在来世所需的各种物品——食物、酒、装饰品、器具，甚至是祭香。

有些亡灵书是专门委托专业抄写员从主要抄本上为个人复制的，死者的名字和头衔会直接写进书里。其他的则由抄写员编写拿来卖的，买主的名字可以随后加在专门预留的大量空隙里。

在第三十王朝的孟斐斯地区，一种变体的祭文风靡一时：它们被写在用于包裹尸体的窄长的木乃伊本绷带上。除了长盛不衰的《亡灵书》，托勒密王朝其他类型的祭文也被采用，这些祭文被描述为文字之神透特（Thoth）（希腊人赫尔姆斯）（Herms）的书，比如“灵气之书（字面是”信“）。在罗马时期广为流传的“穿越永恒之书”是献给死者的赞歌，目的是为了使死者进入活人世界中各种各样的祭仪中心和节日当中，很可能在葬仪以及重要节日上念给死者。

生者的责任

装饰坟墓的各种物品、坟墓壁画上展现日常生活和祭品的场景、陪伴他们的祭文、尸体的木乃伊制作、护身符的能力——即使全部加起来这些还是不足以确保来世的生命和富足。在古埃及，人们想要很多东西，为了来世能过一种神圣的生活：新鲜食物的源源 不断、要喝的水、生者的出现以及更为重要的他们在墓旁所说的话，以及对死者名字的纪念；所有这些都被认为是不可或缺的。

生者照料坟墓、纪念死者，以及举行葬仪的责任被将这些列为模范人物必须具有的品格的训诫所推动。新王国时期阿尼（Ani）的训诫中也包含着利己的思想：“为你躺在沙漠河谷的父母献上水……让人们知道你的行为，这样以后你的儿子也会这样对你。”所谓的理想自传极力吹捧了可以荣耀死者的德行，这些包括照料寡妇、孤儿，以及饥饿或贫寒者：“我没有忘记一个一个地叫出我祖先的名字。”

来自阿修特的祭司监管和地方总督杰法海皮（Djefaihapi）（第十二王朝时期）在他的有生之年与不同的祭司［包括一份与自己签署的合同，将自己作为外普瓦外特（Wepwawet）神的最高祭司］签署了10份合同，以确保作为祭品的物资能够源源不断供应。他雇佣祭司每个节日在“祭司的指挥下”献祭特殊的祭品，从他自己的财产中为祭司的服务有效地提供了资金，并为此建立了地方祭庙。

在王室献祭基石不稳固的时代和地区，由于普通平民因此而产生的担忧，文字通常被刻在更易接近的坟墓外墙上，称之为“给生者的信”。

114 埃特斯耐克特（Iahtesnakht）亡灵书中最后的审判

海利克鲁波利斯麦格纳（Herakleopolis Magna）；第二十六王朝晚期，约公元前600年；着色纸莎草；高23厘米，宽65厘米；科隆（Cologne）埃及艺术馆研究会，科隆罗马天主教教堂10207，专栏58。

这一取自《亡灵书》的场景是棺文的进一步发展，它展现了第125条咒语，描述的是进入“最终真理大厅”和死者在最高死人判官欧西里斯面前的审判。右边，这一文本插图描绘了死者正在打招呼，因为后来在纸莎草上作画是用来买卖的。然而，它还保留了一位名叫埃特斯耐克特的女子（“月亮是她的力量”）。在这一重要场景中还插入了一幅女人及其名字的小画，整本书中还有其他将近400处有该名字的特殊地方也是如此处理的。她的心（左）被坐着的神玛特（Maat）（真理）放在称上称重。担任裁判的透特神的小狒狒在掌握称的平衡。长着朱鹭头的他站在画面中央，正在写板上记录结果，并将其拿给荣耀的冥界判官神欧西里斯看。若审判有罪，一个由各种野兽组成的杂种“伟大的吞噬者”就会将死者的心脏毁灭。上面，仅可以透过一个由四十一名形象较小的法官组成的审判小组看到死者（右边缘），他在他们前面陈述“辩论告白”，他说：“我没有偷窃过，没有杀过任何人；没有撒过谎，也没有偷听过任何秘密，没有做过任何鲁莽的决定，也没有与（其他）男人的妻子发生过淫乱行为，我从未辱骂过任何国王或神灵，也从来没有越俎代庖。”

过路者——通常是指谈及的有文化的专业人员——被叫住倒水、摆放祭品，或者——“在没有任何祭品的情况下”——至少念诵献祭准则和坟墓主人的名字。这一要求因触及自我利益（“如果你希望国王能够赞赏你”）而更具有强制性，包括对他们自己生命的暗示（“如果你热爱生命，讨厌死亡”）或者请求得不到应答时的威胁（在阿修特最为激烈：“那人将与亵渎神灵的罪人一起被烹煮”）。一座位于柏林第二次世界大战期间被销毁的晚期墓碑上有如下警告：“经过墓地并且经过我的坟墓的活人，若看到里面所躺的人而不遵守铭文上的要求祭拜雕像的，他们的神将不会接受白面包，但是他们将成为主宰神的敌人。你（或许）会说：‘发生了什么事……太阳（还）在照耀，献祭是领受献祭的人的事。（但）你不应该拒绝躺在坟墓里的人！在天上你会为此受到惩罚……（至少）要为处在黑暗中看不到光明的人哀悼！”

自新王朝以后，继拉美西斯末期的坟墓盗窃和毁灭之后，许多小型木制墓碑存留了下来，特别是在底比斯，这些墓碑通常展现去世的男男女女在神灵面前祷告的姿势。

这些墓碑的用途和面积证明了可以从地上进入的坟墓建筑现在已变得很不安全，要举行定期祭仪已不具有可能性。而国王和高官则葬在祭庙建筑内的安全隐蔽处，小人物则设法葬在已有坟墓的墓室内。墓碑是继棺材之后最为重要的坟墓装饰，起着保留死者名字并使其直接受到神灵庇护的作用。描绘精致的祭桌被用来邀请神灵，使其负责保障死者来世的富足。

115 阿蒙涅姆赫特（Amenemhat）带有给生者的信的墓碑

中王国时期，第十二王朝，阿蒙涅姆赫特二世统治第12年，约公元前1902年；石灰岩；高69.5厘米，宽39厘米；汉诺威，克斯特纳博物馆，2927。

墓碑的主人与当时的在位国王阿蒙涅姆赫特二世（公元前1914—前1879/1876年）名字相同，他的君王名字写在装饰板的第一行文字里。死者与妻子一起坐在摆满各种祭品的矮桌前的椅子上。在信中他描述了他的模范生活：“我（像）是一个父亲对待孤儿，（像）是一个配偶对待寡妇，我为寒冷者挡风，给饥饿者面包，给体寒者衣服，与人的上级交涉而没有让他知道。”接着他呼吁：“啊，经过墓碑的生者啊！你应当说：为阿拜多斯的主康泰门蒂神的祭坛供奉一千条面包和啤酒，阿蒙涅姆赫特是配得的，他是牛的监管者、是清白的、是受尊敬的主人，并将祭品献给他的爱妻凯姆（Kem）。”写到最后一行半时空间不够了，于是就减小文字的面积，并刻到实际的画面上。

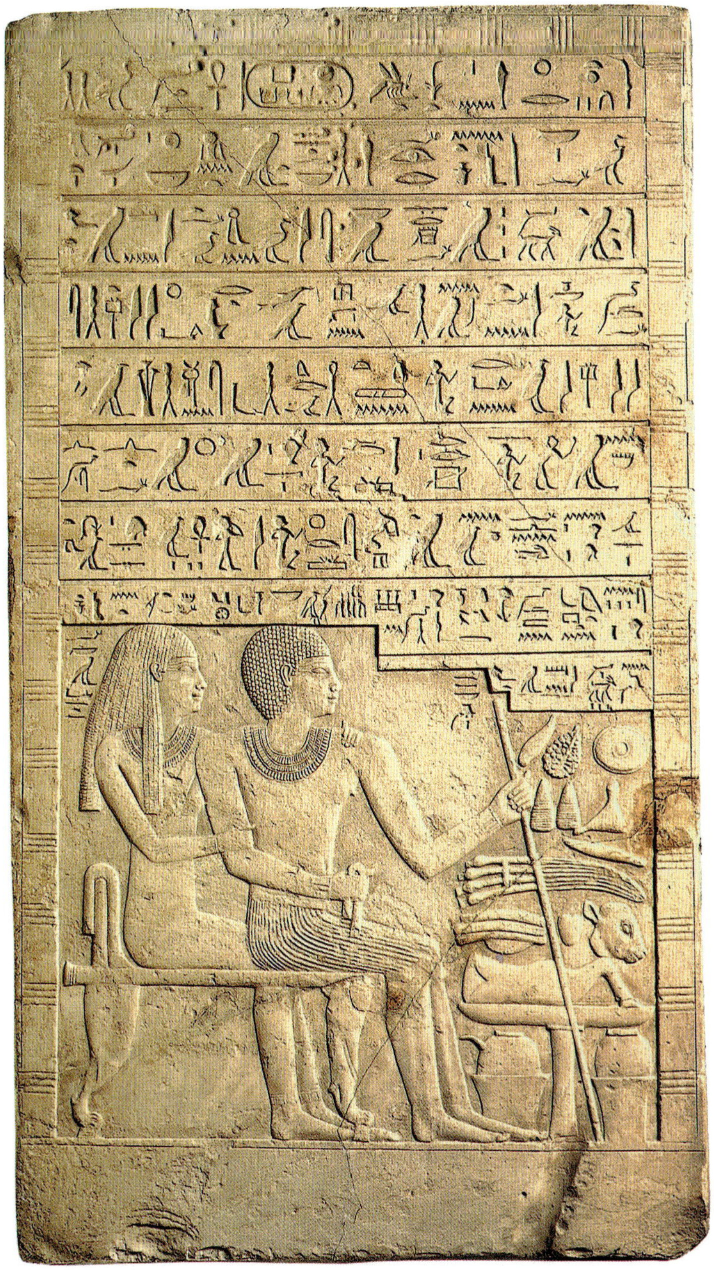

给死者的信

正如我们可以预料到的那样，生者对于死者以及去世亲属的个人态度是一个在埃及原始资料中未引起足够关注的领域。然而，对此所进行的一些为数不多的评论却透露了一些祭仪中非常有趣的现象。早在古王国时期生者写给去世家庭成员的信已经存留了下来。这些主要是寡妇或孤儿写给从前的一家之主的，讲到诸如遗产纷争之类的事情。或者，写信人写这些信是因为他们受到膝下无子、疾病或者噩梦的困扰。他们需要与死者的阿卡交流，最近的研究告诉我们该词应被解读为“起源不详的活跃者”；我们也可以说“有影响力的隐身人”，或者更具体的“死者的活跃灵魂”。

这些信息通常都写在放置佳肴的小陶盘上。死者享用完食物后，他就可以读到下面的信，并被期待提供保护作为回应。信里提醒阿卡之前所作过的承诺，并提到危机和犯错者的名字，并对死者发出急切的请求：“父亲醒过来吧！与你的祖先、兄弟和朋友一起来反抗（犯错者），打败他们！”然后会承诺供奉给死者更多的祭品，如果他用他的能力帮助写信人的话。甚至到了科普特（Coptic）时期死者依然被当做与上帝之间的中间人被人们呼求。埃及人经常会在木乃伊身上放一张纸莎草纸，上面写着“一直大声呼求写在纸莎草上的祷告，直到上帝倾听，并及时为我们带来公正，阿门。”

116 写在缸架上的给死者的信

第一中间期，约公元前2050年；带红色泥釉的陶土；高23厘米；芝加哥大学东方研究院博物馆，13945。

在这封总共写了八行的信中，一个人向他的父亲呼求遵守他生前所作的承诺，并为他求情。父亲被期望运用“强大的灵魂”力量使两名邪恶的女仆人远离写信者的配偶，并帮助他和他的妹妹都能生育一个健康的孩子。在回信中他被承诺：“伟大的上帝会使你得荣耀并给你洁净的食物。”缸架上一定曾有一个特殊的碗，写信者提到：“我把这个您母亲制作的碗带给您。为我伸冤！”

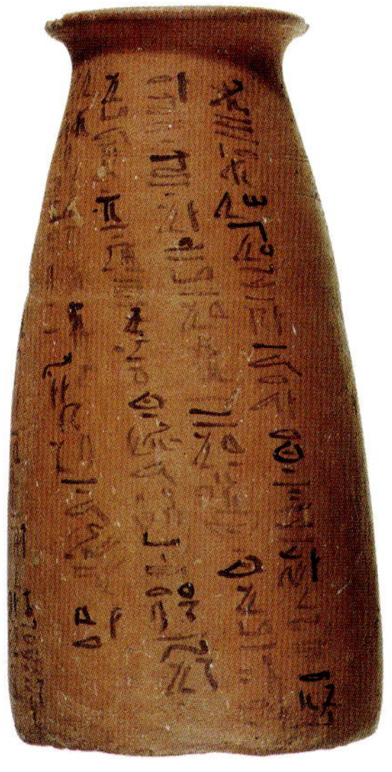

118 祭祀祖先的石碑

戴尔埃尔阿玛纳（Dell el-Amarna）；新王国时期，第十八王朝末期，阿肯纳顿（Akhenaten）统治时期，约公元前1340年；石灰岩；高14.8厘米，宽10.7厘米，厚0.25厘米；阿姆斯特丹地中海考古博物馆，3733。

诸如此类的小雕像是在戴尔埃尔阿玛纳工人社区大街的第四号对面房子里发现的，立在这家人房子前面的壁龛里，用来祭拜祖先。上面未留死者的名字。他坐在一把高贵的椅子上，束着很长的白腰带，脚放在脚座上。他头上的假发上戴着一个圆锥形装饰物，他正在闻一朵莲花，这些都是死者期望的幸福生活的象征。他前面有一张祭桌，上面放着三条面包和一串洋葱，洋葱在埃及既是一种蔬菜，又是一种杀菌物。它在索卡尔神（Sokar）的祭祀节上也发挥着特殊的祭仪作用。

117 给女死者安可丽（Ankhiry）的信及其小雕像

塞加拉，新王国时期，第十九王朝，约公元前1250年；高35.5厘米，宽19.5厘米；着色木雕；高23厘米；莱顿国家文物博物馆，纸莎草，莱顿I 375 = AMS 64，人物AH 115.

以僧侣体文字书写的文字包含一封死者的丈夫“写给可爱活泼的安可丽灵魂”的信，是在她去世3年后写的，因为他不能从他那里得到平安。他连问了几次：“我到底怎么惹你了？”并指责她：“看吧，你不让我的心得到安宁。”在她去世的时候他正在远处出差为法老做事。现在他向她描述他无可指责的生活，也许是为了使自己摆脱意识到或未意识到的愧疚。纸莎草纸被粘在他放在坟墓里的小雕像上，作为他妻子的形象。

有时死者的灵魂会被认为是带来疾病和灾难的祸害，这归因于生者对于不幸行为所作出的反应。因此我们在阿尼的训诫中可以读到：“满足死者的灵魂，按他所希望的去做。警惕自己不要触犯他的禁忌，这样你就可以保护自己免受他强大邪恶能力的影响。”偶尔似乎也有必要告知死者灵魂所犯的错误或者它的误解。所以，例如，新王国时期的一位鳏夫给妻子写了一封很长的信，提醒妻子曾对她有多么好，所有她没有理由生他的气。

同样，至少1000年以前，另一个男子也在死亡妻子的墓碑背面要求使他摆脱疾病的缠绕，因为他经常非常认真地坚持为她举行祭仪。她被要求在梦中向他显现，向他证明她在为她显灵：“然后当太阳下山后我将为你摆出所有的好东西，为你举行献祭仪式。”这暗示了他那晚是在墓堂里度过的，为了尽可能接近她的灵魂。

祖先祭仪

生前享有较高社会地位的模范埃及人被奉为祖先。在大象岛上，中王国时期掀起了一场与众不同的祭仪，是为合盖布（Heqaib）举行的，他被个社会阶层的人们奉为圣人加以敬拜和祈求，被称为“中保神”和“来世的守护神”。从阿玛纳和戴尔马尔迪赫丘的劳动者社区我们知道新王国时期祖先祭仪非常盛行。人们在屋内为与太阳神有特别亲密关系的死者搭建小石碑。人们向这些神龛供奉祭品并做祷告。他们认为祖先能够从坟墓里应允这些祷告，因为他们的神灵的能力。

各种各样的祭祀节日都要举行礼仪庆祝，象征着生者和死者的团圆。在“美丽的河谷节”卡尔纳克（Karnak）的阿蒙神（Amun）要举行游行，先是来到他在卢克索的神庙，然后穿过河流到达位于底比斯西山上的墓地。亲属带着鲜花和贡品前行，并一路为死者鸣奏哀乐。他们在坟墓入口举行各种各样的庆祝，生命就以歌唱、聊天以及美食的形式进入深暗墓室里的死者的灵魂里：“庆祝今天，将香水和油膏涂在你的鼻子上，把莲花和花环放在你的胸上，而你填满了你的新的你所深爱的，坐在你的身旁。”[耐夫侯特普（Neferhotep）的坟墓]。坟墓墙壁上的这些歌词有宴会场景作为插图，有时似乎本为死者举行的节日被设计成使生者意识到他们必然会死亡：“庆祝这一天，不要对它感到厌倦！看啊，没有人能将他的所有带走。看啊，没有离去的人又回来。”［安特夫（Antef）之歌，Song of Antef］。

尽管我们看到了埃及人为来世生活作准备的很多种方式，但是对来世的恐惧和对祭仪是否能发挥作用的疑虑无疑呈现出对尘世生活的热爱。下面这段文字是第二十二王朝时期一位名叫奈斯缪特（Nesmut）的寡妇为她去世的丈夫纳克特夫缪特（Nakhtefmut）在雕像上题写的。她的简述至今仍无人能比：“不要让我们踏入永恒之地，这样我们的名字就能被永远铭记。在太阳照耀的地方多呆一刻，也比永恒的冥界主宰者更加不朽。”

119 安尼的祖先祭仪室

底比斯西部，戴尔埃尔麦蒂奈（Dier el-Medineh）；新王国时期，第十九王朝，约公元前1250年；带油漆残余的石灰岩；高36厘米，宽21厘米；汉诺威克斯特纳博物馆，2936。

死者还是坐在摆满面包、一棵无花果、一个南瓜和一个洋葱的祭桌前，正在闻一朵莲花。一个坟墓状的室将整个场景围住。在楣梁上有两只狒狒正在朝拜载着太阳的三桅帆船。神灵姐妹伊西斯和奈芙蒂斯正在哀悼。表示“西方”的象形文字代表死亡国度，象征着她们去世的哥哥欧西里斯。铭文将死者安尼描述为阿卡伊克尔亨瑞，意思是“太阳神的伟大灵魂”。特别卓越有功的村民死后会受到家庭和整个社区的敬拜，因为他们被认为在生者和神灵之间担任中保的角色。他们的记忆会被保留，小祭品会被供奉在设在家里的祭仪神龛里，神龛是危难发生时用来求告死者的。

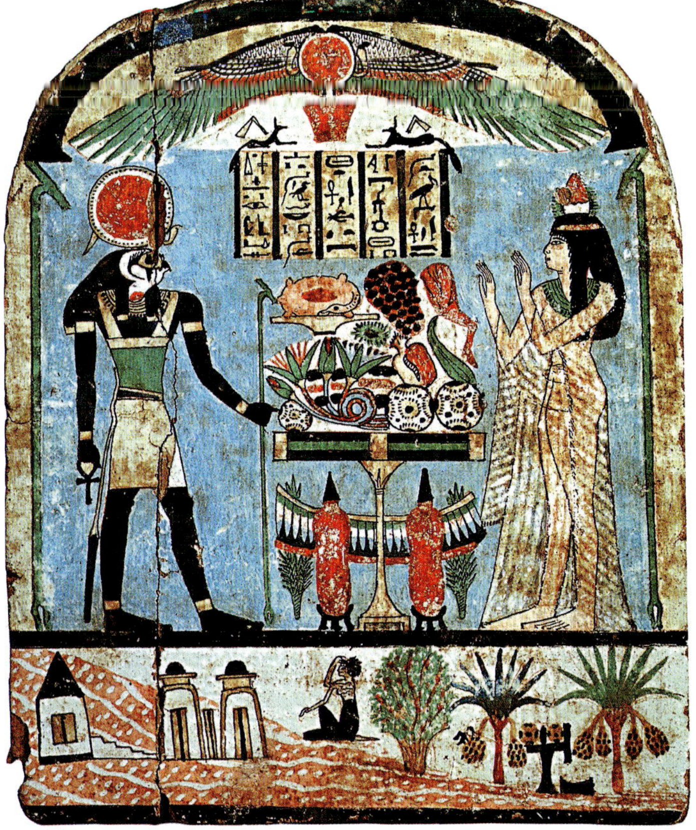

120 杰达阿蒙尼奥安克（Djedamuniu(es)ankh）的石碑

底比斯西部，戴尔埃尔巴哈里；第三中间期，第二十二王朝，约公元前900年；泥灰粉饰的着色木；高27.6厘米，宽23厘米，厚2.7厘米；开罗埃及博物馆，R.T.25.12.24.20。

该石碑的主人是一名女死者，其名字意思是“阿蒙神已经说了，她应该复活。”石碑分为两个部分。下面的部分展现了罕见的西山上的墓地，坟墓都带有上层结构，其中一座顶部有戴尔埃尔麦蒂奈非常常见的小金字塔，另外两座顶部有圆底和圆顶。在田地和沙漠的边界处蹲伏着一名女子，两处迹象表明她正在哀哭：她头发上的眼泪以及裸露的胸脯。她后面有一棵无花果树和两棵结满成熟果实的枣椰树，两颗枣椰树之间有一个摆放着面包和水罐的祭桌。

8924
8924
OSTENSIONE DELL'VRNA SACRA
SCENA DI CVLTO ISIACO
ERCOLANO

千余年来游客、记者和学者眼中的埃及形象

雷根·舒尔茨（Regine Schulz）

埃及和经典文物

人们对古埃及文明的兴趣和热情并非当今才出现，而是自古有之。希腊和罗马作家周游过古埃及，并留下了有关埃及的古代习俗、风土人情、宗教信仰及教派组织的翔实记述。这些作家当中不乏有一些知名人士，如历史学家希罗多德（Herodotus，他于公元前 450—前 440 年游历了埃及）、狄奥多罗斯（Diodorus，于公元前 60—前 56 年游历了埃及）、斯特拉博（Strabo，于公元前 25—前 19 年游历了埃及）和博学的布鲁塔克（于公元一世纪末游历了埃及）。对这个国家有了直接体验后，他们创作勾勒了当时埃及的画面。毫无疑问，这片神奇的土地吸引着游人，但人们对其各方面的误解也层出不穷。一方面，埃及诸神被作为其他信仰体系的基础，埃及被认为是智慧的源泉；另一方面，埃及祭仪的许多方面似乎令人相当困惑。希腊或罗马宗教里找不到神化的动物和人的雕像，所以很难让希腊人或罗马人接受这种传统。这可以说明记述中存在无稽之谈、史料确凿以及分析与成见参半的原因。从罗马帝国时代开始，埃及物品才真正成为时尚。埃及文物，甚至整个方尖碑都被运至罗马；宗教纽带是整个地中海地区膜拜的伊西斯（Isis）女神。在罗马，甚至为她建造了一座国家神庙。她成为普遍膜拜的东方女神，因此，纳姆瑟斯的伊西多鲁斯（公元 1 世纪）为她写了一首赞美诗："…… 埃及人称您为唯一的女神，因为您是独一无二的，尽管人们以其各自的名字来称呼她们。罗马军队将伊西斯信仰带到了帝国的各个角落，直到基督教的兴起才将她排挤出去，而整个地中海地区曾经的埃及热也随之消失了。"（摘自《与"异教徒"的对抗——早期的基督教徒和穆斯林教徒》）

在为"真正的信仰"而战的战斗中，早期的基督教徒和后期的穆斯林教徒与所有有异教倾向的人展开了激烈的斗争。他们强烈憎恶的对象之一是法老文化及其遗留下来的一切传统和工艺品。他们推倒了埃及寺庙，摧毁了石柱和雕像。艾特里普的白色修道院院长谢努特（公元 348—466 年）是最热衷于捣毁异教建筑物的积极分子之一。据说他活了 118 岁。他在布道时不断呼吁捣毁神像和与魔鬼作斗争。古代风化在此时被认作巫术，必须废除，而抄本和符号不再为人们所理解。埃及的语言甚至也发生了变化。在基督教存在的早期，人们仍然讲埃及语（即使话语里充满希腊词汇，写作也使用希腊文字），但这种古老的语言几乎全被伊斯兰教徒的阿拉伯语取代了。仅仅几百年以后，一种千年遗留下来的语言文化就变得毫无意义，并且被遗忘了。由于存在于"启蒙运动"之前，人们认为它没有探寻价值。然而，孤立于古埃及的神的形象幸存下来，因为它们是《古兰经》和《圣经》的约瑟和摩西故事中的人物。但另一方面，关于秘术的神奇故事也利用这些形象来反映拥有伟大智慧和无尽财富的法老的陈旧形象。

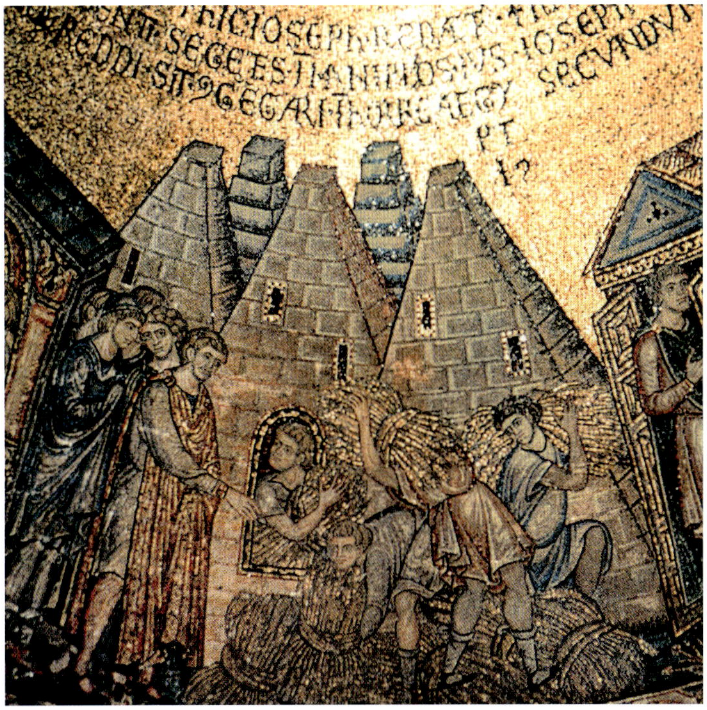

1 艾特里普所作的《赫库兰尼姆》中的场景，公元一世纪，壁画，高 82cm，宽 81cm，那不勒斯国家博物馆，8924。

可从这幅从壁画中找到《赫库兰尼姆》中描写的伊西斯祭仪的例证，而第二幅图可以作为其辅证。一位神父站在寺庙门口，他带着手套向聚集在那儿的朝圣者颁发祭瓶。在画面下方，一位仆人在祭坛上点起了圣火。画面上的狮身人面像、棕榈树和朱鹭强调了埃及人举行祭礼的来龙去脉。

2 约瑟故事中的场景（镶嵌画），威尼斯，圣马可，约 1240 年。

前廊拱顶上的图画表现了约瑟（左边）让他的兄弟们收集金字塔里的稻谷，当时人们认为金字塔里有法老的粮仓。

Pyramides Omnium Superstitum Antiquitatum vetustissimæ integræ et adhuc incorruptæ à priscis Ægypti Regibus Chami poste ris exstructæ...
Barbara Pyramidum sileat mira-cula Memphis. Martialis. L.1.
Heliopolis
Nilus fluv.
Nilus fluv.
Memphis
Cryptæ Subterraneæ

4 底比斯西部的大墓地

摘自：理查德·波科克，《埃及观察》，伦敦，1743年。

英国教士理查德·波科克（1704－1765年）曾两次游历埃及。他每次都在埃及呆了几个月，并沿着尼罗河远行至斐莱岛。他绘制的西底比斯图上有安伯达·伊尔古纳酋长的私坟（右）；拉美西姆陵（D）位于指示图前方，左邻梅迪尼特·哈布（K），我们还能看到近前方的门农大雕像（M，N）

寻找智慧——中世纪时期的埃及

尽管人们不认同埃及人对法老的狂热及相关的异教传统——这种态度牢牢地根植于《圣经》和《古兰经》，但还是有一批兴趣盎然的观察者和学者试图解开古埃及之谜。他们的兴趣主要集中在狮身人面像和金字塔上。其“解谜”尝试一方面通过对《圣经》和《古兰经》的参考；另一方面则通过直接观察事实，只要两者没有冲突。他们的兴趣主要在于辨明大金字塔的功能。在这一课题上，耶路撒冷的郭马斯主教（十八世纪中期）让世人了解到，金字塔是约瑟的谷仓，而异教徒认为，金字塔是用来做陵墓的。安提俄克元老狄奥尼修斯（十九世纪）不赞成谷仓之说，他坚持认为它们是古代国王的陵墓，因为他本人曾进入一座金字塔的25米深处。十三世纪早期，霍恩斯托芬国王弗里德里希二世的使者一定驻扎在开罗，并与伟大的阿拉伯学者伊德里斯（1173—1251年）游览过金字塔。伊德里斯后来在自己的《圣体之光》一书中记录了这次游历的情况。大使发现了拉丁语铭文并将它们复制下来译成阿拉伯语，这就意味着，金字塔之谜解开了。伊德里斯和一批阿拉伯学者辛勤地工作着，企图将法老时代的纪念文化与伊斯兰文化结合起来。在这一过程中，他们很重视可用的考古事实与相关历史证据。在一些人看来，金字塔是训诫和许诺之地，在另一些人看来，这是至高威力的象征，世界末日才可能将其摧毁。伊斯兰学者（如阿尔马卡里奇，1364—1442年）提出的基本问题之一是，金字塔是在大洪水发生之前还是之后建成的。除了神学上的疑问以外，幽灵护卫下的法老财富和其中的秘密也总是驱使伊斯兰教和基督教研究者为之探索。公元820年，卡利夫•阿尔玛门（Caliph al-Mamun）企图进入基奥普斯金字塔（Pyramid of Cheops）。然而，探寻秘密的不止寻宝人、炼金师和博学者，还有行动更理智的探险家［如威廉•冯•波登塞勒（Wilhelm von Bodensele，于1335年左右游历埃及）、菲利克斯•法宾（Felix Fabn，来自乌尔姆的多米尼加僧人，他于1480年左右游历埃及，并于1483—1484年再次前往）和来自香槟省的德昂热男爵（Baron d'Anglure，他于1395年左右游历埃及）］。

3 基奥普斯的金字塔

摘自：亚塔那修·基歇尔（Athanasius Kircher），《特里斯巴别》（TurrisBabel），1679年。

亚塔那修·基歇尔是一位德国耶稣会人士，也是一位博学者（1602—1680年），他比同时代的人更多地唤起了人们对古埃及的兴趣。基歇尔潜心研究各种关于古埃及语言及文明的书籍，其中有一本试图通过单纯的符号解释来破译象形文字。基歇尔将吉萨大金字塔描绘成一座阶梯式建筑，带有一扇纪念碑式大门和通往地下室的下行阶梯。

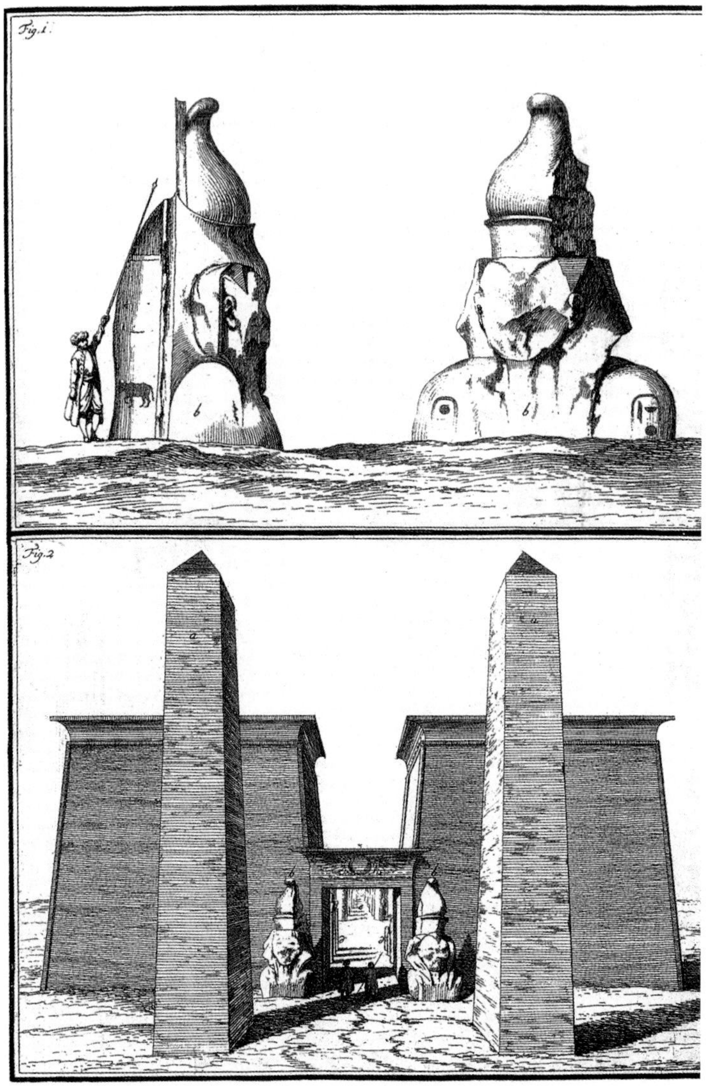

5 卢克索

摘自：弗雷德里克·L·诺顿（Frederik L. Norden），《埃及和努比亚之行》（Egypt and Nubia），1757年。

弗雷德里克·L·诺顿（1708—1742年）是一位丹麦海军船长，他于1738年受命于克里斯汀王六世（King Christian Ⅵ），前往埃及探险。他的此部游记十分流行，从1751年起发行了几版，包括其他几种语言的译本。据诺顿的描述，卢克索神庙的入口桥塔处有一对方尖碑和拉美西斯二世的巨型坐像。他向人们展现了它当时仍然大规模埋藏于地下的图景。

6 孟斐斯的倒地塑像

摘自：理查德·莱普修斯(Richard Lepsius)，《埃及和埃塞俄比亚古迹》(*Denkmaeler aus Aegypten undAethiopien*)，柏林，1859 年。

理查德·莱普修斯（1810—1884 年）进行了十九世纪最后一次具有考察性质的大探险，他奉普鲁士国王之命，于 1842—1845 年考察了埃及和苏丹。这幅图摘自他的 12 册对开本丛书，展示了棕榈树丛生的孟斐斯平原废墟中的拉美西斯二世巨型塑像。

7（对面）从亚历山大港到菲莱

摘自：《埃及志》，巴黎，1825 年。这幅卷头插画摘第二版（这一版价格稍低，初版发行于 1809 年），它描绘了坐落在画面前方几座陵墓。它们中间躺着著名的“丹德拉黄道带”浮雕（底部右方），而它今天悬挂于卢浮宫。

探寻象形文字、金字塔和木乃伊之谜

中世纪末的文艺复兴时期，许多商人和朝圣者更频繁地造访亚历山大港，他们开始将兴趣扩大到法老陵墓。此外，许多重要发现更激起了人们对埃及的热情。他们的最大兴趣在于象形文字和金字塔。霍拉波伦(Horapollon)发现的《象形文字》(*Hieroglyphica*)一书（可能作于公元三世纪）提供了解释某些象形文字的线索，在十五世纪和十六世纪时期激发了一系列破解象形文字的新尝试[如皮埃罗•威勒里阿诺(Piero Veleriano)所作的《象形文字》，*Hieroglyphica*，约 1556 年]。他们提供的这些线索说明，要理解象形文字，就要先对新出现的象形文字进行破解。伊西斯、欧西里斯和荷鲁斯是前基督教时期众神的主角，因此在人们看来，基督教充满了神秘感。

金字塔的功能在天文学领域引发了热议，而牛津大学天文学教授约翰•格雷维茨于 1646 年出版的《图解金字塔》(*Pyramidographia*)一书对金字塔的功能作了最详细的阐释。显然，他参考了古典古代时期的作者及阿拉伯作者的作品。人们的第三大兴趣聚焦于埃及木乃伊，认为它们不仅是可收藏的物品，且其本身也具有真正价值。托马斯•布劳恩作于 1658 年的《瓮葬》(*Hydriotaphia*)对“木乃伊”这种普遍的尸体防腐法作了精确的解说。

当时，埃及的以上三件事物价值连城，成为许多好奇者关注的核心。探险家，被派遣到埃及，他们承担着一项特殊任务：收集手稿、钱币和工艺品。他们当中有多米尼加人约翰•迈克尔•凡•万斯勒本(Dominican Johann Michael von Wansleben)。1672 年，法国皇帝路易十四的大臣简•巴蒂斯特•考伯特(Jean Baptiste Colbert)派他前往埃及探险，其足迹远至中埃及。十八世纪初，法国耶稣会神父克劳德•斯卡德(Claude Sicard)最后到达了阿斯旺和菲莱。他的游记包括至少 20 座金字塔、24 座寺庙复合体和 50 多座陵墓。十八世纪中期的探险家如理查德•波科克(Richard Pockocke)或雷德里克•路德维格•诺顿(Frederick Ludwig Norden)留下的许多文献大大加深了人们对埃及的了解和认识。

十九世纪的探险家和寻宝者

1798 年，一大群科学家跟随拿破仑大军进入了埃及。他们的任务是对整个国家进行全面了解，尽管困难重重，还是在仅仅两年内完成了任务。考察记录于 1809—1822 年在巴黎出版，书为《埃及志》(*Description de l'Egypte*)，文本为 9 册，插图为 11 册。D•维凡特•德农 D. Vivant Denon)（1747—1825 年）是本次探险的领导者，他后来成为埃及博物馆的总理事，创作了另一部长篇文学《与拿破仑在埃及》(*With Napoleon in Egypt*)。《埃及志》、随附地图集和《与拿破仑在埃及》引发了“埃及热”。从此，许多欧洲人都忙着发现更多埃及遗产，为其绘制图画和进行文字记录。今天，我们只能通过这些图画和文字对一些埃及建筑有所了解，因为它们后来被拆毁并扔进了石灰炉。此外，大量掠夺也导致了不计其数的破坏。在欧洲，占有埃及古文物的欲望与探险家的活动成比例地增长。他们唤起了人们大量收藏埃及文物的兴趣，于是，许多埃及人和外国人都开始专门从事古物交易。古物交易业务发展迅猛，许多外国大使因此大发横财。其中最突出的是乔瓦尼•阿纳斯塔西（1780—1860 年），伯纳迪诺•德罗维迪(Giovanni Anastasi,1776—1852 年）和亨利•索特（ Henry Salt ,1780—1827 年）。他们制定了成千上万个目标，并自行指挥挖掘工作，挖出每一件看上去有价值的东西。他们将收集的古物卖给欧洲博物馆，为伦敦、巴黎、都灵、柏林和莱顿的“埃及文物收藏热”打下了基础。大使们还雇佣诸如简•雅克斯•里福（ Jean Jacques Rifaud,1786—1852 年）或乔瓦尼•巴蒂斯塔•尔佐尼（Giovanni Battista Belzoni,1778—1823 年）这些探险家去实施更有难度和更密集的挖掘工作。尔佐尼甚至将拉美西斯二世（年轻的门农神）的雕像上半段从西底比斯祭庙运至伦敦。真正的竞争发展为，看谁能解决将最大和最多的古物的运输并将其收入囊中。

第一位埃及文物学家——一条规则的发现

除了对古文物的热衷，这一时代还激起人们进一步了解古文明的严肃欲望。这种兴趣的起因之一，是人们想对《圣经》的内容有所证实。第一位真正的学者就是这样开始工作的。他们中的先驱无疑是法国人简•弗朗索瓦•商博良（Jean-François Champollion,1790—1832 年）。别人的诸多尝试失败以后，借助公元 196 年托勒密王朝的三语言碑文（“罗塞塔石碑”）的帮助，他发现了解密象形文字的方法。在狭小的空间里，这块石碑复原了一个久被遗忘的世界。

这位杰出科学家最重要的成就之一在于，他发现都灵博物馆的埃及皇室纸莎草抄本已经分崩离析。1824年，他在写给兄弟的信中描述道：“然而，我对这个最令人感兴趣的、几乎完全四分五裂的、真正的历史宝藏表示永远的遗憾，因为它是一部编年表，一部真实可信、以僧侣体文字编写的国王名录，所含朝代至少四倍于“阿拜多斯王表”(the tables of Abydos)初本。我在尘埃中收集了约20片大小不及拇指的文本碎片，上面记录着77位法老的名字（或多或少都残缺不齐）。我确信，这些纸莎草文本出现于埃及早期朝代。”

1828年，商博良与伊波利托•罗西里尼（Ippolito Rossellini, 1800—1843年）一起游历埃及，最远到达了阿布辛贝。每到一处，他都要对留存下来的文本进行复制，并投身于文本翻译。1832—1844年间，罗西里尼出版了名为《埃及和努比亚古迹》(*Monumenti dell'Egitto e della Nubia*)的旅行日志。此书与《埃及志》都成为包含了埃及学的新学术规则的高水平著作。

这里还要提到第三部意义重大的出版物：其作者卡尔•理查德•莱普修斯(Karl Richard Lepsius,1810—1884年）奉普鲁士国王之命，他尽可能完整地记录了埃及和努比亚所有的古代遗物。他将1842—1845年的埃及之旅编撰成12册的《埃及和努比亚文物》(*Denkmaeler aus Aegypten und Aethiopien*)，于1859年出版，其中包含了至少894页彩图。他还记录了第一次大挖掘的情况。

8 丹达腊哈索神庙的门廊

摘自：戴维·罗伯茨 David Roberts)，《埃及和努比亚》(*Egypt and Nubia*)，伦敦，1846—1849年。

英国画家戴维·罗伯茨(David Roberts, 1796—1864年）从一次延展的埃及之旅返回，带回了许多画稿和油画。他笔下的许多古遗址画都变成了套色平版画，同样受到了十分广泛的欢迎。罗伯茨对上埃及的大型寺庙综合体有特别的爱好，可以从他描绘丹达腊避难所巨大的哈索柱看出。

9（下一页）卡纳克神庙里的塞克荷迈特女神像

摘自：C·维尔纳，《尼比尔德》(*Nilbilder*)，1862—1864年。

卡尔·维尔纳笔下的戏剧效果和水彩色调使关于埃及的画作成为了格奥尔格·埃伯斯著名作品的理想插图(1837—1989年)，特别是他的《埃及文字与绘画》(*Aegypten in Wort und Bild*)。除了在莱比锡担任埃及学教授以外，埃伯斯还写了几部关于古埃及的小说。

法国人奥古斯特•马里埃特（Auguste Mariette,1821—1881年）于1850年来到埃及，目的是搜集古埃及手稿。在种种困难的阻挠下，他无法进入寺庙开展工作，于是转战塞加拉展开第一次挖掘工作。尽管法国和埃及政府之间存在种种问题，他的工作最终还是得到了官方授权，成果轰动一时。他发现了埃比斯圣牛的地下埋葬处——塞拉皮雍神庙(the Serapeum)，庙内有类似地下墓穴的复合体和巨型石棺。1857年获准进行进一步挖掘后，他前往其他能带来经济效益的地区继续挖掘，如阿比杜斯(Abydos)、底比斯和大象岛(Elephantine)。第二年，他被任命为埃及文物部理事。在埃及，他一共领导了17次主要的挖掘，共雇佣了7200名工人。他的目标不仅在于取得新发现，还有采取首要措施保护出土文物。他封锁了一些挖掘点，以保护它们不受侵害，并将许多更易运输的文物运至开罗的埃及博物馆，以避免其被盗。多亏马里埃特制定的埃及文物部管理政策，也多亏其继任者——加斯顿•马伯乐（Gaston Maspero,1846—1916年），才拯救了法老的一部分遗物。

英国考古学家和埃及学家威廉•马修•弗林德斯•皮特里爵士（Sir William Matthew Flinders Petrie ,1853—1942年）是第一位对遗迹进行系统挖掘的人，他不仅要寻找有价值的宝藏，还要尽量将挖掘情况记录下来。他这种有条理的工作体系影响了后来所有埃及古迹挖掘者。他对各类文物进行了描述，并对每次发掘都做了精确记录。他的文物挖掘生涯超过了42年，在这段时间里，他研究了40多处不同的遗址，出版了1000多部作品，包括图书、文章和记录。

在语言学研究领域，吉曼斯•阿道夫•耳曼（Germans Adolf Erman, 1854—1937年）和赫尔曼•葛莱波（Hermann Grapow,1885—1967年）取得了杰出成就。在许多同行的帮助下，他们建立了古文献研究中心，这一机构今天仍然存在，其职责是编写《埃及文字辞典》(*Wörterbuch der ägyptischen Sprache*)。他们之后还有一些伟大的语言学家，如库尔特•赛斯（Kurt Sethe,1869—1934年）、沃尔特•尤文氏•克鲁姆（Walter Ewing Crum, 1865—1944年）和阿兰•H•加德纳爵士（Sir Alan H. Gardiner,1879—1963年）。

商业因素——古埃及

如果学者和大众想想20世纪初的情形，那么所有关于古埃及文明的疑问都能迎刃而解，所有最重要的遗址也能真相大白，并给人以惊喜。

文明的疑问都能迎刃而解,所有最重要的遗址也能真相大白,并给人以惊喜。首府城市阿肯纳顿(Akhenaten),太尔艾尔阿玛纳(Tell el-Amarna)的"异教国王"和著名的奈费尔提蒂女王(Queen Nefertiti)半身像[路德维格•博尔夏特(Ludwig Borchardt)发现于1913至1914年],德伊埃尔巴哈里(Deir el Bahari)的宏伟的哈特谢普苏特女王(Queen Hatshepsut)雕像[赫伯特•温洛克(Herbert Winlock)发现于1927—1931年],帝王谷的图坦卡蒙随葬珠宝[霍华德•卡特(Howard Carter)发现于1922年],坦尼斯的第二十一王朝和第二十二王朝王陵[皮埃尔•蒙特(Pierre Montet)发现于1939年]这些发现表明,许多遗迹仍需加以研究。

每一项新发现都能加深公众对埃及文物的兴趣。埃及是一个能激发人们对古代艺术和文化的热情之处,但当时越来越多的人无法承担埃及之旅的费用。对埃及一切的热爱还影响了现代设计,它已成功地运用了大量古代符号。由于二十世纪下半叶,大量游客涌入埃及,对其古代遗迹造成了第二波破坏。主要问题在于文物遭受了极大破坏——特别是墓室装饰部分,而不仅在于文物被盗了。这一问题仍然有待解决,因为从古代起,尽管这些文物无数次、不间断地暴露在游客面前,但它们已经成为这个国家最重要的、必不可少的财政来源。

尽管近几十年来的研究让人们对古代文明有了更深入的了解,埃及仍然是隐藏着无数智慧的国度。无论是想寻找与另一个世界相关联的事实还是证据,今天的人们常常固执地将"理想世界"的形象建立于这片古老的土地。金字塔学家和自封的"古帝王转世"坚持不懈地寻找隐藏信息、很久前由学者揭示出的奇异神话及没有任何特殊意义的发现。客观地讲,古埃及并非"理想世界"或"神圣世界",但很多人想当然地这么认为。因此,人们现在对埃及的热情在诸多方面跟从前没有多大区别——主要的区别在于,现在有更多的人知晓了古埃及的"秘密",因此埃及文物市场流通更为高效。然而,由于几乎与古埃及有关的一切主题都长盛不衰,对新发现或新调查结果的报道往往被人们认为缺乏严肃性。即使在我们当今的传媒时代,对古代文化的尊重应当优先于爆出更具轰动效应的头条新闻的欲望。

10 大象岛挖掘场面的航空照片

这是尼罗河大象岛东南部的鸟瞰图。在这张图片的近中心区域，我们能够分辨出托勒密时期的克努姆神庙（Khnum temple）所在地，它呈一个巨大的长方形。其上方的白色广场是中王国时代临时修建的罕奎贝避难所。神庙下方右边那座稍小的直角形建筑物是重建于第十八王朝的萨泰特神庙。在罕奎贝避难所左上方，可以看到第二中间期和新王国早期的大片住宅区。住宅区左边的突出部分（可通过其阴影线辨认）就是所谓的“卡尔玛”坑（Kom ledge），这是因当地人在十九世纪中期转运肥沃的本地毛石形成的。

考古学的责任——近期的考古挖掘

丹尼尔・普尔茨（Daniel Polz）

埃及的考古挖掘比世界上其他国家都更为密集——现在仍然如此。这里有两个主要原因。

原因之一在于这个国家独特的地理位置及其主要河流——尼罗河。埃及沙漠环绕，农业区及居住区只能设在尼罗河附近。只有在这条非洲最长河流的末段（从阿斯旺的第一个大瀑布到地中海河口的1000千米左右），居住区、城市、大都会和国家才能发展起来。自古以来，埃及的地缘政治地位并没有发生显著变化，而现在，同样的区域却不成比例地容纳着是以前近30倍的人口。许多古代定居点都与现代村庄和城镇别无二致，而且往往被后期建筑所覆盖。从伊斯兰时期开始，古墓区常常被重复利用。因此，人们总能在那里发现古文物。自1798—1799年的拿破仑侵略战起，欧洲人重新燃起了对埃及的兴趣并更频繁地前往此地，游客们在路途中频频发现古文明遗迹。这些都是露在地面上的遗迹，它们大多保存良好。

原因之二自然在于埃及的气候，这种气候有助于有机材料和无机材料的长期保存。早期的游客，如引领拿破仑探险的法国诗人和学者维凡特•德农（Vivant Denon），都被上埃及寺庙的装饰浮雕几乎保存完好的色彩而折服，其中一些浮雕已经风吹日晒近2000年了。

多亏埃及有这样的环境状况，价值连城的法老遗物才得以留存。甚至在今天，在经过近200年的密集挖掘后——并非每次都出于科学考察——考古学家的地图上仍有空白区域。这片区域包括中埃及部分区域、绿洲区和上埃及南部。

在今天的埃及，外国挖掘队每年都会对约100处遗址进行挖掘，不少挖掘工作是在埃及人的领导下进行的。这些考古挖掘的范围广至埃及古文明整个发展时期的遗迹，包括荒蛮地区的史前遗迹挖掘，如位于三国交界处的吉尔夫•凯比尔地区的考古挖掘，尼罗河三角洲的王朝统治前的考古挖掘，古埃及中心城镇及居民区的考古挖掘（如孟斐斯、底比斯、阿瓦瑞斯、皮-兰塞和坦尼斯），难以到达的中埃及地区、绿洲区和埃及北部金字塔区内外的“传统”考古挖掘。许多外国挖掘队都由永久驻扎在开罗的考古机构组织或赞助。其中最重要的机构是德国德意志埃及考古协会（DAI）、东方考古协会（IFAO）、美国埃及研究中心（ARCE）、英国埃及探险协会（EES）、奥地利考古协会(OAI)。这些机构的运作资金部分由其国家政府提供，除了这些机构以外，还有许多欧洲和美国大学，最近还有越来越多的澳洲和日本大学前来对短期和中期挖掘工程进行管理。许多考古挖掘由国家或私人慈善机构赞助，其中最重要的慈善机构有德国研究基金会(DFG)，德国大众基金会和西奥多韦根协会(TWG)。

就其他区域的传统挖掘来看，埃及考古学近年来在技术方面发生了实质性变化：普遍应用现代技术处理大量数据。在考古调查方面，还特别采用了其他方法和技术，如运用卫星影像、卫星定位系统、镭射和红外仪器，对区位布局进行测量和对大量实验研究过程（需要进行材料或日期记录时）进行记录。

20世纪60年代，埃及学的实际领域还经历了一次总体发展：即埃及考古成了埃及学的分支，而埃及学自1822年商博良破解象形文字以来，一直与语言学密切相关。因此，人们总是因为对特定类型的文物和古迹产生兴趣而研究埃及考古学。装饰或铭刻以象形文字的文物古迹的吸引力在于，人们可以通过象形文字相对容易地收集信息。但这一点又转而限制了人们对某类文物古迹的兴趣，因为人们也会认为这类陵墓和寺庙容易了解。

然而，这种偏好必然导致对古代殡葬文化研究的过分强调，而大大忽略了对古代埃及人的居住和生活的研究，古埃及人的生活场景仍然模糊不清。许多陵墓、居住区和整个城镇，人们还仅能从铭文上知晓并对其方位进行猜测。20世纪60年代以来，这种情况发生了变化，在此只举一两个例子进行说明。

11 “拉美西斯城”（City of Ramesses）

关第 · 皮 - 兰塞（Qantir Pi-Ramesse）墓区鸟瞰图；第十九至第二十王朝，公元前1290—前1180年。

在尼罗河三角洲东部、法奎斯镇（Faqus）附近，有一片遗迹，是第十九王朝和第二十王朝拉美西斯帝王们的遗都。图片展示了8个挖掘区，以堆砌的屏障划分。在图片右半部分，屏障下方的宽阔泥砖墙形成了皮 - 兰塞的大型皇家马厩的南墙。希尔德斯海姆的Pelizaeus博物馆派出的一支队伍正在对这座马厩进行挖掘，挖掘工作已经持续了几年。

12 “古风时期”国王阿哈（King Aha）之墓

阿比杜斯，尤姆 · 艾尔 - 加布（Umm el-Gaab），地下墓室由未经烧制的泥砖制成；古风时期，第一王朝，约公元前3100年。

阿比杜斯墓区的古风时期帝王陵大多由几座简单的地下墓室构成，以未烧制的泥砖墙将它们隔开。这幅图展示了阿哈王陵里三座显然稍大一些的主墓室，其中曾存放了他陪葬品。阿哈的陵墓还有三十座稍小的墓室，其中可能埋葬着一部分皇族。

13 陵墓的上部构造（带小神庙）

西底比斯，德拉·阿布·艾尔-纳加（Dra Abu el-Naga）；新王朝，第十八王朝早期，约公元前1550年；墓壁由未经烧制的泥砖砌成，表面涂以石灰砂浆。

近期发掘于西底比斯德拉·阿布·艾尔-纳加墓区的陵墓的上部构造，可以看作是独立而私密地举行祭仪的神庙典范。一根入口柱廊成角度地向东边（桥塔处）延伸，同时，小幅度斜壁也一路延伸至一处低墙环绕的开阔区域。陵墓主轴（此图不可见）坐落于开阔区域中部，通往墓室。桥塔对面有一座小型神庙（里面曾有一方平台，用以在西墙前摆放祭礼桌）和一座石碑（装饰以陵墓主人相关的画像和文字）。

DAI 曾展开了一项对居民区的大规模挖掘，识别出第十五王朝希克索斯帝王们的遗都的东三角洲地区。德国的 DFG 曾在“拉美西斯之城”（皮-拉塞）展开了一项为期数年的挖掘，这里很可能是《圣经》提到的第十九王朝和第二十王朝的埃及首都。英国的 EES 正系统地对古都孟斐斯的广大区域进行研究。DAI 组织的对阿斯旺附近大象岛（尼罗河一座岛屿上的古代边镇，之前曾被认为只是一座巨大的乱石堆）的进一步挖掘，已经充分证明那是一座跨越了 2000 多年的城市。

埃及学前提的演变，改良的技术和方法也改变了埃及考古学的“传统”目标。今天，墓区个体陵墓的考察成了对历史学、社会学或人类学更广泛研究的一部分。考古学的主要关注点不再是对个体现象进行描述，以将它们与文化历史分析联系起来。DAI 的一项考古项目位于阿拜多斯“圣墓区”——具有传奇色彩的神灵欧西里斯埋葬地，这一项目聚焦于埃及第一、第二王朝最早期的王陵。尽管考古学家此前已对某些陵墓进行了至少两次考察，近期的重新挖掘仍然出土了有价值的新材料，如几位未知国王的名字（发现于陶 瓷容器上的简短铭文）。这说明了“零王朝”的建立，对早期编制的王朝年代表产生了深远影响，也对埃及起源的研究提供了新的信息。

来自 DAI 和加利福尼亚大学洛杉矶分校联合项目的考古学家正在底比斯墓区北部的德拉•阿布•艾尔-纳加进行考古挖掘。这是一个大墓区，源于长期以来定义模糊的第二中间期和第十八王朝早期。考古挖掘的目标之一是研究下层阶级和中层阶级的墓葬传统。这群人可能占据了总人口的 85% ~ 95%，但时至今日，墓室绘画中几乎没有出现他们的形象，特别是底比斯古都地区的墓室绘画。到目前为止，这些考古挖掘发现了一种新型的墓穴结构，以及关于这一社会阶层特有的葬礼和祭仪的许多新信息。

这种发展的观点同样也引出了一种对考古挖掘成效的新责任，尽管运用最先进的技术能击溃“考古就是搞破坏”的老生常谈，每项考古活动都能颠覆性地改变一项发现，每揭开它的一层外壳，都会给它带去无法弥补的破坏。因此，考古学的责任是，在进行考古挖掘时，想尽一切办法保证在挖掘开始前和开始后的每一阶段，都要对挖掘点进行特定的文字记录。

这样一来，从理论上讲，被挖掘的古迹可以在精确记录的基础上和电脑设计软件的帮助下，在绘图板上进行再造。只有这样，破坏才是合法的。尽管满足了基本条件，考古学家也常常在考古挖掘中陷入“道德两难”的境地：古迹演变的特性是“旧的总是被新的掩盖”，这种情况往往发生在邻接土层里。在这一土层，文物频频出现，这是由于上文提到过的地理政治情况造成的：同样的区域已被使用了几个世纪，有的甚至是几千年，人们一直在改变它们，在上面盖满建筑物，进行重复使用。例如，在底比斯墓区，历史学家发现了哈布城里保存最完好的皇家神庙的第二庭院，它几乎完好无损地埋藏于一座1500多年以后修建的科普特教堂底下。考古学家整个儿移除了这座教堂，以考察神庙的庭院及饰面结构。考虑到神庙挖掘（如这源于拉美西斯时期的神庙）适用的考古法则，这种程序无可非议。但问题在于，尽管这座教堂理论上能以模型的形式再造，但不能以任何实际形式再造，因为它使用了法老时期建筑的墙面和圆柱。埃及考古学家另一方面的责任在于，应该意识到，对文物的长期保护越来越重要。尽管这只是近期出现的问题，但有三个关键点需要分别加以考量：保护、修复和再造。文物一旦出土，就必须首先对其进行保护；这就意味着，需要采取措施，以避免其腐坏。现在人们能运用许多物理和化学工艺保护出土文物（至少是最近出土的）。但是，在许多情况下，我们的保护工艺还未经过长期检验，因此还无法了解，某种特定化学物质是否会在极端气候条件下或可能的环境影响下发生短期或长期变化，或者是否会产生副作用。化学工艺特别适用于寺庙和陵墓装饰画的颜料处理。这些古迹不能再承受游客的破坏了。另一个到目前为止也未能解决的问题是，对由未浇铸泥砖构成的建筑物和墙面的保护，这种建筑材料在古代的使用频率最高。迄今为止，人们采用了两种工艺处理这一问题。用出土前保护墙面和建筑物的材料再次掩埋它们，或者将一批不同颜色或型号的新砖堆砌在古墙的上部。这种工艺能在短期内对古迹短期进行周全保护，在必要时，可以对新墙的上层进行更换。进行考古挖掘时，第一要务是对挖掘点的文物进行整合（在它们得以被贮藏之前），特别是那些由有机材料构成的文物。这一点特别适用于在掘墓时遇到地下水位附近地层的情况，也适用于在墓区遇到低位坟墓的情况。这些措施与保护措施在细节上没有多大区别，主要区别在于操作环境更为糟糕。文物或遗骨被小心翼翼地挖出来后，人们就要立刻为它们喷上或洒上一层稀树脂（如乳胶粉），在必要情况下，还要进行多层喷洒，直到它们被完全浸透和固化，然后才能加以保存。

14 塞提一世神庙（Temple of Sett Ⅰ），西底比斯，古尔奈，新王朝，第十九王朝，塞提一世/拉美西斯二世，约公元前1280年。

近年来的各种复原和整合项目的目标是，还原神庙庭院内巨大的围墙和加强结构。今日可见的现代围墙坐落在古旧的泥砖墙顶端，但形状、色彩和构造与之相异。从此以后，现代围墙将给予寺庙区永久的保护。我们可以从图片右半部分看到，神庙巨大的建筑结构已经复原至从前高度的一半。

15 ~ 18 纳菲尔塔丽（Nefertari）陵的墙面壁画，西底比斯，女王谷（QV-66），新王国时期，第十九王朝，约公元前1250年；绘于灰泥。

1995年，纳菲尔塔丽陵重新开放。纳菲尔塔丽是拉美西斯二世的主要配偶之一。她的陵墓曾被盖提保护协会关闭，以实施特殊的复原工程。陵墓壁画曾完全腐坏，人们对它们进行了多年的整合和修复。图片的左上方展示了死神欧西里斯的脸和上半身，画面上的小胶带清晰可见，它们用于防止石膏片的脱落。图片右上方展示了修复完成后的画面效果，人们小心翼翼地替换了它的式样，但又使操作痕迹清晰可辨。下面这幅图展示了墓主纳菲尔塔丽的脸和上半身，它们阐释了埃及文物面临的威胁日渐增长的主要因素，即装饰物。在疏松的石灰岩撒盐，将盐铺在岩石表层和石膏层之间或使盐从石膏层通过。在这一过程中，用盐来修补疏松的石灰岩已经破坏了衣领处的大片区域及右上臂，尽管同时能将她的脸和王冠完整复原。

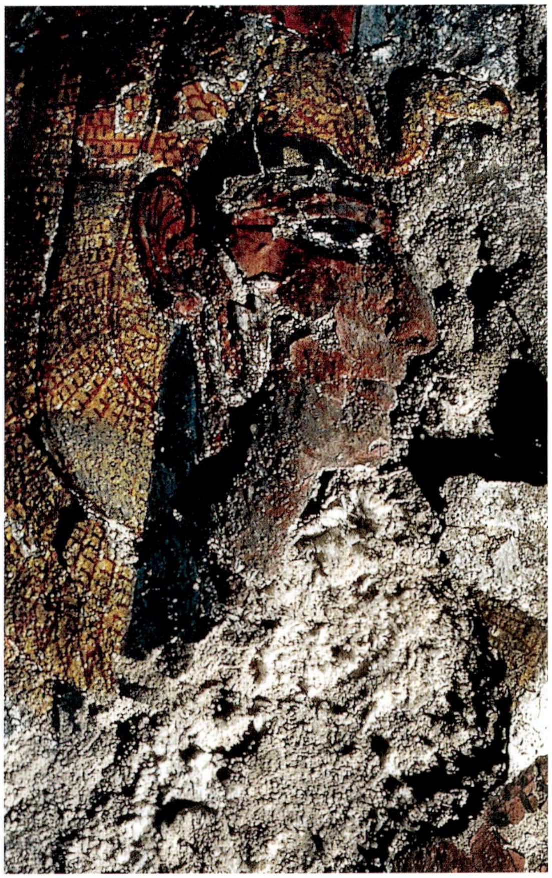

近年来，古物的复原变得越来越重要。可进入的陵墓已经开放了很长一段时间，它们显露出快速腐坏的迹象，部分原因在于大量游人的频繁参观。另一个未知因素是纳赛尔大坝微妙的额外作用，在地下水位不断波动的情况下，这座大坝于 1969 年付诸使用。大坝与土壤含盐量的可辨增长之间也许有一定关系。小气候也同样产生了显著变化，特别是上埃及地区南部（可能是卢克索 L 至阿斯旺的整个区域）。

成功复原朽墓的最著名的例子是，女王谷纳菲尔塔丽（拉美西斯二世的配偶）陵的复原。从各方面看，这座陵墓都是新王国时期最重要的陵墓之一，其内容及装饰质量也许很独特。这座陵墓是意大利考古学家欧内斯特•夏帕瑞利（Ernesto Schiaparelli）于 1904 年发现的，目前，埃及古物最高委员会和盖提保护协会的专家正在对其实施为期七年的复原工程，耗资数百万美元。陵墓的一部分于 1995 年秋重新对游客开放。尽管这项工程具有典范意义，但不幸的是，它将一直遭受异议。大多数濒危陵墓的复原工作也需要类似的消耗，即使只是在起始阶段，无论在技术上还是在资金上都不太可能支持下去。仅仅在古都底比斯地区，已知的经过装饰的陵墓就有 500 座左右，此外，西岸和东岸的卢克索和卡纳克还有许多寺庙。

自从人们对埃及进行了系统化的考古挖掘以来，前文提到过的官员陵墓已经成为考古学家和埃及学家的考古目标，这主要是因为其墓室装饰和铭文中含有大量信息。自从二十世纪七十年代早期和八十年代，DAI 和海德堡大学（由 DFG 资助）的两项考古工程就启动了，人们对工作过程进行了系统记录，并将这些陵墓公诸于众。在考古挖掘过程中，人们在埃及古物最高委员会的协助下采取了大量复原措施，这些措施常常与装饰画和铭文的记录同时实施。许多陵墓几百年来已被用作居所和马厩，而其装饰部分也相应破败。幕墙常常覆盖着数层煤灰，必须以平方厘米为单位对其进行艰辛而漫长的去污处理。

建筑物的复原工作也与埃及石造建筑的历史有特殊联系。在法老时代，新建筑常常取材于早期建筑的砖石，它们起着现成采石场的作用。一个十分鲜明的例子是，底比斯西岸宏伟的阿蒙诺菲斯三世神庙有两个巨型的坐态雕像，其中闻名于世的门农神巨像的侧翼曾一度与神庙入口相接。神庙位于基础层以上的部分已经不见了，因为其内部在新王国晚期就被“掏空”，作为西岸其他神庙的“采石场”，并且为卡纳克的新神庙提供石材。我们在卡纳克可以目睹旧建筑的循环使用：神庙的巨大塔桥主要以包裹着固体核的砌体壳构成。这就意味着，我们今天所见的经过装饰的内部结构恰恰是从前的外部结构，其内部一部分以碎石填充，但也含有采自早期建筑的石料，其中一些还经过了

19、20 梅里陵的梁柱装饰

底比斯西部，安伯达 · 艾 · 古纳酋长（Sheikh Abd el-Qurna）（TT 95）；新王国时期，第十八王朝，约公元前 1390 年；绘于灰泥。

两幅图展示了梅里（阿蒙神大祭司）陵的梁柱装饰，埃及古物协会对 梁柱进行的复原前后对比，幸存的部分画像展示了站立的大祭司梅里举起双臂膜拜的情形。画像上方的七行纵向文字描述了一场重要仪式。显然，图像和文字在复原以前都无法辨认。

装饰。从前，从事卡纳克神庙的考古挖掘和记录的法国和埃及考古学家，以及来自“弗朗哥 - 埃及中心”的建 筑师开始切入考察正面石料的背面和中心石料，因此对一些桥塔石料进行拆除，然后再进行复原。这一举动使采自其他建筑的、已经消失很久的数千砖石重见光明。在某些情况下，这些建筑能够复原和再造——就像“白教堂”（"White Chapel"）一样，现在，塞索斯特里斯一世的小神龛就是最早以复原和再造闻名的卡纳克建筑之一。

阿斯旺大象岛上毁坏已久的建筑也是以类似工艺进行再造的。这里的考古挖掘是 DAI 的主要项目，它们已经持续了 25 年以上，掘出了几座叠加修建的萨泰特神庙的残垣断壁。它们或多或少提供了从旧王朝到新王朝这段时期完整的神庙形象。近年来，人们对某些发现于砖石堆里的神庙进行了复原，并在其原始位置旁进行了重建。这处遗址被规划为一座岛上的“考古公园”，给予游客独特的机会去追寻一座神庙 1000 多年的历史轨迹，不是纸上谈兵，而是身临其境。

也许由于考古规则的演变和对文物态度的可见变化，近年来产生了许多争议：具备了先进的古文化知识时，是否真正有必要“将埃及的每一块石头翻个遍”。考虑到“减少破坏”的考古学原则，也许最好的办法是将特殊的目标或遗址的考古挖掘留给后世的考古学家。

再次回想最初谈到的现代埃及的情况，回想我们有时对古文明的偏见，这一问题就不必深究了。尼罗河谷现在的居民的需求远比考古学和历史学的需求重要。当今埃及对生活和商业活动所需空间快速增长的需求，将不可避免地导致人们在古城上更多更快地进行建设，古城将因此失去了考古意义，至少不再容易接近。在今天的埃及，考古仅仅是为了抢救文物。

濒危文物——反响和前景

另一个有争议的问题是，出土文物的命运如何，包括许多早期遗址里长期公开展览的文物，以及埃及博物馆里来自考古挖掘的文物。许多文物都受到了环境、变化的小气候和近几十年来大量游客的严重破坏。二十世纪六十年代，修建阿斯旺高坝导致的洪灾使人们首次采取抢救受损古迹的措施。在筑坝导致500公里区域被淹之前，人们在尼罗河的第一座瀑布和第三座瀑布之间实施了多次调查和紧急挖掘（被淹期间也实施了一部分工作），这是现代考古史上绝无仅有的国际性行动。

由联合国教科文组织和部分赞助的“努比亚运动”，几乎联合了各国埃及学机构或考古学机构的学者、建筑师和工程师。他们与埃及古物协会一起，将所有被阿斯旺大坝的洪水永远淹没的居民区、墓区和神庙标注于地图并进行局部挖掘。这项名为“赫拉克勒斯”的活动持续了很多年，收获了大量关于尼罗河谷努比亚遗址的信息和资料，而它们此前鲜为人知。在联合国教科文组织发起的运动中，许多寺庙被一砖一瓦地转移并重建于高一些的区域。一些稍小的建筑被埃及政府作为礼物赠给欧洲和美国的博物馆（如藏于柏林德国国家博物馆的卡拉布萨门和藏于纽约大都会艺术博物馆的丹杜神庙）。以这种形式转移的最著名的纪念性建筑是伊西斯的托勒密神庙（来自菲莱），以及拉美西斯二世的双神庙（来自阿布辛贝），目前它们是每支旅游队伍的必观之物。

今天，回答对文物进行长期保护还是短期保护这个问题，也许比以往任何时候都更为紧迫。从对遗址和古迹进行快速处理的等级上，我们可以看出最著名的那部分是遗都底比斯西部的帝王谷。在旅行旺季，某些经过装饰的、华美艳丽的新王国帝王的长眠之地每天要迎接2000名游客，但几乎没有一座陵墓有控温系统。大批游客带来的最危险的副作用可能在于使墓室湿度持续走高，这已经导致了几起因真菌生长破坏装饰画的有机颜料事件。来自外部的自然影响也会对古迹产生破坏，如平时的高降雨量和偶尔发生的雨灾（1994年和1995年）。目前，只有立即完全关闭陵墓，才能避免持续和彻底的破坏，除非能开发一种满意的保护措施并付诸实施。

在诸多经过讨论的保护措施当中，有一些并没有完全公开，这值得引起特别关注。来自巴塞尔的埃及学家埃里克•霍尔努（Erik Hornung）曾建议，应该对帝王谷里某些保存最完好的、装饰或多或少完整的陵墓（如塞提一世陵）进行复制，并精准到细枝末节。这项工程已经成功地完成了，复制品包括塞尼夫陵墓（Sennefer）的地下墓室和拉克斯地区著名的地下室。批评家们在评论这种“复制措施”时指出，游客不会满足于仿制品，这种措施是行不通的。要保护古迹，就一定要激发游客保护这些珍稀文物的兴趣。

尽管如此，人们还是对帝王谷的个别陵墓进行了长期保护，即使要耗费不计其数的资金和材料。但是，其他陵墓似乎无法得到长期保护。卡纳克寺庙的装饰部分因土壤盐度上升而面临威胁。由于寺庙建筑规模巨大，一些尝试似乎不太可能施行，比如在寺庙底下建造防水屏障。

对另一些可见变化的争议在于，埃及文物在埃及以外的地方被收藏和馆藏。欧洲大多数大规模的埃及文物收藏都以十九世纪上半叶的文物收购起家。

在每个时期，埃及政府和当时的欧洲外交代表之间往往都有合法协议，批准对某些出土文物进行大规模转移。然而，原始收购的合法性和文物目前的归属，特别是埃及艺术杰作的归属却不断引发争议。一些埃及群体持续提出归还重要文物的要求，包括奈费尔提蒂的半身像（藏于柏林）和吉萨的狮身人面像的胡须段（现藏于伦敦）。埃及政府近期决定，禁止开罗埃及博物馆临时借用展品给一家美国博物馆，这件事也许是这项运动的一部分。

今天，大部分博物馆和民间收藏者在“新”文物的收购方面都尤其谨慎。缺乏一整段“历史”的文物，也就是说不能证明已经离开埃及很久的文物，大博物馆和收藏者都不屑于收购，除非有资料证实它们并非出自近期的非法挖掘。近几年，多亏来自国际专家施加的压力和国内外埃及文物机构的新一轮攻势，埃及文物的非法交易变得越来越困难。

几家大型拍卖机构曾表示了他们与文物机构紧密合作的意愿。在伦敦和纽约，人们首先发起了一场打击个别文物交易商的合法战斗，他们最终被处以罚款并绳之以法，这件事必定使大家清楚地认识到，对金钱和埃及古物的贪欲必将成为历史。

21 卡纳克神庙 Karnap Temple）

底比斯 / 卢克索；荷伦希布统治时期，第十八王朝，约公元前 1300 年。

作为埃及最宏伟的神庙，它的最典型特征是，两条被巨大通道（塔桥）分开的主轴线呈直角交汇。从图上可以看到两座塔桥，第十座和第十一座始建于荷伦希布时期。两座塔桥中，卡纳克的早期建筑结构已被拆除，所获砖石被重新利用。许多石方（曾是上一座建筑的原始装饰部分，但由于重新用于装饰，这些图案已经不再可见）作为“废品”被搬运至建筑物后方。这幅图的中央展示的是“弗朗哥 - 埃及中心”的成员们对神庙进行复原时，棚架下的第九座塔桥；从图片前方可见，从拆除中找到的“废品”被保存下来并进行了部分重装。在图片后方，可以看到第十根塔桥在拆除前的模样。

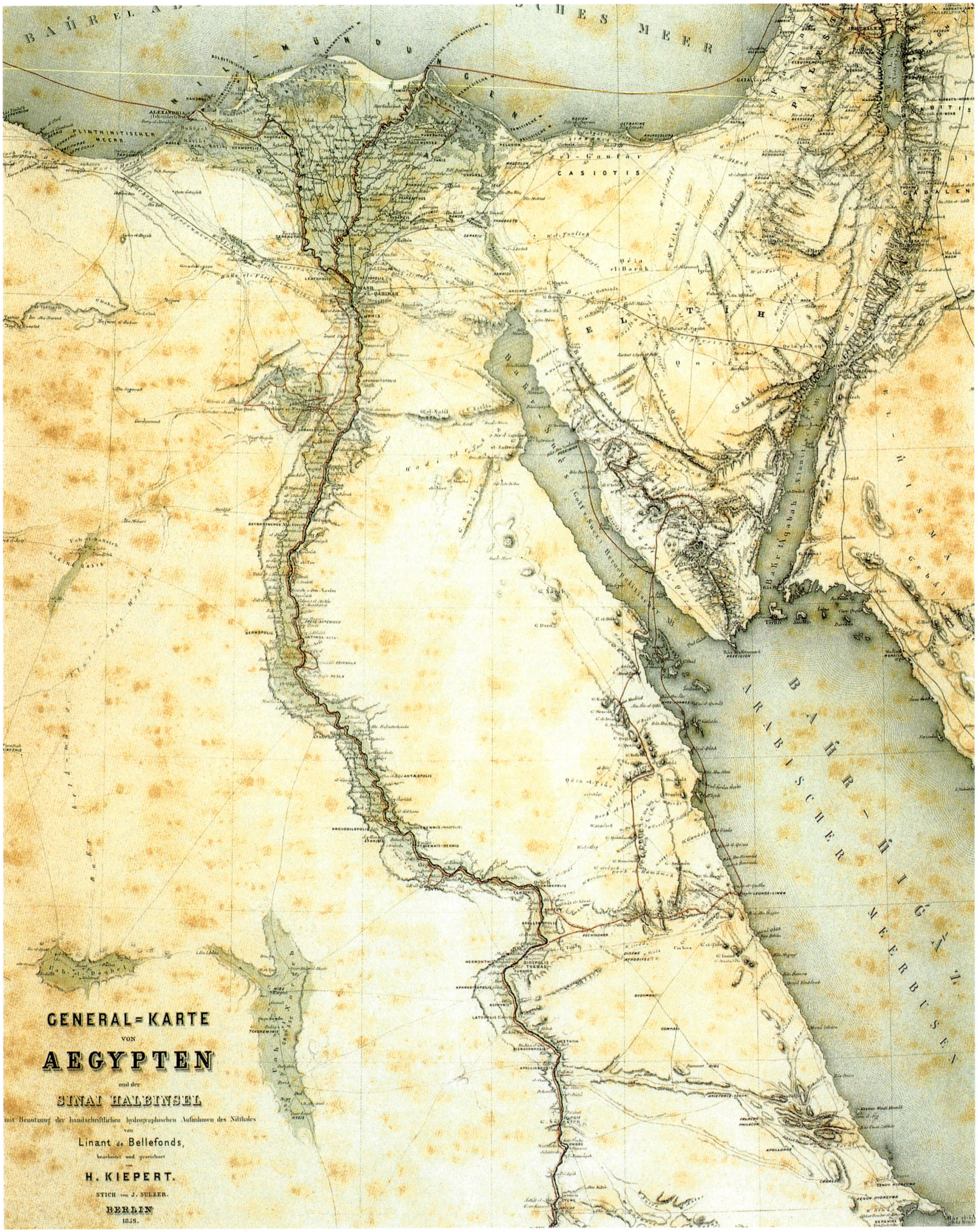
GENERAL=KARTE
VON
AEGYPTEN
und der
SINAI HALBINSEL
mit Benutzung der handschriftlichen hydrographischen Aufnahmen des Nilthales
von
Linant de Bellefonds,
bearbeitet und gezeichnet
von
H. KIEPERT.
STICH von J. SULZER.
BERLIN
1858.
MITTELLÄNDISCHES MEER
CASIOTIS
ARABISCHER MEERBUSEN

附 录

术语表

马丁娜•乌尔曼（Martina Ullmann）

古埃及诸神

雷根•舒尔茨（Regine Schulz）

历史遗迹列表

苏珊娜•沃尔法思（Susanne Wohlfarth）

埃及藏品

埃迪特•伯恩豪尔（Edith Bernhauer）

列王表

雷根•舒尔茨（根据于尔根•冯•贝克拉特穗 (Jürgen von Beckerath) 的资料编写）

年代一览表

马塞尔•肖赫（Marcel Schoch）

部分参考书目

彼得•德尔•马尼埃利安（Peter Der Manuelian），马丁娜•乌尔曼

编者

埃及一览图 来源：里夏德 • 莱普修斯（Richard Lepsius），《埃及和埃塞俄比亚纪念碑》（*Denkmaeler aus Aegypten und Aethiopien*），柏林，1859 年。

术语表

马丁娜·乌尔曼（Martina Ullmann）

顶板（Abacus）：柱头上部结构，用于支撑额枋。用于埃及建筑物的立柱和支柱之上，通常刻有内含统治者名字的椭圆形图案。

阿契美尼斯王朝：波斯王朝，以其创立者阿契美尼斯命名。波斯国王于公元前525年征服了埃及，他和他的继承者们统治了第二十七王朝，直至公元前402年。公元前342年，阿塔薛西斯三世（Artaxerxes Ⅲ）成功地开始了波斯人对埃及的第二次统治。公元前332年，最后一位阿契美尼斯王朝的统治者大流士三世（Darius Ⅲ）被迫将埃及的统治权让与亚历山大大帝。

灵龛（Aegis）：重大节日期间，运输神明或国王塑像的帆船船头、船尾处的半圆形装饰板。灵龛通常由金属制成，装饰华丽，带有神明标志。

灵魂之光（Akh，埃及语，意为"灵魂之光"、"神变"）：赋予魔力的死者灵魂。每位死者——国王及百姓——均希望来世能以灵魂之光的神圣形式在天堂中生活（见"灵魂"和"卡"）。

洪水季（Akhet）：出自埃及语，指尼罗河泛滥的季节。见"日历"。

回廊（Ambulatory）：神庙三、四外墙周围带有支柱或立柱的屋顶式走廊。有此类特点的神庙一般叫做回廊式神庙。自中王国时期起，该种建筑结构便开始盛行，并被用于独特功能的神庙中。例如，回廊式祠堂便是具有独特功能的场所，可用作重大节日期间供祭祀帆船停靠的小站。

《阴间书》（Amduat，埃及语，描述阴间情景的书籍）：指《冥府通鉴》。如今指埃及人以文字和图片描述对阴间的看法的一本书籍。其主要故事详细叙述了太阳神乘坐帆船在阴间的夜间之旅的过程。太阳神每晚都会重生。他在黑暗的12小时中在阴间获得最初的创造力，以便再次作为太阳圆盘升出地平线。《阴间书》最初写于纸莎草纸上，自图特摩斯一世起便成为帝王谷王陵壁画中的重要部分。据《阴间书》记载，已故的国王致力加入太阳那永无止境的旅程中，以重获新生。

隐士（希腊语"撤退"之意）：埃及古物学中，该术语原则上指埃及基督教早期离开自己的社交圈、过隐居生活并在尼罗河谷边界的沙漠地区崇拜神明的人。埃及的这些宗教隐士分布广泛，被称为圣父（其中也有少部分女性）。三世纪至六世纪期间，他们与该国第四世纪时期的修道士生活密切相关。

编年史（Annals）：某位国王统治期间重大事件列表，按照其统治年份排序，最初用于对年份的命名。

阿拉姆语（Aramaic）：闪米特语中的一种，公元前一世纪时盛行于整个近东地区，波斯帝国的官方行政语言。在埃及发现了大量阿拉姆语文本，这些文本大部分起源于公元前六世纪至公元前三世纪，为重要的历史资源。写于公元前六世纪和五世纪的大象岛犹太人社区档案尤为重要。

额枋（Architrave）：立柱或支柱顶板上的水平石梁或木梁，连接各立柱或支柱以及建筑物墙壁，并支撑屋顶。

中庭（Atrium）：中央庭院，周围通常有立柱，为罗马家居建筑中的重要部分。

灵魂（Ba）：难以翻译的埃及语，具有多个层次的意思。现代著作中通常误导性地翻译为"灵魂"。就像"卡"和"灵魂之光"一样，"灵魂"指人类和神明的共有形式。神明和国王拥有大量体现其力量的"灵魂"，外界可通过灵魂感知他们的影响力。"灵魂"是死者生命力的化身。"灵魂"与木乃伊形成不同，它形成了死者活跃、自由的部分。因此，"灵魂"常常被描绘为一只人头鸟，新王国时期的私人墓穴中尤为常见。死者的灵魂居住在天堂中，但定期返回其位于世间的墓穴获取祭品。

巴达里文化（Badarian）：上埃及地区已知最早的新石器时代文化之一（约公元前4500年）。早于涅加达文化，以所处地巴达里命名。巴达里位于阿西尤特正南边，20世纪在此第一次发现了该种文化。

丝袋假发（Bag wig）：假发，通常由人发制成，埃及男女头戴该种假发，为社会地位的象征。随着时代潮流的变化有各种不同的设计，也反映了自然发型。中王国时期和后王国时期的独立式男性雕塑中常常有这样一种假发，齐肩发被一张网聚在一起，因其外观而被称作"丝袋假发"。

圣船祠堂（Barque sanctuary）：大多数埃及大型神庙中重要的房间，存放或准备着便携式神明的祭祀圣船（一定程度上也有国王的圣船）。圣船由珍贵的材料精心制作而成。大型节日游行期间，在圣船中间放置一座神明或国王的小型塑像，然后将其运出神庙，游览其他祭祀场所。一般情况下，圣船和其他仪式的场景在祠堂墙面上进行描绘。祠堂通常位于神庙主轴线上，中间有石质基座，用于放置圣船。

奔奔石（Benben Stone）：位于赫利奥波利斯的圣石，形状不规则，像锥形柱。自古代起便被作为风格化的远古土丘受人崇拜。因此，其代表着远古神阿图。古王国时期的方尖碑形状便取自奔奔石。

诞生室（Birth house）：见圣洁堂。

出生神话（Birth legend）：关于埃及国王的神灵出生的传统神话。阿蒙-瑞以国王的身份来到世间，来到王后身前，向王后展现其神性。国王与王后共同孕育王位继承人。孩子诞生后，由神圣的奶妈抚养，并被阿蒙-瑞称为儿子。埃及国王的双重性——神和人——体现于新王国时期的多座神庙中。

出生名（Birth name）：见国王头衔。

蓝冠（Blue Crown）：见蓝冠（Khepresh）。

《葬礼书》（*Book of Caverns*）：指代第十九王朝冥府通鉴的现代术语。该书与大多数其他书籍一样，详述了埃及人关于阴间来生生活的观点。与早期的阴间书籍（《阴间书》《天国之门书》）相比，该书中多次提及太阳神特别是与世间事物关系最密切的神灵探访阴间的人类。幸存下来的最古老的文本发现于阿比杜斯的塞提一世纪念碑上。该文本是第十九王朝后期和第二十王朝标准王陵装饰中的一部分。

《亡灵书》（*Book of the Dead*）：现代术语，指描述埃及人对死亡以及死后重生的看法的文本和插图。自新王国时期起，便将各种不同类型的亡灵书与死者一同下葬。《亡灵书》与《冥府通鉴》不同，非王室人员从一开始便可使用《亡灵书》。《亡灵书》常写于长长的纸莎草卷轴上，但也在墓穴墙壁、棺椁、雕塑等中发现了单独的文本或描绘。《亡灵书》表达的思想主题来源于各个方面，如中王国时期的棺文、旧王国时期的金字塔经文等。

《神牛之书》（*Book of the Divine Cow*）：现代术语，指可能首次出现于阿玛纳时期并常出现于新王国时期王陵中的文学作品。该书讲述了成熟的太阳神瑞有计划地毁灭叛乱者的神话。当一小部分人类被拯救后，瑞放弃了对地球的统治，回到天堂中神牛的背上。该故事利用神话解释了天与地、凡人与神明之间的区别。

《天国之门书》（*Book of Gates*）：现代术语，指自荷伦希布时期起便出现在新王国时期的王陵墙壁上的一本埃及冥府通鉴。该书以阴间书为基础，同样叙述了太阳神夜间12小时乘坐圣船的阴间之旅。独立的夜间时间代表着来生中各个不同的地区，其位于一道门之后。这道门上着锁，并由地下生物守护着。死者必须向地下生物证明其了解阴间的情况。

《天堂地狱之路书》（*Book of Two Ways*）：指代最古老的埃及冥府通鉴的现代术语，发现于中王国时期的棺椁文本中。通常写于棺椁底部，由一幅冥府地图构成，地图中有冥府、天堂以及有魔力的咒语，可作为死者的来生指南。而《阴间书》、《天国之门书》和《葬礼书》等新王国时期的书籍却仅涉及了冥府。

冥府书（Books of the Underworld）：见《冥府通鉴》、《阴间书》、《葬礼书》以及《天国之门书》。

布希斯神牛墓（Bucheum）：尼罗河西岸艾尔曼特的布希斯神牛墓穴，位于底比斯南边数公里处。布希斯神牛被埋于地下墓穴中的大型石棺中。这些地下墓穴类似于第三十王朝至罗马时期塞加拉（Saqqara）塞拉皮雍（Serapeum）的地下墓穴。

地窖（Cache，法语为"cachette"）：底比斯西部德伊埃尔巴哈里山谷中存放木乃伊或者卡纳克神庙和卢克索神庙中存放塑像的一系列隐蔽场所。最著名的地窖为底比斯西部DB320号墓穴中的地窖。十九世纪末期，在该地窖中发现了大约40口棺材，棺材中有许多新王国时期的国王木乃伊。帝王谷被洗劫之后，自第二十一王朝起，它们便位于此地。

日历（Calendar）：太阳年是官方日历的基础。历史铭文便可追溯至太阳年。该国行政机构使用太阳年。太阳年分为三个季节：洪水季、播种季和收获季，每季节四个月，每月三十天。此外，还有五天年终祭祀日。所以一年有 365 天，与太阳年仅相差四分之一天。最初还有以月亮的各个阶段为基础的自然年。一年的开端为每年尼罗河水位的上涨（见“尼罗河泛滥”和“索提斯”）。

祭日祭品一览表（Calendar of Feasts and Offerings）：记录于神庙墙壁上的每日、每月、每年祭品一览表，为神庙装饰的一部分。经证实，起源于古王国时期。每日定期献祭，每月新月升起时也要献祭。每年节日庆典时也有专门献祭。

卡诺皮克罐（**Canopic jars**）：存放尸体防腐内脏的罐子，通常由方解石雪花石膏或石灰石制成，形状像高大的花瓶，最初有微拱盖子，一般以四个一组的方式出现于墓穴中。内脏器官用绷带包裹，由荷鲁斯四子守护。盖子的形状像人头，后来出现了狒狒头、豺狼头和猎鹰头形状。

坎诺普斯神旨（**Canopus Decree**）：托勒密三世统治第九年（公元前 238 年）宫廷中埃及祭司的命令，旨在就宗教、神庙组织结构等事宜达成一致。至今仍存在数个这样的命令。该名称以祭司在亚历山大港附近坎诺普斯的集合点而命名。祭司们就祭拜仪式所做的决策以象形文字、通俗文字和希腊文字三种文字记录，并在神庙外庭院的大石碑上公诸于众。

涡形装饰（**Cartouche，法语**）：国王第一名字和第二名字周围的椭圆形框架（见“国王头衔”）。其最初为一条绳子，打结端略微超出绳结，椭圆末端通常有一水平符号。圆形或椭圆形象征着永恒，并将提及的人置于神明的魔法保护之中（见沉环）。

瀑布（**Cataracts**）：希腊语，指尼罗河谷南部努比亚的急流。阿斯旺和喀土穆之间，东部沙漠的硬质岩层在 6 个地方冒出了尼罗河河床中的沙岩，并在河流中形成了数千米长的岩石障碍物。位于阿斯旺的第一瀑布形成了埃及和努比亚的天然边界。

纪念碑（Cenotaph，希腊语，意为“空坟墓”）：不被埋葬的丧葬纪念碑。不仅用于此类“假墓”，还在广义上用于任何纪念碑，以铭记死者。在阿比杜斯发现了大量“假墓”之类的纪念碑样本。中王国时期，埃及各地的公民——大多数为高官——下令修建了祠堂，祠堂中有石碑，旨在参与一年一度的欧西里斯节（见“阿比杜斯旅程”）。阿比杜斯也有中王国时期和新王国时期的国王纪念碑，最著名的为塞提一世神庙后方的塞提一世纪念碑（通常称为欧西里斯之墓）。

内侍（**Chamberlain**）：埃及头衔；第十八王朝时，指在餐桌上伺候国王、满足其个人需求的国王亲信。但内侍很快被授予了具有影响力的社会职务。到第十九王朝和第二十王朝，内侍成为了特殊大臣，具有极高的政治声望。

长袍（**Chiton，希腊语**）：希腊文化中服装的重要部分，像衬衣一样的服装，齐膝部或小腿，有的有袖子，有的没有，一般在腰间打结。

棺文（**Coffin Text**）：宗教文本全文，包括许多写在棺材上多种多样的符咒，第一中间期和中王国时期尤为常见，由古王国时期的金字塔经文发展而来，非王室成员也可使用，并成为了新王国时期《亡灵书》和《冥府通鉴》的基础。棺文通过有魔力的咒语帮助死者复活，并描述了死者即将面临的来生（见天堂地狱之路书）。

圣甲虫纪念品（**Commemorative scarab**）：一系列圣甲虫形雕刻品，异乎寻常地大（达 11 厘米），底部刻有数行象形文字，记录历史事件，有时也记录具有宗教含义的事件。阿蒙霍特普三世时期，制作了大量圣甲虫纪念品，共有多个系列。

谷神（**Corn Mummy**）：木乃伊形状的欧西里斯像，形成于谷物在此发芽的大地。谷物的发芽象征着复活的欧西里斯的丰饶神力。他利用丰饶神力使死人复活，使植物定期更新。

天地演化学（**Cosmogony**）：埃及人关于创世的构想，可通过各种文学和艺术资源重现宇宙运转过程和可能的世界末日。埃及创世神话中常见的为，神明有意识地在混乱状况下创造了世界（见“初土”）。经过不断的提炼，未成形的初土成为了井然有序的世界。为了保证宇宙的连续性，每天必须战胜宇宙中的潜在的破坏性力量。国王通过举行相关仪式战胜这种力量。这解释了被认为具有循环性和再生性的埃及社会的动态特点。

腕尺（**Cubit**）：埃及的长度单位。建筑学上最重要的量度。一腕尺约为 52.5 厘米，又可分为七掌，每掌可再分为四指。

长方体雕像（Cuboid statue or Block statue）：地面上或坐垫上双腿弯曲、双臂交叉于膝盖处的埃及蹲姿雕像。常用布料遮盖塑像身体，看起来像立方体。新王国早期至罗马时期，制作了大量此类雕像，专供私人使用。

楔形文字（**Cuneiform**）：公元前第四千年和公元前第三千年之交起源于美索不达米亚（Mesopotamia）的文字。在软泥中压入尖笔便形成了文字符号，成楔形。公元前第三千年至公元前第一千年时，用于闪族语、赫梯语、胡里安语、乌加里特语等多种语言之中。分布最广泛的是阿卡得语。公元前第二千年时，阿卡得语被用作整个近东地区的外交语言。发现于埃及的最重要的楔形文字为太尔艾尔阿玛纳资料馆中的泥板。这些文字记录了埃及王室与近东各国之间的外交信件（公元前十四世纪）。

献祭顺序（**Cycle of offerings**）：祭品的重新分配（食物、衣服、药膏、侍从等），首先分配给神明，然后分配给其他接受者。最初，接受者为国王塑像，后来变为神庙或私人墓穴中的个人塑像。献祭顺序由一系列规章制度控制。最后将祭品分配给祭祀，他们是最后的祭品接受者（见“殓房宗教仪式”）。

圆筒印章（**Cylinder seal**）：近东地区和埃及广泛使用的印章，公元前第三千年尤为常见。印章上雕刻有图像和铭文，印泥一般为黏土。

侏儒舞者（**Dancing dwarves**）：文学上和艺术上均可证明，自古王国时期起，便有侏儒舞者。跳舞的目的不是为了娱乐，跳舞是祭拜仪式和葬礼中的一种宗教活动。第六王朝的佩比二世从中非引入跳舞的侏儒是否为真正的矮人尚有争议。

德本（**Deben**）：埃及的重量单位，以石头重量为基础。古王国时期，一德本约为 13.6 克。中王国时期，一金德本约为 13.6 克，一铜德本约为一金德本的两倍。新王国时期，一德本重约 91 克，分为 10 个更小的单位（见“凯特”）。

通俗文字（Demotic，源自希腊语，意为“平民手迹”）：公元前第七世纪至公元第五世纪的埃及语。通俗文字于第二十六王朝时由僧侣文字发展而来，为首次在世俗间广泛使用的草书形式，直至托勒密时期和罗马时期，才以通俗文字书写文学著作和宗教经文。主要写在纸莎草纸上。语言学上，通俗文字是新埃及语的进一步变体。

神牛（Divine cow）：见《神牛之书》。

神谕（Divine pronouncement）：见“神谕（oracle）”。

神台（Divine standards）：由支撑神像的竖杆和横木构成，神像一般为动物或与神明相关的物品塑像。神台被视为神圣不可侵犯之物，象征着神台上的神明。节日游行时，神台位于游行队伍的最前方。

节德柱（Djed pillar）：台阶式立柱，每个台阶上有成簇植物，自最早时期便被当做物神被人崇拜。节德柱象征着永恒和恒久不变，因而是非常流行的护身符。“竖立节德柱”仪式是科雅克月期间欧西里斯节中的重要部分。

杰米（Djeme）：底比斯西部南边梅迪涅特哈布附近居住地的科普特语名。指代梅迪涅特哈布初土的古老埃及名。梅迪涅特哈布因其附近的拉美西斯三世大型葬祭庙而出名。希腊语中的“底比斯”可能起源于该词。

领地（Domain）：埃及古物学中，面积大同小异的农业用地。这样的领地通常由国家成立，由要员实施管理。可能属于国王或各个不同的国家机构。领地也可转让于神庙或功臣，功臣则负责征税，但同时必须向国家纳税。从特选领地中为国王或平民的殓房宗教仪式定期获取贡品（见“对死者的捐赠”）。

双冠（Double Crown）：代表上埃及的白冠和象征下埃及的红冠的结合物。古王国早期便有了双冠的描绘。可由国王或神明佩戴，代表具有统治两地的权力。

一对（Dyad，希腊语和拉丁语，意为“二元性”）：通常用于形容一对塑像。埃及艺术中，两个人在同一独立式雕塑中的样式很流行，并形成了各种不同类型的雕塑。最常见的为并肩的站姿或坐姿塑像。可通过该种方式阐释两者间各种不同的关系，如一对夫妇在一起时的亲密关系，或国王位于神明旁边时的特殊神学概念。

天然金银合金（Electrum）：埃及边境的沙漠地区中自然形成的金银合金，但也可人工合成。自古王国早期便用于珠宝中，后来大量用作神庙墙壁或门的镶嵌物或装饰品。

对死者的捐赠（Endowments to the dead）：最初为国王的行为，后来发展为平民的行为。从某些领地为墓穴提供受法律约束的贡品，进而奠定了基础。这样便可在生前确保死后有祭品供应。捐赠物的顺序通常遵循献祭顺序。

九柱神（The Ennead）：特殊地区主神周围的一群神。数字九代表三乘三，埃及人认为这是无限的数量，因此代表庞大的数字。以该种方式描绘的神群中不一定有九位神，神群的构成也可有所变化。最出名的是赫利奥波利斯九柱神、孟斐斯九柱神、阿比杜斯九柱神和底比斯九柱神，底比斯九柱神中一般有十五位神（"大九柱神"）。

年终祭祀日（Epagomenal day）：指代一年的最后五天的希腊术语。埃及记日历中，共十二月，每月三十天，再加上五天年终祭祀日，每年便有 365 天。年终祭祀日被视为节日以及欧西里斯、荷鲁斯、塞特、伊西斯和奈芙蒂斯的生日。

荷鲁斯之眼（Eye of Horus）：猎鹰神荷鲁斯的眼睛。据神话描述，荷鲁斯之眼曾被盗，遭到破坏，但又失而复得且痊愈了。有一系列错综复杂的关于荷鲁斯之眼的神话，即所谓的欧西里斯荷鲁斯神话集。荷鲁斯之眼与太阳和月亮具有同等地位。荷鲁斯之眼的永久循环性损伤反映了星座的沉落和月亮的变化周期。由于荷鲁斯之眼与太阳和月亮一样常常完璧归赵，所以它成为了最常见的再生象征，同时也常常被描绘为护身符或作为护身符被人佩戴（真知眼）。

假门（False door）：仿造门，通常为石质门，有时也有木质门，封闭式门，不能开启。可用不同方式设计门楣、凹面中心部分等门框必要部分，于是可形成各种不同的假门。虽然假门是古王国时期私人墓穴中的重要装饰部分，但王室建筑、神庙以及后期的墓穴中却较为罕见。假门是今生与来世的分界线，来世即神界。古王国时期，假门代表了墓穴的中央祭拜场所，在此处放置死者祭品。

河谷节（Festival of the Valley）：除奥佩特节之外在底比斯举行的最重要的年度游行节日，可能起源于中王国时期早期。节日中，用大型河船将阿蒙的圣船以及神明和国王（现任国王和已故国王）的塑像从卡纳克神庙经尼罗河运至西河岸，游览国王陵庙。该节日在王室祭拜仪式中具有重要意义，大多数人均积极主动地参加该节日活动。节日中，"探望"底比斯西部的死者墓穴，同时举办宴会，幻想死者可以赴宴。

旗杆（Flag pole）：旗杆有时超过 30 米高，位于神庙入口两侧。旗杆由光滑树干制作，可放入塔门正面的壁龛内。旗杆顶点部分嵌有天然金银合金，最高点挂有鲜艳的旗帜。旗杆可能由神台发展而来。自埃及文化之初，便在神圣场所设置旗杆。

连枷（Flail）：见"皇家标志"。

燧石（Flint）：也称硅石，自古王国时期起用于制作工具、武器等，特别坚硬。埃及的尼罗河两岸有大量燧石，因此经常用燧石制作许多各种不同的工具。在后来的史前时期和早王国时期，采用高度精密的方法制作了技术一流的工具，其中包括小刀。

荷鲁斯信徒（Followers of Horus）：早期时代时，被视为生活在地球上的荷鲁斯的国王及其朝臣前往各地收集贡品、维持正义。该名称也指赛德节等节日庆典期间与国王一起的某些神台。

外来统治者（Foreign ruler）：见"希克索斯人"。

夷人（Foreigners）：尼罗河谷和三角洲之外的每个国家均被埃及人称为"夷国"。他们认为这些国家位于井然有序的世界（即埃及）之外。必须战胜这些混乱势力，将其融入神圣的世界（埃及）秩序中。这便是常常描绘国王抓住亚洲人、努比亚人和利比亚人（典型夷人代表）的头发并击打他们的原因。

阴间用餐（Funerary repast）：描绘死者坐在供桌旁用餐的场景。阴间用餐为很常见的主题，描绘为死者提供食物的场景，起源于埃及文化之初。古王国时期墓穴中的用餐场景中通常有假门。在大型场景中，常描绘神明或国王坐在餐桌前的场景。

墓碑（Funerary stele）：放置死者祭品的墓石和场所，源自埃及文化之初。墓碑上刻有死者的名字和头衔，也指出了埋葬地点。大多数为石墓碑，宽大的矩形墓碑后来发展为高大的矩形墓碑，顶部为圆形。有独立式墓碑，也可将墓碑与墓穴结构相连。中王国时期和新王国时期，墓碑上常刻有死者及其家属的相关信息，包括献祭祈祷文和死者传记。

葬祭庙（Funerary temple）：两个主要类型的神庙建筑：1. 附属于古王国时期和中王国时期的国王金字塔的神庙，在此为国王举行与永久再生力（见"赛德节"）和殓房宗教仪式相关的仪式，也称为金字塔神庙。2. 新王国时期底比斯西部的宗教场所（建筑结构和宗教信仰不同于第一种类型），在此祭拜国王塑像，与卡纳克的阿蒙塑像息息相关（见"万年寺"）。

冥府诸神（Gods of the dead）：以某种方式与葬礼仪式或死亡信仰相关联的所有埃及神明。体现这些信仰的神明为欧西里斯。欧西里斯死后重生成为每个埃及人为实现永生而向往的神话典范。

帝国之神（Gods of the empire）：在国际和王室意识形态的背景下，埃及万神殿中的某些神明具有重要意义，因此它们的地位高于其他神明。至少至第五王朝起，太阳神瑞的地位明显高于其他神明。新王国时期，尤其是第十九王朝和第二十王朝，底比斯的阿蒙神、赫利奥波利斯的瑞神、孟斐斯的卜塔神共同形成了代表整个埃及万神殿的三人神。

阿蒙神之妻（God's Wife of Amun）：一般为底比斯阿蒙神庙中大祭司的头衔。新王国时期，由国王妻女担任该职。担任该职的人被视为阿蒙神的新娘，她利用阿蒙赋予生命的原始神力保证永久性地重复创世。第三王朝时期，该职位的担任者为底比斯阿蒙神学的宗教首领，由王室中的未婚女子担任。其由该职位的后嗣收养而来。第二十六王朝，其重要性下降，最终不再设阿蒙神之妻一职。

金荷鲁斯（Golden Horus）：见"国王头衔"。

赐金（Gold of honor）：用黄金嘉奖功臣的埃及习俗，自古王国时期起便有相关记录。新王国时期，私人墓穴中常描绘公开授予此类荣誉的场景。国王站在"看台"上，向站在看台下的功臣赐金。黄金通常为各种各样的首饰的形状，如金手镯、透镜状的金珠项圈。这些装饰性物品常出现于人物的描绘中，如塑像中，因此显得与众不同。

金币（Gold stater）：希腊货币学中，金币为"基准"或"单位货币"。一枚金币重 11 克，后来的金币重 8.1 克。此外，还有天然金银合金币厂和银币厂。埃及的首批金币上刻有"Nub-neter"（"完美黄金"），铸造于第三十王朝提奥斯（Teos）和勒尔塔内波斯（Neltanebos）时期。

粗糙雕刻（Graffito，出自希腊语）：该术语在埃及古物学中指雕刻或绘画于石墙、塑像、陶瓷碎片以及其他有文字的物品上的铭文。有多种不同的字体（一般为僧侣文字和通俗文字）和内容（行政或经济内容、宗教内容等）。与特殊建筑项目相关的铭文被归类为建筑雕刻。铭文通常在石块本身上简要概括建筑石块的运输和装配。

《冥府通鉴》（*Guidebooks to the Netherworld*）：一系列附有插图的说教性书籍，讲述埃及人对来世的憧憬。系统地描述了人死后的来生生活，旨在使其像太阳的循环周期一样拥有生命循环周期，以实现永生。最初，亡灵书几乎仅供国王专用。它们形成了新王国时期王陵中墙壁装饰中最重要的部分。后来，逐渐被平民用于棺材和纸莎草纸上。《阴间书》《葬礼书》《天国之门书》和《天堂地狱之路书》均为《冥府通鉴》。

哈德拉瓶（Hadra vase）：产于亚历山大港的一类瓷瓶，可能源自公元前四世纪末期，以其主要发现地哈德拉命名，哈德拉是亚历山大港东部的现代郊区。哈德拉瓶呈圆形，画有图画，有一个竖直手柄、两个水平手柄，用作埃及托勒密时期葬礼仪式上的灰缸。

哈特梅特鱼神（Hat-Mehit，埃及语，意为"鱼之首领"）：下埃及地区门德斯女神之名，通常为一位头部有神鱼的女性。

哈索柱（Hathor column）：埃及建筑物中的柱子，柱头两侧或四侧刻有哈索［或巴特（Bat）］的脸，脸上有牛耳。自中王国时期起，常用于女神神庙中。

赫卡权杖（Heka scepter，埃及统治者或政府的权杖）：国王仪式服装的一部分，也是皇家标志中的重要组成部分。权杖末端弯曲，国王通常用右手持权杖，以之作为其帝王权力的象征。

赫拉克雷奥波利斯国王（Herakleopolitans）：古王国时期之后的第九王朝和第十王朝居住在埃及中心城市赫拉克莱奥波利斯的国王们。这些国王的统治时间一般较短，仅知道其中少数几位国王的名字。

赫耳墨斯头像柱（Herm，希腊语）：希腊文化区域中神圣的纪念柱，由四面体石柱构成，顶部最初有赫耳墨斯神的头像，后来的石柱上也有其他神明的头像。该种塑像位于神庙中以及墓穴和公共场所的道路旁，托勒密时期和罗马时期在埃及也发现了这种塑像。其形式可能与保护的构想有关。

僧侣文字（Hieratic，源自希腊语“grammata hieratica”，意为“宗教文字”）：埃及文字的草书形式，与纪念性的象形文字并肩发展。僧侣文字中，单个标志或图画文字非常精简，以致图案内容不可辨认。僧侣文字最初用芦苇写于纸莎草纸和石灰石或陶器残块上，是行政和经济领域以及文学作品中最常用的文字。自七世纪起，通俗文字和象形文字便代替了僧侣文字。之后，僧侣文字便主要用于宗教文本中，因此衍生为希腊术语。

大祭司（High priest）：神庙中职位最高的祭司，相当于“神明的首要服务者”。大祭司代表国王管理神庙中的人员、行政和财务。他们有时拥有巨额财产和大量土地。

欣（Hin）：埃及的量度单位，1 欣约为 0.48 升，新王国时期主要用于测量谷类，后来也用于测量没药和黄金。

赫梯人（Hittites）：说印欧语的人，居住在现今被称为波加凯依（Bogazkay）的要塞中，于公元前十七世纪在北安纳托利亚成立了帝国，但持续时间不长。公元十四世纪，赫梯发展为一个强国，统治着安纳托利亚和叙利亚，很快又控制了米坦尼帝国。因此，赫梯人成为了公元前十四世纪和公元前十三世纪与埃及人争夺小亚细亚最强大的对手。双方激烈交战后，最终于拉美西斯二世时期签订了和平条约。公元前十二世纪，赫梯帝国土崩瓦解。

荷伦希布政令（Horemheb decree）：公元前 1330 年，左右荷伦希布国王颁布的政令，详细说明了部分行政机构和宫廷的新结构。政令特别强调消除贪污腐败。卡纳克阿蒙神庙第十塔门前的石碑上刻有该政令。

万年寺（House of Millions of Years）：来自一个描述神庙建筑的埃及术语，特指新王国时期的神庙。神庙中，崇拜国王塑像与神明祭祀密切相关，且意义非凡。祭祀仪式的目的在于保障国王的统治、使其获得永生，并统治上埃及和下埃及数万年。底比斯西部新王国时期的葬祭庙便是特殊类型的“万年寺”。

胡里安人（Hurrians）：出现于外高加索（Transcaucasia）地区的民族，公元前第三千年末期广泛分布于土耳其北部和东南部、叙利亚北部及伊拉克。此次迁徙的证据主要为语言证据。其实力雄厚，具有强大的影响力。但公元前十六世纪至公元前十四世纪受控于米坦尼帝国。

希克索斯国王（Hyksos，埃及语中“外来统治者”的希腊语形式）：第五王朝时统治埃及 100 年的亚洲国王（公元前 1650—前 1542 年）。这些国王的首都位于尼罗河三角洲东部的阿瓦利斯，此处曾是叙利亚 - 巴勒斯坦部落的故乡。国王将埃及作为诸侯国实施统治。经过长期艰苦的斗争，第十七王朝的底比斯人将其逐出埃及，并成立了新王国。

地下墓室（Hypogeum，希腊拉丁语）：地下墓穴；在埃及，该术语指举行各种葬礼的地下墓穴场所，有多个隔间。亚历山大港墓地中发现了多个这样的地下墓室。

多柱厅（Hypostyle Hall，希腊语）：由立柱或支柱支撑屋顶的大厅，因此有多个中殿。埃及建筑中通常指柱式厅，有时很宽阔，有凸起的中央中殿。新王国时期的神庙建筑中尤为常见。最有名的多柱厅是卡纳克的多柱大厅，其中有 134 根立柱，占地面积约为 5500 平方米。

伊姆霍特普（Imhotep）：第三王朝卓瑟王时期的高级官员，被称为赫利奥波利斯的大祭司和卓瑟阶梯金字塔的建筑师。后来，他修建了凿石建筑物，因而名声大振。他是智者、文化英雄，被授予了神誉。伊姆霍特普是卜塔之子，他还在孟斐斯周围的伊姆霍特普神庙中受人敬拜。

香锥（Incense cones）：装药膏的小锥体，节日期间佩戴在头上。锥体由动物脂肪制成，混有芳香物质，可能为多种没药，可能还有松香。新王国时期的墓穴中的宴会场景中，香锥常佩戴于赴宴者的头部。宴会期间，香锥慢慢融化，流入佩戴者的头发和上身。

镶工（Inlay work）：一种受人青睐的装饰金属制品的方法，常用于铜像和工具的制作中。在铸造时未填平的凹陷部分或铸造后用凿子凿出的凹槽中镶入一小块或一丝贵金属——金、银或天然金银合金，则可形成光滑的表面。

教谕文学（Instructions）：埃及广为流行的文学流派，多见于抄书吏学校中不计其数的抄写本中。完整或部分保存了至少 7 本著作。这些著作试图向新一代要员讲授埃及社会的基本规则，并用该国的基本道德规范教育他们。因此，这些著作是探知埃及人关于人类和世界的构想的重要来源。其影响力不仅限于埃及范围内，《圣经》中便可找到相关证据。

智慧文学（Instructions in Wisdom）：见“教谕文学”。

混乱（Isfet，埃及语，意为“混乱”、“错误”、“罪恶”、“邪恶”）：与真理正义相反，神明制定的规则。世界、国家和人类的生活应根据该规则排序。任何违反“神界秩序”规则的人将遭受混乱之苦。

埃希德神树（Ished tree）：赫利奥波利斯太阳神神庙中的一棵神树，可能为鳄梨树。第十八王朝及以后的神庙中有许多关于宗教仪式的记录。宗教仪式上，国王的王衔被刻在埃希德神树的树叶上，从而将国王的名字和统治置于太阳神的保护之下，确保其政权永垂不朽。

以色列石碑（Israel Stele）：始于麦伦普塔赫国王统治第 5 年（约公元前 1210 年）的石碑，发现于底比斯西部其葬祭庙中；现在开罗埃及博物馆。该座巨大的花岗岩石碑高约 3.2 米，阿蒙霍特普在其正面刻了铭文，麦伦普塔赫在其背面刻了长长的诗歌，诗歌中颂扬了他击败利比亚人的壮举。最后还提到了麦伦普塔赫击败的叙利亚和巴勒斯坦的多个地区和城市，其中还提到了以色列的名字，这是埃及文本中唯一一次提及以色列。

阿比杜斯旅程（Journey to Abydos）：中王国时期私人墓穴中对木乃伊或死者塑像乘船之旅的描述。在葬礼上进行一次仪式上的阿比杜斯旅程，于是死者便可参加在阿比杜斯举行的欧西里斯节。阿比杜斯每年都可看到欧西里斯的死亡和复活，每位死者都希望加入这一事件以获得永生。通过墓穴中对阿比杜斯旅程的描述，证明了死者参加过欧西里斯神秘仪式，于是保证了其永垂不朽。

卡（Ka）：关于神明和人类品格的复杂埃及概念。见“灵魂之光（akh）”和“灵魂（ba）”。“卡”被视为再生力和生命赋予力的载体，象征着代代相传连续不断的生命力。它形成于人出生之时，人死后也继续存在。卡和灵魂一样也要接受祭品，并保证人死后拥有来生。

卡塑像（Ka statue）：代表“卡”的塑像。根据葬礼仪式的描述，卡塑像位于神庙中。此外，国王一生中特地修建的祭仪建筑即卡建筑中均有国王的卡塑像，受人崇拜。全国各地的大型神庙附近均有卡建筑。

卡西特人（Kassites）：从伊朗移民至巴比伦的人，自公元前十八世纪便有相关记载。公元前 1595 年巴比伦本土王朝灭亡后，卡西特人受赫梯人的影响控制并统治了巴比伦，自至公元前十二世纪中期。自公元前十五世纪后期起，卡西特人与埃及人有了频繁的外交接触，贸易蓬勃发展。同时，阿蒙霍特普三世还娶了卡西特国王的姐姐（或妹妹）。

肯贝特（Kenbet）：埃及一个委员会的名称，该委员会由新王国时期负责地方司法事务的高官组成。也有“大肯贝特”，受控于维齐尔。大肯贝特在维齐尔的宅邸集合，并形成了全国最高法院，全权负责上诉。

蓝冠（Khepresh）：“蓝冠”。形状像高顶无边帽，四周凸出部分像翅膀，新王国早期及以后的国王常戴该种蓝冠。一般为蓝色，带有黄色小环，可能为皮革制品，外壳为金属材料。

科雅克月（Khoiak）：科普特语，指古埃及尼罗河泛滥季节中的第四月。该月中，在全国范围内举行大型节日，以纪念欧西里斯。节日中，主要在欧西里斯神庙中庆祝欧西里斯的复活。

王名表（King List）：按时间顺序记载的国王姓名目录，注有其统治时期，管理和史料编纂中用于确定年代。最出名的为都灵王名表，该王名表如今已残缺不全。埃及王名表是重现埃及年代最重要的资源之一。

凉亭（Kiosk）：侧边敞开的亭子。埃及建筑中常见的石砌结构，外立柱或支柱间有中等高度的隔壁，有木质或帆布顶部。此类凉亭常见于游行路线沿边或神庙建筑入口处，用作节日游行期间神像的临时休息场所，并成为其避风港（见“小站”）。

凯特（Kite）：重量单位，1 凯特相当于 9.1 克。10 凯特即为 1 德本，91 克。

青年雕像（Kouros，希腊语）：古希腊雕塑中指代裸体青年塑像的术语。

库米提（Kumidi）：黎巴嫩的卡米得

罗兹（Kamid el-Loz），近东地区的一个城邦，图特摩斯三世在其第一次叙利亚战役中最想征服的地点，后来被埃及所控制。

库什帽（Kushite cap）：努比亚国王的贴身头饰，呈扁平状（源自埃及语中的努比亚即“库什”或其中一部分）。努比亚国王于二十五王朝统治着埃及和努比亚。库什帽前方有两条圣蛇（见“蛇形饰物”），后方有齐及背部的长饰带。

西腓香（Kyphi pastille）：源自埃及语中的“香”（incense），指由16种配料（松香、木材、禾草、香料、动物，有时也有粪便）组成的化合物，在神庙中灼烧净化后用作空气清新剂。同时，也被用作不同疾病的良药，可用作洗口药，也可加入酒中。

迷宫（Labyrinth）：希腊和罗马旅行作家用于指代法尤姆边界哈瓦拉阿蒙涅姆赫特三世（Amenemhat Ⅲ）金字塔的神庙区。虽然如今不能重现该建筑，其占地面积宽阔（158米×385米），可能由多个庭院和神像室构成，还有神明及国王塑像圣龛。

新埃及语（Late Egyptian）：第十八王朝后期至第三中间期发展起来的埃及语言。现今已发现大量用新埃及语书写的关于行政、贸易、经济事务的文本和文学著作。以僧侣体文字书写在纸莎草纸和陶器碎片上（见“纸莎草”和“陶器碎片”），也用象形文字写在石碑和神庙墙壁上。

利比亚人（Libu）：见“利比亚人（Libyan）”。

利比亚人（Libyan）：源自埃及语“Rebu/Reby”，指居住在尼罗河三角洲西部的人民。现代用法中，指居住在尼罗河谷西部和西南部的各族人民。常出现于埃及夷人图像中；第十九王朝和第二十王朝期间，利比亚人不断入侵尼罗河谷，对埃及造成了极大的威胁。由于那时越来越多的利比亚人逐渐在尼罗河西部定居，所以在当地形成了利比亚诸侯国。第三中间期时，利比亚人夺取了埃及政权，建立了第二十二王朝。

尸室（Loculus，拉丁语）：指代希腊罗马葬礼中独立的埋葬场所。在埃及，该词一般指墓穴壁龛中石棺的位置，尤其指亚历山大港罗马墓地中相应的壁龛。

圣诘堂（Mammisi）：埃及科普特语中借用的词，意为“诞生室”；指大型主神庙外墙以内的小神庙；多数圣诘堂垂直于游行道路，常带有回廊。特殊庆典节日中，神明游行队伍进入圣诘堂庆祝三人神神孩的诞生，三人神（父亲、母亲和孩子）在当地享有盛誉，其中有国王。因此，圣诘堂中举行的仪式为国王出生神话中的一部分。

古埃及墓室（Mastaba，阿拉伯语，意为“河岸”、“长凳”）：国王或平民墓穴，上部结构为实心矩形泥砖或石材，侧边倾斜着。实际的坟墓通常有地下墓室，地下墓室周围有储藏室。常见于早王国时期和古王国时期。

莫那特圣物（Menat）：多排珠子穿成的项链，末端用金属制品扣在一起，挂于佩戴者背部，像是一种砝码。该圣物也可持在手中，摇动时珠子会发出声响。有证据能证明曾以该种方式将其作为乐器，哈索女神的祭仪中尤为常见。

敏神节（Min festival）：埃及最重要的宗教节日之一；敏神为埃及的远古丰饶神。自古朴时期起，便有相关铭文记载。众多神庙墙壁特别是新王国时期的神庙墙壁上有敏神节的描绘。节日中有献祭和许多仪式，将神像带出神庙进行庄严的游行。神像、神台和前国王塑像由祭司带入其他祭祀建筑中，并暂时“居住”于此。敏神游行与丰收感恩密切相关，旨在使因收割而“受伤”的大自然充满新的生产力。同时，该仪式也可更新国王的职权。

米坦尼帝国（Mitanni）：成立于公元前十六世纪的帝国，位于美索不达米亚西部，底格里斯河上游和幼发拉底河之间，为胡里安人最重要的帝国。公元前十五世纪，米坦尼帝国和埃及相互争夺着叙利亚的控制权。经过双方的激烈交战后，于阿蒙霍特普二世时期签订了和平条约。图特摩斯四世和阿蒙霍特普三世均娶了米坦尼公主为妻。公元前十四世纪，由于赫梯帝国不断扩张，逐渐削弱了米坦尼帝国的势力。

殓房宗教仪式（Mortuary cult）：为死者举行的仪式，旨在确保其死后继续存在，该仪式起源于史前时期。但国王的殓房宗教仪式却不同于平民的，因为国王具有神人双重性。尸体保存（制成木乃伊、在墓室中存放死者传记）、物品供应（在墓穴中放置设施和祭品）是殓房宗教仪式的主要概念。为了举行此仪式，必须修建自己的墓穴。尸体防腐并下葬后，死者长子或雇佣的祭司便开始进行此仪式，每天提供祭品（见“对死者的捐赠”）。某些节日期间，墓穴还可获得来自神庙和丧葬建筑中的祭品（见河谷节）。

木乃伊（Mummy）：源自阿拉伯语，意为“沥青”，指通过人工方法或自然干燥后的防腐尸体。早期的尸体防腐出现于埃及，出现于埃及文化之初。后来，尸体防腐过程须持续70天，之后再将木乃伊尸体下葬。根据埃及信仰，尸体的保存对确保死后继续存在是非常必要的（见“灵魂”）。

玄武岩雕像（Naophorus，希腊语，意为“手持神殿者”）：雕像的一种，一般为跪姿像，手中持着神殿，还有神明塑像或标志；多见于第十八王朝及以后的神庙中。后来，站姿像或坐姿像也较为常见。

神殿（Naos，希腊语，意为“神庙”、“神明之屋”）：储存宗教神像的神龛，可上锁；一般为木质或硬石材料，位于神庙或墓穴中。也在存放神明塑像的神庙密室中使用。

泡碱（Natron）：制作木乃伊时用于干燥尸体，可用于净化，祭仪中用于焚香。自然形成的碳酸钠与碳酸氢钠混合物，开采于奈特伦河谷的下埃及地区。

两女神名（Nebty name）：见“国王头衔”。

那美斯式头巾（Nemes headcloth）：国王头饰，古王国早期便有相关描述；由矩形褶层布块制成，戴于头顶，因此不会遮盖耳朵。头巾两端呈褶状，垂于肩部和胸前，背部呈辫子状。

尼罗河泛滥（Nile inundation）：因埃塞俄比亚（Ethiopia）和苏丹南部（southern Sudan）的尼罗河上游处产生的夏季季风雨而致。直到近几十年来对其拦河筑坝之后，埃及尼罗河的水位在每年夏末会上涨数米。洪水通过精心构造的运河和水坝系统流向田地，并在数周后渗入土壤中，使荒地富含丰富的营养物质。

尼罗河水位（Nile level）：见“尼罗河泛滥”。

尼罗河水位标尺（Nilometer）：一条与尼罗河相连的狭长运河或竖井，其墙壁上有刻度，通过该刻度可测量尼罗河的水位。对尼罗河水位的系统观测始于埃及文化的开端。为了正确分配灌溉用水并确定农业生产的年税，监测尼罗河泛滥的情况至关重要。

尼姆里阿（Nimmuria）：阿蒙霍特普三世（Amenhotep Ⅲ）的王名“涅布马特”（Nebmaatra）的楔形文字（又见楔形文字（cuneiform））。

省长（Nomarch）：（希腊语）省（nome）的统治者；在托勒密时代（the Ptolemaic era），省长起初的头衔是一名民事行政官员，负责某一特定地区的农业生产，随后，这一头衔变为省中的低级财务官员。

省（Nome）：埃及自第三王朝（Third Dynasty）以来所划分的行政单位的常用术语。理论上，埃及曾有22个上埃及省和20个下埃及省。每个省均以省长为首。这种行政区划也体现在宗教层面上，因为神或女神以其地方神性而被具体分配至各省。随着时间的推移，省的宗教性质使其世俗作用黯然失色，以致于开始形成单独的行政实体。

象形文字（Nome hieroglyphs）：为了辨别各省，为大多数省设定了一种与信奉的地方神灵直接相关的符号。一般而言，这种符号，比如鳄鱼、权杖或鱼叉和绳索按一种标准设定，且被视为神的化身。符号与标准的这一组合即现今所称的象形文字。

纯金（Nub-Nefer）：见“金币”（gold stater）。

努比亚人（Nubians）：通常指居住在第一瀑布南部的尼罗河谷的居民，他们与埃及人之间存在种族与语言差异。埃及人认为，努比亚人为外来者（foreigners），且对埃及构成了潜在的威胁，因此需在政治上和军事上对其进行压制。自远古以来，埃及人一直与努比亚人有多方接触，使努比亚人曾处于战争与和平（贸易）共存的社会中。已证明，许多努比亚人曾因经济原因等居住在埃及。在埃及艺术中，努比亚人通常被刻画为具有黑皮肤和卷发的特点。

天竺旅路（Oasis Road）：直到现代，天竺旅路指一条备受青睐的商队路线，始于上埃及（Upper Egypt）的科普托斯（Coptos），途经西部沙漠的绿洲，最终到达苏丹。自古王国时期以来，它在埃及文献中被描述为一条通商航路。

方尖碑（Obelisk）：上小下大的高石柱，其顶部通常为镀有天然金银合金的方尖椎。可能源于古王国早期的奔奔石（Benben Stone），即初土（Primeval Mound）的风格化改造物。方尖碑有时高达30米，通常经一块坚硬的石头（通常为红花岗岩）粗琢而成，且成对地竖立在神庙的入口处。方尖碑作为太阳神（Sun-god）的象征。

供桌（**Offering table**）：一块供奉死者祭品的石板，既与作为陵墓主祭拜区的假门相关，又与死者的祭仪相关。它通常设有盛放食物和酒的凹部。将典型祭品（诸如风格迥异的面包）经切片后放置在供桌上。

要员（**Official**）：行政职位中“正式”

效力于埃及国有机构的人员。但这一术语却与他执行的实际任务名不副实。要员需受过良好的教育而被国家重用，这使他们通常（但不总是）拥有极高的社会地位。要员以维齐尔（Vizier）为首。

开口仪式（Opening of the mouth ritual）： 人们认为这一仪式可为无生命的祭祀对象赋予生命，据证实它可追溯至古王国时期。罗马时期以前，人们以文本和叙述的方式将这个仪式记录在纸莎草及寺庙和陵墓的墙壁上，该仪式包括诸多极其复杂的环节，最常见于雕像上，雕像经这一仪式后便被“赋予了生命”。然后，这些雕像会参与到仪式活动中，且可接受所供奉的祭品。这样，死者和神兽木乃伊的来世生命便被“唤醒”。这个仪式的一个关键环节，即用扁斧或凿子形工具进行开口通常出现在众多描述中。

奥佩特节（Opet festival）： 一年一度的奥佩特节被视为所有节日中最重要的节日之一，在底比斯（Thebes）举行，长达 27 天。节日的高潮是，壮观庄严的三桅帆船将卡纳克阿蒙（Amun of Karnak）的雕像开往 2.5 公里外的卢克索神庙（Temple of Luxor）。在护送队伍返回之前，阿蒙神的雕像会在这里呆上几日。可在卢克索神庙（“巍峨壮观的大柱廊”（Great Colonnade））的墙壁上找到关于这个节日护送队伍的详细描述。人们认为在抵达卢克索期间举行的这些仪式可使皇族拥有阿蒙（Amun）赐予的统治权。

神谕（Oracle）：自古王国早期以来，便形成了求神赐予建议、信息或决定的习俗。祭司以书面或口头形式向众神（即其雕像）请愿。然后，众神便通过某些动作（比如，神雕像在公众游行时的动作）或将神意赋予祭司来道明其旨意。这些请求可涉及国家大事、法律判决、官方会晤或私事。

欧西里斯化身柱（Osiride pillar）： 一尊国王雕像，其背部与墙壁或立柱相连。因为欧西里斯化身柱通常以缠有绷带的木乃伊形式出现，且与对欧西里斯（Osiris）神的诸多描述类似，因此这个有些误导之嫌的术语已在语言中占有一席之地。欧西里斯化身柱可追溯至中王国早期，尤其位于新王国时期的大皇家寺庙的正立面和庭院中。

陶器碎片（Ostracon）：（希腊语“陶瓷碎片”（potsherd））意为拥有铭刻的陶器碎片或石灰石薄片。自新王国时期以来，已发现数千件陶片，在新王国时期，它们因其成本远低于纸莎草（papyrus）而被用于日常生活的诸多文本中（信函、账单、便条和学校练习）。艺术家还将陶器碎片用于试制样图中。

巴勒莫石碑（Palermo Stone）： 一种刻石板的主要碎片，现藏于巴勒莫博物馆（Palermo Museum）。该碑上提供了第五王朝之前的历代早期国王的姓名和年号及其对诸神供奉的详情。巴勒莫石碑是古王国编年史的最重要来源，且对埃及年表的改编起到了举足轻重的作用。

棕榈形柱（Palm column）： 埃及建筑中通用的圆柱形式，其棕榈叶与圆柱轴身相连，好似棕榈树一般。自第五王朝以来，棕榈形柱便用石头制成，并设有略微向外弯曲呈棕榈叶形状的柱头。

帕奥皮月（Paopi）： 尼罗河泛滥后的第二个月的科普特语名（见日历（Calendar））。可追溯至埃及术语——新王国后期的“奥佩特节举行之月”。自第十八王朝早期起，底比斯奥佩特节从这个月开始。

纸莎草（Papyrus）：（源于希腊语纸莎草（papyros），或许源于意指“法老”的埃及词）：曾生长在尼罗河三角洲的沼泽中的大量纸莎草植物具有诸多实际用途（织席、编筐、盖房、制造靴子和凉鞋等）和宗教用途（用作祭品）。其主要的象征意义（千年不腐、人丁兴旺和复活再生）意味着它们已成为建筑风格和宗教物品的模式。但纸莎草植物因其茎髓而显得至关重要，因为茎髓为写作材料提供了“纸莎草”。纸莎草的使用可追溯至第一王朝。

纸莎草饰柱（Papyrus column）： 盛行于埃及建筑中的圆柱类型，其效仿了一种或多种纸莎草植物。于是形成了风格迥异的类型。纸莎草饰柱的轴身可形如一捆纸莎草植物或一根叶柄，柱头可设有敞开式或闭合式枝状花饰。自古王国时期以来，纸莎草饰柱一直采用石材质。

海上之民（Peoples of the Sea）： 若干不同民族的现代用语，其中大部分民族或许曾居住在小亚细亚西海岸和爱情海地区。在公元前十三世纪和前十二世纪，这些民族分几波迁徙，途经小亚细亚，远至埃及，以寻找立足之地。他们引起了巨大的政治动荡和民族动乱，尤其是叙利亚巴勒斯坦地区（Syria-Palestine）。几位国王发起了反对他们的运动，以抵制他们定居于埃及沿岸。镇压海上民族的战争可在底比斯的拉美西斯二世（Ramesses Ⅱ）神庙、麦伦普塔赫（Merenptah）神庙和拉美西斯三世（Ramesses Ⅲ）神庙的装饰上看到。

大房子（Per-aa）： 见法老（pharaoh）。

播种季（Peret）：埃及术语，用于描述播种新植物的季节。见日历（calendar）。

周柱中庭（Peristyle）：（希腊语与拉丁语）由柱子围绕的内院；又见中庭（atrium）。

法老（Pharaoh）： 源自埃及术语“Per-aa”，即“大房子”。从埃及文化的开端，这一术语指皇宫及其居住者，即宫廷。这一术语可追溯至第十八王朝，指国王，后指统治者的头衔。

部落（Phyle）：（希腊语）埃及劳动力中最重要的组成单位。工人（比如建筑工和运输工）、各种从业人员和寺庙祭司均被严格编入拥有一定数量的员工和轮班工作表的部落或帮派。

吊门（Portcullis）：（拉丁语）从上降落到适当位置的石板，用于埋葬后堵住陵墓的入口通道。通常，多块石板前后紧密堆叠。这自第一王朝时期以来便可见于皇陵和私人陵墓中。

圆柱门廊（Portico）：（拉丁语“门廊”（porch））：一种圆柱大厅，与门廊（pronaos）大同小异，位于建筑物的入口侧。然而，术语“圆柱门廊”包罗万象，通常指寺庙、陵墓或世俗建筑入口前的一组或多组圆柱或立柱。有时也指位于大庭院侧面的多排圆柱（“柱廊”）。

初土（Primeval Mound）： 初土对埃及的天地演化学具有举足轻重的作用。象征混乱力量的初水（Primeval Waters）孕育了第一块土地——初上，而上古之神在这片土地上创造了世界。在埃及建筑、文学和艺术中，初土是一个重要主题，并是永恒轮回创造过程的标志（又见术语天地演化学（Cosmogony）和奔奔石（Benben Stone））。

初水（Primeval Waters）： 见“初土”（Primeval Mound）。

门廊（Pronaos）： 希腊语，一种圆柱大厅，位于寺庙前。其正面为开敞式或（更常见）被最前排圆柱之间的中高墙遮挡。门廊的建筑风格形成于第十八王朝和第十九王朝早期，这之前是托勒密王朝时期和罗马时代中埃及寺庙的华丽元素。

先知（祭司）（Prophet/Priest）： 埃及头衔“神的仆人”的现代惯用语，这一术语自远古时代便被用于代指最常见的寺院办公室的先知或祭司。祭司效忠的国王或工作的宗教场所通常标注有神的详细情况（如“阿蒙神的仆人”）。先知的职位可视为公职或由要员（officials）担任，这些要员除履行其主要职责外，还会履行祭司的职责。自新王国时期以来，等级制度呈现更为多元化的局面，等级制度中的最高层人物为大祭司（high priest），即“神的一级仆人”，其次是寺庙的二级仆人、三级仆人和四级仆人。

朋特（Punt）： 埃及术语，指远至非洲东南部的地区，埃及自古王国时期以来便与其有贸易关系。探索朋特地区的埃及贸易远征队沿着红海航行，再大约以埃塞俄比亚北部或厄立特里亚北部的纬度方向转为内陆。其中，最著名的是哈特谢普苏特（Hatshepsut）女王的派兵远征，这次远征被记录在其位于西底比斯（Western Thebes）的陵庙（funerary temple）中。从朋特带回的最重要物品为没药、焚香、乌木和兽皮。

塔门（Pylon）：（希腊语，指大门廊、门房）：在埃及学用法中，指寺庙的纪念性入口，两侧设有两座塔楼。中央通道设有两扇双翼大木门（通常带金属罩）。这两座塔楼设有可通向屋顶的台阶，台阶外侧通常装饰有歼灭敌人的场景（见术语夷人（foreigners））。在塔门前面，通常矗立着旗杆（flag poles）、方尖碑（obelisks）和国王的雕像。

金字塔附近居住村落（Pyramid town）：由国家规划和赞助的居住区，位于皇家金字塔附近。第一个村落紧邻米达姆（Maidum）和代赫舒尔（Dahshur）的斯尼夫鲁（Sneferu）金字塔而建。皇室对死者的捐赠（enndowment to the dead）中涉及这些村落的居民，因此居民在其中扮演祭司、商人和要员的角色。后者管理捐赠物资及其农业生产，并负责在金字塔建筑群内举行宗教仪式。

金字塔经文（Pyramid Text）：刻于古王国时期的国王和女王的金字塔上的宗教经文的现代名称。已知的最古老经文刻于塞加拉（Saqqara）的乌那斯（Unas）金字塔的陵寝中。金字塔经文并非统一体，而是单个经文的集合，经文类型包括赞美诗、连祷文和咒文等，金字塔经文以国王来世的永生为主题。

方尖锥（Pyramidion）：描述金字塔和方尖碑顶点的术语，源自希腊语；金字塔通常由石头单独修建而成，并雕刻有与太阳运行轨道相关的图案和经文。在方尖碑的巨石轴身顶部形成了金字塔状尖顶，这一尖顶通常镀有天然金银合金（electrum）。

红冠（Red Crown）：可追溯至史前时代晚期的皇冠。它由圆锥形底座构成，底座背面的顶部为高高耸立的矩形件，从矩形件底部伸出一条长带，长带端部向内盘旋。红冠为红色，象征下埃及（又见双冠（Double Crown））。

天地四方（Regions of the world）：根据埃及人的观念和王室意识形态（royal ideology），法老既是埃及国王，又是整个世界的统治者，世界万物需遵照神的旨意——埃及的世界秩序。因此，在法老上台执政之前及其复苏的定期仪式（见赛德节（Sed festival））举行期间，法老以象征的方式宣称对天地四方具有统治权。比如，这可通过使鸟飞向四方点来实现。

长菱形包裹法（Rhomboid wrapping）：包裹木乃伊的特定方法。用数米长的细亚麻布绷带包裹木乃伊，以形成精雕细琢的几何图案。常见于王朝晚期。

罗塞塔石碑（Rosetta Stone）：一名法军军官于1799年在埃及地中海海岸附近的罗塞塔（Rosette）发现的一块石碑，现藏于伦敦大英博物馆。石碑上的诏书用三种语言文字——象形文字、通俗文字和希腊文字刻成，这为让•弗朗索瓦•商博良（Jean-François Champollion）在1822年成功破译象形文字奠定了基础。这个诏书详细叙述了埃及祭司召开了关于托勒密五世（Ptolemy Ⅴ）和克娄巴特拉一世（Cleopatra Ⅰ）于公元196年加冕的会议的决定（又见坎诺普斯神旨（Canopus Decree））。

皇家礼仪用胡须（Royal beard）：皇家礼服的一部分。它为假胡须，底部略微张开，用皮条固定于适当位置，并挂在耳朵周围。常见于大多数国王画像中。

王室意识形态（Royal ideology）：与埃及国王相关的所有理念和信仰。埃及人认为，埃及国王既是大地诸神之王，就其自身而言，又是埃及的一国之君。他代表着诸神世界的埃及人民，并负责维护神的世界秩序（埃及语：玛特（maat））。这可通过国王的历史事迹来体现，而这些历史事迹曾采用仪式的方式在寺庙墙壁的描绘中被无数次地夸大。埃及国王因诸神授予他的职责而被赋予了神性。鉴于此，他不仅是人间的最高祭司，同时终生受人敬拜。

皇家标志（Royal insignia）：国王的礼服部分，在国王加冕时由诸神授予，以作为其权力的象征。除了各种权杖和节杖外，皇家标志还包括国王左手持的链枷（见权杖（was scepter））和右手持的手杖。据说，手杖起源于牧羊人手杖。欧西里斯（Osiris）也手持这两件物品。

王室纪事文学（Royal novel）：可追溯至中王国时期的通俗文学形式，其注重国王的具有历史意义的重大举措，比如开战决策或新建庙宇。这类文学史旨在歌颂国王的英明统治，他的智慧在其决策带来的成果中有体现。

国王头衔（Royal titulary）：埃及国王的官衔由五个王名构成，除了在其出身时授予的第五王名外，其余几个均在其加冕时授予。这些王名包括荷鲁斯名、两女神名、金荷鲁斯名、第一名字（出生名）和第二名字（登基名）。最后两者记载于涡形装饰（cartouche）中。王名的选择清楚地表明国王与其国家最重要神明的关系，并作为特定统治者的宗教和政治方案。

红字标题（Rubric）：（源自拉丁语）用红墨水书写以与其他黑色文本分开的文本或文字部分，红字标题用作一种划分特别长的文本并突出显示某些段落的方法。例如，大量纸莎草文本收藏中的单独章节的标题通常采用标签的方式。

排墓（Saff tomb）：（阿拉伯语，指“排”）盛行于第十一王朝早期的崖墓类型，位于底比斯墓地的北部。陵墓正立面的前方为庭院，并设有一排（如果不是两排）由岩壁粗削而成的立柱。立柱后面是通向崖墓的正室的入口。

红花（Safflower）：植物“Carthamus tinctorius”。可从其干花瓣中提取一种可溶性黄色染料和一种碱溶性红色染料，用于纺织品染色。食用油可从织成祭祀花环的红花种子和花瓣中提取。

高转筒车（Saqiya）：一种提水装置，最早出现在希腊罗马时期。通过两个啮合轮将桶链中的水提到数米高。高转筒车使较大田地的灌溉更高效。目前，高转筒车通常由水牛提供动力。在更早时期，动力由牛或驴子提供。

圣所（Sanctuary）：（拉丁语，指“神圣之地”）这一术语可指供奉神的整栋祭祀建筑，但通常仅指神庙中每日供奉神或女神雕像的房间。通常，这个房间，也即神像室，位于神庙的最后部和建筑的中轴上。其墙壁装饰有日常仪式的场景，其中象征神的雕像（见“开口仪式”（opening of the mouth ritual））每天早晨便穿着长袍，涂油使之神圣化，佩戴徽章，并用祭品供奉，并配以圣歌（又见祠堂（barque sanctuary））。

讽职书（Satire on the Trades）：圣人凯提（Khety）教义的现代用语。这部中王国时期的文学作品后来被广为传诵并被抄写学校抄写，在这部作品中，一位父亲以冷嘲热讽的方式向其子描述了许多职业（以商人为主），以突出其消极方面。抄书吏学徒和后来当任要员被描述为唯一值得称道的职业。

总督（Satrap）：（古波斯语，指“国家捍卫者”）自居鲁士（Cyrus）统治时期以来，波斯帝国被分为多个行政单位，即辖地。这些行政单位均在掌握民权和军权的总督的统领之下。在波斯人统治埃及的时期，这个国家便是总督统领的波斯帝国（又见阿契美尼德（（Achaemenid））。亚历山大大帝（Alexander the Great）驾崩后，马其顿将军——托勒密从公元前323年以总督身份统治了埃及，一直到他于公元前306年独自称王为止。

圣甲虫（Scarab）：埃及人认为甲虫——蜣螂（Scarabaeus sacer）象征年轻的太阳神，并代表着从阴间中不断复活的生命。埃及人相信，幼年的甲虫从圣甲虫用其后足滚成球的粪球中孵出。他们认为这是与太阳轨道的类比（粪球代表大地），太阳每天早晨便会重生。圣甲虫雕像是最受欢迎的护身符印章，并由大量丰富多样的材料制成。

抄书吏（Scribe）：学习埃及手稿是成为要员的先决条件，也是可进入最高国家机构的职业生涯的第一步。因此，抄书吏这一职业备受尊重（见讽职书（Satire on the Trades））。抄书吏构成了官僚统治的埃及的骨干力量。在与寺庙相连的公立学校中教授书写与其他专业知识。

赛德节（Sed festival）：（埃及语heb-sed：“皇家庆典”）自埃及文化开端至希腊罗马时期起便通过在寺庙墙壁和常见的文献上描绘的皇家节日。通过持续数天的复杂仪式使国王的体力和魔力得以恢复，以延续国王的统治。人们认为赛德节庆典的影响力可延续至来世，从而使国王的统治永垂于世。

殡葬祭司（Sem priests）：自古朴时期起，便有文献证明将“sem”一词用作国王长子的头衔；尤其在供奉诸神方面，国王的长子可代其父王效劳。“sem”一词在开口仪式和葬礼上发挥主导作用。该词逐渐成为祭司头衔的代名词。殡葬祭司一职在卜塔、索卡尔和欧西里斯的祭仪中起着至关重要的作用，并被描述在新王国时期的王室陵庙中。在寺庙和陵墓墙上的描述中，可通过豹皮大衣来辨别殡葬祭司。

塞尼特棋盘游戏（Senet game）：一种供两人玩的古代棋盘游戏，在整个埃及史上极其盛行。可以宗教的角度进行诠释：在棋盘上移动棋子被视为死者通往来世之旅，赢得比赛是复活的保障。

石制小室（Serdab）：（阿拉伯语，指“地下室”）石制小室最初发现于第三王朝的卓瑟王（King Djoser）的墓院中，这个石制小室是一尊或多尊雕像。尤其在古王国后期的高官显爵的私人陵墓中，死者及其家属的雕像存放在地上的一或（有时）多间石制小室中。这些雕像在放于这些陵寝之后，无人能进，因此通常在视平线等高处设有几个小孔，雕像代表的相应人物便可通过这些小孔来享用放置于陵墓献祭室（位于石制小室的正前方）中的祭品。在建筑上，陵墓的假门通常与石制小室有密切联系（又见殓房宗教仪式（mortuary cult））。

桔槔（Shaduf）：简易汲水装置，可追溯至第十八王朝时期。长杠杆的一端悬挂水桶，另一端放一大块黏土作为平衡力。以这种方式从井或运河中提起的水用于灌溉小花园。

收获季（Shemu）：指代夏季的埃及用语，又见“日历”（calendar）。

沉环（Shen ring）：由系绳构成的环，其端部略微相互穿通。人们因沉环的神奇意义——“持久、复活和守护”而将它刻于石碑、陵墓和寺庙的墙壁上，并将其经改造后用作涡形装饰（cartouche）。

舍那提（Shenati）：（埃及语）新王国时期的价值尺度，相当于银德本（deben）的 1/12。

香纳斯（Shoinos）：（希腊语）长度测量单位，希罗多德认为它源自一种埃及单位。可能相当于约 10.5 千米的距离。

天狼星（Sirius）：见索提斯（Sothis）。

叉铃（Sistrum）：一种乐器，形似格格作响的玩具，在供奉女神中尤其重要，它由带多孔金属环的把手构成，金属棒穿入金属环的孔中，金属棒的端部便可弯曲。摇动这个乐器，乐器便会发出卡嗒卡嗒的声音，常用作寺庙中礼拜仪式的韵律。

屠贼寇（Smiting of the foes）：见夷人（foreigners）。

索格尔节（Sokar festival）：祭奠死神和冥王索格尔的节日，自古王国早期便有记载。后来这位神明与欧西里斯和卜塔有着紧密的联系。在新王国时期，索格尔节通常出现在寺庙墙壁上，如梅迪尼特哈布的拉美西斯三世神庙。圣所周围描绘的索格尔三桅船队格外引人注目。这可通过其长长的船头（雕刻有羚羊和畜牛）、一排横撑和船尾上的长舵桨来辨别。

太阳船（Solar barque）：在埃及神话和宗教中，太阳每天绕地球运行的轨道被视为太阳神在其太阳船中的旅程。太阳神及其护卫队在黑暗的夜间乘坐夜船（Night Barque）穿过阴间，再乘坐日船（Morning Barque）反向越过天际。

瑞之子（Son of Re）：国王出生名的头衔。见国王头衔（royal titulary）。

荷鲁斯四子（Sons of Horus）：四位守护神，即哈皮（Hapi），爱谢特（Amset）、杜米特夫（Duamutef）和凯布山纳夫（Qebehsenuf）被视为荷鲁斯的四子。他们参与欧西里斯的复活仪式，因此可使每位死者变成欧西里斯。特别地，他们作为卡诺皮克罐的守护神保护了死者的内脏器官，并将这些用防腐药物保存的内脏保存在卡诺皮克罐（canopic jars）中。

索提斯（Sothis）：天狼星的希腊用语，源自埃及的索普代特（Sopdet）。索提斯通常被化为女神形象。因为天狼星在七月中旬会再次出现在埃及北部，且尼罗河的水位也在每年的这时上涨，因此索提斯被视为尼罗河泛滥的罪魁祸首。这两种情况均标志着一年的开始，索提斯被视为年的象征（见日历）。

斯芬克斯（Sphinx）：（希腊语）一种狮身人面怪物。自古王国早期以来，人们常以各种形式——雕刻、绘画和浮雕来刻画斯芬克斯。在大多数情况下，斯芬克斯代表国王，因此在埃及学中，埃及阴性词“斯芬克斯”通常为雄性。最早实例是可追溯至第四王朝的吉萨（Giza）的大狮身人面像。在新王国时期，大批狮身人面像被修建在列队道路两侧（“人面狮身道路”（sphinx alley））。在底比斯，阿蒙神的羊头狮身斯芬克斯映入眼帘。

花杖（Staff of flowers）：一种精美的花卉设计，其中许多类型的花卉和叶子被绑至纸莎草茎上。经充分组合后，可达到相当的高度。在供奉神明和祭拜死者中，花杖被用作祭品，以祈求人丁兴旺和长寿安康。在新王国时期的陵墓中发现了作为死者殉葬物的样本。

药神雕像（Statues Guérisseuses）：（法语，指“治愈雕像”）诸神的雕像，可使人们充满各种疾病会神奇治愈的期望。这些雕像上刻满了神奇的描述和文字，且在托勒密时代尤其盛行。这些雕像建于寺庙中，被浇上水，据说外部或内部洒水会产生治疗效果。

跪坐雕像（Stelophorus）：（希腊语，指“石碑载体”）举起双手祈祷的跪坐者雕像，位于石碑状平板上。这块石板上刻有歌颂太阳神的赞美诗及相关描述。据考证，跪坐雕像可追溯至第十八王朝时期。很可能，跪坐雕像常建于新王国时期的小型私人殡葬金字塔中。

铭碑（Stela）：（希腊语）竖立的石板（后来通常为木板），常为高大的矩形，顶部通常呈拱状。铭碑上通常刻有题材广泛的文字和图片；例如，可将其建于陵墓内或陵墓周围，以悼念死者（见墓碑（funerary stelae）），或作为公众对各类事件或政治条约的纪念。此类铭碑通常体积庞大，大部分伫立于大门前或寺庙建筑群的庭院内。

谋士（Strategist）：（希腊语）自托勒密时代起，军权由埃及各地区（“省”）的谋士掌握。在托勒密三世的统治时期，谋士还接管民政事务，因此成为省的最高级要员。随后，他们逐渐丧失了军权。

太阳圆盘（Sun disk）：在埃及艺术中，常出现对太阳圆盘的描述，以突出太阳在埃及及其宗教中重要性。太阳圆盘将天地结合，并刻于（例如）铭碑半圆壁或额枋上。太阳圆盘与一对猎鹰翅膀和两条神圣的毒蛇（见蛇形饰物）的组合尤其盛行。这种“翼形圆盘”通常浮于国王雕像之上，这象征了国王对上埃及和下埃及的统治受神权的约束。

太阳神（Sun-god）：作为最重要的天体和决定人类生活的天体，太阳被埃及人视为神权的体现，且最迟自古王国时期以来，它便被化身为太阳神——瑞神。太阳的运行轨道却以复杂的神学方式加以诠释。一个人的生命历程及其来世的复活（即，永生）与太阳神密切相关，就正如埃及的生计和福祉便是一个整体。国王，作为“瑞之子”和太阳神在人间的化身，对其臣民的福祉负有责任。特定类型的太阳神以自身名义受人供奉，许多神明（如阿蒙 - 瑞神）均与瑞神息息相关。

西克莫无花果（Sycamore fig.:（Ficus sycomorus）自史前时期以来，埃及便种植了西克莫无花果，用于实际用途（食物果实、建筑物或家具用木材等），但也具有极重要的宗教意义。已知的无花果树祭仪不计其数，最重要的属南方无花果树女神（Lady of the Southern Sycamore）在哈索孟斐斯举行的无花果树祭仪。

寺庙典藏（Temple archive）：因为寺庙在空间、人员和所有物方面通常堪称大型机构，因此设有典藏作为存放点和收藏点来存放对其运行至关重要的书面文件。因此，寺庙典藏可保存用于宗教仪式或礼拜仪式的文献及关于寺庙财产管理的法律文献和经济文献。最著名的是第五王朝时期的阿布西尔（Abusir）尼弗瑞卡拉（Neferirkare）陵庙，这座陵庙提供了关于祭司管理和寺庙每日事项的信息（即，阿布西尔纸莎草）。

寺庙宗教会议（Temple synod）：（希腊语或拉丁语）寺庙祭司召开的会议，以讨论并决定影响其祭仪的所有事项。在托勒密时代，每年高级祭司会在宫廷中召开规定时间的国家会议，以就整个国家的宗教或寺庙管理事项达成一致（见坎诺普斯神旨和罗塞塔石碑）。

人像柱头（Tent pole column）：埃及建筑中的圆柱，其效仿了用于轻巧的帐篷或坐垫结构的木支架。这种圆柱在插图中有描述，且自古王国早期便由木材制成。已知仅有一例石柱，其位于卡纳克的图特摩斯三世阿蒙神庙（即阿克蒙鲁）的一座建筑中。

特雷努赛斯石碑（Terenuthis stelae）：位于尼罗河三角洲西部的特雷努赛斯墓地中的一大组墓碑，可追溯至罗马占领埃及时期。这些墓碑属于特雷努赛斯的希腊人的殡葬设备，并证明了埃及的希腊居民对埃及殡葬信仰的认可。

使役（Theophorus）：（希腊语，指“怀道者”）手持小型神雕像的站立者、坐立者或跪坐者雕像，据考证，可追溯至新王国时期，在后王国时期尤其盛行。这些雕像建于寺庙内。

提尼斯时代（Thinites）：属于提尼斯王朝时代，即前两个王朝。据说，第一王朝的国王来自上埃及的阿比杜斯附近的提尼斯市。

王名（Throne name）：见“国王头衔”。

欧西里斯之墓（Tomb of Osiris）：根据欧西里斯神话，埋葬神四肢的陵墓遍布全国。因此，欧西里斯墓修建在许多地方，其中一些陵墓的年代可通过文字记载或考古研究证实。阿比杜斯的塞提一世大纪念碑也被视为一座欧西里斯墓，因为其外形具有这类建筑的典型特征——树木覆盖的初土，下方是位于立柱大厅中的石棺。

金属浮雕工艺（Toreutic）：一种金属工艺，见于埃及的发现物和画像中，可追溯至史前时期。除了铜、青铜和铁等金属外，还加工金、银和天然金银合金等贵金属。

宝库（Treasury）：①考古发掘中发现的房间，尤其是寺庙建筑的房间，用于保存祭仪工具（容器和珠宝）。②管理大型寺庙的财产物品的机构。国家管理的宝库特别重要，在埃及的经济管理和财政管理中占有一席之地。这些宝库是所有征税产品（除谷物外）和可控原材料的收藏点，并监督货物的进一步加工和分配。

盗墓审判（Trials of tomb robbers）：已发现关于处理大规模陵墓盗窃的诸多法律文献，这些文献以僧侣体记载于纸莎草上。这些盗窃发生在拉美西斯九世（Ramesses Ⅸ）和拉美西斯十一世（Ramesses Ⅺ）统治末期的西底比斯墓地的皇陵和私人陵墓中。保存的文献主要记录了法庭审理之前对被告的审问及对相关调查（比如，对陵墓的调查）的陈述。

三陇板檐壁（Triglyphic frieze）：（希腊语）在多立克式建筑中，指搭在圆柱顶部的额枋与支撑屋顶的横梁之间的装饰物。

坟头（Tumulus）：（拉丁语）在实际埋葬地上堆起的坟墩或土丘；一种坟墓，尤其见于上层建筑成为一种建筑形式之前的史前时期。

短袍（Tunic）：（拉丁语）罗马时期的一种衬衫类型，由亚麻布或羊毛织成，通常织成一种带皮带的衬衣。男款通常长至膝盖，而女款略长。

蒂希基维茨雕像（Tyskiewicz statue）：托勒密时代的一种具有疗效的魔力雕像（见“药神雕像”），现藏于卢浮宫。来自十九世纪中叶在埃及进行挖掘的波兰伯爵蒂希基维茨（Polish Count Tyskiewicz）的收藏馆。

真知之眼（Udjat eye）：见“荷鲁斯之眼”。

两地统一（Unification of the Two Lands）：指埃及各地逐渐形成政治统一体的漫长历史过程。这个统一的国家由公元前四千年的上埃及和下埃及的不同地区和民族组成。后来的历史记录将这归功于埃及第一位国王美尼斯（Menes）。可在“两地统一”的仪式中发现这些历史事件的踪迹，该仪式在每位国王加冕时举行，通常在艺术和文学中引用。

蛇形饰物（Uraeus）：（希腊语）指饲养的眼镜蛇和戴在国王或神明额头上的眼镜蛇饰物的术语。自古王国时期起，它便是皇家装饰的一种重要部分，据说其毒性的威胁可抵御危险，同时也作为王权的象征。

库什总督（Viceroy of Kush）：努比亚和新王国的最高级钦定要员的头衔。在第十八王朝早期和第二十王朝晚期期间，他任国王的努比亚代表一职，当时，埃及统治其南部邻国，统治区域从阿斯旺北部的第一大瀑布远至南部的第四大瀑布。当时，埃及的首都为下努比亚的设防城市阿尼巴。

维齐尔（Vizier）：（阿拉伯语）埃及最高要员头衔的惯用语。维齐尔是埃及官僚制度的统领。他作为国王任命的代表，负责所有行政、司法和市政工程区域等。这一官职可追溯至古王国早期。在第十八王朝，其办事处分为上埃及维齐尔理事会和下埃及维齐尔理事会，总部位于孟斐斯和底比斯。

还愿祭品（Votive offering）：狭义上，指因誓言而供奉给圣所中的神明的祭品。但在埃及学中，该术语通常指供奉给寺庙的任何物品。这些祭品通常为小型神像、与神相关的标志或石碑。

圣洁的祭司（Wab Priests）：（埃及语，指“纯洁的人”）寺庙中人数最多的群体。他们可追溯至古王国时期，随后组成部落。在寺庙的等级制度中，他们的级别次于神的仆人（见先知）。他们组织寺庙的大部分每日祭祀活动。他们除了担任祭祀一职外，通常还出任要员职务或担任国家或寺庙中的其他职位。

大公墙（Walls of the Ruler）：指沿埃及中王国时期的文学中描述的东北边界修建的军事防御建筑。据说，在三角洲东部的叙利亚和巴勒斯坦边境上，修建了链式峰火台和堡垒，用于抵御亚洲人入侵。

权杖（Was scepter）：带叉状下端的权杖，上端设有风格化兽首。据考证，这种权杖可追溯至早王国时期，并作为权力象征被诸神随身携带，诸神又将这种权力赐予国王（见皇家标志）。

瓦色特（Waset）：埃及术语，指底比斯省。这一术语也可指底比斯城市。

小站（Way stations）：指沿游行路线修建的小型祭仪用建筑，可用于临时存放三桅帆船中装载的神明或国王的雕像。底比斯地区保存了许多此类建筑。它们可为各种建筑形式，如三间临屋、凉亭或回廊。

白冠（White Crown）：埃及国王的王冠，呈高耸的锥形，顶部带有扎结。据考证，其可追溯至王朝早期。其为白色，象征上埃及（又见双冠）。

看台（Window of Appearances）：皇宫中带有低矮栏杆的阳台，悬吊在华盖下。国王在这里向公众露面，通常为了封赏建功要员。该场景往往出现在获此殊荣的要员陵墓中。西底比斯新王国时期的寺庙中存在具有宗教功能的小型看台。

菘蓝（Woad）：植物菘蓝（Isatis tinctoria）。一种可从植物残体或植物发酵物中提取出的蓝色染料。在埃及，其耕种时间仅可追溯至古希腊时期。

（下一页）：卡纳克，阿蒙 - 瑞神庙设有哈特谢普苏特方尖碑的神庙建筑群的后部晚间视图

古埃及诸神

雷根·舒尔茨（Regine Schulz）

阿蒙奈特（Amaunet）阿蒙神的妻子，意为“隐藏的”。在金字塔经文中首次被提及，新王国时期她和她的丈夫阿蒙在卡纳克神庙中一起接受人们的拜祭。在赫尔默普利斯（Hermopolis）创世神话中，她与阿蒙并列，因此是一名原始神。

阿蒙、阿蒙－瑞（Amun,Amun-Re）自中王国时期起，这位神就被描绘成人形，戴着高高的羽毛王冠，被视为底比斯的地方守护神。他的主要祭祀点在卡纳克，在那里他与姆特（Mut）和孔苏（Khonsu）一起接受拜祭。阿蒙神是全国性的神，象征着多功能神性的抽象概念，是中王国时期神学思想的产物。他与生育神敏神并称为阿蒙-敏-卡姆特夫（Amun-Min-Kamutef），是自己成型的原始创世神。因为阿蒙-瑞保证了世界的不断重生，因此他作为众神之王统领着尘世和天界。在第二十一王朝建立起了以他为核心的神权政体，在亚历山大大帝占领埃及之前他一直是地位最高的神，锡瓦绿洲中的神谕进一步确认了他神子的身份。

阿努比斯（Anubis）自早王国时期起，阿努比斯即为墓地守护神，被描绘成豺或豺头人身的形象。他是防腐神，秘密的守护者和死者的审判官，他的母亲是牝牛女神赫萨（Hesat），父亲是公牛神姆奈维斯（Mnevis）。但他后来被视为欧西里斯之子。记录显示在很多地方他都受到拜祭，但他的出生之地可能位于上埃及的第十七省。

阿努凯特（Anuqet）正如她高高的王冠上的芦苇显示，她是尼罗河每年泛滥季的女神。克奴姆（Khnum）、萨泰特（Satet）与她构成神祇家庭，共同保护着尼罗河大瀑布地区，另外她还被视为南部边界地区的女主人。

埃皮斯（Apis）自早王国时期起，埃皮斯就在孟斐斯受到拜祭，他可能被视作皇家守护神和生育神。他前额上的火焰和其他特征显示所选的动物是当时的神牛。埃皮斯公牛死后被制作成木乃伊，自新王国时期起，他们就被葬于塞加拉（Saqqara）的塞拉皮雍（Serapeum）。托勒密时期，欧西里斯与埃皮斯合体，成为新的埃及-希腊混合神——塞拉皮斯。

阿托恩（Aten）阿肯纳顿（Akhenaten）阿玛纳神学中的太阳神，用太阳圆盘表示，有着长长的光线，末端为人手形状。阿托恩是埃及法老时代形象最为抽象的神。他象征着为人和动物带来生命的白昼。在这一神学体系中，阿肯纳顿与王室担任着神祇家庭的角色，向神献祭，保证神每天都能再次出现。阿肯纳顿像也代表着国王，他拥有创世神的能力。后来阿玛纳神学被废止，但废止的只是阿肯纳顿是阿托恩神在尘世间的代表这一理论，而非阿托恩神本身这一观念。

阿图（Atum）赫利奥波利斯神学中该原始神的名字有两种意思——“不会”与“将完成”。毫无疑问，这种模棱两可性是刻意而为，显示阿图所体现出的原始创世理念。在世界出现之前，他就一直单独存在，他创造出了自己和所有形式各异的生命。在此过程中他创造了空间（空气、水分、天空和大地），首先让它按循环时间运动起来，然后通过创造一个又一个世界，又让它按线性时间运动。人和神产生于他的眼泪和汗水。他的主要祭祀中心在赫利奥波利斯，其形象为人形，戴着皇家的双王冠，还被视为太阳神在夜间的显灵。

巴斯苔特（Bastet）这位王室守护女神最初被描绘成狮子，后来被描绘成猫。她的主要拜祭中心在三角洲地区东部的布巴斯提斯（Bubastis）。但自古王国时期起，她也在孟斐斯与当地女神塞克荷迈特（Sakhmet）一起受到拜祭。记录显示她与哈索（Hathor）和姆特有着更进一步的联系。在赫利奥波利斯，她被视为创世神阿图的女儿。在后王国时期和希腊罗马时期，为她制造了大量的青铜猫像，因为她是拥有魔力的守护女神。

贝斯（Bes）这位保护神最先在古王国时期的记录中出现，他身材矮小，相貌古怪，还有一大把胡子。他与战斗神阿哈（Aha）联系紧密。他与哈索一起掌管着性与出生，并用他的魔力与疾病和危险做斗争。他还被视为欢乐与舞蹈之神。人们将他的形象刻在小型石碑和护身符上，希望得到他的庇护。

盖布（Geb）由阿图创造的大地之神盖布，其形象为人形。他是赫利奥波利斯创世神话中的一部分。他与努特（Nut，天空）、休（Shu，空气）和泰芙努特（Tefnut，水分）一起创造太阳进行时间的动态循环的空间。作为尘世间的首位统治者，他也代表着王位的神圣合法性。

哈皮（Hapi）尼罗河神通过定期淹没耕地保证国家的丰饶。他的形象为一个营养过剩的男子，有着女人似的胸部，戴着纸莎草芦苇做成的王冠。与荷鲁斯和塞特（Seth）不同，哈皮的两种形象可以象征国王名义下上埃及和下埃及的统一。相似的，大量尼罗河神而非当地神的拟人化形象可被视为维护国家的稳定。

哈索(Hathor) 正如其名字（意为“荷鲁斯之家”）显示，这位被描绘成人形或者母牛形的女神在很早的时候即与天空和国王守护神荷鲁斯有联系。其牛角间的太阳圆盘显示她属于太阳神系。她是很多不同的神学体系中的一部分，在整个埃及都有很多祭祀中心。因此她不仅被视为皇家守护女神，还是司爱与母性的女神，司出生与重生的保护神，是太阳或月亮的眼睛。她的异质特点意味着她可以与几乎所有的其他神相联系，或者以几种不同的形象出现。她的主要祭祀中心在丹达腊（Dendara），因此她与天空之神埃德夫的荷鲁斯有联系。

海奎特（Heket）这位蛙头女神司怀孕与分娩。她与克奴姆和欧西里斯一起代表着生命的创造与重生。

荷鲁斯（Horus）荷鲁斯（“遥远的”）这个名字指代许多迥异的天空之神和鹰状的国王守护神。远古时期的国王被视为神圣的荷鲁斯，从而成为宇宙运转过程中的一部分。在欧西里斯神学中，荷鲁斯是伊西斯与欧西里斯之子，他本身的皇家身份又披上了一层神秘的外衣，主要涉及创世中有序元素和混乱元素的对立。作为欧西里斯的合法继承人，荷鲁斯代表世界秩序，而塞特则代表野性与混乱的倾向。最后在希腊罗马时期，荷鲁斯拥有了君主身份的所有特点，并且取代了作为君主的实际统治者。

伊希（Ihy）这位拿叉铃和戴项链（menit）的音乐神在丹达腊作为哈索与荷鲁斯之子受到祭拜。作为儿童神，他与传世之初的原始神有联系，因此可被视为太阳神之子。

伊西斯（Isis）伊西斯女神被描绘成人形，头顶带有其名字的象形文字的象征——王位，或牛角和太阳圆盘。她代表着皇家权力，被视为欧西里斯之妻和荷鲁斯之母。因此她与尘世和阴间相联系，既是母亲女神又是亡灵女神。尽管开始时她可能没有专门的祭祀中心，但随着欧西里斯祭祀的兴起，她在全国各地都受到拜祭。因为她拥有保护女神的神奇力量，因此自新王国时期起，她越来越受到欢迎。她是希腊罗马时期最重要的神，在整个罗马帝国内都受到拜祭。有证据表明菲莱岛上对她的祭祀一直延续到公元六世纪。

凯布利（Khepri）主管太阳循环更替、每天升落和外貌变化的神被描绘成一只圣甲虫的形状。当太阳经过天空时，他代表着早上太阳升起，而拉（Ra）则代表着白昼，阿图则代表着夜晚。

克奴姆(Khnum) 这位以公羊或公羊人身形象出现的创世神与生命起源有着紧密的联系。据说他在陶轮上做出了他们的身体和卡（Ka）。他与萨泰特和阿努奎特一起在第一大瀑布保卫着尼罗河，确保这片土地的丰饶富庶。他在埃及其他很多地方也受到拜祭，但他的人被分成几个不同的方面。他的主要祭祀中心在大象岛（Elephantine）和埃斯那（Esna）。

孔苏(Khonsu) 这位年轻的神是底比斯三位一体神或神祇家庭中的儿子，通常以木乃伊像的形象出现，留着年轻人的耳边鬓发，头上有月亮的象征。他最初被同时视为带来不祥的神和保护神，可能与月亮的阴晴圆缺有关。后来他被视为生命之主和神谕与治愈神。

玛特(Maat) 玛特这一概念被视为世界稳定的原则，即秩序与平衡、道德价值与公平正义、文化和创造。因此玛特与无序、混乱、毁灭和强大的不公正势力相对。每一任国王的主要任务都是维护埃及和整个世界的玛特与秩序。玛特女神是这一原则的拟人化象征。她被视为太阳神的同伴或女儿，以头戴羽毛的人的形象出现。似乎直到新王国时期她才拥有了自己的祭祀仪式，当时她与埃及诸神在卡纳克（Karnak）和孟斐斯受到祭拜。

梅丽赛格（Meretseger）这位底比斯西部山区的蛇头或蛇形女神是亡灵的保护者和戴尔-艾尔-麦迪纳（Deir el-Medineh）的墓地工人的守护者。她与瑞能图泰特（Renentutet）一起被视为养育女神。

敏神（Min）这位生育神使是埃及最古老的神祇之一，他的名字一直保留在记录中。公元前四世纪末，已在科普托斯（Coptos）立有巨型的敏神雕像。在法老时期，他以木乃伊的形象出现，阴茎勃起，一只手举起，拿着链枷，头上戴着羽毛王冠。与其公牛母亲卡姆特夫（Kamutef）一样，他被视为创世神。

姆奈维斯 (Mnevis) 赫利奥波利斯的太阳公牛被描绘成两角间戴太阳圆盘的黑色公牛。巨大的生殖器象征着他具有超强的生殖能力。作为太阳神系中的一员，他与瑞和阿图有着特别深的联系。

蒙图（Montu）这位古王国时期即有名字记录的神以猎鹰头的形象出现，戴着[illegible]，前额上有双圣蛇图案。最初他是皇家守护神，主要的祭祀中心在艾尔曼特（Armant）、多德（Tod）、美达姆得（Medamud）和底比斯。

作为战神，他与众神之敌斗争，战斗中立于国王一边。在中王国时期，为他举行了公牛祭祀，可能是为了进一步强调其好战的特点。

姆特 (Mut) 这位女神为人形，戴着秃鹰头饰和双王冠，与阿蒙一起接受拜祭。自新王国时期起，她、阿蒙和他们的儿子孔苏就组成了底比斯三位一体神，她的名字用秃鹰象形文字写成，意为“母亲”，显示了她的母性角色。自第十八王朝起，阿蒙和姆特被视为国王的父母。作为阿西鲁（Asheru）的守护女神，她在卡纳克有自己的祭祀中心，且带有一个新月形的圣湖，她在祭祀中心以狮子的形象出现。她与秃鹰或者狮神联系紧密，如奈赫贝特（Nekhbet）、乌托（Uto）、塞克荷迈特与巴斯苔特。

内菲尔特穆（Nefertem）祭祀像为莲花的内菲尔特穆与太阳神有着特别紧密的联系，可以被视为与他一起的神。他被描述成“瑞鼻子前的莲花”或者“原始海中绽开的大朵莲花”和太阳神年幼的孩子。内菲尔特穆通常被描绘成人形，他的头饰含顶部带羽毛的莲花符号。在孟斐斯，他与卜塔（Ptah）和塞克荷迈特一起作为三位一体神而受到拜祭。

奈斯（Neith）作为古代的狩猎和战争女神，在古王国时期，奈斯在孟斐斯地区被当作国王的保护者而受到拜祭。但是她的主要祭祀中心在三角洲地区的塞易斯（Sais），她在第二十六王朝特别受欢迎，因为这一时期的国王来自塞易斯。后来她被提升为埃斯那的创世神。奈斯戴着下埃及王冠，她的象征是带十字形箭的盾牌。

奈赫贝特 (Nekhbet) 这位女神以秃鹰形象或者戴秃鹰头饰的女人形象出现。作为上埃及的皇家守护女神，她通常戴着该地区的白冠。她与下埃及的同伴蛇形女神乌托、姆特女神和泰芙努特女神联系紧密。另外，奈赫贝特保护和哺育王室子弟。她的主要祭祀点在上埃及第三省得艾尔卡布。

奈芙蒂斯（Nephthys）在著名的赫利奥波利斯九柱神中，奈芙蒂斯是盖布和努特的女儿，也是欧西里斯、塞特和伊西斯的姐妹。她与伊西斯一起保护、悼念和超度亡灵。她也是四位卡诺皮克女神之一。她头上带有其名字的象形文字，手臂上常常还带有翅膀

朗神（Nun）作为原始[illegible]土地，即初土上的初水的拟人化象征，朗神在世界初创时立起，但很少出现他的图像形式。在赫尔默普利斯的奥加大神系中，他与纳乌奈特（Naunet）是第一对原始创世神，在该教义中他被描绘成青蛙头的形象。

努特（Nut）很多陵墓和寺庙中的天空女神为裸体女人的形象，她的四肢呈弓形，垂向地面，脚和指尖触地，这是天空女神的主要形象。天上的万物，特别是太阳都在女神身体内运行，她每天早上吐出太阳，晚上又把它吞进去。通常图像边附有文字“她背在东方，头在西方”或者“太阳在努特的大腿间出现”。

欧西里斯 (Osiris) 这位木乃伊形象的神戴着用植物茎杆和鸵鸟羽毛做成的阿提夫王冠，可能最开始是丰收与生育神。与荒芜的沙漠神塞特相反，他代表着被开垦的土地和秩序良好的世界。这两位对手间不断的争斗是埃及创世记录的依据，欧西里斯最终战死，这是阴间世界形成所必需的。欧西里斯死后在伊西斯和奈芙蒂斯的帮助下在阴间复活，并生下了他的继任者荷鲁斯，荷鲁斯继续在尘世间与塞特战斗。作为阴间的主要神祇和亡灵审判者，他代表着阴间的正义和秩序，作为统治者，他戴着皇家徽章、曲柄杖和链枷。他的其中一个重要祭祀中心为神话中其陵墓的所在地——阿比杜斯（Abydos），许多敬神的神迹剧也在这里表演。

卜塔（Ptah）这位神的主要祭祀中心在孟斐斯，他（作为卜塔 - 索卡尔 - 欧西里斯）与其他很多神一起接受拜祭。在孟斐斯神学中，他是统领九柱神的创世神。在拉美西斯时期（第十九和第二十王朝），卜塔、阿蒙和瑞组成了伟大的“埃及三位一体神”。在很多相关的祭祀中显示出了卜塔的重要性，例如他在卡纳克寺院中拥有单独的一幢建筑。卜塔被视为艺术家和手工艺人的守护者，因此希腊把他与赫菲斯托斯（Hephaistos）相提并论。他的标准像为戴着紧身帽，握着组合式权杖的木乃伊像。

瑞，瑞 – 赫拉克提（Re-Harakhty）早在古王国时期，猎鹰头的太阳神瑞即以瑞 - 赫拉克提的形象出现，是神在早上的象征。作为埃及万神殿中至高无上的神，他出现在很多祭祀和神话中。例如，每隔 12 个小时白昼和黑夜的交替，太阳每日的循环，被视为是瑞神驾驶着太阳圣船拖动的结果，与创世和所有重[illegible]控制的说法如出一辙。自古王国时期起，瑞最重要的祭祀中心在太阳城——赫利奥波利斯，同时在第五王朝，统治者在阿布西尔（Abusir）专门修建了太阳祠堂为瑞举行祭祀。该神最引人注目的祭祀符号为方尖碑，那些镀金的顶端被视为太阳神的座位。拉美西斯二世统治时期（第十九王朝）在阿布辛贝（Abu Simbel）修建的瑞 - 赫拉克提神庙可能是最有名的一座瑞 - 赫拉克神庙。自第四王朝中叶起，每位统治者都与瑞有着特殊的关系，从他们的称号“瑞之子”中可以看出。

雷内努特（Renenutet）她的名字，如“粮仓守护女神”和“肥沃之地守护女神”，她培育植物并带来丰收，显示出这位司丰收与丰饶的蛇形女神的特点。第十二王朝时期，对她的祭祀在法尤姆非常流行，在新王国时期，主要是在底比斯。

塞克荷迈特 (Sakhmet) 狮头女神塞克荷迈特的特殊祭祀中心在孟斐斯，她与卜塔和他们的儿子内菲尔特穆组成神祇家庭。她与底比斯的姆特女神有着紧密的联系。光是阿蒙诺菲斯三世就在卡纳克树了几百座塞克荷迈特花岗岩像。在神话中，名字意为“全能”的女神摧毁了太阳神瑞或欧西里斯的敌人。她还帮助国王打败国家的敌人，其中有文字记录到：“他的箭像塞克荷迈特的箭一样飞向敌人。”但除了好战的特点外，她还被视为治疗术和医生的守护女神，医生常常也是她的祭司。

萨泰特 (Satet) 可能自古王国早期，萨泰特就在大象岛受到拜祭，她与克奴姆和安穆凯（Anuket）组成三位一体神。在希腊罗马时期的一千多年内，为她修建的神庙不断扩大。作为大瀑布女神，萨泰特守卫着埃及的南部边界并提供了“来自大象岛的凉水”。这位女神被描绘成戴着上埃及王冠的形象，两边立着瞪羚角。

塞勒凯特（Selket）这位女神以蝎子的形象受到拜祭，通常为蝎头人身。她在亡灵祭祀中是重要人物。她与伊西斯、奈芙蒂斯（Nephthys）和奈斯一起守护着死者的内脏和木乃伊尸体。

塞丝哈特（Seshat）这位女神的名字，如“司平面图和写作的女神”显示出她的特点。司写作和计算的塞丝哈特女神被描绘在加冕仪式上，列出国王统治的年数和他的大赦节。从很早的时期开始，她就参与寺庙的奠基仪式，与寺庙平面图的建成有着特殊的联系。

塞特 (Seth) 风暴和恶劣天气之神，常常被称为“沙漠和蛮邦之主”。“塞特”的动物习性不甚清楚，早期肯定经历了一个因袭效仿的过程，现在已经无法进行识别。在欧西里斯神话中，塞特代表野性和混乱并杀死了他的兄弟欧西里斯。后来为了统治权，他又与欧西里斯的继承人荷鲁斯战斗。另一方面，他与荷鲁斯共同作为国王的神圣保护者，享有与荷鲁斯平等的地位，国王从这两位神手中接过王冠。王冠上的上埃及和下埃及代表性植物象征着“两地统一”。

休神 (Shu) 在创世神话中，空气之神休与其姐妹泰芙努特从原始神阿图的口中吐出，后来他将天与地分开。人像神一样需要空气，因此寺庙里露天的阁楼常常被称为“休神之窗”。

索贝克（Sobek）这位神要么完全以动物的形象出现，要么以鳄鱼头人身的混合形象出现。他的主要祭祀中心在法尤姆的谢叠特（Shedyet）古镇（后来被称作鳄鱼城），希腊罗马时期则在上埃及的康翁波（Kom Ombo）。与其神兽居住的地方一致，索贝克被视为生育神，甚至具有原始创世神的特性。

索卡尔 (Sokar) 索卡尔神被描绘成鹰或鹰头形象，最初是孟斐斯大墓地中的亡灵守护神。因为与欧西里斯和卜塔有着紧密的联系，在后王国时期人们将他当作卜塔 - 索卡尔 - 欧西里斯拜祭。作为一位世俗的神，他被视为冥界之主。索卡尔节日的高潮为抬着名为哈努圣船的祭祀圣船游行。

荷鲁斯之子 (Sons of Horus) 守护着亡灵内脏器官的艾谢特（Amset）、哈皮、杜米特夫（Duamutef）和凯布山纳夫

（Qebehsenuf）的头像分别为人形、狒狒形、豺形和猎鹰形。自新王国时期起，卡诺皮克罐子的盖子就做成他们的头的形状，这些年轻的神确保亡灵的重生并抵御外来危险。作为守卫者，他们还与太阳神一起打败创世神的敌人阿波菲斯。

泰芙努特 (Tefnut) 狮形女神泰芙努特和空气之神休是赫利奥波利斯创世神话中的第一对神祇夫妻。阿图通过手淫或者呕吐的方式创造了他们。在各种神话传说中，泰芙努特均是一个重要角色。

托埃瑞斯（Thoeris）托埃瑞斯女神通常被描绘成怀孕的河马的形象，呈站立姿势，胸部下垂，有一双狮爪。她具有母亲女神的特点，与哈索和伊西斯联系紧密。她作为分娩和哺育期妇女的守护者，拥有特别重要的地位。

托特（Thoth）托特是埃及万神殿中一位杰出的神，自古王国时期起，就在全国各地受到拜祭。他的主要祭祀中心在中埃及的赫尔默普利斯马格那。他被描绘成朱鹭头人身或者完全为朱鹭或者狒狒的形象。作为月亮神，托特司日历、时间的度量和数学。因此在加冕仪式上，他记录国王统治年限和在赫利奥波利斯的圣树叶上写下国王名字。托特是文字和语言的发明者，是神界秩序、所有仪式和密语的守护者，因此他是抄书吏的守护神。在亡灵审判中，托特记录下欧西里斯的审判结果。

乌托（Uto）（乌加特（Wadjet））蛇形的乌托是下埃及的守护女神，她在当地的家在布陀（Buto）。她与艾尔卡布的秃鹰女神奈赫贝特是保护国王的两位女神，体现在国王所戴的上、下埃及王冠上。

维瑞特考（Werethekau）维瑞特考是王冠和毒蛇女神，她充满魔力，通常以狮头女人的形象出现。自新王国时期起，她就出现在国王的加冕仪式上，为国王提供保护。她还抚养王室子弟。

历史遗迹列表

苏珊娜 · 沃尔法思（Susanne Wohlfarth）

阿布古拉布 (Abu Gurab) 尼乌塞尔（Niuserre）统治时期修建的古王国时期保存最为完好的太阳神庙，乌瑟卡夫（Userkaf）太阳神庙遗迹。

阿布鲁韦斯（Abu Roash）基奥普斯（Cheops）之子和继任者杰德夫拉（Djedefre）（拉德 - 杰德夫（Rad-jedef））石砌金字塔，东边为一座附属的陵庙。提尼泰时期的砖砌结构和石室墓地遗迹。

阿布辛贝（Abu Simbel）拉美西斯二世统治时期的两座石刻神庙。“大神庙”里供奉着阿蒙 - 瑞和瑞 - 赫拉克提（Re-Harakhty）等神以及被神化的拉美西斯二世。小神庙供奉着哈索女神和拉美西斯二世的妻子奈菲尔塔利（Nefertari）。这两座祠堂都被搬到海拔较高的岛上免受纳塞尔湖洪水泛滥的侵袭。

阿布西尔（Abusir）第五王朝萨胡拉（Sahure）王、尼弗瑞卡拉（Neferikare）王、尼弗雷夫（Neferefre）王和尼乌塞尔王金字塔。同一时期的克亨特凯斯王后金字塔及墓室和普塔什普西斯（Ptahshepses）王子墓也很有名。

阿比杜斯（Abydos）埃及最古老且圣迹最多的地方之一，有从第一王朝到新王国时期的陵墓、寺庙和城市遗迹。还发现了从第十二王朝到第二十六王朝的皇家祭祀场。另外还有两座拉美西斯时期的寺庙，其中一座由塞提一世修建（带有塞提一世的地下陵墓，被称为“欧西里斯之墓”），另外一座由拉美西斯二世修建，此外还有史前城镇废墟和欧西里斯 - 康泰门蒂（Osiris-Khontamenti）神庙中的一些遗迹。

亚历山大（Alexandria）公元前 332 年由亚历山大大帝建造。塞拉皮斯神庙（“塞拉皮雍”（Serapeum））遗迹。

考姆尔希舒加发地下陵墓：公元一世纪到二世纪的罗马墓葬群。

安福诗（Anfushi）**墓地：**公元前二世纪的希腊石刻陵墓。

艾尔曼特 (Armant) 最古老的第十一王朝寺院，第三十王朝和托勒密时期重建；罗马时期以前的祭祀朝圣地；克利奥帕特拉（Cleopatra）的诞生室（圣洁堂）；至第二十九王朝的“布希斯神牛墓（Bucheum）”或蒙图的神牛——布希斯神牛墓地。

阿西尤特（Asiut）第一中间期和中王国早期的省长墓。

拜尼哈桑（Beni Hasan）第一中间期和中王国时期的三十九座省长石刻陵墓。因其建筑和非比寻常的浮雕而出名。

艾尔博尔舍（el-Bersheh）三十七座石砌墓，特别是第十二王朝的省长墓。

代赫舒尔（Dahshur）第四王朝斯奈夫鲁王（King Snefru）的重要皇家墓地（红色金字塔和弯曲金字塔），第十二王朝塞索斯特里斯三世（Sesostris Ⅲ）、阿蒙涅姆赫特（Amenemhat）二世和三世统治时期带金字塔的重要皇家墓地；还包括破坏严重的皇家墓室。

丹达腊 (Dendara) 托勒密十二世尼欧斯•狄奥尼索斯（Neos Dionysos）（绰号为奥勒特斯（Auletes））于公元前 54 年在建于古王国时期和第三十王朝之间的几个建筑的基础上修建的哈索神庙。外墙中有一系列地下室，直达寺庙地基；寺庙顶上有凉亭和两座欧西里斯祠堂。纪念式外墙内的主庙边有：门图荷太普二世 (Mentuhotep Ⅱ) 的哈（ha）祠堂（现存于开罗的埃及博物馆）；一个圣湖；一座内克塔内布一世（Nectanebo Ⅰ）圣洁堂（奥古斯都（Augustus）统治时期扩建）；一座罗马时期的圣洁堂；一座奥古斯都时期的伊西斯神庙；一个疗养院和一座早期的科普特教堂。另外，丹达腊还有腾提瑞斯（Tentyris）城市废墟。

埃德夫（Edfu）荷鲁斯神庙，始建于托勒密三世厄格特斯一世（Euergetes Ⅰ）统治下的公元前 237 年，完工于公元前 57 年。被视为埃及保护最为完好的寺庙。古王国时期以后的定居点和陵墓遗迹。圣殿内有内克塔内布二世（第三十王朝）神龛。供奉着圣子哈松图斯（Harsomtus）的圣洁堂与主庙成直角。

大象岛 (Elephantine) 提尼泰时期到伊斯兰早期的定居点。内克塔内布二世统治时期的克奴姆神庙和在一座古圣殿基础上修建的萨泰特神庙，反复重建直到托勒密时期（如今在第十八王朝修建的基础上重建）。中王国时期第六王朝时为被神化的官员海奎贝（Heqaib）修建的圣殿。

艾尔卡布 (Elkab) 奈赫贝特女神的主要祭祀点。在镇上的泥砖围墙内有主庙、一座诞生室、几座小型神庙、一个圣湖和早王国时期的墓地。围墙外面是中王国时期和新王国时期（第十八王朝早期）的石刻陵墓。沙漠腹地中有一座图特摩斯四世和阿蒙诺菲斯三世的小型圣殿。

埃斯那 (Esna) 托勒密罗马时期的克奴姆神庙中保存至今的只有门厅（门廊）。以前的建筑来自第十八王朝。

盖博拉（Gebelein）某史前定居点遗迹。根据其遗迹判断，现已被摧毁的一座哈索神庙可追溯到第三王朝、中王国时期直至希腊罗马时期。当地的陵墓大多建于第一中间期。

吉 萨 (Giza) 古王国时期的墓地，位于开罗西郊，第四王朝法老[illegible]斯（Cheops）、切夫伦（Chephren）和美凯里诺斯（Mycerinus）统治时期闻名于世的狮身人面像和三座金字塔及附近的寺庙；金字塔附近布局规整的王室成员和贵族陵墓（修建时间直至第六王朝）。后来立的几座纪念碑。

赫利奥波利斯（Heliopolis）最初是埃及最大的宗教和文化中心之一。塞索斯特里斯一世（Sesostris Ⅰ）时期的遗迹只剩下一些砖块、碎片和一座方尖碑。他的父亲阿蒙涅姆赫一世（Amenemhat Ⅰ）在原来的祭祀遗址上修建了一座新的瑞 - 赫拉克提神庙。几座寺庙遗迹建于新王国时期。还有一座阿图神圣殿和姆奈维斯神牛墓地。

赫拉克雷奥波利斯（Herakleopolis）第九和第十王朝王宫；官员墓。供奉着当地神赫里谢夫（Herishef）的寺庙建于第十二至第十八王朝之间。

赫尔默普利斯(Hermopolis)托特(希腊:赫尔墨斯)的主要祭祀中心；阿蒙涅姆赫特二世时期的神庙遗迹；拉美西斯二世时期的阿蒙神庙；内克塔内布一世统治时期的托特神庙；阿蒙诺菲斯三世捐赠的几件花岗石狒狒雕像；基督教长方形会堂；罗马时期城镇遗迹。

希拉孔波利斯（Hierakonpolis）上埃及的史前首都。带荷鲁斯猎鹰像原始祠堂的城墙遗迹；史前定居点和带某酋长的彩绘陵墓的墓地；中王国时期和新王国时期的陵墓。泥砖“堡垒”（第二王朝）。

康翁波 (Kom Ombo) 供奉着索贝克和哈拉里斯二神建于希腊罗马时期的双圣殿；因为靠近尼罗河，所以一部分前门和圣洁堂被损毁和冲走，但结构仍然保存完好。

拉罕（el-Lahun）**/ 卡浑**（Kahun）中王国时期（第十二王朝）塞索斯特里斯二世统治时期修建的金字塔和寺庙；墓室。为修建金字塔而建造的卡浑镇位于北边。

利希特（el-Lisht）第十二王朝带阿蒙涅姆赫一世和塞索斯特里斯一世金字塔墓葬群和中王国时期私人陵墓的大型墓地；金字塔墓葬群内的高官墓。

美达姆得 (Medamud) 建于希腊罗马时期供奉战神蒙图及其神牛布希斯的神庙的遗迹；为取代古王国时期一座前述的双王殿（第十一或第十二王朝修建的一座神庙，现仅剩几块砖块和一座建于第十八王朝的神庙。

梅德姆（Medum）第三王朝后期和第四王朝墓地；斯奈夫金字塔仅剩其核心建筑。

梅厄（Meir）古王国时期和中王国时期大量的石刻省长陵墓。

孟斐斯 (Memphis) 公元前 3000 年左右成为埃及历史上的第一座首都。行政中心和军事重镇。拉美西斯二世统治时期的雕像神庙和哈索神庙。仅剩麦伦普塔赫（Merenptah）和阿普列斯（Apries）宫殿与卜塔主庙遗址。防腐台建于后王国时期。居住区还没有经过深入研究。

莫阿拉（Mo'alla）两座带外省风格壁画建于第一中间期的石刻陵墓（安克提菲（Ankhtify）墓）。

菲莱(philae) 阿斯旺南部的一个岛屿。后王国时期最重要的伊西斯朝圣地；还有其他各位神的圣殿。阿斯旺大坝建成后，该岛被拆除，然后在邻近的阿加勒凯（Agilkia）岛上重建菲莱岛的建筑。岛上有古埃及的最后一座寺庙，于公元 535—537 年间被查士丁尼（Justinian）大帝废止。

坎蒂尔（Qantir）拉美西斯法老的王宫所在地；几座宫殿；贵族宅邸；阿蒙 - 瑞 - 赫拉克提主庙与供奉着塞特、阿斯塔尔特（Astarte）和乌加特诸神的附庙。考古研究发现还有其他一些建筑，如战车停放地、多功能工场和马厩。第二十二王朝时该城市被弃用，其中的砖块被搬走并重新用于塔尼斯（第二十二王朝时期的埃及首都）的神庙修建。

库贝特哈瓦（Qubbet el-Hawa）古王国和中王国时期的省长和官员墓。

罗塞塔（Rosetta）尼罗河三角洲的城

镇，1799 年因为发现了“罗塞塔石碑”而闻名于世。这块石碑成为法国人 J·F· 商博良 1822 年破解埃及象形文字的关键。这块石碑上刻有三种文字——象形文字（大部分已损坏）、通俗文字和希腊文。这是记录公元196 年 3 月 27 日埃及祭司们为向国王托勒密五世(埃庇老涅斯(Epiphanes))致敬在孟菲斯聚集举行宗教大会时颁布的一则教令。

塞加拉 (Saqqara) 古王国时期首都孟斐斯墓地；始建于古朴时期；含卓瑟王带梯级的金字塔及其附属结构的墓葬群；古王国和新王国时期的高官墓；乌那斯（Unas）、乌瑟卡夫（Userkaf）和泰蒂诸王的金字塔；公元四世纪末圣耶利米（St. Jeremiah）修道院；波斯墓；未完工的谢海姆赫特(Sekhemkhet)金字塔；“塞拉皮雍”。埃皮斯神牛墓地（第十八王朝至托勒密时期）。南部有古王国时期（第五和第六王朝）的其他金字塔。

索勒布（Soleb）第三瀑布区以南的阿蒙神庙由阿蒙诺菲斯三世为其加冕大赦节而修建；建于新王国时期的墓地。

塔尼斯（Tanis）第二十一和第二十二王朝诸王的王宫所在地和皇家墓地；泥砖围墙内的几座寺庙，其中包括阿蒙主庙，还有皇家陵墓（“陵庙”）。

太尔艾尔阿玛纳（Tell el-Amarna）阿肯纳顿统治时期的首都，有宫殿、居住和工作区、几座圣殿；东部沙漠河谷中建有皇家陵墓；无数官员墓。

开罗埃及博物馆（建于1897—1902年）

太尔艾尔达巴（Tell ed-Dab'a）希克索斯（Hyksos）时期（公元前1650—前1540年）的前首都“阿瓦利斯”（Avaris）；古朴时期定居点遗迹；从中王国时期到第二中间期大型城市定居点的几层遗迹；自第十八王朝早期起，新的定居点和塞特神庙；从拉美西斯时期到普苏森尼斯时期（第二十一王朝）的其他建筑遗迹。中王国时期修建的宫殿和寺庙与这一时期和第二中间期的陵墓和定居点。

底比斯（Thebes）第十八王朝埃及国王王宫所在地。东岸的卢克索神庙和含几个区的卡纳克神庙；西岸有从第十一王朝到新王国末期的几千座私人陵墓，50多座皇家陵墓（一些在帝王谷中）（但没有证据表明这些陵墓被持续使用）；另外，还有王后与王子公主墓；耕地边皇家陵墓的陵庙。

埃尔－多德（el-Tod）托勒密时期和罗马帝国时期的大型蒙图神庙遗迹位于某中王国时期寺庙遗迹之上；城镇废墟。

图纳埃尔盖贝尔（Tuna el Gebel）托勒密时期的动物墓地含一个地下楼廊和祭祀室系统。第十八王朝寺庙工作人员陵墓；第二十六王朝新发展起来的墓葬区；最重要的陵墓是被神化的大祭司派特奥塞里斯（Petosiris）墓（公元前320年）；托勒密时期希腊埃及混合风格的陵墓；后王国时期的神庙。在所谓的大神庙中，已知的只有罗马时期修建的那部分。

埃及藏品

埃迪特·伯恩豪尔（Edith Bernhauer）

奥地利

维也纳（Vienna）

艺术史博物馆（Kunsthistorisches Museum）

埃及-中东收藏馆（Ägyptisch-Orientalische Sammlung）

地址：Burgring 5,Vienna

邮编：1010

比利时

安特卫普（Antwerp）

肉市大楼博物馆（Museum Vleeshuis）

地 址：Vleeshouwer Str 38,Antwerpen

邮编：2000

布鲁塞尔（Brussels）

比利时皇家历史艺术博物馆（Musées Royaux d'Art et d'Histoire）埃及藏品

地 址：Parc du Cinquantenaire 10,Brussels

邮编：1040

莫尔朗韦（Morlanwelz）

比利时皇家马利蒙博物馆（Musée Royal de Mariemont）

地 址：Chaussée de Mariemont, Morlanwelz-Mariemont

邮编：6510

巴西

里约热内卢（Rio de Janeiro）

国家博物馆

巴西里约联邦大学（Universidade Federal de Rio de Janeiro）

人类学系

考古专业

地 址：Qinta da Bona Vista São Cristovâo,Rio de Janeiro

邮编：20000

加拿大

多伦多（Toronto）

安省皇家博物馆（Royal Ontario Museum）

埃及展区

地址：100 Queen's Park,Toronto,Ontario

邮编：M5S 2C6

克罗地亚

萨格勒布（Zagreb）考古博物馆

地 址：Trg Nikole Zrinskog 19,Zagreb

邮编：41000

捷克共和国

布拉格（Prague）

国家博物馆（National Museum）

纳普瑞斯特克博物馆区（Nâprstek Museum）

史前与中东和非洲古物展区

地址：Betlémské nam. 1,Prague 1

邮编：11000

丹麦

哥本哈根（Copenhagen）

新嘉世伯艺术博物馆（Ny Carlsberg Glyptothek）

埃及藏品

地址：Dantes Plads 7,Copenhagen V

邮编：1556

丹麦国立博物馆（Nationalmuseet）

古物收藏馆（Antikansamling）

近东和古物展区

地址：Ny Vestergade 10,Copenhagen K

邮编：1220

埃及

亚历山大（Alexandria）

希腊罗马博物馆（Greco-Roman Museum）

地址：Museum Street,Alexandria 邮编：21521

亚历山大图书馆（Bibliotheca Alexandrina）

考古博物馆（Archeology Museum）

地址：5005 Duke Street,Alexandria

邮编：UA 222304 – 2903

阿斯旺（Aswan）

阿斯旺博物馆

地址：Elephantine Island,Aswan

阿斯旺努比亚博物馆（Nubian Museum）

地址：Aswan

吉萨（Giza）

吉萨太阳船博物馆（Cheops' Boat Museum）

金字塔

地址：al-Giza

开罗（Cairo）

埃及博物馆（Egyptian Museum）

地 址：11556 Midan el-Tahir,Misr al-Kahira

科普特基督教博物馆（Coptic Museum）

地址：Masr Ateeka,Misr al-Kahira

卢克索（Luxor）

卢克索古埃及艺术博物馆（The Luxor Museum of Ancient Egyptian Art）

地址：Corniche Street,al-Uksur 法国

亚眠（Amiens）

碧卡地博物馆（Musée de Picardie）

地址：48 Rue de la République,Amiens

邮编：80000

阿维尼翁（Avignon）

卡尔维博物馆（Musée Calvet）

地 址：65 Rue Joseph-Vernet,Avignon

邮编：84000

里昂（Lyons）

里昂美术馆（Musée des Beaux-Arts）

圣皮耶宫（Palais St. Pierre）

地址：20 Place des Terreaux,Lyons

邮编：69001

马赛（Marseilles）

马赛地中海考古博物馆（Musée d'Archéologie Méditerranéenne）

埃及藏品

地址：2,Rue de la Charité,Marseilles 邮编：13002

巴黎（Paris）

卢浮宫

埃及古物展区

地址：Palais du Louvre,Paris

邮编：75058

罗阿讷（Roanne）

约瑟夫德舍莱特博物馆（Musée Joseph Déchelette）

地址：22 Rue Anatole France,Roanne

邮编：423000

斯特拉斯堡（Strasbourg）

斯特拉斯堡大学埃及学院藏品（Collection de l'Institut d'Egyptologie de l'Université）

地 址：Palais de l'Université,Strasbourg

邮编：67000

图卢兹（Toulouse）

图卢兹乔治拉比博物馆 (Musée Georges Labit)

地 址：43 Rue des Martyrs de la Libération,Toulouse

邮编：31400

德国

柏林（Berlin）

柏林国立普鲁士文化遗产博物馆（Staatliche Museen zu Berlin-Preußischer Kulturbesitz）

地址：Bodestr. 1-3,Berlin

邮编：10178

埃及文化与纸莎草抄本收藏博物馆（Ägyptisches Museum und Papyrussammlung）

地址：Schloßstraße 70,Berlin

邮编：14059

波恩（Bonn）

波恩埃及博物馆（Ägyptisches Museum）

波恩大学埃及学院（Ägyptologisches Seminar der Universität Bonn）

地址：Regina-Pacis-Weg 7,Bonn

邮编：53113

汉诺威（Hannover）

克斯特纳博物馆（Kestn er-Museum）

地址：Trammplatz 3,Hannover

邮编：30159

海德尔堡（Heidelberg）

海德尔堡大学纸莎草学研究院收藏馆（Sammlung des Agyptologischen Instituts der Universität）

地址：Marstallhof 4,Heidelberg

邮编：69117

希尔德斯海姆（Hildesheim）

柏力扎伊斯博物馆（Pelizaeus-Museum）

地址：Am Steine 1-2 ,Hildesheim

邮编：31134

法兰克福/美因河畔（Frankfurt/Main）

地 址：Liebighaus,Schaumainkai 71,Frankfurt

邮编：60596

莱比锡（Leipzig）

莱比锡大学埃及博物馆（Ägyptisches Museum der Universität Leipzig）地址：Schillerstr 6,Leipzig

邮编：04109

慕尼黑（Munich）

国立埃及艺术博物馆（Staatliches Museum Ägyptischer Kunst）

地 址：Hofgartenstraße (Residenz), Munich

邮编：80539

图宾根（T ü bingen）

图宾根大学纸莎草学研究院收藏馆（Sammlung des Agyptologischen Instituts der Universität）

地址：Hohentübingen Schloß,Tübingen

邮编：72070

维尔茨堡（W ü rzburg）

维尔茨堡大学马丁-冯-瓦格纳博物馆（Martin von Wagner-Museum der Universität）

地址：Residenzplatz 2,Tor A,Würzburg

邮编：97070 英

国 伯明翰（Birmingham）

伯明翰城市画廊 考古学与人种学分区

地址：Chamberlain Square,Birmingham,West Midlands

邮编：B3 3DH

波尔通（Bolton）

波尔通中央博物馆与美术馆（Central Museum and Art Gallery）
地址：Le Mans Crescent,Bolton,Greater Manchester
邮编：BL1 1SE
剑桥（Cambridge）
剑桥费茨威廉博物馆（Fitzwilliam Museum）
古物展区
地 址：Trumpington Street,Cambridge
邮编：CB2 1RB
爱丁堡（Edinburgh）
苏格兰皇家博物馆（The Royal Museum of Scotland）
历史与实用艺术品展区
地址：Chambers Street,Edinburgh
邮编：EH1 1JF
格拉斯哥（Glasgow）
亨特博物馆（The Hunterian Museum）
埃及展区
地址：University of Glasgow,Glasgow
邮编：G12 8QQ
利物浦（Liverpool）
利物浦博物馆（Liverpool Museum）
古物展区
默西塞德郡国家博物馆与美术馆
地 址：William Brown Street,Liverpool
邮编：L3 8EN
伦敦（London）
大英博物馆（The British Museum）
埃及古物展区
地址：Great Russell Street,London
邮编：WC1B 3DG
伦敦大学学院
皮特里埃及考古博物馆（Petrie Museum of Egyptian Archaeology）
地址：Gower Street,London
邮编：WC1E 6BT
牛津（Oxford）
阿什莫尔博物馆（The Ashmolean Museum）
古物展区
地址：Beaumont Street,Oxford
邮编：OX1 2PH
斯旺西（Swansea）
威尔康埃及与希腊罗马古物博物馆（Wellcome Museum of Egypt and Greco-Roman Antiquities）
斯旺西大学学院（University College of Swansea）
地 址：Singleton Park,Swansea,Wales
邮编：SA2 8PP
匈牙利
布达佩斯（Budapest）
国立美术馆（Szépmuvészeti Müzeum）Egyiptomi osztâly
地 址：Dözsa György ût 41,Budapest XIV
邮编：1146
以色列
耶路撒冷（Jerusalem）
圣经之地博物馆（The Bible Lands Museum）
地址：25,Granot Street,Jerusalem
邮编：93704
以色列博物馆（The Israel Museum）
埃及艺术品展区
地址：Hakiriya,Jerusalem
意大利
博洛尼亚（Bologna）
博洛尼亚考古博物馆（Museo Civico Archeologico）
地址：Via dell' Archiginnasio 2,Bologna
邮编：40124
科摩（Como）
科摩考古博物馆（Museo Civico Archeologico）
地 址：Piazza Medaglie d'Oro 1,Como
邮编：22100
佛罗伦萨（Florence）
佛罗伦萨埃及博物馆（Museo Egizio）托斯卡纳考古管理院
地址：Via della Pergola 65,Florence
邮编：50122
米兰（Milan）
米兰考古博物馆（Museo Archeologico）
埃及藏品
地址：Castello Sforzesco,Milan
邮 编：20121 那不勒斯（Naples）
那不勒斯国家考古博物馆（Museo Archeologico Nazionale）
地址：Via Museo 19,Naples
邮编：80135
比萨（Pisa）
阿特里奥博物馆（Musei di Ateneo）
比萨大学（Università di Pisa）
埃及藏品
地址：Via San Frediano,Pisa
邮编：56100
都灵（Turin）
古埃及藏品管理机构（Soprintendenza per le Antichità Egizie）
埃及博物馆（Museo Egizio）
地 址：Via Accademia delle Scienze 6,Turin
邮编：10123
日本
京都（Kyoto）
平安古代历史博物馆（Heian Museum of Ancient History）
考古第三展区
地址：8-1 Takeda Naasegawa,Fushimu-ku
黎巴嫩（Lebanon）
贝鲁特（Beirut）
贝鲁特美国大学考古博物馆（Archaeological Museum of the American University of Beirut）
地址：Bliss,Beirut
荷兰
阿姆斯特丹（Amsterdam）
阿拉德皮尔逊博物馆（Allard Pierson Museum）
阿姆斯特丹大学考古博物馆（Archeologisch Museum van de Universiteit）
地 址：Oude Turfmarkt 129,GC,Amsterdam
邮编：1012
莱顿（Leiden）
荷兰国立古物博物馆（Rijksmuseum van Oudheden）
埃及展区
地址：Rapenburg 28,EW Leiden
邮编：2311 波兰 华沙（Warsaw）
国家博物馆（Muzeum Narodowe）
古代艺术品馆
地址：Aleje Jerozolimskie 3,Warsaw
邮编：00-495
葡萄牙
里斯本（Lisbon）
卡洛提古尔班基安博物馆（Museu Calouste Gulbenkian）
地址：Ab. de Berna 45 A,Lisbon
邮编：1093
俄罗斯
莫斯科（Moscow）
普希金美术博物馆（Pushkin Museum of Fine Arts）
古代东方艺术品展区
地址：ul. Volkhonka 12,Moscow
邮编：121019 圣
彼得堡（St. Petersburg）
艾尔米塔什博物馆（The Hermitage Museum）
东方艺术品展区
地址：Dvortsovaya Nabereznaya 34,St. Petersburg
邮编：191065
西班牙
巴塞罗那（Barcelona）
巴塞罗那考古博物馆（Museo Arqueolôgico de Barcelona）
史前考古研究所（Instituto de Prehistöria y Arqueologîa）
地 址：Parc de Montjuie s/n,Barcelona
邮编：08004
马德里
国家考古博物馆（Museo Arqueolôgico Nacional）
埃及与近东古物展区（Departamento de Antigiiedades Egipcias y del Proximo Oriente）
地址：Calle de Serrano 13,Madrid
邮编：28001
苏丹
喀土穆（Khartoum）
国家博物馆（National Museum）
地址：El Ncel Avenue,Khartoum
邮编：178
瑞典
斯德哥尔摩（Stockholm）
地中海博物馆（Medelhavsmuseet）
埃及展区
地址：Fredsgatan 2,Stockholm
邮编：11152
乌普萨拉（Uppsala）
乌普萨拉大学（Uppsala Universitet）
埃及学系 维多利亚埃及古物博物馆（Victoriamuseet for egyptiska Fornsaker）
地址：Gustavianum,Uppsala
邮编：75310
瑞士
日内瓦（Geneva）
历史与艺术博物馆（Musée d'Art et d'Histoire）
地址：2,Rue Charles Galland ,Geneva 3
邮编：1211
美国
巴尔的摩（Baltimore）
沃尔特斯博物馆（Walters Art Museum）
地 址：600 N. Charles Street,Baltimore
邮编：MD 21201
伯克利（Berkeley）
菲比赫斯特人类学博物馆（The Phoebe A. Hearst Museum of Anthropology）
加利福尼亚大学（University of California）
地址：Berkeley
邮编：CA 94720
波士顿（Boston）
美术博物馆（Museum of Fine Arts）
古埃及、努比亚和近东艺术品展区
地址：465 Huntington Avenue,Boston
邮编：MA 02115
芝加哥（Chicago）
芝加哥大学（University of Chicago）
东方研究所博物馆（Oriental Insitute Museum）
地址：1155 East 58th Street,Chicago 邮编：IL 60637-1569
克利夫兰（Cleveland）
克利夫兰艺术博物馆（Cleveland Museum of Art）
古代艺术品展区
地 址：11150 East Boulevard at University Circle,Cleveland

邮编：OH 44106

底特律（Detroit）

底特律美术馆（The Detroit Institute of Arts）

地址：5200 Woodward Avenue,Detroit

邮编：MI 48202

洛杉矶（Los Angeles）

洛杉矶艺术博物馆（Los Angeles County Museum of Art）

古代艺术与伊斯兰艺术品展区

地 址：5905 Wilshire Boulevard,Los Angeles

邮编：CA 90036

孟菲斯（Memphis）

孟菲斯艺术博物馆（Art Museum）

地 址：3750 Norriswood Avenue, The University of Memphis Campus ,Memphis

邮编：TN 38152

纽约（New York）

大都会艺术博物馆（The Metropolitan Museum of Art）

埃及艺术品展区

地址：1000 Fifth Avenue,New York,

邮编：NY 10028-1998

布鲁克林博物馆（The Brooklyn Museum）

埃及古典艺术和古代中东艺术品展区

地址：2000 Eastern Parkway,Brooklyn

邮编：NY 11238-6052

费城（Philadelphia）

大学博物馆（University Museum）

宾西法尼亚大学（University of Pennsylvania）

地 址：33rd and Spruce Streets, Philadelphia

邮编：PA 19104-6324

匹兹堡（Pittsburgh）

卡内基自然历史博物馆（Carnegie Museum of Natural History）

地址：4400 Forbes Avenue,Pittsburgh

邮编：PA 15213

里士满（Richmond）

维吉尼亚美术博物馆（Virginia Museum of Fine Arts）

古代艺术品展区

地 址：2800 Grove Avenue,Richmond

邮编：VA 23221-2466

西雅图（Seattle）

西雅图艺术博物馆（Seattle Art Museum）

地址：100 University Street,Seattle

邮编：WA 98101

梵蒂冈

梵蒂冈市（Vatican City）

梵蒂冈宗座博物馆与画廊（Musei e Gallerie Pontificie）

哥里高利埃及博物馆（Museo Gregoriano Egizio）

地址：Viale Vaticano,Vatican City

邮编：00120。

列王表

雷根·舒尔茨（根据于尔根·冯·贝克拉特穗 (J ü rgen von Beckerath) 的资料编写）

史前时期	
（早王国时期）	
零王朝	大约 150 年
古朴时期	
第一王朝	
阿哈（Aha）（美尼斯（Menes））	约前 3032—前 3000
阿托提（Atoti）（阿托提斯一世	
（Athotis））	前 3000—前 2999
哲尔（Djer）	前 2999—前 2952
瓦蒂杰（Wadji）	前 2952—前 2939
登（Dewen）	前 2939—前 2892
阿涅德吉布（Ad jib）	前 2892—前 2886
瑟莫赫特（Semerkhet）	前 2886—前 2878
卡（Qaa）	前 2878—前 2853
第二王朝	
霍特普塞海姆威(Hetepsekhemui)	前 2853—前 2825
奈伯拉（Nebre）	前 2825—前 2810
尼内特吉（Ninetjer）	
温内格（Wenegnebti）	前 2810—前 2767
塞涅德（Sekhemib）	前 2767—前 2760
奈弗尔卡拉（Neferkare）	前 2760—前 2749
内弗卡瑟卡（Neferkasokar）	
胡吉伐（Hudjefa）	前 2749—前 2744
反抗最后三位王统治的国王	前 2744—前 2736
伯里布森（Peribsen）/ 哈塞海姆	前 2736—前 2734
威（Khasekhemui）	
古王国时期	
第三王朝	
内布卡（Nebka）	前 2707—前 2690
卓瑟（Djoser）	前 2690—前 2670
卓瑟提（Djoserti）	前 2670—前 2663
哈巴（Khaba）	前 2663—前 2639
美索克瑞斯（Mesokhris）	前 2663—前 2639
胡尼（Huni）	前 2663—前 2639
第四王朝	
斯奈夫鲁（Snefru）	前 2639—前 2604
基奥普斯（Cheops）	前 2604—前 2581
杰德夫拉（Djedefre）	前 2581—前 2572
切夫伦（Chephren）	前 2572—前 2546
白克瑞斯（Bikheris）	前 2546—前 2539
美凯里诺斯（Mycerinus）	前 2539—前 2511
普塞斯卡夫（Shepseskaf）	前 2511—前 2506
塔姆弗提斯（Thamphthis）	前 2506—前 2504
第五王朝	
乌瑟卡夫（Userkaf）	前 2504—前 2496
萨胡拉（Sahure）	前 2496—前 2483
尼弗瑞卡拉（Neferirkare）	前 2483—前 2463
谢普塞斯卡拉（Shepseskare）	前 2463—前 2456
尼弗雷夫（Neferefre）	前 2456—前 2445
尼乌塞尔（Niuserre）	前 2445—前 2414
门卡霍尔（Menkauhor）	前 2414—前 2405
杰德卡拉（Djedkare）	前 2405—前 2367
乌那斯（Unas）	前 2367—前 2347
第六王朝	
泰蒂（Teti）	前 2347—前 2337
乌瑟卡拉（Userkare）	前 2337—前 2335
佩比一世（Pepi Ⅰ）	前 2335—前 2285
奈姆蒂姆萨夫一世（Nemtiemsaf Ⅰ）	前 2285—前 2279
佩比二世（Pepi Ⅱ）	前 2279—前 2219
奈姆蒂姆萨夫二世（Nemtiemsaf Ⅱ）	前 2219—前 2218
尼托克里斯（Nitocris）	前 2218—前 2216
第七王朝	
（根据马涅托（Manetho）记载	
“七十天”）	前 2216—前 2170
第八王朝（十七位国王）	
第一中间期 第九 / 十王朝（在赫拉	
克雷奥波利斯，十八位国王）	前 2170—前 2020
新王国时期	
第十八王朝（开始是只在底比斯，后来在整个埃及地区）	
门图荷太普一世（Mentuhotep Ⅰ）	
安特夫一世（Antef Ⅰ）	前 2119—前 2103
安特夫二世（Antef Ⅱ）	前 2103—前 2054
安特夫三世（Antef Ⅲ）	前 2054—前 2046
门图荷太普二世（Mentuhotep Ⅱ）	前 2046—前 1995
门图荷太普三世（Mentuhotep Ⅲ）	前 1995—前 1983
门图荷太普四世（Mentuhotep Ⅳ）	前 1983—前 1976
第十二王朝	
阿蒙涅姆赫特一世（Amenemhat Ⅰ）	前 1976—前 1947
塞索斯特里斯一世（Sesostris Ⅰ）	前 1956—前 1911/10
阿蒙涅姆赫特二世	前 1914—前 1879/76
（Amenemhat Ⅱ）	
塞索斯特里斯二世（Sesostris Ⅱ）	前 1882—前 1972
塞索斯特里斯三世（Sesostris Ⅲ）	前 1872—前 1853/52
阿蒙涅姆赫特三世（Amenemhat Ⅲ）	前 1853—前 1806/05
阿蒙涅姆赫特四世（Amenemhat Ⅳ）	前 1807/06—前 1798/97
耐弗所白克（Nefrusobek）	前 1798/97—前 1794/93
第二中间期	
第十三王朝	
（约 50 位国王）	前 1794/93—前 1648
第十四王朝	
（尼罗河三角洲的诸侯王）	?—前 1648
第十五王朝	
（希克索斯（Hyksos））	前 1648—前 1539
萨利特斯（Salites）	前 1648—前 1590
比昂（Beon）	前 1648—前 1590
阿帕克那斯（Apakhnas）	前 1648—前 1590
希安（Khaian）	前 1648—前 1590
阿波斐斯（Apophis）	前 1590—前 1549
哈姆迪（Khamudi）	前 1549—前 1539
第十六王朝（希克索斯诸侯王，与第十五王朝平行）	
第十七王朝（仅在底比斯，约 15 位国	前 1645—前 1550
新王国时期	
第十八王朝	
雅赫摩斯一世（Ahmose Ⅰ）	前 1550—前 1525
阿蒙诺菲斯一世（Amenophis Ⅰ）	前 1525—前 1504
图特摩斯一世（Thutmosis Ⅰ）	前 1504—前 1492
图特摩斯二世	前 1492—前 1479
哈特谢普苏特（Hatshepsut）	前 1479—前 1458/57
图特摩斯三世	前 1479—前 1425
阿蒙诺菲斯二世	前 1428—前 1397
图特摩斯四世	前 1397—前 1388
阿蒙诺菲斯三世	前 1388—前 1351/50
阿蒙诺菲斯四世 / 阿肯纳顿	前 1351—前 1334
斯门卡拉（Smenkhkare）	前 1337—前 1333
图坦卡蒙（Tutankhamun）	前 1333—前 1323
阿伊（Ay）	前 1323—前 1319
荷伦希布（Horemheb）	前 1319—前 1292
第十九王朝	
拉美西斯一世（Ramesses Ⅰ）	前 1292—前 1290
塞提一世（Seti Ⅰ）	前 1290—前 1279/78
拉美西斯二世	前 1279—前 1213
麦伦普塔赫（Merenptah）	前 1213—前 1203
阿蒙麦西斯（Amenmesse）	前 1203—前 1200/1199
塞提二世 西普塔（Siptah）与陶	前 1199—前 1194/93
斯瑞特（Tausret）	前 1194/93—前 1186/85
第二十王朝	
塞特纳赫特（Sethnakht）	前 1186—前 1183/82
拉美西斯三世	前 1183/82—前 1152/51
拉美西斯四世	前 1152/51—前 1145/44
拉美西斯五世	前 1145/44—前 1142/20
拉美西斯六世	前 1142/40—前 1134
拉美西斯七世	前 1134—前 1126
拉美西斯八世	前 1126—前 1125
拉美西斯九世	前 1125—前 1107
拉美西斯十世	前 1107—前 1103
拉美西斯十一世	前 1103—前 1070/69
第三中间期	
第二十一王朝	
斯门迪斯（Smendes）	前 1070/69—前 1044/43
阿蒙涅姆尼苏（Amenemnesut）	前 1044/43—前 1040/39
普苏森尼斯一世（Psusennes Ⅰ）	前 1044/43—前 994/993
阿蒙涅莫普（Amenemope）	前 996/95—前 985/84
奥索克尔（Osochor）	前 985/84—前 979/78
西阿蒙（Siamun）	前 979/78—前 960/59
普苏森尼斯二世	前 960/59—前 946/45
第二十二王朝	
舍顺克一世（Sheshonq Ⅰ）	前 946/45—前 925/24
奥索尔孔一世（Osorkon Ⅰ）	前 925/24—前 890
塔克洛特一世（Takelot Ⅰ）	前 890—前 877
舍顺克二世	前 877—前 875
奥索尔孔二世	前 875—前 837
舍顺克三世 舍顺克三世	前 837—前 798
帕米（Pami）	前 798—前 785

上埃及统治者

哈尔西斯（Harsiese）	前 870—前 850
塔克洛特二世	前 841—前 816
皮杜巴斯特一世（Pedubastis Ⅰ）	前 830—前 805
伊乌普特一世（Iuput Ⅰ）	前 816—前 800
舍顺克四世（Sheshonq Ⅳ）	前 800—前 790
奥索尔孔三世	前 790—前 762
塔克洛特三世	前 776—前 755
鲁德阿蒙（Rudamun）	前 755—前 735
伊尼（Ini）	前 735—前 730

第二十三王朝（三角洲地区）

皮杜巴斯特二世（布巴斯提斯（Bubastis）或塔尼斯（Tanis）地区）	前 765—前 732/30
伊乌普特二世（利安托波力斯（Leontopolis））	前 756—前 725
奥索尔孔四世	前 732/30—前 722

第二十四王朝（塞易斯（Sais）

特夫纳克特（Tefnakht）	前 740—前 719
波克霍利斯（Bikharis）	前 719—前 714

后王国时期

第二十五王朝（库什）

卡施塔（Kashta）	前 746 年以前
皮耶（Piye）	前 746—前 715
沙巴蔻（Shabako）	前 715—前 700
摄比特库（Shebitku）	前 700—前 690
塔哈尔卡（Taharqa）	前 690—前 664
坦沃塔玛尼（Tanutamun）（继任者统治努比亚地区）	前 664—前 655

第二十六王朝（赛特）

普萨美提克一世（Psammetichus Ⅰ）	前 664—前 610
尼科一世（Necho Ⅰ）	前 610—前 595
普萨美提克二世（Psammetichus Ⅱ）	前 595—前 589
阿普列斯（Apries）	前 589—前 570
阿马西斯（Amasis）	前 570—前 526
普萨美提克三世（Psammetichus Ⅲ）	前 526—前 525

第二十七王朝（波斯统治第一时期）

康比斯（公元前 529 年，在波斯登基）	前 525—前 522
大流士一世（Darius Ⅰ）	前 522/21-486/85
薛西斯一世（Xerxes Ⅰ）	前 486/85—前 465/64
阿尔塔薛西斯一世（Artaxerxes Ⅰ）	前 465/64—前 424
薛西斯二世	前 424/23
大流士二世	前 423—前 405/04
阿尔塔薛西斯二世（统治波斯直到公元前 359 或 358 年）	前 405/04—前 401

第二十八王朝

阿米尔泰乌斯（Amyrtaios）	前 404/401—前 399

第二十九王朝

耐佛瑞特斯一世（Nepherites Ⅰ）	前 399—前 393
阿科里斯（Achoris）	前 393—前 380
反抗的国王 普萨姆提斯（Psammuthis）	前 393/92
耐佛瑞特斯二世（Nepherites Ⅱ）	前 380

第三十王朝

内克塔内布一世（Nectanebo Ⅰ）	前 380—前 362
提奥斯（Teos）	前 364/362—前 360
内克塔内布二世（Nectanebo Ⅱ）	前 360—前 342

第三十一王朝（波斯统治第二时期）

阿尔塔薛西斯三世奥库斯(Artaxerxes Ⅲ Ochos)(公元前 359/358 年起继位)	前 342—前 338
阿尔塞斯（Arses）	前 338—前 336
大流士三世	前 336—前 332
埃及的反对王卡巴巴希(Khababash)	前 338/37—前 336/35
希腊统治者亚历山大大帝（Alexander the Great）菲利普•阿黑大由斯（Philip Arrhidaeus）	前 332—前 323

托勒密时期

托勒密一世索特（Ptolemy Ⅰ Soter）（自公元前 323 年起任总督）	前 306/4—前 283/2
托勒密二世费拉德尔菲斯（Ptolemy Ⅱ Philadelphus）（自公元前 285/284 年联合摄政）	前 282—前 246
托勒密三世厄格特斯一世（Ptolemy Ⅲ Euergetes Ⅰ）	前 246—前 222/1
托勒密四世菲拉帕托尔（Ptolemy Ⅳ Philopator）	前 221—前 204
托勒密五世埃庇老涅斯（Ptolemy Ⅴ Epiphanes）	前 204—前 180
王哈温耐夫（Harwennefer）	前 206—前 200
安克温耐夫（Ankhwennefer）	前 200—前 186
托勒密六世费拉米特（Ptolemy Ⅵ Philometor）	前 180—前 164
托勒密七世	前 180—前 164
托勒密八世厄格特斯二世（Ptolemy Ⅷ Euergetes Ⅱ）	前 163—前 145
托勒密九世索特二世（Ptolemy Ⅸ Soter Ⅱ）	前 145—前 116
托勒密十世亚历山大一世（Ptolemy Ⅹ Alexander Ⅰ）	前 116—前 107
克利奥帕特拉（Cleopatra）	前 88—前 81
伯利尼斯三世（Berenice Ⅲ）	前 107—前 88
托勒密十一世亚历山大二世（Ptolemy Ⅺ Alexander Ⅱ）	前 81—前 80
托勒密十二世尼欧斯•狄奥尼索斯（Ptolemy Ⅻ Neos Dionysos）	前 80—前 58
克利奥帕特拉（Cleopatra）	前 55—前 51
伯利尼斯四世（Berenice Ⅳ）	前 58—前 55
克利奥帕特拉七世菲拉帕托尔（Cleopatra Ⅶ Philopator）	前 51—前 30

第一王朝到第一中间期之间的日期可向后延 50 年。根据于尔根•冯•贝克拉特穗的资料编写的纪年表。**《埃及法老编年史表》**（Chronologie des pharaoniichen Ägypten.）图书编号：MAS 46. Mainz 1997.

年代一览表

马塞尔·肖赫（Marcel Schoch）

在确定早期古物的年代时，埃及年表显得非常重要。如果不是包含埃及历法、天文现象、法老统治时间信息的各时期铭文和文字资料代代流传至今，古埃及年表仅能靠猜测编写。埃及学家根据这些制作出年表，将各个王朝的各位法老按时间顺序排列，最早可追溯到约公元前3100年。埃及学家还能通过各种对照历史年表推断仅留下少量资料或无书面资料的文化的时间。如果在外力影响下打开某一遗址，发现里面同时有舶来品与当地物品，我们则会提到对照历史年表。例如如果在一次克里特考古发掘中同时发现了埃及花瓶与弥诺斯陶器，我们就能够判断弥诺斯陶器的大致时间。同样，在埃及发现的弥诺斯陶器可以帮助确定克里特岛上文物的年代。但研究结果却表明这种方法常常不可靠。很多时候，我们不清楚在将具有重要年表意义的物品送到密封地之前已使用了多久。有时候遇到圣甲虫时就会提出这个问题。这种圣甲虫用石头或者相似的材料制成，可能在某个家族中已传承很多代。对所发现的带圣甲虫图案的物品的年代推测很有可能不正确。遗憾的是，古朴时期近东诸王的统治年表不完整。对于一些较短暂的时期，我们还没有发现任何资料。有些时期王室继承被打乱，不得不假设当时有两位国王同时在位。尽管通过某些天文现象可从一些资料中推断出某一具体的年份，但近东年表因其不确定性仍然有很大的争议。因此学者们通过一些科学方法，如放射性碳年代测定法，其更为大家所熟知的名字为碳14法，或者年轮学重新编写埃及与近东年表或者对现有的年表进行改进。因为碳14法有很大的缺陷，因此也有很多研究者拒绝使用这种新的年代测定法。但下面这张年表考虑了新的年代测定方法。因为对正确测定年代的方法仍然存在着争议，所以此处的数据仅供参考。埃及各王朝的时间根据于尔根•冯•贝克拉特穗最新发表的研究结果（《埃及法老编年史表》，MAS 46,Mainz 1997）编写。

手拿礼物的弥诺斯贵族

底比斯西部雷克密尔之墓（TT 100）；十字交叉部中壁画；新王国时期，第十八王朝，约公元前1450年。在图特摩斯三世时期的维齐尔——雷克密尔墓中描绘的外国人中，可通过发型、衣着和所运容器的类型判断出弥诺斯人。

年份	埃及	克里特	希腊大陆	近东
约公元前 7000 年	新石器时代（公元前 7000 年以后）	（碳 14 法推断出的年份为斜体） 新石器早期、中期和晚期（约公元前 8000—前 3100 年）	（碳 14 法推断出的年份为斜体）	哈苏纳文化（公元前 6000 年）哈拉夫文化（公元前 6000—前 5000 年）
约公元前 6000 年				
约公元前 5000 年	法尤姆文化 A 期（约公元前 5000 年）			萨迈拉文化（公元前 5600—前 5300 年）
约公元前 4000 年	涅加达文化第一期（约公元前 3700 年）			欧贝德文化（公元前 4700—前 3500 年）
	涅加达文化第二期（约公元前 3300 年） 涅加达文化第三期（约公元前 3200 年）			乌鲁克时期（公元前 3500—前 3200 年）
			新石器时代（公元前 3600 年以前）	杰姆代特 - 奈斯尔时期（公元前 3200—前 2900 年）
古朴时期				
约公元前 3000 年	早王国时期 （约公元前 3150 年或之前） 零王朝 （约 150 年） 第一王朝（公元前 3032/ 前 2982—前 2853/ 前 2803)	后新石器时代（公元前 3100—前 2800）	塞斯克罗时期第一至第三阶段（约公元前 3000 年或之前）	
古王国时期				
约公元前 2500 年	第三王朝 （公元前 2707/ 前 2657—前 2639/ 前 2589） 第四王朝 （公元前 2639/ 前 2589—前 2504/ 前 2454） 第五王朝 （公元前 2504/ 前 2454—前 2347/ 前 2297） 第六王朝 （公元前 2347/ 前 2297—前 2216/ 前 2166） 第八王朝 （公元前 2216/ 前 2166—前 2170/ 前 2120）	弥诺斯文明早期第二阶段（公元前 2500—前 2200） 弥诺斯文明早期第二阶段 A 时期(公元前 2650—前 2450/ 前 2350) 弥诺斯文明早期第二阶段 B 时期(公元前 2450/ 前 2350—前 2200/ 前 2150) 弥诺斯文明早期第三阶段（公元前 2200—前 2000） 弥诺斯文明早期第三阶段（公元前 2200/ 前 2150—前 2050/ 前 2000）	阿拉皮与季米尼阶段（公元前 2500 年之前） 希腊青铜时期早期第一阶段（公元前 2500—前 2250） 希腊青铜时期早期第一阶段（公元前 3600—前 2900） 希腊青铜时期早期第二阶段（公元前 2250—前 2000） 希腊青铜时期早期第二阶段(公元前 2900—前 2570/ 前 2410）	拉格什王（公元前 2520—前 2355） 阿卡德王朝（公元前 2350—前 2200/ 前 2150） 乌尔 / 新苏美尔时期第三王朝（公元前 2200/ 前 2150—前 2100/ 前 2000）
第一中间期				
约公元前 2000 年	第九 / 十王朝（在赫拉克雷奥波利斯，公元前 2170/ 前 2120—前 2025/ 前 2020）			
中王国时期		**旧宫殿时期**		
约公元前 2000 年	第十一王朝 （公元前 1794/ 前 1793—前 1648/ 前 1645） 第十四王朝（公元前 ?—前 1648/ 前 1645）	弥诺斯文明中期（公元前 2000—前 1850） 弥诺斯文明中期第一阶段 A 时期（公元前 2050/ 前 2000—前 1925/ 前 1900） 弥诺斯文明中期第一阶段 B 时期（公元前 1925/ 前 1900—前 1900/ 前 1875） 弥诺斯文明中期第二阶段（公元前 1850—前 1700） 弥诺斯文明中期第二阶段（公元前 1900/ 前 1875—前 1750/ 前 1720）	希腊青铜时期早期第三阶段（公元前 2000—前 1850） 希腊青铜时期早期第三阶段（公元前 2570/ 前 2410—前 2090/ 前 2050） 希腊青铜时期中期（公元前 1850—前 1600） 希腊青铜时期中期（公元前 2090/ 前 2050—前 1600）	古巴比伦时期 拉尔萨王朝 （公元前 2025—前 1763） 伊辛王朝 （公元前 2017—前 1817） 赫梯帝国 （公元前 2000—前 1200)）
第二中间期		**新宫殿时期（至公元前 1450 年）**		
约公元前 1750 年	第十三王朝 （公元前 1794/ 前 1793—前 1648/ 前 1645） 第十四王朝（公元前 ?—前 1648/ 前 1645）	弥诺斯文明中期第三阶段（公元前 1700—前 1550） 弥诺斯文明中期第三阶段 A 时期（-B）（公元前 1750/1720—前 1700/1680）		巴比伦第一王朝 （公元前 1894—前 1594） 汉穆拉比（公元前 1792—前 1750）

年份	埃及	克里特	希腊大陆	近东
	第十五王朝（希克索斯，公元前1648/前1645—前1539/前1536） 第十六王朝 （希克索斯诸侯，与第十五王朝平行）	弥诺斯文明中期第三阶段B时期/第一阶段A时期（公元前1700/前1680—前1675/前1650） **圣托里尼大灾难** **（约公元前1648年）**		
约公元前1550年	第十七王朝 约公元前1550年（底比斯）			
	新王国时期			
约公元前1550年	第十八王朝 (公元前1550—前1292) 第十九王朝(公元前1292—前1186/前1185)	弥诺斯文明后期第一阶段（公元前1550—前1450） 弥诺斯文明后期第一阶段A时期（公元前1675/前1650—前1600/前1550） 弥诺斯文明后期第一阶段B时期（公元前1600/前1550—前1490/前1470） 弥诺斯文明后期第二阶段（公元前1450—前1400） 弥诺斯文明后期第二阶段（公元前1490/前1470—前1435/前1405） 弥诺斯文明后期第三阶段（公元前1400—前1100） 弥诺斯文明后期第三阶A时期：1(公元前1435/前1405—前1390/前1370) 弥诺斯文明后期第三阶A时期：2(公元前1390/前1370—前1360/前1325) 弥诺斯文明后期第三阶B时期 (公元前1360/前1325—前1200/前1190) 后弥诺斯时期 （自公元前1190或前1100年起）	希腊青铜时期晚期第一阶段A时期与B时期(公元前1600—前1450) 希腊青铜时期晚期第一阶段（公元前1600—前1510/前1500） 希腊青铜时期晚期第二阶段（公元前1450—前1400） 希腊青铜时期晚期第二阶段（公元前1510/前1500—前1390） 希腊青铜时期早期第三阶段（公元前1400—前1190） 希腊青铜时期早期第三阶段A时期(公元前1390—前1340/前1330) 希腊青铜时期晚期第三阶段B时期 (公元前1340/前1330—前1185/前1180) 希腊青铜时期晚期第三阶段C时期(公元前1185/前1180/—前1065) 后迈锡尼时期 (公元前1190/前1065—前1015)	喀西特时期 （公元前1570—前1157） 中亚述时期 (公元前1364—935)
约公元前1100年	第二十王朝(公元前1186/前1185—前1070/前1069)		海克拉三号火山喷发（约公元前1159年）	
	第三中间期			
约公元前1100年	第二十一王朝(公元前1070/前1069—前946/前945) 第二十二王朝(公元前946/945—公元前735) 上埃及统治时期（公元前841—前730） 第二十三王朝（三角洲地区，公元前756—前714/前712） 第二十四王朝（塞易斯，公元前740—前714/前712） 第二十五王朝（库什，公元前746年—前655年）		后迈锡尼与原始几何陶时期 （公元前1100—前900） 几何陶早、中、晚期 （公元前900—前700） 第一届奥林匹克运动会(公元前776年) 东方化和科林斯的古朴陶早期 （公元前720—前540）	以色列的君主制约始于公元前1012年 新亚述时期 (公元前911—前631)
	后王国时期			
约公元前1100年	第二十六王朝 (公元前664—前525) 第二十七王朝（波斯王，公元前525—前401） 第二十八王朝(公元前404/前401—前399) 第二十九王朝（公元前399—前380） 第三十王朝（公元前380—前342） 第三十一王朝（波斯王，公元前342—前332） 托勒密时期（公元前304—前30） 埃及变成罗马的一个省（自公元前30年起）		古朴时期（公元前700—前490)） 阿提卡黑陶时期(公元前600—前480) 阿提卡红陶时期(公元前530—前300) 古典时期（公元前490—前323） 亚历山大大帝 (公元前336—前323) 希腊主义时期（公元前323—前327）	波斯王（公元前559—前330） 塞琉卡斯时期（公元前311—前65）

部分参考书目

彼得・德尔・马尼埃利安（Peter Der Manuelian） 马丁娜・乌尔曼（Martina Ullmann）

W Y Adams,Nubia,Corridor to Africa,London 1977

Cyril Aldred,Akhenaten,King of Egypt,London 1988

Cyril Aldred,Egyptian Art,London 1980

Cyril Aldred,Jewels of the Pharaohs,London 1971

Carol Andrews,Amulets of Ancient Egypt,London 1994 Carol Andrews,Ancient Egyptian Jewellry,London 1990 Carol Andrews,The Rosetta Stone,London 1981 Dieter Arnold,Building in Egypt: Pharaonic Stone Masonry,Oxford 1991 Dieter Arnold,Lexikon der ägyptischen Baukunst,Zurich 1994 Dieter Arnold, Die Tempel Ägyptens. Götterwohnungen, Kultstätten,Baudenkmäler,Zurich 1992 Dorothea Arnold,The Royal Women of Armana,New York 1996 Roger S. Bagnall,Egypt in Late Antiquity,Princeton 1993 John Baines and Jaromir Mâlek,Atlas of Ancient Egypt,New York 1993 Morris Bierbrier,The Tomb Builders of the Pharaoh,London 1982 M. Bietak,Avaris: the Capital of the Hyksos,London 1996 Alan K. Bowman,Egypt after the Pharaohs,332 BC-AD 642,from Alexander to the Arab Conquest,Berkeley 1986 James H. Breasted,Ancient Records of Egypt. 5 vols.,Chicago 1906 Brooklyn Museum,Cleopatra's Egypt: Age of the Ptolemies,Brooklyn 1988 Brooklyn Museum, Egyptian Sculpture of the Late Period,Brooklyn 1960 Betsy M. Bryan and Hornung (pub.),The Quest for Immortality,Washington 2002 K.W Butzer,Early Hydraulic Civilization in Egypt: A Study in Cultural Ecology,Chicago and London 1984 Somers Clarke and R. Engelbach,Ancient Egyp-tian Construction and Architecture. New York 1990 (reprint of 1930 Oxford University Press ed: Ancient Egyptian Masonry) Mark Collier and Bill Manley,How to read Egyptian,London 1998 WV Davies, Reading the Past: Egyptian Hieroglyphs,London 1987 Wolfgang Decker,Sports and Games in Ancient Egypt,New Haven 1992 Aidan Dodson,Egyptian Rock-cut Tombs,Princes Risborough 1991 I. E. S. Edwards, The Pyramids of Egypt,Harmondsworth 1995 Arne Eggebrecht,ed.,Das alte Ägypten. 3000 Jahre Geschichte und Kultur des Pharaonenreichs,Munich 1984 Arne Eggebrecht, ed.,Pelizaeus-Museum Hildesheim: Die ägyptische Sammlung,Mainz 1993 Walter B. Emery,Archaic Egypt,Harmondsworth 1961 Raymond O. Faulkner,The Ancient Egyptian Coffin Texts. 3 vols.,Warminster 1973-78 Raymond O. Faulkner,The Ancient Egyptian Pyramid Texts,translated into English,Oxford 1969 Raymond O. Faulkner,Ogden Goelet,Carol Andrews and James Wasserman. The Egyptian Book^ of the Dead,San Francisco 1994 H. G. Fischer,Ancient Egyptian Calligraphy,New York 1979 H. G. Fischer,Egyptian Women of the Old Kingdom and of the Heracleopolitan Period,New York 1989 Werner Forman and Stephen Quirke,Hieroglyphs and the Afterlife in Ancient Egypt,Norman 1996 Sir Alan Gardiner,Egypt of the Pharaohs,Oxford 1961 Sir Alan Gardiner,Egyptian Grammar. 3rd edition,Oxford 1973 Nicolas Grimai,A History of Ancient Egypt,Translated by Ian Shaw. Oxford 1992 J. R. Harris,ed.,The Legacy of Egypt. 2nd ed.,Oxford 1971 Zahi A. Hawass,The Pyramids of Ancient Egypt,Pittsburgh 1990 Wolfgang Helck,Die Beziehungen Ägyptens und Vorderasiens zurÄgäis bis ins 7. Jahrhundert v. Chr.,Darmstadt 1995 M. A. Hoffman,Egypt Before the Pharaohs: The Prehistoric Foundations of Egyptian Civilization,New York 1979 Erik Hornung,Conceptions of God in Ancient Egypt: The One and the Many. Translated by John Baines,Ithaca 1982 Erik Hornung,Idea into Image: Essays on Ancient Egyptian Thought. Translated by Elizabeth Bredeck,New York 1992 Erik Hornung,The Valley of the Kings. Transla-ted by David Warburton, New York 1990 T. G. H. James,Ancient Egypt: The Land and its Legacy,Austin 1988 T. G.H. James,Pharaoh's People: Scenes from Life in Imperial Egypt,Oxford 1985 R. M. Janssen and J. J. Janssen,Getting Old in Ancient Egypt,London 1996 R. M. Janssen and J. J. Janssen,Growing Up in Ancient Egypt,London 1990 Barry J. Kemp,Ancient Egypt: Anatomy of a Civilization,London and New York 1989 Geoffrey Killen,Egyptian Woodworking and Furniture,Princes Risborough 1994 K. A. Kitchen,The Third Intermediate Period. 2nd ed.,Warminster 1986 Rosemarie Klemm and Dietrich D. Klemm, Steine und Steinbrüche im Alten Ägypten,Berlin 1992 Dieter Kurth,Treffpunkt der Götter. Inschriften aus dem Tempel des Horus von Edfu,Zürich/ Munich 1994 Karl Lange and Max Hirmer,Ägypten. Architektur-Plastic-Malerei in drei Jahrtausenden,Munich 1967 J.-P Lauer,The Royal Cemetery of Memphis: Excavation and Discoveries since 1850,London 1976 Jean Leclant ed.,Egypt,3 vol.,Munich 19791981 Miriam Lichtheim,Ancient Egyptian Literature,a Boo\ of Readings. 3 vols.,Berkeley 1980 Antonio Loperino,Ancient Egyptian. A linguistic introduction,Cambridge 1995 Geoffrey T. Martin,The Hidden Tombs of Memphis. New Discoveries from the Time of Tutankhamun and Ramesses the Great,London 1991 A. Mekhitarian,Egyptian Painting,New York 1979 William J. Murnane,Texts from the Amarna Period in Egypt. Society of Biblical Literature Writings from the Ancient World 5,Atlanta 1995 Museum of Fine Arts Boston,Egypt's Golden Age: The Art of Living in the New Kingdom,1558-1080 B.C.,Boston 1981 John E. Nunn,Ancient Egyptian Medicine,London 1996 D B. O'Connor,Ancient Nubia: Egypt's Rival in Africa,Philadelphia 1993 R. B. Parkinson,Voices from Ancient Egypt: An Anthology of Middle Kingdom Writings,London 1991 R. B. Parkinson and Stephen Quirke. Papyrus,London 1995 Géraldine Pinch,Magic in Ancient Egypt,London 1994 Stephen Quirke,The Administration of Egypt in the Late Middle Kingdom,New Maiden 1990 Stephen Quirke,Ancient Egyptian Religion,London 1992 Donald B. Redford,Egypt,Canaan and Israel in Ancient Times,Princeton 1992 G. A. Reisner,A History of the Giza Necropolis I,Cambridge,Mass. 1942 G. Robins,The Art of Ancient Egypt,Cambridge 1997 G. Robins,Egyptian Painting and Relief,Princes Rsborough 1986 G. Robins,Women in Ancient Egypt,London 1993 G. Robins and Charles Shute, The Rhind Mathematical Papyrus: An Ancient Egyptian Text,London 1987 Edna R. Russmann (pub.),Eternal Egypt,London-New York 2001 Jack M. Sasson et ab,eds.,Civilizations of the Ancient Near East. 4 vols.,London and New York 1995 H. Schäfer,Pnnciples of Egyptian Art. Translated by John Baines from the German Von ägyptischer Kunst,Oxford 1978 Bernd Scheel,Egyptian Metalworking and Tools,Princes Rsborough 1989 Wilfried Seipel,ed.,Ägyptomanie. Ägypten in der europäischen Kunst 1730-1930,Vienna 1994. French edition: Egyptomamia. LEgypte dans l'art occidental 1730-1930,Pans 1994 Ian Shaw and Paul Nicholson,The British Museum Dictionary of Ancient Egypt,London 1995 Ian Shaw,The Oxford History of Ancient Egypt,Oxford 2000 Abdel Ghaffar Shedid,Das Grab des Senned. Ein Künstlergrab der 19. Dynastie in Deir el-Medineh,Mainz 1994 Abdel Ghaffar Shedid and Matthias Seidel,Das Grab des Nacht. Kunst und Geschichte eines Beamtengrabes der 18. Dynastie in Theben-West,Mainz 1991 David P Silverman,general ed.,Ancient Egypt,New York 1997 David R Silverman,Language and Writing in Ancient Egypt,Pittsburgh 1990 William K. Simpson,ed.,The Literature of Ancient Egypt,New Haven and 1973 W Stevenson Smith,The Art and Architecture of

Ancient Egypt. 2nd edition revised by WK. Simpson,Harmondsworth 1981 A. J. Spencer,Death in Ancient Egypt,New York 1982 A. J. Spencer, Early Egypt: The Rise of Civilization in the Nile Valley,London 1993 Eugen Strouhal, Life in Ancient Egypt,Cambridge and Norman 1992 B. G. Trigger,B.J. Kemp,D.B. O'Connor and A. B. Lloyd,Ancient Egypt: A Social Histoiy,Cambridge 1983 E. Uphill,Egyptian Towns and Cities,Princes Risborough 1988 Miroslav Verner, Forgotten Pharaohs,Lost Pyramids at Abusir,Prague 1994 Philip J. Watson,Egyptian Pyramids and Mastaba Tombs of the Old and Middle Kingdoms,Princes Risborough 1987 Edward F. Wente,Letters from Ancient Egypt. Society of Biblical Literature Writings from the Ancient World 1,Atlanta 1990 Dietrich Wildung and Sylvia Schoske,Kleopatra. Ägypten um die Zeitenwende,Mainz 1989 Richard H. Wilkinson,Reading Egyptian Art. A Hieroglyphic Guide to Ancient Egyptian Painting and Sculpture,London 1992 K. T. Zauzich,Hieroglyphs Without Mystery,Austin 1992 Karl-Theodor Zauzich, Hieroglyphen ohne geheimnis Eine Einfüfirung in die Altägyptische Schriftfür Museumsbesucher und Ägyptentouristen,Mainz 1980

编者

哈特维希·阿尔滕米勒博士（教授）（Prof. Dr. Hartwig Altenmüller）汉堡大学，考古研究所，教授。主要研究方向：古王国时期与新王国时期的墓葬群，帝王谷中的考古发掘。

多罗特娅·阿诺德博士（Dr. Dorothea Arnold）纽约大都会艺术博物馆，埃及藏品馆，馆长。主要研究方向：中王国时期艺术，古埃及陶器。

埃迪特·伯恩豪尔（文学硕士）（Edith Bernhauer,M.A.）慕尼黑国立埃及艺术博物馆，研究员。主要研究方向：古埃及建筑与雕塑。

京特·布卡德博士（教授）（Prof. Dr. Günter Burkard）慕尼黑大学，埃及学研究所，教授。主要研究方向：古埃及语言与文学 研究描绘德伊埃尔麦迪纳非文学主题的陶瓷碎片的德意志研究联合会（DFG）项目。

阿尔布雷希特·恩德鲁魏特博士（Dr. Albrecht Endruweit）哥廷根大学，埃及学与科普特人研究学会，讲师。主要研究方向：古埃及和近东地区建筑与建筑史。

丽塔·弗里德博士（Dr. Rita E. Freed）波士顿美术博物馆，古埃及、努比亚与近东地区艺术品展馆，馆长 ICOM 中的国际埃及学委员会主席（CIPEG）。主要研究方向：古埃及艺术，塞加拉考古发掘研究。

雷娜特·格尔默博士（Dr. Renate Germer）汉堡大学考古研究所教授，副研究员。主要研究方向：科学与埃及学交叉学科研究，法老统治时期埃及的植物研究与同时期的木乃伊研究。

曼弗雷德·格尔克博士（Dr. Manfred Görg）慕尼黑大学，圣经注解研究所，教授。主要研究方向：《旧约》中的神学，古代近东地区宗教历史，埃及与以色列之间的关系。

曼弗雷德·古特格塞尔博士（Dr. Manfred Gutgesell）雷腾，埃及学独立研究员。主要研究方向：古埃及经济史。

弗里德里克·坎普·赛弗里德博士（Dr. Friederike Kampp-Seyfried）海德尔堡大学埃及学研究所，副研究员。主要研究方向：底比斯墓地考古学研究，新王国时期历史，库马（Qurma）（底比斯西部）考古发掘研究。

迪特尔·凯斯勒博士（Dr. Dieter Kessler）（教授）慕尼黑大学，埃及学研究所，埃及学教授。主要研究方向：古埃及宗教，动物祭祀，图纳埃尔盖贝尔考古发掘研究。

罗斯玛丽·克莱姆（Rosemarie Klemm）（文学硕士）慕尼黑大学，埃及学研究所，讲师兼副研究员。主要研究方向：考古学，考古定年学，埃及与苏丹的现场研究，苏丹北部古代黄金与金属合金研究德意志研究联合会（DFG）项目 。

迪特尔·库尔特博士（Dr. Dieter Kurth）（教授）汉堡大学，埃及学研究所，埃及学教授。主要研究方向：埃及历史上的希腊罗马时期，埃德夫神庙的资料搜集。

乌尔里希·卢夫特博士（Dr. Ulrich Luft）（教授）布达佩斯大学，埃及学研究会，埃及学教授。主要研究方向：古埃及文学、宗教历史与纸莎草研究。

埃娃·帕蒂博士（Dr. Eva Pardey）汉堡大学，考古研究所教授，讲师兼副研究员。主要研究方向：古埃及行政管理与法律史。

丹尼尔·波尔兹博士（Dr. Daniel Polz）（教授）洛杉矶，加利福尼亚大学，近东语言与文化系，埃及学教授。主要研究方向：新王国时期的底比斯墓地考古学研究，埃尔 - 乔查（El-Chocha）（底比斯西部）考古发掘研究。

瓦法阿萨迪克博士（Dr. Wafaa el Saddik）开罗，文物管理最高委员会，研究员。主要研究方向：后王国时期历史，埃及藏品。

赫尔穆特·扎青格博士（Dr. Helmut Satzinger）（教授）维也纳艺术史博物馆，埃及 - 中东收藏馆，馆长。主要研究方向：古埃及语法、艺术与铭文研究。

托马斯·施奈德博士（Dr. Thomas Schneider）巴塞尔大学，埃及学研究会，助理。主要研究方向：古埃及历史与语言，埃及与近东关系。

马塞尔·肖赫博士（Dr. Marcel Schoch）慕尼黑，德意志博物馆，主要从事应用科学研究：考古定年学，以科学和传统数据为依据，地形学。

雷根·舒尔茨博士（Dr. Regine Schulz）慕尼黑大学，埃及学研究所，副教授。希尔德斯海姆柏力扎伊斯博物馆，独立研究员。ICOM 中的国际埃及学委员会秘书（CIPEG）。主要研究方向：古埃及艺术、宗教与科普特人历史。

马蒂亚斯·塞德尔博士（Dr. Matthias Seidel）希尔德斯海姆柏力扎伊斯博物馆，副研究员。主要研究方向：古埃及考古学与艺术。

斯特凡·塞德梅尔博士（Dr. Stephan Seidlmayer）柏林自由大学，埃及学研究会，讲师。主要研究方向：古埃及考古学，史前史，社会与文化史。

阿卜杜勒·加尔法·谢迪德博士（Dr. Abdel Ghaffar Shedid）开罗，赫尔万大学（Universität Helwan），美术学院，艺术史系，教授。 慕尼黑，埃及学研究所，讲师。主要研究方向：埃及绘画艺术历史 。

伊丽莎白·西歇特（Elisabeth Sichert）（文学学士）慕尼黑，独立研究员。主要研究方向：后王国时期艺术。

胡里格·苏鲁让安（Hourig Sourouzian）文学博士。开罗，德意志考古研究院，通讯会员。慕尼黑大学，埃及学研究所，讲师。主要研究方向：古埃及艺术史，亚美尼亚纪念碑。

赖纳·施塔德尔曼博士（Dr. Rainer Stadelmann）（教授）开罗，德意志考古研究院，第一主任。 主要研究方向：古埃及考古学，金字塔时期建筑史，代赫舒尔（Dashur）等地考古发掘。

克里斯汀·施特劳斯－席伯博士（Dr. Christine Strauss-Seeber）慕尼黑大学，埃及学研究所，独立研究员。主要研究方向：古埃及艺术史，宗教。

马丁娜·乌尔曼（Martina Ullmann）（文学硕士）慕尼黑大学，埃及学研究所，讲师。主要研究方向：古埃及语言与宗教。

乌尔苏拉·费尔赫芬博士（Dr. Ursula Verhoeven）（教授）美因兹大学，埃及学研究所。 主要研究方向：古埃及文学、语言与宗教。

加布里埃莱·文策尔（Gabriele Wenzel）（文学硕士）波茨坦，历史研究所，副研究员。主要研究方向：古王国时期艺术史。

约阿希姆·维勒特奈（Joachim Willeitner）（文学硕士）慕尼黑，独立研究员。 主要研究方向：埃及地方政策。

斯特凡·维默尔博士（Dr. Stefan Wimmer）慕尼黑大学，埃及学研究所， 讲师。慕尼黑巴伐利亚国家图书馆，东方馆，副研究员。主要研究方向：僧侣文学，埃及 - 近东关系。

苏珊娜·沃尔法思（Susanne Wohlfarth）（文学硕士）慕尼黑大学，埃及学研究所，独立研究员。主要研究方向：古埃及壁画。